CURSO INTENSIVO DE

PYTHON

3ª EDICIÓN

Introducción práctica a la
programación basada en proyectos

CURSO INTENSIVO DE
PYTHON

3ª EDICIÓN

Introducción práctica a la programación basada en proyectos

Eric Matthes

TÍTULO ESPECIAL

Responsable editorial: Víctor Manuel Ruiz Calderón
Traductora: Vanesa Casanova Fernández
Ilustración de cubierta: Josh Ellingson
Diseño de cubierta: Octopod Studios
Adaptación de cubierta: Celia Antón Santos

Todos los nombres propios de programas, sistemas operativos, equipos hardware, etc. que aparecen en este libro son marcas registradas de sus respectivas compañías u organizaciones.

Edición española:

© EDICIONES ANAYA MULTIMEDIA (GRUPO ANAYA, S. A.), 2024
Valentín Beato, 21. 28037 Madrid
Depósito legal: M. 32.452-2023
ISBN: 978-84-415-4924-1
Impreso en España

PAPEL DE FIBRA
CERTIFICADA

A mi padre, que siempre sacó tiempo para responder a mis preguntas sobre programación, y a Ever, que está empezando a hacerme las suyas.

Agradecimientos

No habría sido posible escribir este libro sin el magnífico y extremadamente profesional equipo de No Starch Press. Bill Pollock me invitó a escribir un libro introductorio y le agradezco enormemente aquel primer ofrecimiento. Liz Chadwick ha trabajado en las tres ediciones del libro, que es mejor gracias a su implicación en el proyecto. Eva Morrow aportó una visión renovada a esta nueva edición, que se ha visto mejorada gracias a sus aportaciones. Agradezco la ayuda de Dong McNair con el lenguaje, sin que llegue a resultar demasiado formal. Jennifer Kepler ha supervisado el trabajo de producción, que ha transformado mis numerosos archivos en un producto acabado.

Son muchas las personas en No Starch Press que han contribuido al éxito de este libro, pero con las que no he podido trabajar directamente. No Starch cuenta con un fantástico equipo de marketing cuya labor va mucho más allá de vender libros. Se aseguran de que los lectores tengan a su disposición libros que les funcionen y les ayuden a alcanzar sus objetivos. Asimismo, No Starch dispone de un sólido departamento de derechos de autor en el extranjero. Este libro ha llegado a lectores de todo el mundo en numerosos idiomas gracias a la diligencia y buen hacer de este equipo. A todas esas personas con las que no he trabajado personalmente, gracias por ayudar a que este libro encuentre su público.

Me gustaría dar las gracias a Kenneth Love, editor técnico de las tres ediciones. Conocí a Kenneth en PyCon. Desde entonces, su entusiasmo por el lenguaje y la comunidad Python han sido una constante fuente de inspiración profesional. Como siempre, Kenneth ha ido mucho más allá de la simple comprobación de datos y ha revisado el libro con el objetivo de ayudar a los nuevos programadores a desarrollar una comprensión sólida del lenguaje y la programación Python en general. Se ha encargado de aquellas áreas que, aun habiendo funcionado bien en ediciones anteriores, podían mejorarse y reescribirse por completo. Dicho esto, cualquier error es responsabilidad mía.

Me gustaría asimismo expresar mi gratitud a todos los lectores que han compartido su experiencia trabajando con este libro. Aprender los principios básicos de la programación puede transformar nuestra manera de ver el mundo, y en ocasiones tiene un profundo impacto en la vida de las personas. Escuchar sus historias ha sido una experiencia aleccionadora. Doy las gracias a todos aquellos que han compartido sus vivencias de forma tan generosa.

Quiero agradecer a mi padre el haberme introducido en el mundo de la programación a una edad temprana, sin miedo a que rompiese su equipo. Gracias a mi esposa, Erin, por apoyarme y animarme durante todo el proceso de escritura y de todo el trabajo que implica mantenerlo a lo largo de múltiples ediciones. Gracias también a mi hijo Ever, cuya curiosidad sigue inspirándome.

Sobre el autor

Eric Matthes trabajó como profesor de matemáticas y ciencias en secundaria durante 25 años. Impartió clases de introducción a Python siempre que encontraba la manera de encajar los contenidos en el currículum. Eric trabaja como escritor y programador a tiempo completo y colabora con diversos proyectos de código abierto. Sus proyectos abarcan objetivos muy diversos, desde ayudar a predecir corrimientos de tierra en zonas montañosas a simplificar el proceso de despliegue de proyectos Django. Cuando no está escribiendo o programando, a Eric le encanta escalar y pasar tiempo con su familia.

Sobre el editor técnico

Kenneth Love vive en la costa del Noroeste del Pacífico con su familia y sus gatos. Kenneth es programador Python, colaborador de código abierto, profesor y conferenciante con una larga trayectoria a sus espaldas.

ÍNDICE DE CONTENIDOS

3. INTRODUCCIÓN A LAS LISTAS   57

4. TRABAJO CON LISTAS   73

7. ENTRADA DEL USUARIO Y BUCLES WHILE   139

8. FUNCIONES   155

11. PROBAR EL CÓDIGO　　　　　　　　　　　　　　　　　　　　**235**

PARTE II. PROYECTOS　　　　　　　　　　　　　　　　　　　　　**253**

12. UNA NAVE QUE DISPARA BALAS　　　　　　　　　　　　　　**255**

18. PRIMEROS PASOS CON DJANGO

19. CUENTAS DE USUARIO

PREFACIO
A LA TERCERA EDICIÓN

La respuesta a las dos primeras ediciones de este libro fue abrumadoramente positiva, con más de 1.000.000 de copias impresas, incluida la traducción a diez idiomas. He recibido cartas y correos de lectores jubilados, incluso niños de diez años, que quieren aprender a programar en su tiempo libre. El libro también se usa en clases de institutos y universidades. Estudiantes que llevan libros de texto más avanzados utilizan esta guía como referencia para sus clases como un complemento útil. También hay quien lo utiliza para mejorar sus habilidades profesionales, cambiar de trabajo y empezar a trabajar en sus propios proyectos. Dicho de otro modo: los lectores utilizan el libro para todo aquello que yo esperaba y mucho más.

La oportunidad de escribir una tercera edición ha sido una tarea placentera. Aunque Python es un lenguaje maduro, sigue evolucionando, como todos los lenguajes. Mi objetivo principal para esta revisión del libro es mantenerlo actualizado como un buen curso introductorio de Python. Con este libro, el lector aprenderá todo lo que debe saber para empezar a trabajar en sus propios proyectos, así como construir una base sólida para su aprendizaje futuro. He actualizado algunas secciones para reflejar nuevas formas, más sencillas, de trabajar con Python. También he aportado claridad en algunas secciones donde ciertos aspectos del lenguaje no se habían presentado con la exactitud deseable. Todos los proyectos se han actualizado con librerías populares y bien mantenidas que el lector podrá usar con confianza para crear sus propios proyectos.

Aquí tiene un resumen de los cambios introducidos en esta tercera edición:

- El capítulo 1 incluye ahora el editor de texto VS Code, popular entre programadores principiantes y profesionales, que funciona bien en todos los sistemas operativos.
- El capítulo 2 incluye los nuevos métodos `removeprefix()` y `removesuffix()`, útiles a la hora de trabajar con archivos y direcciones URL. Este capítulo incluye también los recientemente mejorados mensajes de error de Python, que ofrecen información mucho más concreta para ayudarle a resolver problemas del código cuando algo no funcione.
- El capítulo 10 utiliza el módulo `pathlib` para trabajar con archivos. Se trata de un enfoque mucho más sencillo a la hora de leer y escribir en archivos.
- El capítulo 11 utiliza `pytest` para escribir pruebas automatizadas para su código. La biblioteca `pytest` se ha convertido en herramienta estándar en la

industria para escribir pruebas en Python. Es lo suficientemente amigable para utilizarla en sus primeras pruebas y, si se dedica profesionalmente a la programación en Python, la utilizará en su entorno profesional.

- El proyecto Alien Invasion (capítulos 12-14) incluye un ajuste para controlar la tasa de cuadros por segundo (fps), lo que permite que el juego se ejecute de forma más consistente en diferentes sistemas operativos. Se ha aplicado un enfoque más sencillo para la construcción de la flota de alienígenas, y la organización del proyecto también se ha simplificado.

- En los proyectos de visualización de datos de los capítulos 15-17 se utilizan las características más recientes de Matplotlib y Plotly. Las visualizaciones con Matplotlib emplean ajustes de estilo actualizados. El proyecto de paseo o caminata aleatoria incorpora una pequeña mejora que incrementa la exactitud de los gráficos, lo que significa que verá una mayor variedad de patrones cada vez que genere un nuevo paseo. Todos los proyectos que incluyen Plotly emplean ahora el módulo Plotly Express, que permite generar las visualizaciones iniciales con apenas unas líneas de código. Puede explorar fácilmente diversas visualizaciones antes de elegir un gráfico concreto, para posteriormente refinar elementos concretos dentro de dicho gráfico.

- El proyecto *Learning Log* (capítulos 18-20) se creó con la versión más reciente de Django y se le aplicó estilo con la última versión Bootstrap. Se han renombrado distintas partes del proyecto para facilitar el seguimiento de su organización. El proyecto se despliega ahora en Platform.sh, un servicio de alojamiento moderno para proyectos Django. El proceso de despliegue está controlado mediante archivos de configuración YAML, que ofrecen un mayor grado de control sobre el despliegue del proyecto. Este enfoque es consistente con la manera en la que los programadores profesionales despliegan los proyectos Django más modernos.

- El apéndice A se ha actualizado por completo para recomendar las prácticas más actuales en la instalación de Python en los principales sistemas operativos. El apéndice B incluye instrucciones detalladas para configurar VS Code, así como breves descripciones de los principales editores de texto e IDE actualmente en uso. El apéndice C remite al lector a nuevos recursos populares para obtener ayuda. El apéndice D ofrece un minicurso intensivo sobre el uso de Git para el control de versiones. El apéndice E es una novedad en esta tercera edición. Incluso con un buen conjunto de instrucciones para desplegar las *apps* que escriba, muchas cosas pueden salir mal. Este apéndice ofrece una guía de resolución de problemas muy completa que podrá utilizar cuando el despliegue no funcione a la primera.

- El índice alfabético también se ha actualizado exhaustivamente para que pueda usar el libro como referencia para sus futuros proyectos con Python.

¡Gracias por leer este libro! Si tiene cualquier comentario o pregunta, no dude en ponerse en contacto conmigo en @ehmatthes en Twitter.

INTRODUCCIÓN

Todo programador tiene una historia que contar sobre cómo aprendió a escribir su primer programa. Yo empecé a programar de pequeño, cuando mi padre trabajaba para Digital Equipment Corporation, una empresa pionera en la era moderna de la computación. Escribí mi primer programa en un ordenador que mi padre había montado en el sótano. El ordenador era una simple placa base conectada a un teclado, sin carcasa, y el monitor era un tubo de rayos catódicos. Mi primer programa era un sencillo juego para adivinar números, más o menos con este aspecto:

```
I'm thinking of a number! Try to guess the number I'm thinking of: 25
Too low! Guess again: 50
Too high! Guess again: 42
That's it! Would you like to play again? (yes/no) no
Thanks for playing!
```

Siempre recordaré la satisfacción que sentí viendo a mi familia jugar a un juego que yo había creado y que funcionaba como yo quería.

Aquella primera experiencia me dejó una huella duradera. Es un auténtico placer crear algo con un fin, algo que resuelva un problema. El software que escribo ahora cubre necesidades más importantes que aquellos esfuerzos de mi infancia, pero la satisfacción que me produce crear un programa que funciona es básicamente la misma.

¿Para quién es este libro?

El objetivo de este libro es introducir al lector en Python con la mayor rapidez posible para que pueda empezar a crear programas operativos, incluidos juegos, visualizaciones de datos y aplicaciones web, al tiempo que desarrolla una base de programación que le servirá para el resto de su vida. Este libro está escrito para personas de cualquier edad que nunca han programado con Python o que nunca han programado en general. Este libro es apto para todo aquel que quiera aprender rápidamente lo más básico de la programación y concentrarse en proyectos interesantes, y para los que quieran poner a prueba su comprensión de nuevos conceptos resolviendo problemas significativos. Esta guía también es perfecta para profesores de enseñanza media y superior que desean ofrecer a sus alumnos una introducción a la programación basada en proyectos. Si va a cursar una asignatura universitaria y necesita una introducción a Python más sencilla que su libro de texto, esta obra le facilitará el seguimiento de las clases. Si tiene pensado cambiar de trabajo, este libro le permitirá reorientar su carrera profesional. Ha funcionado para muchos lectores con objetivos muy diversos.

¿Qué puede esperar aprender?

Este libro tiene por objeto convertirle en un buen programador en general y en un buen programador de Python en particular. Al adquirir una buena base en conceptos generales de programación, aprenderá de manera eficiente y adoptará buenos hábitos. Cuando termine con este libro, debería estar listo para pasar a técnicas de Python más avanzadas y tendrá más facilidad para aprender nuevos lenguajes de programación.

En la primera parte del libro, descubrirá los conceptos de programación básicos que necesita conocer para escribir programas con Python. Estos conceptos son los mismos que aprendería al iniciarse en prácticamente cualquier lenguaje de programación. Aprenderá a crear diferentes tipos de datos y a almacenarlos en sus programas. Aprenderá a construir colecciones de datos, como listas y diccionarios, y a manejar estas colecciones de forma eficaz. Aprenderá a usar bucles `while` y sentencias `if` para comprobar determinadas condiciones, con el fin de poder ejecutar secciones de código específico si se cumplen esas condiciones o ejecutar otras secciones cuando no sea así, una técnica de gran ayuda a la hora de automatizar numerosos procesos.

Aprenderá a aceptar entradas de usuarios para que sus programas sean interactivos y a hacer que se ejecuten mientras el usuario quiera. Explorará cómo escribir funciones que conviertan en reutilizables partes de sus programas; así, solo tendrá que escribir bloques de código que realicen determinadas acciones una vez mientras utiliza el código tantas veces como lo necesite. Más adelante, hará extensivo este concepto a comportamientos más complicados con clases, haciendo que programas bastante sencillos puedan responder a diversas situaciones. Aprenderá a escribir programas para gestionar con gracia errores frecuentes. Después de trabajar con estos conceptos básicos, escribirá unos cuantos programas de complejidad creciente que le permitirán poner en práctica lo aprendido. Por último, dará un primer paso hacia la programación intermedia aprendiendo a escribir pruebas para su código, para poder desarrollar más sus programas sin miedo a generar errores. Toda la información de la primera parte le preparará para emprender proyectos más complejos y ambiciosos.

En la segunda parte, aplicaremos lo aprendido en la primera a tres proyectos. Puede trabajar en todos o solo en algunos, en el orden que crea conveniente. En el primer proyecto (capítulos 12-14), creará un juego de disparar al estilo de Space Invaders, llamado Alien Invasion, que tendrá varios niveles de dificultad. Una vez completado este proyecto, debería estar ya encaminado hacia la creación de sus propios juegos en 2D. Incluso si no aspira a convertirse en programador de juegos, este proyecto es una manera muy satisfactoria de trabajar los contenidos aprendidos en la primera parte.

El segundo proyecto (capítulos 15-17) es una introducción a la visualización de datos. Los científicos de datos utilizan diferentes técnicas de visualización para dar sentido a la enorme cantidad de información de la que disponen. Trabajaremos con conjuntos de datos generados con código, conjuntos de datos descargados de recursos en línea y conjuntos de datos descargados automáticamente por nuestros programas. Una vez completado este proyecto, será capaz de escribir programas que filtren grandes conjuntos de datos y creen representaciones visuales de diferentes tipos de información.

En el tercer proyecto (capítulos 18-20), crearemos una pequeña aplicación web llamada Learning Log. Este proyecto permite mantener un registro organizado de la información aprendida sobre un tema particular. Podrá mantener registros separados para temas diferentes y permitir que otros creen una cuenta para iniciar sus propios registros. También aprenderá a desplegar su proyecto para que cualquiera pueda acceder en línea a él desde cualquier parte.

Recursos en línea

Puede descargarse los recursos del libro (en inglés) en la página web de Anaya Multimedia: `http://www.anayamultimedia.es`, en la opción Selecciona Complemento que encontrará en la ficha correspondiente a este libro. Además, dispone de estos mismos recursos y algunos adicionales en la página web del libro original en `https://ehmatthes.github.io/pcc_3e/`. Estos recursos (en inglés) incluyen:

- **Instrucciones de instalación:** Las instrucciones de instalación en línea son idénticas a las del libro, pero incluyen enlaces activos para cada uno de los pasos. Si tiene problemas de configuración, utilice este recurso.
- **Actualizaciones:** Como todos los lenguajes de programación, Python está en constante evolución. Tengo una lista exhaustiva de actualizaciones, así que, si algo no le funciona, compruebe aquí si han cambiado las instrucciones.

- **Soluciones a los ejercicios:** Debería dedicar un buen rato a hacer los ejercicios de las secciones "Pruébelo". Pero, si se atasca y no puede avanzar, encontrará las soluciones de la mayoría de los ejercicios en línea.
- **Chuletas:** También encontrará en línea un conjunto completo de "chuletas" descargables para usar como referencia rápida de los principales conceptos.

Nota: Los ejemplos de código disponibles para descargar están en su forma original; sin embargo, al presentarlos en el libro, los comentarios se han traducido para facilitar la comprensión de la funcionalidad de los distintos fragmentos.

¿Por qué Python?

Todos los años me planteo si debería seguir usando Python o cambiar a un lenguaje distinto, tal vez alguno más nuevo en el mundo de la programación, pero al final me quedo con Python por varias razones. Es un lenguaje increíblemente eficiente: los programas harán más con menos líneas de código que las que requieren otros muchos lenguajes. La sintaxis de Python también ayuda a escribir código "limpio", que, en comparación con otros lenguajes, sea más fácil de leer, depurar y ampliar.

La gente usa Python para muchos fines: hacer juegos, crear aplicaciones web, resolver problemas de negocio y desarrollar herramientas internas en todo tipo de empresas interesantes. Python también se usa mucho en el ámbito científico para la investigación académica y el trabajo aplicado.

Una de las principales razones por las que sigo usando Python es la comunidad que tiene detrás, que incluye a un grupo de personas increíblemente diverso y acogedor. La comunidad es esencial para los programadores porque programar es una actividad solitaria. La mayoría de nosotros, incluso los programadores más experimentados, necesitamos pedir consejo a otros que ya han resuelto problemas similares. Contar con una comunidad de apoyo bien conectada es crucial para resolver problemas, y la comunidad de Python ayuda mucho a personas que, como usted, están aprendiendo Python como primer lenguaje de programación o que llegan a Python con un bagaje en otros lenguajes.

Python es un lenguaje estupendo para aprender, así que... ¡allá vamos!

PARTE I

LO BÁSICO

La primera parte de este libro presenta los conceptos básicos necesarios para escribir programas en Python. Muchos de estos conceptos son comunes a todos los lenguajes de programación, así que le serán útiles a lo largo de toda su vida de programador.

En el **capítulo 1**, instalará Python en su ordenador y ejecutará un primer programa que muestre el mensaje *Hello world!* en la pantalla.

En el **capítulo 2**, aprenderá a asignar información a variables y a trabajar con valores de texto y numéricos.

Los **capítulos 3 y 4** introducen las listas. Las listas pueden almacenar toda la información que queramos en una ubicación dada, lo que nos permite trabajar con esos datos de una forma eficiente. Podrá trabajar con cientos, miles o incluso millones de valores con apenas unas líneas de código.

En el **capítulo 5**, usaremos sentencias `if` para escribir código que responda de una manera si se cumplen determinadas condiciones y de otra si no se cumplen.

El **capítulo 6** muestra cómo usar los diccionarios de Python, que permiten hacer conexiones entre distintos fragmentos de información. Al igual que las listas, los diccionarios pueden contener tanta información como sea necesario.

En el **capítulo 7**, veremos cómo aceptar entrada de usuarios para que los programas sean interactivos. También aprenderá sobre los bucles `while`, que ejecutan bloques de código repetidas veces mientras se sigan cumpliendo unas condiciones dadas.

En el **capítulo 8**, escribiremos funciones, que son bloques de código que realizan una tarea específica y se pueden ejecutar siempre que lo necesitemos.

El **capítulo 9** introduce las clases, que nos permiten modelar objetos del mundo real. Aprenderá a escribir código que represente perros, gatos, personas, coches, cohetes y mucho más.

El **capítulo 10** muestra cómo trabajar con archivos y gestionar errores para que los programas no fallen inesperadamente. Guardaremos los datos antes de que el programa se cierre y los leeremos de nuevo cuando el programa vuelva a funcionar. También aprenderá sobre las excepciones de Python, que permiten anticipar errores y hacer que los programas los manejen bien.

En el **capítulo 11**, aprenderá a escribir pruebas para su código con el fin de comprobar que sus programas funcionan como deberían. Con ello, podrá ampliar sus programas sin preocuparse por la introducción de errores nuevos. Probar el código es una de las primeras habilidades que le ayudarán a pasar de principiante a programador de nivel medio.

1

PRIMEROS PASOS

En este capítulo, ejecutará su primer programa de Python, `hello_world.py`. Primero, tendrá que comprobar si hay una versión reciente de Python instalada en su ordenador; si no la hay, la instalaremos. También instalaremos un editor de texto para trabajar con los programas de Python. Los editores de texto reconocen el código en Python y destacan secciones a medida que escribimos, lo que facilita la comprensión de la estructura del código.

Configurar un entorno de programación

Python es ligeramente diferente en función del sistema operativo que empleemos, así que habrá que tener algunas consideraciones en cuenta. En las siguientes secciones, nos aseguraremos de que Python esté correctamente instalado en su sistema.

Versiones de Python

Todos los lenguajes de programación evolucionan con la aparición de nuevas ideas y tecnologías y los desarrolladores de Python están continuamente haciendo el lenguaje más versátil y potente. En el momento de escribir estas líneas, la versión más reciente es Python 3.11, pero todos los ejemplos de este libro deberían funcionar con Python 3.9 o posterior. En esta sección, descubriremos si Python está ya instalado en su sistema y si necesita instalar una versión más reciente. El apéndice A también contiene información añadida relativa a la instalación de la última versión de Python en cada uno de los principales sistemas operativos.

Ejecutar *snippets* de código en Python

Puede ejecutar el intérprete de Python en una ventana de terminal, lo que permite probar trozos de código sin tener que guardar y ejecutar un programa entero.

A lo largo del libro, encontrará *snippets* de código parecidos a esto:

```
>>> print("Hello Python interpreter!")
Hello Python interpreter!
```

El símbolo >>>, al que nos referiremos como el "indicador de Python", indica que debería estar usando la ventana de terminal y el texto en negrita es el código que debería escribir y ejecutar pulsando **Intro**. La mayoría de los ejemplos de código de este libro son pequeños programas autónomos que ejecutaremos desde el editor de texto en lugar de hacerlo desde el terminal, ya que la mayor parte del código se escribe en el editor. En ocasiones, sin embargo, demostraremos ejemplos básicos a través de *snippets* ejecutados en una sesión de terminal de Python para que la demostración sea más efectiva. La presencia de tres diples o corchetes angulares en un listado de código indica que nos encontramos ante un código y salida en una sesión de terminal. Enseguida probaremos a escribir código en el intérprete de su sistema.

Asimismo, usaremos un editor de texto para crear un sencillo programa llamado Hello World!, un programa básico a la hora de aprender a programar. Existe una larga tradición en el mundo de la programación según la cual mostrar un mensaje Hello world! en la pantalla como tu primer programa con un lenguaje nuevo trae buena suerte. Un ejemplo de programa tan sencillo cumple un objetivo muy real: si funciona bien en su sistema, cualquier programa que escriba en Python debería funcionar.

Sobre el editor VS Code

VS Code es un editor de texto profesional y muy potente, gratuito y apto para principiantes. VS Code funciona muy bien tanto en proyectos sencillos como complejos. A medida que se sienta cómodo en su aprendizaje de Python, podrá seguir utilizándolo a medida que progrese hacia proyectos de mayor envergadura y complejidad. VS Code puede instalarse en todos los sistemas operativos actuales y ofrece soporte para la mayoría de lenguajes de programación, incluido Python.

El apéndice B ofrece información sobre otros editores de texto. Si tiene curiosidad por conocer otras opciones, puede hojear ese apéndice ahora. Si desea empezar a programar ya, puede usar VS Code para arrancar. Podrá valorar el uso de otros editores a medida que adquiera experiencia como programador. En este capítulo, le mostraré cómo instalar VS Code en su sistema operativo.

Nota: Si ya dispone de un editor de texto y sabe cómo configurarlo para ejecutar programas en Python, puede utilizarlo en lugar de VS Code.

Python en distintos sistemas operativos

Python es un lenguaje de programación multiplataforma, lo que significa que funciona en todos los sistemas operativos principales. Cualquier programa de Python que escriba debería ejecutarse en cualquier ordenador moderno con Python instalado. Sin embargo, los métodos para instalar Python en los distintos sistemas operativos varían ligeramente. En esta sección, veremos cómo instalar Python en su sistema. Primero, comprobaremos si ya existe una versión reciente instalada en su sistema. De no ser así, la instalaremos. A continuación, instalaremos VS Code. Estos son los dos únicos pasos que varían entre sistemas operativos.

En las siguientes secciones, ejecutaremos `hello_world.py` y detectaremos lo que no funcione. Le guiaré en este proceso para cada sistema operativo, para que consiga un entorno de programación con Python en el que pueda confiar.

Python en Windows

Por lo general, Windows no viene con Python, así que es probable que tenga que instalarlo para posteriormente instalar VS Code.

Instalación de Python

Primero, compruebe si Python está instalado en su sistema. En el menú Inicio escriba **command** y haga clic sobre Símbolo de sistema. En la ventana que aparece escriba **python**, en minúsculas. Si obtiene como respuesta un indicador de Python (>>>), es que está instalado en su sistema. Si aparece un mensaje de error indicando que python no es un comando reconocido, entonces no lo tiene instalado. Si se abre la tienda Microsoft, ciérrela. Es preferible descargar Python desde un instalador oficial a utilizar la versión de Microsoft.

Si Python no está instalado en su sistema o si ve una versión anterior a Python 3.9, tendrá que descargar un instalador de Python para Windows. Vaya a https://python.org/ y pase el ratón por encima de Downloads y seleccione Windows. Debería ver un enlace para descargar la versión más reciente de Python. Haga clic en él para que se inicie la descarga automática del instalador adecuado para su sistema. Tras descargar el archivo, ejecute el instalador. Asegúrese de seleccionar la opción Add Python.exe to PATH, que hará más fácil configurar bien el sistema. La figura 1.1 muestra esta opción seleccionada.

Ejecutar Python en una sesión de terminal

Abra una ventana de comandos y escriba **python** en minúscula. Debería aparecer un indicador de Python (>>>), lo que significa que Windows ha encontrado la versión de Python que acabamos de instalar.

```
C:\> python
Python 3.x.x (main, Jun . . . , 13:29:14) [MSC v.1932 64 bit (AMD64)] on win32
Type "help", "copyright", "credits" or "license" for more information.
>>>
```

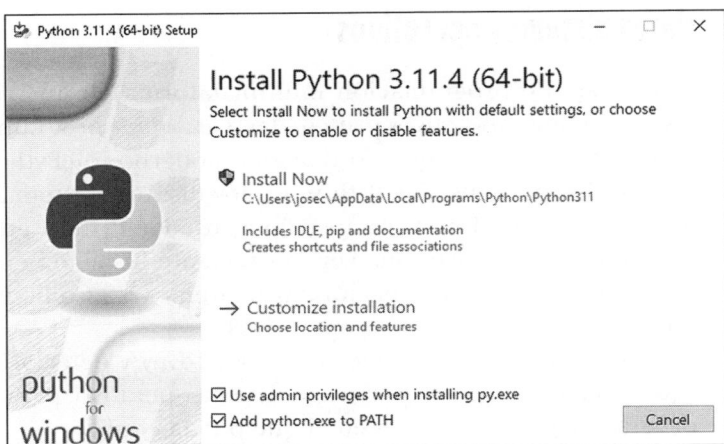

Figura 1.1. Asegúrese de seleccionar la casilla de verificación Add Python.exe to PATH.

Nota: Si no ve esta salida o algo similar, consulte las instrucciones de instalación detalladas del apéndice A.

Escriba la siguiente línea en su sesión de Python:

```
>>> print("¡Hola, intérprete de Python!")
¡Hola, intérprete de Python!
>>>
```

Debería ver la salida "¡Hola, intérprete de Python!". Siempre que desee ejecutar un *snippet* de código Python, abra una ventana de comandos e inicie una sesión de terminal. Para terminar la sesión de Python, pulse **Control-D** y, a continuación, **Intro**, o escriba el comando exit().

Instalación de VS Code

Puede descargar el instalar de VS Code en https://code.visualstudio.com. Haga clic en Download for Windows y ejecute el instalador. Puede saltarse las secciones sobre macOS y Linux, y seguir los pasos de la sección "Ejecutar un programa Hello World" un poco más adelante

Python en macOS

Python no viene instalado por defecto en la mayoría de los sistemas macOS. Si no lo ha hecho aún, deberá instalarlo en su equipo. En esta sección aprenderá a instalar la última versión de Python y posteriormente instalaremos VS Code, asegurándonos de que está correctamente configurado.

Nota: En versiones anteriores de macOS se incluía Python 2, pero se trata de una versión anticuada que no debe usar.

Comprobar si está instalado Python 3

Abra una ventana de terminal yendo a Aplicaciones>Utilidades>Terminal. También puede pulsar **Comando-Barra espaciadora**, escriba **terminal** y pulse **Intro**. Para comprobar si tiene instalada una versión de Python actualizada, escriba **python3**. Probablemente verá un mensaje sobre la instalación de "herramientas de desarrollo de línea de comandos". Es recomendable instalar estas herramientas una vez instalado Python. Si aparece este mensaje, cierre la ventana emergente.

Si la salida le muestra que la versión instalada es Python 3.9 o posterior, puede seguir leyendo en la siguiente sección ("Ejecutar Python en una sesión de terminal"). Si recibe un mensaje con una versión anterior a Python 3.9, siga las instrucciones que se muestran a continuación para instalar la última versión.

Tenga en cuenta que, cuando trabaje en un sistema macOS, siempre que vea el comando `python` en este libro, deberá reemplazarlo por el comando `python3` para asegurarse de estar utilizando Python 3. En la mayoría de sistemas macOS, el comando `python`, o bien señala una versión anticuada de Python que únicamente debe usarse en las herramientas internas del sistema, o bien no apunta a nada y generará un mensaje de error.

Instalación de la última versión de Python

Vaya a `https://python.org/` y pase el ratón por encima de Downloads y seleccione macOS para descargar la versión más reciente de Python. Debería ver un enlace para descargar la versión más reciente de Python. Haga clic en él para que se inicie la descarga automática del instalador adecuado para su sistema. Una vez descargado el archivo, ejecute el instalador.

Tras ejecutar el instalador, se abrirá una ventana, haga doble clic en el archivo `Install Certificates Command`. Al ejecutar este archivo, podrá instalar más fácilmente las bibliotecas necesarias para sus proyectos, incluidos aquellos de la parte dos de este libro.

Ejecutar Python en una sesión de terminal

Ya puede empezar a ejecutar *snippets* de código Python abriendo un terminal y escribiendo **python3**.

```
$ python3
Python 3.11.4 (v3.11.4:d2340ef257, Jun   6 2023, 19:15:51)
[Clang 13.0.0 (clang-1300.0.29.30)] on darwin
Type "help", "copyright", "credits" or "license" for more information.
>>>
```

Este comando iniciará una sesión de terminal Python. Verá el indicador de Python (>>>), lo que significa que macOS ha encontrado la versión de Python que acabamos de instalar.

Escriba el siguiente código en la sesión de terminal:

```
>>> print("Hello Python interpreter!")
Hello Python interpreter!
>>>
```

Deberá ver el mensaje Hello Python interpreter!, que aparecerá impreso directamente en la ventana del terminal abierta. Para cerrar el intérprete de Python, pulse **Control-D** o ejecute el comando exit().

Nota: En los sistemas macOS más actuales, verá el símbolo de porcentaje (%) como indicador del terminal en lugar del símbolo del dólar ($).

Instalación de VS Code

Para instalar el editor VS Code, necesitamos descargar el instalador desde https://code.visualstudio.com/. Haga clic en el enlace de descarga, abra una ventana del Finder y vaya a la carpeta Descargas. Arrastre el instalador de Visual Studio Code hasta la carpeta Aplicaciones y haga clic dos veces sobre el mismo para ejecutarlo.

Puede saltarse la siguiente sección sobre Python para Linux y seguir los pasos de "Ejecutar el programa Hola Mundo".

Python en Linux

Los sistemas Linux están diseñados para programar. Por este motivo, Python ya está instalado en la mayoría de los ordenadores Linux. Quienes escriben y mantienen Linux esperan que en algún momento sus usuarios programen y los animan a hacerlo. Por ello, hay muy poco que instalar y apenas un par de cosas que configurar para empezar a programar.

Comprobar la versión de Python

Abra una ventana de terminal ejecutando la aplicación Terminal en su sistema (en Ubuntu, puede pulsar **Control-Alt-T**). Para averiguar qué versión de Python tiene instalada, escriba **python3**, con la "p" minúscula. Cuando Python está instalado, este comando inicia el intérprete de Python. La salida debería indicarle cuál es la versión instalada y aparecerá >>> marcando dónde puede empezar a introducir comandos Python:

```
$ python3
Python 3.10.4 (main, Apr . . . , 09:04:19) [GCC 11.2.0] on linux
Type "help", "copyright", "credits" or "license" for more information.
>>>
```

Esta salida indica que Python 3.10.4 es actualmente la versión predeterminada de Python instalada en este ordenador. Cuando la haya visto, pulse **Control-D** o escriba el comando exit() para salir del intérprete de Python y volver a un indicador del terminal. Siempre que vea el comando python en este libro, utilice python3 en su lugar.

Necesitará Python 3.9 o posterior para ejecutar el código de este libro. Si la versión instalada en su sistema es anterior, consulte el apéndice A para instalar la más reciente.

Ejecutar Python en una sesión de terminal

Puede empezar a ejecutar *snippets* de código Python abriendo un terminal y escribiendo **python3**, como hemos hecho para comprobar la versión. Hágalo de nuevo y, cuando Python esté en ejecución, escriba la siguiente línea en la sesión de terminal:

```
>>> print("Hello Python interpreter!")
Hello Python interpreter!
>>>
```

El mensaje debería aparecer directamente en la ventana del terminal. Recuerde que puede cerrar el intérprete de Python pulsando **Control-D** o con el comando exit().

Instalación de VS Code

En Linux Ubuntu, podrá instalar VS Code desde el Centro de Software Ubuntu. Haga clic en el icono de Software Ubuntu y busque **vscode**. Haga clic en la *app* llamada Visual Studio Code (en ocasiones llamada **code**) y haga clic en Instalar. Una vez instalado, busque en su sistema VS Code y ejecute la aplicación.

Ejecutar un programa Hello World

Con una versión reciente de Python y VS Code instalada, ya casi estamos listos para ejecutar nuestro primer programa de Python en un editor de texto. Antes, debemos asegurarnos de que hemos instalado la extensión de Python para VS Code.

Instalar la extensión Python para VS Code

VS Code funciona con diferentes lenguajes de programación. Para sacarle el máximo partido como programador Python, debe instalar la extensión Python, que ofrece soporte para la escritura, edición y ejecución de programas Python.

Para instalar la extensión Python, haga clic en el icono Manage, que aparece representado como una especie de rueda en la esquina inferior izquierda de la *app* VS Code. En el menú, haga clic en Extensions. Escriba **python** en el cajetín de búsqueda y haga clic en la extensión Python (si ve más de una extensión llamada Python, elija la de Microsoft). Haga clic en Install e instale las herramientas adicionales que su sistema necesite para completar la instalación. Si ve un mensaje indicando que debe instalar Python una vez instalado, ignore el mensaje.

Nota: Si trabaja en macOS y una ventana emergente le pide instalar *command line developer tools*, haga clic en Install. Quizás vea una advertencia sobre el tiempo de instalación, pero no debería llevarle más de 10 o 20 minutos con una buena conexión de Internet.

Ejecutar hello_world.py

Antes de escribir su primer programa, cree en su sistema una carpeta en su escritorio llamada `python_work` para guardar sus proyectos. En los nombres de archivos y carpetas es recomendable usar minúsculas y guiones bajos en lugar de espacios, ya que Python utiliza estas convenciones de nomenclatura. Puede crear esta carpeta en otra ubicación, pero le resultará más sencillo seguir los pasos posteriores si guarda directamente dicha carpeta en su escritorio.

Abra VS Code y cierre la pestaña Get Started si aún está abierta. Cree un nuevo archivo (File>New File) o pulse **Control-N** en macOS. Guarde el archivo como `hello_world.py` en su carpeta de trabajo `python_work`. La extensión `.py` le indica a VS Code que su archivo se está escribiendo en Python y le indica cómo ejecutar el programar y destacar el texto de la forma adecuada.

Una vez guardado el archivo, escriba la siguiente línea en el editor de texto:

hello_world.py

```
print("Hello Python world!")
```

Para ejecutar el programa, seleccione Run>Run Without Debugging o pulse **Control-F5**. Debería aparecer una pantalla de terminal en la parte inferior de la ventana de VS Code con la siguiente salida de programa:

```
Hello Python world!
```

Es probable que aparezca algo más, mostrando el intérprete de Python usado para ejecutar el programa. Si desea simplificar la información mostrada para ver únicamente la salida del programa, consulte el apéndice B. Encontrará sugerencias útiles sobre un uso más eficiente de VS en dicho apéndice.

Si no ve esta salida, es probable que algo haya salido mal. Compruebe todos los caracteres de la línea introducida. ¿Ha escrito `print` con mayúscula sin darse cuenta? ¿Ha olvidado una o ambas comillas o los paréntesis? Los lenguajes de programación esperan una sintaxis muy específica y, si no se la damos, dan error. Si no consigue que el programa funcione, consulte las sugerencias de la siguiente sección.

Solución de problemas

Si no consigue ejecutar `hello_world.py`, puede aplicar algunos de los trucos que se explican a continuación y que, en general, ofrecen buenas soluciones para cualquier problema de programación:

- Cuando un programa contiene un error importante, Python muestra un "rastreo" o un informe de error. Python examina el archivo e intenta identificar el problema. Analice este rastreo: podría darle una pista del problema que está impidiendo que se ejecute el programa.

- Aléjese del ordenador, tómese un descanso y pruebe de nuevo. Recuerde que la sintaxis es muy importante en la programación. Algo tan sencillo como unas comillas mal colocadas o paréntesis mal escritos pueden impedir el buen funcionamiento de un programa. Relea las partes relevantes de este capítulo, analice su código e intente descubrir el error.
- Vuelva a empezar. Es probable que no necesite desinstalar software, pero podría ser conveniente borrar el archivo `hello_world.py` y volver a crearlo desde cero.
- Pida a otra persona que siga los pasos de este capítulo, en el mismo ordenador o en otro, mientras observa atentamente lo que hace. Puede que se haya saltado algún pequeño paso que la otra persona sí haya hecho.
- Consulte las instrucciones adicionales de instalación del apéndice A. Algunos de los detalles incluidos en dicho apéndice podrían ayudarle a solucionar el problema.
- Busque a alguien que conozca Python y pídale que le ayude a empezar. Seguro que preguntando conoce a algún usuario de Python.
- Las instrucciones de instalación de este capítulo también están disponibles en el sitio web original del libro, `https://ehmatthes.github.io/pcc_3e/`. La versión en línea de estas instrucciones podría bastarle. Puede copiar y pegar código, y hacer clic en los enlaces a los recursos necesarios.
- Pida ayuda en línea. El apéndice C ofrece una serie de recursos, como foros y salas de chat en vivo, donde puede preguntar por soluciones a personas que ya han pasado por el problema al que se está enfrentando ahora.

No tema molestar a los programadores experimentados. Todo programador se ha atascado en algún momento y la mayoría estarán encantados de ayudar a otros a configurar correctamente sus sistemas. Siempre y cuando sea capaz de explicar con claridad lo que intenta hacer, lo que ha probado ya y los resultados que está obteniendo, es muy probable que alguien pueda ayudarle. Como ya dije en la introducción, la comunidad de Python es muy amable y acoge bien a los principiantes.

Python debería funcionar bien en cualquier ordenador moderno. Encontrar problemas ya con la configuración puede ser frustrante, pero merece la pena solucionarlos. Cuando consiga que `hello_world.py` funcione, puede empezar a aprender Python y su labor de programación se volverá más interesante y satisfactoria.

Ejecutar programas de Python desde un terminal

La mayoría de los programas que escriba en su editor de texto se ejecutarán directamente desde ahí, pero a veces es útil ejecutar programas desde un terminal. Por ejemplo, puede que quiera ejecutar un programa existente sin abrirlo para editar.

Puede hacerlo en cualquier sistema que tenga Python instalado si sabe cómo acceder al directorio en el que está almacenado el archivo. Para probar, asegúrese de guardar el archivo `hello_world.py` en la carpeta `python_work` de su escritorio.

En Windows

Puede usar el comando de terminal cd, de "cambiar de directorio", para navegar hasta su sistema de archivos en una ventana de comandos. El comando dir, de "directorio", muestra todos los archivos existentes en el directorio actual.

Abra una nueva ventana de terminal y escriba los siguientes comandos para ejecutar hello_world.py:

```
C:\> cd Desktop\python_work
C:\Desktop\python_work> dir
hello_world.py
C:\Desktop\python_work> python hello_world.py
Hello Python world!
```

En primer lugar, usamos el comando cd para navegar hasta la carpeta python_work, que está en la carpeta Desktop (el escritorio). A continuación, empleamos el comando dir para asegurarnos de que hello_world.py está en esta carpeta. Después, ejecutamos el archivo con el comando python hello_world.py.

La mayoría de sus programas se ejecutarán sin problemas desde su editor; sin embargo, a medida que su trabajo gane en complejidad, le interesará ejecutar algunos programas desde un terminal.

En macOS y Linux

La ejecución de un programa de Python desde una sesión de terminal es igual en Linux y en macOS. Puede usar el comando de terminal cd, de "cambiar de directorio", para navegar hasta su sistema de archivos. El comando ls, de "lista", muestra todos los archivos no ocultos que se encuentran en el directorio actual.

Abra una nueva ventana de terminal e introduzca los siguientes comandos para ejecutar hello_world.py:

```
~$ cd Desktop/python_work/
~/Desktop/python_work$ ls
hello_world.py
~/Desktop/python_work$ python3 hello_world.py
Hello Python world!
```

En primer lugar, utilice el comando cd para navegar hasta la carpeta python_work, que está en la carpeta Desktop (el escritorio). A continuación, utilice el comando ls para asegurarse de que hello_world.py está en esa carpeta. Finalmente, ejecute el archivo con el comando python3 hello_world.py.

La mayoría de sus programas se ejecutarán sin problemas desde su editor, pero, a medida que su trabajo gane en complejidad, le interesará ejecutar algunos programas desde un terminal.

PRUÉBELO

Los ejercicios de este capítulo son de carácter exploratorio. A partir del capítulo 2, los retos que resolverá se basarán en lo aprendido.

- **1-1. python.org:** Explore la página de inicio de Python (https://python.org/) en busca de temas que le interesen. A medida que se familiarice con Python, encontrará más secciones que le resulten útiles en el sitio web.
- **1-2. Erratas en Hello World:** Abra el archivo hello_world.py que acabamos de crear. Introduzca una errata en cualquier parte de la línea y vuelva a ejecutar el programa. ¿Ha producido la errata un error? ¿Le ve sentido al mensaje de error? ¿Puede escribir una errata que no genere un error? ¿Por qué cree que no ha generado un error?
- **1-3. Habilidades infinitas:** Si tuviese habilidades de programación infinitas, ¿qué crearía? Está a punto de aprender a programar. Si tiene un objetivo en mente, tendrá un uso inmediato para sus nuevas habilidades; ahora es un buen momento para redactar un resumen de lo que le gustaría crear. Es buena opción tener una libreta de ideas que pueda consultar cada vez que quiera iniciar un proyecto nuevo. Tómese unos minutos para describir tres programas que le gustaría crear.

Resumen

En este capítulo, ha adquirido algunos conocimientos básicos sobre Python en general y lo ha instalado en su sistema, si es que no lo tenía ya. También ha instalado un editor de texto que facilita la escritura de código Python. Ha ejecutado *snippets* de código Python en una sesión de terminal y ha ejecutado su primer programa, hello_world.py. También es probable que haya aprendido algo sobre la solución de problemas.

En el próximo capítulo, aprenderá sobre los distintos tipos de datos con los que puede trabajar en sus programas de Python y también usará variables.

2

VARIABLES Y TIPOS DE DATOS SIMPLES

 En este capítulo, conocerá los distintos tipos de datos con los que puede trabajar en sus programas de Python. También aprenderá a usar variables para representar datos en un programa.

Lo que pasa en realidad cuando ejecutamos hello_world.py

Echemos un vistazo a lo que hace Python cuando ejecutamos hello_world.py. Resulta que Python trabaja bastante, incluso cuando ejecuta un programa sencillo:

hello_world.py

```
print("Hello Python world!")
```

Al ejecutar este código, obtendrá el siguiente resultado:

```
Hello Python world!
```

Cuando ejecutamos el archivo hello_world.py, la extensión .py indica que se trata de un programa de Python. El editor ejecuta entonces el archivo a través del intérprete de Python, que lee el programa y determina lo que significa cada palabra. Por ejemplo, cuando ve la palabra print seguida de paréntesis, imprime (es decir, muestra) en la pantalla lo que hay entre los paréntesis. Cuando escribimos programas, el editor resalta distintas partes del programa de formas diferentes. Por ejemplo, se da cuenta de que print() es el nombre de una función y muestra esa palabra de un color. Reconoce que "Hello Python world!" no es código Python y muestra esa frase en un color diferente. Esta característica se conoce con el nombre de "resaltado de sintaxis" y le resultará muy útil cuando empiece a escribir sus propios programas.

Variables

Vamos a probar a usar una variable en hello_world.py. Añada una línea al principio del archivo y modifique la segunda línea:

hello_world.py

```
message = "Hello Python world!"
print(message)
```

Ejecute el programa a ver qué pasa. Debería ver la misma salida de antes:

```
Hello Python world!
```

Hemos añadido una variable llamada message. Todas las variables están conectadas a un valor, que es la información asociada con ellas. En este caso, el valor es el texto "Hello Python world!".

Añadir una variable da un poco más de trabajo al intérprete de Python. Cuando procesa la primera línea, asocia la variable message con el texto "Hello Python world!". Cuando llega a la segunda línea, imprime el valor asociado a message en la pantalla.

Vamos a expandir este programa modificando hello_world.py para que imprima un segundo mensaje. Añada una línea en blanco a hello_world.py y luego escriba estas dos líneas de código:

```
message = "Hello Python world!"
print(message)

message = "Hello Python Crash Course world!"
print(message)
```

Ahora, cuando ejecute hello_world.py, debería ver una salida con dos líneas:

```
Hello Python world!
Hello Python Crash Course world!
```

Puede cambiar el valor de una variable en su programa en cualquier momento y Python siempre seguirá la pista a su valor actual.

Nombrar y usar variables

Cuando utilizamos variables en Python, es necesario seguir una serie de normas y directrices. La ruptura de alguna de esas reglas dará lugar a errores; otras directrices solo nos ayudan a escribir código más fácil de leer y entender. Procure recordar estas reglas al trabajar con variables:

- Los nombres de variable solo pueden contener letras, números y guiones bajos. Pueden empezar por una letra o un guion, pero no por un número. Por ejemplo, podemos llamar a una variable `message_1`, pero no `1_message`.
- Los espacios no están permitidos en los nombres de variable, pero los guiones pueden servir para separar las palabras. Por ejemplo, `greeting_message` funciona, pero `greeting message` dará error.
- Evite usar palabras clave y nombres de función de Python como nombres de variable. Por ejemplo, no use palabras como `print` como nombre de variable, puesto que Python la tiene reservada para un uso de programación concreto (consulte la sección "Palabras clave y funciones integradas de Python").
- Los nombres de variable deben ser cortos pero descriptivos. Por ejemplo, `nombre` es mejor que `n`, `nombre_alumno`, que a su vez es mejor que `n_a` y `nombre_longitud`, que a su vez es mejor que `longitud_de_nombre_de_persona`.
- Tenga cuidado al usar la "l" minúscula y la "O" mayúscula porque se pueden confundir con los números 1 y 0.

Puede requerir un poco de práctica aprender a crear buenos nombres de variable, sobre todo a medida que los programas se vayan complicando. A medida que escriba programas y empiece a leer el código de otras personas, mejorará en la creación de nombres significativos.

Nota: Las variables de Python que usaremos de momento son en minúscula. No obtendrá errores si usa mayúsculas, pero las mayúsculas en nombres de variable tienen significados especiales que veremos en capítulos posteriores.

Evitar errores con los nombres al usar variables

Todo programador comete errores; la mayoría, a diario. Aunque los buenos programadores pueden generar errores, también saben cómo responder de forma eficaz. Vamos a ver un error que probablemente cometerá pronto y aprenderemos a solucionarlo.

Vamos a escribir código que genere un error a propósito. Escriba lo siguiente, incluida la palabra `mesage` mal escrita (en negrita):

```
message = "Hello Python Crash Course reader!"
print(mesage)
```

Cuando se produce un error en un programa, el intérprete de Python intenta por todos los medios averiguar dónde está el problema y ofrece un rastreo (o *traceback*) cuando un programa no puede ejecutarse correctamente. Este rastreo es un registro que indica dónde encontró problemas el intérprete al intentar ejecutar el código.

Aquí tiene un ejemplo del *traceback* que ofrece Python cuando hemos escrito mal sin querer el nombre de una variable:

```
Traceback (most recent call last):
❶   File "hello_world.py", line 2, in <module>
❷     print(mesage)
            ^^^^^^
❸ NameError: name 'mesage' is not defined. Did you mean: 'message'?
```

La salida indica que se ha producido un error en la línea 2 del archivo `hello_world.py` ❶. El intérprete muestra la línea ❷ para ayudarnos a detectar el error rápido y nos dice el tipo de error que ha encontrado ❸. En este caso, se trata de un error con un nombre y nos informa de que la variable que se va a imprimir, `mesage`, no se ha definido. Python no puede identificar el nombre de variable suministrado. Cuando hay un error con un nombre puede ser que hayamos olvidado configurar un valor para la variable antes de usarla o que hayamos escrito mal el nombre de la variable. Si Python encuentra un nombre de variable similar al que no reconocer, preguntará si es el nombre que desea utilizar.

En este ejemplo hemos omitido la letra "s" en el nombre de la variable de la segunda línea. El intérprete de Python no comprueba la ortografía de nuestro código, pero sí se asegura de que los nombres de las variables estén bien escritos. Veamos qué ocurre si, por ejemplo, escribimos mal `message` en la línea que define la variable.

```
mesage = "Hello Python Crash Course reader!"
print(mesage)
```

¡En este caso, el programa funciona!

```
Hello Python Crash Course reader!
```

Los nombres de las variables coinciden, de modo que Python no ve problema alguno. Los lenguajes de programación son estrictos, pero no tienen en cuenta la ortografía. En consecuencia, no hace falta considerar las reglas ortográficas y gramaticales del inglés o el español al probar nombres de variable y escribir código.

Muchos errores de programación son simplemente erratas de un carácter en una línea del programa. Si pasa mucho tiempo buscando este tipo de errores, sepa que no es el único. Muchos programadores experimentados y con talento dedican horas a localizar este tipo de errores minúsculos. Tómeselo con humor y siga adelante, siendo consciente de que es algo que le pasará con frecuencia en su vida de programador.

Las variables son etiquetas

A menudo se describen las variables como cajas en las que se puede almacenar valores. Esta idea puede resultar útil cuando se empieza a usar una variable, pero no describe con precisión cómo se representan las variables internamente en Python. Conviene pensar en las variables como etiquetas a las que podemos asignar valores. También podría decirse que una variable hace referencia a un valor determinado.

Seguramente este matiz sea irrelevante en sus primeros programas, pero merece la pena conocerlo cuanto antes. En algún momento, se topará con un comportamiento inesperado de una variable: saber con exactitud cómo funcionan las variables le ayudará a descubrir qué ha pasado en su código.

Nota: La mejor manera de entender nuevos conceptos de programación es intentar usarlos en sus programas. Si se atasca mientras trabaja con un ejercicio de este libro, pruebe a hacer otra cosa un rato. Si sigue atascado, revise la parte relevante del capítulo. Si aun así necesita ayuda, consulte el apéndice C.

PRUÉBELO

Escriba un programa diferente para cada uno de estos ejercicios. Guarde cada programa con un nombre de archivo que siga las convenciones de Python, con minúsculas y guiones bajos, como `mensaje_simple.py` y `mensajes_simples.py`.

- **2-1. Mensaje simple:** Asigne un mensaje a una variable e imprima ese mensaje.
- **2-2. Mensajes simples:** Asigne un mensaje a una variable e imprímalo. Luego, cambie el valor de la variable por un mensaje diferente e imprima el nuevo mensaje.

Cadenas

Dado que la mayoría de los programas definen y recopilan algún tipo de datos para hacer algo útil con ellos, conviene clasificar distintos tipos de datos. El primero que veremos es la cadena. Las cadenas son bastante simples a primera vista, pero tienen múltiples usos.

Una cadena es una serie de caracteres. Cualquier cosa que se escriba entre comillas se considera una cadena en Python. Para delimitar las cadenas podemos utilizar comillas simples o dobles:

```
"Esto es una cadena."
'Esto también es una cadena.'
```

Esta flexibilidad nos permite usar comillas y apóstrofos dentro de nuestras cadenas:

```
'Le dije a mi amigo: "¡Python es mi lenguaje favorito!"'
"El lenguaje 'Python' se llama así por Monty Python, no por la serpiente."
"Una de las fortalezas de Python es su comunidad diversa y solidaria."
```

Vamos a explorar algunas de las formas en las que podemos usar cadenas.

Cambiar mayúsculas y minúsculas en una cadena con métodos

Una de las tareas más sencillas que podemos hacer con cadenas es cambiar las mayúsculas y minúsculas de las palabras que las componen. Observe el siguiente código y trate de determinar qué está pasando:

name.py

```
name = "ada lovelace"
print(name.title())
```

Guarde el archivo como `name.py` y ejecútelo. Debería ver esta salida:

```
Ada Lovelace
```

En este ejemplo, la variable `name` se refiere a la cadena en minúsculas `"ada lovelace"`. El método `title()` aparece después de la variable en la llamada a `print()`. Un método es una acción que Python puede realizar con datos. El punto (.) detrás de `name` en `name.title()` le dice a Python que haga actuar el método `title()` sobre la variable `name`. Cada método va seguido de un par de paréntesis porque los métodos suelen requerir información adicional para hacer su trabajo. Esa información va entre los paréntesis. La función `title()` no necesita información adicional; por eso, los paréntesis están vacíos.

El método `title()` cambia cada palabra a formato de título, con inicial mayúscula en todas las palabras. Esto es útil porque a menudo nos interesa pensar en un nombre como una información. Por ejemplo, puede que queramos que nuestro programa reconozca los valores de entrada `Ada`, `ADA` y `ada` como el mismo nombre y muestre todos ellos como `Ada`.

Hay otros muchos métodos útiles para tratar con mayúsculas y minúsculas. Por ejemplo, podemos cambiar una cadena a todo mayúsculas o todo minúsculas así:

```
name = "Ada Lovelace"
print(name.upper())
print(name.lower())
```

Esto mostrará lo siguiente:

```
ADA LOVELACE
ada lovelace
```

El método `lower()` es especialmente útil para almacenar datos. Por regla general, no conviene fiarse del uso de las mayúsculas que hagan nuestros usuarios, así que podemos convertir las cadenas a minúsculas antes de guardarlas. Después, a la hora de mostrar la información, podemos usar la grafía que tenga más sentido para cada cadena.

Uso de variables en cadenas

En algunas situaciones, nos interesará usar un valor de variable dentro de una cadena. Por ejemplo, puede que queramos que dos variables representen un nombre y un apellido, respectivamente, y combinar esos valores para mostrar el nombre completo de alguien:

full_name.py

```
first_name = "ada"
last_name = "lovelace"
❶ full_name = f"{first_name} {last_name}"
print(full_name)
```

Para insertar el valor de una variable en una cadena, coloque la letra f justo antes de abrir las comillas ❶. Ponga entre llaves el nombre o los nombres de cualquier variable que quiera usar dentro de la cadena. Python reemplazará cada variable con su valor cuando se muestre la cadena.

Estas cadenas se denominan "cadenas f". La "f" es de "formato" porque Python formatea la cadena reemplazando el nombre de cualquier variable entre llaves con su valor. Esta sería la salida del código anterior:

```
ada lovelace
```

Podemos hacer muchas cosas con las cadenas f. Por ejemplo, podemos usarlas para componer mensajes completos usando la información asociada a una variable, como se muestra aquí:

```
first_name = "ada"
last_name = "lovelace"
full_name = f"{first_name} {last_name}"
❶ print(f"Hello, {full_name.title()}!")
```

Usamos el nombre completo en una frase que salude al usuario ❶. El método `title()` cambia el nombre en formato de título. Este código devuelve un saludo sencillo, pero con un formato adecuado:

```
Hello, Ada Lovelace!
```

También podemos usar cadenas f para componer un mensaje y posteriormente asignar el mensaje completo a una variable:

```
first_name = "ada"
last_name = "lovelace"
full_name = f"{first_name} {last_name}"
❶ message = f"Hello, {full_name.title()}!"
❷ print(message)
```

Este código también muestra el mensaje `Hello, Ada Lovelace!`, pero asignando el mensaje a una variable ❶ hacemos la llamada final a `print()` ❷ mucho más sencilla.

Añadir espacios en blanco a cadenas con tabulaciones o nuevas líneas

En programación, un "espacio en blanco" es cualquier carácter que no se imprima, como un espacio, una tabulación o un símbolo de fin de línea. Podemos usar espacios en blanco para organizar la salida de forma que sea más legible para los lectores.

Para añadir una tabulación a un texto, utilice la combinación de caracteres \t:

```
>>> print("Python")
Python
>>> print("\tPython")
    Python
```

Para añadir una nueva línea en una cadena, use la combinación de caracteres \n:

```
>>> print("Languages:\nPython\nC\nJavaScript")
Languages:
Python
C
JavaScript
```

También se puede combinar tabulaciones y nuevas líneas en una misma cadena. La cadena "\n\t" le indica a Python que pase a una línea nueva y la empiece con una tabulación. El siguiente ejemplo muestra cómo usar una cadena de una línea para generar cuatro líneas de salida:

```
>>> print("Languages:\n\tPython\n\tC\n\tJavaScript")
Languages:
    Python
    C
    JavaScript
```

Las nuevas líneas y las tabulaciones serán muy útiles en los dos capítulos siguientes, donde empezaremos a producir muchas líneas de salida a partir de unas pocas líneas de código.

Eliminar espacios en blanco

Demasiados espacios en blanco pueden resultar confusos en un programa. Para los programadores, 'python' y 'python ' se parecen mucho; sin embargo, para un programa, son dos cadenas diferentes. Python detecta el espacio adicional en 'python ' y lo considera importante, a menos que se le indique lo contrario.

Es importante pensar en el espacio en blanco porque, con frecuencia, nos interesará comparar dos cadenas para determinar si son iguales. Un ejemplo claro podría implicar comprobar los nombres de usuario de la gente cuando se registran en un sitio web. Un espacio en blanco extra puede resultar confuso también en situaciones mucho más simples. Por suerte, Python hace que sea fácil eliminar espacios en blanco sobrantes de los datos introducidos por el usuario.

Python puede buscar espacios en blanco adicionales a la derecha y a la izquierda de una cadena. Para asegurarnos de que no haya espacios en blanco a la derecha, usaremos el método `rstrip()`:

```
❶ >>> favorite_language = 'python '
❷ >>> favorite_language
   'python '
❸ >>> favorite_language.rstrip()
   'python'
❹ >>> favorite_language
   'python '
```

El valor asociado con `favorite_language` ❶ contiene espacios en blanco adicionales al final de la cadena. Cuando pedimos a Python este valor en una sesión de terminal, vemos el espacio al final del valor ❷. Cuando el método `rstrip()` actúa sobre la variable `favorite_language` ❸, este espacio adicional desaparece. Sin embargo, solo se elimina temporalmente. Si pedimos el valor de `favorite_language` otra vez, veremos que la cadena está exactamente igual que cuando se introdujo, incluyendo el espacio extra ❹.

Para eliminar permanentemente un espacio en blanco de una cadena, debemos asociar el valor modificado con el nombre de la variable:

```
   >>> favorite_language = 'python '
❶ >>> favorite_language = favorite_language.rstrip()
   >>> favorite_language
   'python'
```

Para eliminar el espacio en blanco de la cadena, hay que quitarlo de la derecha de la cadena y asociar el nuevo valor con la variable original ❶. A menudo es necesario cambiar el valor de una variable en programación. Es así como se puede actualizar el valor de una variable cuando se ejecuta un programa o en respuesta a la entrada del usuario.

También se puede eliminar espacios en blanco a la izquierda de la cadena con el método `lstrip()`, o en ambos lados al mismo tiempo con `strip()`:

```
❶ >>> favorite_language = ' python '
❷ >>> favorite_language.rstrip()
   ' python'
❸ >>> favorite_language.lstrip()
   'python '
❹ >>> favorite_language.strip()
   'python'
```

En este ejemplo, empezamos con un valor que tiene un espacio en blanco al principio y al final ❶. A continuación, eliminamos el espacio adicional de la derecha ❷, de la izquierda ❸ y de ambos lados ❹. Experimentar con estas funciones le ayudará a familiarizarse con la manipulación de cadenas. En el mundo real, estas funciones de eliminación suelen usarse para limpiar la entrada del usuario antes de guardarla en un programa.

Eliminar prefijos

Eliminar prefijos es una tarea muy común a la hora de trabajar con cadenas. Tomemos como ejemplo una URL con el prefijo `'https://'`. Es preciso eliminar dicho prefijo para poder centrarnos en la parte de la URL que los usuarios deberán introducir en la barra de dirección. Veamos cómo hacerlo:

```
>>> nostarch_url = 'nostarch.com'
>>> nostarch.url.removeprefix('https:// ')
'nostarch.com'
```

Escriba el nombre de la variable seguida de un punto y a continuación el método `removeprefix()`. Entre paréntesis, escriba el prefijo que desea eliminar de la cadena original.

Al igual que los métodos para eliminar espacios en blanco, `removeprefix()` no realizará ningún cambio sobre la cadena original. Si desea mantener el nuevo valor con el prefijo eliminado, puede reasignarlo a la variable original o asignarlo a una nueva variable.

```
>>> simple_url = nostarch.url.removeprefix('https:// ')
```

Cuando vea una URL en una barra de dirección y la parte `'https://'` no se muestre, es probable que el navegador esté utilizando un método como `removeprefix()`.

Evitar errores de sintaxis con cadenas

Un tipo de error que encontrará con cierta frecuencia es el error sintáctico. Estos errores se producen cuando Python no reconoce una sección de un programa como código Python válido. Por ejemplo, si usamos un apóstrofo dentro de comillas simples, obtendremos un error. Esto sucede porque Python interpreta lo que queda entre la primera comilla y el apóstrofo como una cadena y luego intenta interpretar el resto del texto como código Python, lo que produce el error.

Vamos a ver cómo usar bien las comillas simples y dobles. Guarde este programa como `apostrophe.py` y ejecútelo:

apostrophe.py

```
message = "One of Python's strengths is its diverse community."
print(message)
```

El apóstrofo aparece dentro de un par de comillas dobles, así que el intérprete de Python no tiene problemas para leer la cadena correctamente:

```
One of Python's strengths is its diverse community.
```

Sin embargo, si usamos comillas simples, Python no puede identificar dónde debería terminar la cadena:

```
message = 'One of Python's strengths is its diverse community.'
print(message)
```

Aparecerá la siguiente salida:

```
File "apostrophe.py", line 1
  message = 'One of Python's strengths is its diverse community.'
                                                                 ^
SyntaxError: undetermined string literal (detected at line 1)
```

❶

En la salida, vemos que el error se produce justo después de la comilla final simple ❶. Este error sintáctico indica que el intérprete no reconoce algo como código Python válido y que el problema podría ser una cadena con comillas incorrectas. Los errores pueden tener orígenes muy distintos, iré señalando los más habituales cuando surja la oportunidad. Es probable que encuentre errores de sintaxis a menudo mientras aprende a escribir código Python. Estos errores son el tipo de fallo menos específico, así que puede ser difícil y frustrante identificarlos y corregirlos. Si se atasca con un error especialmente obstinado, consulte el apéndice C.

Nota: La función de resaltado de sintaxis de su editor le ayudará a detectar con rapidez algunos errores sintácticos al escribir sus programas. Si ve el código Python resaltado como si fuese inglés o español resaltado como si fuese código Python, es posible que en alguna parte de su archivo haya alguna comilla equivocada.

PRUÉBELO

Guarde cada uno de los siguientes ejercicios como archivo independiente con un nombre como name_cases.py. Si se atasca, tómese un descanso o consulte las sugerencias del apéndice C.

- **2-3. Mensaje personal:** Use una variable para representar el nombre de una persona e imprima un mensaje para esa persona. El mensaje debería ser sencillo, por ejemplo: "Hola, Eric, ¿te gustaría aprender Python hoy?".
- **2-4. Grafía de nombres:** Use una variable para representar el nombre de una persona e imprima ese nombre en minúsculas, mayúsculas y con mayúscula inicial.
- **2-5. Cita célebre:** Busque una cita de un personaje al que admire. Imprima la cita y el nombre del autor. La salida debería tener un aspecto similar a esto, incluidas las comillas:

    Albert Einstein once said, "A person who never made a mistake never tried anything new."

- **2-6. Cita célebre 2:** Repita el ejercicio 2-5, pero, esta vez, represente el nombre de la persona usando una variable llamada famous_person. Después, componga el mensaje y represéntelo con una nueva variable llamada message. Imprima su mensaje.
- **2-7. Eliminar espacios de nombres:** Use una variable para representar el nombre de una persona e incluya algunos caracteres de espacio en blanco al principio y al final del nombre. Asegúrese de usar cada combinación de caracteres, "\t" y "\n", al menos una vez. Imprima el nombre una vez, de modo que se muestren los espacios de alrededor.

  A continuación, imprima el nombre usando cada una de las tres funciones que hemos visto: lstrip(), rstrip() y strip().
- **2-8. Extensiones de archivos:** Python cuenta con el método removesuffix(), que funciona exactamente igual que el método removeprefix(). Asigne el valor 'python_notes.txt' a una variable llamada filename. A continuación, utilice el método removesuffix() para mostrar el nombre de archivo sin la extensión de archivo, como ocurre con algunos exploradores de archivo.

Números

Los números se usan con bastante frecuencia en programación para llevar las puntuaciones de los juegos, representar datos en visualizaciones, almacenar información en aplicaciones web, etc. Python trata los números de distintas maneras, dependiendo de cómo se usen. Primero, veremos cómo gestiona los enteros, ya que son lo más fácil para trabajar.

Enteros

Podemos sumar (+), restar (-), multiplicar (*) y dividir (/) enteros en Python.

```
>>> 2 + 3
5
>>> 3 - 2
1
>>> 2 * 3
6
>>> 3 / 2
1.5
```

En una sesión de terminal, Python simplemente devuelve el resultado de la operación. Este lenguaje usa dos símbolos de multiplicación para representar exponentes:

```
>>> 3 ** 2
9
>>> 3 ** 3
27
>>> 10 ** 6
1000000
```

Python respeta el orden de las operaciones, así que se pueden usar varias en una expresión. También podemos emplear paréntesis para modificar el orden de las operaciones y que Python evalúe las expresiones en el orden que especifiquemos. Por ejemplo:

```
>>> 2 + 3*4
14
>>> (2 + 3) * 4
20
```

El espaciado de estos ejemplos no afecta a la forma en que Python evalúa las expresiones; simplemente nos ayuda a ver más rápido las operaciones que tienen prioridad al leer el código.

Flotantes

En Python, se considera "flotante" cualquier número con un decimal. Este término se usa en la mayoría de los lenguajes de programación y hace referencia al hecho de que un punto decimal puede aparecer en cualquier posición dentro de un número. Cualquier lenguaje de programación debe diseñarse cuidadosamente para manejar bien los números decimales y que los números se comporten de la forma adecuada, independientemente de dónde aparezca el decimal.

En general, puede usar decimales sin preocuparse por su comportamiento. Simplemente introduzca los números que quiere usar y Python hará lo que cabría esperar:

```
>>> 0.1 + 0.1
0.2
>>> 0.2 + 0.2
0.4
>>> 2 * 0.1
0.2
>>> 2 * 0.2
0.4
```

No obstante, tenga en cuenta que, a veces, puede obtener un número arbitrario de posiciones decimales en la respuesta:

```
>>> 0.2 + 0.1
0.30000000000000004
>>> 3 * 0.1
0.30000000000000004
```

Es algo que pasa en todos los lenguajes y no es para preocuparse. Python intenta buscar la forma de representar el resultado con la mayor precisión posible, lo que a veces es difícil viendo cómo los ordenadores representan los números internamente. De momento, ignore los decimales extra; ya aprenderá a lidiar con ellos cuando lo necesite en los proyectos de la segunda parte del libro.

Enteros y flotantes

Cuando dividimos dos números, aunque sean enteros que dan un resultado exacto, siempre obtenemos un flotante:

```
>>> 4/2
2.0
```

Si mezclamos un entero y un flotante en una operación, también obtendremos un flotante:

```
>>> 1 + 2.0
3.0
>>> 2 * 3.0
6.0
>>> 3.0 ** 2
9.0
```

Python va por defecto a un flotante siempre que una operación use un flotante, incluso aunque la salida sea un resultado exacto.

Guiones en números

Cuando escribimos números largos, podemos agrupar los dígitos usando guiones bajos para hacer los números más legibles:

```
>>> universe_age = 14_000_000_000
```

Al imprimir un número definido con guiones, Python imprime solo los dígitos:

```
>>> print(universe_age)
14000000000
```

Python ignora los guiones cuando almacena este tipo de valores. Incluso aunque no agrupemos los dígitos de tres en tres, el valor no se verá afectado. Para Python, 1000 es lo mismo que 1_000, que, a su vez, es igual que 10_00. Esta característica funciona tanto para enteros y para decimales.

Asignación múltiple

Podemos asignar valores a más de una variable usando solo una línea. Esto ayuda a acortar los programas y hacerlos más fáciles de leer; usará esta técnica con mayor frecuencia cuando inicialice un conjunto de números.

Por ejemplo, así inicializaríamos las variables x, y y z a cero:

```
>>> x, y, z = 0, 0, 0
```

Hay que separar los nombres de las variables con comas y hacer lo mismo con los valores para que Python asigne cada valor a la variable respectiva. Siempre y cuando el número de valores coincida con el número de variables, Python los relacionará correctamente.

Constantes

Una constante es como una variable cuyo valor permanece invariable a lo largo del programa. Python no tiene tipos de constantes integrados, pero los programadores de Python utilizan mayúsculas para indicar que una variable debería tratarse como una constante y no alterarse nunca:

```
MAX_CONNECTIONS = 5000
```

Cuando quiera tratar una variable como una constante en su código, escriba todo el nombre en mayúsculas.

PRUÉBELO

- **2-9. Número ocho:** Escriba operaciones de suma, resta, multiplicación y división que den como resultado el número 8. Asegúrese de incluir sus operaciones en llamadas a `print()` para ver los resultados. Debería crear cuatro líneas con este aspecto:

```
print(5+3)
```

La salida debería ser simplemente cuatro líneas con el número 8 una vez en cada una.
- **2-10. Número favorito:** Use una variable para representar su número favorito. A continuación, usando esa variable, cree el mensaje que revele su número favorito e imprímalo.

Comentarios

Los comentarios son una característica extremadamente útil en la mayoría de los lenguajes de programación. Todo lo que ha escrito en sus programas hasta ahora es código Python, pero, a medida que sus programas crezcan en longitud y complejidad, deberá ir añadiendo notas que describan su enfoque general para el problema que está resolviendo. Un comentario permite escribir notas en el idioma del usuario dentro de un programa.

¿Cómo se escriben los comentarios?

En Python, la almohadilla (#) indica un comentario. El intérprete de Python ignorará cualquier cosa que vaya detrás de una almohadilla. Por ejemplo:

comment.py

```
# Saludar a todos.
print("Hello Python people!")
```

Python ignora la primera línea y ejecuta la segunda.

```
Hello Python people!
```

¿Qué tipo de comentarios debería escribir?

La principal razón para escribir comentarios es explicar qué se supone que hace el código y cómo hacemos que funcione. Mientras trabajamos en un proyecto, entendemos cómo encajan todas las piezas; sin embargo, cuando lo abandonamos un tiempo y volvemos a él, es posible que hayamos olvidado los detalles. Siempre podemos estudiar el código y tratar de adivinar cómo se supone que actúa cada segmento, pero escribir buenos comentarios nos ahorra tiempo resumiendo el enfoque general en un lenguaje inteligible. Si quiere convertirse en programador profesional o colaborar con otros programadores, tendrá que escribir buenos comentarios. Actualmente, la mayoría del código se escribe de forma colaborativa, ya sea por un grupo de empleados de una empresa o por un grupo de personas que trabajan juntas en un proyecto de código abierto. Los programadores cualificados esperan encontrar comentarios en el código, así que lo mejor será que empiece a añadir comentarios descriptivos a sus programas. Escribir comentarios claros y concisos en el código es uno de los hábitos más beneficiosos que puede adoptar como nuevo programador.

A la hora de determinar si escribir o no un comentario, pregúntese si ha tenido que considerar varias opciones antes de dar con una forma razonable de hacer que algo funcione; si es el caso, deje un comentario sobre la solución. Es mucho más fácil borrar después comentarios adicionales que retroceder y escribir comentarios para un programa poco comentado. A partir de ahora, usaré comentarios en los ejemplos del libro para explicar algunas secciones de código.

PRUÉBELO

- **2-11. Añadir comentarios:** Elija dos de los programas que ha escrito y escriba al menos un comentario en cada uno de ellos. Si no tiene nada concreto que decir porque los programas son todavía demasiado simples, añada su nombre y la fecha al principio de cada archivo de programa. Luego escriba una frase describiendo qué hace el programa.

El Zen de Python

Los programadores de Python experimentados le animarán a evitar complejidades y buscar la simplicidad siempre que sea posible. La filosofía de la comunidad Python está recogida en *The Zen of Python*, de Tim Peters. Puede acceder a este breve compendio (en inglés) de principios para escribir buen código Python escribiendo `import this` en su intérprete. No voy a reproducir aquí todo el "Zen de Python", pero compartiré algunas líneas para ayudarle a entender por qué estos principios son importantes para usted como programador de Python en ciernes.

```
>>> import this
The Zen of Python, by Tim Peters
Beautiful is better than ugly.
```

"Bonito mejor que feo". Los programadores de Python creen que el código puede ser bonito y elegante. Al programar, resolvemos problemas. Los programadores siempre han respetado las soluciones bien diseñadas, eficientes e incluso bonitas. A medida que aprenda más sobre Python y lo use para escribir más código, alguien que observe su trabajo podrá decir: "¡Vaya, qué código más bonito!".

```
Simple is better than complex.
```

"Simple mejor que complejo". Si puede elegir entre una solución simple y una compleja y las dos funcionan, elija la más sencilla. Su código será más fácil de mantener y tanto usted como otros podrán usarlo como base con facilidad.

```
Complex is better than complicated.
```

"Complejo mejor que complicado". La vida real es caótica y a veces es imposible encontrar una solución simple para un problema. En ese caso, use la solución menos complicada que funcione.

```
Readability counts.
```

"La legibilidad importa". Incluso cuando el código sea complejo, intente que sea legible. Cuando trabaje en un proyecto de codificación compleja, concéntrese en escribir comentarios informativos para ese código.

```
There should be one-- and preferably only one --obvious way to do it.
```

"Debería haber una, y preferiblemente solo una, forma obvia de hacerlo". Si se pide a dos programadores de Python que resuelvan el mismo problema, deberían dar con soluciones relativamente compatibles entre sí. Eso no significa que no haya espacio para la creatividad en la programación. ¡Al contrario, siempre lo hay! Sin embargo, buena parte de la programación consiste en usar pequeños enfoques comunes a situaciones simples dentro de un proyecto más grande y creativo. Los entresijos de sus programas deberían tener sentido para otros programadores de Python.

```
Now is better than never.
```

"Ahora es mejor que nunca". Podría pasar el resto de su vida aprendiendo todas las complejidades de Python y la programación en general, pero entonces nunca completaría ningún proyecto. No intente escribir código perfecto; escriba código que funcione y luego decida si mejorarlo para ese proyecto o pasar a algo nuevo.

Cuando avance al siguiente capítulo y empiece a sumergirse en temas más complejos, recuerde esta filosofía de sencillez y claridad. Los programadores experimentados respetarán más su código y estarán encantados de darle su opinión y colaborar con usted en proyectos interesantes.

PRUÉBELO

- **2-12. Zen de Python:** Escriba import this en una sesión de terminal de Python y lea todos los principios.

Resumen

En este capítulo hemos visto cómo trabajar con variables. Ha aprendido a usar nombres de variable descriptivos y a resolver errores con los nombres y la sintaxis cuando se producen. Ha descubierto qué son las cadenas y cómo mostrar cadenas en minúsculas, mayúsculas y con iniciales mayúsculas. Hemos empezado a usar espacios en blanco para organizar una salida limpia y ya sabemos cómo eliminar elementos innecesarios de distintas partes de una cadena. Hemos empezado a trabajar con enteros y flotantes y ha aprendido algunas formas de trabajar con datos numéricos. También ha aprendido a escribir comentarios explicativos para que su código sea más fácil de entender. Por último, hemos repasado la filosofía de mantener el código lo más simple posible, siempre que se pueda.

En el capítulo 3, veremos cómo guardar colecciones de información en estructuras de datos llamadas "listas". Aprenderá a trabajar con ellas, manipulando la información que contienen.

3

INTRODUCCIÓN A LAS LISTAS

En este capítulo y el siguiente, descubrirá qué son las listas y cómo empezar a trabajar con los elementos que contienen. Las listas permiten almacenar conjuntos de información en una ubicación, independientemente de si se trata de unos pocos elementos o de millones. Las listas son una de las características más potentes de Python, fácilmente accesibles para los nuevos programadores, y aúnan muchos conceptos importantes de programación.

¿Qué es una lista?

Una lista es una colección de elementos dispuestos en un orden particular. Podemos crear una lista que incluya las letras del abecedario, los números del 0 al 9, o los nombres de todos nuestros familiares. Podemos incluir todo lo que queramos en una lista y esos elementos no tienen por qué estar relacionados de una forma concreta. Dado que una lista suele contener más de un elemento, conviene ponerle un nombre en plural, como letras, números o nombres.

En Python, el uso de corchetes ([]) indica una lista. Dentro de ella, los elementos individuales se separan mediante comas. Aquí tiene un sencillo ejemplo de lista con diversos tipos de bicicleta:

bicycles.py

```
bicycles = ['trek', 'cannondale', 'redline', 'specialized']
print(bicycles)
```

Si pedimos a Python que imprima una lista, nos devolverá su representación de la lista, incluidos los corchetes:

```
['trek', 'cannondale', 'redline', 'specialized']
```

Dado que no es esa la salida que queremos que vean nuestros usuarios, vamos a aprender a acceder a los elementos individuales de una lista.

Acceder a los elementos de una lista

Las listas son colecciones ordenadas, así que podemos acceder a cualquiera de sus elementos indicando a Python la posición, o el índice, del elemento deseado. Para acceder a un elemento de una lista, escriba el nombre de la lista seguido del índice del elemento entre corchetes.

Por ejemplo, vamos a sacar la primera bicicleta de la lista `bicycles`:

```
bicycles = ['trek', 'cannondale', 'redline', 'specialized']
print(bicycles[0])
```

Cuando pedimos un elemento individual de una lista, Python devuelve justo ese elemento, sin corchetes:

```
trek
```

Este es el resultado que queremos que vean los usuarios: una salida limpia y con un formato cuidado.

También podemos usar los métodos de cadena del capítulo 2 con cualquier elemento de esta lista. Por ejemplo, podemos dar un formato más cuidado al elemento `'trek'` empleando el método `title()`:

```
bicycles = ['trek', 'cannondale', 'redline', 'specialized']
print(bicycles[0].title())
```

Este ejemplo produce la misma salida que el anterior, pero en esta ocasión `'Trek'` aparece en mayúscula.

Las posiciones de índice empiezan en 0, no en 1

Python considera que el primer elemento de una lista está en la posición 0, no en la 1. Esto ocurre en la mayoría de los lenguajes de programación, y la razón tiene que ver con cómo se implementan las operaciones con listas en un nivel inferior. Si recibe resultados inesperados, pregúntese si no estará cometiendo un simple (pero frecuente) error por uno.

El segundo elemento de una lista tiene el índice 1. Usando este sistema para contar, puede obtener cualquier elemento que desee restando uno a su posición en la lista. Por ejemplo, para acceder al cuarto elemento, tendrá que solicitar el índice 3.

Lo siguiente pide las bicicletas de los índices 1 y 3:

```
bicycles = ['trek', 'cannondale', 'redline', 'specialized']
print(bicycles[1])
print(bicycles[3])
```

Este código devuelve la segunda y la cuarta bicicleta de la lista:

```
cannondale
specialized
```

Python tiene una sintaxis especial para acceder al último elemento de una lista. Si pedimos el elemento con índice -1, Python siempre devolverá el último de la lista:

```
bicycles = ['trek', 'cannondale', 'redline', 'specialized']
print(bicycles[-1])
```

Este código devuelve el valor `'specialized'`. Esta sintaxis es bastante útil porque a menudo nos interesa acceder a los últimos elementos de una lista sin conocer exactamente la longitud de esta. Esta convención se extiende a otros valores de índice negativos. El índice -2 devuelve el penúltimo elemento de la lista, -3 el tercero empezando por el final, y así sucesivamente.

Usar valores individuales de una lista

Podemos usar valores individuales de una lista igual que haríamos con cualquier otra variable. Por ejemplo, podemos usar cadenas f para crear un mensaje basado en un valor de una lista.

Vamos a probar a sacar la primera bici de la lista y a componer un mensaje usando ese valor.

```
bicycles = ['trek', 'cannondale', 'redline', 'specialized']
message = f"My first bicycle was a {bicycles[0].title()}."

print(message)
```

Creamos una oración con el valor de `bicycles[0]` y le asignamos la variable `message`. La salida es una sencilla oración sobre la primera bicicleta de la lista:

```
My first bicycle was a Trek.
```

Modificar, añadir y eliminar elementos

La mayoría de las listas que cree serán dinámicas, lo que significa que creará la lista para posteriormente añadir y eliminar elementos a medida que el programa siga su curso. Por ejemplo, podría crear un juego en el que un jugador tenga que disparar alienígenas en el espacio. Podría guardar el conjunto inicial de alienígenas en una lista y eliminar uno cada vez que le disparen. La lista de extraterrestres aumentará y disminuirá en el transcurso del juego.

Modificar elementos en una lista

La sintaxis para modificar un elemento es similar a la usada para acceder a un elemento en una lista. Para cambiar un elemento, use el nombre de la lista seguido del índice del elemento que desea modificar y proporcione el nuevo valor que quiere darle.

Por ejemplo, supongamos que tenemos una lista de motos cuyo primer elemento es 'honda'. ¿Cómo cambiamos el valor de este primer elemento una vez creada la lista?

motorcycles.py

```
motorcycles = ['honda', 'yamaha', 'suzuki']
print(motorcycles)

motorcycles[0] = 'ducati'
print(motorcycles)
```

En este ejemplo definimos la lista motorcyles, con 'honda' como primer elemento.

A continuación, cambiamos el valor del primer elemento por `'ducati'`. La salida muestra que el primer elemento ha cambiado realmente, mientras que el resto de la lista permanece igual:

```
['honda', 'yamaha', 'suzuki']
['ducati', 'yamaha', 'suzuki']
```

Podemos cambiar el valor de cualquier elemento de una lista, no solo del primero.

Añadir elementos a una lista

Puede que le interese añadir un elemento nuevo a una lista por varios motivos. Por ejemplo, a lo mejor quiere hacer que aparezcan nuevos alienígenas en un juego, nuevos datos en una visualización o nuevos usuarios registrados en un sitio web que ha creado. Python ofrece varias formas de añadir datos nuevos a listas existentes.

Adjuntar elementos al final de una lista

La forma más fácil de añadir un elemento nuevo es adjuntarlo a la lista. Al hacerlo, el nuevo elemento se añade al final. Usando la misma lista del ejemplo anterior, vamos a añadir el elemento `'ducati'` al final:

```
motorcycles = ['honda', 'yamaha', 'suzuki']
print(motorcycles)

motorcycles.append('ducati')
print(motorcycles)
```

El método `append()` añade `'ducati'` al final de la lista sin afectar a ninguno de los otros elementos:

```
['honda', 'yamaha', 'suzuki']
['honda', 'yamaha', 'suzuki', 'ducati']
```

El método `append()` facilita la creación dinámica de listas. Por ejemplo, podemos empezar con una lista vacía y añadir elementos después con una serie de llamadas a `append()`. Usando una lista en blanco, vamos a añadirle los elementos `'honda'`, `'yamaha'` y `'suzuki'`:

```
motorcycles = []

motorcycles.append('honda')
motorcycles.append('yamaha')
motorcycles.append('suzuki')

print(motorcycles)
```

La lista resultante es exactamente igual que las listas de los ejemplos anteriores:

```
['honda', 'yamaha', 'suzuki']
```

Es muy habitual crear listas así porque, a menudo, no sabemos qué datos van a guardar nuestros usuarios en un programa hasta después de ejecutarlo. Para dar el control a los usuarios, empiece por definir una lista vacía que aloje los valores de los usuarios. A continuación, adjunte cada nuevo valor suministrado a la lista que acaba de crear.

Insertar elementos en una lista

Podemos añadir un elemento nuevo a una lista en cualquier posición con el método insert(). Para ello, especificaremos el índice del nuevo elemento y su valor.

```
motorcycles = ['honda', 'yamaha', 'suzuki']

motorcycles.insert(0, 'ducati')
print(motorcycles)
```

En este ejemplo, insertamos el valor 'ducati' al principio de la lista. El método insert() abre un espacio en la posición 0 y guarda ahí el valor 'ducati'.

```
['ducati', 'honda', 'yamaha', 'suzuki']
```

Esta operación desplaza todos los demás valores de la lista una posición a la derecha.

Eliminar elementos de una lista

Con frecuencia, necesitará eliminar un elemento o varios de una lista. Por ejemplo, cuando un jugador dispare a un extraterrestre, tendrá que quitarlo de la lista de alienígenas activos. O, si un usuario decide cancelar su cuenta en una aplicación web, tendrá que quitarlo de la lista de usuarios activos. Puede eliminar un elemento según su posición en la lista o según su valor.

Eliminar un elemento con la sentencia del

Si conoce la posición del elemento que desea eliminar de la lista, puede usar la sentencia del:

```
motorcycles = ['honda', 'yamaha', 'suzuki']
print(motorcycles)

del motorcycles[0]
print(motorcycles)
```

En este ejemplo utilizamos la sentencia del para eliminar el primer elemento, 'honda', de la lista de motos:

```
['honda', 'yamaha', 'suzuki']
['yamaha', 'suzuki']
```

Podemos eliminar un elemento en cualquier posición de una lista con la sentencia del si sabemos su índice. Por ejemplo, para quitar el segundo elemento de la lista, 'yamaha', haríamos esto:

```
motorcycles = ['honda', 'yamaha', 'suzuki']
print(motorcycles)

del motorcycles[1]
print(motorcycles)
```

Se ha borrado la segunda motocicleta:

```
['honda', 'yamaha', 'suzuki']
['honda', 'suzuki']
```

En ambos ejemplos, ya no se puede acceder al valor que se ha eliminado de la lista después de usar la sentencia del.

Eliminar un elemento con el método pop()

En ocasiones, necesitaremos usar el valor de un elemento tras haberlo eliminado de una lista. Por ejemplo, podríamos necesitar la posición *x* e *y* de un alienígena al que acaban de derribar para poder dibujar una explosión en esa posición. En una aplicación web podríamos necesitar eliminar a un usuario de una lista de miembros activos para añadirlo a una de miembros inactivos.

El método pop() elimina el último elemento de una lista, pero permite trabajar con él después de eliminarlo. El término "pop" viene del inglés y hace referencia a una pila de elementos de la que se saca el que está más arriba. En esta analogía, la parte superior de la pila corresponde al final de una lista.

Vamos a sacar una moto de nuestra lista:

```
❶ motorcycles = ['honda', 'yamaha', 'suzuki']
  print(motorcycles)

❷ popped_motorcycle = motorcycles.pop()
❸ print(motorcycles)
❹ print(popped_motorcycle)
```

Empezamos definiendo e imprimiendo la lista motorcycles ❶. A continuación, sacamos un valor de la lista y lo guardamos en la variable popped_motorcycle ❷. Imprimimos la lista ❸ para ver si el valor se ha eliminado de la lista. Luego imprimimos el valor retirado ❹ para comprobar que todavía tenemos acceso a él.

La salida muestra que el valor 'suzuki' ha desaparecido del final de la lista y se ha asignado a la variable popped_motorcycle:

```
['honda', 'yamaha', 'suzuki']
['honda', 'yamaha']
suzuki
```

¿Qué utilidad puede tener este método pop()? Imagine que las motos de la lista están guardadas en orden cronológico por fecha de adquisición. En ese caso, podríamos utilizar el método pop() para mostrar una frase sobre la última moto que hemos comprado:

```
motorcycles = ['honda', 'yamaha', 'suzuki']

last_owned = motorcycles.pop()
print(f"The last motorcycle I owned was a {last_owned.title()}.")
```

La salida es una oración sencilla sobre la moto más reciente que hemos tenido:

```
The last motorcycle I owned was a Suzuki.
```

Sacar elementos de cualquier posición de una lista

Podemos usar el método pop() para retirar un elemento de cualquier posición de una lista incluyendo el índice de ese elemento entre paréntesis.

```
motorcycles = ['honda', 'yamaha', 'suzuki']

first_owned = motorcycles.pop(0)
print(f"The first motorcycle I owned was a {first_owned.title()}.")
```

Empezamos retirando la primera moto de la lista y a continuación imprimimos un mensaje sobre ella. La salida es una oración sencilla describiendo mi primera motocicleta:

```
The first motorcycle I owned was a Honda.
```

Recuerde que, cuando utilice pop(), el elemento con el que trabaje dejará de estar guardado en la lista.

Si no está seguro de si debe usar la sentencia del o el método pop(), siga este consejo para tomar su decisión: cuando quiera eliminar un elemento de una lista para no volver a usarlo jamás, use del; si desea usar un elemento al retirarlo de la lista, utilice pop().

Eliminar un elemento por valor

A veces desconocemos la posición del valor que necesitamos eliminar de una lista. Si solo sabemos el valor del elemento, podemos usar el método remove().

Por ejemplo, supongamos que queremos eliminar el valor 'ducati' de la lista de motos.

```
motorcycles = ['honda', 'yamaha', 'suzuki', 'ducati']
print(motorcycles)

motorcycles.remove('ducati')
print(motorcycles)
```

El método `remove()` le indica a Python que averigüe dónde está `'ducati'` en la lista y elimine ese elemento:

```
['honda', 'yamaha', 'suzuki', 'ducati']
['honda', 'yamaha', 'suzuki']
```

También podemos usar el método `remove()` para trabajar con un valor que se va a eliminar de una lista. Vamos a eliminar el valor `'ducati'` y a imprimir la razón por la que lo quitamos de la lista:

```
❶ motorcycles = ['honda', 'yamaha', 'suzuki', 'ducati']
  print(motorcycles)

❷ too_expensive = 'ducati'
❸ motorcycles.remove(too_expensive)
  print(motorcycles)
❹ print(f"\nA {too_expensive.title()} is too expensive for me.")
```

Después de definir la lista ❶, asignamos el valor `'ducati'` a una variable llamada `too_expensive` ❷. Luego usamos esa variable para indicar a Python qué valor eliminar de la lista ❸. El valor `'ducati'` se ha quitado de la lista ❹, pero todavía se puede acceder a él a través de la variable `too_expensive`, lo que nos permite imprimir una oración explicando que hemos quitado `'ducati'` de nuestra lista de motos porque es demasiado cara:

```
['honda', 'yamaha', 'suzuki', 'ducati']
['honda', 'yamaha', 'suzuki']

A Ducati is too expensive for me.
```

Nota: El método `remove()` borra solo la primera aparición del valor especificado. Si cabe la posibilidad de que el valor aparezca más de una vez en la lista, habrá que usar un bucle para asegurarnos de eliminar todas las apariciones. Veremos cómo hacerlo en el capítulo 7.

PRUÉBELO

Los siguientes ejercicios son un poco más difíciles que los del capítulo 2, pero le dan la oportunidad de trabajar con listas de todas las formas descritas.

- **3-4. Lista de invitados:** Si pudiese invitar a cualquiera, vivo o muerto, a cenar, ¿a quién invitaría? Haga una lista de al menos tres personas a las que le gustaría invitar a una cena y úsela para imprimir un mensaje para cada persona invitándole a cenar.

- **3-5. Cambiar la lista de invitados:** Acaba de enterarse de que uno de sus invitados no podrá asistir, así que tiene que enviar un nuevo juego de invitaciones. Tendrá que pensar en otra persona para invitar.
  - Empiece con el programa del ejercicio 3-4. Añada una llamada a `print()` al final del programa indicando el nombre del invitado que no puede asistir.
  - Modifique la lista sustituyendo el nombre del invitado que no puede venir por el de otra persona a la que va a invitar en su lugar.
  - Imprima un segundo grupo de mensajes de invitación, uno para cada persona que haya en la lista ahora.
- **3-6. Más invitados:** Acaba de encontrar una mesa más grande, así que dispone de más espacio. Piense en otros tres invitados más.
  - Empiece con el programa del ejercicio 3-4 o 3-5. Añada una llamada a `print()` al final para informar a la gente de que ha encontrado una mesa de comedor más grande.
  - Use `insert()` para añadir un nuevo invitado al principio de la lista.
  - Use `insert()` para añadir un nuevo invitado en mitad de la lista.
  - Use `append()` para añadir un nuevo invitado al final de la lista.
  - Imprima un nuevo juego de mensajes de invitación, uno para cada persona de la lista.
- **3-7. Reducir la lista de invitados:** Acaba de descubrir que la mesa no llegará a tiempo para la cena y solo tiene espacio para dos invitados.
  - Empiece con el programa de 3-6. Añada una línea que imprima un mensaje diciendo que solo puede invitar a dos personas a cenar.
  - Use `pop()` para eliminar invitados de la lista de uno en uno hasta que solo queden dos. Cada vez que retire un nombre de la lista, imprima un mensaje para esa persona diciendo que lo siente, pero que no puede invitarle a cenar.
  - Imprima un mensaje para cada una de las dos personas que quedan en la lista informándoles de que siguen invitados.
  - Use `del` para borrar los dos últimos nombres de la lista y que se quede vacía. Imprima la lista para asegurarse de que realmente tiene una lista vacía al final del programa.

Organizar una lista

Con frecuencia, las listas se crean siguiendo un orden impredecible, ya que no siempre podemos controlar el orden en el que los usuarios introducen sus datos. Aunque esto es inevitable en la mayoría de las circunstancias, con frecuencia necesitará presentar su información en un orden concreto. A veces, querrá conservar el orden de la lista, pero en otras tendrá que cambiar el orden original. Python ofrece distintas formas de organizar listas, dependiendo de la situación.

Ordenar una lista de manera permanente con el método sort()

El método `sort()` de Python hace que sea relativamente fácil ordenar una lista. Imagine que tenemos una lista de coches y queremos ordenarla para guardarlos alfabéticamente. Para simplificar la tarea, asumiremos que todos los valores de la lista están en minúsculas.

cars.py

```
cars = ['bmw', 'audi', 'toyota', 'subaru']
cars.sort()
print(cars)
```

El método `sort()` cambia el orden de la lista de forma permanente. Los coches están ahora en orden alfabético y ya no se puede volver al orden original:

```
['audi', 'bmw', 'subaru', 'toyota']
```

También se puede ordenar esta lista en orden alfabético inverso, pasando el argumento `reverse=True` al método `sort()`. El siguiente ejemplo ordena la lista de coches en orden alfabético inverso:

```
cars = ['bmw', 'audi', 'toyota', 'subaru']
cars.sort(reverse=True)
print(cars)
```

De nuevo, el cambio en el orden de la lista es permanente:

```
['toyota', 'subaru', 'bmw', 'audi']
```

Ordenar una lista temporalmente con la función sorted()

Para mantener el orden original de una lista, pero presentarla ordenada de otra forma, podemos usar la función `sorted()`, que nos permite mostrar la lista en un orden concreto pero no afecta al orden real de la misma.

Vamos a probar esta función con la lista de coches.

```
cars = ['bmw', 'audi', 'toyota', 'subaru']
```
❶
```
print("Here is the original list:")
print(cars)
```
❷
```
print("\nHere is the sorted list:")
print(sorted(cars))
```
❸
```
print("\nHere is the original list again:")
print(cars)
```

Primero, imprimimos la lista en su orden original ❶ y luego en orden alfabético ❷. Después de mostrarla en un orden nuevo, mostramos que la lista sigue guardada en su orden original ❸.

```
Here is the original list:
['bmw', 'audi', 'toyota', 'subaru']

Here is the sorted list:
['audi', 'bmw', 'subaru', 'toyota']

❶ Here is the original list again:
['bmw', 'audi', 'toyota', 'subaru']
```

Observe que la lista sigue existiendo en su orden original en ❶ después de usar la función sorted(). Esta función también acepta un argumento reverse=True si se quiere mostrar una lista en orden alfabético inverso.

Nota: Ordenar una lista alfabéticamente es un poco más complicado cuando los valores no están en minúsculas. Hay varias formas de interpretar las mayúsculas al determinar un orden y especificar el orden exacto puede ser más complejo de lo que nos interesa ahora. Sin embargo, la mayoría de las aproximaciones a la organización se basan directamente en lo que hemos visto en esta sección.

Imprimir una lista en orden inverso

Para invertir el orden original de una lista, podemos usar el método reverse(). Si guardamos originalmente los coches en orden cronológico tomando en consideración el periodo en el que fuimos sus propietarios, podríamos reorganizar la lista fácilmente en orden cronológico inverso:

```
cars = ['bmw', 'audi', 'toyota', 'subaru']
print(cars)

cars.reverse()
print(cars)
```

Observe que reverse() no genera un orden alfabético inverso, sino que simplemente invierte el orden de la lista:

```
['bmw', 'audi', 'toyota', 'subaru']
['subaru', 'toyota', 'audi', 'bmw']
```

El método reverse() cambia el orden de una lista de forma permanente, pero se puede volver al orden original aplicándolo de nuevo a la misma lista.

Descubrir la longitud de una lista

Podemos descubrir rápidamente la longitud de una lista con la función `len()`. La lista de este ejemplo tiene cuatro elementos, así que su longitud es 4:

```
>>> cars = ['bmw', 'audi', 'toyota', 'subaru']
>>> len(cars)
4
```

La función `len()` le resultará útil cuando tenga que identificar el número de alienígenas pendientes de disparar en un juego, determinar la cantidad de datos que tiene que gestionar en una visualización o saber el número de usuarios registrados en un sitio web, entre otras tareas.

Nota: Python cuenta los elementos de una lista empezando en uno, así que no debería toparse con errores por uno al determinar la longitud de una lista.

PRUÉBELO

- **3-8. Ver el mundo:** Piense en al menos cinco lugares del mundo que le gustaría visitar.
  - Guarde esos lugares en una lista. Asegúrese de no hacerlo en orden alfabético.
  - Imprima la lista en su orden original. No se preocupe por el formato, simplemente imprímala como una lista de Python en bruto.
  - Use `sorted()` para imprimir la lista en orden alfabético sin modificarla realmente.
  - Compruebe que la lista sigue en su orden original imprimiéndola.
  - Use `sorted()` para imprimir la lista en orden alfabético inverso sin cambiar el orden de la lista original.
  - Compruebe que la lista sigue en su orden original imprimiéndola otra vez.
  - Use `reverse()` para cambiar el orden de la lista. Imprímala para comprobar que el orden ha cambiado.
  - Use `reverse()` para cambiar el orden de la lista de nuevo. Imprímala para comprobar que ha vuelto al orden original.
  - Use `sort()` para cambiar la lista y guardarla en orden alfabético. Imprímala para comprobar que el orden ha cambiado.
  - Use `sort()` para cambiar la lista y guardarla en orden alfabético inverso. Imprímala para comprobar que el orden ha cambiado.
- **3-9. Invitados a la cena:** Trabajando con uno de los programas de los ejercicios 3-4 a 3-7, utilice `len()` para imprimir un mensaje indicando el número de personas que va a invitar a cenar.

- **3-10. Todas las funciones:** Piense en algo que podría guardar en una lista. Por ejemplo, podría hacer una lista de montañas, ríos, países, ciudades, idiomas o cualquier otra cosa. Escriba un programa que cree una lista que contenga estos elementos y use cada función presentada en este capítulo al menos una vez.

Evitar errores de índice al trabajar con listas

Hay un tipo de error habitual cuando se trabaja con listas por primera vez. Supongamos que tiene una lista con tres elementos y preguntamos por el cuarto:

motorcycles.py

```
motorcycles = ['honda', 'yamaha', 'suzuki']
print(motorcycles[3])
```

Este ejemplo da como resultado un error de índice:

```
Traceback (most recent call last):
  File "motorcycles.py", line 2, in <module>
    print(motorcycles[3])
          ~~~~~~~~~~~^^^
IndexError: list index out of range
```

Python intenta darle el elemento con índice 3, pero, al buscarlo en la lista `motorcycles`, descubre que tal índice no existe. Dada la naturaleza de empezar a contar en 0 de las listas, este error es típico. La gente cree que el tercer elemento es el número 3 porque empiezan a contar en 1. Pero, en Python, el tercer elemento es el 2 porque empieza a indexar en 0.

Un error de índice significa que Python no puede encontrar un elemento en la posición solicitada. Si se produce en su programa, pruebe a ajustar en uno el índice que busca. Vuelva a ejecutar el programa para ver si el resultado es correcto.

Recuerde que, cuando quiera acceder al último elemento de una lista, debería usar el índice `-1`. Siempre funciona, incluso aunque la lista haya cambiado de tamaño desde su último acceso:

```
motorcycles = ['honda', 'yamaha', 'suzuki']
print(motorcycles[-1])
```

El índice `-1` siempre devuelve el último elemento de una lista, en este caso, el valor `'suzuki'`:

```
'suzuki'
```

La única ocasión en la que este enfoque provocará un error es cuando solicite el último elemento de una lista vacía:

```
motorcycles = []
print(motorcycles[-1])
```

Como no hay elementos en `motorcycles`, Python devuelve otro error de índice:

```
Traceback (most recent call last):
  File "motorcyles.py", line 3, in <module>
    print(motorcycles[-1])
          ~~~~~~~~~~~^^^^
IndexError: list index out of range
```

Nota: Si se produce un error de índice y no sabe cómo resolverlo, pruebe a imprimir la lista o imprima su longitud. Su lista puede ser muy diferente a lo que imaginaba, especialmente si la ha gestionado dinámicamente su programa. Ver la lista real o el número exacto de elementos que contiene puede ayudarle a resolver ese tipo de errores lógicos.

PRUÉBELO

- **3-11. Error intencionado:** Si no ha recibido todavía un error de índice en ninguno de sus programas, fuércelo. Cambie un índice en un programa para producir un error, pero asegúrese de corregirlo antes de cerrar el programa.

Resumen

En este capítulo, hemos visto qué son las listas y cómo trabajar con sus elementos individuales. Ha aprendido a definir una lista y añadir y eliminar elementos. Ha aprendido a ordenar listas de forma permanente y temporal para mostrarlas, cómo descubrir la longitud de una lista y cómo evitar errores de índice al trabajar con listas.

En el capítulo 4, veremos cómo trabajar con los elementos de una lista de una forma más eficiente. Al pasar en bucle por cada elemento de una lista usando unas pocas líneas de código, podrá trabajar con eficiencia incluso cuando sus listas contengan miles o millones de elementos.

4

TRABAJO CON LISTAS

En el capítulo 3 hemos aprendido a crear una lista sencilla y a trabajar con sus elementos individuales. En este capítulo, descubriremos cómo pasar en bucle por una lista entera usando solo unas cuantas líneas de código, independientemente de la longitud de la lista.

Los bucles nos permiten realizar la misma acción, o el mismo conjunto de acciones, con todos los elementos de una lista. Como resultado, podemos trabajar eficientemente con listas de cualquier longitud, incluidas las que tienen miles o incluso millones de elementos.

Pasar en bucle por una lista completa

A menudo nos interesa pasar por todas las entradas de una lista, realizando la misma acción con cada elemento. Por ejemplo, en un juego podríamos necesitar desplazar cada elemento por la pantalla en cantidades iguales, o bien en una lista de números podríamos tener que realizar la misma operación estadística con cada elemento. O tal vez queramos mostrar todos los titulares de una lista de artículos de un sitio web. Para realizar la misma acción con todos los elementos de una lista, se puede usar el bucle for de Python.

Imaginemos que tenemos una lista de nombres de magos y queremos imprimir todos los nombres de la lista. Podríamos hacerlo recuperando cada nombre individualmente, pero este enfoque daría lugar a varios problemas. Para empezar, sería muy repetitivo hacerlo con una lista de nombres muy larga. Además, tendríamos que cambiar el código cada vez que cambiase la longitud de la lista. Un bucle `for` evitaría estos problemas, permitiendo a Python gestionar estos asuntos internamente.

Vamos a usar un bucle `for` para imprimir cada nombre en una lista de magos:

magicians.py

```
magicians = ['alice', 'david', 'carolina']
for magician in magicians:
    print(magician)
```

Empezamos definiendo una lista, igual que hicimos en el capítulo 3. A continuación, definimos un bucle `for`. Esta línea le pide a Python que saque un nombre de la lista de magos y los asocie con la variable `magician`. Seguidamente, le decimos a Python que imprima el nombre que acaba de asignarse a `magician`. Después, Python repite las líneas 2 y 3 una vez por cada nombre de la lista. Este código sería como decir: "Por cada nombre de mago de la lista, imprime el nombre del mago". La salida es una impresión simple de cada nombre de la lista:

```
alice
david
carolina
```

Los bucles en detalle

El concepto de bucle es importante, ya que es una de las formas más habituales en las que un ordenador automatiza tareas repetitivas. Por ejemplo, en un bucle sencillo como el que hemos usado en `magicians.py`, Python lee inicialmente la primera línea del bucle:

```
for magician in magicians:
```

Esta línea le dice a Python que recupere el primer valor de la lista `magicians` y lo asocie con la variable `magician`. Este primer valor es `'alice'`. A continuación, Python lee la siguiente línea:

```
print(magician)
```

Python imprime el valor actual de `magician`, que es todavía `'alice'`. Como la lista contiene más valores, Python regresa a la primera línea del código:

```
for magician in magicians:
```

Python recupera el siguiente nombre de la lista, `'david'`, y asocia ese valor con la variable `magician`. Después, ejecuta la línea:

```
print(magician)
```

Python imprime el valor actual de `magician`, que ahora es `'david'`. Luego repite el bucle entero una vez más con el último valor de la lista, `'carolina'`. Como ya no hay más valores, Python pasa a la siguiente línea del programa. En este caso no hay nada después del bucle `for`, así que se acaba el programa.

Cuando use bucles por primera vez, tenga en cuenta que el conjunto de pasos se repite una vez por cada elemento de la lista, independientemente de cuántos haya. Si su lista tiene un millón de elementos, Python repite estos pasos un millón de veces, normalmente muy deprisa.

Tenga también en cuenta al escribir sus propios bucles `for` que puede elegir cualquier nombre que quiera para la variable temporal que se asociará con cada valor de la lista. Sin embargo, conviene usar un nombre significativo que represente un solo elemento de la lista. Por ejemplo, esta sería una buena forma de iniciar un bucle `for` para una lista de gatos, otra de perros y otra general:

```
for cat in cats:
for dog in dogs:
for item in list_of_items:
```

Estas convenciones de nomenclatura pueden ayudarle a seguir la acción que se realiza con cada elemento dentro de un bucle `for`. Usar nombres en singular y plural puede ayudarle a identificar si una sección de código trabaja con un solo elemento de una lista o con la lista entera.

Sacar más partido a un bucle for

Podemos hacer prácticamente cualquier cosa con cada elemento en un bucle `for`. Siguiendo con el ejemplo anterior, vamos a imprimir un mensaje para cada mago, diciéndoles que han hecho un truco genial:

magicians.py

```
magicians = ['alice', 'david', 'carolina']
for magician in magicians:
    print(f"{magician.title()}, that was a great trick!")
```

La única diferencia en este código está en dónde componemos un mensaje para cada mago empezando con su nombre. En el primer paso por el bucle, el nombre del mago es `'alice'`, así que Python empieza el primer mensaje con el nombre `'Alice'`. En el segundo paso, el mensaje empezará con `'David'` y, en el tercero, con `'Carolina'`.

La salida muestra un mensaje personalizado para cada mago de la lista:

```
Alice, that was a great trick!
David, that was a great trick!
Carolina, that was a great trick!
```

Podemos escribir todas las líneas de código que queramos en el bucle `for`. Todas las líneas sangradas bajo la línea `for magician in magicians` se consideran dentro del bucle y cada una se ejecuta una vez por cada valor de la lista. Así pues, podemos trabajar tanto como queramos con cada valor de la lista.

Vamos a añadir una segunda línea a nuestro mensaje diciendo a cada mago que estamos deseando ver su siguiente truco:

```
magicians = ['alice', 'david', 'carolina']
for magician in magicians:
    print(f"{magician.title()}, that was a great trick!")
    print(f"I can't wait to see your next trick, {magician.title()}.\n")
```

Como hemos sangrado ambas llamadas a `print()`, cada línea se ejecutará una vez con cada mago de la lista. La nueva línea (`"\n"`) en la segunda llamada a `print()` inserta una línea vacía tras cada paso por el bucle. Así creamos mensajes agrupados claramente para cada persona de la lista:

```
Alice, that was a great trick!
I can't wait to see your next trick, Alice.

David, that was a great trick!
I can't wait to see your next trick, David.

Carolina, that was a great trick!
I can't wait to see your next trick, Carolina.
```

Puede usar todas las líneas que quiera en sus bucles `for`. En la práctica, con frecuencia encontrará útil realizar varias operaciones diferentes con cada elemento de una lista usando uno de estos bucles.

Hacer algo después de un bucle for

¿Qué pasa cuando el bucle `for` termina de ejecutarse? Normalmente, querremos resumir un bloque de salida o pasar a la siguiente tarea que deba completar el programa.

Todas las líneas de código no sangradas que haya después de un bucle `for` se ejecutan una vez, sin repeticiones. Vamos a escribir un mensaje de agradecimiento al grupo de magos en conjunto, dándoles las gracias por un gran espectáculo. Para mostrar este mensaje grupal después de todos los mensajes individuales que hemos imprimido, colocaremos el agradecimiento detrás del bucle `for`, sin sangría:

```
magicians = ['alice', 'david', 'carolina']
for magician in magicians:
    print(f"{magician.title()}, that was a great trick!")
    print(f"I can't wait to see your next trick, {magician.title()}.\n")

print("Thank you, everyone. That was a great magic show!")
```

Las dos primeras llamadas a `print()` se repiten una vez por cada mago de la lista. Sin embargo, dado que la última línea no está sangrada, se imprime una sola vez:

```
Alice, that was a great trick!
I can't wait to see your next trick, Alice.

David, that was a great trick!
I can't wait to see your next trick, David.

Carolina, that was a great trick!
I can't wait to see your next trick, Carolina.

Thank you, everyone. That was a great magic show!
```

Cuando procese datos con un bucle `for`, se dará cuenta de que esta es una buena forma de resumir una operación realizada con un conjunto de datos completo. Por ejemplo, podría usar un bucle `for` para inicializar un juego pasando por una lista de personajes y mostrando cada uno en la pantalla. Después, podría escribir código adicional después del bucle para que aparezca un botón para empezar a jugar cuando ya se hayan dibujado todos los personajes en la pantalla.

Evitar errores de sangrado

Python usa el sangrado para determinar cómo se relaciona una línea, o un grupo de líneas, con el resto del programa. En los ejemplos anteriores, las líneas que imprimían mensajes para los magos individuales eran parte del bucle `for` porque estaban sangradas. El uso de sangrías en Python facilita la lectura del código. Básicamente, Python utiliza el espacio en blanco para obligarnos a escribir código con un buen formato y una estructura visual clara. En programas de Python más largos, verá que los bloques de código presentan distintos niveles de sangrado. Estos niveles nos ayudan a tener una visión general de la organización global del programa.

Cuando empiece a escribir código que dependa de un sangrado adecuado, deberá tener cuidado con una serie de errores habituales. Por ejemplo, a veces la gente sangra líneas que no deberían estar sangradas u olvida sangrar otras que sí deberían estarlo. Ver ejemplos de estos errores ahora le ayudará a evitarlos en el futuro y a corregirlos si aparecen en sus programas.

Veamos algunos de los errores de sangrado más habituales.

Olvidar la sangría

Siempre hay que sangrar la línea que va justo después de la sentencia `for` de un bucle. Si no lo hacemos, Python nos lo recordará:

magicians.py

```
magicians = ['alice', 'david', 'carolina']
for magician in magicians:
print(magician)
```
❶

La llamada a `print()` ❶ debería estar sangrada, pero no lo está. Cuando Python espera un bloque sangrado y no encuentra ninguno, nos indica en qué línea ha identificado el problema:

```
File "magicians.py", line 3
    print(magician)
    ^
IndentationError: expected an indented block after 'for' statement on line 2
```

Por lo general este tipo de error se resuelve sangrando la(s) línea(s) inmediatamente después de la sentencia `for`.

Olvidar sangrar líneas adicionales

A veces, un bucle se ejecuta sin errores, pero no produce el resultado esperado. Esto puede suceder cuando intentamos hacer varias tareas en un bucle y olvidamos sangrar algunas líneas. Por ejemplo, esto es lo que pasa cuando olvidamos sangrar la segunda línea del bucle, que le dice a cada mago que estamos deseando ver su próximo truco:

```
magicians = ['alice', 'david', 'carolina']
for magician in magicians:
    print(f"{magician.title()}, that was a great trick!")
❶ print(f"I can't wait to see your next trick, {magician.title()}.\n")
```

La segunda llamada a `print()` ❶ debería estar sangrada, pero, como Python encuentra al menos una sangría después de la sentencia `for`, no informa de ningún error. El resultado es que la primera llamada a `print()` se ejecuta una vez para cada nombre de la lista porque está sangrada. La segunda llamada a `print()` no está sangrada, así que se ejecutará solo una vez, cuando se haya completado el bucle. Puesto que el valor final está asociado a la maga `'carolina'`, es la única que recibe el mensaje sobre el próximo truco:

```
Alice, that was a great trick!
David, that was a great trick!
Carolina, that was a great trick!
I can't wait to see your next trick, Carolina.
```

Se trata de un error lógico. La sintaxis es código Python válido, pero el código no produce el resultado deseado porque la lógica falla. Si espera ver una acción repetida una vez para cada elemento de una lista, pero se ejecuta una sola vez, compruebe si solo hay que sangrar una línea o un grupo de líneas.

Sangrados innecesarios

Si crea accidentalmente una sangría en una línea que no debería ir sangrada, Python le informará de la sangría inesperada:

hello_world.py

```
message = "Hello Python world!"
    print(message)
```

No necesitamos sangrar la llamada a `print()`, porque no forma parte de un bucle; por eso Python informa de ese error:

```
File "hello_world.py", line 2
    print(message)
    ^
IndentationError: unexpected indent
```

Puede evitar este tipo de errores usando sangrías solo cuando tenga una razón concreta para hacerlo. En los programas que estamos escribiendo de momento, las únicas líneas que deberían ir sangradas son las acciones que deben repetirse con cada elemento en un bucle `for`.

Sangrado innecesario después de un bucle

Si crea accidentalmente una sangría en un código que debería ejecutarse cuando haya terminado un bucle, ese código se repetirá una vez por cada elemento de la lista. A veces, esto hace que Python informe de un error, pero, con frecuencia, suele ser un error lógico.

Por ejemplo, vamos a ver qué pasa si sangramos por error la línea que daba las gracias al grupo de magos por el espectáculo conjunto:

magicians.py

```
magicians = ['alice', 'david', 'carolina']
for magician in magicians:
    print(f"{magician.title()}, that was a great trick!")
    print(f"I can't wait to see your next trick, {magician.title()}.\n")

❶    print("Thank you everyone, that was a great magic show!")
```

Como la última línea ❶ está sangrada, se imprime una vez para cada persona de la lista:

```
Alice, that was a great trick!
I can't wait to see your next trick, Alice.

Thank you everyone, that was a great magic show!
David, that was a great trick!
I can't wait to see your next trick, David.

Thank you everyone, that was a great magic show!
Carolina, that was a great trick!
I can't wait to see your next trick, Carolina.

Thank you everyone, that was a great magic show!
```

Se trata de otro error lógico, similar al del apartado "Olvidar sangrar líneas adicionales". Como Python no sabe lo que pretendemos hacer con el código, ejecutará todo aquello que esté escrito con una sintaxis válida. Si una acción se repite varias veces cuando debería ejecutarse solo una, seguramente sea necesario eliminar la sangría de esa acción.

Olvidar los dos puntos

Los dos puntos al final de una sentencia for le indican a Python que interprete la siguiente línea como el inicio de un bucle.

```
magicians = ['alice', 'david', 'carolina']
❶ for magician in magicians
    print(magician)
```

Si olvida accidentalmente los dos puntos ❶, obtendrá un error de sintaxis, porque Python no sabrá exactamente qué queremos hacer:

```
File "magicians.py", line 2
    for magician in magicians
                ^
SyntaxError: expected ':'
```

Python no sabe si simplemente hemos olvidado los dos puntos o si queríamos escribir más código para configurar un bucle más complejo. Si el intérprete puede identificar una posible solución, se la sugerirá, como por ejemplo añadir dos puntos al final de una línea (como hace aquí con la respuesta expected ':'). Algunos errores tienen una solución fácil y obvia, gracias a las sugerencias de Python. Otros errores son mucho más difíciles de resolver, aun cuando la solución afecte a un único carácter. No se siente mal cuando le lleve mucho tiempo encontrar un error pequeño; no está solo.

PRUÉBELO

- **4-1. Pizzas:** Piense en al menos tres de sus pizzas favoritas. Guarde estos nombres en una lista y use un bucle for para imprimir el nombre de cada pizza.
  - Modifique su bucle for para imprimir una oración usando el nombre de la pizza en vez de solo el nombre. Para cada pizza debería tener al menos una línea de salida con una oración simple, como "Me gusta la pizza de pepperoni".
  - Añada una línea al final del programa, fuera del bucle, que indique cuánto le gusta la pizza. La salida debería tener tres o más líneas sobre sus pizzas favoritas y al final una frase adicional, como "¡Me encanta la pizza!

- **4-2. Animales:** Piense en al menos tres animales diferentes que tengan una característica en común. Guarde los nombres de estos animales en una lista y use un bucle for para imprimir el nombre de cada animal.

- Modifique su programa para imprimir una oración sobre cada animal, como "Un perro sería una excelente mascota".
- Añada una línea al final del programa diciendo qué tienen estos animales en común. Podría imprimir una frase como "¡Cualquiera de estos animales sería una excelente mascota!".

Hacer listas numéricas

Hay muchas razones para almacenar un conjunto de números. Por ejemplo, necesitará seguir las posiciones de cada personaje en un juego y puede que también tenga que llevar un registro de las puntuaciones más altas de un jugador. Al visualizar datos, casi con toda seguridad trabajará con números, como temperaturas, distancias, densidades de población o valores de latitud y longitud, entre otros tipos de conjuntos numéricos.

Las listas son perfectas para guardar conjuntos de datos. Python ofrece varias herramientas para trabajar eficientemente con listas de números. Cuando entienda cómo usar estas herramientas con eficacia, su código funcionará incluso aunque las listas contengan millones de elementos.

Utilizar la función range()

La función `range()` de Python hace que sea fácil generar una serie de números. Por ejemplo, podemos usarla para imprimir una serie de números como esta:

First_numbers.py

```
for value in range(1, 5):
    print(value)
```

Aunque parezca que este código debería imprimir los números del 1 al 5, no imprime el 5:

```
1
2
3
4
```

En este ejemplo, `range()` imprime solo los números del 1 al 4. Es otra consecuencia del comportamiento de error por uno que a menudo encontramos en los lenguajes de programación. La función `range()` hace que Python empiece a contar en el primer valor que le damos y se detiene cuando llega al segundo valor proporcionado. Al detenerse en el segundo valor, la salida nunca contiene ese valor final, que en este caso habría sido 5.

Para imprimir los números del 1 al 5, tendríamos que usar `range(1, 6)`:

```
for value in range(1, 6):
    print(value)
```

Esta vez la salida empieza en 1 y acaba en 5:

```
1
2
3
4
5
```

Si su salida es diferente de lo que esperaba al usar `range()`, pruebe a ajustar el valor final en 1.

También puede pasar a `range()` un solo argumento para que empiece la secuencia de números en 0. Por ejemplo, `range(6)` devolvería los números del 0 al 5.

Usar range() para hacer una lista de números

Si quiere hacer una lista de números, puede convertir los resultados de `range()` directamente en una lista usando la función `list()`. Al meter una llamada a la función `range()` en `list()`, la salida será una lista de números.

En el ejemplo del apartado anterior, solo hemos imprimido una serie de números. Podemos usar `list()` para convertir ese mismo conjunto en una lista:

```
numbers = list(range(1, 6))
print(numbers)
```

Este es el resultado:

```
[1, 2, 3, 4, 5]
```

También podemos usar la función `range()` para decirle a Python que se salte números en un rango determinado. Si pasamos un tercer argumento a la función, Python usa ese valor como tamaño de paso al generar números.

El siguiente ejemplo hace una lista de números pares entre el 0 y el 10:

even_numbers.py

```
even_numbers = list(range(2, 11, 2))
print(even_numbers)
```

En este ejemplo, la función `range()` empieza con el valor 2 y suma 2 a ese valor. Suma 2 repetidas veces hasta alcanzar o superar el valor final, 11, y produce este resultado:

```
[2, 4, 6, 8, 10]
```

Podemos crear prácticamente cualquier conjunto de números que queramos usando la función `range()`. Por ejemplo, piense cómo podríamos hacer una lista de los 10 primeros números cuadrados (es decir, el cuadrado de cada entero del 1 al 10). En Python, dos asteriscos (**) representan exponentes. Así es como pondríamos los 10 primeros números cuadrados en una lista:

squares_numbers.py

```
squares = []
for value in range(1, 11):
❶    square = value ** 2
❷    squares.append(square)

print(squares)
```

Empezamos con una lista llamada `squares`. A continuación, le indicamos a Python que pase en bucle por cada valor entre el 1 y el 10 usando la función `range()`. Dentro del bucle, el valor actual se eleva a la segunda potencia y se asigna a la variable `square` ❶. Cada nuevo valor de `square` se adjunta a la lista `squares` ❷. Por último, cuando el bucle ha terminado de ejecutarse, se imprime la lista de cuadrados:

```
[1, 4, 9, 16, 25, 36, 49, 64, 81, 100]
```

Para escribir este código de una forma más concisa, omita la variable temporal `square` y adjunte cada nuevo valor directamente a la lista:

```
squares = []
for value in range(1,11):
    squares.append(value**2)

print(squares)
```

Esta línea de código hace lo mismo que las líneas dentro del bucle `loop` en la lista anterior. Cada valor del bucle se eleva a la segunda potencia y se añade de inmediato a la lista de cuadrados.

Puede usar cualquiera de estos dos enfoques a la hora de crear listas más complejas. En ocasiones, usar una variable temporal hace que sea más fácil leer el código; otras veces, hace el código innecesariamente largo. Concéntrese primero en escribir código que pueda entender con claridad y le permita hacer lo que quiera que haga. Más adelante podrá investigar enfoques más eficaces a medida que revise su código.

Estadística sencilla con una lista de números

Hay unas cuantas funciones de Python que resultan de utilidad para trabajar con listas de números. Por ejemplo, podemos hallar fácilmente el mínimo, el máximo y la suma de una lista de números:

```
>>> digits = [1, 2, 3, 4, 5, 6, 7, 8, 9, 0]
>>> min(digits)
0
>>> max(digits)
9
>>> sum(digits)
45
```

Nota: Los ejemplos de esta sección utilizan listas cortas de números que encajen sin problema en las páginas, pero funcionarían igual de bien si las listas contuvieran un millón de números o más.

Listas por comprensión

El enfoque descrito antes para generar la lista squares consistía en usar tres o cuatro líneas de código. Las listas por comprensión permiten generar la misma lista con una sola línea de código. Esta construcción combina el bucle for y la creación de nuevos elementos en una línea y añade automáticamente cada elemento nuevo. Las listas por comprensión no siempre se enseñan a los principiantes, pero las he incluido aquí porque es probable que las descubra en cuanto empiece a mirar el código de otras personas.

El siguiente ejemplo crea la misma lista de números cuadrados que hemos visto antes, pero usa listas por comprensión:

squares.py

```
squares = [value**2 for value in range(1, 11)]
print(squares)
```

Para usar esta sintaxis, empiece con un nombre descriptivo para la lista, como squares (cuadrados) en este caso. A continuación, abra corchetes y defina la expresión para los valores que desea almacenar en la nueva lista. En este ejemplo, la expresión es value**2, que eleva el valor a la segunda potencia. Después, escriba un bucle for para generar los números que va a dar a la expresión y cierre los corchetes. El bucle for de este ejemplo es for value in range(1, 11), que aporta los valores del 1 al 10 a la expresión value**2. Observe que no utilizamos dos puntos al final de la sentencia for.

El resultado es la misma lista de números cuadrados que hemos visto antes:

```
[1, 4, 9, 16, 25, 36, 49, 64, 81, 100]
```

Requiere práctica escribir nuestras propias listas por comprensión, pero las encontrará útiles cuando se familiarice con la creación de listas ordinarias. Cuando esté escribiendo tres o cuatro líneas de código para generar listas y se le empiece a hacer repetitivo, considere pasar a las listas por comprensión.

PRUÉBELO

- **4-3. Contar hasta veinte:** Use un bucle for para imprimir los números del 1 al 20, ambos incluidos.
- **4-4. Un millón:** Haga una lista de números de uno a un millón y luego use un bucle for para imprimir los números. (Si la salida tarda mucho, deténgala pulsando **Control-C** o cerrando la ventana de salida).
- **4-5. Sumar un millón:** Haga una lista de los números del uno al millón y use min() y max() para asegurarse de que su lista empieza realmente en uno y acaba en un millón. Utilice también la función sum() para ver lo rápido que Python puede sumar un millón de números.
- **4-6. Números impares:** Use el tercer argumento de la función range() para hacer una lista de los números impares comprendidos entre 1 y 20. Utilice un bucle for para imprimir cada número.
- **4-7. Treses:** Haga una lista de los múltiplos de 3 comprendidos entre el 3 y el 30. Use un bucle for para imprimir los números de la lista.
- **4-8. Cubos:** Un número elevado a la tercera potencia es un cubo. Por ejemplo, el cubo de 2 se escribe como 2**3 en Python. Haga una lista de los 10 primeros cubos (es decir, el cubo de cada entero entre 1 y 10) y use un bucle for para imprimir el valor de cada cubo.
- **4-9. Comprensión de cubos:** Use una lista por comprensión de los 10 primeros cubos.

Trabajar con parte de una lista

En el capítulo 3, vimos cómo acceder a elementos individuales de una lista y en este hemos visto cómo trabajar con todos los elementos de una lista. También podemos trabajar con un grupo específico de elementos en una lista, que en Python denominamos "trozo" o *slice*.

Partir una lista

Para dividir una lista, es preciso especificar los índices del primero y el último elemento con los que queremos trabajar. Al igual que con la función range(), Python se detiene un elemento antes del segundo índice especificado. Para sacar los tres primeros elementos de una lista, deberíamos solicitar los índices del 0 al 3 y así obtendríamos los elementos 0, 1 y 2.

El siguiente ejemplo presenta una lista de jugadores en un equipo:

players.py

```
players = ['charles', 'martina', 'michael', 'florence', 'eli']
print(players[0:3])
```

Este código imprime un trozo de la lista. La salida conserva la estructura de la lista e incluye los tres primeros jugadores:

```
['charles', 'martina', 'michael']
```

Podemos generar cualquier subconjunto de una lista. Por ejemplo, si quisiéramos el segundo, tercer y cuarto elemento de una lista, empezaríamos el trozo en el índice 1 y terminaríamos en el 4:

```
players = ['charles', 'martina', 'michael', 'florence', 'eli']
print(players[1:4])
```

Esta vez, el trozo empieza con `'martina'` y termina con `'florence'`:

```
['martina', 'michael', 'florence']
```

Si omitimos el primer índice en un trozo, Python empieza automáticamente en el principio de la lista:

```
players = ['charles', 'martina', 'michael', 'florence', 'eli']
print(players[:4])
```

Sin un índice inicial, Python empieza por el comienzo:

```
['charles', 'martina', 'michael', 'florence']
```

Si queremos que el trozo incluya el final de la lista, podemos usar una sintaxis similar. Por ejemplo, si queremos todos los elementos entre el tercero y el último, empezaremos con el índice 2 y omitiremos el segundo índice:

```
players = ['charles', 'martina', 'michael', 'florence', 'eli']
print(players[2:])
```

Python devuelve todos los elementos entre el tercero y el último de la lista:

```
['michael', 'florence', 'eli']
```

Esta sintaxis nos permite sacar todos los elementos desde cualquier punto de la lista hasta el final, independientemente de lo larga que sea la lista. Recuerde que un índice negativo devuelve un elemento a una distancia dada del final de la lista: así pues, podemos sacar cualquier trozo desde el final de una lista. Por ejemplo, si queremos los tres últimos jugadores de la lista, podemos usar el trozo `players[-3:]`:

```
players = ['charles', 'martina', 'michael', 'florence', 'eli']
print(players[-3:])
```

Esto imprime los nombres de los tres últimos jugadores y seguiría funcionando, aunque la lista cambiase de tamaño.

Nota: Puede incluir un tercer valor entre los paréntesis que indican un trozo. Si lo hace, estará diciendo a Python cuántas veces tiene que saltar entre elementos en el rango especificado.

Pasar en bucle por un trozo

Podemos usar un trozo con `for` si queremos pasar en bucle por un subconjunto de elementos en una lista. En el siguiente ejemplo, pasaremos por los tres primeros jugadores e imprimiremos sus nombres como parte de una lista sencilla:

```
players = ['charles', 'martina', 'michael', 'florence', 'eli']

print("Here are the first three players on my team:")
for player in players[:3]:
    print(player.title())
```

En lugar de pasar en bucle por toda la lista de jugadores de ❶, Python pasa solo por los tres primeros nombres:

```
Here are the first three players on my team:
Charles
Martina
Michael
```

Los trozos o particiones son muy útiles en diversas situaciones. Por ejemplo, al crear un juego, podemos añadir el resultado final de un jugador a una lista cada vez que termine de jugar. A continuación, podríamos obtener sus tres mejores puntuaciones organizando la lista en orden decreciente y sacando un trozo que incluya solo los tres primeros resultados. Cuando se trabaja con datos, los trozos pueden servir para procesar los datos en secciones de un tamaño específico. Y, si estamos creando una aplicación web, podemos emplear trozos para mostrar información en una serie de páginas con una cantidad de información apropiada en cada una.

Copiar una lista

A menudo, conviene empezar con una lista existente y crear una totalmente nueva basada en ella. Veamos cómo hacerlo copiando una lista. Analizaremos una situación en la que copiar una lista es útil.

Para copiar una lista, podemos hacer un trozo que incluya toda la lista original omitiendo el primer índice y el segundo (`[:]`). Esto dice a Python que haga un trozo que empiece en el primer elemento y termine en el último, creando una copia de toda la lista.

Por ejemplo, imagine que tenemos una lista de nuestra comida favorita y queremos hacer otra con la que le gusta a un amigo. A este amigo le gusta todo lo que hay en nuestra lista, así que podemos crear la suya copiando la nuestra:

foods.py

```
  my_foods = ['pizza', 'falafel', 'carrot cake']
❶ friend_foods = my_foods[:]

  print("My favorite foods are:")
  print(my_foods)

  print("\nMy friend's favorite foods are:")
  print(friend_foods)
```

En primer lugar, realizamos una llamada a una lista de la comida que nos gusta y la llamamos my_foods. A continuación, creamos una nueva lista llamada friend_foods. Creamos una copia de my_foods pidiendo un trozo de my_foods sin especificar índices ❶ y la guardamos en friend_foods. Al imprimir cada lista, vemos que las dos contienen los mismos alimentos:

```
My favorite foods are:
['pizza', 'falafel', 'carrot cake']

My friend's favorite foods are:
['pizza', 'falafel', 'carrot cake']
```

Para comprobar que, efectivamente, tenemos dos listas aparte, añadiremos una nueva comida a cada una y verificaremos que cada lista lleva la cuenta de la comida favorita de cada persona:

```
  my_foods = ['pizza', 'falafel', 'carrot cake']
❶ friend_foods = my_foods[:]

❷ my_foods.append('cannoli')
❸ friend_foods.append('ice cream')

  print("My favorite foods are:")
  print(my_foods)

  print("\nMy friend's favorite foods are:")
  print(friend_foods)
```

Copiamos los elementos originales de my_foods en la nueva lista friend_foods, igual que en el ejemplo anterior ❶. Después, añadimos un alimento nuevo a cada lista: añadimos 'cannoli' a my_foods ❷ y agregamos 'ice cream' a friend_foods ❸. Por último, imprimimos las dos listas para ver:

```
My favorite foods are:
['pizza', 'falafel', 'carrot cake', 'cannoli']

My friend's favorite foods are:
['pizza', 'falafel', 'carrot cake', 'ice cream']
```

La salida muestra que `'cannoli'` aparece ahora en nuestra lista de comida favorita, pero no es el caso de `'ice cream'`. Vemos que `'ice cream'` aparece ahora en la lista de nuestro amigo, pero `'cannoli'` no. Si simplemente hubiésemos establecido `friend_foods` igual a `my_foods`, no produciríamos dos listas separadas. Por ejemplo, esto es lo que pasa cuando uno intenta copiar una lista sin usar un trozo:

```
my_foods = ['pizza', 'falafel', 'carrot cake']

# Esto no funciona:
friend_foods = my_foods

my_foods.append('cannoli')
friend_foods.append('ice cream')

print("My favorite foods are:")
print(my_foods)

print("\nMy friend's favorite foods are:")
print(friend_foods)
```

En lugar de asignar una copia de `my_foods` a `friend_foods`, establecemos que `friend_foods` es igual a `my_foods`. Esta sintaxis le indica a Python que asocie la nueva variable `friend_foods` con la lista que ya está asociada con `my_foods`, así que ahora las dos variables apuntan a la misma lista. Como resultado, al añadir `'cannoli'` a `my_foods`, también aparecerá en `friend_foods`. Del mismo modo, `'ice cream'` aparecerá en ambas listas, aunque dé la impresión de que solo se ha añadido a `friend_foods`.

La salida muestra que las dos listas son iguales ahora, pero eso no es lo que queríamos:

```
My favorite foods are:
['pizza', 'falafel', 'carrot cake', 'cannoli', 'ice cream']

My friend's favorite foods are:
['pizza', 'falafel', 'carrot cake', 'cannoli', 'ice cream']
```

Nota: Por el momento, no se preocupe por los detalles de este ejemplo. Si está intentando trabajar con una copia de una lista y observa un comportamiento inesperado, asegúrese de copiar la lista como trozo como hemos hecho en el primer ejemplo.

PRUÉBELO

- **4-10. Trozos:** Partiendo de uno de los programas que hemos escrito en este capítulo, añada varias líneas al final que hagan lo siguiente:
  - Imprimir el mensaje "Estos son los tres primeros elementos de la lista:". A continuación, use un trozo para imprimir los tres primeros elementos de la lista de ese programa.

- Imprimir el mensaje "Estos tres elementos están en el medio de la lista:". A continuación, use un trozo para imprimir los tres elementos centrales de la lista.
  - Imprimir el mensaje "Estos son los tres últimos elementos de la lista:". A continuación, use un trozo para imprimir los tres últimos elementos de la lista.
- **4-11. Mis pizzas, sus pizzas:** Empiece con el programa del ejercicio 4-1. Haga una copia de la lista de pizzas y llámela `friend_pizzas`. A continuación, haga lo siguiente:
  - Añada una pizza nueva a la lista original.
  - Añada una pizza diferente a la lista `friend_pizzas`.
  - Compruebe que tiene dos listas separadas. Imprima el mensaje "Mis pizzas favoritas son:" y luego use un bucle for para imprimir la primera lista. Imprima el mensaje "Las pizzas favoritas de mi amigo son:" y después utilice un bucle for para imprimir la segunda lista. Asegúrese de que cada pizza se guarda en la lista adecuada.
- **4-12. Más bucles:** Todas las versiones de foods.py de esta sección han evitado usar bucles for al imprimir para ahorrar espacio. Elija una versión de foods.py y escriba dos bucles para imprimir cada lista de comida.

Tuplas

Las listas funcionan bien para almacenar colecciones de elementos que pueden cambiar a lo largo de la vida de un programa. La capacidad para modificar listas es de especial importancia cuando se trabaja con una lista de usuarios de un sitio web o de personajes de un juego. Sin embargo, a veces necesitamos crear listas de elementos que no se puedan alterar. Eso es justo lo que podemos hacer con las tuplas. Python se refiere a los valores que no pueden cambiar como inmutables, y una lista inmutable se denomina "tupla".

Definir una tupla

Una tupla es muy parecida a una lista, solo que emplea paréntesis en lugar de corchetes. Una vez definida la tupla, podemos acceder a los elementos individuales usando sus índices, como haríamos con una lista. Por ejemplo, si tenemos un rectángulo que siempre debería tener el mismo tamaño, podemos asegurarnos de que no cambia incluyendo sus dimensiones en una tupla:

dimensions.py

```
dimensions = (200, 50)
print(dimensions[0])
print(dimensions[1])
```

Definimos la tupla `dimensions`, usando paréntesis en vez de corchetes. A continuación, imprimimos cada elemento de la tupla de manera individual con la misma sintaxis que hemos estado usando para acceder a los elementos de una lista:

```
200
50
```

Veamos qué pasa si intentamos cambiar uno de los elementos de la tupla `dimensions`:

```
dimensions = (200, 50)
dimensions[0] = 250
```

Este código intenta cambiar el valor de la primera dimensión, pero Python devuelve un error de tipo. Básicamente, como estamos intentando alterar una tupla, cosa que no se puede hacer con este tipo de objeto, Python nos dice que no podemos asignar un nuevo valor a un elemento de una tupla:

```
Traceback (most recent call last):
    File "dimensions.py", line 2, in <module>
        dimensions[0] = 250
TypeError: 'tuple' object does not support item assignment
```

Esto es bueno porque queremos que Python dé error cuando una línea de código intente cambiar las dimensiones del rectángulo.

Nota: Las tuplas se definen técnicamente por la presencia de una coma; los paréntesis las hacen parecer más claras y legibles. Si queremos definir una tupla con un solo elemento, tendremos que incluir una coma:

```
my_t = (3,)
```

No suele tener mucho sentido crear una tupla con un solo elemento, pero puede ocurrir cuando las tuplas se generan automáticamente.

Pasar en bucle por todos los valores de una tupla

Podemos pasar en bucle por todos los valores de una tupla con un bucle `for`, igual que hemos hecho con las listas:

```
dimensions = (200, 50)
for dimension in dimensions:
    print(dimension)
```

Python devuelve todos los elementos de la tupla, igual que haría con una lista:

```
200
50
```

Sobrescribir una tupla

Aunque no se puede modificar una tupla, sí se puede asignar un nuevo valor a una variable que representa una tupla. Por ejemplo, si quisiéramos cambiar las dimensiones de este rectángulo, podríamos redefinir la tupla entera:

```
dimensions = (200, 50)
print("Original dimensions:")
for dimension in dimensions:
    print(dimension)

dimensions = (400, 100)
print("\nModified dimensions:")
for dimension in dimensions:
    print(dimension)
```

Las cuatro primeras líneas definen la tupla original e imprimen las dimensiones iniciales. A continuación, asociamos la nueva tupla con la variable `dimensions` e imprimimos las nuevas dimensiones. Python no da error esta vez porque reasignar una variable es válido:

```
Original dimensions:
200
50

Modified dimensions:
400
100
```

En comparación con las listas, las tuplas son estructuras de datos simples. Utilícelas cuando quiera guardar un conjunto de valores que no deberían cambiar durante la vida de un programa.

PRUÉBELO

- **4-13. Bufé:** Un restaurante de tipo bufé ofrece solo cinco comidas básicas. Piense en cinco platos básicos y guárdelos en una tupla.
  - Use un bucle for para imprimir cada comida que ofrece el restaurante.
  - Intente modificar alguno de los elementos y asegúrese de que Python rechaza el cambio.
  - El restaurante cambia su menú, sustituyendo dos elementos por comidas diferentes. Añada una línea que rehaga la tupla y use un bucle for para imprimir cada uno de los elementos del menú modificado.

Dar estilo a nuestro código

Ahora que empezamos a escribir programas más largos, es una buena idea aprender a dar a nuestro código un estilo consistente. Tómese su tiempo para hacer que su código sea tan fácil de leer como sea posible. Escribir código fácilmente legible nos ayuda a saber lo que hacen nuestros programas y también ayuda a otros a entender nuestro código.

Los programadores de Python han acordado una serie de convenciones de estilo para asegurarse de que el código de todo el mundo se estructura más o menos de la misma forma. Cuando ya sepa escribir código Python limpio, debería ser capaz de entender la estructura general del de cualquier otro programador, siempre que sigan las mismas directrices. Si aspira a convertirse en programador profesional, debería empezar a seguir esas directrices lo antes posible para desarrollar buenos hábitos.

La guía de estilo

Cuando alguien quiere hacer un cambio en el lenguaje Python, escriben una PEP (*Python Enhancement Proposal*, propuesta de mejora de Python). Una de las más antiguas es la PEP 8, que instruye a los programadores de Python en la estilización de código. La PEP 8 es bastante larga, pero buena parte de ella está relacionada con estructuras de código más complejas que las que hemos visto hasta ahora.

La guía de estilo de Python se escribió entendiendo que es más frecuente leer código que escribir código. Escribimos el código una vez y luego empezamos a leerlo para depurarlo. Cuando añadimos funciones a un programa, pasamos más tiempo leyendo nuestro código. Cuando compartimos código con otros programadores, también leerán nuestro código.

Si tuviera que elegir entre escribir código que sea fácil de escribir o fácil de leer, los programadores de Python casi siempre le animarán a escribir código fácil de leer. Las siguientes directrices le ayudarán a escribir código claro desde el principio.

Sangrado

La PEP 8 recomienda usar cuatro espacios por nivel de sangrado. Usar cuatro espacios mejora la legibilidad y deja sitio para varios niveles de sangrado en cada línea.

En un documento elaborado con un procesador de texto, suelen usarse tabulaciones en vez de espacios para crear sangrías, pero el intérprete de Python se confunde cuando se mezclan tabulaciones y espacios. Todos los editores de texto ofrecen alguna configuración que permite usar el tabulador, pero luego convierte esa tabulación en un número de espacios. Debería usar el tabulador, pero asegúrese de que su editor está configurado para insertar espacios en vez de tabulaciones en el documento.

Mezclar tabuladores y espacios en un archivo puede causar problemas difíciles de diagnosticar. Si cree que tiene una mezcla de tabulaciones y espacios, puede convertir todas las tabulaciones de un archivo en espacios en la mayoría de editores.

Longitud de línea

Muchos programadores de Python recomiendan que cada línea tenga menos de 80 caracteres. Históricamente, esta directriz se desarrolló porque la mayoría de los ordenadores solo admitían 79 caracteres por línea en una ventana de terminal. Actualmente, podemos trabajar con líneas mucho más largas en pantalla, pero existen otras razones para adherirse al estándar de los 79 caracteres por línea.

Los programadores profesionales suelen tener varios archivos abiertos en la misma pantalla; ceñirse a la longitud estándar les permite ver líneas enteras en dos o tres archivos colocados en paralelo en una pantalla. La PEP 8 también recomienda limitar todos los comentarios a 72 caracteres por línea porque algunas herramientas que generan documentación automática para proyectos largos añaden caracteres de formato al principio de las líneas comentadas.

Las directrices de la PEP 8 para la longitud de línea no son un requisito inamovible y algunos equipos prefieren un límite de 99 caracteres. No se preocupe demasiado por la longitud de las líneas en su aprendizaje, pero tenga en cuenta que sus colaboradores casi siempre seguirán las directrices de la PEP 8. La mayoría de los editores permiten configurar una pista visual, por lo general una línea vertical en la pantalla, que muestra dónde están los límites.

Nota: El apéndice B explica cómo configurar el editor de texto para que siempre inserte cuatro espacios al pulsar el tabulador y muestre una línea vertical que nos ayude a ceñirnos al límite de 79 caracteres.

Líneas en blanco

Use líneas en blanco para agrupar partes de su programa visualmente. Conviene utilizarlas para organizar los archivos, pero sin pasarse. Si sigue los ejemplos de este libro, encontrará el equilibrio adecuado. Por ejemplo, si tiene cinco líneas de código que crean una lista y otras tres para hacer algo con esa lista, sería adecuado dejar una línea en blanco entre ambas secciones. Sin embargo, no debería colocar tres o cuatro líneas en blanco entre las dos secciones.

Las líneas en blanco no afectan a la ejecución del código, pero sí a su legibilidad. Los intérpretes de Python usan los sangrados horizontales para interpretar el significado del código y no hacen caso a los espacios verticales.

Otras directrices de estilo

La PEP 8 tiene muchas recomendaciones de estilo adicionales, pero la mayoría se refieren a programas más complejos que los que estamos escribiendo de momento. A medida que veamos estructuras de Python más complejas, comentaré las directrices PEP 8 relevantes.

PRUÉBELO

- **4-14. PEP 8:** Eche un vistazo a la guía de estilo original (en inglés) de la PEP 8, en `https://python.org/dev/peps/pep-0008/`. Todavía no le dará un gran uso, pero no está de más echarle un vistazo.
- **4-15. Revisión de código:** Elija tres de los programas que ha escrito en este capítulo y modifíquelos para ajustarlos a la PEP 8:
  - Use cuatro espacios por cada nivel de sangrado. Configure el editor de texto para insertar cuatro espacios cada vez que pulse **Tab**, si es que no lo ha hecho ya (consulte el apéndice B si necesita instrucciones).
  - Use menos de 80 caracteres en cada línea y configure su editor para que muestre una guía vertical en la posición del 80° carácter.
  - No abuse de las líneas en blanco en sus archivos de programa.

Resumen

En este capítulo ha aprendido a trabajar eficientemente con los elementos de una lista. Ya sabe cómo pasar por una lista con un bucle `for`, cómo Python utiliza los sangrados para estructurar un programa y cómo evitar algunos errores de sangrado habituales. Hemos visto cómo hacer listas numéricas sencillas, además de unas cuantas operaciones que podemos realizar con ellas. Ha aprendido a partir una lista para trabajar con un subconjunto de elementos y a copiar listas correctamente usando un trozo. También conoce ya las tuplas, que proporcionan cierto grado de protección a un conjunto de valores que no deben cambiar, y sabe cómo estilizar su código para que resulte más fácil leerlo.

En el capítulo 5, veremos cómo responder adecuadamente a distintas condiciones utilizando sentencias `if`. Aprenderá a encadenar conjuntos de pruebas condicionales relativamente complejos para responder adecuadamente al tipo exacto de situación o información que busca. También descubriremos cómo usar sentencias `if` pasando en bucle por una lista para realizar acciones específicas con los elementos seleccionados.

5

SENTENCIAS IF

Con frecuencia, programar requiere examinar una serie de condiciones y decidir qué acción llevar a cabo basándose en esas condiciones. La sentencia if de Python permite analizar el estado actual de un programa y responder adecuadamente a dicho estado.

En este capítulo, veremos cómo escribir pruebas condicionales que nos permitirán comprobar cualquier condición de interés. También descubriremos cómo escribir sentencias if sencillas y cómo crear una serie más compleja de sentencias if para identificar cuándo se dan las condiciones exactas que queremos. Después, aplicaremos este concepto a las listas para escribir un bucle for que maneje la mayoría de los elementos de una lista de una forma y ciertos elementos con unos valores específicos de otra.

Un ejemplo sencillo

El siguiente ejemplo muestra cómo las pruebas if permiten responder correctamente a situaciones especiales. Imagine que tiene una lista de coches y quiere imprimir el nombre de cada uno. Se trata de nombres propios, así que la mayoría deberían imprimirse con mayúscula inicial. Sin embargo, el valor 'bmw' debería imprimirse todo en mayúsculas. El siguiente código pasa en bucle por una lista de marcas de coche y busca el valor 'bmw'. Siempre que el valor sea 'bmw', se imprimirá con todas las letras mayúsculas en vez de solo la inicial:

cars.py

```
cars = ['audi', 'bmw', 'subaru', 'toyota']

for car in cars:
❶    if car == 'bmw':
        print(car.upper())
    else:
        print(car.title())
```

El bucle de este ejemplo comprueba primero si el valor actual de `car` es `'bmw'` ❶. Si lo es, lo imprime en mayúsculas. Si es cualquier valor distinto de `'bmw'`, se imprime con mayúscula inicial solo:

```
Audi
BMW
Subaru
Toyota
```

Este ejemplo combina varios conceptos que veremos en este capítulo. Para empezar, nos centraremos en los tipos de pruebas que podemos usar para examinar las condiciones de un programa.

Pruebas condicionales

En el núcleo de toda sentencia `if` hay una expresión que puede evaluarse como verdadera (`True`) o falsa (`False`); es lo que llamamos una prueba condicional. Python usa los valores `True` y `False` para decidir si debería ejecutar o no el código de una sentencia `if`. Si una prueba condicional se evalúa como `True`, Python ejecutará el código que sigue a la sentencia `if`; si la prueba se evalúa como `False`, ignorará ese código.

Comprobar la igualdad

La mayoría de las pruebas condicionales comparan el valor actual de una variable con un valor específico de interés. La prueba condicional más sencilla comprueba si el valor de una variable es igual que el valor de interés:

```
>>> car = 'bmw'
>>> car == 'bmw'
True
```

La primera línea establece el valor de `car` como `'bmw'` usando un solo signo de igualdad, como ya hemos visto muchas veces. La línea siguiente comprueba si el valor de `car` es `'bmw'` usando un signo de igualdad doble (`==`). Este operador de igualdad devuelve `True` si los valores a la derecha y a la izquierda del operador coinciden y `False` si no lo hacen. Los valores de este ejemplo coinciden, así que Python devuelve `True`.

Cuando el valor de car es cualquier nombre distinto de 'bmw', esta prueba devuelve False:

```
>>> car = 'audi'
>>> car == 'bmw'
False
```

Un signo de igualdad simple es en realidad una sentencia; podríamos leer la primera línea de código como "Establecer el valor de car como igual a 'audi'". Por otro lado, un doble signo de igualdad formula la pregunta: "¿Es el valor de car igual a 'bmw'?". La mayoría de los lenguajes de programación usan así los signos de igualdad.

Ignorar mayúsculas y minúsculas al comprobar la igualdad

En Python, la comprobación de igualdad distingue entre mayúsculas y minúsculas, así que dos valores que las usen de distinta forma no se consideran iguales:

```
>>> car = 'Audi'
>>> car == 'audi'
False
```

Si el uso de mayúsculas y minúsculas es importante, este comportamiento es una ventaja. Pero, si no es relevante y solo queremos comprobar el valor de una variable, podemos convertir el valor a minúsculas antes de hacer la comparación:

```
>>> car = 'Audi'
>>> car.lower() == 'audi'
True
```

Esta prueba devolvería True independientemente de cómo esté escrito 'Audi', ya que ahora no distingue entre mayúsculas y minúsculas. La función lower() no cambia el valor guardado originalmente en car, así que se puede hacer este tipo de comparación sin afectar a la variable original:

```
>>> car = 'Audi'
>>> car.lower() == 'audi'
True
>>> car
'Audi'
```

En primer lugar, asignamos la cadena con mayúscula inicial 'Audi' a la variable car. A continuación, convertimos el valor de car a minúsculas y lo comparamos con la cadena 'audi'. Las dos cadenas coinciden, así que Python devuelve True. Vemos que el valor almacenado en car no se ha visto afectado por el método lower().

Los sitios web usan ciertas reglas similares a esto para los datos que introducen los usuarios. Por ejemplo, un sitio podría usar una prueba condicional como esta para asegurarse de que cada usuario tenga realmente un nombre de usuario único, que no sea solo una variación en la grafía del nombre de otra persona. Cuando alguien envía un nombre, ese nuevo nombre de usuario se convierte a minúsculas y se compara con la versión en minúsculas de todos los nombres de usuario existentes. En esta comprobación, se rechazaría un nombre de usuario como `'John'` si ya se usa una variación de `'john'`.

Comprobar la desigualdad

Cuando queremos determinar si dos valores no son iguales, podemos combinar un signo de exclamación con uno de igualdad (`!=`). El signo de exclamación significa "no", como ocurre en muchos lenguajes de programación.

Vamos a usar otra sentencia `if` para analizar el funcionamiento del operador de desigualdad. Guardaremos los ingredientes de una pizza en una variable e imprimiremos un mensaje si el cliente no pide anchoas:

toppings.py

```
requested_topping = 'mushrooms'

if requested_topping != 'anchovies':
    print("Hold the anchovies!")
```

Este código compara el valor de `requested_topping` con el valor `'anchovies'`. Si estos dos valores no coinciden, Python devuelve `True` y ejecuta el código que sigue a la sentencia `if`. Si ambos valores coinciden, Python devuelve `False` y no ejecuta ese código.

Como el valor de `requested_topping` no es `'anchovies'`, se ejecuta la función `print()`:

```
Hold the anchovies!
```

La mayoría de las expresiones condicionales que escribirá comprobarán la igualdad, pero a veces puede ser más eficiente buscar la desigualdad.

Comparaciones numéricas

Probar valores numéricos es bastante fácil. Por ejemplo, el siguiente código comprueba si una persona tiene 18 años:

```
>>> age = 18
>>> age == 18
True
```

También podemos hacer una prueba para ver si dos números no son iguales. Por ejemplo, el siguiente código imprime un mensaje si la respuesta dada es incorrecta:

magic_number.py

```
answer = 17

if answer != 42:
    print("That is not the correct answer. Please try again!")
```

La prueba condicional se supera porque el valor de `answer` (17) no es igual a 42. Al pasarse la prueba, se ejecuta el bloque sangrado:

```
That is not the correct answer. Please try again!
```

También podemos incluir varias comparaciones matemáticas en nuestras sentencias condicionales, como "menor que", "menor o igual que", "mayor que" y "mayor o igual que":

```
>>> age = 19
>>> age < 21
True
>>> age <= 21
True
>>> age > 21
False
>>> age >= 21
False
```

Cada comparación matemática se puede usar como parte de una `if`, lo que puede ayudarnos a detectar condiciones de interés exactas.

Comprobar varias condiciones

Puede que necesitemos comprobar múltiples condiciones al mismo tiempo. Por ejemplo, a veces necesitamos que se den dos condiciones para que se ejecute una acción. Otras veces, nos basta con que una sola sea `True`. Las palabras clave `and` y `or` nos ayudarán en estas situaciones.

Usar and para comprobar varias condiciones

Para comprobar si dos condiciones son `True` al mismo tiempo, usaremos la palabra clave `and` para combinar las dos pruebas condicionales; si se pasan las dos pruebas, la expresión general se evaluará como `True`. Si no se supera alguna de las pruebas, o las dos, la expresión se evalúa como `False`. Por ejemplo, podemos comprobar si dos personas tienen más de 21 años con esta prueba:

```
>>> age_0 = 22
>>> age_1 = 18
❶ >>> age_0 >= 21 and age_1 >= 21
False
❷ >>> age_1 = 22
>>> age_0 >= 21 and age_1 >= 21
True
```

En primer lugar, definimos dos edades, `age_0` y `age_1`. A continuación, comprobamos si ambas edades son 21 o más ❶. La prueba de la izquierda se pasa, pero la de la derecha falla, así que la expresión condicional general se evalúa como `False`. A continuación, cambiamos `age_1` a 22 ❷. El valor de `age_1` es ahora mayor que 21, así que se superan las dos pruebas y la expresión condicional general se evalúa como `True`.

Para mejorar la legibilidad, podemos poner las pruebas individuales entre paréntesis, pero no es obligatorio. Si los usamos, la prueba queda así:

```
(age_0 >= 21) and (age_1 >= 21)
```

Usar or para comprobar varias condiciones

La palabra clave `or` nos permite comprobar varias condiciones, pero la prueba se pasa cuando se pasa una o ambas pruebas individuales. Una expresión `or` falla solo cuando no se superan las dos pruebas individuales.

Volvamos al ejemplo de las dos edades, pero ahora solo vamos a buscar a una persona con más de 21 años:

```
>>> age_0 = 22
>>> age_1 = 18
❶ >>> age_0 >= 21 or age_1 >= 21
True
❷ >>> age_0 = 18
>>> age_0 >= 21 or age_1 >= 21
False
```

De nuevo, empezamos con dos variables de edad. Como la prueba para `age_0` en ❶ se supera, la expresión general se evalúa como `True`. Luego bajamos `age_0` a 18. En la prueba final ❷, no se supera ninguna prueba individual, por lo que la expresión general se evalúa como `False`.

Comprobar si hay un valor en una lista

A veces, es importante comprobar si una lista contiene un valor determinado antes de realizar una acción. Por ejemplo, es posible que necesitemos comprobar si ya existe un nombre de usuario en una lista de usuarios actuales antes de completar el registro de otra persona en un sitio web. O, en un proyecto con mapas, puede que necesitemos comprobar si una ubicación enviada está ya en una lista de ubicaciones conocidas.

Para descubrir si un valor en particular está ya en una lista, usaremos la palabra clave `in`. Tomemos como ejemplo un código que podríamos escribir para una pizzería. Haremos una lista de ingredientes que un cliente ha pedido para su pizza y luego comprobaremos si la lista incluye determinados ingredientes.

```
>>> requested_toppings = ['mushrooms', 'onions', 'pineapple']
>>> 'mushrooms' in requested_toppings
True
>>> 'pepperoni' in requested_toppings
False
```

La palabra clave in le indica a Python que compruebe la existencia de 'mushrooms' y 'pepperoni' en la lista requested_toppings. Esta técnica es bastante potente porque podemos crear una lista de valores esenciales y luego comprobar fácilmente si el valor que estamos probando coincide con uno de los valores de la lista.

Comprobar si un valor no está en una lista

Otras veces, es importante saber si un valor no aparece en una lista. En este caso, usaremos la palabra clave not. Por ejemplo, piense en una lista de usuarios que tienen prohibido comentar en un foro. Podemos comprobar si un usuario está vetado antes de dejarle enviar un comentario:

banned_users.py

```
banned_users = ['andrew', 'carolina', 'david']
user = 'marie'

if user not in banned_users:
    print(f"{user.title()}, you can post a response if you wish.")
```

La sentencia if está bastante clara. Si el valor de user no está en la lista banned_users, Python devuelve True y ejecuta la línea sangrada.

El nombre de usuario 'marie' no está en la lista banned_users, así que verá un mensaje invitándola a escribir una respuesta:

```
Marie, you can post a response if you wish.
```

Expresiones booleanas

A medida que aprenda a programar, lo más seguro es que se tope con el término expresión booleana. Una "expresión booleana" no es más que otro nombre con el que se conoce una prueba condicional. Un valor booleano puede ser True o False, igual que el valor de una expresión condicional después de ser evaluado.

Los valores booleanos suelen usarse para seguir la pista a ciertas condiciones, como si un juego se está ejecutando o si un usuario puede editar determinado contenido en un sitio web:

```
game_active = True
can_edit = False
```

Los valores booleanos ofrecen una forma eficiente de rastrear el estado de un programa o una condición que es importante en el programa.

PRUÉBELO

- **5-1. Pruebas condicionales:** Escriba una serie de pruebas condicionales. Imprima una frase describiendo cada prueba y su predicción para el resultado. Su código debería tener un aspecto similar a esto:

```
car = 'subaru'
print("Is car == 'subaru'? I predict True.")
print(car == 'subaru')

print("\nIs car == 'audi'? I predict False.")
print(car == 'audi')
```

- Examine los resultados y asegúrese de comprender por qué cada línea se evalúa como True o False.
- Cree al menos 10 pruebas y haga que 5, como mínimo, se evalúen como True y otras 5 como False.

- **5-2. Más pruebas condicionales:** No hace falta que limite el número de pruebas condicionales a diez. Si quiere probar más comparaciones, escriba más pruebas y añádalas a conditional_tests.py. Haga que un resultado sea True y otro False para cada una de estas pruebas:
  - Pruebas de igualdad y desigualdad con cadenas.
  - Pruebas con el método lower().
  - Pruebas numéricas que impliquen igualdad y desigualdad, mayor que y menor que, mayor o igual que y menor o igual que.
  - Pruebas con las palabras clave and y or.
  - Prueba para comprobar si un elemento está en una lista.
  - Prueba para comprobar si un elemento no está en una lista.

Sentencias if

Cuando comprenda las pruebas condicionales, puede empezar a escribir sentencias if. Hay varios tipos de sentencias if. La clase de sentencia que usemos dependerá del número de condiciones que tengamos que probar. Hemos visto varios ejemplos de sentencias if en la explicación de las pruebas condicionales, pero vamos a profundizar en el tema.

Sentencias if simples

El tipo más simple de sentencia if tiene una prueba y una acción:

```
if prueba_condicional:
    Hacer algo
```

Podemos poner cualquier prueba condicional en la primera línea y casi cualquier acción en el bloque sangrado después de la prueba. Si la prueba condicional se evalúa como `True`, Python ejecuta el código que hay después de la sentencia `if`. Si la prueba se evalúa como `False`, Python ignora esa parte del código.

Supongamos que tenemos una variable que representa la edad de una persona y queremos saber si esa persona tiene edad para votar. El siguiente código comprueba si puede votar:

voting.py

```
age = 19
if age >= 18:
    print("You are old enough to vote!")
```

En Python comprueba si el valor de `age` es mayor o igual que 18. Lo es, así que ejecuta la llamada sangrada a `print()`:

```
You are old enough to vote!
```

El sangrado tiene el mismo papel en las sentencias `if` que en los bucles. Todas las líneas sangradas después de una sentencia `if` se ejecutarán si se supera la prueba y el bloque completo se ignorará si no se supera.

Podemos poner tantas líneas de código como queramos en el bloque que sigue a la sentencia `if`. Vamos a añadir otra línea de salida si la persona tiene edad para votar, preguntándole si está censada:

```
age = 19
if age >= 18:
    print("You are old enough to vote!")
    print("Have you registered to vote yet?")
```

Se pasa la prueba condicional. Dado que las dos llamadas a `print()` están sangradas, se imprimen las dos líneas:

```
You are old enough to vote!
Have you registered to vote yet?
```

Si el valor de `age` fuese menor que 18, este programa no generaría salida.

Sentencias if-else

Con frecuencia, querremos realizar una acción cuando se pase una prueba condicional y una acción distinta en todos los demás casos. La sintaxis `if-else` de Python lo hace posible. Un bloque `if-else` es similar a una sentencia `if` simple, pero la sentencia `else` nos permite definir una acción o un conjunto de acciones que se excluyen cuando la prueba condicional falla.

Vamos a mostrar el mismo mensaje de antes si la persona tiene edad para votar, pero ahora añadiremos un mensaje para aquellos que no puedan votar todavía:

```
  age = 17
❶ if age >= 18:
      print("You are old enough to vote!")
      print("Have you registered to vote yet?")
❷ else:
      print("Sorry, you are too young to vote.")
      print("Please register to vote as soon as you turn 18!")
```

Si se pasa la prueba condicional ❶, se ejecuta el primer bloque de llamadas a `print()`. Si la prueba se evalúa como `False`, se ejecuta el bloque `else` ❷. Dado que `age` es menor que 18 en esta ocasión, la prueba condicional falla y se ejecuta el código del bloque `else`:

```
Sorry, you are too young to vote.
Please register to vote as soon as you turn 18!
```

Este código funciona porque solo tiene dos situaciones posibles para evaluar: o bien la persona tiene edad para votar o no la tiene. La estructura `if-else` funciona en situaciones en las que queremos que Python siempre ejecute una de dos acciones posibles. En una cadena `if-else` sencilla, como esta, siempre se ejecutará una de las dos acciones.

La cadena if-elif-else

Con frecuencia, necesitará probar más de dos situaciones posibles y para evaluarlas puede usar la sintaxis de Python `if-elif-else`. Python ejecuta solo un bloque en una cadena `if-elif-else`. Ejecuta cada prueba condicional en orden hasta que se pasa una. Cuando se supera una prueba, se ejecuta el código que va con ella y Python omite el resto de las pruebas.

Muchas situaciones del mundo real implican más de dos condiciones. Piense, por ejemplo, en un parque de atracciones que cobra distintas tarifas en función de la edad:

- La entrada es gratuita para menores de 4 años.
- Los menores de entre 4 y 18 años pagan 25 dólares.
- A partir de 18 años la entrada cuesta 40 dólares.

¿Cómo podemos usar una sentencia `if` para determinar el precio de la entrada de una persona? El siguiente código comprueba el grupo de edad al que pertenece una persona y muestra un mensaje con el precio de la entrada:

amusement_park.py

```
  age = 12

❶ if age < 4:
      print("Your admission cost is $0.")
❷ elif age < 18:
      print("Your admission cost is $25.")
❸ else:
      print("Your admission cost is $40.")
```

La prueba if ❶ comprueba si la persona tiene menos de 4 años. Si se pasa la prueba, aparece el mensaje correspondiente y Python omite el resto de las pruebas. La línea elif ❷ es, en realidad, otra prueba if, que se ejecuta solo si falla la anterior. En este punto de la cadena, sabemos que la persona tiene como mínimo 4 años porque la primera prueba ha fallado. Si la persona tiene menos de 18, se imprimirá el mensaje correspondiente y Python omitirá el bloque else. Si fallan las pruebas if y elif, Python ejecuta el código del bloque else ❸. En este ejemplo, la prueba if ❶ se evalúa como False, así que no se ejecuta su bloque de código. Sin embargo, la segunda prueba se evalúa como True (12 es menor que 18), así que se ejecuta su código. La salida es una oración que informa al usuario del precio de su entrada:

```
Your admission cost is $25.
```

Cualquier edad superior a 17 haría que las dos primeras pruebas fallasen y, en ese caso, se ejecutaría el bloque else, mostrando un precio de entrada de 40 dólares.

En lugar de imprimir el precio de admisión dentro del bloque if-elif-else, sería más conciso establecer solo el precio dentro de la cadena if-elif-else y usar una única llamada a print() que se ejecute después de que la cadena se evalúe:

```
age = 12

if age < 4:
    price = 0
elif age < 18:
    price = 25
else:
    price = 40

print(f"Your admission cost is ${price}.")
```

Las líneas sangradas establecen el valor de price de acuerdo con la edad de la persona, como en el ejemplo anterior. Una vez determinado el precio por la cadena if-elif-else, una llamada independiente y sin sangrar a print() usa este valor para mostrar un mensaje informando a la persona del precio de su entrada.

Este código produce la misma salida que el ejemplo anterior, pero la finalidad de la cadena if-elif-else es más limitada. En lugar de determinar un precio y mostrar un mensaje, solo determina el precio de la entrada. Además de ser más eficiente, este código revisado es más fácil de modificar que el del enfoque original. Para cambiar el texto del mensaje de salida, solo habría que cambiar una llamada a print() y no tres independientes.

Utilizar múltiples bloques elif

Podemos usar todos los bloques elif que queramos en nuestro código. Por ejemplo, si el parque de atracciones fuese a implementar un descuento para mayores, podríamos añadir una prueba adicional para determinar si se puede aplicar a alguien ese descuento. Supongamos que los mayores de 65 años o más pagan la mitad de la entrada normal, es decir, 20 dólares:

```
age = 12

if age < 4:
    price = 0
elif age < 18:
    price = 25
elif age < 65:
    price = 40
else:
    price = 20

print(f"Your admission cost is ${price}.")
```

La mayor parte de este código no cambia. El segundo bloque `elif` comprueba ahora si una persona tiene menos de 65 años antes de asignarle el precio completo de la entrada, 40 dólares. Observe que es preciso cambiar el valor asignado en el bloque `else` por 20 dólares porque las únicas personas que entrarían en este bloque tienen 65 años o más.

Omitir el bloque else

Python no requiere un bloque `else` al final de una cadena `if-elif`. A veces, este bloque es útil; otras veces es más claro usar una sentencia `elif` adicional que capture la condición de interés específica:

```
age = 12

if age < 4:
    price = 0
elif age < 18:
    price = 25
elif age < 65:
    price = 40
elif age >= 65:
    price = 20

print(f"Your admission cost is ${price}.")
```

El bloque `elif` final asigna un precio de 20 dólares cuando la persona tiene 65 años o más, lo cual añade algo más de claridad que el bloque general `else`. Con este cambio, todos los bloques de código deben pasar una prueba concreta para ejecutarse.

El bloque `else` es una sentencia multifunción. Cumple cualquier condición que no cumpla una prueba `if` o `elif` específica, y eso a veces puede incluir datos no válidos o maliciosos. Si tiene una condición final específica para probar, considere usar un último bloque `elif` y omitir el bloque `else`. Como resultado, tendrá más garantías de que su código funcionará solo en las condiciones correctas.

Probar múltiples condiciones

La cadena `if-elif-else` es potente, pero solo es apropiado usarla cuando necesitamos superar una única prueba. En el momento en que Python encuentra una prueba que pasa, omite las demás pruebas. Este comportamiento es beneficioso porque es eficiente y nos permite probar una condición específica.

Sin embargo, a veces es importante comprobar todas las condiciones de interés. En esos casos, conviene usar una serie de sentencias `if` simples sin bloques `elif` ni `else`. Esta técnica tiene sentido cuando puede darse más de una condición y queremos actuar sobre todas las condiciones evaluadas como `True`.

Volviendo al ejemplo de la pizzería, si alguien pidiese una pizza con dos ingredientes, deberíamos asegurarnos de incluirle los dos:

toppings.py

```
requested_toppings = ['mushrooms', 'extra cheese']

if 'mushrooms' in requested_toppings:
    print("Adding mushrooms.")
❶ if 'pepperoni' in requested_toppings:
    print("Adding pepperoni.")
if 'extra cheese' in requested_toppings:
    print("Adding extra cheese.")

print("\nFinished making your pizza!")
```

Comenzamos con una lista de los ingredientes solicitados. La primera sentencia `if` comprueba si el cliente ha pedido champiñones en su pizza. Si es así, se imprime un mensaje confirmando ese ingrediente. La comprobación de pepperoni ❶ es otra sentencia `if`, no una sentencia `elif` o `else`, así que la prueba se ejecuta independientemente de si se ha pasado la primera prueba o no. La última sentencia `if` comprueba si quiere un extra de queso, independientemente del resultado de las dos primeras pruebas. Estas tres pruebas independientes se completan cada vez que se ejecuta el programa.

Como todas las condiciones del ejemplo se han evaluado, se añaden champiñones y extra de queso a la pizza:

```
Adding mushrooms.
Adding extra cheese.

Finished making your pizza!
```

Este código no funcionaría bien si usásemos un bloque `if-elif-else`, ya que el código se detendría en cuanto se pasase una prueba. Este es el aspecto que tendría:

```
requested_toppings = ['mushrooms', 'extra cheese']

if 'mushrooms' in requested_toppings:
    print("Adding mushrooms.")
```

```
elif 'pepperoni' in requested_toppings:
    print("Adding pepperoni.")
elif 'extra cheese' in requested_toppings:
    print("Adding extra cheese.")

print("\nFinished making your pizza!")
```

La prueba `'mushrooms'` es la primera que pasa, así que se añaden champiñones a la pizza. Sin embargo, los valores `'extra cheese'` y `'pepperoni'` no se comprueban nunca porque Python no ejecuta más pruebas que la primera que se supera en una cadena `if-elif-else`. Se añadirá a la pizza el primer ingrediente solicitado por el cliente, pero se perderá cualquier otro que quisiera:

```
Adding mushrooms.

Finished making your pizza!
```

En resumen, si solo quiere que se ejecute un bloque de código, use una cadena `if-elif-else`. Si necesita ejecutar más de un bloque de código, utilice una serie de sentencias `if` independientes.

PRUÉBELO

- **5-3. Colores de aliens #1:** Imagine un alien que acaba de ser derribado en un juego. Cree una variable llamada `color_alien` y asígnele como valor `'verde'`, `'amarillo'` o `'rojo'`.
  - Escriba una sentencia `if` para comprobar si el color del alien es verde. Si lo es, imprima un mensaje informando al jugador de que ha ganado 5 puntos.
  - Escriba una versión de este programa que pase la prueba `if` y otra que no. (La versión que no supera la prueba no tendrá salida).
- **5-4. Colores de aliens #2:** Elija un color para un alien igual que en el ejercicio 5-3 y escriba una cadena `if-else`.
  - Si el color del alien es verde, imprima un mensaje informando al jugador de que ha ganado 5 puntos por disparar al alien.
  - Si el color del extraterrestre no es verde, imprima una frase informando al jugador de que acaba de ganar 10 puntos.
  - Escriba una versión de este programa que ejecute el bloque `if` y otra que ejecute el bloque `else`.
- **5-5. Colores de aliens #3:** Convierta la cadena `if-else` del ejercicio 5-4 en una cadena `if-elif-else`.
  - Si el alien es verde, imprima un mensaje diciendo al jugador que ha ganado 5 puntos.
  - Si el alien es amarillo, imprima un mensaje diciendo al jugador que ha ganado 10 puntos.

- Si el alien es rojo, imprima un mensaje diciendo al jugador que ha ganado 15 puntos.
- Escriba tres versiones de este programa, asegurándose de que se imprime cada mensaje para el color de alien adecuado.

- **5-6. Etapas vitales:** Escriba una cadena `if-elif-else` para determinar la etapa vital de una persona. Atribuya un valor a la variable edad y:
  - Si la persona tiene menos de 2 años, imprima un mensaje diciendo que es un bebé.
  - Si la persona tiene entre 2 y 4 años, imprima un mensaje diciendo que es un niño pequeño.
  - Si la persona tiene como mínimo 4 años, pero menos de 13, imprima un mensaje diciendo que es un niño.
  - Si la persona tiene como mínimo 13 años, pero menos de 20, imprima un mensaje diciendo que es un adolescente.
  - Si la persona tiene al menos 20 años, pero no llega a 65, imprima un mensaje diciendo que es un adulto.
  - Si la persona tiene 65 años o más, imprima un mensaje diciendo que tiene más de 65 años.

- **5-7. Fruta favorita:** Haga una lista de sus frutas favoritas y escriba una serie de sentencias `if` independientes que comprueben ciertas frutas en su lista.
  - Haga una lista de sus frutas favoritas y llámela `frutas_favoritas`.
  - Escriba cinco sentencias `if`. Cada una debería comprobar si una fruta concreta está en su lista. Si lo está, el bloque `if` debería imprimir un mensaje como "¡Pues sí que te gustan los plátanos!".

Utilizar sentencias if con listas

Podemos hacer un trabajo interesante combinando listas y sentencias `if`. Por ejemplo, podemos detectar valores especiales que requieren un tratamiento distinto al resto de valores de la lista. También podemos gestionar eficazmente condiciones cambiantes, como la disponibilidad de algunos elementos en un restaurante durante un turno, o empezar a demostrar que nuestro código funciona como queremos en todas las situaciones posibles.

Detectar elementos especiales

Este capítulo empezó con un sencillo ejemplo que mostraba cómo manejar un valor especial `'bmw'`, que tenía que imprimirse en un formato diferente al del resto de los valores de la lista. Ahora que tiene unos conocimientos básicos de las pruebas condicionales y las sentencias `if`, vamos a concentrarnos en cómo puede detectar valores especiales en una lista para manejarlos adecuadamente.

Vamos a seguir con el ejemplo de la pizzería. La pizzería muestra un mensaje cada vez que se añade un ingrediente a una pizza mientras se está preparando. El código para esta acción puede escribirse de una forma muy eficiente haciendo una lista de los ingredientes que ha pedido el cliente y usando un bucle para ir anunciándolos según se añaden a la pizza:

toppings.py

```
requested_toppings = ['mushrooms', 'green peppers', 'extra cheese']

for requested_topping in requested_toppings:
    print(f"Adding {requested_topping}.")

print("\nFinished making your pizza!")
```

La salida es sencilla porque este código es un simple bucle `for`:

```
Adding mushrooms.
Adding green peppers.
Adding extra cheese.

Finished making your pizza!
```

¿Pero qué pasaría si la pizzería se quedase sin pimientos verdes? Una sentencia `if` dentro del bucle `for` puede manejar esta situación adecuadamente:

```
requested_toppings = ['mushrooms', 'green peppers', 'extra cheese']

for requested_topping in requested_toppings:
    if requested_topping == 'green peppers':
        print("Sorry, we are out of green peppers right now.")
    else:
        print(f"Adding {requested_topping}.")

print("\nFinished making your pizza!")
```

En esta ocasión, comprobamos cada elemento solicitado antes de añadirlo a la pizza. La sentencia `if` comprueba si la persona ha pedido pimientos verdes. En ese caso, se muestra un mensaje informándole de por qué no puede ser. El bloque `else` se asegura de que todos los demás ingredientes se añadan a la pizza.

La salida muestra que se han gestionado bien todos los ingredientes.

```
Adding mushrooms.
Sorry, we are out of green peppers right now.
Adding extra cheese.

Finished making your pizza!
```

Comprobar que una lista no está vacía

Hemos dado por sentado algo con todas las listas con las que hemos trabajado hasta ahora: que contenían como mínimo un elemento. Pronto dejaremos que los usuarios suministren la información que se guarda en una lista, de manera que ya no podremos dar por sentado que la lista contiene elementos cada vez que se ejecute un bucle. En esta situación, es útil comprobar si una lista está vacía antes de ejecutar un bucle `for`.

A modo de ejemplo, vamos a comprobar si la lista de ingredientes está vacía antes de hacer la pizza. Si la lista está vacía, nos dirigiremos al usuario para asegurarnos de que quiere una pizza básica. Si la lista no está vacía, haremos la pizza como en los ejemplos anteriores:

```
requested_toppings = []

if requested_toppings:
    for requested_topping in requested_toppings:
        print(f"Adding {requested_topping}.")
    print("\nFinished making your pizza!")
else:
    print("Are you sure you want a plain pizza?")
```

En esta ocasión comenzaremos con una lista de ingredientes vacía. En lugar de saltar al bucle `for`, hacemos una comprobación rápida. Cuando se usa el nombre de una lista en una sentencia `if`, Python devuelve `True` si la lista contiene al menos un elemento; una lista vacía se evaluará como `False`. Si `requested_toppings` pasa la prueba condicional, ejecutaremos el mismo bucle `for` que hemos usado en el ejemplo anterior. Si la prueba condicional falla, imprimiremos un mensaje preguntando al usuario si realmente quiere una pizza básica sin ingredientes.

La lista está vacía en este caso, así que la salida es la pregunta para el usuario:

```
Are you sure you want a plain pizza?
```

Si la lista no está vacía, la salida mostrará todos los ingredientes solicitados añadidos a la pizza.

Usar múltiples listas

La gente pide de todo, sobre todo en lo que a ingredientes de pizza se refiere. ¿Y si un cliente quiere patatas fritas en su pizza? Podemos usar listas y sentencias `if` para asegurarnos de que la entrada tenga sentido antes de actuar sobre ella.

Hay que tener cuidado con las peticiones de ingredientes raras antes de preparar una pizza. El siguiente código define dos listas. La primera es una lista de los ingredientes disponibles en la pizzería y la segunda es una lista de los que ha pedido el cliente. En esta ocasión, cada elemento de `requested_toppings` se comprueba con la lista de ingredientes disponibles antes de añadirse a la pizza:

```
available_toppings = ['mushrooms', 'olives', 'green peppers',
'pepperoni', 'pineapple', 'extra cheese']

❶ requested_toppings = ['mushrooms', 'french fries', 'extra cheese']

for requested_topping in requested_toppings:
❷    if requested_topping in available_toppings:
        print(f"Adding {requested_topping}.")
❸    else:
        print(f"Sorry, we don't have {requested_topping}.")

print("\nFinished making your pizza!")
```

En primer lugar, definimos una lista de ingredientes disponibles en esta pizzería. Observe que podría tratarse de una tupla si la pizzería tuviese una selección de ingredientes estable. A continuación, hacemos una lista de los ingredientes que ha pedido el cliente. Fíjese en la extraña petición de patatas fritas ('french fries') como *topping* en este ejemplo ❶. A continuación, pasamos en bucle por la lista de ingredientes solicitados. Dentro del bucle, primero comprobamos si cada ingrediente solicitado está en la lista de ingredientes disponibles ❷. Si está, lo añadimos a la pizza. Si el ingrediente solicitado no está en la lista de ingredientes disponibles, se ejecutará el bloque else ❸, que imprime un mensaje informando al usuario de los ingredientes que no están disponibles.

Esta sintaxis produce una salida limpia e informativa:

```
Adding mushrooms.
Sorry, we don't have french fries.
Adding extra cheese.

Finished making your pizza!
```

¡Con solo unas líneas de código, hemos gestionado con bastante efectividad una situación del mundo real!

PRUÉBELO

- **5-8. Hola, Admin:** Cree una lista de cinco o más nombres de usuario, incluyendo el nombre 'admin'. Imagine que está escribiendo código que imprimirá un mensaje para cada usuario cuando inicien sesión en un sitio web. Pase en bucle por la lista e imprima un saludo para cada usuario:
    - Si el nombre de usuario es 'admin', imprima un saludo especial, como "Hola, admin, ¿quieres ver un informe de estado?".
    - De lo contrario, imprima un saludo genérico, como "Hola, Juan, gracias por volver a entrar".
- **5-9. Sin usuarios:** Añada una prueba if al programa del ejercicio anterior (hello_admin.py) para asegurarse de que la lista no está vacía.

- Si la lista está vacía, imprima el mensaje "¡Necesitamos encontrar algún usuario!".
- Borre todos los nombres de usuario de la lista y asegúrese de que se imprime el mensaje correcto.

- **5-10. Comprobar nombres de usuario:** Haga lo siguiente para crear un programa que simule cómo los sitios web se aseguran de que todos los usuarios tienen un nombre único.
  - Cree una lista con cinco o más nombres de usuario llamada `current_users`.
  - Cree otra lista de cinco nombres de usuario llamada `new_users`. Asegúrese de que uno o dos de los nuevos nombres de usuario estén también en la lista `current_users`.
  - Pase en bucle por la lista `new_users` para ver si cada nuevo nombre de usuario está ya usado. Si lo está, imprima un mensaje diciendo al usuario que tendrá que introducir otro nombre. Si un nombre no se ha usado todavía, imprima un mensaje diciendo que el nombre de usuario está disponible.
  - Asegúrese de que su comparación no distingue entre mayúsculas y minúsculas. Si se ha usado `'Juan'`, no debería aceptarse `'JUAN'`. (Para hacer esto, necesitará una copia de `current_users` con la versión en minúsculas de todos los usuarios existentes).

- **5-11. Números ordinales en inglés:** Los números ordinales indican su posición en una lista, como 1°, 2°, etc. En inglés, la mayoría terminan en *th*, excepto el 1, el 2 y el 3, que terminan en *st*, *nd* y *rd*, respectivamente.
  - Guarde los números del 1 al 9 en una lista.
  - Pase en bucle por la lista.
  - Use una cadena `if-elif-else` dentro del bucle para imprimir la terminación adecuada en inglés de cada número. La salida debería ser "1st 2nd 3rd 4th 5th 6th 7th 8th 9th", y cada resultado debería aparecer en una línea separada.

Dar estilo a las sentencias if

En todos los ejemplos de este capítulo, ha visto buenos hábitos de estilo. La única recomendación de la PEP 8 sobre el estilo de las pruebas condicionales es que usemos un solo espacio entre los operadores de comparación, como ==, >=, <=. Por ejemplo:

```
if age < 4:
```

es mejor que:

```
if age<4:
```

Este espacio no afecta a la forma en la que Python interpreta el código; solo lo hace más fácil de leer para nosotros y para otros.

PRUÉBELO

- **5-12. Dar estilo a sentencias `if`:** Revise los programas que ha escrito en este capítulo y asegúrese de que ha dado el estilo apropiado a sus pruebas condicionales.
- **5-13. Sus ideas:** Llegados a este punto, ya es un programador más capacitado que cuando empezó este libro. Ahora que tiene más idea de cómo se modelan situaciones del mundo real en programas, es posible que ya esté pensando en problemas a los que podría dar solución con sus propios programas. Tome nota de cualquier idea que se le ocurra sobre los problemas que podría interesarle resolver a medida que sus habilidades de programación mejoran. Piense en los juegos que le gustaría desarrollar, los conjuntos de datos que quiere explorar o las aplicaciones web que le gustaría crear.

Resumen

En este capítulo, hemos aprendido a crear pruebas condicionales, que siempre se evalúan como True o False. También hemos aprendido a escribir sentencias if sencillas, cadenas if-else y cadenas if-elif-else. Ha empezado a usar estas estructuras para identificar condiciones particulares que puede tener que probar para saber si esas condiciones se cumplen en sus programas. También sabe ya cómo gestionar algunos elementos de una lista de forma diferente al resto, usando con eficiencia un bucle for. Por último, hemos revisado las recomendaciones de estilo de Python para garantizar que los programas cada vez más complejos que escriba sigan siendo relativamente fáciles de leer y entender.

En el capítulo 6, hablaremos de los diccionarios de Python. Un diccionario es similar a una lista, pero nos permite conectar informaciones. Aprenderemos a crear diccionarios, pasar en bucle por ellos y usarlos en combinación con listas y sentencias if. Conocer los diccionarios le permitirá modelar una variedad aun mayor de situaciones reales.

6

DICCIONARIOS

En este capítulo aprenderá a usar los diccionarios de Python, que permiten conectar informaciones relacionadas. Descubrirá cómo acceder a la información una vez que esté en el diccionario y cómo modificarla. Dado que los diccionarios pueden almacenar una cantidad de información casi ilimitada, veremos cómo pasa en bucle por los datos que contiene. Además, aprenderá a anidar diccionarios dentro de listas, listas dentro de diccionarios e incluso diccionarios dentro de otros diccionarios.

Comprender los diccionarios le permitirá modelar con mayor precisión una amplia variedad de objetos reales. Podrá crear un diccionario que represente a una persona y guardar toda la información que quiera sobre esa persona: nombre, edad, ubicación, profesión y cualquier otro aspecto personal que pueda describir. Podrá almacenar dos clases de información que se pueda relacionar entre sí, como una lista de palabras y sus significados, una lista de nombres de personas con sus números favoritos, una lista de montañas con su altura.

Un diccionario sencillo

Piense en un juego con aliens de distintos colores que valgan distintos puntos. Este sencillo diccionario guarda información sobre un alien concreto:

alien.py

```
alien_0 = {'color': 'green', 'points': 5}

print(alien_0['color'])
print(alien_0['points'])
```

El diccionario `alien_0` almacena el color del alien y los puntos que vale. Las dos últimas líneas acceden a esa información y nos la muestran así:

```
green
5
```

Como sucede con la mayoría de conceptos nuevos en programación, el uso de diccionarios requiere práctica. Cuando lleve un tiempo trabajando con ellos, no tardará en comprobar lo eficaces que pueden ser para modelar situaciones del mundo real.

Trabajar con diccionarios

Un diccionario de Python es una colección de pares clave-valor. Cada clave se conecta a un valor y podemos usar una clave para acceder al valor asociado a la misma. El valor de una clave puede ser un número, una cadena, una lista o incluso otro diccionario. De hecho, podemos usar cualquier objeto que creemos en Python como valor en un diccionario.

En Python, un diccionario va entre llaves ({}), con una serie de pares clave-valor entre ellas, como hemos visto en el ejemplo anterior:

```
alien_0 = {'color': 'green', 'points': 5}
```

Un par clave-valor es un conjunto de valores asociados entre sí. Cuando damos una clave, Python devuelve el valor asociado con ella. Cada clave se conecta con su valor mediante dos puntos y varios pares clave-valor se separan entre ellos por comas. Podemos almacenar tantos pares clave-valor como queramos en un diccionario.

El diccionario más sencillo tiene exactamente un par clave-valor, como vemos en esta versión modificada de `alien_0`:

```
alien_0 = {'color': 'green'}
```

Este diccionario guarda una información sobre `alien_0`: su color. La cadena `'color'` es la clave y su valor asociado es `'green'`.

Acceder a los valores de un diccionario

Para obtener el valor asociado con una clave, daremos el nombre del diccionario y colocaremos la clave entre corchetes, así:

alien.py

```
alien_0 = {'color': 'green'}
print(alien_0['color'])
```

Esto devuelve el valor asociado con la clave `'color'` en el diccionario `alien_0`:

```
green
```

Podemos tener un número ilimitado de pares clave-valor en un diccionario. Por ejemplo, este es el diccionario `alien_0` original, con dos pares:

```
alien_0 = {'color': 'green', 'points': 5}
```

Ahora podemos acceder al color o a los puntos de `alien_0`. Si un jugador dispara al alien verde, podemos comprobar cuántos puntos gana con un código como este:

```
alien_0 = {'color': 'green', 'points': 5}

new_points = alien_0['points']
print(f"You just earned {new_points} points!")
```

Una vez definido el diccionario, extraemos el valor asociado con la clave `'points'` del diccionario. A continuación, ese valor se asigna a la variable `new_points`. La última línea imprime una frase sobre los puntos que el jugador acaba de ganar:

```
You just earned 5 points!
```

Si ejecutamos este código cada vez que derribamos un alienígena, se recuperarán los puntos.

Añadir nuevos pares clave-valor

Los diccionarios son estructuras dinámicas. Podemos añadirles nuevos pares clave-valor en cualquier momento. Para añadir un nuevo par, daríamos el nombre del diccionario seguido por la nueva clave entre corchetes junto con el nuevo valor.

Vamos a añadir dos datos al diccionario `alien_0`: las coordenadas x e y del alien, que nos ayudarán a mostrarlo en una posición determinada en la pantalla. Colocaremos al extraterrestre en el borde izquierdo de la pantalla, a 25 píxeles de la parte superior. Dado que las coordenadas en una pantalla suelen empezar en la esquina superior izquierda, colocaremos al alien en el borde izquierdo estableciendo la coordenada x como 0 y a 25 píxeles del borde superior estableciendo la coordenada y como 25, así:

alien.py

```
alien_0 = {'color': 'green', 'points': 5}
print(alien_0)

alien_0['x_position'] = 0
alien_0['y_position'] = 25
print(alien_0)
```

Empezamos definiendo el mismo diccionario con el que estábamos trabajando y posteriormente lo imprimimos para ver su información. A continuación, añadimos un nuevo par clave-valor al diccionario: la clave `'x_position'` con el valor 0. Hacemos lo mismo con la clave `'y_position'`. Al imprimir el diccionario modificado, veremos los dos pares nuevos:

```
{'color': 'green', 'points': 5}
{'color': 'green', 'points': 5, 'x_position': 0, 'y_position': 25}
```

La versión final del diccionario contiene cuatro pares clave-valor. Los dos pares originales especifican el color y el valor en puntos del alien. Los otros dos especifican su posición.

Los diccionarios mantienen el orden en el que se definen. Cuando imprima un diccionario o pase en bucle por sus elementos, los encontrará en el mismo orden en el que los añadió al diccionario.

Empezar con un diccionario vacío

En ocasiones puede resultar conveniente, incluso necesario, comenzar con un diccionario vacío e ir añadiéndole elementos. Para empezar a rellenar un diccionario vacío, defina uno con unas llaves vacías y luego añada cada par clave-valor en su propia línea. Por ejemplo, así es como crearíamos el diccionario `alien_0` con esta técnica:

alien.py

```
alien_0 = {}

alien_0['color'] = 'green'
alien_0['points'] = 5

print(alien_0)
```

En primer lugar definimos un diccionario `alien_0` vacío; a continuación, le añadimos los valores de color y valor. El resultado es el diccionario que hemos usado en ejemplos anteriores:

```
{'color': 'green', 'points': 5}
```

Por regla general, usaremos diccionarios vacíos cuando almacenemos datos suministrados por el usuario o cuando escribamos código que genere muchos pares clave-valor automáticamente.

Modificar valores en un diccionario

Para modificar un valor en un diccionario, daremos el nombre del diccionario con la clave entre corchetes y el nuevo valor que queremos asociar a esa clave. Por ejemplo, si quisiéramos cambiar el color del alien de verde a amarillo cuando avance el juego, haríamos esto:

alien.py

```
alien_0 = {'color': 'green'}
print(f"The alien is {alien_0['color']}.")

alien_0['color'] = 'yellow'
print(f"The alien is now {alien_0['color']}.")
```

Primero, definimos un diccionario para `alien_0` que contiene solo el color y, luego, cambiamos el valor asociado con la clave `'color'` por `'yellow'`. La salida muestra que el alien ha cambiado de verde a amarillo:

```
The alien is green.
The alien is now yellow.
```

Para ver un ejemplo más interesante, vamos a hacer un seguimiento de la posición de un alien que se puede mover a distintas velocidades. Almacenaremos un valor que represente su velocidad actual y luego lo usaremos para determinar cuánto debería moverse el alien hacia la derecha:

```
alien_0 = {'x_position': 0, 'y_position': 25, 'speed': 'medium'}
print(f"Original position: {alien_0['x_position']}")

# Mueve el alien hacia la derecha.
# Determina cuánto se mueve el alien basándose en su velocidad actual.
❶ if alien_0['speed'] == 'slow':
    x_increment = 1
elif alien_0['speed'] == 'medium':
    x_increment = 2
else:
    # Debe ser un alien rápido.
    x_increment = 3

# La nueva posición es la antigua más el incremento.
❷ alien_0['x_position'] = alien_0['x_position'] + x_increment

print(f"New position: {alien_0['x_position']}")
```

Empezamos definiendo un alienígena con una posición inicial *x*, una posición *y*, y una velocidad `'medium'`. Hemos omitido los valores de color y puntos para simplificar, pero este ejemplo funcionaría igual si hubiésemos incluido esos pares. También imprimimos el valor de `x_position` para ver cuánto se desplaza el alien a la derecha.

Una cadena `if-elif-else` determina cuánto debería moverse el alien a la derecha y asigna este valor a la variable `x_increment` ❶. Si la velocidad del alienígena es `'slow'`, se mueve una unidad a la derecha; si es `'medium'`, se mueve dos unidades a la derecha, y si es `'fast'`, se mueve tres unidades. Una vez calculado el incremento, se suma al valor de `x_position` ❷ y el resultado se guarda en la clave `x_position` del diccionario.

Dado que es un alienígena de velocidad media, su posición se desplaza dos unidades a la derecha:

```
Original position: 0
New position: 2
```

Esta técnica es genial: cambiando un valor en el diccionario del alien, podemos cambiar el comportamiento general del extraterrestre. Por ejemplo, para convertir a este alien de velocidad media en uno rápido, añadiríamos esta línea:

```
alien_0['speed'] = 'fast'
```

El bloque if-elif-else asignará un valor más alto a x_increment la próxima vez que se ejecute el código.

Eliminar pares clave-valor

Cuando ya no necesite una información almacenada en un diccionario, puede usar la sentencia del para eliminar por completo un par clave-valor. Lo único que necesita del es el nombre del diccionario y la clave que desea borrar.

Por ejemplo, vamos a quitar la clave 'points' del diccionario alien_0 junto con su valor:

alien.py

```
alien_0 = {'color': 'green', 'points': 5}
print(alien_0)

❶ del alien_0['points']
print(alien_0)
```

La sentencia del ❶ le indica a Python que borre la clave 'points' del diccionario alien_0 y elimine también el valor asociado a esa clave. La salida muestra que la clave 'points' y su valor, 5, han sido eliminados, pero el resto del diccionario no se ve afectado:

```
{'color': 'green', 'points': 5}
{'color': 'green'}
```

Nota: Tenga en cuenta que el par clave-valor eliminado se borrará de manera permanente.

Un diccionario de objetos similares

El ejemplo anterior implicaba almacenar distintos tipos de información sobre un objeto: un alienígena en un juego. También podemos usar un diccionario para guardar un tipo de información sobre varios objetos. Por ejemplo, podríamos sondear a varias personas para preguntarles por su lenguaje de programación favorito. Un diccionario es útil para guardar los resultados de un sondeo simple como este:

favorite_languages.py

```
favorite_languages = {
    'jen': 'python',
    'sarah': 'c',
```

```
    'edward': 'rust',
    'phil': 'python',
    }
```

Como ve, hemos descompuesto un diccionario más grande en varias líneas. Cada clave es el nombre de una persona que respondió a la encuesta y cada valor es el lenguaje elegido por esa persona. Cuando necesite más de una línea para definir un diccionario, pulse **Intro** después de la llave inicial. A continuación, sangre la línea un nivel (cuatro espacios) y escriba el primer par clave-valor, seguido de una coma. A partir de aquí, cada vez que pulse **Intro**, su editor de texto debería sangrar todos los pares clave-valor para alinearlos con el primero.

Cuando termine de definir el diccionario, añada una llave de cierre en una nueva línea detrás del último par clave-valor y sángrela un nivel para alinearla con las claves. Conviene incluir una coma también después del último par, así se quedará preparada para añadir otro par en la siguiente línea si hace falta.

Nota: La mayoría de los editores de texto incorporan alguna funcionalidad que nos ayuda a dar formato a listas y diccionarios grandes, como en este ejemplo. Existen otras formas de dar formato a diccionarios largos, así que puede encontrar formatos ligeramente diferentes en su editor o en otras fuentes.

Para usar este diccionario, sabiendo el nombre de una persona que hizo la encuesta, podemos buscar rápidamente su lenguaje favorito:

favorite_languages.py

```
favorite_languages = {
    'jen': 'python',
    'sarah': 'c',
    'edward': 'rust',
    'phil': 'python',
    }
❶ language = favorite_languages['sarah'].title()
print(f"Sarah's favorite language is {language}.")
```

Para ver el lenguaje que eligió Sarah, pedimos el valor así:

```
favorite_languages['sarah']
```

Usamos esta sintaxis para sacar el lenguaje favorito de Sarah del diccionario ❶ y lo asignamos a la variable `language`. Crear una nueva variable consigue una llamada a `print()` mucho más limpia. La salida muestra el lenguaje favorito de Sarah:

```
Sarah's favorite language is C.
```

Podríamos usar la misma sintaxis con cualquier sujeto representado en el diccionario.

Usar get() para acceder a valores

Usar claves entre corchetes para recuperar el valor que nos interesa en un diccionario puede causar un problema: si la clave que pedimos no existe, nos dará error.

Veamos qué ocurre si pedimos el valor en puntos de un alien que no tiene ese dato configurado:

alien_no_points.py

```
alien_0 = {'color': 'green', 'speed': 'slow'}
print(alien_0['points'])
```

El resultado es un rastreo que muestra un `KeyError`:

```
Traceback (most recent call last):
  File "alien_no_points.py", line 2, in <module>
    print(alien_0['points'])
          ~~~~~~~^^^^^^^^^^
KeyError: 'points'
```

Veremos más sobre cómo manejar errores como este en general en el capítulo 10. Para los diccionarios en concreto, podemos usar el método `get()` para configurar un valor predeterminado que se devuelva si la clave solicitada no existe.

El método `get()` requiere una clave como primer argumento. Como segundo argumento opcional, podemos pasar el valor que se devolverá si la clave no existe:

```
alien_0 = {'color': 'green', 'speed': 'slow'}

point_value = alien_0.get('points', 'No point value assigned.')
print(point_value)
```

Si la clave `'points'` existe en el diccionario, obtendremos el valor correspondiente. Si no existe, obtendremos el valor predeterminado. En este caso, `points` no existe, así que obtenemos un mensaje indicándonos que no hay puntos asignados en vez de un error:

```
No point value assigned.
```

Si cabe la posibilidad de que no exista la clave que busca, considere usar el método `get()` en vez de la notación de los corchetes.

Nota: Si dejamos fuera el segundo argumento en la llamada a `get()` y la clave no existe, Python devolverá el valor `None`. El valor especial `None` significa "no existe ningún valor". No es un error, sino un valor especial que indica la ausencia de un valor. Veremos más usos de `None` en el capítulo 8.

PRUÉBELO

- **6-1. Persona:** Use un diccionario para almacenar información sobre una persona que conozca. Guarde su nombre, apellido, edad y la ciudad en la que vive. Debería tener claves como nombre, apellido, edad y ciudad. Imprima toda la información almacenada en su diccionario.
- **6-2. Números favoritos:** Use un diccionario para guardar los números favoritos de distintas personas. Piense en cinco nombres y úselos como claves en su diccionario. Piense el número favorito de cada persona y guárdelo como valor en su diccionario. Imprima el nombre y el número favorito de cada persona. Para que sea más divertido, puede preguntar a sus amigos para conseguir datos reales para su programa.
- **6-3. Glosario:** Puede usar un diccionario de Python para modelar un diccionario real. Sin embargo, para evitar confusiones, lo llamaremos "glosario".
  - Piense en cinco palabras de programación que haya aprendido en los capítulos anteriores y úselas como claves en su glosario. Guarde sus significados como valores.
  - Imprima cada palabra con su significado en una salida con formato limpio. Podría imprimir la palabra seguida de dos puntos y luego la definición, o la palabra en una línea y la definición sangrada en una segunda línea. Use el carácter de nueva línea (\n) para insertar una línea en blanco entre cada par palabra-definición en la salida.

Pasar en bucle por un diccionario

Un diccionario de Python puede contener solo unos pocos pares clave-valor o millones de ellos. Dado que puede contener una gran cantidad de datos, Python nos deja pasar en bucle por un diccionario. Los diccionarios sirven para guardar información de distintas maneras, por lo que existen formas diferentes de pasar en bucle por ellos. Podemos pasar por todos los pares clave-valor de un diccionario, solo por las claves o solo por los valores.

Pasar en bucle por todos los pares clave-valor

Antes de explorar los distintos enfoques de los bucles, vamos a considerar un nuevo diccionario pensado para guardar información sobre un usuario de un sitio web. El siguiente diccionario guardará el nombre de usuario de una persona, su nombre y su apellido:

user.py

```
user_0 = {
    'username': 'efermi',
    'first': 'enrico',
    'last': 'fermi',
    }
```

Puede acceder a cualquier dato de `user_0` poniendo en práctica lo que ha aprendido en este capítulo. Pero ¿y si quisiéramos ver todo lo que hay en este diccionario? Para ello, podríamos pasar en bucle por él con un `for`:

```
user_0 = {
    'username': 'efermi',
    'first': 'enrico',
    'last': 'fermi',
    }

for key, value in user_0.items():
    print(f"\nKey: {key}")
    print(f"Value: {value}")
```

Para escribir un bucle `for` para un diccionario, creamos nombres para las dos variables que contendrán la clave y el valor de cada par. Puede elegir el nombre que quiera para estas dos variables. Este código funcionará incluso aunque usemos abreviaturas para los nombres de las variables, como aquí:

```
for k, v in user_0.items()
```

La segunda mitad de la sentencia `for` incluye el nombre del diccionario seguido del método `items()`, que devuelve una secuencia de pares clave-valor. Después, el bucle `for` asigna cada uno de estos pares a las dos variables proporcionadas. En el ejemplo anterior, usamos variables para imprimir cada `key`, seguida del `value` asociado. El `"\n"` de la primera llamada a `print()` garantiza que se insertará una línea antes de cada par clave-valor en la salida:

```
Key: username
Value: efermi

Key: first
Value: enrico

Key: last
Value: fermi
```

El paso en bucle por todos los pares clave-valor funciona especialmente bien en diccionarios como el ejemplo `favorite_languages.py`, que guarda el mismo tipo de información para varias claves diferentes. Si pasamos en bucle por el diccionario `favorite_languages`, obtendremos el nombre de cada persona incluida en el diccionario y su lenguaje de programación preferido. Como las claves siempre hacen referencia a un nombre de persona y el valor es siempre un lenguaje, usaremos las variables name y language en el bucle en vez de key y value. Así será más fácil entender lo que pasa dentro del bucle:

favorite_languages.py

```
favorite_languages = {
    'jen': 'python',
    'sarah': 'c',
    'edward': 'rust',
    'phil': 'python',
    }

for name, language in favorite_languages.items():
    print(f"{name.title()}'s favorite language is {language.title()}.")
```

Este código le indica a Python que pase en bucle por cada par clave-valor del diccionario. A medida que pasa por cada par, la clave se asigna a la variable name y el valor a la variable language. Estos nombres descriptivos hacen mucho más fácil ver lo que está haciendo la llamada a print().

Ahora, con unas pocas líneas de código, podemos mostrar toda la información de la encuesta:

```
Jen's favorite language is Python.
Sarah's favorite language is C.
Edward's favorite language is Rust.
Phil's favorite language is Python.
```

Este tipo de bucle funcionaría también si el diccionario almacenase miles o millones de personas.

Pasar en bucle por todas las claves del diccionario

El método keys() es útil cuando no hace falta trabajar con todos los valores de un diccionario. Vamos a pasar en bucle por el diccionario favorite_languages para imprimir los nombres de todos los que hicieron la encuesta:

```
favorite_languages = {
    'jen': 'python',
    'sarah': 'c',
    'edward': 'rust',
    'phil': 'python',
    }

for name in favorite_languages.keys():
    print(name.title())
```

Este bucle for le dice a Python que saque las claves del diccionario favorite_languages y las asigne de una en una a la variable name. La salida muestra los nombres de todos los que respondieron a la encuesta:

```
Jen
Sarah
Edward
Phil
```

Pasar en bucle por las claves es, en realidad, el comportamiento predeterminado al pasar en bucle por un diccionario, así que este código debería tener exactamente la misma salida que si escribiésemos:

```
for name in favorite_languages:
```

en vez de:

```
for name in favorite_languages.keys():
```

Puede usar el método `keys()` explícitamente si eso hace su código más legible, u omitirlo si lo prefiere.

Es posible acceder al valor asociado con cualquier clave que nos interese dentro del bucle usando la clave actual. Vamos a imprimir un mensaje para un par de amigos sobre el lenguaje que eligieron. Pasaremos en bucle por los nombres del diccionario como hicimos antes, pero, cuando el nombre coincida con uno de nuestros amigos, mostraremos el mensaje:

```
favorite_languages = {
    --fragmento omitido--
    }

friends = ['phil', 'sarah']
for name in favorite_languages.keys():
    print(f"Hi {name.title()}.")

❶   if name in friends:
❷       language = favorite_languages[name].title()
        print(f"\t{name.title()}, I see you love {language}!")
```

En primer lugar, hacemos una lista de los amigos para los que queremos imprimir un mensaje. Dentro del bucle, imprimimos el nombre de cada persona. A continuación, comprobamos si el nombre (`name`) con el que estamos trabajando está en la lista `Friends` ❶. Si es el caso, determinamos el lenguaje favorito de esa persona usando el nombre del diccionario y el valor actual de `name` como clave ❷. Entonces imprimimos un saludo especial, incluyendo una referencia a su lenguaje favorito.

Se imprime el nombre de todos, pero solo nuestros amigos reciben un mensaje especial:

```
Hi Jen.
Hi Sarah.
    Sarah, I see you love C!
Hi Edward.
Hi Phil.
    Phil, I see you love Python!
```

También podemos usar el método `keys()` para averiguar si una persona en concreto hizo la encuesta. Veamos si Erin respondió:

```
favorite_languages = {
    --fragmento omitido--
    }

if 'erin' not in favorite_languages.keys():
    print("Erin, please take our poll!")
```

El método `keys()` no es solo para bucles. En realidad, devuelve una secuencia de todas las claves y la sentencia `if` se limita a comprobar si `'erin'` está en esta lista. Dado que no está, se imprime un mensaje invitándole a completar la encuesta:

```
Erin, please take our poll!
```

Pasar en bucle por las claves de un diccionario en un orden particular

Pasar en bucle por un diccionario devuelve los elementos en el mismo orden en el que se introdujeron. Pero a veces nos interesa que el bucle siga un orden diferente.

Una forma de hacerlo es ordenar las claves a medida que se devuelven en el bucle `for`. Podemos usar la función `sorted()` para obtener una copia de las claves en orden:

```
favorite_languages = {
    'jen': 'python',
    'sarah': 'c',
    'edward': 'rust',
    'phil': 'python',
    }

for name in sorted(favorite_languages.keys()):
    print(f"{name.title()}, thank you for taking the poll.")
```

Esta sentencia `for` es como otras de la misma categoría, salvo porque hemos envuelto `dictionary.keys()` en una función `sorted()`. Esto dice a Python que haga una lista con todas las claves del diccionario y la ordene antes iniciar el bucle. La salida muestra a todos los que hicieron la encuesta, con los nombres en orden:

```
Edward, thank you for taking the poll.
Jen, thank you for taking the poll.
Phil, thank you for taking the poll.
Sarah, thank you for taking the poll.
```

Pasar en bucle por todos los valores de un diccionario

Si le interesan principalmente los valores que contiene un diccionario, puede usar el método `values()` para obtener una lista de valores sin claves. Por ejemplo, si solo quisiéramos una lista de todos los lenguajes elegidos en nuestra encuesta sobre programación sin el nombre de la persona que eligió cada uno, haríamos esto:

```
favorite_languages = {
    'jen': 'python',
    'sarah': 'c',
    'edward': 'rust',
    'phil': 'python',
    }

print("The following languages have been mentioned:")
for language in favorite_languages.values():
    print(language.title())
```

La sentencia `for` extrae cada valor del diccionario y se lo asigna a la variable `language`. Cuando estos valores se imprimen, obtenemos una lista de todos los lenguajes elegidos:

```
The following languages have been mentioned:
Python
C
Rust
Python
```

Este enfoque extrae todos los valores del diccionario sin comprobar si hay repeticiones. Esto puede funcionar con un número reducido de valores, pero, en un sondeo con muchos encuestados, daría lugar a una lista muy repetitiva. Para ver cada lenguaje elegido sin repeticiones, podemos usar un conjunto. Un "conjunto" es una colección en la que cada elemento debe ser único:

```
favorite_languages = {
    --fragmento omitido--
    }

print("The following languages have been mentioned:")
for language in set(favorite_languages.values()):
    print(language.title())
```

Al meter una colección de valores con elementos duplicados en `set()`, Python identifica los elementos únicos de la colección y crea un conjunto con ellos. Aquí usamos `set()` para sacar los lenguajes únicos en `favorite_languages.values()`.

El resultado es una lista sin repeticiones de los lenguajes que han mencionado los encuestados:

```
The following languages have been mentioned:
Python
C
Rust
```

A medida que aprenda a trabajar con Python, irá descubriendo características integradas del lenguaje que le ayudarán a hacer exactamente lo que quiere con sus datos.

Nota: Puede crear un conjunto directamente usando llaves y separando los elementos con comas:

```
>>> languages = {'python', 'rust', 'python', 'c'}
>>> languages
{'rust', 'python', 'c'}
```

Es fácil confundir conjuntos y diccionarios porque ambos usan llaves. Cuando vea llaves, pero no pares clave-valor, lo más probable es que se trate de un conjunto. A diferencia de lo que ocurre con listas y diccionarios, los conjuntos no mantienen los elementos en un orden específico.

PRUÉBELO

- **6-4. Glosario 2:** Ahora que sabe cómo pasar en bucle por un diccionario, limpie el código del ejercicio 6-3 sustituyendo las llamadas a `print()` por un bucle que pase por las claves y valores del diccionario. Cuando sepa con seguridad que su bucle funciona, añada a su glosario cinco términos más relacionados con Python. Cuando vuelva a ejecutar el programa, estas nuevas palabras y definiciones deberían incluirse automáticamente en la salida.
- **6-5. Ríos:** Haga un diccionario con tres ríos importantes y el país por el que discurre cada uno. Un par clave-valor podría ser `'nilo': 'egipto'`.
  - Use un bucle para imprimir una frase sobre cada río, como "El Nilo discurre por Egipto".
  - Use un bucle para imprimir el nombre de cada río incluido en el diccionario.
  - Use un bucle para imprimir el nombre de cada país incluido en el diccionario.
- **6-6. Sondeos:** Use el código de `favorite_languages.py`.
  - Haga una lista de personas que deberían hacer la encuesta sobre lenguajes preferidos. Incluya algunos nombres que estén ya en el diccionario y otros que no lo estén.
  - Pase en bucle por la lista de personas que deberían hacer la encuesta. Si ya la han hecho, deles las gracias por responder. Si todavía no la han completado, imprima un mensaje invitándoles a hacerlo

---

Anidación

A veces, necesitamos almacenar múltiples diccionarios en una lista o una lista de elementos como valor en un diccionario. Esto se llama "anidación". Podemos anidar diccionarios dentro de una lista, una lista dentro de un diccionario o incluso un diccionario dentro de otro diccionario. La anidación es una característica potente, como demostrarán los siguientes ejemplos.

Una lista de diccionarios

El diccionario `alien_0` contiene distintos datos sobre un alien, pero no tiene sitio para guardar información sobre un segundo alien, y mucho menos sobre una pantalla llena de aliens. Entonces, ¿cómo podemos gestionar una flota extraterrestre? Una forma consiste en hacer una lista de aliens en la que cada uno sea un diccionario de información. Por ejemplo, el siguiente código crea una lista de tres aliens:

aliens.py

```
alien_0 = {'color': 'green', 'points': 5}
alien_1 = {'color': 'yellow', 'points': 10}
alien_2 = {'color': 'red', 'points': 15}

❶ aliens = [alien_0, alien_1, alien_2]

for alien in aliens:
    print(alien)
```

En primer lugar, crearemos tres diccionarios, cada uno representando un alien diferente. Almacenamos cada uno de estos diccionarios en una lista llamada `aliens` ❶. Por último, pasamos en bucle por la lista e imprimimos cada alien:

```
{'color': 'green', 'points': 5}
{'color': 'yellow', 'points': 10}
{'color': 'red', 'points': 15}
```

Un ejemplo más realista implicaría más de tres aliens, con código que genere automáticamente cada alien. En el siguiente ejemplo, usamos `range()` para crear una flota de 30 aliens:

```
# Hace una lista vacía para guardar aliens.
aliens = []

# Hace 30 aliens verdes.
❶ for alien_number in range(30):
❷     new_alien = {'color': 'green', 'points': 5, 'speed': 'slow'}
❸     aliens.append(new_alien)

# Muestra los 5 primeros aliens.
❹ for alien in aliens[:5]:
    print(alien)
print("...")

# Muestra cuántos aliens se han creado.
print(f"Total number of aliens: {len(aliens)}")
```

Este ejemplo comienza con una lista vacía para alojar todos los aliens que se crearán. La función `range()` ❶ devuelve una serie de números que simplemente le indicará a Python cuántas veces queremos que se repita el bucle. Cada vez que se ejecuta el bucle, creamos un alien nuevo ❷ y lo añadimos a la lista `aliens` ❸. Usamos un trozo para imprimir los cinco primeros aliens ❹ y por último imprimimos la longitud de la lista para comprobar que, en efecto, hemos generado la flota completa de 30 marcianitos:

```
{'color': 'green', 'points': 5, 'speed': 'slow'}
{'color': 'green', 'points': 5, 'speed': 'slow'}
{'color': 'green', 'points': 5, 'speed': 'slow'}
{'color': 'green', 'points': 5, 'speed': 'slow'}
{'color': 'green', 'points': 5, 'speed': 'slow'}
...

Total number of aliens: 30
```

Todos estos alienígenas tienen las mismas características, pero Python los considera como un objeto separado, lo que nos permite modificar cada extraterrestre individualmente.

¿Cómo podríamos trabajar con un grupo de alienígenas como este? Imagine que un aspecto de un juego hace que algunos aliens cambien de color y se muevan más rápido a medida que el juego avanza. A la hora de cambiar de color, podemos usar un bucle `for` y una sentencia `if` para el cambio. Por ejemplo, para cambiar los tres primeros aliens a amarillo, con velocidad media y un valor de 10 puntos cada uno, podríamos hacer esto:

```
# Hace una lista vacía para guardar aliens.
aliens = []

# Hace 30 aliens verdes.
for alien_number in range (30):
    new_alien = {'color': 'green', 'points': 5, 'speed': 'slow'}
    aliens.append(new_alien)

for alien in aliens[:3]:
    if alien['color'] == 'green':
        alien['color'] = 'yellow'
        alien['speed'] = 'medium'
        alien['points'] = 10

# Muestra los 5 primeros aliens.
for alien in aliens[:5]:
    print(alien)
print("...")
```

Como queremos modificar los tres primeros aliens, pasamos en bucle por un trozo que incluye solo esos extraterrestres. En este punto todos son de color verde, pero no siempre será así, con lo que escribimos una sentencia `if` para asegurarnos de modificar solo los alienígenas de color verde. Si el alienígena es verde, su color cambiará a `'yellow'`, su velocidad a `'medium'` y su valor a `10` puntos, como vemos en la siguiente salida:

```
{'color': 'yellow', 'points': 10, 'speed': 'medium'}
{'color': 'yellow', 'points': 10, 'speed': 'medium'}
{'color': 'yellow', 'points': 10, 'speed': 'medium'}
{'color': 'yellow', 'points': 10, 'speed': 'medium'}
{'color': 'yellow', 'points': 10, 'speed': 'medium'}
...
```

Podríamos expandir este bucle añadiendo un bloque `elif` que convierta los aliens amarillos en aliens rojos que se desplacen con rapidez, y con un valor de 15 puntos cada uno. Sin volver a mostrar todo el programa, ese bucle quedaría así:

```
for alien in aliens[0:3]:
    if alien['color'] == 'green':
        alien['color'] = 'yellow'
        alien['speed'] = 'medium'
        alien['points'] = 10
    elif alien['color'] == 'yellow':
        alien['color'] = 'red'
        alien['speed'] = 'fast'
        alien['points'] = 15
```

Es habitual guardar un número de diccionarios en una lista cuando cada diccionario contiene distintos tipos de información sobre un objeto. Por ejemplo, podemos crear un diccionario para cada usuario de un sitio web, como hemos hecho en `user.py`, y guardar los diccionarios individuales en una lista llamada `users`. Todos los diccionarios de la lista deberían tener una estructura idéntica para que podamos pasar en bucle por ella y trabajar del mismo modo con cada diccionario.

Una lista en un diccionario

En vez de colocar un diccionario dentro de una lista, a veces es útil poner una lista dentro de un diccionario. Por ejemplo, piense en cómo describir una pizza que un cliente ha pedido. Si empleáramos solo una lista, lo único que podríamos guardar en realidad sería una lista de los ingredientes de la pizza. Con un diccionario, la lista de ingredientes puede ser uno solo de los aspectos de la pizza que estamos describiendo.

En el siguiente ejemplo, vamos a guardar dos tipos de información para cada pizza: un tipo de masa y la lista de ingredientes. Esta última es un valor asociado con la clave `'toppings'`. Para usar los elementos de la lista, damos el nombre del diccionario y la clave `'toppings'`, como haríamos con cualquier valor del diccionario. En vez de recuperar un solo valor, obtenemos una lista de ingredientes:

pizza.py

```
# Guarda la información sobre una pizza que se está pidiendo.
pizza = {
    'crust': 'thick',
    'toppings': ['mushrooms', 'extra cheese'],
    }
```

```
# Resume el pedido.
```
❶ ```
print(f"You ordered a {pizza['crust']}-crust pizza "
    "with the following toppings:")
```

❷ ```
for topping in pizza['toppings']:
    print(f"\t" + topping)
```

Comenzaremos con un diccionario que alberga información sobre una pizza que alguien ha pedido. Una de las claves del diccionario es `'crust'` y su valor asociado es la cadena `'thick'`. La siguiente clave, `'toppings'`, tiene como valor una lista de todos los ingredientes solicitados. Resumimos el pedido antes de preparar la pizza ❶. Cuando tenga que romper una línea larga en una llamada a `print()`, elija un punto adecuado para partir la línea que se va a imprimir y termine la línea con unas comillas. Sangre la siguiente línea, añada unas comillas al principio y continúe con la cadena. Python combinará automáticamente todas las cadenas que encuentre dentro de los paréntesis. Para imprimir los ingredientes, escribimos un bucle `for` ❷. Para acceder a la lista de ingredientes, utilizamos la clave `'toppings'` para que Python extraiga los ingredientes del diccionario.

La siguiente salida resume la pizza que planeamos preparar:

```
You ordered a thick-crust pizza with the following toppings:
    mushrooms
    extra cheese
```

Podemos anidar una lista en un diccionario siempre que queramos asociar más de un valor a una sola clave. En el ejemplo de los lenguajes de programación favoritos, si almacenásemos las respuestas de cada persona en una lista, los encuestados podrían elegir más de un lenguaje preferido. Al pasar en bucle por el diccionario, el valor asociado con cada persona sería una lista de lenguajes en vez de uno solo. Dentro del bucle `for` del diccionario, usamos otro bucle `for` para pasar por la lista de lenguajes asociados con cada persona:

favorite_languages.py

```
favorite_languages = {
    'jen': ['python', 'rust'],
    'sarah': ['c'],
    'edward': ['rust', 'go'],
    'phil': ['python', 'haskell'],
    }
```
❶ ```
for name, languages in favorite_languages.items():
    print(f"\n{name.title()}'s favorite languages are:")
```
❷ ```
    for language in languages:
        print(f"\t{language.title()}")
```

El valor asociado con cada nombre en `favorite_languages` es ahora una lista. Observe que algunas personas tienen solo un lenguaje favorito mientras que otras tienen varios. Al pasar en bucle por el diccionario ❶, usamos el nombre de variable languages para alojar cada valor del diccionario porque sabemos que cada valor será una lista. Dentro del bucle principal del diccionario, usamos otro bucle for ❷ para pasar por la lista de lenguajes favoritos de cada persona. Ahora cada persona puede mencionar tantos lenguajes como quiera:

```
Jen's favorite languages are:
    Python
    Rust

Sarah's favorite languages are:
    C

Edward's favorite languages are:
    Rust
    Go

Phil's favorite languages are:
    Python
    Haskell
```

Para refinar este programa, podríamos incluir una sentencia if al principio del bucle for del diccionario para ver si cada persona tiene más de un lenguaje favorito examinando el valor de len(languages). Si alguien tiene más de un lenguaje, la salida debería ser igual; en cambio, si solo tiene uno, podríamos cambiar las palabras para reflejarlo. Por ejemplo, podríamos decir Sarah's favorite language is C, usando el singular.

Nota: No es recomendable anidar demasiadas listas y diccionarios. Si anida elementos en muchos más niveles que los ejemplos anteriores o trabaja con el código de otra persona con muchos niveles de anidación, es bastante probable que exista una forma más sencilla de resolver el problema.

Un diccionario en un diccionario

Podemos anidar un diccionario dentro de otro, pero si lo hacemos el código puede complicarse rápidamente. Por ejemplo, si tenemos varios usuarios para un sitio web, cada uno con un nombre de usuario único, podemos usar esos nombres como claves para un diccionario. Después, podemos guardar información sobre cada usuario usando un diccionario como valor asociado con su nombre de usuario. En el siguiente listado, guardamos tres datos sobre cada usuario: nombre, apellido y ubicación. Accederemos a esta información pasando en bucle por los nombres de usuario y el diccionario de información asociado con cada nombre de usuario:

many_users.py

```
users = {
    'aeinstein': {
        'first': 'albert',
        'last': 'einstein',
        'location': 'princeton',
        },

    'mcurie': {
        'first': 'marie',
        'last': 'curie',
        'location': 'paris',
        },
    }
```

❶ `for username, user_info in users.items():`
❷   `print(f"\nUsername: {username}")`
❸   `full_name = f"{user_info['first']} {user_info['last']}"`
       `location = user_info['location']`

❹   `print(f"\tFull name: {full_name.title()}")`
       `print(f"\tLocation: {location.title()}")`

Primero, definimos un diccionario llamado `users` con dos claves: una para cada nombre de usuario, `'aeinstein'` y `'mcurie'`. El valor asociado con cada clave es un diccionario que incluye el nombre, el apellido y la ubicación del usuario. A continuación, pasamos en bucle por el diccionario `users` ❶. Python asigna cada clave a la variable `username` y el diccionario asociado con cada clave se asigna a la variable `user_info`. Una vez dentro del bucle del diccionario principal, imprimimos el nombre de usuario ❷.

A continuación, comenzamos a acceder al diccionario interior ❸. La variable `user_info`, que contiene el diccionario de información del usuario, tiene tres claves: `'first'`, `'last'` y `'location'`. Usamos cada clave para generar un nombre completo y una ubicación bien formateados para cada persona y luego imprimimos un resumen de lo que sabemos sobre cada usuario ❹:

```
Username: aeinstein
    Full name: Albert Einstein
    Location: Princeton

Username: mcurie
    Full name: Marie Curie
    Location: Paris
```

Fíjese en que la estructura del diccionario de cada usuario es idéntica. Aunque Python no lo requiere así, esta estructura facilita el trabajo con diccionarios anidados. Si el diccionario de cada usuario tuviese claves diferentes, el código dentro del bucle `for` sería más complicado.

PRUÉBELO

- **6-7. Personas:** Empiece con el programa que ha escrito para el ejercicio 6-1. Cree dos diccionarios nuevos que representen a distintas personas y guarde los tres diccionarios en una lista llamada personas. Pase en bucle por la lista. Al hacerlo, imprima todo lo que sabe sobre cada persona.
- **6-8. Mascotas:** Cree varios diccionarios, cada uno representando una mascota diferente. En cada diccionario, incluya el tipo de animal y el nombre del dueño. Guarde estos diccionarios en una lista llamada mascotas. A continuación, pase en bucle por la lista y, al hacerlo, imprima todo lo que sabe sobre cada mascota.
- **6-9. Lugares favoritos:** Cree un diccionario llamado lugares_favoritos. Piense en tres nombres para usar como claves en el diccionario y guarde entre uno y tres lugares favoritos para cada persona. Para hacer este ejercicio un poco más interesante, pregunte a algunos amigos por sus sitios preferidos. Pase en bucle por el diccionario e imprima el nombre y el lugar favorito de cada persona.
- **6-10. Números favoritos:** Modifique el programa del ejercicio 6-2 para que cada persona pueda tener más de un número favorito. Luego, imprima el nombre de cada persona junto con su(s) número(s) favorito(s).
- **6-11. Ciudades:** Cree un diccionario llamado ciudades. Use los nombres de tres ciudades como claves en su diccionario. Cree un diccionario de información sobre cada ciudad e incluya el país en el que se encuentra, su población aproximada y alguna curiosidad sobre la ciudad. Las claves para cada ciudad serían país, población y curiosidad. Imprima el nombre de cada ciudad y toda la información que tenga guardada sobre ella.
- **6-12. Extensiones:** Ahora estamos trabajando con ejemplos lo suficientemente complejos como para ser ampliados de distintas maneras. Elija uno de los programas de ejemplo de este capítulo y amplíelo añadiendo claves y valores nuevos, cambiando el contexto del programa o mejorando el formato de la salida.

Resumen

En este capítulo, hemos visto cómo definir un diccionario y cómo trabajar con la información que contiene. Ha aprendido a acceder y modificar los elementos individuales de un diccionario y a pasar en bucle por todos ellos. También sabe ya cómo pasar en bucle por los pares clave-valor de un diccionario, sus claves y sus valores y cómo anidar varios diccionarios en una lista, varias listas en un diccionario y un diccionario en otro diccionario.

En el próximo capítulo, descubriremos los bucles while y cómo aceptar entrada de los usuarios que usan nuestros programas. Será un capítulo emocionante porque aprenderá a hacer sus programas interactivos: podrán responder a la entrada del usuario.

7

ENTRADA DEL USUARIO
Y BUCLES WHILE

Muchos programas se escriben para resolver un problema relacionado con el usuario final. Para ello, es necesario obtener cierta información de dicho usuario. A modo de ejemplo, supongamos que alguien quiere saber si tiene edad suficiente para votar. Si escribimos un programa para responder esa pregunta, tendremos que saber la edad del usuario antes de poder darle una respuesta. El programa tendrá que pedir al usuario que introduzca su edad; cuando tenga esta entrada, podrá compararla con la edad para votar para determinar si el usuario es lo bastante mayor e informarle del resultado.

En este capítulo, veremos cómo aceptar la información introducida por un usuario para que nuestro programa pueda trabajar con ella. Cuando el programa necesite un nombre, podremos solicitárselo al usuario. Cuando necesite una lista de nombres, podremos pedirle al usuario una serie de nombres. Para ello, necesitamos la función `input()`.

También veremos cómo hacer que los programas sigan ejecutándose mientras el usuario lo desee, con el fin de que pueda introducir toda la información necesaria; después, el programa podrá trabajar con esa información. Usaremos el bucle `while` de Python para que los programas se mantengan en ejecución mientras sigan dándose ciertas condiciones.

Cuando pueda trabajar con entrada de usuario y controlar cuánto tiempo se ejecuta el programa, será capaz de escribir programas completamente interactivos.

Cómo funciona la función input()

La función `input()` pausa el programa y espera a que el usuario introduzca texto. Una vez que Python recibe la entrada del usuario, la asigna a una variable con la que podemos trabajar. Por ejemplo, el siguiente programa pide al usuario que introduzca texto y luego le muestra ese mensaje:

parrot.py

```
message = input("Tell me something, and I will repeat it back to you: ")
print(message)
```

La función `input()` admite un argumento: las instrucciones que queremos mostrar al usuario para que sepa qué información debe introducir. En este ejemplo, cuando Python ejecuta la primera línea de código, el usuario ve las indicaciones `Tell me something, and I will repeat it back to you:` ("Dime algo y te lo repetiré:"). El programa espera mientras el usuario introduce su respuesta y sigue cuando pulsa **Intro**. La respuesta se asigna a la variable `message` y luego `print(message)` muestra la entrada de nuevo al usuario:

```
Tell me something, and I will repeat it back to you: Hello everyone!
Hello everyone!
```

Nota: Algunos editores de texto no ejecutan programas que requieran entrada de usuario. Podemos usarlos para escribir programas que soliciten entrada, pero tendremos que ejecutarlos desde un terminal. Consulte el apartado "Ejecutar programas de Python desde un terminal", en el capítulo 1.

Escribir indicaciones claras

Siempre que use la función `input()`, debería incluir unas indicaciones claras y fáciles de seguir que digan al usuario exactamente qué tipo de información busca. Servirá cualquier frase que le indique al usuario qué información debe introducir. Por ejemplo:

greeter.py

```
name = input("Please enter your name: ")
print(f"\nHello, {name}!")
```

Añada un espacio al final de sus indicaciones (después de los dos puntos en el ejemplo anterior) para separar las instrucciones de la respuesta del usuario y para dejar claro dónde debe introducir este su texto. Por ejemplo:

```
Please enter your name: Eric
Hello, Eric!
```

A veces, necesitará escribir unas instrucciones de más de una línea. Por ejemplo, puede que le interese explicarle al usuario por qué le pide cierta información. Puede asignar las indicaciones a una variable para pasarla a la función `input()`. Esto permite hacer instrucciones de varias líneas y escribir luego una sentencia `input()` limpia.

greeter.py

```
prompt = "If you share your name, we can personalize the messages you see."
prompt += "\nWhat is your first name? "

name = input(prompt)
print(f"\nHello, {name}!")
```

Este ejemplo ilustra una forma de crear una cadena multilínea. La primera línea asigna la primera parte del mensaje a la variable `prompt`. En la segunda línea, el operador `+=` coge la cadena asignada `prompt` y añade la cadena nueva al final.

Ahora las indicaciones ocupan dos líneas y, de nuevo, hay un espacio después de la pregunta para mayor claridad:

```
If you share your name, we can personalize the messages you see.
What is your first name? Eric

Hello, Eric!
```

Usar int() para aceptar entrada numérica

Cuando usamos la función `input()`, Python interpreta todo lo que introduce el usuario como una cadena. Observe esta sesión del intérprete, que pide la edad del usuario:

```
>>> age = input("How old are you? ")
How old are you? 21
>>> age
'21'
```

El usuario escribe el número 21, pero, cuando pedimos a Python el valor de `age`, devuelve `'21'`, la representación en una cadena del valor numérico introducido. Sabemos que Python ha interpretado la entrada como una cadena porque ha puesto el número entre comillas. Si solo queremos imprimir la entrada, nos vale así; pero, si intentamos usar la entrada como un número, obtendremos un error:

```
>>> age = input("How old are you? ")
How old are you? 21
❶ >>> age >= 18
Traceback (most recent call last):
  File "<stdin>", line 1, in <module>
❷ TypeError: '>=' not supported between instances of 'str' and 'int'
```

Cuando intentamos usar la entrada para una comparación numérica ❶, Python produce un error porque no puede comparar una cadena con un entero: la cadena '21' asignada a `age` no puede compararse con el valor numérico 18 ❷.

Podemos resolver este problema con la función `int()`, que transforma la entrada en un valor numérico. Esto permite que la comparación se ejecute con éxito:

```
>>> age = input("How old are you? ")
How old are you? 21
❶ >>> age = int(age)
>>> age >= 18
True
```

En este ejemplo, cuando escribimos 21 en el indicador, Python interpreta el número como una cadena, pero `int()` lo convierte en una representación numérica ❶. Ahora, Python puede ejecutar la prueba condicional: compara `age` (que ahora es el valor numérico 21) y 18 para ver si la edad es mayor o igual que 18. Esta prueba se evalúa como `True`.

¿Cómo se usa la función `int()` en un programa real? Imagine un programa que determina si la gente es lo bastante alta para subirse a una montaña rusa:

rollercoaster.py

```
height = input("How tall are you, in inches? ")
height = int(height)

if height >= 48:
    print("\nYou're tall enough to ride!")
else:
    print("\nYou'll be able to ride when you're a little older.")
```

El programa puede comparar `height` con 48 porque `height = int(height)` convierte el valor de la entrada en una representación numérica antes de la comparación. Si el número introducido es mayor o igual que 48, le diremos al usuario que es lo bastante alto:

```
How tall are you, in inches? 71

You're tall enough to ride!
```

Cuando use entrada numérica para hacer cálculos y comparaciones, asegúrese de convertir primero el valor de la entrada en una representación numérica.

El operador módulo

El operador módulo (%) es una herramienta útil para trabajar con valores numéricos. Lo que hace es dividir un número entre otro y devolver el resto:

```
>>> 4 % 3
1
>>> 5 % 3
```

```
2
>>> 6 % 3
0
>>> 7 % 3
1
```

Este operador no nos da el resultado de la división de los dos números; únicamente nos dice cuál es el resto.

Cuando un número es divisible por otro, el resto es 0, así que el operador módulo siempre devuelve 0. Podemos usar esto para determinar si un número es par o impar:

even_or_odd.py

```
number = input("Enter a number, and I'll tell you if it's even or odd: ")
number = int(number)

if number % 2 == 0:
    print(f"\nThe number {number} is even.")
else:
    print(f"\nThe number {number} is odd.")
```

Los números pares son siempre divisibles entre dos, así que, si el módulo de un número y dos es cero (aquí, if number % 2 == 0), el número es par. De lo contrario, es impar.

```
Enter a number, and I'll tell you if it's even or odd: 42

The number 42 is even.
```

PRUÉBELO

- **7-1. Coche de alquiler:** Escriba un programa que pregunte al usuario qué tipo de coche desea alquilar. Imprima un mensaje sobre el coche, como "Veamos si tenemos un Subaru para usted".
- **7-2. Mesa en un restaurante:** Escriba un programa que pregunte al usuario cuántos vienen a cenar. Si la respuesta es más de ocho, imprima un mensaje diciendo al usuario que tendrán que esperar mesa. De lo contrario, dígale que su mesa está lista.
- **7-3. Múltiplos de diez:** Pida al usuario un número y luego infórmele de si ese número es múltiplo de 10 o no.

Introducción a los bucles while

El bucle for coge una colección de elementos y ejecuta un bloque de código una vez por cada elemento de la colección. En cambio, el bucle while se ejecuta mientras se cumpla una condición.

El bucle while en acción

Podemos usar un bucle `while` para contar una serie de números. Por ejemplo, el siguiente bucle cuenta de 1 a 5:

counting.py

```
current_number = 1
while current_number <= 5:
    print(current_number)
    current_number += 1
```

En la primera línea empezamos a contar en 1 asignando a `current_number` el valor 1. Luego configuramos el bucle `while` para que siga ejecutándose mientras el valor de `current_number` sea menor o igual que 5. El código dentro del bucle imprime el valor de `current_number` y añade 1 a ese valor con `current_number += 1`. (El operador `+=` es una abreviación de `current_number = current_number + 1`).

Python repetirá el bucle mientras se cumpla la condición `current_number <= 5`. Como 1 es menor que 5, Python imprime 1 y suma 1, convirtiendo el número actual en 2. Como 2 es menor que 5, Python imprime 2 y vuelve a sumar 1, convirtiendo el número actual en 3, y así sucesivamente. Cuando el valor de `current_number` es mayor que 5, el bucle deja de ejecutarse y finaliza el programa:

```
1
2
3
4
5
```

Es muy probable que los programas que usamos a diario contengan bucles `while`. Por ejemplo, un juego necesita uno para seguir ejecutándose mientras queramos seguir jugando y para detenerse cuando queramos salir. No tendría gracia que un programa se detuviese antes de que se lo ordenemos, ni que siga ejecutándose después de que le digamos que pare, así que los bucles `while` son bastante útiles.

Dejar que el usuario elija cuándo salir

Podemos hacer que el programa `parrot.py` se ejecute mientras el usuario quiera poniendo la mayor parte del programa dentro de un bucle `while`. Definiremos un valor para salir y haremos que el programa se ejecute hasta que el usuario introduzca ese valor:

parrot.py

```
prompt = "\nTell me something, and I will repeat it back to you:"
prompt += "\nEnter 'quit' to end the program. "

message = ""
while message != 'quit':
    message = input(prompt)
    print(message)
```

En primer lugar definimos unas instrucciones que indiquen al usuario sus dos opciones: introducir un mensaje o introducir el valor para salir (en este caso, `'quit'`). A continuación, configuramos una variable `message` para hacer un seguimiento del valor introducido por el usuario. Definimos `message` como una cadena vacía, `""`, así Python tiene algo que comprobar la primera vez que llegue a la línea `while`. La primera vez que el programa se ejecuta, cuando Python llegue a la sentencia `while`, necesita comparar el valor de `message` con `'quit'`, pero todavía no hay entrada del usuario. Si Python no tiene nada para comparar, no podrá seguir ejecutando el programa. Para solucionar este problema, nos aseguraremos de dar a `message` un valor inicial. Aunque es solo una cadena vacía, para Python tiene sentido y le permite hacer la comparación que hace que funcione el bucle `while`. Este bucle se ejecutará mientras el valor de `message` no sea `'quit'`.

En el primer paso por el bucle, `message` es solo una cadena vacía, así que Python entra en el bucle. En `message = input(prompt)`, Python muestra las instrucciones y espera a que el usuario escriba algo. Lo que introduzca se asignará a `message` y se imprimirá; luego, Python reevaluará la condición de la sentencia `while`. Siempre y cuando el usuario no haya escrito la palabra `'quit'`, se volverán a mostrar las instrucciones y Python esperará otra entrada. Cuando por fin el usuario introduzca `'quit'`, Python detendrá la ejecución del bucle y el programa terminará:

```
Tell me something, and I will repeat it back to you:
Enter 'quit' to end the program. Hello everyone!
Hello everyone!

Tell me something, and I will repeat it back to you:
Enter 'quit' to end the program. Hello again.
Hello again.

Tell me something, and I will repeat it back to you:
Enter 'quit' to end the program. quit
quit
```

Este programa funciona bien, pero imprime la palabra `'quit'` como si fuese un mensaje real. Podemos arreglarlo con una simple prueba `if`:

```
prompt = "\nTell me something, and I will repeat it back to you:"
prompt += "\nEnter 'quit' to end the program. "

message = ""
while message != 'quit':
    message = input(prompt)

    if message != 'quit':
        print(message)
```

Ahora el programa hace una comprobación rápida antes de mostrar el mensaje y solo lo imprime si no coincide con el valor para salir:

```
Tell me something, and I will repeat it back to you:
Enter 'quit' to end the program. Hello everyone!
Hello everyone!

Tell me something, and I will repeat it back to you:
Enter 'quit' to end the program. Hello again.
Hello again.

Tell me something, and I will repeat it back to you:
Enter 'quit' to end the program. quit
```

Usar una bandera

En el ejemplo anterior, hemos hecho que el programa realice varias tareas mientras se cumpliese una condición. Pero ¿qué pasa con programas más complejos en los que distintos eventos pueden hacer que el programa deje de ejecutarse?

Por ejemplo, en un juego son varios los eventos que pueden hacer que este finalice. Cuando el jugador se queda sin vidas, o sin tiempo, o se han destruido las ciudades que tenía que proteger, el juego debería terminar. Si sucede cualquiera de esos eventos, el juego debe terminar. Si pueden producirse distintos eventos que detengan el programa, intentar probar todas esas condiciones en una sentencia while es complicado y difícil.

Para un programa que debería ejecutarse mientras se cumplan varias condiciones, podemos definir una variable que determine si todo el programa está activo o no. Esta variable, llamada "bandera", actúa como una señal para el programa. Podemos escribir el programa para que se ejecute mientras la bandera sea True y se detenga cuando cualquiera de varios eventos cambie el valor de la bandera a False. Como resultado, nuestra sentencia while necesita comprobar solo una condición: si la bandera está ahora en True. Entonces, todas las demás pruebas (para ver si se ha producido un evento que debería poner la bandera en False) se pueden organizar bien en el resto del programa.

Vamos a añadir una bandera a parrot.py, del apartado anterior. Esta bandera, que llamaremos active (aunque puede ponerle cualquier nombre), vigilará si el programa debería seguir ejecutándose o no:

```
prompt = "\nTell me something, and I will repeat it back to you:"
prompt += "\nEnter 'quit' to end the program. "

active = True
❶ while active:
    message = input(prompt)

    if message == 'quit':
        active = False
    else:
        print(message)
```

Configuramos la variable `active` como `True` para que el programa se inicie en estado activo. Esto simplifica la sentencia `while` porque no se hace ninguna comparación en la propia sentencia; otras dos partes del programa se ocupan de la lógica. Mientras la variable `active` siga siendo `True`, el bucle seguirá ejecutándose ❶.

En la sentencia `if` dentro del bucle `while`, comprobamos el valor de `message` cuando el usuario introduce su entrada. Si el usuario escribe `'quit'`, configuramos `active` como `False` y se detiene el bucle `while`. Si el usuario escribe cualquier otra cosa, imprimimos su entrada como un mensaje.

Este programa tiene la misma salida que el ejemplo anterior, donde hemos puesto la prueba condicional directamente en la sentencia `while`. Pero, ahora que tenemos una bandera que indica si el programa general está en estado activo, sería más fácil añadir más pruebas (como sentencias `elif`) para eventos que deberían hacer que `active` fuese `False`. Esto resulta útil en programas complicados como los juegos, en los que puede haber varios eventos que hagan que el programa deje de ejecutarse. Cuando cualquiera de estos eventos ponga la bandera `active` en `False`, el bucle del juego principal terminará; entonces se puede mostrar un mensaje de *Game Over* y dar al jugador la opción de volver a jugar.

Usar break para salir de un bucle

Para salir de un bucle `while` inmediatamente sin ejecutar ningún código dentro del bucle, independientemente de los resultados de cualquier prueba condicional, podemos usar la sentencia `break`. Lo que hace esta sentencia es dirigir el flujo del programa; podemos usarla para controlar qué líneas de código se ejecutan y cuáles no para que el programa ejecute solo el código que queramos cuando queramos.

Pongamos como ejemplo un programa que pregunte al usuario por lugares que ha visitado. Podemos detener el bucle `while` de este programa llamando a `break` en cuanto el usuario introduzca el valor `'quit'`:

cities.py

```
prompt = "\nPlease enter the name of a city you have visited:"
prompt += "\n(Enter 'quit' when you are finished.) "

❶ while True:
    city = input(prompt)

    if city == 'quit':
        break
    else:
        print(f"I'd love to go to {city.title()}!")
```

Un bucle que empieza con `while True` ❶ se ejecutará eternamente, a menos que llegue a una sentencia `break`. El bucle de este programa sigue pidiendo al usuario que introduzca los nombres de ciudades en las que ha estado hasta que escriba `'quit'`. Cuando lo haga, la sentencia `break` se ejecutará haciendo que Python salga del bucle:

```
Please enter the name of a city you have visited:
(Enter 'quit' when you are finished.) New York
I'd love to go to New York!

Please enter the name of a city you have visited:
(Enter 'quit' when you are finished.) San Francisco
I'd love to go to San Francisco!

Please enter the name of a city you have visited:
(Enter 'quit' when you are finished.) quit
```

Nota: Puede usar la sentencia break en cualquier bucle de Python. Por ejemplo, podría usarla para salir de un bucle for que trabaja con una lista o diccionario.

Usar continue en un bucle

En lugar de interrumpir un bucle por completo sin ejecutar el resto de su código, podemos usar la sentencia continue para volver al principio del bucle en función del resultado de una prueba condicional. Por ejemplo, piense en un bucle que cuente del 1 al 10, pero imprima solo los números impares en ese rango:

counting.py

```
current_number = 0
while current_number < 10:
❶    current_number += 1
    if current_number % 2 == 0:
        continue

print(current_number)
```

Primero, configuramos current_number como 0. Puesto que es menor que 10, Python entra en el bucle while. Una vez dentro, incrementamos la cuenta en 1 ❶, de modo que current_number es 1. La sentencia if comprueba entonces el módulo de current_number y 2. Si es 0 (lo que significa que current_number es divisible entre 2), la sentencia continue dice a Python que ignore el resto del bucle y vuelve al principio. Si el número actual no es divisible entre 2, se ejecuta el resto del bucle y Python imprime el número actual:

```
1
3
5
7
9
```

Evitar bucles infinitos

Todo bucle while necesita una forma de parar para no seguir ejecutándose eternamente. Por ejemplo, este bucle debería contar del 1 al 5:

counting.py

```
x = 1
while x <= 5:
    print(x)
    x += 1
```

Sin embargo, si omitimos sin querer la línea x += 1 (como se muestra aquí), el bucle no dejará de ejecutarse:

```
# ¡Este bucle se ejecuta eternamente!
x = 1
while x <= 5:
    print(x)
```

Ahora el valor de x empezará en 1, pero nunca cambiará. En consecuencia, la prueba condicional x <= 5 se evaluará siempre como True y el bucle while se ejecutará eternamente, imprimiendo una serie de números 1:

```
1
1
1
1
--fragmento omitido--
```

Todos los programadores escriben de vez en cuando por accidente un bucle while infinito, sobre todo cuando los bucles de un programa tienen condiciones de salida sutiles. Si su programa se queda atascado en un bucle infinito, pulse **Control-C** o cierre la ventana del terminal que muestra la salida del programa.

Para evitar escribir bucles infinitos, pruebe todos los bucles while y asegúrese de que se detienen cuando espera que lo hagan. Si quiere que un programa termine cuando el usuario introduzca un valor para salir concreto, ejecútelo e introduzca ese valor. Si el programa no se detiene, analice la forma en la que gestiona el valor que debería haber provocado el final del bucle. Asegúrese de que al menos una parte del programa puede hacer que la condición del bucle sea False o haga que llegue a una sentencia break.

Nota: Como muchos otros editores, VS Code muestra una ventana de salida incrustada que hace que sea difícil detener un bucle infinito. Para cancelar el bucle, haga clic en el área de salida del editor antes de pulsar **Control-C**.

PRUÉBELO

- **7-4. Ingredientes de pizza:** Escriba un bucle que pida al usuario que introduzca una serie de ingredientes de pizza y termine escribiendo el valor 'quit'. Cuando introduzca cada ingrediente, imprima un mensaje diciendo que lo añadirá a su pizza.

- **7-5. Entradas de cine:** Un cine cobra las entradas a distinto precio en función de la edad del espectador. Los menores de 3 años entran gratis, los niños de entre 3 y 12 años pagan 8 euros y la entrada para mayores de 12 años cuesta 12 euros. Escriba un bucle para preguntar a los usuarios su edad y luego dígales el precio de su entrada.
- **7-6. Tres salidas:** Escriba distintas versiones de los ejercicios 7-4 o 7-5, haciendo cada uno de los siguientes como mínimo una vez:
  - Use una prueba condicional en la sentencia while para detener el bucle.
  - Use una variable active para controlar cuánto tiempo se ejecuta el bucle.
  - Use una sentencia break para salir del bucle cuando el usuario introduzca el valor 'quit'.
- **7-7. Infinidad:** Escriba un bucle que no termine nunca y ejecútelo. (Para detenerlo, pulse **Control-C** o cierre la ventana que muestra la salida).

Usar un bucle while con listas y diccionarios

Hasta ahora, hemos trabajado solo con un dato del usuario cada vez. Hemos recibido la entrada del usuario y hemos imprimido la entrada o una respuesta. En el siguiente paso por el bucle while, recibimos otra entrada y respondemos. Pero, para manejar varios elementos y varios datos, tendremos que usar listas y diccionarios con nuestros bucles while.

Un bucle for es efectivo para pasar por una lista, pero no conviene modificar una lista dentro de un bucle for porque Python tendrá problemas para hacer el seguimiento de los elementos de la lista. Si hay que modificar una lista cuando se trabaja con ella, es mejor usar un bucle while. Emplear bucles while con listas y diccionarios nos permite recoger, almacenar y organizar muchas entradas para examinarlas e informar luego.

Pasar elementos de una lista a otra

Piense en una lista de usuarios recién registrados en un sitio web pero todavía sin verificar. Una vez verificados, ¿cómo podemos moverlos a una lista aparte de usuarios confirmados? Una forma sería usar un bucle while para sacar elementos de la lista de usuarios no confirmados a medida que los verifiquemos y añadirlos a la lista de usuarios confirmados. Así es como quedaría el código:

confirmed_users.py

```
# Empieza con usuarios que hay que verificar,
# y una lista vacía para alojar a los usuarios confirmados.
unconfirmed_users = ['alice', 'brian', 'candace']
```

```
confirmed_users = []

# Verifica cada usuario hasta que ya no hay usuarios sin confirmar.
# Mueve a cada usuario verificado a la lista de usuarios confirmados.
❷ while unconfirmed_users:
❸     current_user = unconfirmed_users.pop()

    print(f"Verifying user: {current_user.title()}")
❹     confirmed_users.append(current_user)

# Muestra todos los usuarios confirmados.
print("\nThe following users have been confirmed:")
for confirmed_user in confirmed_users:
    print(confirmed_user.title())
```

Empezamos con una lista de usuarios sin confirmar ❶ (Alice, Brian y Candace) y una lista vacía para meter a los usuarios confirmados. El bucle `while` se ejecutará mientras la lista `unconfirmed_users` no esté vacía ❷. Dentro de este bucle, el método `pop()` elimina a los usuarios sin verificar de uno en uno del final de `unconfirmed_users` ❸. Aquí, como Candace es la última de la lista `unconfirmed_users`, su nombre será el primero en eliminarse, asignarse a `current_user` y añadirse a la lista `confirmed_users` ❹. Después va Brian y, por último, Alice.

Simulamos la confirmación de cada usuario imprimiendo un mensaje de verificación de cada usuario y añadiéndolos a la lista de usuarios confirmados. A medida que la lista de usuarios no confirmados se reduce, crece la de usuarios confirmados. Cuando la lista de usuarios no confirmados queda vacía, el bucle se detiene y se imprime la lista de usuarios confirmados:

```
Verifying user: Candace
Verifying user: Brian
Verifying user: Alice

The following users have been confirmed:
Candace
Brian
Alice
```

Eliminar todos los casos de valores específicos de una lista

En el capítulo 3, utilizamos `remove()` para eliminar un valor específico de una lista. La función `remove()` funcionaba porque el valor que nos interesaba aparecía solo una vez en la lista, pero ¿qué pasa si queremos eliminar todas las apariciones de un valor en una lista?

Supongamos que tenemos una lista de mascotas en la que se repite varias veces el valor `'cat'`. Para eliminar todos los casos de ese valor, podemos ejecutar un bucle `while` hasta que `'cat'` ya no salga en la lista, como aquí:

pets.py

```
pets = ['dog', 'cat', 'dog', 'goldfish', 'cat', 'rabbit', 'cat']
print(pets)

while 'cat' in pets:
    pets.remove('cat')

print(pets)
```

Empezamos con una lista en la que `'cat'` aparece varias veces. Tras imprimirla, Python entra en el bucle `while` porque encuentra el valor `'cat'` en la lista al menos una vez. Ya dentro del bucle, Python elimina el primer caso de `'cat'`, regresa a la línea `while` y vuelve a entrar en el bucle al descubrir que `'cat'` sigue en la lista. Elimina cada aparición de `'cat'` hasta que ese valor ya no está en la lista. Entonces, Python sale del bucle y vuelve a imprimir la lista:

```
['dog', 'cat', 'dog', 'goldfish', 'cat', 'rabbit', 'cat']
['dog', 'dog', 'goldfish', 'rabbit']
```

Rellenar un diccionario con entrada del usuario

Podemos pedir a los usuarios toda la información que necesitemos en cada paso por un bucle `while`. Vamos a hacer un programa de sondeo en el que cada paso por el bucle pida el nombre del participante y una respuesta. Guardaremos los datos recogidos en un diccionario para poder conectar cada respuesta con el correspondiente usuario:

mountain_poll.py

```
responses = {}

# Configura una bandera para indicar que la encuesta está activa.
polling_active = True

while polling_active:
    # Pide el nombre y la respuesta de la persona.
❶   name = input("\nWhat is your name? ")
    response = input("Which mountain would you like to climb someday? ")

    # Guarda la respuesta en el diccionario.
❷   responses[name] = response

    # Averigua si alguien más va a hacer la encuesta.
❸   repeat = input("Would you like to let another person respond? (yes/ no) ")
    if repeat == 'no':
        polling_active = False

# La encuesta está completa. Muestra los resultados.
print("\n--- Poll Results ---")
❹ for name, response in responses.items():
    print(f"{name} would like to climb {response}.")
```

El programa define primero un diccionario vacío (`responses`) y configura una bandera (`polling_active`) para indicar que la encuesta está activa. Mientras `polling_active` sea `True`, Python ejecutará el código del bucle `while`.

Dentro del bucle, se pide al usuario que escriba su nombre y el de una montaña que le gustaría escalar ❶. Esa información se guarda en el diccionario `responses` ❷, y se pregunta al usuario si quiere que la encuesta siga ejecutándose ❸. Si escribe `yes`, el programa vuelve a entrar en el bucle `while`. Si escribe `no`, la bandera `polling_active` se pone en `False`, el bucle `while` deja de ejecutarse y el último bloque de código ❹ muestra el resultado de la encuesta.

Si ejecuta este programa introduciendo respuestas de muestra, debería ver una salida como esta:

```
What is your name? Eric
Which mountain would you like to climb someday? Denali
Would you like to let another person respond? (yes/ no) yes

What is your name? Lynn
Which mountain would you like to climb someday? Devil's Thumb
Would you like to let another person respond? (yes/ no) no

--- Poll Results ---
Lynn would like to climb Devil's Thumb.
Eric would like to climb Denali.
```

PRUÉBELO

- **7-8. Bocatería:** Haga una lista llamada `pedidos_bocadillos` y rellénela con los nombres de varios bocadillos. A continuación, haga una lista vacía llamada `bocadillos_terminados`. Pase en bucle por la lista de pedidos de bocadillos e imprima un mensaje para cada pedido, como "Su bocadillo de atún está listo". A medida que se hagan los bocadillos, páselos a la lista de terminados. Cuando todos los bocadillos estén hechos, imprima un mensaje que los enumere todos.

- **7-9. Ya no hay pastrami:** Usando la lista `pedidos_bocadillos` del ejercicio 7-8, asegúrese de que el bocadillo de `'pastrami'` aparezca en la lista al menos tres veces. Añada código al principio del programa para imprimir un mensaje diciendo que no queda pastrami y use un bucle `while` para eliminar todas las apariciones de `'pastrami'` en `pedidos_bocadillos`. Asegúrese de que no pasa ningún bocadillo de pastrami a la lista `bocadillos_terminados`.

- **7-10. Vacaciones de ensueño:** Escriba un programa que pregunte a los usuarios por las vacaciones de sus sueños. Escriba unas instrucciones como "Si pudieras visitar cualquier lugar del mundo, ¿dónde irías?". Incluya un bloque de código que imprima el resultado de la encuesta.

Resumen

En este capítulo ha aprendido a usar `input()` para permitir que los usuarios introduzcan información en sus programas. Ahora sabe cómo trabajar con entradas de texto y numéricas, y cómo usar bucles `while` para asegurarse de que el programa se ejecute mientras el usuario así lo desee. Hemos visto varias formas de controlar el flujo de un bucle `while`: configurando una bandera `active`, usando la sentencia `break` y usando la sentencia `continue`. Ha aprendido a utilizar un bucle `while` para pasar elementos de una lista a otra y también sabe ya cómo eliminar todas las apariciones de un valor en una lista. Además, hemos visto cómo usar bucles `while` con diccionarios.

En el capítulo 8 aprenderá a usar funciones. Las funciones nos permiten descomponer un programa en partes pequeñas, cada una con una misión específica. Podemos llamar a una función todas las veces que queramos y guardarlas en un archivo aparte. Usando funciones, podrá escribir un código más eficiente, donde sea más fácil detectar y solucionar problemas, que sea más fácil de mantener y que se pueda reutilizar en muchos programas diferentes.

8

FUNCIONES

En este capítulo aprenderá a escribir funciones, que son bloques de código con nombre diseñados para hacer una tarea específica. Para realizar una tarea concreta definida en una función, bastará con llamar a la función correspondiente. Si tiene que realizar esa tarea varias veces a lo largo del programa, no es necesario escribir todo el código para la misma tarea una y otra vez; solo con llamar a la función de esa tarea, la llamada le indicará a Python que ejecute el código de esa función. El uso de funciones hace que los programas sean más fáciles de escribir, leer, probar y corregir.

En este capítulo también aprenderá diversas maneras de pasar información a las funciones. Descubrirá cómo escribir algunas funciones cuya misión principal consiste en mostrar información y otras diseñadas para procesar datos y devolver un valor o un conjunto de valores. Por último, veremos cómo guardar las funciones en archivos separados, denominados "módulos", para tener organizados los archivos de programa principales.

Definir una función

Aquí tenemos una función sencilla, llamada `greet_user()`, que imprime un saludo:

greeter.py

```
def greet_user():
    """Muestra un simple saludo."""
    print("Hello!")

greet_user()
```

Este ejemplo muestra la estructura más sencilla de una función. La primera línea usa la palabra clave `def` para informar a Python de que estamos definiendo una función. Esto es la definición de la función, que le indica a Python el nombre de la función y, si procede, el tipo de información que necesitará para hacer su trabajo. Los paréntesis contienen esa información. En este caso, el nombre de la función es `greet_user()` y no necesita información para su tarea, de manera que los paréntesis quedan vacíos (aun así, es preciso incluirlos). Por último, la definición termina con dos puntos. Las líneas que aparecen sangradas debajo de `def greet_user():` conforman el cuerpo de la función. El texto de la segunda línea es un comentario conocido como "cadena de documentación", que describe lo que hace la función. Cuando Python genera documentación para las funciones de nuestros programas, busca una cadena inmediatamente después de la definición de la función. Por lo general estas cadenas van entre triples comillas, que nos permiten escribir múltiples líneas de código.

La línea `print("Hello!")` es la única línea de código real de la función, así que `greet_user()` tiene una sola tarea: `print("Hello!")`.

Cuando queramos usar esta función, tendremos que llamarla. Una llamada a una función le indica a Python que ejecute el código de dicha función. Para llamar a una función, escribimos su nombre seguido de cualquier información necesaria entre paréntesis. Como no se necesita información aquí, llamar a nuestra función es tan sencillo como escribir `greet_user()`. Como era de esperar, imprime `Hello!`:

```
Hello!
```

Pasar información a una función

Si modificamos ligeramente la función `greet_user()`, saludará al usuario por su nombre. Para que así suceda, escribimos `username` entre los paréntesis de la definición en `def greet_user()`. Al añadir aquí `username`, permitimos que la función acepte cualquier valor que especifiquemos como nombre de usuario. Ahora la función espera que proporcionemos un valor para `username` cada vez que la llamemos. Al llamar a `greet_user()`, podemos pasarle un nombre, como `'jesse'`, dentro de los paréntesis:

```python
def greet_user(username):
    """Muestra un simple saludo."""
    print(f"Hello, {username.title()}!")

greet_user('jesse')
```

Introducir `greet_user('jesse')` llama a `greet_user()` y da a la función la información que necesita para ejecutar la llamada a `print()`. La función acepta el nombre que le hemos pasado y muestra el saludo para el mismo:

```
Hello, Jesse!
```

Del mismo modo, introducir `greet_user('sarah')` llama a `greet_user()`, le pasa `'sarah'` e imprime `Hello, Sarah!`. Podemos llamar a `greet_user()` con la frecuencia que queramos y pasarle cualquier nombre para producir siempre una salida predecible.

Argumentos y parámetros

En la función `greet_user()` anterior, hemos definido `greet_user()` para que requiera un valor para la variable `username`. Una vez que hemos llamado a la función y le hemos dado la información (un nombre de persona), imprime el saludo adecuado.

La variable `username` en la definición de `greet_user()` es un ejemplo de parámetro, una información que necesita la función para hacer su trabajo. El valor `'jesse'` en `greet_user('jesse')` es un ejemplo de argumento. Un argumento es una información que se pasa desde una función para llamar a una función. Cuando llamamos a la función, colocamos el valor con el que queremos que trabaje entre paréntesis. En este caso, pasamos el argumento `'jesse'` a la función `greet_user()` y asignamos el valor al parámetro `username`.

Nota: En ocasiones, los términos "argumentos" y "parámetros" se usan indistintamente. No se sorprenda si las variables de una definición de función reciben el nombre de argumento, o si las variables en una llamada a una función reciben el nombre de parámetros.

PRUÉBELO

- **8-1. Mensaje:** Escriba una función llamada `mostrar_mensaje()` que imprima una oración diciendo a todos lo que está aprendiendo en este capítulo. Llame a la función y asegúrese de que el mensaje se muestra correctamente.
- **8-2. Libro favorito:** Escriba una función llamada `libro_favorito()` que acepte un parámetro `título`. La función debería imprimir un mensaje como `"Uno de mis libros favoritos es Alicia en el País de las Maravillas"`. Llame a la función, asegurándose de incluir el título de un libro como argumento en la llamada a la función.

Pasar argumentos

Igual que la definición de una función puede tener varios parámetros, la llamada a una función puede tener varios argumentos. Podemos pasar argumentos a las funciones de distintas maneras. Podemos pasar argumentos posicionales, que tienen que estar en el mismo orden en el que se escribieron; parámetros de palabra clave, donde cada argumento consta de un nombre de variable y un valor; y listas y diccionarios de valores. Veámoslos de uno en uno.

Argumentos posicionales

Cuando llamamos a una función, Python debe asociar cada argumento de la llamada con un parámetro de la definición. La forma más fácil de hacerlo se basa en el orden de los argumentos proporcionados. Los valores asociados así se denominan "argumentos posicionales".

Para ver cómo funcionan, consideraremos una función que muestre información sobre mascotas. La función nos dice qué tipo de animal es cada mascota y cómo se llama, como aquí:

pets.py

```
❶ def describe_pet(animal_type, pet_name):
       """Muestra información sobre una mascota."""
       print(f"\nI have a {animal_type}.")
       print(f"My {animal_type}'s name is {pet_name.title()}.")

❷ describe_pet('hamster', 'harry')
```

La definición muestra que esta función necesita un tipo de animal y el nombre de la mascota ❶. Cuando llamamos a describe_pet(), necesitamos dar un tipo de animal y un nombre, en ese orden. Por ejemplo, en la llamada a la función, se asigna el argumento 'hamster' al parámetro animal_type y al argumento 'harry' al parámetro pet_name ❷. En el cuerpo de la función, estos dos argumentos se usan para mostrar información sobre la mascota que se está describiendo.

La salida describe un hámster llamado Harry:

```
I have a hamster.
My hamster's name is Harry.
```

Múltiples llamadas a una función

Podemos llamar a una función todas las veces que haga falta. Describir una segunda mascota, requerirá otra llamada a describe_pet():

```
def describe_pet(animal_type, pet_name):
    """Muestra información sobre una mascota."""
    print(f"\nI have a {animal_type}.")
    print(f"My {animal_type}'s name is {pet_name.title()}.")

describe_pet('hamster', 'harry')
describe_pet('dog', 'willie')
```

En esta segunda llamada, pasamos a describe_pet() los argumentos 'dog' y 'willie'. Al igual que con el primer conjunto de argumentos que hemos usado, Python asocia 'dog' con el parámetro animal_type y 'willie' con pet_name. Como antes, la función hace su trabajo, pero ahora imprime valores para un perro llamado Willie. Ahora tenemos un hámster llamado Harry y un perro llamado Willie:

```
I have a hamster.
My hamster's name is Harry.

I have a dog.
My dog's name is Willie.
```

Llamar a una función varias veces es una forma muy eficiente de trabajar. El código que describe a la mascota se escribe solo una vez en la función. Después, cada vez que queramos describir una mascota nueva, llamaremos a la función con la nueva información. Si el código que utilizásemos para describir una mascota tuviera 10 líneas, podríamos seguir describiendo a una mascota nueva en una sola línea llamando de nuevo a la función.

El orden es importante en los argumentos posicionales

Si mezclamos el orden de los argumentos en una llamada a una función usando argumentos posicionales, podemos obtener resultados inesperados:

```python
def describe_pet(animal_type, pet_name):
    """Muestra información sobre una mascota."""
    print(f"\nI have a {animal_type}.")
    print(f"My {animal_type}'s name is {pet_name.title()}.")

describe_pet('harry', 'hamster')
```

En esta llamada de función, hemos puesto primero el nombre y a continuación el tipo de animal. Dado que el argumento `'harry'` aparece primero, ese valor se asigna al parámetro `animal_type`. Del mismo modo, `'hamster'` se asigna a `pet_name`. Ahora tenemos un "harry" llamado "Hámster":

```
I have a harry.
My harry's name is Hamster.
```

Si obtiene resultados raros como este, compruebe que el orden de los argumentos en la llamada a la función coincide con el orden de los parámetros de la definición.

Argumentos de palabra clave

Un argumento de palabra clave es un par nombre-valor que pasamos a una función. Se asocia directamente el nombre y el valor dentro del argumento, así que, cuando pasamos el argumento a la función, no hay confusiones (no acabaremos con un harry llamado Hámster). Los argumentos de palabra clave nos evitan tener que preocuparnos por el orden correcto de los argumentos en la llamada a la función y aclaran el papel de cada valor en la llamada.

Vamos a reescribir **pets.py** usando argumentos de palabra clave para llamar a `describe_pet()`:

```python
def describe_pet(animal_type, pet_name):
    """Muestra información sobre una mascota."""
    print(f"\nI have a {animal_type}.")
    print(f"My {animal_type}'s name is {pet_name.title()}.")

describe_pet(animal_type='hamster', pet_name='harry')
```

La función `describe_pet()` no ha cambiado, pero, cuando la llamamos, decimos explícitamente a Python con qué parámetro debe asociarse cada argumento. Cuando Python lee la llamada a la función, sabe que debe asignar el argumento `'hamster'` al parámetro `animal_type` y `'harry'` a `pet_name`. La salida muestra correctamente que tenemos un hámster llamado Harry.

El orden de los argumentos de palabra clave no importa porque Python sabe dónde debe ir cada valor. Las dos siguientes llamadas son equivalentes:

```
describe_pet(animal_type='hamster', pet_name='harry')
describe_pet(pet_name='harry', animal_type='hamster')
```

Nota: Cuando utilice argumentos de palabra clave, asegúrese de usar los nombres exactos de los parámetros en la definición de la función.

Valores predeterminados

Cuando escribimos una función, podemos definir un valor para cada parámetro. Si se proporciona un argumento para un parámetro en la llamada a la función, Python usa el valor del argumento. De lo contrario, utiliza el valor predeterminado del parámetro. Así, al definir un valor predeterminado para un parámetro, podemos excluir el argumento correspondiente que normalmente escribiríamos en la llamada a la función. Usar valores predeterminados permite simplificar las llamadas a funciones y aclarar de qué forma se suelen utilizar nuestras funciones.

Por ejemplo, si observa que la mayoría de las llamadas a `describe_pet()` se usan para describir perros, puede establecer el valor predeterminado de `animal_type` en `'dog'`. Entonces, cualquiera que llame a `describe_pet()` para describir un perro podrá omitir esa información:

```
def describe_pet(pet_name, animal_type='dog'):
    """Muestra información sobre una mascota."""
    print(f"\nI have a {animal_type}.")
    print(f"My {animal_type}'s name is {pet_name.title()}.")

describe_pet(pet_name='willie')
```

Hemos cambiado la definición de `describe_pet()` para incluir un valor predeterminado, `'dog'`, para `animal_type`. Ahora, cuando se llama a la función sin especificar `animal_type`, Python sabe que tiene que usar el valor `'dog'` para ese parámetro:

```
I have a dog.
My dog's name is Willie.
```

Observe que ha habido que cambiar el orden de los parámetros en la definición de la función. Dado que el valor predeterminado hace innecesario especificar un tipo de animal como argumento, el único argumento que queda en la llamada a la función es el nombre de la mascota. Python sigue interpretando esto como un argumento posicional, así que, si se llama a la función solo con un nombre de mascota, ese argumento se asociará con el primer parámetro de la definición de la función. Por eso, el primer parámetro tiene que ser `pet_name`.

La forma más sencilla de usar esta función ahora es dar solo el nombre de un perro en la llamada:

```
describe_pet('willie')
```

Esta llamada tendría la misma salida que el ejemplo anterior. El único argumento proporcionado es `'willie'`, así que se asocia con el primer parámetro de la definición, `pet_name`. Como no se da un argumento para `animal_type`, Python usa el valor predeterminado, `'dog'`.

Para describir un animal que no sea un perro, podemos usar una llamada a la función como esta:

```
describe_pet(pet_name='harry', animal_type='hamster')
```

Como se da un argumento explícito para `animal_type`, Python ignora el valor predeterminado del parámetro.

Nota: Cuando use valores predeterminados, debe colocar cualquier parámetro con un valor predeterminado después de todos los parámetros que no tienen valores predeterminados. De este modo, Python podrá seguir interpretando argumentos posicionales correctamente.

Llamadas a funciones equivalentes

Dado que los argumentos posicionales, los argumentos de palabra clave y los valores predeterminados pueden emplearse juntos, a menudo tendrá varias formas equivalentes de llamar a una función. Considere la siguiente definición para `describe_pet()` con un valor predeterminado:

```
def describe_pet(pet_name, animal_type='dog'):
```

Con esta definición, siempre hay que proporcionar un argumento para `pet_name`, que puede darse con formato posicional o de palabra clave. Si el animal descrito no es un perro, hay que incluir un argumento para `animal_type` en la llamada, y este también puede especificarse en formato posicional o de palabra clave.

Todas estas llamadas funcionarían con esta función:

```
# Un perro llamado Willie.
describe_pet('willie')
describe_pet(pet_name='willie')
```

```
# Un hámster llamado Harry.
describe_pet('harry', 'hamster')
describe_pet(pet_name='harry', animal_type='hamster')
describe_pet(animal_type='hamster', pet_name='harry')
```

Cada una de estas llamadas tendría la misma salida que los ejemplos anteriores.

En realidad, no importa el estilo de llamada que use. En tanto las llamadas a la función produzcan la salida deseada, puede usar la estrategia que le resulte más fácil de entender.

Evitar errores con argumentos

Cuando empiece a usar funciones, no se sorprenda si encuentra errores sobre argumentos no coincidentes. Estos errores se producen cuando damos menos argumentos, o más, de los que necesita una función para hacer su trabajo. Por ejemplo, esto es lo que pasaría si intentásemos llamar a `describe_pet()` sin argumentos:

```
def describe_pet(animal_type, pet_name):
    """Muestra información sobre una mascota."""
    print(f"\nI have a {animal_type}.")
    print(f"My {animal_type}'s name is {pet_name.title()}.")

describe_pet()
```

Python reconoce que falta información en la llamada a la función y el rastreo así nos lo dice:

```
Traceback (most recent call last):
  File "pets.py", line 6, in <module>
    describe_pet()
    ^^^^^^^^^^^^^^
TypeError: describe_pet() missing 2 required positional arguments:
    'animal_type' and 'pet_name'
```

❶ ❷ ❸

El rastreo nos indica la localización del problema ❶, lo que nos permite retroceder para ver qué está mal en la llamada a la función. A continuación, vemos la llamada a la función incorrecta ❷. Por último, el rastreo nos indica que a la llamada le faltan dos argumentos y nos indica los nombres de los argumentos que faltan ❸. Si esta función estuviese en un archivo aparte, podríamos reescribir bien la llamada sin tener que abrir ese archivo para leer el código de la función.

Python nos ayuda leyendo el código de la función por nosotros y dándonos los nombres de los argumentos que tenemos que proporcionar. Este es otro de los motivos por los que conviene poner nombres descriptivos a variables y funciones. Si lo hace, el mensaje de error de Python será más útil para usted y para cualquiera que use su código.

Si da demasiados argumentos, debería obtener un rastreo similar que le ayudará a asociar correctamente la llamada a la función con la definición de la función.

PRUÉBELO

- **8-3. Camiseta:** Escriba una función llamada `hacer_camiseta()` que acepte una talla y un texto para un mensaje que habría que imprimir en la camiseta. La función debería imprimir una frase resumiendo la talla de la camiseta y el mensaje impreso.

  Llame a la función una vez con argumentos posicionales para hacer una camiseta. Llame a la función por segunda vez usando argumentos de palabra clave.

- **8-4. Camisetas grandes:** Modifique la función `hacer_camiseta ()` para que las camisetas sean grandes por defecto con un mensaje que diga "Me encanta Python". Haga una camiseta grande y una mediana con el mensaje predeterminado y una de cualquier talla con un mensaje diferente.

- **8-5. Ciudades:** Escriba una función llamada `describir_ciudad()` que acepte el nombre de una ciudad y su país. La función debería imprimir una oración simple, como "Reikiavik está en Islandia". Dé al parámetro del país un valor predeterminado. Llame a la función para tres ciudades diferentes, con al menos una que no esté en el país predeterminado.

Valores de retorno

Una función no siempre tiene por qué mostrar su salida directamente. En vez de eso, puede procesar datos y devolver un valor o un conjunto de valores. El valor que devuelve la función se denomina "valor de retorno". La sentencia `return` coge un valor dentro de una función y lo envía de vuelta a la línea que ha llamado a la función. Los valores de retorno nos permiten pasar buena parte del trabajo monótono de un programa a funciones, lo que puede simplificar el cuerpo del programa.

Devolver un solo valor

Vamos a ver una función que coge un nombre y un apellido y devuelve un nombre completo con un formato limpio:

formatted_name.py

```
def get_formatted_name(first_name, last_name):
    """Devuelve un nombre completo, con un formato adecuado."""
❶    full_name = f"{first_name} {last_name}"
❷    return full_name.title()

❸ musician = get_formatted_name('jimi', 'hendrix')
  print(musician)
```

La definición de `get_formatted_name()` toma como parámetros un nombre y un apellido. La función combina estos dos nombres, añade un espacio entre ellos y asigna el resultado a `full_name` ❶. El valor de `full_name` se convierte para que las iniciales sean mayúsculas y luego se devuelve a la línea de la llamada ❷. Cuando llamamos a una función que devuelve un valor, tenemos que proporcionar una variable a la que se pueda asignar el valor de retorno. En este caso, el valor devuelto se asigna a la variable musician en ❸. La salida muestra un nombre con un formato adecuado, compuesto por las partes de un nombre completo:

```
Jimi Hendrix
```

Puede parecer mucho trabajo para conseguir un nombre con buen formato, pudiendo simplemente haber escrito:

```
print("Jimi Hendrix")
```

No obstante, cuando se piensa trabajar con un programa grande que requiere almacenar muchos nombres y apellidos por separado, funciones como get_formatted_name() pueden ser de gran utilidad. Guardamos los nombres y los apellidos por separado y posteriormente llamamos a esta función cuando necesitemos mostrar el nombre completo.

Hacer un argumento opcional

A veces, tiene sentido hacer que un argumento sea opcional para que la gente que usa la función pueda decidir si incluir información adicional o no. Podemos usar valores predeterminados para hacer un argumento opcional. Por ejemplo, supongamos que ampliamos get_formatted_name() para manejar también nombres compuestos. Un primer intento para incluir segundos nombres quedaría así:

```
def get_formatted_name(first_name, middle_name, last_name):
    """Devuelve un nombre completo, con un formato adecuado."""
    full_name = f"{first_name} {middle_name} {last_name}"
    return full_name.title()

musician = get_formatted_name('john', 'lee', 'hooker')
print(musician)
```

Esta función funciona cuando se le da un nombre compuesto y un apellido. Coge las tres partes del nombre y crea una cadena con ellas. Luego añade espacios donde corresponda y pone cada nombre con mayúscula inicial:

```
John Lee Hooker
```

Pero el segundo nombre no es siempre necesario y esta función, tal cual está escrita, no funcionaría si intentásemos llamarla solo con un nombre y un apellido. Para convertir el segundo nombre en opcional, podemos dar al argumento middle_name un valor predeterminado vacío para ignorarlo a menos que el usuario introduzca un valor. Para que get_formatted_name() funcione sin segundo nombre, configuraremos el valor predeterminado de middle_name como una cadena vacía y lo moveremos al final de la lista de parámetros:

```
def get_formatted_name(first_name, last_name, middle_name=''):
    """Devuelve un nombre completo, con un formato adecuado."""
❶   if middle_name:
        full_name = f"{first_name} {middle_name} {last_name}"
❷   else:
        full_name = f"{first_name} {last_name}"
    return full_name.title()

musician = get_formatted_name('jimi', 'hendrix')
print(musician)

❸ musician = get_formatted_name('john', 'hooker', 'lee')
  print(musician)
```

En este ejemplo, el nombre se compone de tres partes posibles. Como siempre hay un nombre y un apellido, estos parámetros son los primeros que aparecen en la definición de la función. El segundo nombre es opcional, así que aparece al final y su valor predeterminado es una cadena vacía.

En el cuerpo de la función, comprobamos si se ha suministrado un segundo nombre. Python interpreta las cadenas no vacías como `True`, de manera que la prueba condicional `if middle_name` evalúa como `True` si hay un argumento para un segundo nombre en la llamada a la función ❶. Si hay un segundo nombre, el nombre compuesto y el apellido se combinan para formar un nombre completo. Entonces ese nombre se pone en mayúscula inicial y se devuelve a la línea de la llamada, donde se asigna a la variable `musician` y se imprime. Si no hay un segundo nombre, la cadena vacía no pasa la prueba `if` y se ejecuta el bloque `else` ❷. El nombre completo se compone solo de un nombre y un apellido, se le aplica el formato y se devuelve a la línea de la llamada, donde se asigna a `musician` y se imprime.

Llamar a esta función con un nombre y un apellido es fácil. Sin embargo, si usamos un nombre compuesto, tenemos que asegurarnos de que el segundo nombre sea el último argumento pasado para que Python haga coincidir los argumentos posicionales correctamente ❸.

Esta versión modificada de nuestra función va bien para personas con un solo nombre y un apellido y también para personas con un nombre compuesto:

```
Jimi Hendrix
John Lee Hooker
```

Los valores opcionales permiten a las funciones manejar una amplia variedad de casos de uso al tiempo que la función se mantiene lo más sencilla posible.

Devolver un diccionario

Una función puede devolver cualquier tipo de valor que necesitemos, incluidas estructuras de datos más complejas, como listas y diccionarios. Por ejemplo, la siguiente función coge partes de un nombre y devuelve un diccionario que representa a una persona:

person.py

```
def build_person(first_name, last_name):
    """Devuelve un diccionario de información sobre una persona."""
①   person = {'first': first_name, 'last': last_name}
②   return person

musician = build_person('jimi', 'hendrix')
③ print(musician)
```

La función `build_person()` coge un nombre y un apellido y pone estos valores en un diccionario ①. El valor de `first_name` se guarda con la clave `'first'` y el de `last_name`, con la clave `'last'`. El diccionario completo que representa a la persona se devuelve ②. El valor de retorno se imprime ③ con las dos informaciones textuales originales almacenadas ahora en un diccionario:

```
{'first': 'jimi', 'last': 'hendrix'}
```

Esta función coge información textual simple y la pone en una estructura de datos más significativa que nos permite trabajar con la información para hacer algo más que imprimirla. Las cadenas `'jimi'` y `'hendrix'` están ahora etiquetadas como un nombre y un apellido. Podemos ampliar fácilmente esta función para que acepte valores opcionales, como un segundo nombre, una edad, una profesión o cualquier otra información que queramos guardar sobre una persona. Por ejemplo, el siguiente cambio nos permite guardar también la edad de la persona:

```
def build_person(first_name, last_name, age=None):
    """Devuelve un diccionario de información sobre una persona."""
    person = {'first': first_name, 'last': last_name}
    if age:
        person['age'] = age
    return person

musician = build_person('jimi', 'hendrix', age=27)
print(musician)
```

Añadimos un nuevo parámetro opcional `age` a la definición de la función y le asignamos el valor especial `None`, que se usa cuando una variable no tiene un valor específico asignado. Puede considerar `None` como un marcador de posición. En las pruebas condicionales, `None` se evalúa como `False`. Si la llamada a la función incluye un valor para `age`, ese valor se guarda en el diccionario. Esta función siempre guarda un nombre de persona, pero puede modificarse para almacenar cualquier otra información personal que queramos.

Usar una función con un bucle while

Podemos usar funciones con todas las estructuras de Python que hemos visto hasta ahora. Por ejemplo, vamos a usar la función `get_formatted_name()` con un bucle `while` para saludar a los usuarios de una manera más formal. Este es un primer intento de saludar a la gente con su nombre completo:

greeter.py

```
def get_formatted_name(first_name, last_name):
    """Devuelve un nombre completo, con un formato adecuado."""
    full_name = f"{first_name} {last_name}"
    return full_name.title()

# ¡Esto es un bucle infinito!
while True:
❶    print("\nPlease tell me your name:")
    f_name = input("First name: ")
    l_name = input("Last name: ")

    formatted_name = get_formatted_name(f_name, l_name)
    print(f"\nHello, {formatted_name}!")
```

Para este ejemplo, usamos una versión sencilla de `get_formatted_name()` que no incluye la posibilidad de nombres compuestos. El bucle `while` pide al usuario que introduzca su nombre y se le indica que escriba nombre y apellido por separado ❶.

Pero hay un problema con este bucle `while`: no hemos definido una condición. ¿Dónde ponemos una condición para salir cuando pedimos una serie de entradas? Queremos que el usuario pueda salir del bucle de la manera más sencilla posible, por lo que cada indicación debería ofrecerle esa posibilidad. La sentencia `break` ofrece una forma sencilla de salir del bucle en cada indicación:

```
def get_formatted_name(first_name, last_name):
    """Devuelve un nombre completo, con un formato adecuado."""
    full_name = f"{first_name} {last_name}"
    return full_name.title()

while True:
    print("\nPlease tell me your name:")
    print("(enter 'q' at any time to quit)")

    f_name = input("First name: ")
    if f_name == 'q':
        break

    l_name = input("Last name: ")
    if l_name == 'q':
        break

    formatted_name = get_formatted_name(f_name, l_name)
    print(f"\nHello, {formatted_name}!")
```

Añadimos un mensaje que informe al usuario de cómo salir y terminamos el bucle si el usuario introduce el valor para salir en cualquier indicación. Ahora el programa seguirá saludando a la gente hasta que alguien escriba `'q'` para cualquier nombre:

```
Please tell me your name:
(enter 'q' at any time to quit)
First name: eric
Last name: matthes
```

```
Hello, Eric Matthes!

Please tell me your name:
(enter 'q' at any time to quit)
First name: q
```

PRUÉBELO

- **8-6. Nombres de ciudad:** Escriba una función llamada `ciudad_pais()` que admita el nombre de una ciudad y su país. La función debería devolver una cadena con formato, similar a esta:

```
"Santiago, Chile"
```

  Llame a su función con al menos tres pares ciudad-país e imprima los valores devueltos.

- **8-7. Álbum:** Escriba una función llamada `hacer_album()` que cree un diccionario para describir un álbum musical. La función debería aceptar un nombre de artista y un título de álbum y debería devolver un diccionario con estas dos informaciones. Use la función para hacer tres diccionarios que representen distintos álbumes. Imprima cada valor devuelto para comprobar que los diccionarios están almacenando bien la información.

  Use `None` para añadir un parámetro opcional a `hacer_album()` que permita guardar el número de canciones que contiene un álbum. Si la línea de llamada incluye un valor para el número de canciones, añádalo al diccionario del álbum. Haga al menos una nueva llamada a la función que incluya este dato.

- **8-8. Álbumes de usuarios:** Empiece con el programa del ejercicio 8-7. Escriba un bucle `while` que permita a los usuarios introducir el artista y el título de un álbum. Una vez que disponga de esa información, llame a `hacer_album()` con la entrada de usuario e imprima el diccionario que se ha creado. Asegúrese de incluir un valor para salir en el bucle `while`.

Pasar una lista

Con frecuencia, le resultará útil pasar una lista a una función, ya se trate de una lista de nombres, de números o de objetos más complejos, como diccionarios. Cuando pasamos una lista a una función, la función obtiene acceso directo al contenido de la lista. Vamos a usar funciones para hacer más eficiente el trabajo con listas.

Supongamos que tenemos una lista de usuarios y queremos imprimir un mensaje para saludar a cada uno. El siguiente ejemplo envía una lista de nombres a una función llamada `greet_users()`, que saluda a cada persona de la lista individualmente:

greet_users.py

```
def greet_users(names):
    """Imprime un saludo sencillo para cada usuario de la lista."""
    for name in names:
        msg = f"Hello, {name.title()}!"
        print(msg)

usernames = ['hannah', 'ty', 'margot']
greet_users(usernames)
```

Definimos `greet_users()` para que espere una lista de nombres, que asignará al parámetro `names`. La función pasará en bucle por la lista recibida e imprimirá un saludo para cada usuario. Fuera de la función, definimos una lista de usuarios y pasamos la lista `usernames` a `greet_users()` en la llamada a la función.

```
Hello, Hannah!
Hello, Ty!
Hello, Margot!
```

Esta es la salida que queríamos. Cada usuario ve un saludo personalizado y podemos llamar a la función siempre que queramos saludar a un grupo concreto de usuarios.

Modificar una lista en una función

Cuando pasamos una lista a una función, la función puede modificarla. Cualquier cambio que se haga en la lista dentro del cuerpo de la función es permanente, lo que nos permite trabajar con eficiencia cuando tratamos con grandes cantidades de datos.

Piense en una empresa que crea modelos en impresión 3D de los diseños que envían los usuarios. Los diseños que hay que imprimir se guardan en una lista y, una vez impresos, pasan a una lista aparte. El siguiente código hace esto sin usar funciones:

printing_models.py

```
# Empieza con unos diseños que hay que imprimir.
unprinted_designs = ['phone case', 'robot pendant', 'dodecahedron']
completed_models = []

# Simula la impresión de cada diseño hasta que no queda ninguno.
# Mueve cada diseño a completed_models después de la impresión.
while unprinted_designs:
    current_design = unprinted_designs.pop()
    print(f"Printing model: {current_design}")
    completed_models.append(current_design)

# Muestra todos los modelos completados.
print("\nThe following models have been printed:")
for completed_model in completed_models:
    print(completed_model)
```

Este programa empieza con una lista de diseños que hay que imprimir y una lista llamada `completed_models` a la que se trasladará cada diseño una vez impreso. Mientras haya diseños en `unprinted_designs`, el bucle `while` simulará la impresión de cada diseño quitándolo del final de la lista, almacenándolo en `current_design` y mostrando un mensaje diciendo que el diseño actual se está imprimiendo. Luego añade el diseño a la lista de modelos completos. Cuando el bucle termina de ejecutarse, se muestra una lista de los diseños impresos:

```
Printing model: dodecahedron
Printing model: robot pendant
Printing model: phone case

The following models have been printed:
dodecahedron
robot pendant
phone case
```

Podemos reorganizar este código escribiendo dos funciones, cada una con una tarea específica. La mayor parte del código no cambiará; simplemente lo estamos estructurando con más cuidado. La primera función se ocupará de la impresión de los diseños y la segunda resumirá las impresiones que se han hecho:

```
❶ def print_models(unprinted_designs, completed_models):
      """
      Simula imprimir cada diseño, hasta que no queda ninguno.
      Mueve cada diseño a completed_models después de la impresión.
      """
      while unprinted_designs:
          current_design = unprinted_designs.pop()
          print(f"Printing model: {current_design}")
          completed_models.append(current_design)

❷ def show_completed_models(completed_models):
      """Muestra todos los modelos que se han imprimido."""
      print("\nThe following models have been printed:")
      for completed_model in completed_models:
          print(completed_model)

  unprinted_designs = ['phone case', 'robot pendant', 'dodecahedron']
  completed_models = []

  print_models(unprinted_designs, completed_models)
  show_completed_models(completed_models)
```

Definimos la función `print_models()` con dos parámetros: una lista de los diseños que hay que imprimir y una lista de los modelos completados ❶. Con estas dos listas, la función simula la impresión de cada diseño vaciando la lista de diseños sin imprimir y rellenando la de modelos completados. A continuación, definimos la función `show_completed_models()` con un parámetro: la lista de modelos completados ❷. Con esta lista, `show_completed_models()` muestra el nombre de cada modelo que se ha imprimido.

Este programa tiene la misma salida que la versión sin funciones, pero el código está mucho más organizado. El código que hace la mayor parte del trabajo se ha pasado a dos funciones separadas, lo que hace la parte principal del programa más fácil de entender. Eche un vistazo al cuerpo del programa y fíjese en lo fácil que es seguir lo que ocurre:

```
unprinted_designs = ['phone case', 'robot pendant', 'dodecahedron']
completed_models = []

print_models(unprinted_designs, completed_models)
show_completed_models(completed_models)
```

Configuramos una lista de diseños sin imprimir y una lista vacía que alojará los modelos completados. Luego, como ya hemos definido nuestras dos funciones, lo único que tenemos que hacer es llamarlas y pasarles los argumentos adecuados. Llamamos a `print_models()` y le pasamos las dos listas que necesita; como cabía esperar, `print_models()` simula la impresión de los diseños. A continuación llamamos a `show_completed_models()` y le pasamos la lista de modelos completados para que pueda informar de los modelos que se han imprimido. Los nombres descriptivos de las funciones permiten entender el código a otros lectores, aunque no haya comentarios.

Este programa es más fácil de ampliar y mantener que la versión sin funciones. Si más adelante necesitamos imprimir más diseños, podemos volver a llamar a `print_models()`. Si nos damos cuenta de que hay que modificar el código de impresión, podemos cambiarlo una sola vez y los cambios se aplicarán siempre que se llame a la función. Esta técnica es más eficiente que tener que actualizar el código por separado en varios puntos del programa.

Este ejemplo también ilustra la idea de que cada función debería tener una tarea específica. La primera función imprime cada diseño y la segunda muestra los modelos completados. Es mejor que usar una función para ambas misiones. Si está escribiendo una función y observa que hace demasiadas tareas diferentes, pruebe a repartir el código en dos funciones. Recuerde que siempre puede llamar a una función desde otra, lo cual puede ser muy útil cuando se descompone una tarea compleja en una serie de pasos.

Evitar que una función modifique una lista

A veces nos interesa evitar que una función pueda modificar una lista. Por ejemplo, supongamos que empezamos con una lista de diseños sin imprimir y escribimos una función para que los mueva a una lista de modelos completados, como en el ejemplo anterior. Podríamos decidir que, aunque todos los diseños estén impresos, preferimos mantenerlos en la lista original de diseños sin imprimir para nuestros registros. Sin embargo, dado que hemos sacado todos los nombres de los diseños de `unprinted_designs`, la lista está ahora vacía y esa versión es la única que tenemos: la original ha desaparecido. En este caso, podemos resolver el problema pasando a la función una copia de la lista en lugar de la lista original. De ese modo, cualquier cambio que haga la función en la lista solo afectará a la copia, quedando la lista original intacta.

Así es como se envía una copia de una lista a una función:

```
nombre_función(nombre_lista[:])
```

La notación para partir [:] hace una copia de la lista y se la envía a la función. Si no quisiéramos vaciar la lista de diseños sin imprimir de `printing_models.py`, podríamos llamar a `print_models()` así:

```
print_models(unprinted_designs[:], completed_models)
```

La función `print_models()` puede hacer su trabajo porque sigue recibiendo los nombres de los diseños sin imprimir. Pero, en esta ocasión, usa una copia de la lista original, no la lista `unprinted_designs` real. La lista `completed_models` se rellenará con los nombres de los modelos impresos igual que antes, pero la lista original de diseños sin imprimir no se verá afectada por la función.

Aunque podemos preservar el contenido de una lista pasando una copia a las funciones, conviene pasar la lista original, salvo que haya una razón específica para mandar la copia. Es más eficiente para una función trabajar con una lista existente, ya que con ello se evita usar el tiempo y la memoria que requiere hacer una copia por separado. Esto es especialmente cierto cuando se trabaja con listas grandes.

PRUÉBELO

- **8-9. Mensajes:** Haga una lista con una serie de mensajes de texto cortos. Pásela a una función llamada `mostrar_mensajes()` que imprima cada mensaje.
- **8-10. Enviar mensajes:** Empiece con una copia del programa del ejercicio 8-9. Escriba una función llamada `enviar_mensajes()` que imprima cada mensaje de texto y lo mueva a una nueva lista denominada `mensajes_enviados` a medida que imprime. Después de llamar a la función, imprima ambas listas para asegurarse de que los mensajes se han movido correctamente.
- **8-11. Mensajes archivados:** A partir del trabajo realizado para el ejercicio 8-10, llame a la función `enviar_mensajes()` con una copia de la lista de mensajes. Después, imprima ambas listas para confirmar que la lista original conserva sus mensajes.

Pasar un número arbitrario de argumentos

A veces, no sabemos de antemano cuántos argumentos necesita aceptar una función. Por suerte, Python permite a una función recoger un número arbitrario de argumentos de la sentencia de llamada.

Por ejemplo, considere una función para crear una pizza. Tiene que aceptar una serie de ingredientes, pero no sabemos cuántos querrá el usuario. La función del siguiente ejemplo tiene un parámetro, *toppings, que recoge todos los argumentos que le proporcione la línea de la llamada:

pizza.py

```
def make_pizza(*toppings):
    """Imprime la lista de ingredientes solicitados."""
    print(toppings)

make_pizza('pepperoni')
make_pizza('mushrooms', 'green peppers', 'extra cheese')
```

El asterisco en el nombre del parámetro *toppings le indica a Python que cree una tupla vacía llamada toppings, que contenga todos los valores que reciba esta función. La llamada a print() en el cuerpo de la función produce una salida que demuestra que Python puede administrar una llamada a una función con un valor y una llamada con tres valores. Trata las distintas llamadas de una forma similar. Observe que Python mete los argumentos en una tupla, incluso aunque la función reciba solo un valor:

```
('pepperoni',)
('mushrooms', 'green peppers', 'extra cheese')
```

Ahora podemos reemplazar la llamada a print() con un bucle que se ejecute por la lista de ingredientes y describa la pizza que se está pidiendo:

```
def make_pizza(*toppings):
    """Resume la pizza que estamos a punto de hacer."""
    print("\nMaking a pizza with the following toppings:")
    for topping in toppings:
        print(f"- {topping}")

make_pizza('pepperoni')
make_pizza('mushrooms', 'green peppers', 'extra cheese')
```

La función responde adecuadamente, tanto si recibe un valor como si recibe tres:

```
Making a pizza with the following toppings:
- pepperoni

Making a pizza with the following toppings:
- mushrooms
- green peppers
- extra cheese
```

Esta sintaxis funciona independientemente de cuántos argumentos reciba la función.

Mezclar argumentos posicionales y arbitrarios

Si quiere que una función acepte distintos tipos de argumentos, debe colocar el parámetro que acepta un número arbitrario de argumentos al final de la definición de la función. Python asocia primero los argumentos posicionales y de palabra clave y luego recoge los restantes en el parámetro final.

Por ejemplo, si la función tiene que admitir un tamaño para la pizza, tendrá que ir antes de *toppings:

```
def make_pizza(size, *toppings):
    """Resume la pizza que estamos a punto de hacer."""
    print(f"\nMaking a {size}-inch pizza with the following toppings:")
    for topping in toppings:
        print(f"- {topping}")

make_pizza(16, 'pepperoni')
make_pizza(12, 'mushrooms', 'green peppers', 'extra cheese')
```

En la definición de la función, Python asigna el primer valor que recibe al parámetro size. Todos los demás valores que vengan después irán a la tupla toppings. Las llamadas a la función incluyen un argumento para el tamaño primero, seguido de tantos ingredientes como sean necesarios.

Ahora cada pizza tiene un tamaño y un número de ingredientes y cada dato se imprime en el lugar adecuado, mostrando primero el tamaño y después los ingredientes:

```
Making a 16-inch pizza with the following toppings:
- pepperoni

Making a 12-inch pizza with the following toppings:
- mushrooms
- green peppers
- extra cheese
```

Nota: Con frecuencia verá el nombre de parámetro genérico *args, que recoge argumentos posicionales arbitrarios como este.

Usar argumentos de palabra clave arbitrarios

En ocasiones puede interesarnos aceptar un número de argumentos arbitrario, pero no sabemos de antemano qué tipo de información se pasará a la función. En ese caso, podemos escribir funciones que acepten tantos pares clave-valor como ofrezca la sentencia de llamada. Veamos un ejemplo con perfiles de usuario: sabemos que obtendremos información sobre un usuario, pero no estamos seguros de qué tipo de información será. La función build_profile() del siguiente ejemplo toma siempre un nombre y un apellido y acepta además un número arbitrario de argumentos de palabra clave.

user_profile.py

```
def build_profile(first, last, **user_info):
    """Crea un diccionario con todo lo que sabemos sobre un usuario."""
❶   user_info['first_name'] = first
    user_info['last_name'] = last
    return user_info

user_profile = build_profile('albert', 'einstein',
        location='princeton',
        field='physics')
print(user_profile)
```

La definición de `build_profile()` espera un nombre y un apellido y deja que el usuario pase después todos los pares clave-valor que quiera. El doble asterisco antes del parámetro `**user_info` hace que Python cree un diccionario vacío llamado `user_info` que contenga todos los pares nombre-valor adicionales que la función reciba. Dentro de la función, podemos acceder a los pares clave-valor en `user_info` igual que en cualquier otro diccionario.

En el cuerpo de `build_profile()`, añadimos el nombre y el apellido al diccionario `user_info` porque siempre vamos a recibir estos dos datos del usuario ❶, y que todavía no se han incluido en el diccionario. Después devolvemos el diccionario `user_info` a la línea de llamada a la función.

Llamamos a `build_profile()`, pasándole el nombre `'albert'`, el apellido `'einstein'` y los dos pares clave-valor `location='princeton'` y `field='physics'`. Asignamos el perfil devuelto a `user_profile` y lo imprimimos:

```
{'location': 'princeton', 'field': 'physics',
'first_name': 'albert', 'last_name': 'einstein'}
```

El diccionario devuelto contiene el nombre y el apellido del usuario, y, en este caso, también la ubicación y el campo de estudio. La función funcionaría independientemente de cuántos pares clave-valor adicionales se proporcionen en la llamada a la función.

Al escribir sus propias funciones, puede mezclar argumentos posicionales, de palabra clave y valores arbitrarios de muchas formas. Es útil saber que existen todos estos tipos de argumentos porque los verá con frecuencia cuando empiece a leer el código de otros programadores. Lleva práctica aprender a usar correctamente los distintos tipos de funciones y saber cuándo utilizar cada uno. Por ahora, recuerde usar el enfoque más sencillo que consiga el resultado adecuado. A medida que avance, aprenderá a usar el enfoque más eficiente para cada situación.

Nota: Con frecuencia encontrará el nombre de parámetro `**kwargs`, que sirve para recoger argumentos de palabra clave no específicos.

PRUÉBELO

- **8-12. Sándwiches:** Escriba una función que acepte una lista de elementos que quiere una persona para un sándwich. La función debería tener un parámetro que recoja todos los argumentos que le dé la llamada e imprimir un resumen del sándwich que se está pidiendo. Llame a la función tres veces, usando un número distinto de argumentos cada vez.
- **8-13. Perfil de usuario:** Empiece con una copia de user_profile.py. Haga un perfil suyo llamando a build_profile(), usando su nombre y apellido y otros tres pares clave-valor que le describan.
- **8-14. Coche:** Escriba una función que guarde información sobre un coche en un diccionario. Debería recibir siempre un fabricante y un nombre de modelo y aceptar después un número arbitrario de argumentos de palabra clave. Llame a la función con la información requerida y otros dos pares nombre-valor, como un color o una prestación opcional. Su función debería funcionar para una llamada como esta:

```
car = make_car('subaru', 'outback', color='blue', tow_package=True)
```

Imprima el diccionario devuelto y asegúrese de que se ha almacenado bien toda la información.

Guardar las funciones en módulos

Una ventaja de las funciones es la forma en la que separan bloques de código del programa principal. Cuando empleamos nombres descriptivos para las funciones, los programas son mucho más fáciles de seguir. Puede ir un paso más allá almacenando sus funciones en un archivo aparte llamado "módulo", importando después ese módulo al programa principal. Una sentencia import le dice a Python que ponga el código de un módulo a disposición del archivo de programa en ejecución.

Guardar las funciones en un archivo aparte nos permite ocultar los detalles del código del programa para concentrarnos en su lógica de nivel superior. También nos permite reutilizar las funciones en distintos programas. Y, cuando guardamos funciones en archivos independientes, podemos compartirlos con otros programadores sin necesidad de compartir el programa completo. Saber cómo importar funciones también permite usar bibliotecas de funciones que han escrito otros programadores.

Hay varias formas de importar un módulo y vamos a verlas todas brevemente.

Importar un módulo completo

Para empezar a importar funciones, primero tenemos que crear un módulo. Un módulo es un archivo con extensión .py que contiene el código que queremos importar a nuestro programa.

Vamos a crear un módulo que contenga la función `make_pizza()`. Para ello, quitaremos del archivo `pizza.py` todo menos la función que nos interesa:

pizza.py

```python
def make_pizza(size, *toppings):
    """Resume la pizza que estamos a punto de hacer."""
    print(f"\nMaking a {size}-inch pizza with the following toppings:")
    for topping in toppings:
        print(f"- {topping}")
```

Ahora haremos un archivo independiente llamado `making_pizzas.py` en el mismo directorio que `pizza.py`. Este archivo importa el módulo que hemos creado y hace dos llamadas nuevas a `make_pizza()`:

making_pizzas.py

```python
import pizza

pizza.make_pizza(16, 'pepperoni')
pizza.make_pizza(12, 'mushrooms', 'green peppers', 'extra cheese')
```

❶

Cuando Python lee este archivo, la línea `import pizza` le dice a Python que abra el archivo `pizza.py` y copie todas las funciones en este programa. No vemos realmente código copiándose entre archivos porque Python realiza la copia entre bambalinas, justo antes de ejecutar el programa. Lo único que hay que saber es que cualquier función definida en `pizza.py` estará ahora disponible en `making_pizzas.py`.

Para llamar a una función desde un módulo importado, escribiremos el nombre del módulo, `pizza`, seguido del nombre de la función, `make_pizza()`, separado por un punto ❶. Este código produce la misma salida que el programa original donde no se importaba ningún módulo:

```
Making a 16-inch pizza with the following toppings:
- pepperoni

Making a 12-inch pizza with the following toppings:
- mushrooms
- green peppers
- extra cheese
```

Esta primera aproximación a la importación, en la que solo escribimos `import` seguido del nombre del módulo, hace que todas las funciones del módulo estén disponibles en un programa. Si usa este tipo de sentencia `import` para importar un módulo completo llamado *nombre_módulo*`.py`, todas las funciones del módulo estarán disponibles a través de esta sintaxis:

nombre_módulo.nombre_función()

Importar funciones específicas

También podemos importar una función específica desde un módulo. Esta es la sintaxis general para esta técnica:

```
from nombre_módulo import nombre_función
```

Podemos importar tantas funciones como queramos desde un módulo separando el nombre de cada una con una coma:

```
from nombre_módulo import función_0, función _1, función _2
```

El ejemplo de `making_pizzas.py` quedaría así si quisiéramos importar solo la función que vamos a usar:

```
from pizza import make_pizza

make_pizza(16, 'pepperoni')
make_pizza(12, 'mushrooms', 'green peppers', 'extra cheese')
```

Con esta sintaxis no necesitamos la notación de punto al llamar a una función. Como hemos importado explícitamente la función `make_pizza()` en la sentencia `import`, podemos llamarla por su nombre cuando la usemos.

Usar as para dar un alias a una función

Si el nombre de una función que vamos a importar puede generar un conflicto con un nombre que ya exista en el programa o es demasiado largo, podemos usar un alias corto y único, un nombre alternativo, similar a un apodo para la función. Daremos a la función este alias especial al importarla.

Aquí vamos a dar a la función `make_pizza()` el alias `mp()`, importanto `make_pizza` `as mp`. La palabra clave `as` renombra una función con el alias que le demos:

```
from pizza import make_pizza as mp

mp(16, 'pepperoni')
mp(12, 'mushrooms', 'green peppers', 'extra cheese')
```

La sentencia `import` que se muestra aquí cambia el nombre de la función `make_pizza()` por `mp()` en este programa. Siempre que queramos llamar a `make_pizza()`, bastará con escribir `mp()` y Python ejecutará el código de `make_pizza()`, evitando confusiones con cualquier otra función `make_pizza()` que podamos haber escrito en este archivo de programa.

Esta es la sintaxis general para poner un alias:

```
from nombre_módulo import nombre_función as nf
```

Usar as para dar un alias a un módulo

También podemos proporcionar un alias para un nombre de módulo. Dar un alias corto a un módulo, como `p` para `pizza`, nos permite llamar a las funciones de ese módulo más deprisa. Llamar a `p.make_pizza()` es más conciso que llamar a `pizza.make_pizza()`:

```
import pizza as p

p.make_pizza(16, 'pepperoni')
p.make_pizza(12, 'mushrooms', 'green peppers', 'extra cheese')
```

El módulo `pizza` recibe el alias `p` en la sentencia `import`, pero todas las funciones del módulo conservan sus nombres originales. Llamar a las funciones escribiendo `p.make_pizza()` no solo es más conciso que escribir `pizza.make_pizza()`, sino que además aleja nuestra atención del nombre del módulo y nos permite concentrarnos en los nombres descriptivos de sus funciones. Estos nombres, que nos dicen claramente lo que hace cada función, son más importantes para la legibilidad del código que usar el nombre del módulo completo.

Esta es la sintaxis general para esta aproximación:

```
import nombre_módulo as nm
```

Importar todas las funciones de un módulo

Podemos decirle a Python que importe todas las funciones de un módulo con el operador asterisco (`*`):

```
from pizza import *

make_pizza(16, 'pepperoni')
make_pizza(12, 'mushrooms', 'green peppers', 'extra cheese')
```

El asterisco de la sentencia `import` le dice a Python que copie todas las funciones del módulo `pizza` en este archivo de programa. Como se importan todas, podemos llamarlas por su nombre sin usar la notación de punto. Sin embargo, es mejor no usar esta técnica cuando trabaje con módulos grandes que no haya escrito usted: si el módulo tiene un nombre de función que coincida con otro de su proyecto, puede obtener resultados inesperados. Python puede ver varias funciones o variables con el mismo nombre y, en vez de importar todas por separado, sobrescribirá las funciones.

Lo más recomendable es importar la función o funciones que le interesen, o el módulo completo, y usar la notación de punto. Así el código queda más claro y es más fácil de leer y entender. He incluido esta sección para que reconozca sentencias `import` como esta cuando las vea en el código de otros programadores:

```
from nombre_módulo import *
```

Dar estilo a las funciones

Debe tener algunos detalles en mente a la hora de aplicar estilo a sus funciones. Las funciones deberían tener siempre nombres descriptivos, que deberían ir en minúscula y con guiones. Los nombres descriptivos nos ayudan a todos a entender lo que intenta hacer el código. Los nombres de módulo deberían seguir las mismas convenciones.

Cada función debería llevar un comentario que explique con concisión lo que hace. El comentario debería aparecer inmediatamente después de la definición de la función y emplear el formato de la cadena de documentación. Con una función bien documentada, otros programadores pueden usar la función con tan solo leer la descripción del comentario. Deberían poder confiar en que el código funciona como se describe y, siempre y cuando conozcan el nombre de la función, los argumentos que necesita y el tipo de valor que devuelve, deberían poder usarlo en sus programas.

Si especifica un valor para un parámetro, no debería usar espacios a los lados del signo de igualdad:

```
def nombre_función(parámetro_0, parámetro_1='valor predeterminado')
```

La misma convención se aplica a los argumentos de palabra clave en las llamadas a una función:

```
nombre_función(valor_0, parámetro_1='valor')
```

La PEP 8 (`https://www.python.org/dev/peps/pep-0008/`) recomienda limitar las líneas de código a 79 caracteres para que se vean todas las líneas en una ventana de editor de tamaño razonable. Si un conjunto de parámetros hace que la definición de una función tenga más de 79 caracteres, pulse **Intro** después de abrir paréntesis en la línea de definición. En la siguiente línea, pulse **Tab** dos veces para separar la lista de argumentos del cuerpo de la función, que solo irá sangrado un nivel.

La mayoría de los editores alinean automáticamente las líneas de parámetros adicionales para hacerlas coincidir con la sangría establecida en la primera línea:

```
def nombre_función(
        parámetro_0, parámetro_1, parámetro_2,
        parámetro_3, parámetro_4, parámetro_5):
    cuerpo de la función...
```

Si su programa o módulo incluye más de una función, puede separarlas con dos líneas en blanco para dejar más claro dónde acaba una y empieza otra.

Todas las sentencias `import` deberían escribirse al principio de un archivo. La única excepción es si hay comentarios iniciales para describir el programa completo.

PRUÉBELO

- **8-15. Imprimir modelos:** Ponga las funciones del ejemplo `printing_models.py` en un archivo aparte llamado `printing_functions.py`. Escriba una sentencia `import` en la parte superior de `printing_models.py` y modifique el archivo para usar las funciones importadas.

- **8-16. Importaciones:** Use uno de los programas que haya escrito que contenga una función y guarde esa función en un archivo aparte. Importe la función al archivo de programa principal y llámela con cada una de estas técnicas:

```
import nombre_módulo
from nombre_módulo import nombre_función
from nombre_módulo import nombre_función as nf
import nombre_módulo as nm *
from nombre_módulo import *
```

- **8-17. Dar estilo a funciones:** Elija tres programas que haya escrito para este capítulo y asegúrese de que siguen las directrices de estilo descritas en el último apartado.

Resumen

En este capítulo hemos visto cómo escribir funciones y pasarles argumentos para que puedan acceder a la información que necesitan para hacer su trabajo. Ha aprendido a usar argumentos posicionales y de palabra clave, y cómo aceptar un número arbitrario de argumentos. Hemos visto funciones que muestran una salida y otras que devuelven valores. Ahora sabe usar funciones con listas, diccionarios, sentencias `if` y bucles `while`. También ha aprendido a guardar sus funciones en archivos independientes llamados módulos para que sus archivos de programa sean más sencillos y fáciles de entender. Por último, hemos visto cómo aplicar estilo a las funciones para que sus programas sigan estando bien estructurados y sean lo más fáciles de leer posible para todos.

Uno de nuestros objetivos como programadores debería ser escribir código sencillo que haga lo que nosotros queremos. Las funciones deberían ayudarnos a conseguirlo. Nos permiten escribir bloques de código y no volver a tocarlos una vez hemos comprobado que funcionan. Cuando sabemos que una función hace bien su trabajo, podemos confiar en que seguirá funcionando y pasar a la siguiente tarea de programación.

Las funciones nos permiten escribir código una vez y reutilizarlo tantas veces como queramos. Cuando tengamos que ejecutar el código de una función, únicamente tenemos que escribir una llamada de una línea y la función cumplirá su misión.

Cuando necesitemos modificar el comportamiento de una función, solo tendremos que modificar un bloque de código y los efectos se notarán en todas las llamadas a esa función.

Las funciones hacen que los programas sean más fáciles de leer, y un buen nombre de función resume adecuadamente lo que hace cada parte del programa. Leer una serie de llamadas a funciones nos da una idea más rápida de lo que hace un programa que leer una serie larga de bloques de código.

Las funciones también hacen el código más fácil de probar y depurar. Cuando el grueso del trabajo de un programa lo hace un conjunto de funciones, cada una con su tarea específica, es mucho más fácil probar y mantener el código que hemos escrito. Podemos escribir un programa aparte que llame a cada función y pruebe si funcionan en todas las situaciones que pueden encontrarse. Así, podremos tener la tranquilidad de que nuestras funciones funcionarán bien siempre que las llamemos.

En el capítulo 9, veremos cómo escribir clases. Las clases combinan funciones y datos en un paquete limpio que se puede usar de formas flexibles y eficientes.

9

CLASES

La programación orientada a objetos (POO) es uno de los enfoques más eficaces a la hora de escribir software. En programación orientada a objetos escribimos "clases" que representan cosas y situaciones del mundo real, y creamos "objetos" basados en esas clases. Cuando escribimos una clase, definimos el comportamiento general que puede tener una categoría completa de objetos.

Cuando creamos objetos individuales de una clase, cada objeto asume automáticamente el comportamiento general; después, podemos dar a cada objeto los rasgos únicos que queramos. Le sorprenderá lo bien que se puede modelar situaciones del mundo real con la programación orientada a objetos.

La creación de un objeto a partir de una clase recibe el nombre de "instanciación". Trabajamos con "instancias" de una clase. En este capítulo, escribiremos clases y crearemos instancias de esas clases. Especificaremos el tipo de información que puede albergar cada instancia y definiremos las acciones que se puede hacer con ellas. También escribiremos clases que amplíen la funcionalidad de clases existentes, de modo que clases similares puedan compartir una funcionalidad común y podamos hacer más con menos código. Guardaremos las clases en módulos e importaremos clases escritas por otros programadores a nuestros propios archivos de programa.

Aprender programación orientada a objetos le ayudará a ver el mundo como lo ven los programadores. Le ayudará a entender su código: no solo lo que pasa en cada línea, sino los conceptos generales subyacentes al conjunto. Conocer la lógica subyacente a las clases le entrenará para pensar lógicamente a la hora de escribir programas que resuelvan con eficacia casi cualquier problema.

Al igual que les ocurre a todos los programadores con los que colabore, las clases le facilitarán las cosas a medida que deba enfrentarse a desafíos cada vez más complejos. Cuando usted y otros programadores escriban código basado en el mismo tipo de lógica, todos serán capaz de entender el trabajo de los demás. Sus programas tendrán sentido para sus colaboradores y todo el mundo saldrá ganando.

Crear y usar una clase

Podemos modelar prácticamente cualquier cosa usando clases. Empezaremos escribiendo una clase sencilla, `Dog`, que representa un perro (no uno en particular, sino cualquier perro). ¿Qué sabemos sobre la mayoría de los perros que la gente tiene como mascota? Bueno, todos tienen nombre y edad. También sabemos que muchos saben sentarse y hacer la croqueta. Esos dos datos (nombre y edad) y los dos comportamientos (sentarse y hacer la croqueta) irán en nuestra clase `Dog`, porque son comunes a la mayoría de los perros. Esta clase le dirá a Python cómo crear un objeto que represente un perro. Una vez escrita la clase, la usaremos para hacer instancias individuales que representen perros específicos.

Creación de la clase Dog

Cada instancia creada a partir de la clase `Dog` contendrá un nombre y una edad y daremos a cada perro la capacidad de sentarse (`sit()`) y hacer la croqueta (`roll_over()`):

dog.py

```
❶ class Dog:
      """Un intento sencillo de modelar un perro."""

❷     def __init__(self, name, age):
          """Inicializa los atributos de nombre y edad."""
❸         self.name = name
          self.age = age

❹     def sit(self):
          """Simula un perro sentándose en respuesta a una orden."""
          print(f"{self.name} is now sitting.")

      def roll_over(self):
          """Simula hacer la croqueta en respuesta a una orden."""
          print(f"{self.name} rolled over!")
```

En este código deberá prestar atención a muchas cosas, pero no se preocupe. A lo largo del capítulo verá esta estructura y tendrá mucho tiempo para acostumbrarse a ella. En primer lugar, definimos una clase llamada dog ❶. Por convención, los nombres con inicial mayúscula hacen referencia a clases en Python. No hay paréntesis en la definición de la clase porque la estamos creando desde cero. A continuación, escribimos una cadena de documentación que describe lo que hace esta clase.

El método __init__()

Una función que forma parte de una clase es un "método". Todo lo que hemos visto sobre las funciones es también aplicable a los métodos; la única diferencia práctica en este momento es la forma en la que llamaremos a los métodos. El método __init__() ❷ es un método especial que Python ejecutará automáticamente siempre que creemos una nueva instancia basada en la clase Dog. Este método tiene dos guiones bajos a cada lado, una convención que ayuda a evitar que los nombres de métodos predeterminados de Python entren en conflicto con los nuestros. Asegúrese de usar dos guiones a los lados __init__(). Si solo pone uno a cada lado, no se llamará al método automáticamente cuando use la clase, lo que producirá errores difíciles de identificar. Definimos el método __init__() con tres parámetros: self, name y age. El parámetro self es necesario en la definición del método y debe ir antes que los otros. Debe incluirse en la definición porque, cuando Python llame a este método más adelante (para crear una instancia de Dog), la llamada pasará automáticamente el argumento self. Cada llamada al método asociada con una instancia pasa automáticamente self, que es una referencia a la propia instancia; da a la instancia individual acceso a los atributos y métodos de la clase. Cuando hagamos una instancia de Dog, Python llamará al método __init__() desde la clase Dog. Pasaremos a Dog() un nombre y una edad como argumentos; self pasa automáticamente, así que no tenemos que hacer nada. Cuando queramos hacer una instancia de la clase Dog, solo suministraremos valores para los dos últimos parámetros, name y age.

Las dos variables definidas en el cuerpo del método __init__() tienen, cada una de ellas, el prefijo self ❸. Cualquier variable prefijada con self estará disponible para todos los métodos de la clase; podremos acceder a estas variables a través de cualquier instancia creada desde la clase. La línea self.name = name coge el valor asociado con el parámetro name y se lo asigna a la variable name, que entonces se une a la instancia que se está creando. El mismo proceso ocurre con self.age = age. Las variables a las que se accede mediante instancias como esta se denominan "atributos".

La clase Dog tiene otros dos métodos definidos: sit() y roll_over() ❹. Como estos métodos no necesitan información adicional para ejecutarse, simplemente los definiremos para que tengan un parámetro, self. Las instancias que creemos después tendrán acceso a estos métodos; en otras palabras, serán capaces de sentarse y hacer la croqueta. De momento, sit() y roll_over() no hacen gran cosa. Simplemente imprimen un mensaje diciendo que el perro se está sentando o haciendo la croqueta. Pero el concepto puede extenderse a situaciones realistas: si esta clase formase parte de un videojuego real, estos métodos contendrían código para hacer que un perro animado se siente y haga la croqueta. Si esta clase se escribiese para controlar un robot, estos métodos dirigirían movimientos que harían que el perro-robot se sentase e hiciese la croqueta.

Hacer una instancia de una clase

Piense en una clase como un conjunto de instrucciones para crear una instancia. La clase Dog es una serie de instrucciones que dice a Python cómo crear instancias individuales para representar perros específicos.

Vamos a hacer una instancia que represente un perro concreto:

```
class Dog:
    --fragmento omitido--

❶ my_dog = Dog('Willie', 6)

❷ print(f"My dog's name is {my_dog.name}.")
❸ print(f"My dog is {my_dog.age} years old.")
```

La clase Dog que estamos usando aquí es la que hemos escrito en el ejemplo anterior. Aquí le decimos a Python que cree un perro llamado 'Willie' cuya edad es 6 ❶. Cuando Python lee esta línea, llama al método __init__() de Dog con los argumentos 'Willie' y 6. El método __init__() crea una instancia que representa a este perro en particular y configura los atributos name y age con los valores proporcionados. Después, Python devuelve una instancia que representa a este perro. Asignamos esa instancia a la variable my_dog. La convención de nomenclatura es útil aquí: podemos asumir que un nombre con inicial mayúscula como Dog se refiere a una clase y un nombre en minúsculas como my_dog se refiere a una sola instancia creada de una clase.

Acceder a los atributos

Para acceder a los atributos de una instancia, usamos la notación de punto. Accedemos al valor del atributo name de my_dog ❷ escribiendo:

```
my_dog.name
```

La notación de punto se usa con frecuencia en Python. Esta sintaxis muestra cómo Python busca el valor de un atributo. Aquí, se fija en la instancia my_dog y busca el atributo name asociado a my_dog. Es el mismo atributo al que se hace referencia como self.name en la clase Dog. Utilizamos el mismo enfoque para trabajar con el atributo age ❸.

La salida es un resumen de lo que sabemos sobre my_dog:

```
My dog's name is Willie.
My dog is 6 years old.
```

Llamadas a métodos

Después de crear una instancia a partir de la clase Dog, podemos usar la notación de punto para llamar a cualquier otro método definido en Dog. Vamos a hacer que nuestro perro se siente y haga la croqueta:

```
class Dog:
    --fragmento omitido--

my_dog = Dog('Willie', 6)
my_dog.sit()
my_dog.roll_over()
```

Para llamar a un método, damos el nombre de la instancia (en este caso, `my_dog`) y el método al que queremos llamar separados por un punto. Cuando Python lee `my_dog.sit()`, busca el método `sit()` en la clase `Dog` y ejecuta ese código. Python interpreta la línea `my_dog.roll_over()` de la misma manera.

Ahora Willie hace lo que le mandamos:

```
Willie is now sitting.
Willie rolled over!
```

Esta sintaxis es bastante útil. Cuando los atributos y métodos tienen nombres descriptivos, como `name`, `age`, `sit()` y `roll_over()`, podemos inferir fácilmente lo que se supone que hace un bloque de código, incluso aunque no lo hayamos visto nunca.

Crear múltiples instancias

Podemos crear todas las instancias que necesitemos a partir de una clase. Vamos a crear un segundo perro llamado `your_dog`:

```
class Dog:
    --fragmento omitido--

my_dog = Dog('Willie', 6)
your_dog = Dog('Lucy', 3)

print(f"My dog's name is {my_dog.name}.")
print(f"My dog is {my_dog.age} years old.")
my_dog.sit()

print(f"\nYour dog's name is {your_dog.name}.")
print(f"Your dog is {your_dog.age} years old.")
your_dog.sit()
```

En este ejemplo, hemos creado un perro llamado Willie y una perra llamada Lucy. Cada uno es una instancia separada, con su propio conjunto de atributos y capaz de hacer el mismo conjunto de acciones:

```
My dog's name is Willie.
My dog is 6 years old.
Willie is now sitting.

Your dog's name is Lucy.
Your dog is 3 years old.
Lucy is now sitting.
```

Incluso aunque usásemos el mismo nombre y edad para el mismo perro, Python crearía una instancia independiente a partir de la clase `Dog`. Podemos hacer tantas instancias como queramos a partir de una clase, siempre y cuando le demos un nombre de variable único u ocupe un lugar único en una lista o un diccionario.

PRUÉBELO

- **9-1. Restaurante:** Haga una clase llamada Restaurante. El método __init__() para Restaurante debería albergar dos atributos: nombre_restaurante y tipo_cocina. Cree un método llamado describir_restaurante() que imprima estos dos datos, y un método llamado abrir_restaurante() que imprima un mensaje indicando que el restaurante está abierto.
  Haga una instancia llamada restaurante a partir de su clase. Imprima los dos atributos por separado y luego llame a ambos métodos.
- **9-2. Tres restaurantes:** Empiece con la clase del ejercicio 9-1. Cree tres instancias diferentes a partir de ella y llame a describir_restaurante() para cada instancia.
- **9-3. Usuarios:** Cree una clase llamada Usuario. Cree dos atributos llamados nombre y apellido y otros que suelan guardarse en un perfil de usuario. Cree un método llamado describir_usuario() que imprima un resumen de la información del usuario. Cree otro método llamado saludar_usuario() que imprima un saludo personalizado para el usuario.
  Cree varias instancias que representen a distintos usuarios y llame a ambos métodos para cada usuario.

Trabajar con clases e instancias

Podemos usar clases para representar muchas situaciones del mundo real. Una vez que escriba una clase, pasará la mayor parte del tiempo trabajando con instancias creadas a partir de esa clase. Una de las primeras tareas que le conviene aprender es modificar los atributos asociados con una instancia en particular. Se pueden modificar directamente o escribiendo métodos que actualicen los atributos de formas específicas.

La clase Car

Vamos a escribir otra clase que represente un coche. Esta clase guardará información sobre el tipo de coche con el que vamos a trabajar y tendrá un método que resuma esa información:

car.py

```
class Car:
    """Un simple intento de representar un coche."""

❶   def __init__(self, make, model, year):
        """Inicializa atributos para describir un coche."""
        self.make = make
        self.model = model
        self.year = year
```

❷
```
    def get_descriptive_name(self):
        """Devuelve un nombre descriptivo con el formato adecuado."""
        long_name = f"{self.year} {self.make} {self.model}"
        return long_name.title()
```

❸
```
my_new_car = Car('audi', 'a4', 2019)
print(my_new_car.get_descriptive_name())
```

En la clase Car, definimos el método __init__() con el parámetro self primero ❶, igual que hemos hecho antes con la clase Dog. Le damos además otros tres parámetros: make, model y year, que representan la marca, el modelo y el año. El método __init__() coge estos parámetros y los asigna a los atributos que irán asociados con instancias creadas a partir de esta clase. Cuando creemos una nueva instancia de Car, tendremos que especificar marca, modelo y año para nuestra instancia.

Definimos un método llamado get_descriptive_name() ❷ que ponga el año, la marca y el modelo de un coche en una cadena que describa el coche con precisión. Esto nos evitará tener que imprimir el valor de cada atributo individualmente. Para trabajar con los valores de los atributos de este método, usamos self.make, self.model y self.year. Fuera de la clase, creamos instancia de la clase Car y se la asignamos a la variable my_new_car ❸. A continuación, llamamos a get_descriptive_name() para ver qué tipo de coche tenemos:

```
2024 Audi A4
```

Para que esta clase sea más interesante, vamos a añadir un atributo que cambie con el tiempo. Agregaremos un atributo que albergue el kilometraje total del coche.

Establecer un valor predeterminado para un atributo

Cuando creamos una instancia, podemos definir atributos sin pasarlos como parámetros. Estos atributos se pueden definir en el método __init__(), donde se les asigna un valor predeterminado.

Vamos a añadir un atributo llamado odometer_reading que siempre empiece con un valor de 0. También añadiremos un método read_odometer() que nos ayude a leer el cuentakilómetros de cada coche:

```
class Car:

    def __init__(self, make, model, year):
        """Inicializa atributos para describir un coche."""
        self.make = make
        self.model = model
        self.year = year
        self.odometer_reading = 0

    def get_descriptive_name(self):
        --fragmento omitido--

    def read_odometer(self):
        """Imprime una oración que indica el kilometraje del coche."""
```

```
    print(f"This car has {self.odometer_reading} miles on it.")

my_new_car = Car('audi', 'a4', 2024)
print(my_new_car.get_descriptive_name())
my_new_car.read_odometer()
```

Esta vez, cuando Python llama al método __init__() para crear una nueva instancia, guarda la marca, el modelo y el año como atributos, igual que en el ejemplo anterior. Luego crea un atributo llamado `odometer_reading` y establece su valor inicial en 0 ❶. También tenemos un nuevo método llamado `read_odometer()` en ❷ que facilita la lectura del kilometraje del coche. Nuestro coche empieza con 0 millas:

```
2024 Audi A4
This car has 0 miles on it.
```

No hay muchos coches que se vendan con 0 millas en el cuentakilómetros, así que necesitamos una forma de cambiar el valor de este atributo.

Modificar el valor de un atributo

Podemos cambiar el valor de un atributo de tres maneras: directamente a través de una instancia, estableciendo el valor con un método o incrementando el valor (sumándole una cantidad dada) a través de un método. Veamos cada una de estas técnicas.

Modificar el valor de un atributo directamente

La forma más fácil de cambiar el valor de un atributo consiste en acceder directamente al atributo a través de una instancia. Aquí vamos a poner el cuentakilómetros a 23 directamente:

```
class Car:
    --fragmento omitido--

my_new_car = Car('audi', 'a4', 2024)
print(my_new_car.get_descriptive_name())

my_new_car.odometer_reading = 23
my_new_car.read_odometer()
```

Usamos la notación de punto para acceder al atributo `odometer_reading` del coche y establecer su valor directamente. Esta línea dice a Python que coja la instancia `my_new_car`, busque el atributo `odometer_reading` asociado con ella y configure el valor de ese atributo como 23:

```
2024 Audi A4
This car has 23 miles on it.
```

A veces, nos interesa acceder directamente a los atributos así, pero otras nos conviene escribir un método que actualice el valor por nosotros.

Modificar el valor de un atributo a través de un método

Puede ser útil tener métodos que actualicen ciertos atributos por nosotros. En lugar de acceder directamente al atributo, pasamos el nuevo valor a un método que gestiona la actualización internamente.

Veamos un ejemplo con un método llamado `update_odometer()`:

```
class Car:
    --fragmento omitido--

    def update_odometer(self, mileage):
        """Configura el kilometraje con el valor dado."""
        self.odometer_reading = mileage

my_new_car = Car('audi', 'a4', 2024)
print(my_new_car.get_descriptive_name())

❶ my_new_car.update_odometer(23)
my_new_car.read_odometer()
```

La única modificación de `Car` es la adición de `update_odometer()`. Este método coge un valor de kilometraje y se lo asigna a `self.odometer_reading`. Usando la instancia `my_new_car`, llamamos a `update_odometer()` con 23 como argumento ❶. Con ello se establece el kilometraje en 23 y `read_odometer()` lo imprime:

```
2024 Audi A4
This car has 23 miles on it.
```

Podemos ampliar el método `update_odometer()` para que trabaje más cada vez que se modifique el cuentakilómetros. Vamos a añadir una lógica para asegurarnos de que nadie intenta manipular la lectura del cuentakilómetros:

```
class Car:
    --fragmento omitido--

    def update_odometer(self, mileage):
        """
        Configura el cuentakilómetros con el valor dado.
        Rechaza el cambio si se intenta hacer retroceder el cuentakilómetros.
        """
❶       if mileage >= self.odometer_reading:
            self.odometer_reading = mileage
        else:
❷           print("You can't roll back an odometer!")
```

Ahora `update_odometer()` comprueba que la nueva lectura tenga sentido antes de modificar el atributo. Si el valor proporcionado para `mileage` es mayor o igual que el existente, `self.odometer_reading`, podemos actualizar el cuentakilómetros al nuevo kilometraje ❶. Si es inferior al existente, recibiremos un aviso de que no podemos hacer retroceder un cuentakilómetros ❷.

Aumentar el valor de un atributo a través de un método

A veces necesitamos incrementar el valor de un atributo en una cantidad determinada, en lugar de darle un valor completamente nuevo. Supongamos que compramos un coche usado y hacemos 100 millas con él entre que lo compramos y lo registramos. Aquí tenemos un método que nos permite pasar esta cantidad incremental y sumarla al valor de la lectura del cuentakilómetros:

```
class Car:
    --fragmento omitido--

    def update_odometer(self, mileage):
        --fragmento omitido--

    def increment_odometer(self, miles):
        """Añade la cantidad dada a la lectura del cuentakilómetros."""
        self.odometer_reading += miles
❶ my_used_car = Car('subaru', 'outback', 2019)
print(my_used_car.get_descriptive_name())

❷ my_used_car.update_odometer(23_500)
my_used_car.read_odometer()

my_used_car.increment_odometer(100)
my_used_car.read_odometer()
```

El nuevo método de `increment_odometer()` coge un número de millas y se lo suma a `self.odometer_reading`. En primer lugar, creamos un coche usado, `my_used_car` ❶. Configuramos su cuentakilómetros en 23.500 llamando a `update_odometer()` y pasándole 23_500 ❷. Por último, llamamos a `increment_odometer()` y le pasamos 100 para sumar las 100 millas que hemos recorrido desde que compramos el coche hasta que lo registramos:

```
2019 Subaru Outback
This car has 23500 miles on it.
This car has 23600 miles on it.
```

Podemos modificar fácilmente este método para que rechace incrementos negativos, de modo que nadie pueda usar esta función para manipular un cuentakilómetros.

Nota: Puede usar métodos como este para controlar cómo los usuarios de su programa actualizan valores como la lectura de un cuentakilómetros, pero cualquiera con acceso al programa puede poner el cuentakilómetros en el valor que quiera accediendo directamente al atributo. Una seguridad eficaz debe prestar extrema atención al detalle, además de hacer comprobaciones básicas como esta.

PRUÉBELO

- **9-4. Número servido:** Empiece con el programa del ejercicio 9-1. Añada un atributo llamado número_servido con un valor predeterminado de 0. Cree una instancia llamada restaurante a partir de esta clase. Imprima el número de clientes a los que ha servido el restaurante, cambie ese valor y vuelva a imprimirlo.

  Añada un método llamado establecer_número_servido() que le permita configurar el número de clientes a los que se ha servido. Llámelo con un número nuevo y vuelva a imprimir el valor.

  Añada un método llamado incrementar_número_servido() que le permita incrementar el número de clientes atendidos. Llámelo con cualquier número que pueda representar a cuántos clientes se ha servido en un día laborable normal.

- **9-5. Intentos de inicio de sesión:** Añada un atributo intentos_inicio a la clase Usuario del ejercicio 9-3. Escriba un método llamado incrementar_intentos_inicio() que aumente el valor de intentos_inicio en 1. Escriba otro método llamado restablecer_intentos_inicio() que restablezca el valor de intentos_inicio a 0.

  Haga una instancia de la clase Usuario y llame varias veces a incrementar_intentos_inicio(). Imprima el valor de intentos_inicio para asegurarse de que se ha incrementado correctamente y luego llame a restablecer_intentos_inicio(). Vuelva a imprimir intentos_inicio para asegurarse de que se ha restablecido a 0.

Herencia

No siempre hace falta empezar desde cero para crear una clase. Si la clase que queremos hacer es una versión especializada de otra que hemos escrito, podemos usar la "herencia". Cuando una clase hereda de otra, coge los atributos y métodos de la primera. La clase original se denomina "clase base" y la nueva es la "clase derivada" La clase derivada puede heredar algunos o todos los atributos y métodos de su clase base, pero también tiene libertad para definir nuevos atributos y métodos propios.

El método __init__() para una clase derivada

Cuando escribimos una nueva clase basada en otra existente, con frecuencia necesitaremos llamar al método __init__() de la clase base. Esto inicializará todos los atributos definidos en el método __init__() de la base y hará que estén disponibles para la derivada.

A modo de ejemplo, vamos a modelar un coche eléctrico. Se trata simplemente de un tipo concreto de coche, así que podemos basar nuestra nueva clase ElectricCar en la clase Car que ya tenemos. Así solo tendremos que escribir código para los atributos y comportamientos específicos de los coches eléctricos.

Empezaremos haciendo una versión sencilla de la clase `ElectricCar` que haga todo lo que hace `Car`:

electric_car.py

```
❶ class Car:
      """Un simple intento de representar un coche."""

      def __init__(self, make, model, year):
  """Inicializa atributos para describir un coche."""
          self.make = make
          self.model = model
          self.year = year
          self.odometer_reading = 0

      def get_descriptive_name(self):
          """Devuelve un nombre descriptivo correctamente formateado."""
  long_name = f"{self.year} {self.make} {self.model}"
          return long name.title()

      def read_odometer(self):
          """Imprimir una declaración mostrando el kilometraje del vehículo."""
  print(f"This car has {self.odometer_reading} miles on it.")

      def update_odometer(self, mileage):
          """Configura la lectura del cuentakilómetros para el valor dado."""
  if mileage >= self.odometer_reading:
              self.odometer_reading = mileage
          else:
              print("You can't roll back an odometer!")

      def increment_odometer(self, miles):
          self.odometer_reading += miles

❷ class ElectricCar(Car):
      """Representa aspectos de un coche propios de los vehículos eléctricos."""

❸     def __init__(self, make, model, year):
          """Inicializa los atributos de la clase base."""
❹         super().__init__(make, model, year)

❺ my_leaf = ElectricCar('nissan', 'leaf', 2024)
  print(my_leaf.get_descriptive_name())
```

Comenzaremos con `Car` ❶. Al crear una clase derivada, la base debe formar parte del archivo actual y aparecer antes que la derivada. A continuación, definimos la clase derivada `ElectricCar` ❷. El nombre de la clase base debe incluirse entre paréntesis en la definición de la clase derivada. El método `__init__()` coge la información necesaria para crear una instancia de `Car` ❸. La función `super()` ❹ es una función especial que nos permite llamar a un método de la clase base. Esta línea dice a Python que llame al método `__init__()` de `Car`, que da a una instancia `ElectricCar` todos los atributos definidos en ese método. El nombre "super" viene de una convención de llamar a la clase base "superclase" y a la derivada "subclase".

Probamos si la herencia funciona bien intentando crear un coche eléctrico con el mismo tipo de información que facilitaríamos para crear un coche normal. Creamos una instancia de la clase `ElectricCar` y la asignamos a `my_leaf` ❺. Esta línea llama al método `__init__()` definido en `ElectricCar`, que a su vez dice a Python que llame al método `__init__()` definido en la clase base `Car`. Proporcionamos los argumentos `'nissan'`, `'leaf'` y `2024`.

Al margen de `__init__()`, no hay todavía atributos ni métodos que sean propios de un coche eléctrico. En este punto, solo nos estamos asegurando de que el coche eléctrico tiene los comportamientos apropiados de `Car`:

```
2024 Nissan Leaf
```

La instancia `ElectricCar` funciona igual que una instancia de `Car`, así que ya podemos empezar a definir atributos y métodos específicos para un coche eléctrico.

Definir atributos y métodos para la clase derivada

Cuando ya tenemos una clase derivada que hereda de una base, podemos añadir todos los atributos y métodos nuevos necesarios para diferenciar la clase derivada de la base.

Vamos a añadir un atributo propio de los coches eléctricos (una batería, por ejemplo) y un método que informe de ese atributo. Recogeremos el tamaño de la batería y escribiremos un método que escriba una descripción de la misma:

```
class Car:
    --fragmento omitido--

class ElectricCar(Car):
    """Representa aspectos de un coche propios de los vehículos eléctricos."""

    def __init__(self, make, model, year):
        """
        Inicializa atributos de la clase base.
        Luego inicializa atributos propios de un coche eléctrico.
        """
        super().__init__(make, model, year)
❶       self.battery_size = 40

❷   def describe_battery(self):
        """Imprime una frase que describe el tamaño de la batería."""
        print(f"This car has a {self.battery_size}-kWh battery.")

my_leaf = ElectricCar('nissan', 'leaf', 2024)
print(my_leaf.get_descriptive_name())
my_leaf.describe_battery()
```

Añadimos un nuevo atributo `self.battery_size` y establecemos su valor inicial en 40 ❶. Este atributo se asociará con todas las instancias creadas a partir de la clase `ElectricCar`, pero no se asociará con ninguna de `Car`. También añadimos un método llamado `describe_battery()` que imprime información sobre la batería ❷. Cuando llamamos a este método, obtenemos una descripción claramente propia de un coche eléctrico:

```
2024 Nissan leaf
This car has a 40-kWh battery.
```

Podemos especializar la clase `ElectricCar` sin límites. Podemos añadir todos los atributos y métodos que necesitemos para modelar un coche eléctrico hasta el nivel de precisión deseado. Un atributo o método que podría pertenecer a cualquier coche, y no ser específico de un eléctrico, debería ir en la clase `Car` y no en `ElectricCar`. Así, cualquiera que use la clase `Car` tendrá también esa funcionalidad disponible, y la clase `ElectricCar` solo contendrá código para la información y el comportamiento específicos de los vehículos eléctricos.

Anular métodos de la clase base

Podemos anular cualquier método de la clase base que no se ajuste a lo que intentamos modelar con la clase derivada. Para ello, definimos un método en la derivada con el mismo nombre que el método de la base que queremos anular. Python ignorará al método de la clase base y solo prestará atención al que hemos definido en la derivada.

Supongamos que la clase `Car` tuviera un método llamado `fill_gas_tank()`. Este método no tiene sentido para un vehículo eléctrico porque no requiere combustible, así que vamos a anularlo. Esta es una de las técnicas para hacerlo:

```
class ElectricCar(Car):
    --fragmento omitido--

    def fill_gas_tank(self):
        """Los coches eléctricos no tienen depósito de combustible."""
        print("This car doesn't have a gas tank!")
```

Ahora, si alguien intenta llamar a `fill_gas_tank()` con un coche eléctrico, Python ignorará el método `fill_gas_tank()` de `Car` y ejecutará este código en su lugar. Cuando usamos la herencia, podemos hacer que las clases derivadas conserven lo que necesitamos de la base y anular todo lo demás.

Instancias como atributos

Cuando modele algo del mundo real en código, es posible que vaya añadiendo cada vez más detalles a una clase. Acabará con una lista creciente de atributos y métodos que hacen que los archivos se alarguen. En estas situaciones, conviene saber que se puede escribir parte de una clase como una clase aparte. Podemos descomponer una clase grande en clases más pequeñas que funcionen juntas; este enfoque se conoce como "composición". Por ejemplo, si seguimos añadiendo detalles a la clase `ElectricCar`, podríamos descubrir que estamos añadiendo varios atributos y métodos específicos para la batería del coche. Cuando esto ocurre, podemos parar y mandar todos esos atributos y métodos a una clase nueva llamada `Battery`. Posteriormente podremos usar una instancia de `Battery` como atributo de la clase `ElectricCar`:

```python
class Car:
    --fragmento omitido--

class Battery:
    """Un simple intento de modelar una batería para un coche eléctrico."""

❶  def __init__(self, battery_size=40):
        """Inicializa los atributos de la batería."""
        self.battery_size = battery_size

❷  def describe_battery(self):
        """Imprime una frase que describe el tamaño de la batería."""
        print(f"This car has a {self.battery_size}-kWh battery.")


class ElectricCar(Car):
    """Representa aspectos de un coche propios de los vehículos eléctricos."""

    def __init__(self, make, model, year):
        """
        Inicializa los atributos de la clase base.
        Luego inicializa los atributos específicos de un coche eléctrico.
        """
        super().__init__(make, model, year)
❸      self.battery = Battery()

my_leaf = ElectricCar('nissan', 'leaf', 2024)
print(my_leaf.get_descriptive_name())
my_leaf.battery.describe_battery()
```

Definimos una clase nueva llamada `Battery` que no herede de ninguna otra clase. El método `__init__()` ❶ tiene un parámetro, `battery_size`, además de `self`. Se trata de un parámetro opcional que establece el tamaño de la batería en 75 si no se proporciona ningún valor. El método `describe_battery()` también se ha pasado a esta clase ❷.

En la clase `ElectricCar`, añadimos un atributo `self.battery` ❸. Esta línea le indica a Python que cree una instancia nueva de `Battery` (con un tamaño predeterminado de 40, ya que no especificamos un valor) y se la asigne al atributo `self.battery`. Esto ocurrirá cada vez que se llame al método `__init__()`; para cualquier instancia de `ElectricCar` se creará ahora una instancia de `Battery` automáticamente.

Creamos un coche eléctrico y lo asignamos a la variable `my_leaf`. Cuando queramos describir la batería, tendremos que usar el atributo `battery` del coche:

```python
my_leaf.battery.describe_battery()
```

Esta línea dice a Python que mire la instancia `my_leaf`, busque su atributo `battery` y llame al método `describe_battery()` asociado con la instancia de `Battery` asignada al atributo.

La salida es idéntica a la que hemos visto antes:

```
2024 Nissan Leaf
This car has a 40-kWh battery.
```

Parece mucho trabajo extra, pero ahora podemos describir la batería con todo el detalle que queramos sin saturar la clase `ElectricCar`. Vamos a añadir a `Battery` otro método que indique la autonomía del coche basándose en el tamaño de la batería:

```
class Car:
    --fragmento omitido--

class Battery:
    --fragmento omitido--

    def get_range(self):
        """Imprime una frase sobre la autonomía que ofrece esta batería."""
        if self.battery_size == 40:
            range = 150
        elif self.battery_size == 65:
            range = 225

        print(f"This car can go about {range} miles on a full charge.")

class ElectricCar(Car):
    --fragmento omitido--

my_leaf = ElectricCar('nissan', 'leaf', 2024)
print(my_leaf.get_descriptive_name())
my_leaf.battery.describe_battery()
❶ my_leaf.battery.get_range()
```

El nuevo método `get_range()` realiza un análisis sencillo. Si la capacidad de la batería es 40 kWh, `get_range()` establece la autonomía en 150 millas; si la capacidad es de 65 kWh, establece una autonomía de 225. Posteriormente, informa de este valor. Cuando queramos usar este método, tenemos que llamarlo a través del atributo `battery` del coche ❶.

La salida nos informa de la autonomía del coche basándose en el tamaño de su batería:

```
2024 Nissan Leaf
This car has a 40-kWh battery.
This car can go about 150 miles on a full charge.
```

Modelar objetos del mundo real

Cuando se empieza a modelar cosas más complejas, como coches eléctricos, se plantean cuestiones interesantes. ¿Es la autonomía una propiedad de la batería o del coche? Si solo vamos a describir un coche, seguramente está bien mantener la asociación del método `get_range()` con la clase `Battery`. Pero, si vamos a describir la línea entera de un fabricante, seguramente nos conviene mover `get_range()` a la clase `ElectricCar` class. El método `get_range()` seguiría comprobando el tamaño de la batería para determinar la autonomía, pero informaría de una autonomía específica para el tipo de coche con el que está asociado. Otra opción sería mantener la asociación de `get_range()` con la batería, pero pasarle un parámetro como `car_model`. El método `get_range()` informaría entonces de la autonomía basándose en el tamaño de la batería y el modelo del coche.

Esto le lleva a un punto interesante en su crecimiento como programador. Al enfrentarse a preguntas como estas, tendrá que pensar a un nivel lógico más alto, en lugar de centrarse en la sintaxis. No estará pensando en Python, sino en cómo representar el mundo real con código. Cuando llegue a este punto, se dará cuenta de que, a menudo, no hay enfoques ni buenos ni malos para modelar situaciones del mundo real. Algunos enfoques son más eficaces que otros, pero requiere práctica encontrar las representaciones más eficientes. Si su código funciona como quiere, ¡lo está haciendo bien! No se desanime si tiene que desmontar y reescribir sus clases varias veces usando distintos enfoques. Todo el mundo pasa por ese proceso hasta conseguir escribir código preciso y eficiente.

PRUÉBELO

- **9-6. Carrito de helados:** Un carrito de helados es, en cierto modo, parecido a un restaurante. Escriba una clase llamada `CarritoDeHelados` que herede de la clase `Restaurante` del ejercicio 9-1 o del 9-4. Servirá cualquiera de las dos versiones, así que coja la que más le guste. Añada un atributo llamado `sabores` que almacene una lista de sabores de helado. Escriba un método que muestre los sabores. Cree una instancia de `CarritoDeHelados` y llame a ese método.

- **9-7. Admin:** Un administrador es un tipo especial de usuario. Escriba una clase llamada `Admin` que herede de la clase `Usuario` del ejercicio 9-3 o del 9-5. Añada un atributo `privilegios` que acoja una lista de cadenas como `"puede añadir comentario"`, `"puede borrar comentario"`, `"puede vetar usuarios"`, etc. Escriba un método llamado `show_privileges()` que enumere el conjunto de privilegios del administrador. Cree una instancia de `Admin` y llame al método.

- **9-8. Privilegios:** Escriba una clase `Privilegios` aparte. Esta clase debería tener un atributo, `privilegios`, que almacene una lista de cadenas como la descrita en el ejercicio anterior. Mueva el método `show_privileges()` a esta clase. Haga una instancia de `Privilegios` como atributo de la clase `Admin`. Cree una nueva instancia de `Admin` y use su método para mostrar los privilegios.

- **9-9. Mejora de Battery:** Use la última versión de `electric_car.py`. Añada un método a la clase `Battery` llamado `upgrade_battery()`. Este método debería comprobar el tamaño de la batería y establecer la capacidad en 65 si no está ya así. Haga un coche eléctrico con un tamaño de batería predeterminado, llame a `get_range()` una vez y vuelva a llamarlo para mejorar la batería. Debería ver un incremento en la autonomía del coche.

Importar clases

A medida que añadimos funcionalidad a las clases, los archivos se pueden hacer muy largos, incluso si utilizamos adecuadamente la herencia y composición. En consonancia con la filosofía de Python, nos interesa que nuestros archivos estén lo menos abarrotados posible. Para ayudarnos, Python nos permite almacenar clases en módulos para luego importar las que necesitemos a nuestro programa principal.

Importar una sola clase

Vamos a crear un módulo que contenga solo la clase Car. Esto provoca un problemilla de nomenclatura: ya tenemos un archivo llamado car.py en este capítulo, pero este módulo debería llamarse car.py porque contiene código que representa un coche. Resolveremos este problema guardando la clase Car en un módulo car.py, reemplazando el archivo car.py que usábamos antes. A partir de ahora, cualquier programa que use este módulo necesitará un nombre de archivo más específico, como my_car.py. Aquí está car.py con el código de la clase Car únicamente:

car.py

```
❶ """Una clase que se puede usar para representar un coche."""

class Car:
    """Un simple intento de representar un coche."""

    def __init__(self, make, model, year):
        """Inicializa atributos para describir un coche."""
        self.make = make
        self.model = model
        self.year = year
        self.odometer_reading = 0

    def get_descriptive_name(self):
        """Devuelve un nombre descriptivo con un formato adecuado."""
        long_name = f"{self.year} {self.make} {self.model}"
        return long_name.title()

    def read_odometer(self):
        """Imprime una frase que indica el kilometraje del coche."""
        print(f"This car has {self.odometer_reading} miles on it.")

    def update_odometer(self, mileage):
        """
        Establece la lectura del cuentakilómetros en el valor dado.
        Rechaza el cambio si intenta hacer retroceder el cuentakilómetros.
        """
        if mileage >= self.odometer_reading:
            self.odometer_reading = mileage
        else:
            print("You can't roll back an odometer!")
```

```
def increment_odometer(self, miles):
    """Suma la cantidad dada a la lectura del cuentakilómetros."""
    self.odometer_reading += miles
```

Incluimos una cadena de documentación a nivel de módulo que describe brevemente el contenido del módulo ❶. Debería escribir una para cada módulo que cree.

Ahora vamos a crear un archivo aparte llamado `my_car.py`. Este archivo importará la clase `Car` y creará una instancia a partir de ella:

my_car.py

```
❶ from car import Car

my_new_car = Car('audi', 'a4', 2024)
print(my_new_car.get_descriptive_name())

my_new_car.odometer_reading = 23
my_new_car.read_odometer()
```

La sentencia `import` ❶ le dice a Python que abra el módulo `car` e importe la clase `Car`. Ahora podemos usar esta clase como si estuviese definida en este archivo. La salida es la misma de antes:

```
2024 Audi A4
This car has 23 miles on it.
```

Importar clases es una forma efectiva de programar. Imagine lo largo que sería este archivo de programa si se incluyese toda la clase `Car`. Si en vez de eso movemos la clase a un módulo y lo importamos, tendremos la misma funcionalidad, pero el archivo principal de nuestro programa estará más limpio y será más fácil de leer. También guardamos la mayoría de la lógica en archivos aparte; cuando las clases ya funcionen como queríamos, podemos dejar quietos esos archivos y centrarnos solo en la lógica de alto nivel de nuestro programa,

Almacenar varias clases en un módulo

Podemos guardar todas las clases que necesitemos en un solo módulo, aunque todas las clases de un módulo deberían estar relacionadas de alguna manera. Las clases `Battery` y `ElectricCar` sirven para representar coches, así que podemos añadirlas al módulo `car.py`.

car.py

```
"""Un conjunto de clases que sirven para representar coches de gasolina y eléctricos."""

class Car:
    --fragmento omitido--

class Battery:
    """Un simple intento de modelar una batería para un coche eléctrico."""
```

```
    def __init__(self, battery_size=40):
        """Inicializa los atributos de la batería."""
        self.battery_size = battery_size

    def describe_battery(self):
        """Imprime una frase que describe el tamaño de la batería."""
        print(f"This car has a {self.battery_size}-kWh battery.")

    def get_range(self):
        """ Imprime una frase sobre la autonomía que ofrece esta batería."""
        if self.battery_size == 40:
            range = 150
        elif self.battery_size == 65:
            range = 225

        print(f"This car can go about {range} miles on a full charge.")

class ElectricCar(Car):
    """Modela aspectos de un coche que son propios de los vehículos eléctricos."""

    def __init__(self, make, model, year):
        """
        Inicializa atributos de la clase base.
        Luego inicializa atributos específicos de un coche eléctrico.
        """
        super().__init__(make, model, year)
        self.battery = Battery()
```

Ahora podemos crear un nuevo archivo llamado `my_electric_car.py`, importar la clase `ElectricCar` y crear un coche eléctrico:

my_electric_car.py

```
from car import ElectricCar

my_leaf = ElectricCar('nissan', 'leaf', 2024)
print(my_leaf.get_descriptive_name())
my_leaf.battery.describe_battery()
my_leaf.battery.get_range()
```

La salida será la misma que hemos visto antes, aunque la mayor parte de la lógica está oculta en un módulo:

```
2024 Nissan Leaf
This car has a 40-kWh battery.
This car can go about 150 miles on a full charge.
```

Importar varias clases desde un módulo

Podemos importar tantas clases como necesitemos a un archivo de programa. Si queremos hacer un coche convencional y uno eléctrico en un mismo archivo, tendremos que importar las dos clases, `Car` y `ElectricCar`:

my_cars.py

```
❶ from car import Car, ElectricCar

❷ my_mustang = Car('ford', 'mustang', 2024)
   print(my_mustang.get_descriptive_name())
❸ my_leaf= ElectricCar('nissan', 'leaf', 2024)
   print(my_leaf.get_descriptive_name())
```

Para importar varias clases desde un módulo, las separaremos con comas ❶. Una vez importadas las clases que necesitamos, podemos crear todas las instancias que queramos de cada una.

En este ejemplo vamos a crear un Ford Mustang de gasolina ❷ y a continuación un Nissan Leaf eléctrico ❸:

```
2024 Ford Mustang
2024 Nissan Leaf
```

Importar un módulo entero

También se puede importar un módulo entero y acceder a las clases necesarias con la notación de punto. Es una aproximación sencilla que tiene como resultado código fácil de leer. Como cada llamada que crea una instancia de una clase incluye el nombre del módulo, no habrá conflictos con los nombres usados en el archivo actual.

Así importaríamos el módulo car entero para crear después un coche convencional y otro eléctrico:

my_cars.py

```
❶ import car

❷ my_mustang = car.Car('ford', 'mustang', 2024)
   print(my_mustang.get_descriptive_name())

❸ my_leaf = car.ElectricCar('nissan', 'leaf', 2024)
   print(my_leaf.get_descriptive_name())
```

Importamos el módulo car completo ❶. A continuación, accedemos a las clases que necesitamos con la sintaxis *nombre_módulo.NombreClase*. Volvemos a crear un Ford Mustang ❷ y un Nissan Leaf ❸.

Importar todas las clases de un módulo

Podemos importar todas las clases de un módulo con esta sintaxis:

```
from nombre_módulo import *
```

Este método no es recomendable por dos motivos. Primero, conviene poder leer las sentencias import en la parte superior de un archivo para hacernos una mejor idea de las clases que usa un programa. Con este enfoque, no está claro qué clases del módulo estamos usando. Además, puede haber confusiones con los nombres en el archivo. Si importamos accidentalmente una clase con el mismo nombre que otro elemento del programa, crearemos errores difíciles de diagnosticar. Menciono esta técnica aquí, aunque no es recomendable, porque es probable que tarde o temprano la encuentre en el código de otros programadores.

Si necesita importar varias clases de un módulo, es mejor importar todo el módulo y usar la sintaxis *nombre_módulo.NombreClase.* No verá todas las clases usadas en la parte superior del archivo, pero sí verá claramente dónde se usa el módulo en el programa. También evitará el problema de los conflictos entre nombres que pueden surgir al importar todas las clases del módulo.

Importar un módulo en otro módulo

A veces conviene dividir las clases en varios módulos para evitar que los archivos se hagan demasiado grandes y que queden clases no relacionadas en un mismo módulo. Al guardar las clases en varios módulos, puede ocurrir que una clase en un módulo dependa de otra que esté en otro módulo. En ese caso, podemos importar la clase necesaria al primer módulo.

Por ejemplo, vamos a guardar la clase Car en un módulo y las clases ElectricCar y Battery en otro. Haremos un nuevo módulo llamado electric_car.py (que sustituya al archivo electric_car.py que hemos creado antes) y copiaremos solo las clases Battery y ElectricCar en este archivo:

electric_car.py

```
"""Un conjunto de clases que sirven para representar coches eléctricos."""

from car import Car

class Battery:
    --fragmento omitido--

class ElectricCar(Car):
    --fragmento omitido--
```

La clase ElectricCar necesita acceder a su clase base, Car, así que importamos Car directamente al módulo. Si olvidamos esta línea, Python dará error cuando intentemos importar el módulo electric_car. También tenemos que actualizar el módulo Car para que contenga solo la clase Car:

car.py

```
"""Una clase que sirve para representar un coche."""

class Car:
    --fragmento omitido--
```

Ahora podemos importar cada módulo por separado y crear el tipo de coche que necesitemos:

my_cars.py

```
from car import Car
from electric_car import ElectricCar

my_mustang = Car('ford', 'mustang', 2024)
print(my_mustang.get_descriptive_name())

my_leaf = ElectricCar('nissan', 'leaf', 2024)
print(my_leaf.get_descriptive_name())
```

Importamos `Car` desde su módulo y `ElectricCar` desde el suyo. Luego creamos un coche convencional y uno eléctrico. Ambos tipos de coche se crean correctamente:

```
2024 Ford Mustang
2024 Nissan Leaf
```

Usar alias

Como vimos en el capítulo 8, los alias pueden ser bastante útiles cuando usamos módulos para organizar el código de nuestros proyectos. Podemos usarlos también para importar clases.

A modo de ejemplo, piense en un programa en el que queremos hacer un montón de coches eléctricos. Sería una pesadez escribir (y leer) `ElectricCar` una y otra vez. Podemos dar a `ElectricCar` un alias en la sentencia `import`:

```
from electric_car import ElectricCar as EC
```

Ahora podemos usar este alias siempre que queramos crear un coche eléctrico:

```
my_leaf = EC('nissan', 'leaf', 2024)
```

También podemos dar un alias al módulo. Veamos cómo importar el módulo `electric_car` al completo usando un alias:

```
import electric_car as ec
```

Ahora podemos usar este alias de módulo con el nombre de clase completo:

```
my_leaf = ec.ElectricCar ('nissan', 'leaf', 2024)
```

Encontrar su propio flujo de trabajo

Como ve, Python ofrece muchas opciones a la hora de estructurar el código de un proyecto grande. Es importante conocer estas posibilidades para decidir la mejor forma de organizar sus proyectos y para comprender los proyectos de otras personas. Cuando se empieza, es mejor mantener la estructura del código sencilla. Pruebe a hacer todo en un archivo y mover las clases a módulos aparte cuando todo funcione.

Si le gusta cómo interactúan los módulos y los archivos, pruebe a guardar sus clases en módulos cuando empiece un proyecto. Busque un enfoque que le permita escribir código que funcione y siga a partir de ahí.

PRUÉBELO

- **9-10. Restaurante importado:** Use la última clase Restaurante y guárdela en un módulo. Cree un archivo aparte que importe Restaurante. Haga una instancia Restaurante y llame a uno de los métodos de Restaurante para comprobar que la sentencia import funciona.
- **9-11. Admin importado:** Empiece con el trabajo del ejercicio 9-8. Guarde las clases Usuario, Privilegios y Admin en un módulo. Cree un archivo aparte, haga una instancia Admin y llame a show_privileges() para comprobar que todo funciona correctamente.
- **9-12. Múltiples módulos:** Guarde la clase Usuario en un módulo y las clases Privilegios y Admin en otro. En un archivo aparte, cree una instancia Admin y llame a show_privileges() para ver si todo sigue funcionando.

La biblioteca estándar de Python

La "biblioteca estándar de Python" es un conjunto de módulos incluidos con la instalación de Python. Ahora que tiene un conocimiento básico del funcionamiento de funciones y clases, puede empezar a usar módulos como estos, escritos por otros programadores. Puede usar cualquier función o clase de la biblioteca estándar simplemente incluyendo una sentencia import al principio de su archivo. Vamos a echar un vistazo a un módulo, random, que puede ser útil para modelar muchas situaciones de la vida real.

Una función interesante de este módulo es randint(). Esta función coge dos argumentos enteros y devuelve un entero seleccionado aleatoriamente entre esos números (incluidos ambos). Así es como generaríamos un número aleatorio entre el 1 y el 6:

```
>>> from random import randint
>>> randint(1, 6)
3
```

Otra función útil es choice(), que admite una lista o tupla y devuelve un elemento seleccionado al azar:

```
>>> from random import choice
>>> players = ['charles', 'martina', 'michael', 'florence', 'eli']
>>> first_up = choice(players)
>>> first_up
'florence'
```

El módulo `random` no debería usarse cuando se crean aplicaciones relacionadas con la seguridad, pero es adecuado para muchos proyectos divertidos e interesantes.

Nota: También puede descargar módulos de fuentes externas. Veremos varios ejemplos en la segunda parte del libro, donde necesitaremos módulos externos para completar cada proyecto.

PRUÉBELO

- **9-13. Dados:** Haga una clase Dados con un atributo llamado caras, que tenga un valor predeterminado de 6. Escriba un método llamado `tirar_dado()` que imprima un número aleatorio entre 1 y el número de caras que tenga el dado. Haga un dado de 6 caras y tírelo 10 veces. Haga un dado de 10 caras y otro de 20. Lance cada dado 10 veces.
- **9-14. Lotería:** Cree una lista o tupla que contenga series de 10 números y 5 letras. Seleccione aleatoriamente cuatro números o letras de la lista e imprima un mensaje diciendo que cualquier boleto con estos cuatro números o letras está premiado.
- **9-15. Análisis de la lotería:** Puede usar un bucle para ver lo difícil que sería ganar el tipo de lotería que acaba de modelar. Haga una lista o tupla llamada mi_boleto. Escriba un bucle que saque números hasta que gane su boleto. Imprima un mensaje que indique cuántas veces ha tenido que ejecutarse el bucle hasta que ha salido el número ganador.
- **9-16. Módulo de Python de la semana:** Un recurso excelente para explorar la biblioteca estándar de Python es un sitio web llamado *Python Module of the Week*. Vaya a https://pymotw.com/ y eche un vistazo a la lista de contenidos. Busque un módulo que le parezca interesante y lea sobre él. Puede empezar por el módulo random.

Dar estilo a las clases

Merece la pena aclarar algunas cuestiones estilísticas de las clases, sobre todo para cuando sus programas se vuelvan más complicados. Los nombres de clase deberían escribirse siguiendo la convención de nomenclatura CamelCase, es decir, con mayúscula inicial en cada palabra y sin guiones. Los nombres de instancias y módulos deberían escribirse en minúsculas y con guiones bajos entre palabras.

Cada clase debería tener una cadena de documentación justo después de la definición. Este comentario debería ser una breve descripción de lo que hace la clase y debería seguir las mismas convenciones de formato usadas para las cadenas de documentación de las funciones. Cada módulo debería contar también con una cadena de documentación explicando para qué sirven las clases del módulo.

Puede usar líneas en blanco para organizar el código, pero no abuse. Dentro de una clase, puede usar una línea en blanco entre métodos y, dentro de un módulo, puede usar dos líneas en blanco para separar clases.

Si necesita importar un módulo de la biblioteca estándar y otro suyo, coloque primero la sentencia import para el de la biblioteca estándar. Después, añada una línea en blanco y la sentencia import para su módulo. En programas con varias sentencias import, esta convención hace que sea más fácil ver de dónde vienen los distintos módulos usados en el programa.

Resumen

En este capítulo ha aprendido a escribir sus propias clases. Ya sabe cómo guardar información en una clase usando atributos y cómo escribir métodos que den a sus clases el comportamiento que necesitan. Ha aprendido a escribir métodos __init__() que crean instancias para sus clases con los atributos que quiere exactamente. También hemos visto cómo modificar los atributos de una instancia directamente y a través de métodos. Ha descubierto que la herencia puede simplificar la creación de clases relacionadas entre sí y que podemos usar instancias de una clase como atributos de otra para mantener las clases simples.

Hemos visto cómo guardar clases en módulos e importar las que necesitemos en los archivos en los que se usarán nos ayuda a mantener nuestros proyectos organizados. Ha conocido la biblioteca estándar de Python y ha visto un ejemplo basado en el módulo random. Por último, ha aprendido a dar estilo a sus clases con las convenciones de Python.

En el capítulo 10, veremos cómo trabajar con archivos para poder guardar nuestro trabajo en un programa y el trabajo que hemos dejado hacer a otros. También hablaremos de las excepciones, una clase especial de Python diseñada para ayudarnos a responder a errores cuando surjan.

10

ARCHIVOS Y EXCEPCIONES

Ahora que domina las destrezas básicas necesarias para escribir programas organizados que sean fáciles de usar, ha llegado el momento de pensar en programas más relevantes y usables. En este capítulo, aprenderá a trabajar con archivos para que sus programas puedan analizar con rapidez muchos datos. Aprenderá a manejar errores para que sus programas no fallen al encontrarse con situaciones inesperadas. También aprenderá sobre "excepciones", que son objetos especiales que crea Python para gestionar errores que surjan cuando se está ejecutando un programa. Por último, descubrirá el módulo `json`, que permite guardar datos de usuario para que no se pierdan cuando el programa deje de ejecutarse. Aprender a trabajar con archivos y guardar datos hará que sus programas sean más fáciles de utilizar. Los usuarios podrán elegir qué datos introducir y cuándo hacerlo. Podrán ejecutar su programa, trabajar con él y cerrarlo para continuar más adelante en el punto donde lo dejaron. Aprender a manejar excepciones le ayudará a lidiar con situaciones en las que no exista un archivo y con otros problemas que pueden hacer que un programa falle. Esto hará que sus programas sean más resistentes cuando encuentren datos malos, ya provengan estos de errores inocentes o de intentos maliciosos de estropear el programa. Con las habilidades que adquirirá en este capítulo, hará sus programas más aplicables, usables y estables.

Leer de un archivo

Los archivos de texto ofrecen una cantidad increíble de datos. Estos archivos pueden contener información meteorológica, datos de tráfico, datos socioeconómicos, obras literarias y mucho más. Leer de un archivo es especialmente útil en aplicaciones de análisis de datos, pero también es aplicable a cualquier situación en la que haya que analizar o modificar información guardada en un archivo. Por ejemplo, podemos escribir un programa que lea el contenido de un archivo de texto y reescriba el archivo con un formato que permita que lo muestre un navegador.

Cuando quiera trabajar con la información contenida en un archivo de texto, el primer paso será leer el archivo en memoria. A continuación, podrá leer todos los contenidos del archivo o trabajarlos línea a línea.

Leer los contenidos de un archivo

Para empezar, necesitamos un archivo con unas cuantas líneas de texto. Comenzaremos con uno que contiene el número pi hasta 30 decimales, con 10 posiciones decimales por línea:

pi_digits.txt

```
3.1415926535
  8979323846
  2643383279
```

Para probar este ejemplo, puede escribir estas líneas en un editor y guardar el archivo como `pi_digits.txt` o puede descargarlo de los recursos del libro. Guarde el archivo en el mismo directorio donde guardará los programas de este capítulo.

El siguiente programa abre este archivo, lo lee e imprime el contenido en la pantalla:

file_reader.py

```
from pathlib import Path

❶ path = Path('pi_digits.txt')
❷ contents = path.read.text()
  print(contents)
```

Para trabajar con los contenidos de un archivo, debemos indicarle a Python la ruta al archivo. La ruta es la ubicación exacta del archivo o carpeta en el sistema. Python ofrece un módulo llamado `pathlib` que nos hace las cosas más fáciles a la hora de trabajar con archivos y directorios, independientemente del sistema operativo que utilicen usted o los usuarios de sus programas.

Comenzamos importando la clase `Path` desde `pathlib`. Podemos hacer muchas cosas con un objeto `Path` que apunta a un archivo. Por ejemplo, podemos comprobar que el archivo existe antes de trabajar con él, leer los contenidos del archivo o escribir nuevos datos en el mismo. En esta ocasión, vamos a crear un objeto `Path` que represente al archivo `pi_digits.txt`, que asignaremos a la variable `path` ❶. Dado que este archivo se guarda en el mismo directorio que el archivo `.py` que estamos escribiendo, el nombre de archivo es todo lo que `Path` necesita para acceder al archivo.

Nota: VS Code buscará los archivos en la última carpeta abierta. Si utiliza VS Code, abra la carpeta donde se almacenan los programas de este capítulo. Por ejemplo, si guarda sus archivos de programa en una carpeta llamada capitulo_10, pulse **Control-O** o **Comando-O** (en MacOS) para abrir dicha carpeta.

Una vez tengamos un objeto Path que representa pi_digits.txt, usamos el método read() para leer todos los contenidos del archivo ❷. Los contenidos del archivo se devuelven como una cadena simple que asignaremos a la variable contents. Al imprimir el valor de contents, obtenemos el archivo de texto completo:

```
3.1415926535
  8979323846
  2643383279

```

La única diferencia entre esta salida y el archivo original es la línea en blanco extra al final de la salida. Esta línea aparece porque read_text() devuelve una cadena vacía cuando llega al final del archivo; esta cadena vacía se muestra como una línea en blanco.

Podemos eliminar esta línea en blanco de más usando rstrip() en la cadena contents:

```
from pathlib import Path

path = Path('pi_digits.txt')
contents = path.read_text()
contents = contents.rstrip()
print(contents)
```

Recuerde, como vimos en el capítulo 2, que el método rstrip() de Python elimina cualquier carácter en blanco a la derecha de una cadena. Ahora la salida coincide exactamente con el contenido del archivo original.

```
3.1415926535
  8979323846
  2643383279
```

Podemos eliminar el carácter del final de la cadena al leer los contenidos del archivo aplicando el método rstrip() inmediatamente después de llamar a read_text():

```
contents = path.read_text().rstrip()
```

Esta línea de código le dice a Python que llame al método read_text() del archivo con el que estamos trabajando. A continuación aplica el método rstrip() a la cadena que devuelve read_text(). La cadena resultante, ya limpia, es entonces asignada a la variable contents. Este enfoque recibe el nombre de encadenamiento de métodos, y lo verá frecuentemente en programación.

Rutas de archivo relativas y absolutas

Cuando pasamos un nombre de archivo simple como `pi_digits.txt` a `Path`, Python busca en el directorio dónde se almacena el archivo en ejecución (es decir, el archivo de programa `.py`).

En ocasiones, dependiendo de cómo organicemos el trabajo, el archivo que queremos abrir no estará en el mismo directorio que el archivo de programa. Por ejemplo, podríamos guardar los archivos de programa en una carpeta llamada `python_work` y, dentro de ella, tener una subcarpeta `text_files` para distinguir los archivos de programa de los archivos de texto que van a manipular. Aunque `text_files` esté en `python_work`, pasar a `open()` solo el nombre de un archivo de `text_files` no funcionará, ya que Python buscará en `python_work` y se detendrá ahí; no seguirá buscando dentro de `text_files`. Para que Python abra archivos de un directorio distinto a aquel donde se aloja nuestro archivo, tendremos que proporcionar la ruta correcta. Existen dos maneras principales para especificar las rutas en programación. Una ruta de archivo relativa le indica a Python que busque una ubicación dada en relación al directorio donde se almacena el programa que se esté ejecutando en ese momento. Dado que `text_files` está dentro de `python_work`, tendremos que crear una ruta que comience con el directorio `text_files` y termine con el nombre de archivo. Veamos cómo crear esta ruta:

```
path = Path('text_files/filename.text')
```

Además, podemos indicarle a Python la ubicación exacta del archivo en nuestro ordenador, independientemente de dónde se ubique el programa en ejecución. Esto es lo que se conoce como ruta de archivo absoluta. Usamos una ruta absoluta cuando no funcione una ruta relativa. Por ejemplo, si hemos colocado `text_files` en una carpeta distinta a `python_work`, entonces pasar `Path` a la ruta `'text_files/filename.text'` no funcionará porque Python únicamente buscará esa ubicación dentro de `python_work`. Tendremos que escribir una ruta completa para aclarar dónde queremos que Python busque. Las rutas absolutas suelen ser más largas que las relativas, puesto que comienzan en la carpeta raíz de nuestro sistema:

```
path = Path('/home/eric/data_files/text_files/filename.txt')
```

Usando rutas absolutas podremos leer archivos de cualquier ubicación del sistema, pero por ahora es más fácil guardar los archivos en el mismo directorio que los archivos del programa, o bien en una subcarpeta dentro del directorio que almacene los archivos, como `text_files`.

Nota: Windows emplea el símbolo de barra invertida (\) en lugar de la barra inclinada (/) a la hora de mostrar las rutas de archivo, pero debería poder utilizar ambos tipos de barras en su código, incluso en Windows. La biblioteca `pathlib` usará automáticamente la representación de la ruta cuando interactúe con su sistema o con cualquier sistema del usuario.

Acceder a las líneas de un archivo

Al trabajar con un archivo, necesitaremos analizarlo línea a línea con cierta frecuencia. Puede que busquemos cierta información o que tengamos que modificar el texto de alguna forma. Por ejemplo, podríamos querer leer un archivo con datos meteorológicos y trabajar con una línea que incluya la palabra "soleado" en la descripción del tiempo de ese día. En una noticia, podríamos buscar cualquier línea con la etiqueta <headline> para reescribirla con un tipo de formato especial.

Podemos usar el método `splitlines()` para convertir una cadena larga en un conjunto de líneas, y a continuación usar el bucle `for` para analizar todas las líneas del archivo, una por una:

file_reader.py

```
from pathlib import Path

path = Path('pi_digits.txt')
❶ contents = path.read_text()

❷ lines = contents.splitlines()
for line in lines:
print(line)
```

Comenzamos leyendo los contenidos del archivo, como ya habíamos hecho anteriormente ❶. Si tiene pensado trabajar con un archivo línea por línea, no es necesario eliminar los espacios en blanco al leer dicho archivo. El método `splitlines()` devuelve una lista con todas las líneas del archivo. Podemos asignar esta lista a las variables `lines` ❷. Después pasamos en bucle por estas líneas e imprimimos cada una de ellas:

```
3.1415926535
8979323846
2643383279
```

Dado que no hemos modificado ninguna de las líneas, la salida coincide exactamente con el archivo de texto original.

Trabajar con el contenido de un archivo

Una vez leído un archivo en memoria, podemos hacer lo que queramos con esos datos, así que vamos a explorar brevemente los dígitos de pi. Primero, intentaremos crear una sola cadena que contenga todos los números del archivo, sin espacios en blanco:

pi_string.py

```
from pathlib import Path

path = Path('pi_digits.txt')
contents = path.read_text()
```

```
lines = contents.splitlines()
pi_string = ''
```
❶ `for line in lines:`
```
pi_string += line

print(pi_string)
print(len(pi_string))
```

Comenzamos leyendo el archivo y almacenando cada línea de números en una lista, al igual que en el ejemplo anterior. A continuación, creamos una variable, `pi_string`, para guardar los dígitos de pi ❶. Imprimimos esta cadena y mostramos lo larga que es:

```
3.1415926535  8979323846 2643383279
36
```

La variable `pi_string` contiene el espacio en blanco que había a la izquierda de los números de cada línea, pero podemos deshacernos de él usando `rstrip()` en cada línea:

```
--fragmento omitido--
for line in lines:
    pi_string += line.lstrip()

print(pi_string)
print(len(pi_string))
```

Ahora tenemos una cadena que contiene pi hasta 30 decimales. La cadena tiene 32 caracteres porque también incluye el 3 y el punto decimal:

```
3.141592653589793238462643383279
32
```

Nota: Cuando Python lee de un archivo de texto, interpreta todo el archivo como una cadena. Si leemos en un número y queremos trabajar con ese valor en un contexto numérico, tendremos que convertirlo en entero con la función `int()` o en flotante con la función `float()`.

Archivos grandes: un millón de números

Hasta ahora nos hemos centrado en analizar un archivo de texto que contiene solo tres líneas, pero el código de estos ejemplos también funcionaría con archivos mucho más largos. Si empezamos con un archivo de texto que contenga pi hasta un millón de decimales en vez de solo 30, podemos crear una sola cadena que contenga todos esos números. No es necesario cambiar nuestro programa en absoluto, más que para pasarle un archivo diferente. También imprimimos los 50 primeros decimales para no tener que ver un millón de números en terminal:

pi_string.py

```
from pathlib import Path

path = Path('pi_million_digits.txt')
contents = path.read_text()

lines = contents.splitlines()
pi_string = ''
for line in lines:
    pi_string += line.lstrip()

print(f"{pi_string[:52]}...")
print(len(pi_string))
```

La salida muestra que realmente tenemos una cadena que contiene pi hasta un millón de decimales:

```
3.14159265358979323846264338327950288419716939937510...
1000002
```

Python no tiene límites intrínsecos que afecten a la cantidad de datos con la que se puede trabajar; puede trabajar con todos los que la memoria de su sistema pueda manejar.

Nota: Para ejecutar este programa (así como varios de los siguientes ejemplos), necesitará descargar los recursos disponibles del libro.

¿Está su cumpleaños contenido en pi?

Siempre he tenido curiosidad por saber si mi cumpleaños aparece en algún lugar de los números de pi. Vamos a usar el programa que acabamos de escribir para averiguar si la fecha de nacimiento de alguien aparece en alguna parte del primer millón de dígitos de pi. Podemos hacerlo expresando cada cumpleaños como una cadena de números para ver si esa cadena está en `pi_string`:

```
--fragmento omitido--
for line in lines:
    pi_string += line.strip()

birthday = input("Enter your birthday, in the form mmddyy: ")
if birthday in pi_string:
    print("Your birthday appears in the first million digits of pi!")
else:
    print("Your birthday does not appear in the first million digits of pi.")
```

En primer lugar, le preguntamos al usuario cuándo es su cumpleaños y después comprobamos si esa cadena está en `pi_string`. Vamos a probar:

```
Enter your birthdate, in the form mmddyy: 120372
Your birthday appears in the first million digits of pi!
```

¡Mi cumpleaños aparece entre los dígitos de pi! Una vez hemos leído de un archivo, podemos analizar su contenido de cualquier forma que imaginemos.

PRUÉBELO

- **10-1. Aprender Python:** Abra un archivo nuevo en su editor de texto y escriba unas líneas resumiendo lo que ha aprendido sobre Python hasta ahora. Empiece cada línea con la frase "En Python se puede...". Guarde el archivo como aprender_python.txt en el mismo directorio que los ejercicios de este capítulo. Escriba un programa que lea el archivo e imprima dos veces lo que ha escrito: una vez leyendo el archivo completo y otra pasando en bucle por el objeto del archivo.
- **10-2. Aprender C:** Puede usar el método replace() para sustituir cualquier palabra de una cadena por otra diferente. Aquí tiene un ejemplo rápido para cambiar 'perro' por 'gato' en una oración:

```
>>> message = "Me encantan los perros."
>>> message.replace('perro', 'gato')
'Me encantan los gatos.'
```

Lea cada línea del archivo que acaba de crear, aprender_python.txt, y cambie la palabra Python por el nombre de otro lenguaje, como C. Imprima en la pantalla las líneas modificadas.
- **10-3. Un código más sencillo:** El programa file_reader_py en esta sección utiliza una variable temporal, lines, para mostrar el funcionamiento de splitlines(). Puede saltarse la parte de la variable temporal y pasar un bucle directamente por la lista que devuelve splitlines():

```
for line in contents.splitlines():
```

Elimine la variable temporal de cada uno de los programas en esta sección para hacerlos más concisos.

Escribir a un archivo

Una de las formas más sencillas de guardar datos es escribirlos en un archivo. Cuando escribimos texto en un archivo, la salida estará disponible después de cerrar el terminal que contiene la salida del programa. Puede examinar la salida después de que un programa termine de ejecutarse y también compartir los archivos de salida con otros. También puede escribir programas que lean el texto en memoria para trabajar con él otra vez.

Escribir una línea

Una vez definida la ruta, puede escribirla a un archivo usando el método `write_text()`. Para ver cómo funciona, vamos a escribir un sencillo mensaje que guardaremos en un archivo en lugar de imprimirlo en la pantalla:

write_message.py

```
from pathlib import Path

path = Path('programming.txt')
path.write_text("I love programming.")
```

El método `write_text()` toma un único argumento: la cadena que queremos escribir en el archivo. Este programa no tiene salida en el terminal, pero, si abrimos el archivo `programming.txt`, veremos una línea:

programming.txt

```
I love programming.
```

Este archivo se comporta como cualquier otro archivo de nuestro ordenador. Podemos abrirlo, escribir texto nuevo, copiar de él, pegar en él, etc.

Nota: Python solo puede escribir cadenas en un archivo de texto. Si quiere almacenar datos numéricos en un archivo de texto, tendrá que convertir antes los datos a formato de cadena con la función `str()`.

Escribir múltiples líneas

El método `write_text()` hace varias cosas entre bastidores. Si el archivo al que `path` apunta no existe, crea dicho archivo. Además, tras escribir la cadena en el archivo, se asegura de que el archivo se cierra correctamente. Los archivos que no se cierran correctamente pueden conducir a la omisión o corrupción de datos.

Para escribir más de una línea a un archivo, es preciso crear una cadena que contenga todos los contenidos del archivo y, a continuación, hacer una llamada a `write_text()` con dicha cadena. Escribamos ahora varias líneas al archivo `programming.txt`:

```
from pathlib import Path

ontents = "I love programming.\n"
contents += "I love creating new games.\n"
contents += "I also love working with data.\n"

path = Path('programming.txt')
path.write_text(contents)
```

Definimos una variable llamada `contents` que aloje la totalidad de los contenidos del archivo. En la siguiente línea, utilizamos el operador += para añadir a esta cadena. Puede hacer esto tantas veces como sea necesario, para crear cadenas de cualquier longitud. En este caso hemos incluido caracteres de línea nueva al final de cada línea para asegurarnos de que cada declaración aparezca en su propia línea. Si ejecuta este código y a continuación abre `programming.txt`, verá cada una de las líneas siguiente en el archivo de texto:

```
I love programming.
I love creating new games.
I also love working with data.
```

También podemos usar espacios, tabulaciones y líneas en blanco para dar formato a la salida, igual que hemos hecho con la salida del terminal. No existen limitaciones a la longitud de las cadenas. Así es como se crean muchos documentos generados por ordenador.

Nota: Tenga cuidado al realizar la llamada `write_text()` sobre un objeto de ruta. Si el archivo ya existe, `write_text()` eliminará los contenidos del archivo y los reescribirá. Más adelante, en este mismo capítulo, aprenderá a comprobar si el archivo existe utilizando `pathlib`.

PRUÉBELO

- **10-4. Invitado:** Escriba un programa que pida al usuario su nombre. Cuando responda, escriba su nombre en un archivo llamado `invitado.txt`.
- **10-5. Libro de invitados:** Escriba un bucle `while` que pida a los usuarios su nombre. Recopile todos los nombres introducidos por los usuarios y a continuación escríbalos en un archivo llamado `libro_invitados.txt`. Asegúrese de que cada entrada aparece en una nueva línea del archivo.

Excepciones

Python utiliza objetos especiales llamados "excepciones" para administrar los errores que surjan durante la ejecución de un programa. Siempre que se produzca un error que haga que Python no sepa exactamente qué hacer a continuación, crea un objeto de excepción. Si escribimos código que maneje la excepción, el programa seguirá ejecutándose. Si no manejamos la excepción, el programa se detendrá y mostrará un rastreo que incluye un informe de la excepción en cuestión.

Las excepciones se manejan con bloques `try-except`. Un bloque `try-except` pide a Python que haga algo, pero también le dice qué hacer si surge una excepción. Cuando usamos bloques `try-except`, los programas seguirán ejecutándose incluso si algo se tuerce. En lugar de rastreos, que pueden resultar confusos, los usuarios verán los mensajes de error normales que hayamos escrito.

Manejar la excepción ZeroDivisionError

Veamos un error muy sencillo que hace que Python lance una excepción. Como sabrá, es imposible dividir un número entre cero, pero vamos a pedirle a Python que lo haga de todos modos:

division_calculator.py

```
print(5/0)
```

Python no puede realizar la operación, así que obtenemos un rastreo:

```
Traceback (most recent call last):
  File "division_calculator.py", line 1, in <module>
    print(5/0)
          ~^~
❶ ZeroDivisionError: division by zero
```

El error del que nos informa el rastreo, `ZeroDivisionError`, es un objeto de excepción ❶. Python crea este tipo de objeto en respuesta a una situación en la que no puede hacer lo que le pedimos. Cuando esto sucede, Python detiene el programa y nos informa sobre el tipo de excepción que se ha lanzado. Podemos usar esta información para modificar nuestro programa. Le diremos a Python lo que tiene que hacer cuando se produzca este tipo de excepción; así, si sucede otra vez, estaremos preparados.

Usar bloques try-except

Cuando crea que puede producirse un error, puede escribir un bloque `try-except` para manejar la excepción que podría lanzarse. Le indicamos a Python que intente ejecutar un código y qué hacer si ese código da como resultado un tipo concreto de excepción.

Aquí tenemos un ejemplo de bloque `try-except` para manejar la excepción `ZeroDivisionError`:

```
try:
    print(5/0)
except ZeroDivisionError:
    print("You can't divide by zero!")
```

Ponemos `print(5/0)`, la línea que ha causado el error, dentro de un bloque `try`. Si el código del bloque `try` funciona, Python omite el bloque `except`. Si el código del bloque `try` provoca un error, Python busca un bloque `except` cuyo error coincida con el que se ha producido y ejecuta el código de ese bloque.

En este ejemplo, el código del bloque `try` produce un `ZeroDivisionError`, así que Python busca un bloque `except` que le diga cómo responder. Luego ejecuta el código en ese bloque y el usuario ve un mensaje de error inteligible en vez de un rastreo:

```
You can't divide by zero!
```

Si hubiese más código después del bloque `try-except`, el programa seguiría ejecutándose porque hemos dicho a Python cómo manejar el error. Veamos un ejemplo en el que capturar un error puede permitir a un programa seguir ejecutándose.

Usar excepciones para evitar fallos

Manejar correctamente los errores es especialmente importante cuando el programa tiene que hacer más cosas después de que se produzca el error. Esto ocurre a menudo en programas que requieren entrada de usuario. Si el programa responde adecuadamente a una entrada no válida, puede solicitar más entrada válida en lugar de fallar.

Vamos a crear una simple calculadora que haga solo divisiones:

division_calculator.py

```
print("Give me two numbers, and I'll divide them.")
print("Enter 'q' to quit.")

while True:
❶    first_number = input("\nFirst number: ")
    if first_number == 'q':
        break
❷    second_number = input("Second number: ")
    if second_number == 'q':
        break
❸    answer = int(first_number) / int(second_number)
    print(answer)
```

Este programa pide al usuario que introduzca un número, `first_number` ❶ y, si el usuario no escribe q para salir, otro número, `second_number` ❷. Luego divide estos dos números para obtener una respuesta ❸. Este programa no hace nada para manejar errores, así que, si se le pide que divida entre cero, fallará:

```
Give me two numbers, and I'll divide them.
Enter 'q' to quit.

First number: 5
Second number: 0
Traceback (most recent call last):
  File "division_calculator.py", line 11, in <module>
    answer = int(first_number) / int(second_number)
             ~~~~~~~~~~~~~~~~~~~^~~~~~~~~~~~~~~~~~~~
ZeroDivisionError: division by zero
```

Es un problema que el programa falle, pero tampoco es buena idea dejar que los usuarios vean los rastreos. Confundirán a los usuarios no técnicos y, en un contexto malicioso, los atacantes dispondrán de más información de la que nos gustaría a través del rastreo. Por ejemplo, sabrán el nombre del archivo de programa y verán la parte del código que no funciona bien. Un atacante hábil puede usar esta información para decidir cómo atacar nuestro código.

El bloque else

Podemos hacer este programa más resistente a errores incluyendo la línea que puede dar problemas en un bloque try-except. El error se produce en la línea que realiza la división, así que ahí es donde pondremos el bloque try-except. Este ejemplo también incluye un bloque else. Cualquier código que dependa de que el bloque try se ejecute bien va en el bloque else:

```
--fragmento omitido--
while True:
    --fragmento omitido--
    if second_number == 'q':
        break
❶   try:
        answer = int(first_number) / int(second_number)
❷   except ZeroDivisionError:
        print("You can't divide by 0!")
❸   else:
        print(answer)
```

Pedimos a Python que intente completar la división en un bloque try ❶, que incluye solo el código que podría dar lugar a un error. Añadimos cualquier código que dependa del éxito del bloque try en el bloque else. En este caso, si la división se hace bien, usamos el bloque else para imprimir el resultado ❸.

El bloque except dice a Python cómo responder cuando se produce un ZeroDivisionError ❷. Si el bloque try no puede hacer la operación por un error de división entre cero, imprimimos un mensaje que dice al usuario cómo evitar este tipo de error. El programa sigue ejecutándose y el usuario nunca llega a ver un rastreo:

```
Give me two numbers, and I'll divide them.
Enter 'q' to quit.

First number: 5
Second number: 0
You can't divide by 0!

First number: 5
Second number: 2
2.5

First number: q
```

El único código que debería ir en un bloque try es el que podría lanzar una excepción. A veces, tenemos código adicional que debería ejecutarse solo si el bloque try ha tenido éxito; este código va en el bloque else. El bloque except dice a Python qué hacer si se lanza una excepción determinada cuando ejecute el código del bloque try.

Al anticipar posibles fuentes de errores, podemos escribir programas robustos que sigan ejecutándose, aunque encuentren datos no válidos o falten recursos. Nuestro código será resistente a errores inocentes y ataques maliciosos.

Manejar la excepción FileNotFoundError

Un problema habitual cuando se trabaja con archivos es el manejo de archivos que faltan. El archivo que buscamos podría estar en otra ubicación, puede que se haya escrito mal el nombre o puede incluso que no exista el archivo. Podemos manejar todas estas situaciones fácilmente con un bloque try-except.

Vamos a intentar leer un archivo que no existe. El siguiente programa intenta leer el contenido de la versión original de *Alicia en el País de las Maravillas* (*Alice in Wonderland*), pero no he guardado el archivo alice.txt en el mismo directorio que alice.py:

alice.py

```
from pathlib import Path

path = Path('alice.txt')
contents = path.read_text(encoding='utf-8')
```

Observe que estamos usando read_text() de un modo ligeramente distinto a como lo hemos usado anteriormente. El argumento encoding es necesario cuando la codificación predeterminada de nuestro sistema no coincide con la codificación del archivo que vamos a leer. Esto ocurrirá con más probabilidad al leer desde un archivo que no se haya creado en nuestro sistema.

Python no puede leer un archivo que no está, así que lanza una excepción:

```
Traceback (most recent call last):
❶   File "alice.py", line 4, in <module>
❷     contents = path.read_text(encoding='utf-8')
                  ^^^^^^^^^^^^^^^^^^^^^^^^^^^^^^^^^
    File "/.../pathlib.py", line 1056, in read_text
      with self.open(mode='r', encoding=encoding, errors=errors) as f:
           ^^^^^^^^^^^^^^^^^^^^^^^^^^^^^^^^^^^^^^^^^^^^^^^^^^^^^^^
    File "/.../pathlib.py", line 1042, in open
      return io.open(self, mode, buffering, encoding, errors, newline)
             ^^^^^^^^^^^^^^^^^^^^^^^^^^^^^^^^^^^^^^^^^^^^^^^^^^^^^^^^^^^

❸ FileNotFoundError: [Errno 2] No such file or directory: 'alice.txt'
```

Estamos ante un rastreo más largo que los que hemos visto anteriormente. Veamos cómo entender estos rastreos de mayor complejidad. Con frecuencia, es recomendable comenzar por el final del rastreo. En la última línea, vemos que se ha lanzado una excepción FileNotFoundError ❸. Esto es importante, porque nos indica qué clase de excepción debemos utilizar en el bloque except que vamos a escribir.

Si retrocedemos hacia al inicio del rastreo ❶, vemos que el error se ha producido en la línea 4 del archivo alice.py. La siguiente línea muestra la línea de código que ha provocado el error ❷. El resto del rastreo muestra un fragmento de código perteneciente a las bibliotecas implicadas en la apertura y lectura de archivos. Por lo general no es necesario leer o comprender todas estas líneas en un rastreo.

Para gestionar el error que se ha lanzado, el bloque `try` comenzará con la línea identificada como problemática en el rastreo. En nuestro ejemplo, se trata de la línea que contiene `read_text()`:

```
from pathlib import Path

path = Path('alice.txt')
try:
    contents = path.read_text(encoding='utf-8')
❶ except FileNotFoundError:
    print(f"Sorry, the file {path} does not exist.")
```

En este ejemplo, el código del bloque `try` produce un `FileNotFoundError`, de modo que escribiremos un bloque **except** que coincida con dicho error ❶. Python ejecutará el código de ese bloque cuando no se encuentre el archivo, y el resultado es un mensaje de error inteligible para el usuario en vez de un rastreo:

```
Sorry, the file alice.txt does not exist.
```

El programa no tiene nada que hacer si no existe el archivo, así que esa será toda la salida que veamos. Vamos a ampliar este ejemplo para ver cómo manejar excepciones; puede ser de ayuda cuando se trabaja con más de un archivo.

Analizar texto

Podemos analizar archivos de texto que contengan libros enteros. Muchas obras clásicas de la literatura están disponibles como archivos de texto simple porque pertenecen al dominio público. Los textos que usamos en este apartado proceden de Project Gutenberg (`http://gutenberg.org/`), una colección de obras literarias de dominio público. Es una fuente estupenda si le interesa trabajar con textos literarios en sus proyectos de programación.

Vamos a usar el texto de *Alice in Wonderland* para contar el número de palabras que tiene. Para ello, emplearemos el método de cadena `split()`, que por defecto trocea una cadena siempre que encuentra un espacio:

```
from pathlib import Path

path = Path('alice.txt')
try:
    contents = path.read_text(encoding='utf-8')
except FileNotFoundError:
    print(f"Sorry, the file {path} does not exist.")
else:
    # Cuenta el número aproximado de palabras en el archivo:
❶   words = contents.split()
❷   num_words = len(words)
    print(f"The file {path} has about {num_words} words.")
```

He movido el archivo `alice.txt` al directorio correcto, de manera que el bloque `try` funcionará en esta ocasión. Tomamos la cadena `contents`, que ahora contiene todo el texto de *Alice in Wonderland* como una cadena larga, y utilizamos `split()` para crear un listado de todas las palabras del libro ❶. Utilizando `len()` sobre esta lista ❷, tendremos una aproximación válida al número de palabras del texto original. Por último, imprimimos una declaración que informe del número de palabras encontradas en el archivo. Este código se ubica en el bloque `else` porque únicamente funciona si el código en el bloque `try` se ejecuta con éxito.

La salida nos indica la cantidad de palabras que contiene `alice.txt`:

```
The file alice.txt has about 29594 words.
```

El recuento es algo elevado, porque la editorial da información adicional en el archivo de texto, pero es una buena aproximación a la longitud de *Alice in Wonderland*.

Trabajar con múltiples archivos

Vamos a añadir más libros al análisis, pero antes moveremos el grueso del programa a una función llamada `count_words()`. De ese modo, será más fácil analizar varios libros:

word_count.py

```
from pathlib import Path

def count_words(path):
    """Contar el número aproximado de palabras en un archivo."""
    try:
        contents = path.read_text(encoding='utf-8')
    except FileNotFoundError:
        print(f"Sorry, the file {path} does not exist.")
    else:
        # Cuenta el número aproximado de palabras en el archivo:
        words = contents.split() num_words = len(words)
        print(f"The file {path} has about {num_words} words.")
path = Path('alice.txt')
count_words(path)
```

❶ (marker at `"""Contar...`)

La mayor parte de este código no ha cambiado. Únicamente lo hemos sangrado y movido al cuerpo de `count_words()`. Conviene mantener los comentarios actualizados cuando se modifica un programa, así que hemos cambiado el comentario por una cadena de documentación con una redacción ligeramente distinta ❶.

Ahora podemos escribir un bucle corto para contar las palabras de cualquier texto que queramos analizar. Hacemos esto guardando los nombres de los archivos en cuestión en una lista y llamando a `count_words()` para cada elemento de la lista. Intentaremos contar las palabras de las versiones originales de *Alice in Wonderland*, *Siddhartha*, *Moby Dick* y *Little Women*, todas ellas pertenecientes al dominio público. He dejado intencionadamente `siddhartha.txt` fuera del directorio que contiene `word_count.py` para comprobar cómo maneja nuestro programa un archivo desaparecido:

```
from pathlib import Path

def count_words(filename):
    --fragmento omitido--

filenames = ['alice.txt', 'siddhartha.txt', 'moby_dick.txt', 'little_women.txt']
for filename in filenames:
❶   path = Path(filename)
    count_words(path)
```

Los nombres de los archivos se almacenan como cadenas simples. Cada una de las cadenas se convierte a un objeto `Path` ❶ antes de la llamada a `count_words()`. La desaparición del archivo `siddhartha.txt` no afecta al resto de la ejecución del programa:

```
The file alice.txt has about 29594 words.
Sorry, the file siddhartha.txt does not exist.
The file moby_dick.txt has about 215864 words.
The file little_women.txt has about 189142 words.
```

El uso del bloque `try-except` en este ejemplo tiene dos ventajas fundamentales: evitamos que nuestros usuarios vean un rastreo y dejamos que el programa siga analizando los textos que pueda encontrar. Si no detectásemos el `FileNotFoundError` de `siddhartha.txt`, el usuario vería un rastreo y el programa dejaría de funcionar después de intentar analizar *Siddhartha*. Nunca analizaría *Moby Dick* ni *Little Women*.

Fallos silenciosos

En el ejemplo anterior, hemos informado a los usuarios de que uno de los archivos no estaba disponible, pero no es necesario informar de todas las excepciones que capturemos. A veces nos interesa que el programa falle en silencio cuando se produzca una excepción y siga después como si no hubiese pasado nada. Para hacer esto, escribiremos un bloque `try` como siempre, pero diremos a Python explícitamente que no haga nada en el bloque `except`. Python tiene una sentencia `pass` que le dice que no haga nada en un bloque:

```
def count_words(path):
    """ Cuenta el número aproximado de palabras de un archivo."""
    try:
        --fragmento omitido--
    except FileNotFoundError:
        pass
    else:
        --fragmento omitido--
```

La única diferencia entre este listado y el anterior es la sentencia `pass` en el bloque `except`. Ahora, cuando se lanza una excepción `FileNotFoundError`, el código del bloque `except` se ejecuta, pero no sucede nada. No se genera un rastreo ni hay salida en respuesta al error. Los usuarios ven el recuento de palabras de los archivos que existen, pero no aparece ningún indicio de que no se haya encontrado un archivo:

```
The file alice.txt has about 29594 words.
The file moby_dick.txt has about 215864 words.
The file little_women.txt has about 189142 words.
```

La sentencia `pass` también actúa como marcador de posición. Es un recordatorio de que estamos decidiendo no hacer nada en un punto específico de la ejecución de nuestro programa, aunque es posible que queramos hacer algo ahí más adelante. Por ejemplo, en este caso puede que queramos escribir los nombres de los archivos que faltan en un archivo llamado `missing_files.txt`. Los usuarios no verían este archivo, pero nosotros podríamos leerlo para ocuparnos de los textos desaparecidos.

Decidir qué errores informar

¿Cómo sabemos cuándo informar a los usuarios de un error y cuándo permitir que el programa descarte el error en silencio? Si los usuarios saben qué textos se supone que se van a analizar, apreciarán recibir un mensaje que les informe de por qué algunos no se han analizado. En cambio, si esperan ver unos resultados sin saber qué libros se van a analizar, lo más probable es que no necesiten saber que algunos textos no están disponibles. Proporcionar a los usuarios información que no están buscando puede disminuir la usabilidad de nuestros programas. Las estructuras de manejo de errores de Python nos dan un control minucioso sobre cuánto compartimos con los usuarios cuando algo va mal; depende de nosotros decidir cuánta información les damos.

Un código correctamente escrito y probado no es muy propenso a errores internos, tales como errores sintácticos o lógicos. Sin embargo, cuando el programa depende de factores externos, como la entrada de usuario, la existencia de un archivo o la capacidad de conectarse a una red, cabe la posibilidad de que se produzca una excepción. Con un poco de experiencia sabrá dónde incluir bloques de manejo de excepciones en sus programas y cuánto informar a los usuarios sobre los errores que puedan producirse.

PRUÉBELO

- **10-6. Suma:** Un problema habitual cuando se pide entrada numérica se da cuando la gente proporciona texto en vez de números. Cuando intentamos convertir la entrada en un entero, obtenemos un `ValueError`. Escriba un programa que solicite dos números, súmelos e imprima el resultado. Capture el `ValueError` si cualquiera de los valores de entrada no es un número e imprima un error inteligible para el usuario. Pruebe el programa introduciendo dos números y luego escribiendo texto en vez de un número.

- **10-7. Calculadora de suma:** Incluya el código del ejercicio 10-6 en un bucle `while` para que el usuario pueda seguir introduciendo números, aunque se equivoquen y metan texto en vez de un número.

- **10-8. Perros y gatos:** Cree dos archivos, gatos.txt y perros.txt. Guarde al menos tres nombres de gato en el primero y tres nombres de perro en el segundo. Escriba un programa que intente leer estos archivos para imprimir su contenido en la pantalla. Ponga el código en un bloque try-except para capturar el error FileNotFound e imprima un mensaje si falta un archivo. Mueva uno de los archivos a una ubicación distinta en su sistema y asegúrese de que el código del bloque except se ejecuta correctamente.
- **10-9. Perros y gatos silenciosos:** Modifique el bloque except del ejercicio 10-8 para que falle en silencio si falta un archivo.
- **10-10. Palabras comunes:** Visite Project Gutenberg (https://gutenberg.org/) y elija unos cuantos textos en inglés que le gustaría analizar. Descargue los archivos de esas obras o copie el texto del navegador en un archivo de su ordenador. Puede usar el método count() para descubrir cuántas veces aparece una palabra o frase en una cadena. Por ejemplo, el siguiente código cuenta el número veces que aparece 'row' en una cadena:

```
>>> line = "Row, row, row your boat"
>>> line.count('row')
2
>>> line.lower().count('row')
3
```

Observe que convertir la cadena a minúsculas con lower() recoge todas las apariciones de la palabra que buscamos independientemente del formato que tenga.

Escriba un programa que lea los archivos que ha sacado de Project Gutenberg y determine cuántas veces aparece la palabra 'the' en cada texto. Será una aproximación, ya que también contará palabras como 'then' y 'there'. Pruebe a contar 'the ', con un espacio en la cadena, y observe cómo baja el recuento.

Almacenar datos

Muchos de sus programas pedirán a los usuarios que introduzcan algún tipo de información. Podría permitir que los usuarios guarden preferencias en un juego o aporten datos para una visualización. Sea cual sea el enfoque del programa, guardará la información suministrada por los usuarios en estructuras de datos como listas y diccionarios. Cuando los usuarios cierren el programa, casi siempre le interesará guardar la información que hayan introducido. Una forma sencilla de hacerlo consiste en guardar los datos usando el módulo json.

El módulo json permite convertir estructuras de datos de Python simples en cadenas JSON, y posteriormente cargar los datos desde ahí la próxima vez que se ejecute el programa. También puede usar json para compartir datos entre distintos programas de Python. Es más, el formato de datos JSON no es específico de Python, así que podemos compartir datos en este formato con gente que trabaja con otros lenguajes de programación. Es un formato útil y portátil y es fácil de aprender.

Nota: El formato JSON (*JavaScript Object Notation*, notación de objeto de JavaScript) se desarrolló originalmente para JavaScript. Sin embargo, con el tiempo se ha convertido en un formato utilizado por muchos lenguajes, incluido Python.

Utilizar json.dumps() y json.loads()

Vamos a escribir un programa corto que almacene una serie de números y otro que los lea de vuelta en la memoria. El primer programa usará `json.dumps()` para almacenar el conjunto de números y el segundo, `json.loads()`.

La función `json.dumps()` toma un argumento: un dato que deberá convertirse a formato JSON. La función devuelve una cadena, que después podemos escribir en un archivo de datos:

number_writer.py

```
_writer.py from pathlib import Path
import json

numbers = [2, 3, 5, 7, 11, 13]

❶ path = Path('numbers.json')
❷ contents = json.dumps(numbers)
path.write_text(contents)
```

Primero, importamos el módulo `json` y a continuación creamos una lista de números con la que trabajar. Elegimos un nombre de archivo para guardar la lista de números ❶. Es costumbre usar la extensión `.json` para indicar que los datos de ese archivo están guardados en formato JSON. A continuación utilizamos la función `json.dumps()` ❷ para generar una cadena que contenga la representación JSON de los datos con los que estamos trabajando. Una vez tengamos esta cadena, la escribiremos en el archivo empleando el mismo método `write_text()` que hemos visto con anterioridad.

Este programa no produce ninguna salida, pero vamos a abrir el archivo `numbers.json` para ver qué ocurre. Los datos se almacenan en un formato idéntico a Python:

```
[2, 3, 5, 7, 11, 13]
```

Ahora escribiremos un programa que utilice `json.loads()` para volver a leer la lista en memoria:

number_reader.py

```
from pathlib import Path
import json

❶ path = Path('numbers.json')
❷ contents = path.read_text()
❸ numbers = json.loads(contents)

print(numbers)
```

Nos aseguramos de leer desde el mismo archivo en el que hemos escrito ❶. Dado que el archivo de datos es simplemente un archivo de texto con un formato específico, podemos leerlo con el método `read_text()` ❷. A continuación pasamos los contenidos del archivo a `json.loads()` ❸. Esta función toma una cadena de formato JSON y devuelve un objeto Python (en este caso, una lista) que asignamos a `numbers`. Por último, imprimimos la lista de números recuperada y vemos que se trata de la misma lista creada en `numbers_writer.py`:

```
[2, 3, 5, 7, 11, 13]
```

Esta es una forma sencilla de compartir datos entre dos programas.

Guardar y leer datos generados por usuarios

Guardar datos con `json` es útil cuando se trabaja con datos generados por los usuarios porque, si no se guardan de alguna manera, se perderán cuando se detenga la ejecución del programa. Veamos un ejemplo en el que se pide al usuario su nombre y apellido la primera vez que ejecuta un programa y luego se recuerdan esos datos en la siguiente ejecución. Empezaremos guardando el nombre de usuario:

remember_me.py

```
from pathlib import Path
import json

❶ username = input("What is your name? ")

❷ path = Path('username.json')
contents = json.dumps(username)
path.write_text(contents)

❸ print(f"We'll remember you when you come back, {username}!")
```

En primer lugar pedimos un nombre de usuario para almacenar ❶. A continuación, escribimos los datos que acabamos de recopilar en un archivo llamado `username.json` ❷. Después, imprimimos un mensaje informando al usuario de que hemos guardado sus datos ❸:

```
What is your name? Eric
We'll remember you when you come back, Eric!
```

Ahora vamos a escribir un programa nuevo que salude a un usuario cuyo nombre esté ya guardado:

greet_user.py

```
from pathlib import Path
import json

❶ path = Path('username.json')
  contents = path.read_text()
❷ username = json.loads(contents)

  print(f"Welcome back, {username}!")
```

Leemos los contenidos del archivo de datos ❶ y a continuación usamos `json.loads()` para asignar los datos recuperados a la variable `username` ❷. Dado que hemos recuperado el nombre de usuario, podemos dar la bienvenida al usuario con un saludo personalizado:

```
Welcome back, Eric!
```

Tenemos que combinar estos dos programas en un único archivo. Cuando alguien ejecute `remember_me.py`, queremos recuperar su nombre de usuario de la memoria, si es posible; de lo contrario, pediremos el nombre de usuario y lo almacenaremos en `username.json` hasta la próxima ocasión. Aquí podríamos utilizar un bloque `try_except` para responder correctamente cuando `username.json` no exista, pero en lugar de eso utilizamos un método muy cómodo del módulo `pathlib`:

remember_me.py

```
from pathlib import Path
import json

  path = Path('username.json')
❶ if path.exists():
      contents = path.read_text()
      username = json.loads(contents)
      print(f"Welcome back, {username}!")
❷ else:
      username = input("What is your name? ")
      contents = json.dumps(username)
      path.write_text(contents)
      print(f"We'll remember you when you come back, {username}!")
```

Existen muchos métodos de gran ayuda que puede utilizar con objetos `Path`. El método `exists()` devuelve `True` si existe un archivo o carpeta, y `False` si no existe. Aquí utilizamos `path.exists()` para saber si ya se ha guardado un nombre de usuario ❶. Si `username.json` existe, cargamos el nombre de usuario e imprimimos un saludo personalizado para el usuario.

Si el archivo `username.json` no existe ❷, pedimos el nombre de usuario y almacenamos el valor introducido por el usuario. Asimismo, imprimimos el mensaje de que nos acordaremos de ellos cuando vuelvan.

Sea cual sea el bloque que se ejecute, el resultado es un nombre de usuario y un saludo apropiado. Si es la primera vez que se ejecuta el programa, la salida será esta:

```
What is your name? Eric
We'll remember you when you come back, Eric!
```

De lo contrario, tendremos:

```
Welcome back, Eric!
```

Esta es la salida que vemos si el programa se ha ejecutado al menos una vez antes. Aun cuando los datos almacenados en esta sección no sean más que una cadena simple, el programa funcionaría igualmente con cualquier tipo de datos que puedan ser convertidos a una cadena en formato JSON.

Refactorización

A menudo, llegará un punto en el que su código funcione, pero se dé cuenta de que podría mejorarlo dividiéndolo en una serie de funciones con tareas específicas. Este proceso recibe el nombre de "refactorización". La refactorización hace que nuestro código sea más limpio, fácil de entender y fácil de ampliar.

Podemos refactorizar `remember_me.py` moviendo el grueso de su lógica a una o varias funciones. El foco de `remember_me.py` está en saludar al usuario, así que vamos a mover todo el código existente a una función llamada `greet_user()`:

remember_me.py

```
from pathlib import Path
import json

def greet_user():
❶    """Saludar al usuario por su nombre."""
    path = Path('username.json')
    if path.exists():
        contents = path.read_text()
        username = json.loads(contents)
        print(f"Welcome back, {username}!")
    else:
        username = input("What is your name? ")
        contents = json.dumps(username)
        path.write_text(contents)
        print(f"We'll remember you when you come back, {username}!")

greet_user()
```

Dado que ahora estamos usando una función, reescribimos los comentarios con una cadena de documentación que refleje cómo funciona el programa ❶. Este archivo está un poco más limpio, pero la función `greet_user()` hace más que simplemente saludar al usuario: también recupera un nombre de usuario almacenado si lo hay y solicita uno nuevo si no lo hay.

Vamos a refactorizar `greet_user()` para que no tenga que hacer tantas tareas diferentes. Empezaremos moviendo el código para recuperar un nombre de usuario guardado a una función aparte:

```
from pathlib import Path
import json

def get_stored_username(path):
❶    """Obtener el nombre de usuario guardado si está disponible."""

    if path.exists():
        contents = path.read_text()
        username = json.loads(contents)
        return username
    else:
❷        return None

def greet_user():
    """Saludar al usuario por su nombre."""
    path = Path('username.json')
    username = get_stored_username(path)
❸    if username:
        print(f"Welcome back, {username}!")
    else:
        username = input("What is your name? ")
        contents = json.dumps(username)
        path.write_text(contents)
        print(f"We'll remember you when you come back, {username}!")

greet_user()
```

La nueva función `get_stored_username()` tiene un propósito claro ❶, como se indica en la cadena de documentación. Esta función recupera un nombre de usuario guardado y lo devuelve si lo encuentra. Si el archivo pasado a `get_stored_username()` no existe, la función devuelve `None` ❷. Es una buena práctica: una función debería devolver el valor que esperamos o `None`. Esto nos permite realizar una sencilla prueba con el valor de retorno de la función. Imprimimos un mensaje de bienvenida para el usuario si el intento de recuperar un nombre ha tenido éxito ❸; de lo contrario, pedimos un nuevo nombre de usuario.

Debemos factorizar un bloque más de código de `greet_user()`. Si el nombre de usuario no existe, deberíamos mover el código que pide un nuevo nombre a una función dedicada a ese fin:

```
from pathlib import Path
import json

def get_stored_username(path):
    """Obtener el nombre de usuario guardado si está disponible."""
    --fragmento omitido--

def get_new_username(path):
    """Solicitar nuevo nombre de usuario."""
    username = input("What is your name? ")
    contents = json.dumps(username)
    path.write_text(contents)
    return username

def greet_user():
    """Saludar al usuario por su nombre."""
    path = Path('username.json')
❶  username = get_stored_username(path)
    if username:
        print(f"Welcome back, {username}!")
    else:
❷      username = get_new_username(path)
    print(f"We'll remember you when you come back, {username}!")

greet_user()
```

Cada una de las funciones en esta versión final de `remember_me.py` cumple un propósito claro y definido. Llamamos a `greet_user()` y esa función imprime un mensaje apropiado: o da la bienvenida de vuelta a un usuario existente, o saluda a uno nuevo. Lo hace llamando a `get_new_username()` ❶, que es únicamente responsable de recuperar un nombre de usuario almacenado si lo hay. Por último, en caso de que sea necesario, `greet_user()` llama a `get_new_username()` ❷, que se ocupa de obtener un nuevo nombre de usuario y guardarlo. Esta división del trabajo es crucial a la hora de escribir un código claro que sea fácil de mantener y de ampliar.

> ### PRUÉBELO
>
> - **10-11. Número favorito:** Escriba un programa que pida al usuario su número favorito. Utilice `json.dump()` para guardar ese número en un archivo. Escriba un programa aparte que lea ese valor e imprima el mensaje "¡Sé cuál es tu número favorito! Es el _____".
> - **10-12. Número favorito recordado:** Combine los dos programas del ejercicio anterior en un solo archivo. Si el número ya está guardado, diga al usuario su número favorito. Si no, solicíteselo al usuario y guárdelo en un archivo. Ejecute el programa dos veces para ver si funciona.

- **10-13. Diccionario del usuario:** El ejemplo remember_me.py almacena únicamente un dato, el nombre de usuario. Amplíe el ejemplo, pidiendo dos nuevos
datos al usuario, y almacene toda la información recopilada en un diccionario.
Escriba el diccionario en un archivo utilizando json.dumps() y vuelva a leerlo
usando json.loads(). Imprima un resumen mostrando exactamente lo que el
programa recuerda del usuario.

- **10-14. Verificar usuario:** El listado definitivo de remember_me.py asume que
el usuario ya ha introducido su nombre o que el programa se ejecuta por primera
vez. Deberíamos modificarlo por si el usuario actual no es la última persona que
usó el programa.

  Antes de imprimir un mensaje de bienvenida en greet_user(), pregunte al usuario
si es el nombre correcto. De lo contrario, llame a get_new_username() para obtener
el nombre de usuario adecuado.

Resumen

En este capítulo, ha aprendido a trabajar con archivos. Ahora sabe leer la totalidad
de los contenidos de un archivo y analizar sus contenidos línea a línea cuando sea
necesario. Ha aprendido a escribir tanto texto como desee en un archivo. Hemos
hablado de excepciones y de cómo manejar aquellas excepciones que seguramente
encontrará en sus programas. Por último, ha aprendido a almacenar estructuras de
datos de Python para poder guardar la información proporcionada por los usuarios,
evitando que tengan que empezar desde cero cada vez que ejecuten un programa.

En el capítulo 11, descubriremos técnicas eficientes para probar nuestro código.
Esto le ayudará a confiar en que el código que desarrolle es correcto y a identificar
los errores que vayan apareciendo a medida que amplíe sus programas.

11

PROBAR EL CÓDIGO

Al escribir una función o una clase, puede además escribir pruebas para su código con el fin de comprobar que el código funciona como debería en respuesta a cualquier tipo de entrada que esté diseñado para recibir. Mediante las pruebas, podemos tener la tranquilidad de que nuestro código funcionará correctamente a medida que más personas empiecen a usar nuestros programas. También podemos probar código nuevo a medida que lo vayamos añadiendo, para asegurarnos de que los cambios no afectan al comportamiento del programa. Todos los programadores cometen errores, razón por la cual todo programador debe probar su código para localizar un problema antes de que lo encuentre el usuario.

En este capítulo veremos cómo probar nuestro código con pytest. La biblioteca pytest es una colección de herramientas que le ayudará a escribir sus primeras pruebas de forma rápida y eficaz, al tiempo que ofrece soporte a sus pruebas a medida que crezcan en complejidad con sus proyectos. Python no incluye pytest por defecto, de modo que aprenderemos a instalar bibliotecas externas. Aprender a instalar bibliotecas externas le abrirá las puertas a una amplia variedad de código correctamente diseñado. Estas bibliotecas ampliarán considerablemente el tipo de proyectos en los que podrá trabajar.

Aprenderemos a crear una serie de pruebas y comprobar que un conjunto de cada uno de los conjuntos de entrada produce la salida esperada. Descubriremos qué es una prueba que pasa y una prueba fallida, y veremos de qué manera las pruebas fallidas pueden ayudarnos a mejorar nuestro código. Veremos cómo probar funciones y clases y empezará a entender cuántas pruebas debe escribir para un proyecto.

Instalar pytest con pip

Si bien es cierto que Python incluye numerosas funcionalidades en su biblioteca estándar, los desarrolladores que trabajan con Python dependen en gran medida de paquetes desarrollados por terceros. Un paquete desarrollado por terceros es una biblioteca desarrollada fuera de Python. Algunas bibliotecas de terceros que gozan de gran popularidad terminan incorporándose a la biblioteca estándar de Python y, a partir de ese momento, terminan incorporándose a la mayoría de instalaciones Python. Este suele ser el caso con aquellas bibliotecas que no son susceptibles de sufrir muchos cambios una vez se han solucionado los fallos iniciales. Este tipo de bibliotecas puede evolucionar al mismo ritmo que el propio lenguaje.

Sin embargo, muchos paquetes se mantienen fuera de la biblioteca estándar de Python, por lo que pueden tener un desarrollo en el tiempo independiente del propio lenguaje. Estos paquetes tienden a actualizarse con mucha más frecuencia que si estuvieran vinculados al desarrollo de Python. Es el caso de `pytest` y de la mayor parte de las bibliotecas que utilizaremos en la segunda parte de este libro. No deposite una confianza ciega en cualquier paquete de terceros, pero tampoco desconfíe por principio únicamente por el hecho de que buena parte de la funcionalidad importante de Python se implemente a través de dichos paquetes.

Actualizar pip

Python incorpora una herramienta llamada pip, utilizada para instalar paquetes de terceros. Dado que pip nos ayuda a instalar paquetes procedentes de recursos externos, se actualiza con frecuencia para resolver cualquier potencial problema de seguridad. Comenzaremos por tanto actualizando pip.

Abra una nueva ventana en su terminar y escriba lo siguiente:

```
$ python -m pip install --upgrade pip
❶ Requirement already satisfied: pip in /.../python3.11/site-packages (22.0.4)
--fragmento omitido--
❷ Successfully installed pip-22.1.2
```

La primera parte de esta instrucción, `python -m pip`, le indica a Python que debe ejecutar el módulo pip. La segunda parte, `install --upgrade`, le indica a pip que actualice un paquete que ya se ha instalado. La última parte, `pip`, especifica qué paquete de terceros debe ser actualizado. La salida muestra que mi versión de pip, la versión, 22.0.4 ❶, se ha actualizado a la última versión, que en el momento de redactar estas líneas es 22.1.2 ❷.

Puede usar esta instrucción para actualizar cualquier paquete de terceros instalado en su sistema:

```
$ python -m pip install --upgrade package_name
```

Nota: Si utiliza Linux, es posible que pip no esté incluido en su versión de Python. Si recibe un mensaje de error al intentar actualizar pip, consulte las instrucciones del apéndice A.

Instalar pytest

Ahora que hemos actualizado pip, procederemos a instalar `pytest`:

```
$ python -m pip install --user pytest
Collecting pytest
--fragmento omitido--
Successfully installed attrs-21.4.0 iniconfig-1.1.1 ...pytest-7.x.x
```

Seguimos empleando la instrucción `pip install`, pero esta vez sin el indicador `--upgrade`. En lugar de eso, utilizaremos el indicador `--user`, que le dice a Python que instale este paquete únicamente para el usuario actual. La salida muestra que se ha instalado con éxito la última versión de `pytest`, así como varios otros paquetes de los que `pytest` depende.

Puede utilizar la siguiente instrucción para instalar muchos paquetes de terceros:

```
$ python -m pip install --user package_name
```

Nota: Si tiene cualquier dificultad al ejecutar esta instrucción, prueba a ejecutarla sin el indicador `--user`.

Probar una función

Para aprender sobre pruebas, necesitamos código que probar. Aquí tenemos una sencilla función que toma un nombre y un apellido y devuelve un nombre completo con un formato adecuado:

name_function.py

```
def get_formatted_name(first, last):
    """Genera un nombre completo con formato adecuado."""
    full_name = f"{first} {last}"
    return full_name.title()
```

La función `get_formatted_name()` combina el nombre y el apellido con un espacio en medio para formar un nombre completo; luego le pone mayúsculas y lo devuelve. Para comprobar que `get_formatted_name()` funciona, vamos a escribir un programa que use esta función. El programa `names.py` permite que los usuarios introduzcan un nombre y un apellido y vean un nombre completo con un formato adecuado:

names.py

```
from name_function import get_formatted_name

print("Enter 'q' at any time to quit.")
while True:
    first = input("\nPlease give me a first name: ")
    if first == 'q':
        break
    last = input("Please give me a last name: ")
    if last == 'q':
        break

    formatted_name = get_formatted_name(first, last)
    print(f"\tNeatly formatted name: {formatted_name}.")
```

Este programa importa `get_formatted_name()` de `name_function.py`. El usuario puede introducir una serie de nombres y apellidos y ver los nombres completos con formato que se generan:

```
Enter 'q' at any time to quit.

Please give me a first name: janis
Please give me a last name: joplin
    Neatly formatted name: Janis Joplin.

Please give me a first name: bob
Please give me a last name: dylan
    Neatly formatted name: Bob Dylan.

Please give me a first name: q
```

Vemos que los nombres generados aquí son correctos, pero supongamos que queremos modificar `get_formatted_name()` para que gestione también nombres compuestos. Al hacerlo, tenemos que asegurarnos de no estropear la forma en que la función gestiona los nombres que constan solo de un nombre y el apellido. Podríamos probar nuestro código ejecutando `names.py` e introduciendo un nombre como `Janis Joplin` cada vez que modifiquemos `get_formatted_name()`, pero sería bastante tedioso. Por suerte, Python ofrece una manera eficiente de automatizar las pruebas de la salida de una función. Si automatizamos las pruebas de `get_formatted_name()`, siempre podremos confiar en que la función funcionará cuando reciba los tipos de nombres para los que hemos escrito pruebas.

Pruebas unitarias y casos de prueba

Existen multitud de enfoques válidos a la hora de probar software. Una de las formas más sencillas de realizar pruebas es pasar una prueba unitaria. Una "prueba unitaria" comprueba que un aspecto específico del comportamiento de una función es correcto. Un "caso de prueba" es un conjunto de pruebas unitarias que, en conjunto, comprueban si la función se comporta como debería, dentro del rango completo de situaciones que esperamos que gestione.

Un buen caso de prueba considera todos los tipos posibles de entrada que podría recibir una función e incluye pruebas para representar cada una de estas situaciones. Un caso de prueba con "cobertura completa" incluye una gama completa de pruebas unitarias que cubren todas las formas posibles en las que se puede usar una función. Conseguir cobertura completa en un proyecto de envergadura puede ser desalentador. A menudo basta con escribir pruebas para los comportamientos clave del código y aspirar a lograr una cobertura completa solo si el proyecto empieza a usarse de forma generalizada.

Una prueba que pasa

Con pytest, escribir una prueba unitaria es muy sencillo. Escribiremos una única función de prueba. La función de prueba llamará a la función que estemos probando, y a continuación lanzaremos una declaración de afirmación sobre el valor devuelto. Si nuestra declaración de afirmación es correcta, la prueba pasará; si es incorrecta, la prueba fallará.

Veamos a continuación la primera prueba de la función get_formatted_name():

test_name_function.py

```
from name_function import get_formatted_name

❶ def test_first_last_name():
      """¿Funcionan nombres como Janis Joplin?"""
❷     formatted_name = get_formatted_name('janis', 'joplin')
❸     assert formatted_name == 'Janis Joplin'
```

Antes de ejecutar la prueba, veamos con detenimiento esta función. El nombre del archivo de prueba es importante: debe empezar por test_. Al pedirle a pytest que ejecute las pruebas que hemos escrito, buscará cualquier archivo que empiece por test_ y ejecutará todas las pruebas que encuentre en dicho archivo.

En el archivo de prueba, importamos en primer lugar la función que queremos probar: get_formatted_name(). A continuación definimos una función de prueba: en este caso, test_first_last_name() ❶. Se trata de un nombre de función más largo del que hemos venido usando, pero hay una buena razón para ello. En primer lugar, las funciones de prueba deben empezar por test seguido de guion bajo. Cualquier función que comience por test_ será descubierta por pytest, y se ejecutará como parte del proceso de prueba.

Además, los nombres de las pruebas deben ser más largos y descriptivos que el nombre de una función típica. Nunca llamamos a la función por nosotros mismos; pytest la encontrará y la ejecutará por nosotros. Los nombres de las funciones de prueba deberían ser lo suficientemente largos como para que, si vemos el nombre de la función en un informe de prueba, sepamos con exactitud cuál es el comportamiento que se está probando. A continuación, llamamos a la función que estamos probando ❷. En este caso, llamamos a `get_formatted_name()` con los argumentos `'janis'` y `'joplin'`, exactamente igual que cuando ejecutamos `names.py`. Asignamos el valor de retorno de esta función a `formatted_name`.

Por último, lanzamos una declaración de afirmación ❸. Una declaración de afirmación se define como una afirmación relativa a una condición. En esta ocasión, estamos afirmando que el valor de `formatted_name` debe ser `'Janis Joplin'`.

Ejecutar una prueba

Si ejecuta directamente el archivo `test_name_funcion.py`, no obtendrá ninguna salida, puesto que no hemos llamado a la función de prueba. En lugar de esto, le pediremos a `pytest` que ejecute por nosotros el archivo de prueba.

Para ello, abra la ventana del terminal y diríjase a la carpeta donde esté ubicado el archivo de prueba. Si utiliza VS Code, puede abrir la carpeta que contiene dicho archivo y utilizar el terminal incrustado en la ventana del editor. En dicha ventana, escriba la instrucción `pytest`. Debería ver lo siguiente:

```
$ pytest
========================= test session starts =========================
❶ platform darwin -- Python 3.x.x, pytest-7.x.x, pluggy-1.x.x
❷ rootdir: /.../python_work/chapter_11
❸ collected 1 item

❹ test_name_function.py .                    [100%]
========================= 1 passed in 0.00s =========================
```

Veamos qué está ocurriendo en esta salida. En primer lugar, vemos información acerca del sistema sobre el que se ejecuta la prueba ❶. Estoy ejecutando la prueba en un sistema macOS, por lo que puede que usted obtenga una salida diferente. Más importante aún es el hecho de que podemos comprobar qué versiones de Python, `pytest` y otros paquetes se están utilizando para ejecutar la prueba.

A continuación, vemos el directorio desde el cual se ejecuta la prueba ❷; en mi caso, `python_work/chapter_11`. Vemos cómo `pytest` ha encontrado al menos una prueba que pasar ❸, y podemos ver el archivo de prueba que se está ejecutando ❹. El punto que sigue al nombre del archivo nos indica que se ha pasado una única prueba, y el valor de 100 % nos deja claro que se han ejecutado todas las pruebas. Un proyecto de gran envergadura puede tener cientos o miles de pruebas; los puntos y el indicador de porcentajes pueden resultar útiles a la hora de controlar el progreso de las pruebas.

La última línea nos indica que se ha pasado una prueba y que su ejecución ha durado menos de 0,01 segundo.

Esta salida nos indica que la función `get_formatted_name()` siempre funcionará con nombres compuestos por un nombre de pila y un apellido, a menos que modifiquemos la función. Cuando modifiquemos `get_formatted_name()`, podemos volver a pasar esta prueba. Si la prueba pasa, sabemos que la función seguirá siendo válida para nombres como Janis Joplin.

Nota: Si no está seguro de cómo navegar hasta la ubicación correcta en su terminal, consulte el apartado "Ejecutar programas de Python desde un terminal" en el capítulo 1. Si recibe un mensaje que le indica que no se ha encontrado la instrucción pytest, utilice en su lugar la instrucción python -m pytest.

Una prueba que falla

¿Qué aspecto tiene una prueba que falla? Vamos a modificar get_formatted_name() para que pueda manejar nombres compuestos, pero lo haremos de manera que la función falle con nombres que tengan solo un nombre y un apellido, como Janis Joplin.

Esta es la nueva versión de get_formatted_name(), que requiere un argumento para el segundo nombre:

name_function.py

```python
def get_formatted_name(first, middle, last):
    """Genera un nombre completo con formato adecuado."""
    full_name = f"{first} {middle} {last}"
    return full_name.title()
```

Esta versión debería funcionar para personas con nombres compuestos, pero, al probarla, vemos que hemos estropeado la función para la gente con solo un nombre y un apellido. En esta ocasión ejecutar pytest dará el siguiente resultado:

```
$ pytest
========================= test session starts =========================
--fragmento omitido--
❶ test_name_function.py F                                      [100%]
❷ ============================== FAILURES ===============================
❸ _____ test_first_last_name _____
     def test_first_last_name():
         """¿Funcionan nombres como Janis Joplin?"""
❹ >       formatted_name = get_formatted_name('janis', 'joplin')
❺ E       TypeError: get_formatted_name() missing 1 required positional
                 argument: 'last'
test_name_function.py:5: TypeError
======================= short test summary info =======================
FAILED test_name_function.py::test_first_last_name - TypeError:
    get_formatted_name() missing 1 required positional argument: 'last'
========================= 1 failed in 0.04s =========================
```

Hay mucha información aquí, ya que cuando una prueba falla, son muchos los aspectos a los que debemos prestar atención. El primer elemento que debemos tener en cuenta en la salida es la F ❶, que nos indica que una de las pruebas ha fallado. A continuación, vemos una sección que se centra en los errores (FAILURES) ❷, puesto que las pruebas fallidas son por regla general lo más importante en lo que debemos fijarnos al pasar una prueba. Después, vemos que test_first_last_name() es la función de prueba que ha fallado ❸. El corchete angular ❹ señala la línea del código que ha provocado el fallo de la prueba. La E de la siguiente línea ❺ indica el error que ha provocado el fallo: un `TypeError` debido a la ausencia de un argumento posicional obligatorio, `last`. La información más importante se repite en un breve resumen al final, de modo que, cuando ejecutamos muchas pruebas, podemos saber con rapidez qué pruebas han fallado y por qué.

Responder a una prueba fallida

¿Qué hacemos cuando una prueba falla? Suponiendo que estemos comprobando las condiciones adecuadas, una prueba que pasa significa que la función se comporta correctamente y una que falla implica que hay un error en el nuevo código. Así pues, cuando una prueba falla, no hay que cambiar la prueba. De hacerlo, es posible que las pruebas pasen, pero cualquier código que llame a una función igual que lo hace la prueba dejará de funcionar de repente. En lugar de eso, debemos analizar los cambios que acabamos de realizar en la función y reflexionar sobre la manera en que esos cambios han estropeado el comportamiento que queríamos lograr.

En este caso, `get_formatted_name()` requería solo dos parámetros original-mente: un nombre y un apellido. Ahora requiere dos nombres y un apellido. La adición de un segundo nombre obligatorio arruinó el comportamiento original de `get_formatted_name()`. En esta ocasión, la mejor opción es convertir en opcional el argumento del segundo nombre. De este modo, nuestra prueba para nombres como `Janis Joplin` debería pasar otra vez y también deberíamos poder aceptar nombres compuestos. Vamos a modificar `get_formatted_name()` para que el segundo nombre sea opcional y volvemos a ejecutar el caso de prueba. Si pasa, avanzaremos para asegurarnos de que la función gestiona bien los nombres compuestos.

Para que el segundo nombre sea opcional, moveremos el parámetro `middle` al final de la lista de parámetros en la definición de la función y le daremos un valor predeterminado vacío. También añadiremos una prueba `if` que componga bien el nombre completo, dependiendo de si se ha proporcionado o no un segundo nombre:

name_function.py

```python
def get_formatted_name(first, last, middle=''):
    """Genera un nombre completo con formato adecuado."""
    if middle:
        full_name = f"{first} {middle} {last}"
    else:
        full_name = f"{first} {last}"
    return full_name.title()
```

En esta nueva versión de `get_formatted_name()`, el segundo nombre es opcional. Si se pasa un segundo nombre a la función, el nombre completo tendrá un nombre compuesto y un apellido. De lo contrario, el nombre completo constará solo de un nombre y un apellido. Ahora la función debería funcionar para los dos tipos de nombres. Para averiguar si la función todavía funciona con nombres como `Janis Joplin`, vamos a ejecutar de nuevo la prueba:

```
$ pytest
========================= test session starts =========================
--fragmento omitido--
test_name_function.py .                                        [100%]
========================= 1 passed in 0.00s =========================
```

Ahora el caso de prueba pasa. Es perfecto: significa que la función vuelve a funcionar para nombres como `Janis Joplin` sin necesidad de probar la función manualmente. Arreglar la función ha sido fácil porque la prueba fallida nos ayudó a identificar el código nuevo que estropeaba el comportamiento original.

Añadir pruebas nuevas

Ahora que sabemos que `get_formatted_name()` funciona con nombres simples, vamos a escribir una segunda prueba para nombres compuestos. Lo haremos añadiendo otra función de prueba al archivo `test_name_function.py`:

test_name_function.py

```
from name_function import get_formatted_name

def test_first_last_name():
    --fragmento omitido--

def test_first_last_middle_name():
    """¿Funcionan nombres como 'Wolfgang Amadeus Mozart'?"""
❶  formatted_name = get_formatted_name(
        'wolfgang', 'mozart', 'amadeus')
❷ assert formatted_name == 'Wolfgang Amadeus Mozart'
```

Hemos llamado a esta nueva función `test_first_last_middle_name()`. El nombre de la función debe empezar por `test_` para que se ejecute automáticamente al ejecutar `pytest`. Le hemos puesto un nombre que deja claro qué comportamiento de `get_formatted_name()` estamos probando. Como resultado, si la prueba falla, sabremos de inmediato qué tipos de nombre se ven afectados.

Para probar la función, realizamos una llamada a `get_formatted_name()` con un nombre de pila, un apellido y la segunda parte del nombre compuesto ❶. Después, lanzamos una declaración de afirmación ❷ indicando que el nombre completo devuelto debe coincidir con el nombre completo (nombre de pila, segundo nombre y apellido) que esperamos recibir. Cuando vuelva a ejecutarse `pytest`, ambas pruebas pasan:

```
$ pytest
========================= test session starts =========================
--fragmento omitido--
collected 2 items

❶ test_name_function.py ..                                     [100%]
========================= 2 passed in 0.01s =========================
```

Los dos puntos ❶ nos indican que ambas pruebas han pasado, algo que queda claro en la última línea de la salida. ¡Genial! Ahora sabemos que la función seguirá funcionando para nombres como `Janis Joplin` y que también funcionará para nombres como `Wolfgang Amadeus Mozart`.

PRUÉBELO

- **11-1. Ciudad, País:** Escriba una función que acepte dos parámetros: un nombre de ciudad y un nombre de país. La función debería devolver una cadena sencilla con la forma *Ciudad, País*, como `Santiago, Chile`. Guarde la función en un módulo llamado `ciudad_funciones.py` y guarde este archivo en una nueva carpeta para que pytest no intente ejecutar las pruebas ya escritas.
  Cree un archivo `test_ciudades.py` que pruebe la función que acaba de escribir. Escriba una función llamada `test_ciudad_país()` para verificar que llamar a la función con valores como `'santiago'` y `'chile'` produce la cadena correcta. Ejecute `test_ciudades.py` y asegúrese de que `test_ciudad_país()` pasa.
- **11-2. Población:** Modifique la función para que requiera un tercer parámetro, la población. Ahora debería devolver una cadena con la forma *Ciudad, País - habitantes xxx*, como `Santiago, Chile - habitantes 5000000`. Ejecute `test_ciudades.py` otra vez. Compruebe que `test_ciudad_país()` falla esta vez.
  Modifique la función para que el parámetro de la población sea opcional. Vuelva a ejecutar la prueba y asegúrese de que `test_ciudad_país()` vuelve a pasar. Escriba una segunda prueba llamada `test_ciudad_país_habitantes()` que compruebe que se puede llamar a la función con los valores `'santiago'`, `'chile'` y `habitantes=5000000'`. Ejecute las pruebas una vez más, y asegúrese de que la nueva prueba pasa.

Probar una clase

En la primera parte de este capítulo, escribimos pruebas para una función. Ahora escribiremos pruebas para una clase. Usará clases en muchos de sus programas, por lo que es muy recomendable ser capaz de comprobar que funcionan bien. Si las pruebas de las clases con las que está trabajando pasan, puede tener la tranquilidad de que las mejoras que haga en la clase no estropearán accidentalmente su comportamiento actual.

Varios métodos assert

Hasta ahora, hemos visto un único tipo de método `assert`: una declaración de que una cadena contiene un valor concreto. Al escribir una prueba, puede plantear cualquier declaración que pueda expresarse de forma condicional. Si la condición que esperamos que se cumpla es `True`, nuestra suposición acerca de cómo esa parte del programa se comportará se confirmará, y podremos estar seguros de que no existe error. Si la condición que afirmamos como `True` es en realidad `False`, la prueba no pasará y sabremos que tenemos un problema que resolver. La tabla 11.1 describe algunos de los métodos `assert` más útiles, que podrá incorporar en sus pruebas iniciales.

Tabla 11.1. Métodos `assert` utilizados frecuentemente en pruebas.

Método	Uso
`assert a == b`	Verifica que dos valores son idénticos.
`assert a != b`	Verifica que dos valores no son idénticos.
`assert a`	Verifica que a es `True`.
`assert not a`	Verifica que a es `False`.
`assert element in list`	Verifica que un elemento está en una lista.
`assert element not in list`	Verifica que un elemento no está en una lista.

Estos no son más que algunos ejemplos; cualquier cosa que pueda expresarse en forma de sentencia condicional puede incluirse en una prueba.

Una clase para probar

Probar una clase es similar a probar una función, dado que buena parte del trabajo implica probar el comportamiento de los métodos de la clase. Sin embargo, existen unas cuantas diferencias, así que vamos a escribir una clase para probarla. Imagine una clase que ayude a administrar encuestas anónimas:

survey.py

```
class AnonymousSurvey:
    """Recoge respuestas anónimas a una pregunta de una encuesta."""

❶   def __init__(self, question):
        """Guarda una pregunta y se prepara para guardar respuestas."""
        self.question = question
        self.responses = []

❷   def show_question(self):
        """Muestra la pregunta del sondeo."""
        print(self.question)

❸   def store_response(self, new_response):
        """Guarda una sola respuesta a la encuesta."""
        self.responses.append(new_response)
```

❹
```
    def show_results(self):
        """Muestra todas las respuestas que se han dado."""
        print("Survey results:")
        for response in self.responses:
            print(f"- {response}")
```

Esta clase empieza con una pregunta que nosotros proporcionamos ❶ e incluye una lista vacía para almacenar las respuestas. La clase tiene métodos para imprimir la pregunta del sondeo ❷, añadir una nueva respuesta a la lista de respuestas ❸ e imprimir todas las respuestas guardadas en la lista ❹. Para crear una instancia de esta clase, lo único que tenemos que proporcionar es una pregunta. Una vez que tenemos una instancia que representa una encuesta particular, mostramos la pregunta de la encuesta con show_question(), guardamos una respuesta con store_response() y mostramos los resultados con show_results().

Para comprobar que la clase AnonymousSurvey funciona, vamos a escribir un programa que la utilice:

language_survey.py

```
from survey import AnonymousSurvey

# Define una pregunta y hace una encuesta.
question = "What language did you first learn to speak?"
language_survey = AnonymousSurvey(question)

# Muestra la pregunta y guarda las respuestas a la pregunta.
language_survey.show_question()
print("Enter 'q' at any time to quit.\n")
while True:
    response = input("Language: ")
    if response == 'q':
        break
    language_survey.store_response(response)

# Muestra los resultados de la encuesta.
print("\nThank you to everyone who participated in the survey!")
language_survey.show_results()
```

Este programa define una pregunta, en este caso sobre el primer idioma que aprendió el usuario ("What language did you first learn to speak?"), y crea un objeto AnonymousSurvey con esa pregunta. El programa llama a show_question() para mostrar la pregunta y luego pide respuestas. Cada respuesta se guarda según se recibe. Cuando se han introducido todas las respuestas (el usuario escribe q para salir), show_results() imprime los resultados de la encuesta:

```
What language did you first learn to speak?
Enter 'q' at any time to quit.

Language: English
Language: Spanish
Language: English
```

```
Language: Mandarin
Language: q

Thank you to everyone who participated in the survey!
Survey results:
- English
- Spanish
- English
- Mandarin
```

Esta clase funciona para una sencilla encuesta anónima, pero supongamos que queremos mejorar AnonymousSurvey y el módulo en el que se encuentra, survey. Podríamos permitir que cada usuario introduzca más de una respuesta. Podríamos escribir un método que enumere solamente las respuestas únicas e informe de cuántas veces se ha dado cada una, o incluso podríamos escribir otra clase para administrar encuestas no anónimas.

Implementar esos cambios podría afectar al comportamiento actual de la clase AnonymousSurvey. Por ejemplo, es posible que, al intentar permitir que cada usuario introduzca respuestas múltiples, cambiemos por accidente la forma en la que se gestionan las respuestas simples. Para asegurarnos de no estropear el comportamiento existente mientras desarrollamos este módulo, podemos escribir pruebas para la clase.

Probar la clase AnonymousSurvey

Vamos a escribir una prueba que verifica un aspecto del comportamiento de AnonymousSurvey. Escribiremos una prueba para verificar que se ha almacenado correctamente una respuesta única a la pregunta planteada en la encuesta:

test_survey.py

```
from survey import AnonymousSurvey

❶ def test_store_single_response():
       """Comprobar que una respuesta única se almacena correctamente."""
       question = "What language did you first learn to speak?"
❷      language_survey = AnonymousSurvey(question)
       language_survey.store_response('English')
❸      assert 'English' in language_survey.responses
```

Empezamos importando la clase que queremos probar, AnonymousSurvey. La primera función de prueba verifica que, cuando guardemos una respuesta a la pregunta planteada en la respuesta, dicha respuesta terminará en la lista de respuestas de la encuesta. Un buen nombre descriptivo para esta función sería test_store_single_response() ❶. Si esta prueba falla, sabremos a partir del nombre de función del resumen de la prueba que ha habido un problema al guardar una respuesta única a la encuesta.

Para probar el comportamiento de una clase, tenemos que crear una instancia de dicha clase. Creamos una instancia llamada language_survey ❷, con la pregunta "What language did you first learn to speak?" (¿Qué idioma aprendió a hablar primero?). Después, verificamos que la respuesta se ha guardado correctamente. Para ello empleamos el método `assert`, declarando que `English` se encuentra en la lista `language_survey.responses` ❸.

Por defecto, ejecutar el comando `pytest` sin argumentos ejecutará todas las pruebas que `pytest` descubra en el directorio actual. Para centrarse en las pruebas de un único archivo, pase por el nombre del archivo de la prueba que desea ejecutar. En esta ocasión ejecutaremos solamente una prueba que escribimos para `AnonymousSurvey`:

```
$ pytest test_survey.py
========================= test session starts =========================
--fragmento omitido--
test_survey.py .                                           [100%]
========================= 1 passed in 0.01s =========================
```

Es un buen comienzo, pero una encuesta solo resulta útil si genera más de una respuesta. Comprobemos que las tres respuestas pueden guardarse correctamente. Para ello, añadiremos otro método a `TestAnonymousSurvey`:

```
from survey import AnonymousSurvey

def test_store_single_response():
    --fragmento omitido--

def test_store_three_responses():
    """Comprueba que se guardan correctamente tres respuestas individuales."""
    question = "What language did you first learn to speak?"
    language_survey = AnonymousSurvey(question)
❶   responses = ['English', 'Spanish', 'Mandarin']
    for response in responses:
        language_survey.store_response(response)

❷   for response in responses:
        assert response in language_survey.responses
```

Llamamos a la nueva función `test_store_three_responses()`. Creamos un objeto de encuesta igual que en `test_store_single_response()`. Definimos una lista que contenga tres respuestas diferentes ❶ y a continuación llamamos a `store_response()` para cada una de estas respuestas. Cuando se han almacenado las respuestas, escribimos otro bucle y comprobamos que todas las respuestas están en `language_survey.responses` ❷.

Al volver a ejecutar el archivo de prueba, las dos pruebas pasan (la de una respuesta y la de tres):

```
$ pytest test_survey.py
========================= test session starts =========================
--fragmento omitido--
test_survey.py ..                                          [100%]
========================= 2 passed in 0.01s =========================
```

Funciona a la perfección. No obstante, estas pruebas son un poco repetitivas, así que vamos a usar otra característica de `pytest` para hacerlas más eficientes.

Configuración de pruebas

En `test_survey.py` hemos creado una nueva instancia de `AnonymousSurvey` para cada función de prueba. Esto es adecuado para el ejemplo sencillo con el que estamos trabajando, pero, en un proyecto del mundo real con decenas o cientos de pruebas, sería un problema.

A la hora de pasar pruebas, una función de configuración de pruebas o *fixture* nos ayuda a configurar el entorno en el que vamos a pasar las pruebas. Con frecuencia, esto implica crear un recurso que pueda ser utilizado en más de una prueba. Podemos crear este entorno en `pytest` escribiendo una función con el decorador `@pytest.fixture`. Un decorador es una directiva colocada justo antes de una definición de función; Python aplica esta directiva a la función antes de ejecutarla, con el fin de alterar el comportamiento del código de función. No se preocupe si suena complicado: puede empezar a utilizar decoradores de paquetes de terceros antes de escribir los suyos propios.

Vamos a utilizar una función de configuración de prueba o *fixture* para crear una única instancia de encuesta que pueda ser utilizada en ambas funciones de prueba en `test_survey.py`:

```python
import pytest
from survey import AnonymousSurvey

❶ @pytest.fixture
❷ def language_survey():
      """Una encuesta disponible para todas las funciones de prueba."""
      question = "What language did you first learn to speak?"
      language_survey = AnonymousSurvey(question)
      return language_survey

❸ def test_store_single_response(language_survey):
      """Prueba que se ha guardado correctamente una respuesta única."""
❹     language_survey.store_response('English')
      assert 'English' in language_survey.responses

❺ def test_store_three_responses(language_survey):
      """Prueba que se han guardado correctamente tres respuestas individuales."""
      responses = ['English', 'Spanish', 'Mandarin']
      for response in responses:
❻         language_survey.store_response(response)

      for response in responses:
          assert response in language_survey.responses
```

Ahora debemos importar `pytest`, dado que estamos usando un decorador definido en `pytest`. Aplicamos el decorador `@pytest.fixture` ❶ a la nueva función `language_survey()` ❷. Esta función crea un objeto `AnonymousSurvey` y devuelve la nueva encuesta.

Observe que las definiciones de ambas funciones de prueba han cambiado ❸ ❺; ahora, cada una de las funciones de prueba contiene un parámetro llamado `language_survey`. Cuando un parámetro en una función de prueba coincide con el nombre de una función con el decorador @pytest.fixture, la configuración de la prueba se ejecutará automáticamente y devolverá un valor que pasará a la función de prueba. En este ejemplo, la función language_survey() suministra tanto test_store_single_response() como test_store_three_responses() con una instancia language_survey().

No existe código nuevo en ninguna de estas funciones de prueba, pero observe que se han eliminados dos líneas de cada función ❹ ❻: la línea que definía una pregunta y la línea que creó el objeto AnonymousSurvey.

Cuando volvemos a ejecutar el archivo de prueba, ambas pruebas pasan. Estas pruebas deberían resultarle de especial utilidad cuando intente expandir AnonymousSurvey con el fin de gestionar respuestas múltiples para cada persona. Una vez modificado el código para aceptar respuestas múltiples, puede pasar estas pruebas y asegurarse de que la capacidad de guardar una respuesta única o una serie de respuestas individuales no se ha visto afectada.

La estructura que hemos visto parece complicada: contiene el que probablemente sea el código más abstracto visto hasta ahora. No es necesario que utilice este método inmediatamente; es preferible escribir pruebas con mucho código repetitivo a no escribir ninguna prueba. Simplemente, sea consciente de que, una vez ha escrito pruebas suficientes como para que la repetición sea un obstáculo, existe una forma conocida de lidiar con esta repetición. Además, el empleo de *fixtures* en ejemplos sencillos como el que acabamos de ver no acorta el código ni facilita su seguimiento, pero, en proyectos con muchas pruebas o en situaciones donde sean necesarias muchas líneas de código para crear un recurso utilizado en múltiples pruebas, puede mejorar de forma drástica su código de pruebas.

Cuando quiera utilizar este método, escriba una función que genere el recurso utilizado por múltiples funciones de prueba. Añada el decorador @pytest.fixture a la nueva función y agregue el nombre de esta función como parámetro para cada una de las funciones de prueba que utilicen este recursos. Sus pruebas serán más cortas, fáciles de escribir y de mantener de ahí en adelante.

PRUÉBELO

- **11-3. Empleado:** Escriba una clase llamada Empleado. El método __init__() debería tomar un nombre, un apellido y un salario anual y guardar todos estos atributos. Escriba un método llamado dar_aumento() que añada 5.000 euros al salario anual por defecto, pero que también acepte otros aumentos.
  Escriba un caso de prueba para Empleado con dos funciones de prueba: test_dar_aumento_predeterminado() y test_dar_aumento_personalizado(). Escriba sus pruebas una vez sin utilizar el método fixture y asegúrese de que ambas pruebas pasan. A continuación, haga el mismo ejercicio utilizando dicho método para no tener que crear una nueva instancia de empleado en cada función de prueba. Pase de nuevo las pruebas y asegúrese de que ambas pasan.

Resumen

En este capítulo ha aprendido a escribir pruebas para funciones y clases con herramientas del módulo `pytest`. Ha aprendido a escribir funciones de prueba que verifiquen comportamientos concretos que deben darse en sus funciones y clases. Hemos aprendido a utilizar las funciones de configuración de pruebas o *fixtures* para crear de forma eficaz recursos que podrá utilizar en múltiples funciones de prueba en un archivo de pruebas.

Las pruebas son un tema importante desconocido para muchos principiantes. No es necesario escribir pruebas para todos los proyectos sencillos que cree mientras aprende. Sin embargo, cuando empiece a trabajar en proyectos que impliquen un esfuerzo de desarrollo significativo, debería probar los comportamientos críticos de sus funciones y clases. Tendrá la tranquilidad de que las novedades que vaya introduciendo en su proyecto no estropean las partes anteriores que funcionaban y eso le dará libertad para mejorar el código. Si por accidente estropea una funcionalidad existente, lo descubrirá de inmediato y podrá resolver el problema con más facilidad. Responder a una prueba fallida que ejecutamos nosotros es mucho más fácil que responder a un fallo del que nos ha informado un usuario descontento.

Los demás programadores respetarán más sus proyectos si incluyen algunas pruebas de inicio. Se sentirán más cómodos experimentando con su código y mostrarán una mayor disposición a colaborar con usted. Si quiere contribuir a un proyecto en el que trabajan otros programadores, se esperará que demuestre que su código pasa las pruebas existentes y, por lo general, se le pedirá que escriba pruebas para los nuevos comportamientos que introduzca en el proyecto.

Experimente con las pruebas para familiarizarse con el proceso de probar el código. Escriba pruebas para los comportamientos más importantes de sus funciones y clases, pero no intente dar una cobertura total a sus primeros proyectos, a menos que tenga una razón concreta para hacerlo.

PARTE II

PROYECTOS

¡Enhorabuena! Ya sabe lo suficiente sobre Python para empezar a crear proyectos interactivos y útiles. Crear sus propios proyectos le enseñará nuevas habilidades y le permitirá asentar la asimilación de los conceptos explicados en la primera parte del libro.

Esta segunda parte contiene tres tipos de proyectos. Puede trabajar en cualquiera de ellos o en todos los proyectos, en el orden que prefiera. Aquí tiene una breve descripción de cada proyecto para que decida cuál explorar primero.

Alien Invasion: Hacer un juego con Python

En el proyecto Alien Invasion (capítulos 12, 13 y 14), usaremos el paquete Pygame para desarrollar un juego en 2D. El objetivo del juego es derribar una flota de alienígenas a medida que descienden por la pantalla en niveles que van aumentando en velocidad y dificultad. Al finalizar el proyecto, habrá adquirido habilidades que le permitirán desarrollar sus propios juegos en 2D con Pygame.

Visualización de datos

El proyecto de visualización de datos empieza en el capítulo 15, donde aprenderá a generar datos y crear una serie de visualizaciones funcionales y bonitas de esos datos con Matplotlib y Plotly. En el capítulo 16, veremos cómo acceder a datos de fuentes en línea para alimentar un paquete de visualización que cree gráficos con datos meteorológicos y un mapa de la actividad sísmica mundial. Por último, el capítulo 17 explica cómo escribir un programa que descarga y visualiza datos automáticamente. Aprender a hacer visualizaciones le permitirá explorar el campo de la minería de datos, una de las habilidades más demandadas hoy en día en el ámbito de la programación.

Aplicaciones web

En el proyecto de aplicaciones web (capítulos 18, 19 y 20), usaremos el paquete Django para crear una sencilla aplicación web que permita a los usuarios llevar un diario acerca de una serie de temas de estudio. Los usuarios crearán una cuenta con un nombre de usuario y una contraseña, introducirán un tema y harán entradas sobre aquello que estén aprendiendo. También veremos cómo desplegar la aplicación para que cualquier persona del mundo pueda acceder a ella.

Tras completar este proyecto, podrá empezar a crear sus propias aplicaciones web sencillas y estará listo para explorar recursos más exhaustivos sobre la creación de aplicaciones con Django.

12

UNA NAVE QUE DISPARA BALAS

¡Vamos a crear un juego llamado Alien Invasion! Usaremos Pygame, una colección de módulos divertidos y potentes de Python que gestionan gráficos, animación e incluso sonido, lo que nos facilita mucho la creación de juegos sofisticados. Con Pygame ocupándose de tareas como dibujar imágenes en la pantalla, podemos concentrarnos en la lógica de alto nivel de la dinámica del juego. En este capítulo, instalaremos Pygame y crearemos un cohete espacial que se mueva hacia la izquierda y hacia la derecha disparando balas en respuesta a la entrada del jugador. En los dos capítulos siguientes, crearemos una flota alienígena para destruir y seguiremos refinando el juego poniendo límites al número de naves que se puede usar y añadiendo un marcador.

Mientras crea este juego, también aprenderá a manejar proyectos grandes que se distribuyan en varios archivos. Refactorizaremos mucho código y administraremos el contenido de los archivos para organizar el proyecto y hacer que el código sea efectivo.

Crear juegos es una forma ideal de divertirse mientras se aprende un lenguaje de programación. Jugar a un juego creado por uno mismo es muy satisfactorio, y escribir un juego tan sencillo nos ayudará a entender cómo desarrollan sus juegos los profesionales. Mientras trabaja en este capítulo, escriba y ejecute el código para identificar de qué manera cada bloque va aportando algo a la experiencia global del juego. Experimente con distintos valores y configuraciones para entender mejor cómo ir refinando las interacciones en sus juegos.

Nota: Alien Invasion ocupa varios archivos, así que cree una nueva carpeta `alien_invasion` en su sistema. Asegúrese de guardar ahí todos los archivos de proyecto para que las sentencias `import` funcionen correctamente.

Si se siente cómodo con el control de versiones, podría interesarle usarlo para este proyecto. Si no lo ha hecho nunca, consulte el apéndice D para una visión general del tema.

Planificación del proyecto

Cuando creamos un proyecto grande, es importante trazar un plan antes de empezar a escribir código. Este plan le ayudará a mantenerse centrado y aumenta las probabilidades de completar el proyecto. Vamos a escribir una descripción de la mecánica del juego. Aunque la siguiente descripción no cubre todos los detalles de Alien Invasion, da una idea clara de cómo empezar a montar el juego:

En Alien Invasion, el jugador controla una nave que aparece en el centro de la pantalla, en la parte inferior. El jugador puede mover la nave hacia la izquierda y hacia la derecha con las teclas de dirección y disparar balas con la **Barra espaciadora**. Cuando comienza el juego, una flota de extraterrestres llena el cielo y se mueve hacia abajo por la pantalla. El jugador dispara a los aliens y los destruye. Cuando el jugador consiga acabar con todos los alienígenas, aparece una nueva flota que se mueve más rápido que la anterior. Si un alien toca la nave del jugador o llega al fondo de la pantalla, el jugador pierde una vida. El juego termina cuando el jugador pierde tres vidas.

Para la primera fase de desarrollo, haremos una nave que se pueda desplazar hacia la derecha y hacia la izquierda cuando el jugador pulse las flechas de dirección del teclado y que dispare cuando el jugador pulse la **Barra espaciadora**. Tras configurar este comportamiento, podemos crear los aliens y refinar la mecánica del juego.

Instalar Pygame

Antes de empezar a escribir código, instale Pygame. Lo haremos del mismo modo en que instalamos pytest en el capítulo 11: con pip. Si se ha saltado el capítulo 11 o si necesita refrescar sus conocimientos sobre pip, vuelva a consultar este capítulo. Para instalar Pygame, escriba el siguiente comando:

```
$ python -m pip install --user pygame
```

Si usa un comando distinto de python para ejecutar programas o iniciar una sesión de terminal, como python3, asegúrese de utilizar dicho comando.

Iniciar el proyecto del juego

Empezaremos a construir el juego creando una ventana de Pygame vacía. Más adelante dibujaremos los elementos del juego, como la nave y los extraterrestres, en esta ventana. También haremos que nuestro juego responda a entrada de usuario, configuraremos el color de fondo y cargaremos una imagen de una nave.

Crear una ventana de Pygame y responder a entrada de usuario

Haremos una ventana vacía de Pygame creando una clase que represente el juego. En su editor de texto, cree un nuevo archivo y guárdelo como alien_invasion.py; luego escriba lo siguiente:

alien_invasion.py

```
import sys

import pygame

class AlienInvasion:
    """Clase general para gestionar los recursos y el comportamiento del juego."""

    def __init__(self):
        """Inicializa el juego y crea recursos."""
❶       pygame.init()

❷       self.screen = pygame.display.set_mode((1200, 800))
        pygame.display.set_caption("Alien Invasion")

    def run_game(self):
        """Inicia el bucle principal para el juego."""
❸       while True:
            # Busca eventos de teclado y ratón.
❹           for event in pygame.event.get():
❺               if event.type == pygame.QUIT:
                    sys.exit()

            # Hace visible la última pantalla dibujada.
❻           pygame.display.flip()

if __name__ == '__main__':
    # Hace una instancia del juego y lo ejecuta.
    ai = AlienInvasion()
    ai.run_game()
```

Primero, importamos los módulos sys y pygame. El módulo pygame contiene la funcionalidad que necesitamos para crear un juego. Usaremos las herramientas del módulo sys para salir del juego cuando el jugador quiera.

Alien Invasion empieza como una clase llamada AlienInvasion. En el método __init__(), la función pygame.init() inicializa la configuración de fondo que necesita Pygame para funcionar correctamente ❶. A continuación llamamos a pygame.display.set_mode() para crear una ventana ❷ en la que dibujaremos todos los elementos gráficos del juego. El argumento (1200, 800) es una tupla que define las dimensiones de la ventana del juego, que tendrá 1.200 píxeles de ancho por 800 de alto. (Puede ajustar estos valores dependiendo del tamaño de su monitor). Asignamos esta ventana al atributo self.screen para que esté disponible en todos los métodos de la clase.

El objeto que asignamos a `self.screen` se denomina "superficie". Una superficie en Pygame es una parte de la pantalla donde se puede mostrar un elemento del juego. Cada elemento, como un alien o una nave, ocupa su propia superficie. La superficie que devuelve `display.set_mode()` representa la ventana completa del juego. Cuando activamos el bucle de animación del juego, esta superficie volverá a dibujarse a cada paso por el bucle para actualizarse con cualquier cambio producido por la entrada del usuario.

El método `run_game()` controla el juego. Este método contiene un bucle `while` ❸, que se ejecuta continuamente. El bucle `while` contiene un bucle de eventos y código para administrar las actualizaciones de la pantalla. Un "evento" es una acción que realiza el usuario mientras juega, como pulsar una tecla o mover el ratón. Para que nuestro programa responda a eventos, escribimos un bucle que escuche los eventos y realice las acciones adecuadas dependiendo del tipo de eventos que haya. El bucle `for` ❹ anidado en el bucle `while` es un bucle de eventos.

Para acceder a los eventos detectados por Pygame, utilizaremos la función `pygame.event.get()`. Esta función devuelve una lista de los eventos que se han producido desde la última vez que se la llamó. Cualquier evento de teclado o ratón hará que se ejecute este bucle `for`. Dentro del bucle, escribiremos una serie de sentencias `if` para detectar eventos específicos y responder en consecuencia. Por ejemplo, cuando el jugador haga clic en el botón para cerrar la ventana del juego, se detecta un evento `pygame.QUIT` y llamamos a `sys.exit()` para salir ❺.

La llamada a `pygame.display.flip()` ❻ dice a Pygame que haga visible la última pantalla dibujada. En este caso, simplemente dibuja una pantalla vacía en cada paso por el bucle `while`, borrando la pantalla antigua para que solo se vea la nueva. Cuando movemos elementos del juego, `pygame.display.flip()` actualiza constantemente la pantalla para mostrar las nuevas posiciones de esos elementos y ocultar las viejas, creando la ilusión de un movimiento suave.

Al final del archivo, creamos una instancia del juego y llamamos a `run_game()`. Colocamos `run_game()` en un bloque `if` que solo se ejecute si se llama al archivo directamente. Cuando ejecute este archivo `alien_invasion.py`, debería ver una ventana de Pygame vacía.

Controlar la tasa de *frames*

Lo ideal es que los juegos se ejecuten a la misma velocidad o con la misma tasa de *frames* o cuadros por segundo (fps) en cualquier sistema. Controlar la tasa de *frames* en un juego que pueda ejecutarse en diferentes sistemas es una cuestión compleja, pero Pygame ofrece una vía relativamente sencilla para conseguirlo. Vamos a crear un reloj y nos aseguraremos de que el segundero suene cada vez que pasa por el bucle principal. Siempre que el bucle procese más rápidamente que la tasa que definamos, Pygame calculará la cantidad de tiempo correcta para hacer una pausa, con el objetivo de que el juego se ejecute siguiendo una tasa consistente.

Definiremos el reloj en el método _ _ init _ _ ():

alien_invasion.py

```
def __init__(self):
    """Inicializa el juego y crear los recursos de juego."""
    pygame.init()
    self.clock = pygame.time.Clock()
    --fragmento omitido--
```

Una vez inicializado `pygame`, creamos una instancia de la clase `Clock`, a partir del módulo `pygame.time`. A continuación haremos que el reloj marque el tiempo al final del bucle `while` en `run_game()`:

```
def run_game(self):
    """Inicia el bucle principal del juego."""
    while True:
        --fragmento omitido--
        pygame.display.flip()
        self.clock.tick(60)
```

El método `tick` toma un argumento: la tasa de *frames* del juego. En este caso utilizamos un valor de 60, de tal modo que `Pygame` procurará que el bucle se ejecute exactamente 60 veces por segundo.

Nota: El reloj de Pygame debe ayudar a que el juego se ejecute de forma consistente en la mayoría de sistemas. Si el juego no se ejecuta con consistencia en su sistema, prueba con diferentes valores de tasa de cuadros. Si no encuentra una tasa adecuada en su sistema, excluya el reloj y configure los ajustes del juego hasta conseguir una correcta ejecución.

Configurar el color de fondo

Pygame crea una pantalla negra por defecto, pero eso es aburrido. Vamos a configurar un color de fondo distinto. Lo haremos al final del método __init__().

alien_invasion.py

```
def __init__(self):
    --fragmento omitido--
    pygame.display.set_caption("Alien Invasion")

    # Configura el color de fondo.
❶   self.bg_color = (230, 230, 230)

def run_game(self):
    --fragmento omitido--
        for event in pygame.event.get():
            if event.type == pygame.QUIT:
                sys.exit()
```

```
          # Redibuja la pantalla en cada paso por el bucle.
❷         self.screen.fill(self.bg_color)

          # Hace visible la última pantalla dibujada.
          pygame.display.flip()
          self.clock.tick(60)
```

Los colores se especifican en Pygame como RGB: una mezcla de rojo, verde y azul. Cada valor de color puede ir de 0 a 255. El valor de color (255, 0, 0) es rojo, (0, 255, 0) es verde y (0, 0, 255) es azul. Podemos mezclar distintos valores RGB para crear hasta 16 millones de colores. El valor de color (230, 230, 230) mezcla cantidades iguales de rojo, azul y verde, dando lugar a un color de fondo gris claro. Asignamos este color a self.bg_color ❶. Rellenamos la pantalla con el color de fondo usando el método fill() ❷, que actúa sobre una superficie y toma solo un argumento: un color.

Crear una clase Settings

Cada vez que introducimos una nueva funcionalidad en el juego, por lo general crearemos también una nueva configuración. En lugar de añadir configuraciones por todo el código, vamos a escribir un módulo settings que contenga una clase Settings para guardar todos estos valores en una misma ubicación. Este enfoque nos permite trabajar solo con un objeto settings cada vez que necesitemos acceder a una configuración individual. También hace que sea más fácil modificar el aspecto y el comportamiento del juego a medida que el proyecto crezca: para modificar el juego solo tendremos que cambiar los valores pertinentes en settings.py, que es lo que vamos a crear ahora, en vez de buscar distintas configuraciones por todo el proyecto.

Cree un nuevo archivo llamado settings.py en su carpeta alien_invasion y añada esta clase Settings inicial:

settings.py

```
class Settings:
    """Una clase para guardar toda la configuración de Alien Invasion."""

    def __init__(self):
        """Inicializa la configuración del juego."""
        # Configuración de la pantalla
        self.screen_width = 1200
        self.screen_height = 800
        self.bg_color = (230, 230, 230)
```

Para crear una instancia de Settings en el proyecto y usarla para acceder a la configuración, tendremos que modificar alien_invasion.py así:

alien_invasion.py

```
--fragmento omitido--
import pygame

from settings import Settings
```

```
class AlienInvasion:
    """Clase general para gestionar los recursos y el comportamiento del juego."""

    def __init__(self):
        """Inicializa el juego y crea recursos."""
        pygame.init()
        self.clock = pygame.time.Clock()
❶       self.settings = Settings()

❷       self.screen = pygame.display.set_mode(
            (self.settings.screen_width, self.settings.screen_height))
        pygame.display.set_caption("Alien Invasion")

    def run_game(self):
        --fragmento omitido--
        # Redibuja la pantalla en cada paso por el bucle.
❸       self.screen.fill(self.settings.bg_color)

        # Hace visible la última pantalla dibujada.
        pygame.display.flip()
        self.clock.tick(60)
--fragmento omitido--
```

Importamos Settings al archivo de programa principal. A continuación creamos una instancia de Settings y se la asignamos a self.settings ❶, después de llamar a pygame.init(). Cuando creamos una pantalla ❷, usamos los atributos screen_width y screen_height de self.settings y luego self.settings para acceder al color de fondo cuando rellenamos la pantalla ❸.

Cuando ejecute alien_invasion.py ahora no verá ningún cambio porque lo único que hemos hecho es mover a otro lugar la configuración que ya teníamos. Ya estamos listos para empezar a añadir elementos a la pantalla.

Añadir la imagen de la nave

Vamos a añadir la nave al juego. Para dibujar la nave del jugador en la pantalla, cargaremos una imagen y usaremos el método blit() de Pygame para dibujar la imagen.

Cuando escoja material gráfico para sus juegos, asegúrese de prestar atención a las licencias. La forma más segura y económica de empezar es usar gráficos con licencia gratuita para usar y modificar, como los de https://opengameart.org/.

Puede emplear prácticamente cualquier tipo de archivo de imagen en su juego, pero lo más fácil es usar un mapa de bits (.bmp) porque Pygame carga estos archivos por defecto. Aunque se puede configurar Pygame para que utilice otro tipo de archivos, algunos dependen de determinadas bibliotecas de imágenes que deberían estar instaladas en el ordenador. La mayoría de las imágenes que encontrará estarán en formato .jpg o .png, pero puede convertirlas en mapas de bits con herramientas como Photoshop, GIMP y Paint.

Preste especial atención al color de fondo de la imagen seleccionada. Busque un archivo con un fondo transparente o sólido que pueda reemplazar con cualquier color de fondo en un editor de imágenes. Sus juegos quedarán mejor si el color de fondo de la imagen coincide con el del juego. Otra opción es hacer que el color de fondo del juego coincida con el de la imagen.

Para Alien Invasion, puede usar el archivo `ship.bmp` (figura 12.1), disponible en los recursos del libro. El color de fondo del archivo coincide con la configuración que estamos usando en este proyecto. Cree una carpeta llamada `images` dentro de la carpeta del proyecto, `alien_invasion`. Guarde el archivo `ship.bmp` en `images`.

Figura 12.1. La nave de Alien Invasion.

Crear la clase Ship

Una vez elegida una imagen para la nave, tenemos que mostrarla en la pantalla. Para utilizar la nave, crearemos un nuevo módulo `ship` que contendrá la clase `Ship`. Esta clase administrará la mayor parte del comportamiento de la nave del jugador:

ship.py

```
import pygame

class Ship:
    """Una clase para gestionar la nave."""

    def __init__(self, ai_game):
        """Inicializa la nave y configura su posición inicial."""
❶       self.screen = ai_game.screen
❷       self.screen_rect = ai_game.screen.get_rect()

        # Carga la imagen de la nave y obtiene su rect.
❸       self.image = pygame.image.load('images/ship.bmp')
        self.rect = self.image.get_rect()
```

```
         # Coloca inicialmente cada nave nueva en el centro de la parte inferior de la pantalla.
❹        self.rect.midbottom = self.screen_rect.midbottom

❺    def blitme(self):
         """Dibuja la nave en su ubicación actual."""
         self.screen.blit(self.image, self.rect)
```

Pygame es eficiente porque nos deja tratar todos los elementos del juego como rectángulos ("rects"), aun cuando no tengan precisamente forma rectangular. Tratar un elemento así es eficiente porque los rectángulos son formas geométricas simples. Cuando Pygame necesita averiguar si dos elementos del juego han colisionado, por ejemplo, puede hacerlo más deprisa si trata cada objeto como un rectángulo. Este enfoque suele funcionar lo bastante bien como para que los jugadores no noten que no estamos trabajando con la forma exacta de cada elemento del juego. Trataremos la nave y la pantalla como rectángulos en esta clase.

Importamos el módulo pygame antes de definir la clase. El método __init__() de Ship toma dos parámetros: la referencia self y una referencia a la instancia actual de la clase AlienInvasion. Esto dará a Ship acceso a todos los recursos del juego definidos en AlienInvasion. Asignamos la pantalla a un atributo de Ship ❶ para poder acceder a ella fácilmente en todos los métodos de la clase. Accederemos al atributo rect de la pantalla usando el método get_rect() y asignándoselo a self.screen_rect ❷. Esto nos permite colocar la nave en la posición correcta en la pantalla.

Para cargar la imagen, llamamos a pygame.image.load() ❸ y le proporcionamos la ubicación de nuestra imagen de la nave. Esta función devuelve una superficie que representa la nave y que asignaremos a self.image. Cuando se carga la imagen, llamamos a get_rect() para acceder al atributo rect de la superficie de la nave y poder usarlo luego para colocar el cohete.

Cuando trabajamos con un objeto rect, podemos usar las coordenadas x e y de los bordes superior, inferior, derecho e izquierdo del rectángulo, además del centro, para colocar el objeto. Podemos configurar cualquiera de estos valores para establecer la posición actual del rectángulo. Para centrar un elemento del juego, trabajaremos con los atributos center, centerx o centery del rectángulo. Cuando trabajemos en un borde de la pantalla, usaremos los atributos top, bottom, left o right. También hay atributos que combinan estas propiedades, como midbottom, midtop, midleft y midright. Al ajustar la ubicación horizontal o vertical del rectángulo, podemos usar los atributos x e y, que son las coordenadas x e y de su esquina superior izquierda. Estos atributos nos evitan tener que hacer cálculos que antiguamente los desarrolladores de juegos debían realizar manualmente; los usará a menudo.

Nota: En Pygame, el origen (0, 0) se encuentra en la esquina superior izquierda de la pantalla y las coordenadas aumentan al bajar y moverse hacia la derecha. En una pantalla de 1.200 por 800, el origen está en la esquina superior izquierda y la esquina inferior derecha tiene las coordenadas (1200, 800). Estas coordenadas hacen referencia a la ventana del juego, no a la pantalla física.

Colocaremos la nave en el centro de la parte inferior de la pantalla. Para ello, haremos que el valor de `self.rect.midbottom` coincida con el atributo `midbottom` del rectángulo de la pantalla ❹. Pygame usa estos atributos `rect` para colocar la nave de manera que esté centrada horizontalmente y alineada con la parte inferior de la pantalla.

Por último, definimos el método `blitme()` ❺ que dibuja la imagen en la pantalla en la posición especificada por `self.rect`.

Dibujar la nave en la pantalla

Vamos a actualizar `alien_invasion.py` para que cree una nave y llame a su método `blitme()`:

alien_invasion.py

```
--fragmento omitido--
from settings import Settings
from ship import Ship

class AlienInvasion:
    """Clase general para administrar los recursos y el comportamiento del juego."""

    def __init__(self):
        --fragmento omitido--
        pygame.display.set_caption("Alien Invasion")

❶       self.ship = Ship(self)

    def run_game(self):
        --fragmento omitido--
        # Redibuja la pantalla en cada paso por el bucle.
        self.screen.fill(self.settings.bg_color)
❷       self.ship.blitme()

        # Hace visible la última pantalla dibujada.
        pygame.display.flip()
        self.clock.tick(60)
--fragmento omitido--
```

Importamos `Ship` y hacemos una instancia después de crear la pantalla ❶. La llamada a `Ship()` requiere un argumento, una instancia de `AlienInvasion`. El argumento `self` se refiere aquí a la instancia actual de `AlienInvasion`. Este es el parámetro que da a `Ship` acceso a los recursos del juego, como, por ejemplo, el objeto `screen`. Asignamos esta instancia de `Ship` a `self.ship`.

Después de rellenar el fondo, dibujamos la nave en la pantalla llamando a `ship.blitme()` para que la nave aparezca encima del fondo ❷.

Al ejecutar `alien_invasion.py` ahora, debería aparecer una pantalla de juego vacía, con la nave en el centro de la parte inferior, como se muestra en la figura 12.2.

Figura 12.2. Alien Invasion con la nave en el centro de la parte inferior de la pantalla.

Refactorización: Los métodos _check_events() y _update_screen()

En proyectos grandes, a menudo tendrá que refactorizar el código que ha escrito antes de añadir más. La refactorización simplifica la estructura del código que tenemos escrito, de modo que sea más fácil ampliarlo. En esta sección, dividiremos el método run_game(), que se está haciendo bastante largo, en dos "métodos auxiliares". Un método auxiliar trabaja dentro de una clase, pero no se ha creado para ser utilizado por el código externo a dicha clase. En Python, un solo guion bajo inicial indica que estamos ante un método auxiliar.

El método _check_events()

Vamos a mover el código que gestiona los eventos a un método aparte llamado _check_events(). Esto simplificará run_game() y aislará el bucle de gestión de eventos. Este aislamiento nos permite gestionar los eventos independientemente de otros aspectos del juego, como la actualización de la pantalla.

Esta es la clase AlienInvasion con el nuevo método _check_events(), que solo afecta al código de run_game():

alien_invasion.py

```
def run_game(self):
    """Inicia el bucle principal del juego."""
    while True:
❶      self._check_events()

        # Redibuja la pantalla en cada paso por el bucle.
        --fragmento omitido--

❷ def _check_events(self):
    """Responde a pulsaciones de teclas y eventos de ratón."""
    for event in pygame.event.get():
        if event.type == pygame.QUIT:
            sys.exit()
```

Escribimos un nuevo método _check_events() ❷ y movemos ahí las líneas que comprueban si el jugador ha hecho clic para cerrar la ventana.

Para llamar a un método desde dentro de una clase, usamos la notación de punto con la variable self y el nombre del método ❶. Llamamos al método desde dentro del bucle while de run_game().

El método _update_screen()

Para simplificar más todavía run_game(), moveremos el código para actualizar la pantalla a un método aparte llamado _update_screen():

alien_invasion.py

```
def run_game(self):
    """Inicia el bucle principal del juego."""
    while True:
        self._check_events()
        self._update_screen()
        self.clock.tick(60)

def _check_events(self):
    --fragmento omitido--

def _update_screen(self):
    """Actualiza las imágenes en la pantalla y cambia a la pantalla nueva."""
    self.screen.fill(self.settings.bg_color)
    self.ship.blitme()

    pygame.display.flip()
```

Hemos movido el código que dibuja el fondo y la nave y cambia la pantalla a _update_screen(). Ahora el cuerpo del bucle principal de run_game() es mucho más simple. Es fácil ver que, a cada paso por el bucle, estamos buscando eventos nuevos, actualizando la pantalla y haciendo funcionar el reloj. Si ya ha creado unos cuantos juegos, seguramente empezará desmenuzando el código en métodos como estos. Por el contrario, si nunca se ha enfrentado a un proyecto de estas características, es posible que no sepa exactamente cómo estructurar el código en sus fases iniciales. Este enfoque consistente en escribir código que funcione para después reestructurarlo a medida que gana en complejidad nos da una idea de un proceso de desarrollo realista: empezamos escribiendo código lo más sencillo posible, y lo refactorizamos a medida que se complique el proyecto.

Ahora que tenemos el código reestructurado para que sea más fácil ampliarlo, podemos trabajar en los aspectos dinámicos del juego.

PRUÉBELO

- **12-1. Cielo azul:** Cree una ventana de Pygame con un fondo azul.
- **12-2. Personaje de juego:** Busque una imagen en mapa de bits de un personaje de juego que le guste o convierta la imagen a mapa de bits. Escriba una clase que dibuje el personaje en el centro de la pantalla y haga coincidir el color de fondo de la imagen con el color de fondo de la pantalla o viceversa.

Pilotar la nave

A continuación, daremos al jugador la capacidad de mover la nave hacia la izquierda y hacia la derecha. Escribiremos código que responda cuando el jugador pulse las teclas de dirección. Nos concentraremos primero en el movimiento hacia la derecha y luego aplicaremos los mismos principios al movimiento hacia la izquierda. Al añadir este código, aprenderá a controlar el movimiento de imágenes en la pantalla y a responder a entrada de usuario.

Responder a pulsaciones de teclas

Siempre que el jugador pulse una tecla, la pulsación se registrará en Pygame como un evento. El método `pygame.event.get()` recoge todos los eventos. Tenemos que especificar en nuestro método `_check_events()` qué tipo de eventos queremos que compruebe el juego. Cada pulsación de una tecla se registra como un evento `KEYDOWN`.

Cuando Pygame detecta un evento `KEYDOWN`, necesitamos comprobar si la tecla que se ha pulsado es una que desencadena una acción determinada. Por ejemplo, si el jugador pulsa la tecla **Flecha derecha**, queremos aumentar el valor `rect.x` de la nave para moverla a la derecha:

alien_invasion.py

```
def _check_events(self):
    """Responde a pulsaciones de teclado y eventos de ratón."""
    for event in pygame.event.get():
        if event.type == pygame.QUIT:
            sys.exit()
```

```
❶      elif event.type == pygame.KEYDOWN:
❷        if event.key == pygame.K_RIGHT:
              # Mueve la nave a la derecha.
❸            self.ship.rect.x += 1
```

Dentro de _check_events() añadimos un bloque elif al bucle de eventos para responder cuando Pygame detecte un evento KEYDOWN ❶. Comprobamos si la tecla pulsada, event.key, es **Flecha derecha** ❷. Esta tecla está representada como pygame.K_RIGHT. Si se ha pulsado, movemos la nave hacia la derecha aumentando el valor de self.ship.rect.x en 1 ❸.

Ahora, al ejecutar alien_invasion.py, la nave debería moverse hacia la derecha un píxel cada vez que se pulse la tecla **Flecha derecha**. Es un comienzo, pero no es una forma eficiente de controlar la nave. Vamos a mejorar este control permitiendo el movimiento continuo.

Permitir un movimiento continuo

Cuando el jugador mantenga pulsada la **Flecha derecha**, queremos que la nave siga moviéndose hacia la derecha hasta que el jugador suelte la tecla. Haremos que el juego detecte un evento pygame.KEYUP para saber cuándo se suelta la **Flecha derecha**; luego usaremos los eventos KEYDOWN y KEYUP junto con una bandera llamada moving_right para implementar el movimiento continuo. Cuando la bandera moving_right sea False, la nave no se moverá. Cuando el jugador pulse la **Flecha derecha**, la bandera se pondrá en True y, cuando el jugador suelte la tecla, la bandera volverá a False.

La clase Ship controla todos los atributos de la nave, así que le daremos uno llamado moving_right y un método update() para comprobar el estado de la bandera moving_right. El método update() cambiará la posición de la nave si la bandera es True. Llamaremos a este método una vez en cada paso por el bucle while para actualizar la posición de la nave. Estos son los cambios que haremos en Ship:

ship.py

```
class Ship:
    """Una clase para gestionar la nave."""

    def __init__(self, ai_game):
        --fragmento omitido--
        # Inicia cada nave nueva en el centro de la parte inferior de la pantalla.
        self.rect.midbottom = self.screen_rect.midbottom

        # Bandera de movimiento; empieza con una bandera que no se mueve.
❶       self.moving_right = False

❷   def update(self):
        """Actualiza la posición de la nave en función de la bandera de movimiento."""
        if self.moving_right:
            self.rect.x += 1

    def blitme(self):
        --fragmento omitido--
```

Añadimos un atributo `self.moving_right` en el método `__init__()` y lo configuramos inicialmente como `False` ❶. Luego añadimos `update()`, que mueve la nave hacia la derecha si la bandera es `True` ❷. Llamamos a este método a través de una instancia de `Ship`, por eso no se considera un método auxiliar.

Ahora tenemos que modificar `_check_events()` para que `moving_right` se establezca como `True` cuando se pulse la **Flecha derecha** y como `False` cuando se suelte la tecla:

alien_invasion.py

```
def _check_events(self):
    """Responde a pulsaciones de teclado y eventos de ratón."""
    for event in pygame.event.get():
        --fragmento omitido--
        elif event.type == pygame.KEYDOWN:
            if event.key == pygame.K_RIGHT:
                self.ship.moving_right = True
        elif event.type == pygame.KEYUP:
            if event.key == pygame.K_RIGHT:
                self.ship.moving_right = False
```

Aquí modificamos cómo el juego responde cuando el jugador pulsa la tecla **Flecha derecha**: en vez de cambiar directamente la posición de la nave, solo establecemos `moving_right` en `True` ❶. A continuación, añadimos un nuevo bloque `elif`, que responde a eventos KEYUP ❷. Cuando el jugador suelta la tecla (`K_RIGHT`), configuramos `moving_right` en `False`. A continuación, modificamos el bucle `while` de `run_game()` para que llame al método `update()` de la nave en cada paso por el bucle:

alien_invasion.py

```
def run_game(self):
    """Inicia el bucle principal del juego."""
    while True:
        self._check_events()
        self.ship.update()
        self._update_screen()
        self.clock.tick(60)
```

La posición de la nave se actualizará después de comprobar si hay eventos de teclado y antes de actualizar la pantalla. Esto permite actualizar la posición de la nave en respuesta a la entrada del jugador y se asegura de que se utilizará la posición actualizada cuando se dibuje la nave en la pantalla.

Al ejecutar `alien_invasion.py` y mantener pulsada la **Flecha derecha**, la nave debería moverse continuamente hacia la derecha hasta que se suelte la tecla.

Movimiento hacia la izquierda y hacia la derecha

Ahora que la nave se puede mover continuamente hacia la derecha, añadir movimiento hacia la izquierda es bastante fácil. De nuevo, modificaremos la clase `Ship` y el método `_check_events()`. Estos son los cambios relevantes en `__init__()` y `update()` en `Ship`:

ship.py

```
def __init__(self, ai_game):
    --fragmento omitido--
    # Banderas de movimiento; comienza con una nave que no está en movimiento.
    self.moving_right = False
    self.moving_left = False

def update(self):
    """Actualiza la posición de la nave en función de las banderas de movimiento."""
    if self.moving_right:
        self.rect.x += 1
    if self.moving_left:
        self.rect.x -= 1
```

En __init__(), añadimos una bandera self.moving_left. En update(), usamos dos bloques if separados en vez de un elif para permitir que el valor rect.x de la nave se incremente y disminuya cuando se mantengan pulsadas las dos teclas. El resultado es que la nave no se mueve. Si usásemos elif para el movimiento hacia la izquierda, la tecla **Flecha derecha** siempre tendría prioridad. Al usar dos bloques if, los movimientos son más precisos cuando el jugador mantenga momentáneamente las dos teclas pulsadas al cambiar de dirección.

Tenemos que añadir dos elementos a _check_events():

alien_invasion.py

```
def _check_events(self):
    """Responde a pulsaciones de teclado y eventos de ratón."""
    for event in pygame.event.get():
        --fragmento omitido--
        elif event.type == pygame.KEYDOWN:
            if event.key == pygame.K_RIGHT:
                self.ship.moving_right = True
            elif event.key == pygame.K_LEFT:
                self.ship.moving_left = True

        elif event.type == pygame.KEYUP:
            if event.key == pygame.K_RIGHT:
                self.ship.moving_right = False
            elif event.key == pygame.K_LEFT:
                self.ship.moving_left = False
```

Si se produce un evento KEYDOWN para la tecla K_LEFT, establecemos moving_left en True. Si se produce un evento KEYUP para la tecla K_LEFT, establecemos moving_left en False. Podemos usar bloques elif aquí porque cada evento está conectado a una sola tecla. Si el jugador pulsa las dos a la vez, se detectarán dos eventos diferentes.

Al ejecutar alien_invasion.py de nuevo, deberíamos poder mover la nave continuamente hacia la derecha y hacia la izquierda. Si pulsamos las dos teclas a la vez, la nave debería detenerse. A continuación, refinaremos más el movimiento de la nave. Vamos a ajustar la velocidad y el límite hasta el que puede moverse para que no pueda desaparecer por los lados de la pantalla.

Ajustar la velocidad de la nave

Ahora mismo, la nave se mueve un píxel por ciclo por el bucle `while`, pero podemos refinar más el control de la velocidad de la nave añadiendo un atributo `ship_speed` a la clase `Settings`. Utilizaremos este atributo para determinar hasta dónde puede moverse la nave en cada paso por el bucle. Así queda el nuevo atributo en `settings.py`:

settings.py

```
class Settings:
    """Una clase para guardar todas las configuraciones de Alien Invasion."""

    def __init__(self):
        --fragmento omitido--

        # Configuración de la nave.
        self.ship_speed = 1.5
```

Establecemos el valor inicial de `ship_speed` en `1.5`. Ahora, cuando la nave se mueva, su posición se ajusta en 1,5 píxeles en vez de en 1 a cada paso por el bucle.

Usamos flotantes para configurar la velocidad porque nos ofrecerán un control más preciso de la velocidad de la nave cuando aumentemos el tempo del juego más adelante. Sin embargo, los atributos `rect` como x solo almacenan valores enteros, así que tendremos que hacer algunas modificaciones en `Ship`:

ship.py

```
class Ship:
    """Una clase para gestionar la nave."""

    def __init__(self, ai_game):
        """Inicializa la nave y establece su posición inicial."""
        self.screen = ai_game.screen
❶       self.settings = ai_game.settings
        --fragmento omitido--

        # Inicia cada nave nueva en el centro de la parte inferior de la pantalla.
        self.rect.midbottom = self.screen_rect.midbottom

        # Guarda un valor decimal para la posición horizontal exacta de la nave.
❷        self.x = float(self.rect.x)

        # Banderas de movimiento; comienza con una nave que no se está moviendo.
        self.moving_right = False
        self.moving_left = False

    def update(self):
        """Actualiza la posición de la nave en función de las banderas de movimiento."""
        # Actualiza el valor x de la nave, no el rect.
        if self.moving_right:
❸          self.x += self.settings.ship_speed
        if self.moving_left:
            self.x -= self.settings.ship_speed
```

```
      # Actualiza el objeto rect de self.x.
❹     self.rect.x = self.x

   def blitme(self):
     --fragmento omitido--
```

Creamos un atributo `settings` para `Ship`, para poder usarlo en `update()` ❶. Como estamos ajustando la posición de la nave en fracciones de píxel, necesitamos asignar a la posición una variable que pueda almacenar flotantes. Podemos usar un flotante para configurar un atributo de `rect`, pero el `rect` solo conservará la porción entera de ese valor. Para hacer un seguimiento preciso de la posición de la nave, definimos un nuevo atributo `self.x` que pueda albergar valores decimales ❷. Usamos la función `float()` para convertir el valor de `self.rect.x` en un flotante y asignamos ese valor a `self.x`.

Ahora, cuando cambiamos la posición de la nave en `update()`, el valor de `self.x` se ajusta en la cantidad almacenada en `settings.ship_speed` ❸. Una vez actualizado `self.x`, usamos el nuevo valor para actualizar `self.rect.x`, que controla la posición de la nave ❹. Solo la porción entera de `self.x` se guardará en `self.rect.x`, pero nos sirve para mostrar la nave.

Ahora podemos cambiar el valor de `ship_speed`, y añadir cualquier valor mayor que 1 hará que la nave se mueva más rápido. Esto contribuye a que la nave responda lo bastante rápido para disparar a los marcianos y nos permitirá cambiar el tempo del juego a medida que el jugador progrese.

Limitar el alcance de la nave

En este punto, si mantenemos las teclas de dirección pulsadas el tiempo suficiente, la nave desaparecerá por cualquiera de los bordes de la pantalla. Vamos a corregir esto para que la nave se detenga al llegar al borde de la pantalla. Lo haremos modificando el método `update()` de `Ship`:

ship.py

```
   def update(self):
       """Actualiza la posición de la nave en función de las banderas de movimiento."""
       # Actualiza el valor x de la nave, no el rect.
❶     if self.moving_right and self.rect.right < self.screen_rect.right:
           self.x += self.settings.ship_speed
❷     if self.moving_left and self.rect.left >0:
           self.x -= self.settings.ship_speed

       # Actualiza el objeto rect de self.x.
       self.rect.x = self.x
```

Este código comprueba la posición de la nave antes de cambiar el valor de `self.x`. El código `self.rect.right` devuelve la coordenada *x* del borde derecho del `rect` de la nave. Si este valor es menor que el devuelto por `self.screen_rect.right`, la nave no ha llegado al borde derecho de la pantalla ❶. Lo mismo pasa con el izquierdo: si el valor del lado izquierdo del `rect` es mayor que cero, la nave no ha llegado al borde izquierdo de la pantalla ❷. Esto garantiza que la nave permanece dentro de estos límites antes de ajustar el valor de `self.x`.

Cuando volvamos a ejecutar `alien_invasion.py`, la nave debería dejar de moverse al llegar a cualquiera de los bordes de la pantalla. Está muy bien; lo único que hemos hecho es añadir una prueba condicional en una sentencia `if`, pero da la sensación de que la nave choca con una pared o un campo de fuerza en los bordes de la pantalla.

Refactorización de _check_events()

El método `_check_events()` se hará más largo a medida que desarrollemos el juego, así que vamos a dividirlo en dos métodos diferentes: uno que gestione los eventos KEYDOWN y otro que maneje los eventos KEYUP:

alien_invasion.py

```python
def _check_events(self):
    """Responde a pulsaciones de teclado y eventos de ratón."""
    for event in pygame.event.get():
        if event.type == pygame.QUIT:
            sys.exit()
        elif event.type == pygame.KEYDOWN:
            self._check_keydown_events(event)
        elif event.type == pygame.KEYUP:
            self._check_keyup_events(event)

def _check_keydown_events(self, event):
    """Responde a pulsaciones de teclas."""
    if event.key == pygame.K_RIGHT:
        self.ship.moving_right = True
    elif event.key == pygame.K_LEFT:
        self.ship.moving_left = True

def _check_keyup_events(self, event):
    """Responde a liberaciones de teclas."""
    if event.key == pygame.K_RIGHT:
        self.ship.moving_right = False
    elif event.key == pygame.K_LEFT:
        self.ship.moving_left = False
```

Creamos dos nuevos métodos auxiliares: `_check_keydown_events()` y `_check_keyup_events()`. Cada uno necesita un parámetro `self` y un parámetro `event`. El cuerpo de estos dos métodos se copia de `_check_events()` y hemos sustituido el código viejo por llamadas a los nuevos métodos. El método `_check_events()` es más sencillo ahora y tiene una estructura más limpia que hará más fácil desarrollar más respuestas a la entrada del jugador.

Pulsar Q para salir

Ahora que estamos respondiendo eficazmente a las pulsaciones de teclado, podemos añadir otra forma de salir del juego. Resulta tedioso tener que hacer clic en la X de la esquina de la ventana del juego cada vez que queremos probar una característica nueva, así que vamos a añadir un atajo de teclado para salir del juego pulsando **Q**:

alien_invasion.py

```
def _check_keydown_events(self, event):
    --fragmento omitido--
    elif event.key == pygame.K_LEFT:
        self.ship.moving_left = True
    elif event.key == pygame.K_q:
        sys.exit()
```

En _check_keydown_events(), añadimos un nuevo bloque que termine el juego cuando el jugador pulse **Q**. Ahora, cuando hagamos pruebas, podemos pulsar esa tecla para cerrar el juego en vez de usar el cursor para cerrar la ventana.

Ejecutar el juego en modo pantalla completa

Pygame tiene un modo pantalla completa que quizás le guste más que ejecutar el juego en una ventana normal. Algunos juegos quedan mejor en pantalla completa y, en algunos sistemas, el juego puede ofrecer un mejor rendimiento en dicho modo.

Para ejecutar el juego en pantalla completa, haga estos cambios en __init__():

alien_invasion.py

```
def __init__(self):
    """Inicializa el juego y crea recursos."""
    pygame.init()
    self.settings = Settings()

❶   self.screen = pygame.display.set_mode((0, 0), pygame.FULLSCREEN)
❷   self.settings.screen_width = self.screen.get_rect().width
    self.settings.screen_height = self.screen.get_rect().height
    pygame.display.set_caption("Alien Invasion")
```

Al crear la superficie de la pantalla, pasamos un tamaño de (0, 0) y el parámetro pygame.FULLSCREEN ❶. Esto le indica a Pygame que use un tamaño de ventana que rellene toda la pantalla. Como no sabemos el alto y el ancho de la pantalla de antemano, actualizamos estas configuraciones después de crear la pantalla ❷. Utilizamos los atributos width y height del rectángulo de la pantalla para actualizar el objeto settings.

Si le gusta el aspecto y el comportamiento del juego en el modo pantalla completa, mantenga esta configuración. Si le gustaba más el juego en su propia ventana, puede volver a la configuración original en la que especificábamos un tamaño de pantalla concreto para el juego.

Nota: Asegúrese de que puede salir pulsando **Q** antes de ejecutar el juego en pantalla completa; Pygame no ofrece un modo predeterminado de salir del juego cuando se ejecuta en pantalla completa.

Un resumen rápido

En el siguiente apartado, añadiremos la capacidad de disparar, lo que implica la creación de un nuevo archivo llamado bullet.py y hacer algunas modificaciones en los archivos que estamos usando. Ahora mismo, tenemos tres archivos que contienen una serie de clases y métodos. Para tener clara la organización del proyecto, vamos a repasar estos archivos antes de añadir más funcionalidad.

alien_invasion.py

El archivo principal, alien_invasion.py, contiene la clase AlienInvasion. Esta clase crea varios atributos importantes que se usan a lo largo del juego: las configuraciones se asignan a settings, la superficie principal a screen y también se crea en este archivo una instancia de ship. El bucle principal del juego, un bucle while, también está guardado en este módulo. El bucle while llama a _check_events(), ship.update() y _update_screen(). También controla el reloj con cada pase por el bucle.

El método _check_events() detecta eventos relevantes, como pulsaciones y liberaciones de teclas, y los procesa a través de los métodos _check_keydown_events() y _check_keyup_events(). De momento, estos métodos gestionan el comportamiento de la nave. La clase AlienInvasion también contiene _update_screen(), que redibuja la pantalla en cada paso por el bucle principal.

El archivo alien_invasion.py es el único que necesitamos para jugar a Alien Invasion. Los otros archivos, settings.py y ship.py, contienen código que se importa a este archivo.

settings.py

El archivo settings.py contiene la clase Settings. Esta clase solo tiene un método __init__(), que inicializa atributos que controlan el aspecto del juego y la velocidad de la nave.

ship.py

El archivo ship.py contiene la clase Ship, que tiene un método __init__(), un método update() para gestionar la posición de la nave y un método blitme() para dibujar la nave en la pantalla. La imagen de la nave está guardada en ship.bmp, que está en la carpeta images.

> **PRUÉBELO**
>
> - **12-3. Documentación de Pygame:** Ya tenemos el juego lo bastante avanzado, por lo que conviene echarle un vistazo a la documentación de Pygame. La página de inicio de Pygame es `https://pygame.org/` y la de la documentación, `https://pygame.org/docs/`. De momento puede leerla por encima. No la necesita para completar este proyecto, pero le será útil cuando quiera modificar Alien Invasion o crear sus propios juegos.
> - **12-4. Cohete:** Haga un juego que empiece con un cohete en el centro de la pantalla. Permita al jugador moverlo hacia arriba, hacia abajo, hacia la derecha y hacia la izquierda usando las cuatro teclas de dirección. Asegúrese de que el cohete nunca sobrepasa los bordes de la pantalla.
> - **12-5. Teclas:** Haga un archivo de Pygame que cree una pantalla vacía. En el bucle de eventos, imprima el atributo `event.key` siempre que se detecte un evento `pygame.KEYDOWN`. Ejecute el programa y pulse varias teclas para ver cómo responde Pygame.

Disparar balas

Vamos a añadir la capacidad de disparar. Escribiremos código que dispare una bala, representada por un pequeño rectángulo, cuando el jugador pulse la **Barra espaciadora**. Las balas subirán rectas y desaparecerán por la parte superior de la pantalla.

Añadir la configuración de las balas

Al final del método `__init__()`, actualizaremos `settings.py` para incluir los valores que necesitaremos para una nueva clase `Bullet`:

settings.py

```
def __init__(self):
  --fragmento omitido--
  # Configuración de las balas.
  self.bullet_speed = 2.0
  self.bullet_width = 3
  self.bullet_height = 15
  self.bullet_color = (60, 60, 60)
```

Esta configuración crea balas de color gris oscuro con una anchura de 3 píxeles y una altura de 15. Las balas se moverán algo más rápido que la nave.

Crear la clase Bullet

Ahora creamos un archivo `bullet.py` para almacenar nuestra clase `Bullet`. Esta es la primera parte de `bullet.py`:

bullet.py

```
import pygame
from pygame.sprite import Sprite

class Bullet(Sprite):
    """Una clase para gestionar las balas disparadas desde la nave."""

    def __init__(self, ai_game):
        """Crea un objeto para la bala en la posición actual de la nave."""
        super().__init__()
        self.screen = ai_game.screen
        self.settings = ai_game.settings
        self.color = self.settings.bullet_color

        # Crea un rectángulo para la bala en (0, 0) y luego establece la posición correcta.
❶      self.rect = pygame.Rect(0, 0, self.settings.bullet_width,
            self.settings.bullet_height)
❷      self.rect.midtop = ai_game.ship.rect.midtop

        # Guarda la posición de la bala como flotante.
❸      self.y = float(self.rect.y)
```

La clase `Bullet` hereda de `Sprite`, que importamos del módulo `pygame.sprite`. Cuando usamos *sprites*, podemos agrupar los elementos relacionados del juego para actuar sobre todos ellos al mismo tiempo. Para crear una instancia de bala, `__init__()` necesita la instancia actual de `AlienInvasion` y llamamos a `super()` para heredar bien de `Sprite`. También configuramos atributos para la pantalla, la configuración y el color de la bala.

A continuación, creamos el atributo `rect` de la bala ❶. La bala no se basa en una imagen, así que crearemos un rectángulo desde cero con la clase `pygame.Rect()`, que requiere las coordenadas *x* e *y* de la esquina superior izquierda del `rect` y su altura y anchura. Inicializamos el `rect` en (`0, 0`), pero lo moveremos a la ubicación correcta en la siguiente línea, ya que la posición de la bala depende de la de la nave. Obtenemos la anchura y la altura de la bala de los valores almacenados en `self.settings`.

Establecemos el atributo `midtop` para que coincida con el atributo `midtop` de la nave ❷. Así, la bala emergerá de la parte superior de la nave y parecerá que se dispara desde ahí. Usamos un flotante para la coordenada y, para poder ajustar mejor su velocidad ❸. Aquí está la segunda parte de `bullet.py`, con `update()` y `draw_bullet()`:

bullet.py

```
def update(self):
    """Mueve la bala hacia arriba por la pantalla."""
    # Actualiza la posición exacta de la bala.
❶  self.y -= self.settings.bullet_speed
    # Actualiza la posición del rectángulo.
❷  self.rect.y = self.y

def draw_bullet(self):
    """Dibuja la bala en la pantalla."""
❸  pygame.draw.rect(self.screen, self.color, self.rect)
```

El método `update()` administra la posición de la bala. Cuando se dispara una, se mueve hacia arriba por la pantalla, lo que corresponde a un valor decreciente de la coordenada *y*. Para actualizar la posición, restamos la cantidad almacenada en `settings.bullet_speed` a `self.y` ❶. Luego usamos el valor de `self.y` para establecer el de `self.rect.y` ❷.

La configuración `bullet_speed` nos permite incrementar la velocidad de la bala a medida que progresa el juego o cuando necesitemos refinar su comportamiento. Una vez disparada una bala, nunca cambiamos el valor de su coordenada *x* para que se desplace verticalmente en línea recta, incluso aunque la nave se mueva.

Cuando queramos dibujar una bala, llamaremos a `draw_bullet()`. La función `draw.rect()` rellena la parte de la pantalla definida por el `rect` de la bala con el color almacenado en `self.color` ❸.

Agrupar balas

Ya tenemos la clase `Bullet` y hemos definido la configuración necesaria, así que podemos escribir código para disparar una bala cada vez que el jugador pulse la **Barra espaciadora**. Crearemos un grupo en `AlienInvasion` para almacenar todas las balas activas, de modo que podamos gestionar las balas que ya se han disparado. Este grupo será una instancia de la clase `pygame.sprite.Group`, que se comporta como una lista con funcionalidad adicional que es útil para construir juegos. Usaremos este grupo para dibujar balas en la pantalla a cada paso por el bucle principal y para actualizar la posición de cada bala.

En primer lugar, importaremos la nueva clase `Bullet`:

alien_invasion.py

```
--fragmento omitido--
from ship import Ship
from bullet import Bullet
```

A continuación, crearemos el grupo que contiene las balas en `__init__()`:

alien_invasion.py

```
def __init__(self):
    --fragmento omitido--
    self.ship = Ship(self)
    self.bullets = pygame.sprite.Group()
```

A continuación necesitamos actualizar la posición de las balas con cada pase por el bucle `while`:

alien_invasion.py

```
def run_game(self):
    """Inicia el bucle principal del juego."""
    while True:
        self._check_events()
```

```
self.ship.update()
self.bullets.update()
self._update_screen()
self.clock.tick(60)
```

Cuando llamamos a `update()` en un grupo, el grupo llama automáticamente a `update()` para cada uno de sus *sprites*. La línea `self.bullets.update()` llama a `bullet.update()` para cada bala colocada en el grupo `bullets`.

Disparar balas

En `AlienInvasion`, tenemos que modificar `_check_keydown_events()` para disparar una bala cuando el jugador pulse la **Barra espaciadora**. No necesitamos cambiar `_check_keyup_events()`, ya que al soltar esa tecla no ocurre nada. También hay que modificar `_update_screen()` para asegurarse de que cada bala se dibuja en la pantalla antes de llamar a `flip()`.

Sabemos que hay trabajo que hacer cuando disparamos una bala, así que vamos a escribir un nuevo método, `_fire_bullet()`, que lo gestione:

alien_invasion.py

```
def _check_keydown_events(self, event):
    --fragmento omitido--
    elif event.key == pygame.K_q:
        sys.exit()
❶  elif event.key == pygame.K_SPACE:
        self._fire_bullet()

def _check_keyup_events(self, event):
    --fragmento omitido--

def _fire_bullet(self):
    """Crea una nueva bala y la añade al grupo de balas."""
❷  new_bullet = Bullet(self)
❸  self.bullets.add(new_bullet)

def _update_screen(self):
    """Actualiza las imágenes en pantallas y pasa a nueva pantalla."""
self.screen.fill(self.settings.bg_color)
❹  for bullet in self.bullets.sprites():
        bullet.draw_bullet()
    self.ship.blitme()

    pygame.display.flip()
--fragmento omitido--
```

Llamamos a `_fire_bullet()` cuando se pulsa la **Barra espaciadora** ❶. En `_fire_bullet()`, hacemos una instancia de `Bullet` y la llamamos `new_bullet` ❷. Después, la añadimos al grupo `bullets` con el método `add()` ❸. Es similar a `append()`, pero está escrito específicamente para grupos de Pygame.

El método `bullets.sprites()` devuelve una lista de todos los *sprites* del grupo `bullets`. Para dibujar todas las balas disparadas en la pantalla, pasamos en bucle por los *sprites* de `bullets` y llamamos a `draw_bullet()` en cada uno ❹. Colocamos este bucle antes de la línea que dibuja la nave, de modo que las balas no empiecen a salir por detrás de la nave.

Al ejecutar `alien_invasion.py`, deberíamos poder mover la nave hacia la izquierda y hacia la derecha y disparar todas las balas que queramos. Las balas se mueven hacia arriba por la pantalla y desaparecen al llegar al borde superior, como muestra la figura 12.3. Podemos modificar el tamaño, el color y la velocidad de las balas en `settings.py`.

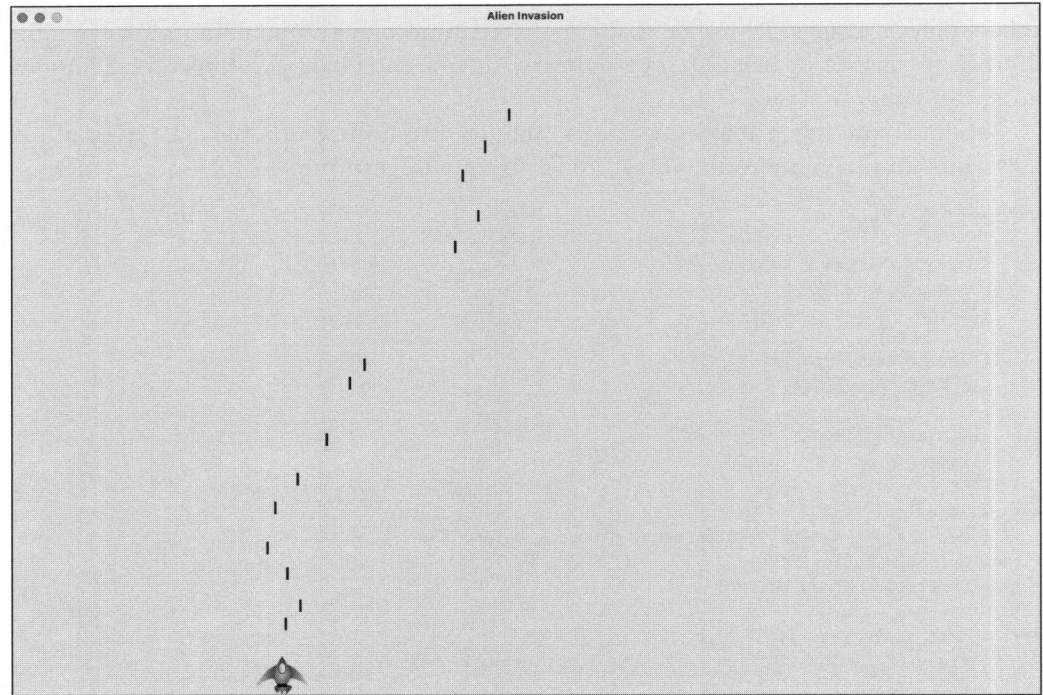

Figura 12.3. La nave después de disparar una ráfaga de balas.

Borrar las balas viejas

Ahora mismo, las balas desaparecen cuando llegan a la parte superior, pero solo porque Pygame no puede dibujar por encima de ese borde. En realidad, las balas siguen existiendo; los valores de sus coordenadas *y* siguen aumentando negativa- mente y esto es un problema porque siguen consumiendo memoria y potencia de procesamiento.

Necesitamos deshacernos de estas balas antiguas para que el juego no se ralentice con tanto trabajo innecesario. Para ello, tenemos que detectar cuándo el valor `bottom` del `rect` de una bala tiene un valor de 0, lo que indica que la bala ha superado el borde superior de la pantalla:

alien_invasion.py

```
def run_game(self):
    """Inicia el bucle principal del juego."""
    while True:
        self._check_events()
        self.ship.update()
        self.bullets.update()

        # Se deshace de las balas que han desaparecido.
❶      for bullet in self.bullets.copy():
❷          if bullet.rect.bottom <= 0:
❸              self.bullets.remove(bullet)
❹      print(len(self.bullets))

        self._update_screen()
        self.clock.tick(60)
```

Cuando usamos un bucle `for` con una lista (o un grupo en Pygame), Python espera que la lista mantenga la misma longitud mientras se ejecuta el bucle. Como no podemos quitar elementos de una lista o grupo dentro de un bucle, tenemos que pasar en bucle por una copia del grupo. Usamos el método `copy()` para configurar el bucle `for` ❶, lo que nos permite modificar el grupo `bullets` original dentro del bucle. Comprobamos cada bala para ver si ha desaparecido por encima de la pantalla ❷. Si lo ha hecho, la quitamos de `bullets` ❸. Insertamos una llamada a `print()` para ver cuántas balas existen actualmente en el juego y comprobar que se están borrando cuando llegan a la parte superior de la pantalla ❹.

Si este código funciona correctamente, podemos ver la salida del terminal mientras disparamos para comprobar que el número de balas disminuye hasta cero cuando cada serie de balas ha desaparecido por encima de la pantalla. Después de ejecutar el juego y verificar que las balas se borran bien, elimine la llamada a `print()`. Si la deja, el juego se ralentizará mucho porque se tarda más en escribir la salida en el terminal que en dibujar los gráficos en la ventana del juego.

Limitar el número de balas

Muchos juegos de disparos limitan el número de balas que puede tener el jugador en la pantalla en un momento dado; así se anima a los jugadores a disparar con más precisión. Haremos lo mismo en Alien Invasion.

Primero, guardaremos el número de balas permitidas en `settings.py`:

settings.py

```
# Configuración de las balas.
--fragmento omitido--
self.bullet_color = (60, 60, 60)
self.bullets_allowed = 3
```

Esto limita al jugador a tres balas cada vez. Usaremos esta configuración en `AlienInvasion` para comprobar cuántas balas hay antes de crear una nueva en `_fire_bullet()`:

alien_invasion.py

```
def _fire_bullet(self):
    """Crea una bala nueva y la añade al grupo bullets."""
    if len(self.bullets) < self.settings.bullets_allowed:
        new_bullet = Bullet(self)
        self.bullets.add(new_bullet)
```

Cuando el jugador pulsa la **Barra espaciadora**, comprobamos la longitud de `bullets`. Si `len(self.bullets)` es menor que tres, creamos una bala nueva. Pero, si ya hay tres balas activas, no ocurre nada al pulsar esa tecla. Ahora, al ejecutar el juego, únicamente deberíamos poder disparar balas en grupos de tres.

Crear el método _update_bullets()

Queremos mantener la clase `AlienInvasion` razonablemente bien organizada, así que, ahora que hemos escrito y comprobado el código para gestionar las balas, podemos moverlo a un método aparte. Crearemos un nuevo método llamado `_update_bullets()` y lo añadiremos justo antes de `_update_screen()`:

alien_invasion.py

```
def _update_bullets(self):
    """Actualiza la posición de las balas y se deshace de las viejas."""
    # Actualiza las posiciones de las balas.
    self.bullets.update()

    # Se deshace de las balas que han desaparecido.
    for bullet in self.bullets.copy():
        if bullet.rect.bottom <= 0:
            self.bullets.remove(bullet)
```

El código para `_update_bullets()` se corta y se pega de `run_game()`; lo único que hemos hecho aquí es aclarar los comentarios.

El bucle `while` de `run_game()` vuelve a tener un aspecto sencillo:

alien_invasion.py

```
while True:
    self._check_events()
    self.ship.update()
    self._update_bullets()
    self._update_screen()
    self.clock.tick(60)
```

Ahora nuestro bucle principal contiene un código mínimo, así que podemos leer rápidamente los nombres de los métodos y entender lo que pasa en el juego. El bucle principal comprueba la entrada del usuario y actualiza la posición de la nave y de las balas disparadas. Luego usamos las posiciones actualizadas para dibujar una nueva pantalla y activar el reloj al final de cada pase por el bucle.

Ejecute `alien_invasion.py` una vez más y asegúrese de que puede disparar las balas bien.

PRUÉBELO

• **12-6. Tirador lateral:** Escriba un juego que coloque una nave en el lateral izquierdo de la pantalla y permita al jugador moverla hacia arriba y hacia abajo. Haga que la nave dispare una bala que se mueva hacia la derecha por la pantalla cuando el jugador pulse la **Barra espaciadora**. Asegúrese de que las balas se borran cuando desaparecen de la pantalla.

Resumen

En este capítulo, ha aprendido a planificar un juego y cómo es la estructura básica de un juego escrito en Pygame. Ya sabe establecer un color de fondo y guardar configuraciones en una clase aparte donde puede ajustarlas con más facilidad. Hemos visto cómo dibujar una imagen en la pantalla y dar al jugador control sobre el movimiento de elementos del juego. Hemos creado elementos que se movían por su cuenta, como las balas que vuelan por la pantalla, y hemos borrado objetos que ya no necesitábamos. También ha aprendido a refactorizar código en un proyecto con regularidad para facilitar el desarrollo posterior.

En el capítulo 13, añadiremos los aliens a Alien Invasion. Al final del capítulo, será capaz de disparar a los extraterrestres, ¡con suerte antes de que lleguen a su nave!

13

¡ALIENÍGENAS!

En este capítulo, añadiremos alienígenas a Alien Invasion. Añadiremos un alienígena cerca de la parte superior de la pantalla y después generaremos una flota entera. Haremos que la flota avance lateralmente en sentido descendente y nos desharemos de los alienígenas que hayan sido alcanzados por alguna bala. Por último, limitaremos el número de naves de las que dispone un jugador y terminaremos el juego cuando el jugador se quede sin naves.

A medida que trabaje en este capítulo, aprenderá más sobre Pygame y sobre la gestión de proyectos de mayor envergadura. También aprenderá a detectar colisiones entre objetos, como balas y alienígenas. Detectar colisiones nos ayudará a definir interacciones entre elementos en un juego. Por ejemplo, podremos confinar a un personaje en un laberinto o hacer que dos personajes se pasen una pelota. Seguiremos trabajando en un plan de trabajo que revisaremos de vez en cuando para mantener el foco de nuestras sesiones de escritura de código.

Antes de empezar a escribir código nuevo para añadir una flota extraterrestre a la pantalla, echemos un vistazo al proyecto para actualizar nuestro plan.

Revisión del proyecto

Al empezar una nueva fase de desarrollo de un proyecto de envergadura, siempre conviene revisar el plan y aclarar qué es lo que se pretende conseguir con el nuevo código. Esto es lo que haremos en este capítulo:

- Añadir un único alienígena en la esquina superior izquierda de la pantalla con un espacio adecuado alrededor.
- Llenar el espacio superior de la pantalla con tantos alienígenas como podamos encajar horizontalmente. A continuación, crearemos filas añadidas de alienígenas hasta completar la flota.
- Hacer que la flota se desplace lateralmente y en sentido descendiente hasta que se dispare a todos los alienígenas, un extraterrestre toque la nave o un alienígena llegue al suelo. Si acabamos con toda la flota, crearemos una nueva. Si un alien alcanza la nave o el suelo, destruiremos la nave y crearemos una flota nueva.
- Limitar el número de naves que puede usar el jugador y terminar el juego cuando haya usado todas las naves permitidas.

Refinaremos este plan a medida que vayamos implementando diferentes funcionalidades del juego, pero estos objetivos son lo suficientemente específicos para empezar a programar.

Al empezar a trabajar en una nueva serie de funcionalidades para un proyecto, deberá siempre revisar el código existente. Dado que, por regla general, cada nueva fase incrementa la complejidad del proyecto, es recomendable limpiar un código ineficaz o desordenado. Hemos ido refactorizando sobre la marcha, así que ahora mismo no hay código que refactorizar.

Crear el primer alien

Colocar un alien en la pantalla es igual que colocar una nave. El comportamiento de cada alienígena se controla con clase llamada `Alien`, que estará estructurada como la clase `Ship`. Seguiremos usando imágenes de mapa de bits porque es más sencillo. Puede buscar su propia imagen para el alien o usar la de la figura 13.1, que está disponible en los recursos del libro.

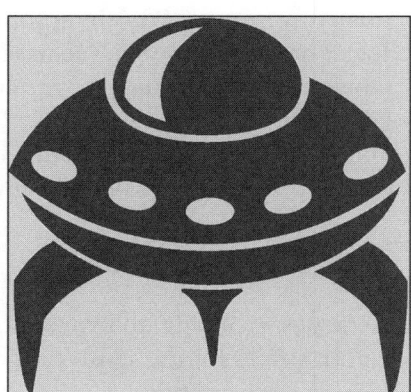

Figura 13.1. El alien que usaremos para construir la flota.

Esta imagen tiene un fondo gris, que coincide con el color de fondo de la pantalla. Asegúrese de guardar la imagen elegida en la carpeta images.

Crear la clase Alien

Ahora escribiremos la clase Alien y la guardaremos como alien.py:

alien.py

```
import pygame
from pygame.sprite import Sprite

class Alien(Sprite):
    """Una clase para representar un solo alien en la flota."""

    def __init__(self, ai_game):
        """Inicializa el alien y establece su posición inicial."""
        super().__init__()
        self.screen = ai_game.screen

        # Carga la imagen del alien y configura su atributo rect.
        self.image = pygame.image.load('images/alien.bmp')
        self.rect = self.image.get_rect()

        # Inicia un nuevo alien cerca de la parte superior izquierda de la pantalla.
        self.rect.x = self.rect.width
        self.rect.y = self.rect.height

        # Guarda la posición horizontal exacta del alien.
        self.x = float(self.rect.x)
```

❶
❷

La mayor parte de esta clase es igual que la clase Ship, salvo por la ubicación del alien en la pantalla. Inicialmente, vamos a colocar cada alien cerca de la esquina superior izquierda de la pantalla; añadiremos un espacio a la izquierda equivalente a la anchura del extraterrestre y un espacio encima igual a su altura ❶ para que se le vea bien. Nos preocupa sobre todo la velocidad horizontal de los alienígenas, así que haremos un seguimiento preciso de la posición horizontal de cada uno ❷.

Esta clase Alien no necesita un método para dibujarla en la pantalla; en su lugar, usaremos un método de grupo de Pygame que dibujará automáticamente los elementos del grupo.

Crear una instancia de Alien

Tenemos que crear una instancia de Alien para ver el primer alienígena en la pantalla. Como forma parte de nuestro trabajo de configuración, añadiremos el código de esta instancia al final del método __init__() en AlienInvasion. Acabaremos creando una flota entera de aliens, lo que supone bastante trabajo, así que crearemos un nuevo método auxiliar llamado _create_fleet().

El orden de los métodos de una clase es irrelevante, siempre y cuando haya cierta consistencia en la forma de colocarlos. Pondremos _create_fleet() justo antes del método _update_screen(), pero funcionaría en cualquier parte de AlienInvasion. Primero, importaremos la clase Alien.

Aquí están las sentencias import actualizadas para alien_invasion.py:

alien_invasion.py

```
--fragmento omitido--
from bullet import Bullet
from alien import Alien
```

Y este es el método __init__() actualizado:

alien_invasion.py

```
def __init__(self):
    --fragmento omitido--
    self.ship = Ship(self)
    self.bullets = pygame.sprite.Group()
    self.aliens = pygame.sprite.Group()

    self._create_fleet()
```

Creamos un grupo para alojar la flota de aliens y llamamos a _create_fleet(), que es lo que vamos a escribir ahora. Este es el nuevo método _create_fleet():

alien_invasion.py

```
def _create_fleet(self):
    """Crea la flota de aliens."""
    # Hace un alien.
    alien = Alien(self)
    self.aliens.add(alien)
```

En este método, creamos una instancia de Alien y se la añadimos al grupo que contendrá la flota. El alien se colocará en la posición predeterminada en la zona superior izquierda de la pantalla. Para que aparezca el alien, tenemos que llamar al método draw() del grupo en _update_screen():

alien_invasion.py

```
def _update_screen(self):
    --fragmento omitido--
    self-ship.blitme()
    self.aliens.draw(self.screen)

    pygame.display.flip()
```

Cuando llamamos a draw() en un grupo, Pygame dibuja cada elemento del grupo en la posición definida por su atributo rect. El método draw() requiere un argumento: una superficie en la que dibujar los elementos del grupo. La figura 13.2 muestra el primer alien en la pantalla.

Figura 13.2. Aparece el primer alien.

Ahora que el primer alien aparece correctamente, escribiremos el código para dibujar una flota entera.

Crear la flota extraterrestre

Para dibujar una flota, necesitamos descubrir cómo llenar la parte superior de la pantalla con alienígenas, sin saturar la ventana del juego. Hay varias formas de lograr este objetivo. Lo abordaremos agregando alienígenas a lo largo de la parte superior de la pantalla, hasta que no quede espacio para un nuevo alienígena. Luego repetiremos este proceso, siempre y cuando tengamos suficiente espacio vertical para agregar una nueva fila.

Crear una fila de alienígenas

Ahora estamos listos para generar una fila completa de alienígenas. Para ello, primero crearemos un solo alienígena para tener acceso al ancho del alienígena. Colocaremos un alienígena en el lado izquierdo de la pantalla y seguiremos agregando alienígenas hasta que nos quedemos sin espacio:

alien_invasion.py

```
def _create_fleet(self):
    """Crea la flota de alienígenas."""
    # Crea un alienígena y va añadiendo alienígenas hasta que no haya espacio.
    # La distancia entre alienígenas es equivalente al ancho de un extraterrestre.
    alien = Alien(self)
    alien_width = alien.rect.width

❶  current_x = alien_width
❷  while current_x < (self.settings.screen_width - 2 * alien_width):
❸      new_alien = Alien(self)
❹      new_alien.x = current_x
        new_alien.rect.x = current_x
        self.aliens.add(new_alien)
❺      current_x += 2 * alien_width
```

Obtenemos el ancho del alienígena del primer alienígena que creamos y, a continuación, definimos una variable llamada `current_x` ❶. Esta variable hace referencia a la posición horizontal del siguiente alienígena que queremos colocar en la pantalla. Inicialmente lo configuramos en el ancho de un solo alienígena, para desplazar al primer alienígena de la flota desde el borde izquierdo de la pantalla.

A continuación, comenzamos el bucle `while` ❷; vamos a seguir agregando alienígenas mientras haya suficiente espacio para colocar uno. Para determinar si hay espacio para colocar otro alienígena, compararemos `current_x` con algún valor máximo. Un primer intento de definir este bucle podría tener este aspecto:

```
while current_x < self.settings.screen_width:
```

Da la impresión de que esto podría funcionar, pero el último alienígena de la fila quedaría colocado en el borde derecho de la pantalla. Por este motivo, vamos a añadir un pequeño margen en el lado derecho de la pantalla. Siempre y cuando haya al menos espacio equivalente a dos anchos de alienígena en el borde derecho de la pantalla, entramos en el bucle y añadimos otro alienígena a la flota.

Siempre que haya suficiente espacio horizontal para continuar el bucle, queremos hacer dos cosas: crear un alienígena en la posición correcta y definir la posición horizontal del siguiente alienígena en la fila. Creamos un alienígena y lo asignamos a `new_alien` ❸. Luego, establecemos la posición horizontal precisa al valor actual de `current_x` ❹. También posicionamos el rectángulo del alienígena en este mismo valor de *x* y añadimos el nuevo alienígena al grupo `self.aliens`.

Finalmente, incrementamos el valor de `current_x` ❺. Añadimos dos anchos de alienígena a la posición horizontal para avanzar más allá del alienígena que acabamos de agregar y dejar algo de espacio entre los aliens también. Python reevaluará la condición al inicio del bucle `while` y decidirá si hay espacio para otro alienígena. Cuando no quede espacio, el bucle terminará y deberíamos tener una fila completa de alienígenas.

Al ejecutar de nuevo el juego, debería ver aparecer la primera fila de alienígenas, como se muestra en la figura 13.3.

Figura 13.3. Primera fila de alienígenas.

Nota: No siempre resulta obvio cómo construir un bucle como el que se muestra en esta sección. Lo bueno que tiene la programación es que nuestras ideas iniciales sobre cómo abordar un problema de este tipo no tienen por qué ser correctas. Es perfectamente razonable comenzar un bucle como este con los extraterrestres posicionados demasiado lejos hacia la derecha y posteriormente modificar el bucle hasta tener la cantidad adecuada de espacio en la pantalla.

Refactorización de _create_fleet()

Si el código que hemos escrito hasta ahora fuese lo único que necesitamos para crear una flota, seguramente dejaríamos _create_fleet() como está, pero nos queda trabajo por hacer, así que vamos a limpiar un poco el método. Añadiremos un nuevo método auxiliar, _create_alien(), y lo llamaremos desde _create_fleet():

alien_invasion.py

```
def _create_fleet(self):
  --fragmento omitido—
  while current_x < (self.settings.screen_width - 2 * alien_width):
    self._create_alien(current_x)
    current_x += 2 * alien_width Aliens
```

```
❶ def _create_alien(self, x_position):
      """Crea un alienígena y lo coloca en la fila."""
      new_alien = Alien(self)
      new_alien.x = x_position
      new_alien.rect.x = x_position
      self.aliens.add(new_alien)
```

El método _create_alien() requiere un parámetro además de self: el valor de *x* que especifica dónde debe colocarse el alienígena ❶. El código en el cuerpo de create_alien() es el mismo código que estaba en _create_fleet(), salvo que usamos el nombre del parámetro x_position en lugar de current_x. Esta refactorización facilitará la adición de nuevas filas y la creación de una flota completa.

Añadir filas

Para completar la flota, seguiremos agregando más filas hasta que nos quedemos sin espacio. Utilizaremos un bucle anidado, envolviendo otro bucle while alrededor del actual. El bucle interno colocará a los extraterrestres horizontalmente en una fila, centrando su atención en los valores de *x* de los extraterrestres. El bucle externo colocará a los extraterrestres verticalmente, centrándose en los valores *y*. Dejaremos de agregar filas cuando nos acerquemos a la parte inferior de la pantalla, dejando suficiente espacio para la nave y algo de espacio para comenzar a disparar a los extraterrestres.

A continuación se muestra cómo anidar bucles while en _create_fleet():

```
  def _create_fleet(self):
      """Crea la flota de aliens."""
      # Crea un alien y sigue añadiendo alienígenas hasta que no queda espacio.
      # El espaciado entre alienígenas es de un alien de ancho y otro de alto
      alien height. alien = Alien(self)
❶    alien_width, alien_height = alien.rect.size

❷    current_x, current_y = alien_width, alien_height
❸    while current_y < (self.settings.screen_height - 3 * alien_height):
          while current_x < (self.settings.screen_width - 2 * alien_width):
❹            self._create_alien(current_x, current_y)
              current_x += 2 * alien_width

❺        # Fila terminada; resetea valor de x e incremente valor de y.
          current_x = alien_width
          current_y += 2 * alien_height
```

Necesitaremos conocer la altura del extraterrestre para colocar las filas, por lo que tomamos el ancho y la altura del extraterrestre utilizando el atributo size de un rect alienígena ❶. El atributo size de un rectángulo es una tupla que contiene su ancho y altura.

A continuación, establecemos los valores iniciales de *x* e *y* para la ubicación del primer extraterrestre en la flota ❷. Lo ubicamos a un ancho de alienígena hacia el interior desde la izquierda y una altura hacia abajo desde la parte superior. Luego definimos el bucle while que controla cuántas filas se colocan en la pantalla ❸. Mientras el valor de *y* para la próxima fila sea menor que la altura de la pantalla, menos tres alturas de extraterrestre, seguiremos agregando filas. (Si con esto no obtenemos una cantidad adecuada de espacio, podemos ajustarlo más tarde).

Llamamos a `_create_alien()` y le pasamos el valor de *y*, además de su posición en *x* ❹. Modificaremos `create_alien()` enseguida.

Observe el sangrado de las dos últimas líneas de código ❺: están dentro del bucle `while` exterior, pero fuera del bucle `while` interno. Este bloque se ejecuta después de que el bucle interno haya terminado; se ejecuta una vez después de que se haya creado cada fila. Después de agregar cada fila, restablecemos el valor de `current_x` para que el primer extraterrestre de la siguiente fila se coloque en la misma posición que el primer extraterrestre de las filas anteriores. Luego, agregamos dos alturas de extraterrestre al valor actual de `current_y`, de modo que la próxima fila se coloque más abajo en la pantalla. El sangrado es realmente importante aquí; si no ve la flota correcta cuando ejecute `alien_invasion.py` al final de esta sección, verifique el sangrado de todas las líneas en estos bucles anidados.

Necesitamos modificar `_create_alien()` para establecer la posición vertical del extraterrestre correctamente:

```
def _create_alien(self, x_position, y_position):
    """Crea un alien y lo coloca en la flota."""
    new_alien = Alien(self)
    new_alien.x = x_position
    new_alien.rect.x = x_position
    new_alien.rect.y = y_position
    self.aliens.add(new_alien)
```

Modificamos la definición del método para aceptar el valor de *y* para el nuevo extraterrestre, y establecemos la posición vertical del rectángulo en el cuerpo del método. Al ejecutar ahora el juego, deberíamos ver la flota completa de alienígenas, como se muestra en la figura 13.4.

En el próximo apartado, ¡haremos que la flota se mueva!

PRUÉBELO

- **13-1. Estrellas:** Busque una imagen de una estrella. Haga que aparezca una cuadrícula de estrellas en la pantalla.
- **13-2. Mejores estrellas:** Puede conseguir un patrón de estrellas más realista introduciendo aleatoriedad al colocar cada estrella. Recuerde (capítulo 9) que puede obtener un número aleatorio así:

```
from random import randint
random_number = randint(-10, 10)
```

Este código devuelve un entero aleatorio entre -10 y 10. Utilizando su código para el ejercicio 13.1, ajuste la posición de cada estrella en una cantidad aleatoria.

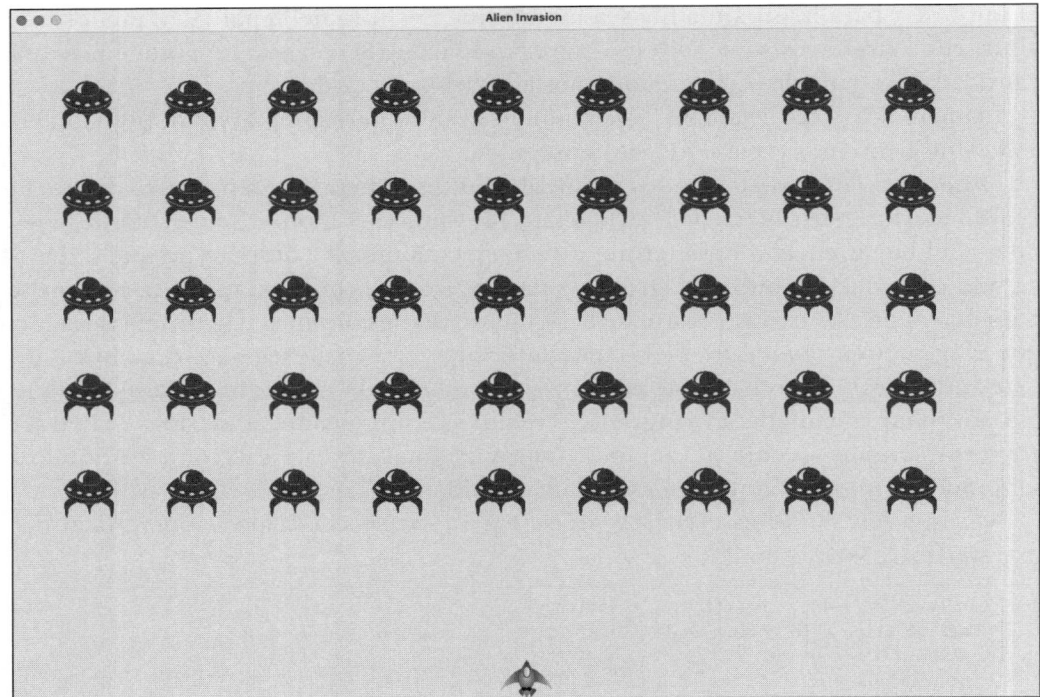

Figura 13.4. Aparece la flota completa de aliens.

Hacer que se mueva la flota

Ahora vamos a hacer que la flota se mueva hacia la derecha de la pantalla hasta llegar al borde, descienda una cantidad determinada y se mueva en la otra dirección. Seguiremos con este movimiento hasta que todos los aliens hayan sido eliminados o alguno choque con la nave o llegue al fondo de la pantalla. Empezaremos haciendo que la flota se mueva hacia la derecha.

Mover los aliens hacia la derecha

Para mover los extraterrestres, usaremos un método `update()` en `alien.py`, al que llamaremos para cada alien del grupo de aliens. Antes, añadiremos una configuración para controlar la velocidad de cada alien:

settings.py

```
def __init__(self):
    --fragmento omitido--
    # Configuraciones del alien
    self.alien_speed = 1.0
```

Luego usaremos esta configuración para implementar `update()` en `alien.py`:

alien.py

```
def __init__(self, ai_game):
    """Inicializa el alien y establece su posición inicial."""
    super().__init__()
    self.screen = ai_game.screen
    self.settings = ai_game.settings
    --fragmento omitido--

def update(self):
    """Mueve el alien a la derecha."""
    self.x += self.settings.alien_speed
    self.rect.x = self.x
```

❶
❷

Creamos un parámetro de configuración en `__init__()` para poder acceder a la velocidad del alien en `update()`. Cada vez que actualizamos la posición de un alien, lo movemos hacia la derecha la cantidad almacenada en `alien_speed`. Rastreamos la posición exacta del alien con el atributo `self.x`, que admite valores decimales flotantes ❶. Después, usamos el valor de `self.x` para actualizar la posición del `rect` del alien ❷.

En el bucle `while` principal, ya tenemos llamadas para actualizar las posiciones de la nave y las balas. Ahora añadiremos una para actualizar la posición de cada extraterrestre:

alien_invasion.py

```
while True:
    self._check_events()
    self.ship.update()
    self._update_bullets()
    self._update_aliens()
    self._update_screen()
    self.clock.tick(60)
```

Estamos a punto de escribir código para gestionar el movimiento de la flota, de modo que crearemos un nuevo método llamado `_update_aliens()`. Actualizaremos las posiciones de los aliens para que se actualicen cuando se hayan actualizado las balas porque enseguida comprobaremos si alguna bala ha alcanzado a algún alien.

No importa dónde coloquemos este método en el módulo pero, para mantener el código organizado, lo pondremos justo después de `_update_bullets()` para que coincida con el orden de las llamadas en el bucle `while`. Esta es la primera versión de `_update_aliens()`:

alien_invasion.py

```
def _update_aliens(self):
    """Actualiza las posiciones de todos los aliens de la flota."""
    self.aliens.update()
```

Usamos el método `update()` con el grupo `aliens` para llamar al método `update()` de cada extraterrestre. Al ejecutar Alien Invasion ahora, deberíamos ver la flota moverse hacia la derecha y desaparecer por el lateral de la pantalla.

Crear configuraciones para la dirección de la flota

Ahora crearemos las configuraciones que harán que la flota se mueva hacia abajo y hacia la izquierda al llegar al borde derecho de la pantalla. Así es como implementamos este comportamiento:

settings.py

```
# Configuraciones de alien.
self.alien_speed = 1.0
self.fleet_drop_speed = 10
# fleet_direction de 1 representa derecha; -1 representa izquierda.
self.fleet_direction = 1
```

La configuración `fleet_drop_speed` controla la velocidad a la que desciende la flota cada vez que un alien llega a un borde. Conviene separar esta velocidad de la velocidad horizontal del alien para poder ajustar ambas velocidades por separado.

Para implementar la configuración `fleet_direction`, podríamos usar un valor de texto, como `'left'` o `'right'`, pero acabaríamos con sentencias `if-elif` comprobando la dirección de la flota. En su lugar, como solo tenemos que tratar con dos direcciones, usaremos los valores 1 y -1, y alternaremos entre ellos cada vez que la flota cambie de dirección. (Tiene sentido usar números porque el movimiento hacia la derecha implica sumar al valor de la coordenada *x* de cada alien, y el movimiento hacia la izquierda supone restar del mismo valor).

Comprobar si un alien ha llegado al borde

Necesitamos un método para comprobar si un alien está en uno de los bordes y tenemos que modificar `update()` para permitir que cada alien se mueva en la dirección apropiada. Este código forma parte de la clase `Alien`:

alien.py

```
  def check_edges(self):
      """Devuelve True si el alienígena está en el borde de la pantalla."""
      screen_rect = self.screen.get_rect()
❶     return (self.rect.right >= screen_rect.right) or (self.rect.left <= 0)

  def update(self):
      """Mueve el alien hacia la derecha o la izquierda."""
❷     self.x += self.settings.alien_speed * self.settings.fleet_direction
      self.rect.x = self.x
```

Podemos llamar al nuevo método `check_edges()` para cualquier alien y comprobar si está en el borde derecho o izquierdo. Si el atributo `right` de su `rect` es mayor o igual que el atributo `right` del `rect` de la pantalla, está en el borde derecho. Si su valor left es menor o igual que 0, está a la izquierda ❶. En lugar de colocar esta prueba condicional en un bloque if, la colocamos directamente en la instrucción de retorno. Este método devolverá True si el alienígena está en el borde derecho o izquierdo, y False si no está en ninguno de los bordes.

Modificamos el método update() para permitir el movimiento hacia la izquierda o hacia la derecha multiplicando la velocidad del alienígena por el valor de fleet_direction ❷. Si fleet_direction es 1, el valor de alien_speed se sumará a la posición actual del alien, moviéndolo hacia la derecha; si fleet_direction es -1, el valor se restará a la posición del alien, moviéndolo hacia la izquierda.

Descenso de la flota y cambio de dirección

Cuando un alien llega al borde, toda la flota tiene que bajar y cambiar de dirección. Por lo tanto, tenemos que añadir código a AlienInvasion porque es ahí donde compro-baremos si hay alienígenas en el borde derecho o izquierdo. Lo haremos escribiendo los métodos _check_fleet_edges() y _change_fleet_direction() y modificando después _update_aliens(). Pondremos estos métodos nuevos detrás de _create_alien(), pero, de nuevo, no importa dónde los pongamos.

alien_invasion.py

```
def _check_fleet_edges(self):
    """Responde adecuadamente si algún alien ha llegado a un borde."""
❶  for alien in self.aliens.sprites():
        if alien.check_edges():
❷          self._change_fleet_direction()
            break

def _change_fleet_direction(self):
    """Baja toda la flota y cambia su dirección."""
    for alien in self.aliens.sprites():
❸      alien.rect.y += self.settings.fleet_drop_speed
    self.settings.fleet_direction *= -1
```

En _check_fleet_edges(), pasamos en bucle por la flota y llamamos a check_edges() en cada alien ❶. Si check_edges() devuelve True, sabemos que hay un alien en un borde y que toda la flota tiene que cambiar de dirección; así que llamamos a _change_fleet _direction() y salimos del bucle ❷. En _change_fleet_direction(), pasamos en bucle por todos los aliens y los bajamos con la configuración fleet_drop_speed ❸; luego cambiamos el valor de fleet_direction multiplicando su valor actual por -1. La línea que cambia la dirección de la flota no forma parte del bucle for. Queremos cambiar la posición vertical de cada alien, pero solo queremos modificar la dirección de la flota una vez. Estos son los cambios en _update_aliens():

alien_invasion.py

```
def _update_aliens(self):
    """Comprueba si la flota está en un borde, después actualiza las posiciones."""
    self._check_fleet_edges()
    self.aliens.update()
```

Hemos modificado el método llamando a `_check_fleet_edges()` antes de actualizar la posición de cada alien. Al ejecutar el juego ahora, la flota debería avanzar y retroceder entre los bordes de la pantalla y bajar cada vez que llega a un extremo. Ahora podemos empezar a disparar a los aliens, con cuidado de que ninguno golpee la nave ni llegue al fondo de la pantalla.

PRUÉBELO

- **13-3. Gotas de lluvia:** Busque una imagen de una gota para crear una cuadrícula de gotas de lluvia. Haga que las gotas caigan hacia el fondo de la pantalla antes de desaparecer.
- **13-4. Lluvia continua:** Modifique el código del ejercicio 13.3 para que cuando una fila de gotas desaparezca por la parte inferior de la pantalla aparezca una nueva fila por la superior y empiece a caer.

Disparar a los aliens

Ya tenemos la nave y la flota de alienígenas. Sin embargo, cuando las balas alcanzan a los marcianos, pasan de largo porque no estamos comprobando si se producen colisiones. En la programación de juegos, las colisiones se producen cuando dos elementos del juego se solapan. Para que las balas abatan a los aliens, usaremos la función `sprite.groupcollide()` para buscar colisiones entre miembros de dos grupos.

Detectar colisiones de balas

Necesitamos saber de inmediato cuándo una bala impacta en un alienígena para poder hacer que este desaparezca en cuanto reciba el disparo. Para ello, buscaremos colisiones justo después de actualizar la posición de todas las balas.

La función `sprite.groupcollide()` compara los rectángulos de cada elemento de un grupo con los de cada elemento de otro grupo. En este caso, compara el `rect` de cada bala con el `rect` de cada alien y devuelve un diccionario que contiene las balas y los aliens que han chocado. Cada clave del diccionario será una bala y el valor correspondiente, el alienígena alcanzado. (También usaremos este diccionario cuando implementemos el sistema de puntuaciones en el capítulo 14).

Añada el siguiente código al final de `_update_bullets()` para comprobar si hay colisiones entre balas y aliens:

alien_invasion.py

```
def _update_bullets(self):
    """Actualiza la posición de las balas y se deshace de las viejas."""
    --fragmento omitido--

    # Busca balas que hayan dado a aliens.
```

```
# Si hay, se deshace de la bala y del alien.
collisions = pygame.sprite.groupcollide(
    self.bullets, self.aliens, True, True)
```

El nuevo código añadido compara las posiciones de todas las balas en `self.bullets` y todos los aliens en `self.aliens`, e identifica cualquier solapamiento. Cuando los rectángulos de una bala y un alien se solapen, `groupcollide()` añade un par clave-valor al diccionario que devuelve. Los dos argumentos `True` dicen a Pygame que borre las balas y los aliens que han chocado. (Para hacer una bala muy potente que pueda llegar hasta la parte superior de la pantalla destruyendo a todos los aliens que encuentre a su paso, podríamos establecer el primer argumento booleano como `False` y mantener el segundo como `True`. Los aliens alcanzados desaparecerían, pero las balas permanecerían activas hasta desaparecer por el borde superior de la pantalla).

Cuando volvamos a ejecutar Alien Invasion, los aliens abatidos deberían desaparecer. La figura 13.5 muestra una flota parcialmente desmantelada.

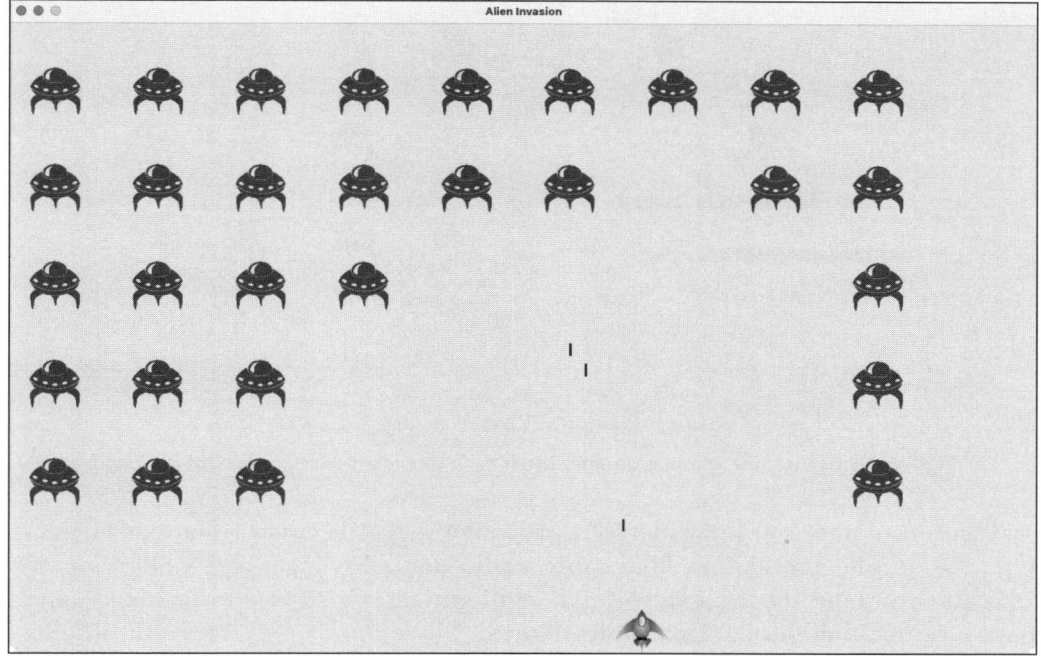

Figura 13.5. ¡Podemos disparar a los aliens!

Hacer balas más grandes para pruebas

Podemos probar muchas características de Alien Invasion simplemente ejecutándolo, pero algunas son tediosas de probar en la versión normal del juego. Por ejemplo, es demasiado laborioso disparar a todos los aliens de la pantalla varias veces para comprobar si el código responde bien a una flota despejada. Para probar características específicas, podemos cambiar algunas configuraciones del juego para concentrarnos en un área en particular. Por ejemplo, podríamos reducir la pantalla para que haya menos aliens a los que disparar o aumentar la velocidad de las balas y permitir al usuario disparar muchas balas seguidas.

Mi cambio favorito para probar Alien Invasion es usar balas muy anchas que siguen activas después de dar a un alien (véase la figura 13.6). ¡Pruebe a configurar `bullet_width` en 300, o incluso 3.000, y verá lo rápido que termina con la flota!

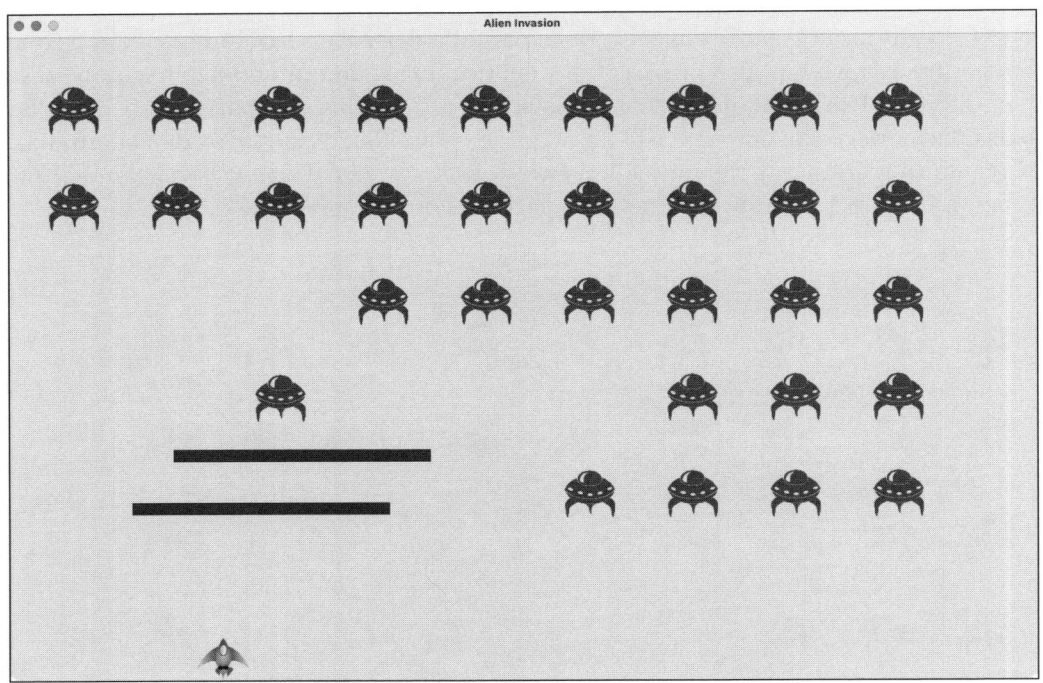

Figura 13.6. Las balas ultrapotentes facilitan la tarea de probar algunos aspectos del juego.

Cambios como este le ayudarán a probar el juego de una forma más eficiente y puede que le den alguna idea sobre cómo dar a los jugadores poderes extra. Únicamente debe recordar devolver la configuración a su estado normal cuando haya terminado de probar una característica.

Repoblar la flota

Una característica clave de Alien Invasion es que los aliens son implacables: cada vez que se destruya una flota, debería aparecer una nueva. Para hacer que aparezca una nueva flota de aliens después de que se haya destruido otra, primero comprobaremos si el grupo `aliens` está vacío. Si lo está, haremos una llamada a `_create_fleet()`. Haremos esta comprobación al final de `_update_bullets()`, ya que es ahí donde se destruyen los alienígenas individuales.

alien_invasion.py

```
def _update_bullets(self):
    --fragmento omitido--
❶   if not self.aliens:
        # Destruye las balas existentes y crea una flota nueva.
❷       self.bullets.empty()
        self._create_fleet()
```

Comprobamos si el grupo `aliens` está vacío ❶. Un grupo vacío se evalúa como `False`, así que esta es una forma sencilla de comprobar si el grupo está vacío. Si lo está, nos deshacemos de cualquier bala existente con el método `empty()`, que elimina todos los *sprites* que quedan en un grupo ❷. También llamamos a `_create_fleet()`, que vuelve a llenar la pantalla de marcianitos.

Ahora, tan pronto como se destruya la flota actual, aparecerá una nueva flota.

Acelerar las balas

Si ha intentado disparar a los aliens en el estado actual del juego, es probable que tenga la impresión de que las balas no van a la velocidad más adecuada para la mecánica del juego. Puede que vayan demasiado lentas o demasiado rápidas. En este punto, puede modificar la configuración para que el juego sea más interesante. Tenga en cuenta que el juego se irá acelerando progresivamente, por lo que no conviene que el juego vaya demasiado deprisa al principio. Modificamos la velocidad de las balas ajustando el valor de `bullet_speed` en `settings.py`. En mi sistema, lo ajustaré a 2,5 para que las balas vayan un poco más deprisa:

settings.py

```
# Configuraciones de las balas
self.bullet_speed = 2.5
self.bullet_width = 3
--fragmento omitido--
```

El mejor valor para esta configuración depende de su experiencia del juego, así que busque el que le funcione. También puede ajustar otras configuraciones.

Refactorización de _update_bullets()

Vamos a refactorizar `_update_bullets()` para que no haga tantas tareas diferentes. Moveremos el código para manejar las colisiones entre balas y aliens a un método aparte:

alien_invasion.py

```
def _update_bullets(self):
    --fragmento omitido--
    # Se deshace de las balas que han desaparecido.
    for bullet in self.bullets.copy():
        if bullet.rect.bottom <= 0:
            self.bullets.remove(bullet)
```

```
        self._check_bullet_alien_collisions()

def _check_bullet_alien_collisions(self):
    """Responde a las colisiones bala-alien."""
    # Retira todas las balas y aliens que han chocado.
    collisions = pygame.sprite.groupcollide(
        self.bullets, self.aliens, True, True)

    if not self.aliens:
        # Destruye las balas existentes y crea una flota nueva.
        self.bullets.empty()
        self._create_fleet()
```

Hemos creado un nuevo método, _check_bullet_alien_collisions(), para buscar colisiones entre balas y alienígenas, y responder adecuadamente si se ha destruido la flota entera. Al hacer esto, evitamos que _update_bullets() se haga demasiado largo, lo cual simplifica cualquier desarrollo posterior.

PRUÉBELO

- **13.5. Tirador lateral, parte 2:** Han pasado muchas cosas desde el ejercicio 12.6. Para este ejercicio, pruebe a desarrollar "Tirador lateral" hasta el mismo punto al que hemos llegado con Alien Invasion. Añada una flota de aliens y haga que se desplacen lateralmente hacia la nave. Otra opción es escribir código que coloque los aliens en posiciones aleatorias en la parte de la derecha de la pantalla y luego las envíe hacia la nave. Escriba también código para hacer desaparecer los aliens abatidos.

Fin del juego

¿Dónde están la diversión y el desafío en un juego que no nos permita perder? Si el jugador no acaba con la flota lo bastante rápido, haremos que los aliens destruyan la nave cuando entren en contacto. Al mismo tiempo, limitaremos el número de naves que puede usar el jugador y destruiremos la nave cuando un alien toque la parte inferior de la pantalla. El juego terminará cuando el jugador haya agotado sus naves.

Detectar colisiones entre un alien y la nave

Empezaremos comprobando si hay colisiones entre los aliens y la nave para poder responder adecuadamente cuando un alien la alcance. Buscaremos estas colisiones justo después de actualizar la posición de cada alien en AlienInvasion:

alien_invasion.py

```
def _update_aliens(self):
    --fragmento omitido--
    self.aliens.update()
```

```
   # Busca colisiones alien-nave.
❶ if pygame.sprite.spritecollideany(self.ship, self.aliens):
❷     print("Ship hit!!!")
```

La función `spritecollideany()` toma dos argumentos: un *sprite* y un grupo. La función busca cualquier miembro del grupo que haya chocado con el *sprite* y deja de pasar en bucle por el grupo en cuanto encuentra uno. Aquí, pasa en bucle por el grupo `aliens` y devuelve el primero que encuentre que haya chocado con `ship`.

Si no ha habido colisión, `spritecollideany()` devuelve `None` y no se ejecuta el bloque if ❶. Si encuentra un alien que ha chocado con la nave, devuelve ese alien y se ejecuta el bloque `if`: imprime `Ship hit!!!` ❷. Cuando un alien golpee la nave, necesitaremos hacer varias tareas: tendremos que borrar todos los aliens y balas que queden, volver a centrar la nave y crear una flota nueva. Antes de escribir el código para todas estas acciones, querremos asegurarnos de que nuestro enfoque para detectar colisiones entre aliens y la nave funciona correctamente. Escribir una llamada a `print()` es una forma sencilla de asegurarse de que estamos detectando bien estas colisiones.

Ahora, cuando ejecutemos Alien Invasion, debería aparecer el mensaje `Ship hit!!!` en el terminal cada vez que un alien choque con la nave. Al probar esta característica, configure `fleet_drop_speed` con un valor más elevado, como 50 o 100, para que los aliens lleguen antes a la nave.

Responder a colisiones entre aliens y la nave

Ahora necesitamos saber qué pasará exactamente cuando un alien choque con la nave. En vez de destruir la instancia de `ship` y crear una nueva, contaremos las veces que ha sido alcanzada la nave siguiendo las estadísticas del juego. Esto también será útil para el marcador. Vamos a escribir una clase nueva, `GameStats`, para hacer el seguimiento de las estadísticas. La guardaremos como `game_stats.py`:

game_stats.py

```
class GameStats:
    """Sigue las estadísticas de Alien Invasion."""

    def __init__(self, ai_game):
        """Inicializa las estadísticas."""
        self.settings = ai_game.settings
❶       self.reset_stats()

    def reset_stats(self):
        """Inicializa las estadísticas que pueden cambiar durante el juego."""
        self.ships_left = self.settings.ship_limit
```

Crearemos una instancia de `GameStats` para todo el tiempo durante el que se ejecute Alien Invasion, pero tendremos que reiniciar algunas estadísticas cada vez que el jugador empiece una partida nueva. Para ello, inicializaremos la mayoría de las estadísticas en el método `reset_stats()` en vez de directamente en `__init__()`. Llamaremos a este método desde `__init__()` para que las estadísticas se configuren correctamente cuando se cree la instancia de GameStats ❶. Pero también podremos llamar a reset_stats() cada vez que el jugador empiece una partida. Ahora mismo, tenemos solo una estadística, ships_left, cuyo valor cambiará a lo largo del juego. El número de naves con el que empieza el jugador debería guardarse en settings.py como ship_limit:

settings.py

```
# Configuraciones de estadísticas
self.ship_speed = 1.5
self.ship_limit = 3
```

También tendremos que hacer unos cuantos cambios en alien_invasion.py para crear una instancia de GameStats. Primero, actualizaremos las sentencias import de la primera parte del archivo:

alien_invasion.py

```
import sys
from time import sleep

import pygame

from settings import Settings
from game_stats import GameStats
from ship import Ship
--fragmento omitido--
```

Importamos la función sleep() del módulo time de la biblioteca estándar de Python para poder poner el juego en pausa un momento cuando la nave es alcanzada. También importamos GameStats.

Crearemos una instancia de GameStats en __init__():

alien_invasion.py

```
def __init__(self):
    --fragmento omitido--
    self.screen = pygame.display.set_mode(
        (self.settings.screen_width, self.settings.screen_height))
    pygame.display.set_caption("Alien Invasion")

    # Crea una instancia para guardar las estadísticas del juego.
    self.stats = GameStats(self)

    self.ship = Ship(self)
    --fragmento omitido--
```

Creamos la instancia después de crear la ventana del juego, pero antes de definir otros elementos, como por ejemplo la nave. Cuando un alien golpee la nave, restaremos uno al número de naves que quedan, destruiremos todos los aliens y balas existentes, crearemos una flota nueva y recolocaremos la nave en el centro de la pantalla. También pondremos el juego en pausa un momento para que el jugador aprecie la colisión y se recomponga antes de que aparezca la flota nueva. Vamos a poner la mayoría de este código en un método nuevo llamado _ship_hit(). Lo llamaremos desde _update_aliens() cuando un alien alcance la nave:

alien_invasion.py

```
def _ship_hit(self):
    """Responde al impacto de un alien en la nave."""

    # Disminuye ships_left.
❶   self.stats.ships_left -= 1

    # Se deshace de los aliens y balas restantes.
    self.aliens.empty()
❷   self.bullets.empty()

    # Crea una flota nueva y centra la nave.
❸   self._create_fleet()
    self.ship.center_ship()

    # Pausa.
❹   sleep(0.5)
```

El nuevo método _ship_hit() coordina la respuesta cuando un alien alcanza una nave. Dentro de _ship_hit(), el número de naves que quedan se reduce en 1 ❶, y a continuación se vacían los grupos aliens y bullets ❷.

A continuación, creamos una flota nueva y centramos la nave ❸. (Enseguida añadiremos el método center_ship() a Ship). Luego añadimos una pausa después de que se hayan actualizado todos los elementos del juego, pero antes de dibujar cambios en la pantalla; así el jugador verá que su nave ha sido alcanzada ❹. La llamada al método sleep() detiene la ejecución del programa durante medio segundo, suficiente para que el jugador vea que el alien ha dado a la nave. Cuando termine la función sleep(), la ejecución del código avanza hasta el método _update_screen(), que dibuja la flota nueva en la pantalla.

En _update_aliens(), reemplazamos la llamada a print() con una llamada a _ship_hit() cuando un alien alcance la nave:

alien_invasion.py

```
def _update_aliens(self):
    --fragmento omitido--
    if pygame.sprite.spritecollideany(self.ship, self.aliens):
        self._ship_hit()
```

Aquí está el nuevo método center_ship(), que forma parte de ship.py:

ship.py

```
def center_ship(self):
    """Centra la nave en la pantalla."""
    self.rect.midbottom = self.screen_rect.midbottom
    self.x = float(self.rect.x)
```

Centramos la nave igual que hicimos en __init__(). Después, restablecemos el atributo self.x, que nos permite determinar la posición exacta de la nave.

Nota: Observe que nunca creamos más de una nave; creamos una única instancia de ship para todo el juego y la volvemos a centrar cuando la nave recibe un impacto. La estadística ships_left nos dirá cuándo el jugador se ha quedado sin naves.

Ejecute el juego, dispare a unos cuantos aliens y deje que alguno alcance la nave. El juego debería ponerse en pausa y una flota nueva debería aparecer con la nave centrada de nuevo en la parte inferior de la pantalla.

Aliens que llegan al fondo de la pantalla

Si un alien llega al borde inferior de la pantalla, haremos que el juego responda igual que cuando alcanza la nave. Para comprobar si pasa esto, añadiremos un nuevo método en alien_invasion.py:

alien_invasion.py

```
def _check_aliens_bottom(self):
    """Comprueba si algún alien ha llegado al fondo de la pantalla."""
    for alien in self.aliens.sprites():
❶        if alien.rect.bottom >= self.settings.screen_height:
            # Trata esto como si la nave hubiese sido alcanzada.
            self._ship_hit()
            break
```

El método _check_aliens_bottom() comprueba si algún alien ha llegado al fondo de la pantalla, es decir, si su valor rect.bottom es mayor o igual que la altura de la pantalla ❶. Si un alien llega al fondo, llamamos a _ship_hit(). Con que llegue uno ya no hace falta comprobar el resto, así que salimos del bucle después de la llamada a _ship_hit().

Llamaremos a este método desde _update_aliens():

alien_invasion.py

```
def _update_aliens(self):
    --fragmento omitido--
    # Busca colisiones alien-nave.
    if pygame.sprite.spritecollideany(self.ship, self.aliens):
        self._ship_hit()

    # Busca aliens llegando al fondo de la pantalla.
    self._check_aliens_bottom()
```

Llamamos a _check_aliens_bottom() después de actualizar las posiciones de todos los aliens y después de buscar colisiones entre nave y alienígenas Ahora aparecerá una flota nueva cada vez que un alien dé a la nave o llegue al suelo.

Game Over

Alien Invasion parece más completo ahora, pero el juego no termina nunca. El valor de `ships_left` se hace negativo y sigue creciendo. Vamos a añadir una bandera `game_active` como atributo de `GameStats` para finalizar el juego cuando el jugador se quede sin naves. Colocaremos esta bandera al final del método `__init__()` en `AlienInvasion`:

alien_invasion.py

```
def __init__(self):
    --fragmento omitido--
    # Inicia Alien Invasion en estado activo.
    self.game_active = True
```

Ahora añadimos código a `_ship_hit()` para poner `game_active` en `False` cuando el jugador haya usado todas sus naves:

alien_invasion.py

```
def _ship_hit(self):
    """Responde al impacto de un alien en la nave."""
    if self.stats.ships_left > 0:
        # Disminuye ships_left.
        self.stats.ships_left -= 1
        --fragmento omitido--
        # Pausa.
        sleep(0.5)
    else:
        self.game_active = False
```

La mayor parte de `_ship_hit()` no cambia. Hemos movido todo el código existente a un bloque `if`, que hace pruebas para asegurarse de que el jugador tiene al menos una nave. Si es el caso, creamos una flota nueva, pausamos y avanzamos. Si el jugador ya no tiene naves, ponemos `game_active` en `False`.

Identificar cuándo deberían ejecutarse partes del juego

Necesitamos identificar las partes del juego que deberían ejecutarse siempre y las que deberían hacerlo solo cuando el juego está activo:

alien_invasion.py

```
def run_game(self):
    """Inicia el bucle principal para el juego."""
    while True:
        self._check_events()

        if self.game_active:
            self.ship.update()
            self._update_bullets()
```

```
    self._update_aliens()

  self._update_screen()
  self.clock.tick(60)
```

En el bucle principal, siempre tenemos que llamar a _check_events(), incluso aunque el juego esté inactivo. Por ejemplo, seguimos necesitando saber si el usuario pulsa **Q** para salir del juego o hace clic en el botón para cerrar la ventana. También tenemos que seguir actualizando la pantalla para poder hacer cambios en ella mientras esperamos a que el jugador decida si empieza otra partida. El resto de las llamadas a funciones solo tienen que darse cuando el juego está activo, ya que cuando está inactivo no necesitamos actualizar las posiciones de los elementos del juego.

Ahora, al jugar a Alien Invasion, el juego debería detenerse cuando usemos todas nuestras naves.

PRUÉBELO

- **13-6. Se acabó el juego:** En "Tirador lateral", haga un seguimiento del número de veces que la nave es alcanzada y el número de veces que un alien es alcanzado por la nave. Decida una condición apropiada para terminar el juego y deténgalo cuando se dé esa situación.

Resumen

En este capítulo ha aprendido a añadir muchos elementos idénticos a un juego creando una flota de extraterrestres. También ha usado bucles anidados para crear una cuadrícula de elementos y ha hecho que un conjunto grande de elementos del juego se mueva llamando al método update() de cada uno. Ha aprendido a controlar la dirección de objetos en la pantalla y a responder a situaciones concretas, como cuando la flota llega al borde de la pantalla. Ha detectado colisiones cuando las balas dan a los aliens y un alien alcanza la nave y ha respondido a ellas. También ha aprendido a seguir las estadísticas de un juego y a usar una bandera game_active para determinar cuándo termina el juego.

En el próximo capítulo, el último dedicado a este proyecto, añadiremos un botón **Play** para que el jugador pueda elegir cuándo empezar su primera partida y si quiere volver a jugar cuando acabe. También aceleraremos el juego cada vez que el jugador acabe con una flota y añadiremos un sistema de puntuación. ¡El resultado será un juego totalmente jugable!

14

PUNTUACIÓN

En este capítulo, terminaremos el juego Alien Invasion. Añadiremos un botón para empezar a jugar o reiniciar una partida. Asimismo, modificaremos el juego para que se acelere cuando el jugador pase de nivel e implementaremos un sistema de puntuación. Al finalizar este capítulo, tendrá conocimientos suficientes para empezar a escribir juegos que vayan aumentando en dificultad a medida que el jugador avance, y que incorporen un sistema de puntuación completo.

Añadir el botón Play

En este apartado, añadiremos un botón Play que aparecerá antes de comenzar una partida y volverá a aparecer cuando la partida termine, para que el jugador pueda volver a jugar.

Ahora mismo, el juego empieza en cuanto ejecutamos alien_invasion.py. Vamos a iniciarlo en un estado inactivo y a pedir al jugador que haga clic en el botón Play para empezar. Para ello, modificaremos el método __init__() de AlienInvasion:

alien_invasion.py

```
def __init__(self):
    """Inicializa el juego y crea los recursos del juego."""
    pygame.init()
    --fragmento omitido--

    # Inicia Alien Invasion en un estado inactivo.
    self.game_active = False
```

Ahora el juego debería iniciarse en un estado inactivo. El jugador no tiene forma de empezar a jugar hasta que creemos un botón Play.

Crear una clase Button

Dado que Pygame no cuenta con un método integrado para crear botones, escribiremos una clase `Button` para crear un rectángulo relleno con una etiqueta. Puede usar este código para crear cualquier botón en un juego. Esta es la primera parte de la clase `Button`; guárdela como `button.py`:

button.py

```
import pygame.font

class Button:
    """Una clase para crear botones para el juego."""

❶    def __init__(self, ai_game, msg):
        """Inicializa los atributos del botón."""
        self.screen = ai_game.screen
        self.screen_rect = self.screen.get_rect()

        # Configura las dimensiones y propiedades del botón.
❷        self.width, self.height = 200, 50
        self.button_color = (0, 135, 0)
        self.text_color = (255, 255, 255)
❸        self.font = pygame.font.SysFont(None, 48)

        # Crea el objeto rect del botón y lo centra.
❹        self.rect = pygame.Rect(0, 0, self.width, self.height)
        self.rect.center = self.screen_rect.center

        # Solo hay que preparar el mensaje del botón una vez.
❺        self._prep_msg(msg)
```

Primero, importamos el módulo `pygame.font`, que permite a Pygame mostrar texto en la pantalla. El método `__init__()` toma los parámetros `self`, el objeto `ai_game` y `msg`, que contiene el texto del botón ❶. Configuramos las dimensiones del botón ❷ y establecemos `button_color` para que el color del objeto `rect` del botón sea verde oscuro y `text_color` para que el texto sea blanco.

A continuación, preparamos un atributo `font` para mostrar texto ❸. El argumento `None` indica a Pygame que use la fuente predeterminada y `48` especifica el tamaño del texto. Para centrar el botón en la pantalla, creamos un rectángulo para el botón ❹ y configuramos su atributo `center` para que coincida con el de la pantalla.

Pygame trabaja con el texto representando gráficamente la cadena que queremos mostrar como imagen. Por último, llamamos a `_prep_msg()` para gestionar esta representación ❺. Este es el código para `_prep_msg()`:

button.py

```
def _prep_msg(self, msg):
    """Convierte msg en una imagen renderizada y centra el texto en el botón."""
❶    self.msg_image = self.font.render(msg, True, self.text_color,
```

```
        self.button_color)
    self.msg_image_rect = self.msg_image.get_rect()
    self.msg_image_rect.center = self.rect.center
```

❷

El método `_prep_msg()` necesita un parámetro `self` y el texto que hay que representar como imagen (`msg`). La llamada a `font.render()` convierte el texto almacenado en `msg` en una imagen, que luego almacenamos en `self.msg_image` **❶**. El método `font.render()` también toma un valor booleano para activar o desactivar el suavizado de líneas (que suaviza los bordes del texto). Los otros argumentos son los colores de fuente y de fondo especificados. Establecemos el suavizado como `True` y el color de fondo del texto para que sea del mismo color que el botón. (Si no incluye un color de fondo, Pygame intentará renderizar la fuente con un fondo transparente).

Centramos la imagen del texto en el botón creando un `rect` desde la imagen y configurando su atributo `center` para que coincida con el del botón **❷**.

Por último, creamos un método `draw_button()` al que poder llamar para mostrar el botón en la pantalla:

button.py

```
def draw_button(self):
    """Dibuja un botón en blanco y luego el mensaje."""
    self.screen.fill(self.button_color, self.rect)
    self.screen.blit(self.msg_image, self.msg_image_rect)
```

Llamamos a `screen.fill()` para dibujar la parte rectangular del botón. Después, llamamos a `screen.blit()` para dibujar la imagen de texto en la pantalla, pasándole una imagen y el objeto `rect` asociado con ella. Esto completa la clase `Button`.

Dibujar el botón en la pantalla

Usaremos la clase `Button` para crear un botón Play en `AlienInvasion`. Primero, actualizaremos las sentencias `import`:

alien_invasion.py

```
--fragmento omitido--
from game_stats import GameStats
from button import Button
```

Puesto que solo necesitamos un botón Play, lo crearemos en el método `__init__()` de `AlienInvasion`. Podemos poner este código al final de `__init__()`:

alien_invasion.py

```
def __init__(self):
    --fragmento omitido—
    self.game_active = False

    # Crea el botón Play.
    self.play_button = Button(self, "Play")
```

Este código crea una instancia de `Button` con la etiqueta Play, pero no dibuja el botón en la pantalla. Para dibujarlo, llamaremos al método `draw_button()` del botón en `_update_screen()`:

alien_invasion.py

```
def _update_screen(self):
  --fragmento omitido--
  self.aliens.draw(self.screen)

  # Dibuja el botón para jugar si el juego está inactivo.
  if not self.game_active:
    self.play_button.draw_button()

  pygame.display.flip()
```

Para que el botón Play sea visible encima de los demás elementos de la pantalla, lo dibujamos una vez dibujados los demás elementos, pero antes de cambiar a una pantalla nueva. Lo incluimos en un bloque `if` para que aparezca solo cuando el juego esté inactivo.

Ahora, al ejecutar Alien Invasion, deberíamos ver un botón Play en el centro de la pantalla, como muestra la figura 14.1.

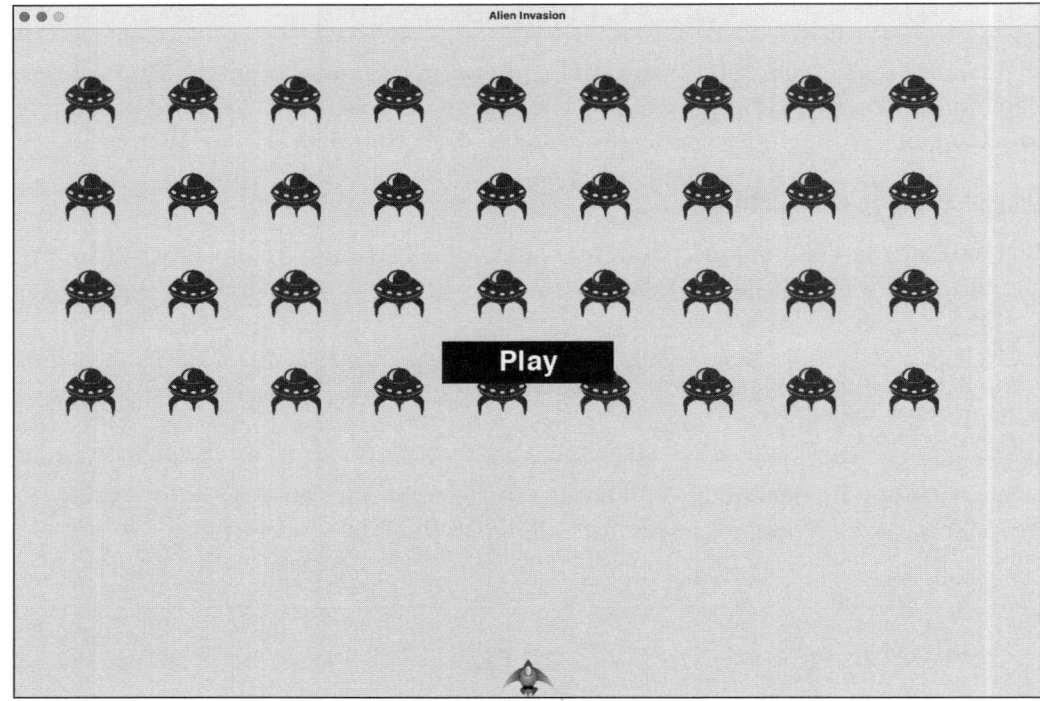

Figura 14.1. Aparece un botón Play cuando el juego está inactivo.

Iniciar el juego

Para empezar una partida cuando el jugador haga clic en Play, añadiremos el siguiente bloque `elif` al final de `_check_events()`, con el fin de monitorizar los eventos de ratón en el botón:

alien_invasion.py

```
def _check_events(self):
    """Responde a pulsaciones de teclado y eventos de ratón."""
    for event in pygame.event.get():
        if event.type == pygame.QUIT:
            --fragmento omitido--
❶       elif event.type == pygame.MOUSEBUTTONDOWN:
❷           mouse_pos = pygame.mouse.get_pos()
❸           self._check_play_button(mouse_pos)
```

Pygame detecta un evento `MOUSEBUTTONDOWN` cuando el jugador hace clic en cualquier parte de la pantalla ❶, pero queremos restringir el juego para que responda solo a los clics en el botón Play. Para ello, usamos `pygame.mouse.get_pos()`, que devuelve una tupla que contiene las coordenadas *x* e *y* del cursor cuando se hace clic ❷. Estos valores se envían al método `_check_play_button()` ❸.

Aquí tenemos `_check_play_button()`, que colocaremos después de `_check_events()`:

alien_invasion.py

```
def _check_play_button(self, mouse_pos):
    """Inicia un juego nuevo cuando el jugador hace clic en Play."""
❶   if self.play_button.rect.collidepoint(mouse_pos):
        self.game_active = True
```

Utilizamos el método `collidepoint()` de `rect` para comprobar si el punto del clic del ratón se solapa con la región definida por el `rect` del botón Play ❶. Si lo hace, establecemos `game_active` en `True`, ¡y empieza el juego!

En este punto, debería ser capaz de iniciar y jugar una partida completa. Cuando termine el juego, el valor de `game_active` debería ser `False` y el botón Play debería aparecer de nuevo.

Reiniciar el juego

El código para el botón Play que acabamos de escribir funciona la primera vez que el jugador hace clic en Play, pero no cuando termina la primera partida, ya que las condiciones que hicieron que el juego acabase no se han restablecido.

Para reiniciar el juego cada vez que el jugador haga clic en Play, tenemos que restablecer las estadísticas del juego, borrar las balas y los alienígenas antiguos, crear una flota nueva y centrar la nave, como se muestra a continuación:

alien_invasion.py

```
def _check_play_button(self, mouse_pos):
    """ Inicia un juego nuevo cuando el jugador hace clic en Play."""
    if self.play_button.rect.collidepoint(mouse_pos):
```

```
      # Restablece las estadísticas del juego.
❶    self.stats.reset_stats()
      self.game_active = True

      # Se deshace de los aliens y las balas que quedan.
❷     self.aliens.empty()
      self.bullets.empty()

      # Crea una flota nueva y centra la nave.
❸    self._create_fleet()
      self.ship.center_ship()
```

Restablecemos las estadísticas del juego ❶, lo que le otorga al jugador tres naves nuevas. Después, establecemos `game_active` en `True` para que el juego comience en cuanto el código de esta función termine de ejecutarse. Vaciamos los grupos `aliens` y `bullets` ❷, creamos una flota nueva y centramos la nave ❸.

Ahora el juego se reiniciará bien cada vez que hagamos clic en Play. ¡Ya podemos jugar todas las veces que queramos!

Desactivar el botón Play

Nuestro botón Play tiene el problema de que el área que ocupa en la pantalla seguirá respondiendo a los clics incluso cuando el botón no sea visible. Si hacemos clic en el área de Play sin querer una vez comenzada la partida, ¡el juego se reiniciará!

Para solucionar este problema, configuraremos el juego para que empiece solo cuando `game_active` sea `False`:

alien_invasion.py

```
def _check_play_button(self, mouse_pos):
    """Inicia un juego nuevo cuando el jugador hace clic en Play."""
❶   button_clicked = self.play_button.rect.collidepoint(mouse_pos)
❷   if button_clicked and not self.game_active:
        # Restablece las estadísticas del juego.
        self.stats.reset_stats()
    --fragmento omitido--
```

La bandera `button_clicked` contiene un valor `True` o `False` ❶. El juego se reiniciará solo si se hace clic en Play y no hay ninguna partida activa ❷. Para probar este comportamiento, inicie una partida y haga clic varias veces donde debería estar el botón Play. Si todo sale bien, al hacer clic sobre esa zona no pasará nada.

Ocultar el cursor del ratón

Queremos que el cursor del ratón esté visible cuando el juego esté inactivo. Sin embargo, cuando iniciamos la partida, el botón nos estorba. Para solucionar esto, lo haremos invisible cuando el juego esté activo. Podemos hacerlo al final del bloque `if` en `_check_play_button()`:

alien_invasion.py

```
def _check_play_button(self, mouse_pos):
    """Inicia un juego nuevo cuando el jugador hace clic en Play."""
    button_clicked = self.play_button.rect.collidepoint(mouse_pos)
    if button_clicked and not self.game_active:
        --fragmento omitido--
        # Oculta el cursor del ratón.
        pygame.mouse.set_visible(False)
```

Pasar `False` a `set_visible()` le indica a Pygame que esconda el cursor cuando el ratón esté sobre la ventana del juego.

Haremos que el cursor reaparezca cuando termine el juego para que el jugador pueda volver a hacer clic en Play y empezar otra partida. Usaremos este código:

alien_invasion.py

```
def _ship_hit(self):
    """Responde a un alien que alcanza la nave."""
    if self.stats.ships_left > 0:
        --fragmento omitido--
    else:
        self.game_active = False
        pygame.mouse.set_visible(True)
```

Hacemos el cursor visible de nuevo en cuanto el juego se vuelve inactivo, lo que sucede en `_ship_hit()`. La atención a detalles como este hace que nuestro juego tenga un aspecto más profesional y permite al jugador centrarse en jugar, en lugar de tener que averiguar cómo funciona la interfaz de usuario.

PRUÉBELO

- **14-1. Pulsa J para jugar:** Como Alien Invasion usa entrada de teclado para controlar la nave, sería útil iniciar el juego pulsando una tecla. Añada código que permita al jugador pulsar **J** para empezar. Quizás le convenga cambiar parte del código de _check_play_button() a un método _start_game() al que se pueda llamar desde _check_play_button() y _check_keydown_events().
- **14-2. Práctica de tiro:** Cree un rectángulo en el extremo derecho de la pantalla que suba y baje a un ritmo estable. Después, a la izquierda, haga aparecer una nave que el jugador pueda desplazar hacia arriba y abajo mientras dispara a la diana móvil rectangular. Añada un botón Jugar para iniciar el juego y, cuando el jugador falle tres veces, termine el juego y haga reaparecer el botón para empezar. Deje que el jugador reinicie el juego con este botón Jugar.

Subir de nivel

En nuestro juego actual, una vez que el jugador ha aniquilado la flota, pasa de nivel. Sin embargo, la dificultad no varía. Vamos a darle algo de vidilla al juego incrementando la dificultad: la velocidad aumentará cada vez que el jugador despeje la pantalla.

Modificar las configuraciones de velocidad

Primero, reorganizaremos la clase Settings para agrupar las mismas configuraciones en estáticas y dinámicas. También nos aseguraremos de que cualquier configuración que cambie durante la partida se reiniciará al empezar una partida nueva. Este es el método __init__() para settings.py:

settings.py

```
def __init__(self):
    """Inicializa las configuraciones estáticas del juego."""
    # Configuración de la pantalla
    self.screen_width = 1200
    self.screen_height = 800
    self.bg_color = (230, 230, 230)

    # Configuración de la nave
    self.ship_limit = 3

    # Configuración de las balas
    self.bullet_width = 3
    self.bullet_height = 15
    self.bullet_color = 60, 60, 60
    self.bullets_allowed = 3

    # Configuración de los aliens
    self.fleet_drop_speed = 10

    # Rapidez con la que se acelera el juego
❶    self.speedup_scale = 1.1

❷    self.initialize_dynamic_settings()
```

Seguimos inicializando las configuraciones que permanecen constantes en el método __init__(). Añadimos una configuración speedup_scale ❶ para controlar lo rápido que se acelera el juego: un valor de 2 duplicará la velocidad cada vez que el jugador pase de nivel; un valor de 1 mantendrá la velocidad constante. Un valor como 1.1 debería aumentar la velocidad lo justo para que el juego gane dificultad pero sin volverse imposible. Por último, llamamos al método initialize_dynamic_settings() para inicializar los valores para los atributos que tengan que cambiar durante el juego ❷. Este es el código para initialize_dynamic_settings():

settings.py

```
def initialize_dynamic_settings(self):
    """Inicializa las configuraciones que cambian durante el juego."""
    self.ship_speed = 1.5
    self.bullet_speed = 2.5
    self.alien_speed = 1.0

    # fleet_direction de 1 representa la derecha; -1 representa la izquierda.
    self.fleet_direction = 1
```

Este método establece los valores iniciales para la velocidad de la nave, los aliens y las balas. Aumentaremos estas velocidades a medida que el jugador avance y las restableceremos cada vez que inicie una partida nueva. Incluimos `fleet_direction` en este método para que los aliens siempre se muevan hacia la derecha al principio de una nueva partida. No aumentamos el valor de `fleet_drop_speed` porque, cuando los aliens crucen la pantalla más rápido, también bajarán más deprisa.

Para aumentar la velocidad de la nave, los aliens y las balas cada vez que el jugador suba de nivel, escribiremos un nuevo método llamado `increase_speed()`:

settings.py

```
def increase_speed(self):
    """Incrementa las configuraciones de velocidad."""
    self.ship_speed *= self.speedup_scale
    self.bullet_speed *= self.speedup_scale
    self.alien_speed *= self.speedup_scale
```

Para aumentar la velocidad de estos elementos del juego, multiplicamos cada configuración de velocidad por el valor de `speedup_scale`.

Incrementamos el tiempo del juego llamando a `increase_speed()` en `_check_bullet_alien_collisions()` cuando el último alien de una flota ha sido abatido:

alien_invasion.py

```
def _check_bullet_alien_collisions(self):
    --fragmento omitido--
    if not self.aliens:
        # Destruye las balas existentes y crea una flota nueva.
        self.bullets.empty()
        self._create_fleet()
        self.settings.increase_speed()
```

¡Basta con cambiar los valores de las configuraciones de velocidad `ship_speed`, `alien_speed` y `bullet_speed` para acelerar todo el juego!

Restablecer la velocidad

Ahora necesitamos devolver a sus valores iniciales cualquier configuración cambiada cada vez que el jugador empiece una partida; de lo contrario, cada partida comenzaría con la velocidad aumentada de la partida anterior:

alien_invasion.py

```
def _check_play_button(self, mouse_pos):
    """Inicia un juego nuevo cuando el jugador hace clic en Play."""
    button_clicked = self.play_button.rect.collidepoint(mouse_pos)
    if button_clicked and not self.game_active:
        # Restablece las configuraciones del juego.
        self.settings.initialize_dynamic_settings()
        --fragmento omitido--
```

Jugar a Alien Invasion debería ser más divertido y difícil ahora. Cada vez que se despeje la pantalla, el juego debería acelerarse y volverse un poco más difícil. Si el juego se hace difícil demasiado rápido, reduzca el valor de `settings.speedup_scale`. Si por el contrario no supone un desafío, aumente ligeramente el mismo valor. Busque el punto adecuado aumentando la dificultad en un tiempo razonable. Las dos primeras pantallas deberían ser fáciles, las siguientes más difíciles pero asequibles, y las siguientes casi imposibles.

PRUÉBELO

- **14-3. Práctica de tiro difícil:** Empiece con su trabajo para el ejercicio 14-2. Haga que la diana se mueva más deprisa a medida que avance el juego y restablezca su velocidad original cuando el jugador haga clic en **Jugar**.
- **14-4. Niveles de dificultad:** Cree unos cuantos botones para Alien Invasion que permitan al jugador seleccionar un nivel de dificultad para el juego. Cada botón debería asignar los valores adecuados para los atributos de `Settings` necesarios para crear distintos niveles de dificultad.

Puntuaciones

Vamos a implementar un sistema de puntuaciones para hacer un seguimiento del marcador del juego en tiempo real y mostrar la puntuación más alta, el nivel y el número de naves restantes. La puntuación es una estadística del juego, así que añadiremos un atributo `score` a `GameStats`:

game_stats.py

```
class GameStats:
    --fragmento omitido--
    def reset_stats(self):
        """Inicializa las estadísticas que pueden cambiar durante el juego."""
        self.ships_left = self.ai_settings.ship_limit
        self.score = 0
```

Para reiniciar la puntuación cada vez que empiece un juego nuevo, inicializamos `score` en `reset_stats()` en vez de en `__init__()`.

Mostrar la puntuación

Para mostrar la puntuación en la pantalla, primero creamos una clase nueva, `Scoreboard`. Por ahora, esta clase solo muestra la puntuación actual. Más adelante, la usaremos para indicar la puntuación más alta, el nivel y el número de naves restantes. Esta es la primera parte de la clase; guárdela como `scoreboard.py`:

scoreboard.py

```
import pygame.font

class Scoreboard:
    """Una clase para dar información de la puntuación."""

❶   def __init__(self, ai_game):
        """Inicializa los atributos de la puntuación."""
        self.screen = ai_game.screen
        self.screen_rect = self.screen.get_rect()
        self.settings = ai_game.settings
        self.stats = ai_game.stats

        # Configuración de fuente para la información de la puntuación.
❷       self.text_color = (30, 30, 30)
❸       self.font = pygame.font.SysFont(None, 48)

        # Prepara la imagen de la puntuación inicial.
❹       self.prep_score()
```

Como `Scoreboard` escribe texto en la pantalla, empezamos importando el módulo `pygame.font`. A continuación, damos a `__init__()` el parámetro `ai_game` para que pueda acceder a los objetos `settings`, `screen` y `stats`, que necesitará para recoger los valores que estamos siguiendo ❶. Luego establecemos un color para el texto ❷ e instanciamos un objeto `font` ❸. Para convertir en imagen el texto que hay que mostrar, llamamos a `prep_score()` ❹, que definimos aquí:

scoreboard.py

```
def prep_score(self):
    """Convierte la puntuación en una imagen renderizada."""
❶   score_str = str(self.stats.score)
❷   self.score_image = self.font.render(score_str, True,
        self.text_color, self.settings.bg_color)

    # Muestra la puntuación en la parte superior derecha de la pantalla.
❸   self.score_rect = self.score_image.get_rect()
❹   self.score_rect.right = self.screen_rect.right - 20
❺   self.score_rect.top = 20
```

En `prep_score()`, convertimos el valor numérico `stats.score` en una cadena ❶ y se la pasamos a `render()`, que crea la imagen ❷. Para que la puntuación se muestre con claridad en pantalla, pasamos el color de fondo de la pantalla y el color del texto a `render()`.

Colocaremos la puntuación en la esquina superior derecha de la pantalla y haremos que se expanda hacia la izquierda a medida que el número crezca en tamaño y anchura. Para asegurarnos de que la puntuación siempre está alienada con el lado derecho de la pantalla, creamos un `rect` llamado `score_rect` ❸ y configuramos su borde derecho a 20 píxeles del borde derecho de la pantalla ❹. Luego ponemos el borde superior 20 píxeles por debajo del borde superior de la pantalla ❺.

A continuación, creamos un método `show_score()` para mostrar la imagen de la puntuación renderizada:

scoreboard.py

```
def show_score(self):
    """Dibuja la puntuación en la pantalla."""
    self.screen.blit(self.score_image, self.score_rect)
```

Este método dibuja la imagen de la puntuación en la pantalla, en la ubicación que especifica `score_rects`.

Crear un marcador

Para mostrar la puntuación, crearemos una instancia de `Scoreboard` en `AlienInvasion`. Pero, antes, vamos a actualizar las sentencias `import`:

alien_invasion.py

```
--fragmento omitido--
from game_stats import GameStats
from scoreboard import Scoreboard
--fragmento omitido--
```

A continuación, hacemos una instancia de `Scoreboard` en `__init__()`:

alien_invasion.py

```
def __init__(self):
    --fragmento omitido--
    pygame.display.set_caption("Alien Invasion")

    # Crea una instancia para guardar estadísticas del juego,
    # y crea un marcador.
    self.stats = GameStats(self)
    self.sb = Scoreboard(self)
    --fragmento omitido--
```

Luego dibujamos el marcador en la pantalla en `_update_screen()`:

alien_invasion.py

```
def _update_screen(self):
    --fragmento omitido--
    self.aliens.draw(self.screen)
```

```
# Dibuja la información de la puntuación.
self.sb.show_score()

# Dibuja el botón Play si el juego está inactivo.
--fragmento omitido--
```

Llamamos a `show_score()` justo antes de dibujar el botón Play. Ahora, al ejecutar Alien Invasion, debería aparecer un 0 en la esquina superior derecha de la pantalla. (De momento, solo queremos asegurarnos de que el marcador aparece en el lugar adecuado antes de desarrollar más el sistema de puntuación). La figura 14.2 muestra la puntuación tal y como aparece antes de que empiece el juego.

¡A continuación, asignaremos puntuaciones a cada alienígena!

Figura 14.2. La puntuación aparece en la esquina superior derecha de la pantalla.

Actualizar la puntuación a medida que se abaten aliens

Para escribir una puntuación en vivo en la pantalla, actualizamos el valor de `stats.score` cada vez que una bala impacte contra un alien y llamamos a `prep_score()` para actualizar la imagen del marcador. Pero, primero, vamos a determinar cuántos puntos consigue el jugador cada vez que da en un blanco:

settings.py

```
def initialize_dynamic_settings(self):
    --fragmento omitido--

    # Configuración de puntuación
    self.alien_points = 50
```

Incrementaremos el valor en puntos de cada alien a medida que el juego avance. Para restablecer este valor cada vez que empiece una partida nueva, configuramos el valor en `initialize_dynamic_settings()`. Vamos a actualizar la puntuación cada vez que se abata un alien en `_check_bullet _alien_collisions()`:

alien_invasion.py

```
def _check_bullet_alien_collisions(self):
    """Responde a colisiones bala-alien."""
    # Elimina cualquier bala y alien que hayan chocado.
    collisions = pygame.sprite.groupcollide(
        self.bullets, self.aliens, True, True)

    if collisions:
        self.stats.score += self.settings.alien_points
        self.sb.prep_score()
    --fragmento omitido--
```

Cuando una bala alcanza a un alien, Pygame devuelve un diccionario `collisions`. Comprobamos si el diccionario existe; de ser así, se añade al valor del alien a la puntuación. Luego llamamos a `prep_score()` para crear una imagen nueva para la puntuación actualizada.

Al jugar a Alien Invasion ahora, debería ser capaz de acumular puntos.

Restablecer la puntuación

Hasta el momento, hemos preparado la puntuación nueva de tal modo que aparezca cuando un alienígena ha sido alcanzado por una bala. Esto funciona durante la mayor parte del juego, pero al comenzar una nueva partida seguimos viendo la puntuación de la partida anterior hasta el instante en el que disparamos al primer alien. Para resolver esto, vamos a hacer que la puntuación esté preparada al comenzar una nueva partida:

alien_invasion.py

```
def _check_play_button(self, mouse_pos):
    --fragmento omitido--
    if button_clicked and not self.game_active:
        --fragmento omitido--
        # Restablece las estadísticas del juego.
        self.stats.reset_stats()
        self.stats.game_active = True
        self.sb.prep_score()
        --fragmento omitido--
```

Llamamos a `prep_score()` después de restablecer las estadísticas del juego cuando empieza una partida nueva. Esto prepara el marcador con una puntuación de 0.

Asegurarse de contabilizar todos los aciertos

Tal y como está escrito hasta ahora, nuestro código podría fallar al contabilizar los puntos de algunos aliens. Por ejemplo, si dos balas chocan con aliens durante el mismo paso por el bucle o si hacemos una bala extragruesa para dar a varios a la vez, el jugador solo recibirá puntos por un alien. Para solucionar esto, refinaremos la forma de detectar colisiones entre balas y aliens.

En `_check_bullet_alien_collisions()`, cualquier bala que choque con un alien se convierte en una clave en el diccionario `collisions`. El valor asociado con cada bala es una lista de los aliens con los que ha chocado. Pasamos en bucle por los valores del diccionario `collisions` para asegurarnos de dar puntos por cada alien alcanzado:

alien_invasion.py

```
def _check_bullet_alien_collisions(self):
    --fragmento omitido--
    if collisions:
        for aliens in collisions.values():
            self.stats.score += self.settings.alien_points * len(aliens)
        self.sb.prep_score()
    --fragmento omitido--
```

Si el diccionario `collisions` está definido, pasamos en bucle por todos los valores que contiene. Recuerde que cada valor es una lista de aliens alcanzados por una sola bala. Multiplicamos el valor de cada marcianito por el número de aliens en cada lista y sumamos esa cantidad a la puntuación actual. Para probarlo, cambie la anchura de una bala a 300 píxeles y compruebe que recibe puntos por cada alien al que ha dado con sus balas gigantes; luego, devuelva la anchura de la bala a su valor normal.

Aumentar los valores en puntos

Dado que la dificultad del juego aumenta cuando el jugador pasa de nivel, los aliens de los niveles avanzados deberían valer más puntos. Para implementar esta funcionalidad, añadiremos código que aumente el valor en puntos cuando aumente la velocidad del juego:

settings.py

```
class Settings:
    """Una clase que guarda todas las configuraciones para Alien Invasion."""

    def __init__(self):
        --fragmento omitido--
        # Lo rápido que se acelera el juego
        self.speedup_scale = 1.1
        # Lo rápido que aumenta el valor en puntos de los aliens
        self.score_scale = 1.5
```

❶

```
        self.initialize_dynamic_settings()

    def initialize_dynamic_settings(self):
        --fragmento omitido--

    def increase_speed(self):
        """Aumenta las configuraciones de velocidad y los valores en puntos de los aliens."""
        self.ship_speed *= self.speedup_scale
        self.bullet_speed *= self.speedup_scale
        self.alien_speed *= self.speedup_scale
❷       self.alien_points = int(self.alien_points * self.score_scale)
```

Definimos una tasa a la que aumentarán los puntos, que llamaremos score_scale ❶. Un pequeño incremento de la velocidad (1.1) enseguida convierte el juego en un desafío. Sin embargo, para observar diferencias más notables en la puntuación, tenemos que usar una puntuación un poco mayor para cada alien (1.5). Ahora, al aumentar la velocidad del juego, también aumentamos el valor en puntos de cada acierto ❷. Usamos la función int() para aumentar el valor en puntos en enteros.

Para ver el valor de cada alien, añada una llamada a print() al método increase_speed() de Settings:

settings.py

```
def increase_speed(self):
    --fragmento omitido--
    self.alien_points = int(self.alien_points * self.score_scale)
    print(self.alien_points)
```

El nuevo valor debería aparecer en el terminal cada vez que pase de nivel.

Nota: Asegúrese de eliminar la llamada a print() tras comprobar que el valor está aumentando, o de lo contrario afectará al rendimiento del juego y distraerá al jugador.

Redondear la puntuación

La mayoría de los juegos tipo arcade basados en disparar objetos muestran la puntuación como múltiplos de 10. Nuestras puntuaciones seguirán este patrón. También daremos formato a la puntuación para incluir separadores de coma en números grandes. Haremos este cambio en Scoreboard:

scoreboard.py

```
def prep_score(self):
    """Convierte la puntuación en una imagen renderizada."""
    rounded_score = round(self.stats.score, -1)
    score_str = f"{rounded_score:,}"
    self.score_image = self.font.render(score_str, True,
        self.text_color, self.settings.bg_color)
    --fragmento omitido--
```

La función `round()` suele redondear un número decimal flotante hasta un número establecido de posiciones decimales que se pasa como segundo argumento. Sin embargo, si pasamos un número negativo, `round()` redondea el valor al 10, 100, 1000, etc., más cercano. Este código le indica a Python que redondee el valor de `stats.score` a la decena más cercana y lo asigne a `rounded_score`.

A continuación, utilizamos un especificador de formato en la cadena f para la puntuación. Llamamos especificador de formato a una secuencia especial de caracteres que modifica el modo de presentar el valor de una variable. En este caso, la secuencia `:,` le indica a Python que inserte comas en los lugares adecuados del valor numérico proporcionado. Como resultado, obtenemos cadenas como 1,000,000 en lugar de 1000000.

Ahora, al ejecutar el juego, debería aparecer un marcador redondeado y con este formato al acumular muchos puntos, como muestra la figura 14.3.

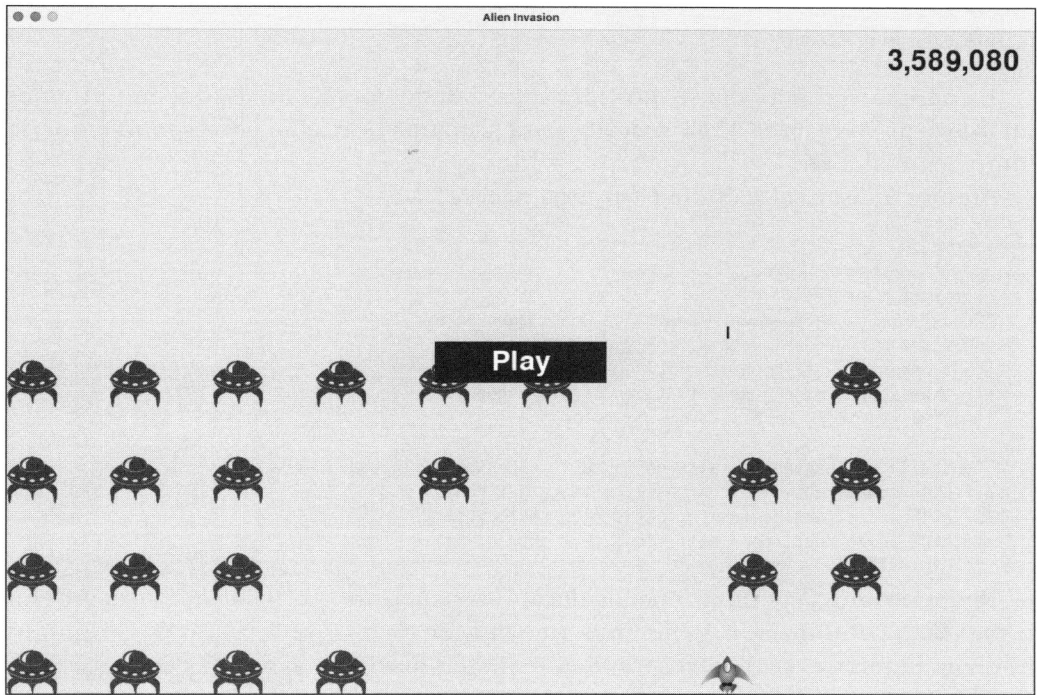

Figura 14.3. Puntuación redondeada con separadores de coma.

Puntuaciones altas

Todo jugador quiere superar la puntuación más alta de un juego, así que vamos a rastrear y mostrar las puntuaciones más altas para motivar a los jugadores. Guardaremos estas puntuaciones altas en `GameStats`:

game_stats.py

```
def __init__(self, ai_game):
    --fragmento omitido--
    # La puntuación más alta no debería restablecerse nunca.
    self.high_score = 0
```

Como la puntuación más alta no debería restablecerse nunca, inicializamos high_score en __init__() en vez de en reset_stats().

A continuación, modificaremos Scoreboard para que muestre la puntuación más alta. Empecemos con el método __init__():

scoreboard.py

```
def __init__(self, ai_game):
    --fragmento omitido--
    # Prepara las imágenes de puntuación iniciales.
    self.prep_score()
❶   self.prep_high_score()
```

La puntuación más alta se mostrará separada del marcador, así que necesitamos un nuevo método, prep_high_score(), para preparar la imagen correspondiente a la puntuación alta ❶.

Aquí se muestra el método prep_high_score():

scoreboard.py

```
def prep_high_score(self):
    """Convierte la puntuación más alta en una imagen renderizada."""
❶   high_score = round(self.stats.high_score, -1)
    high_score_str = "f"{high_score:,}"
❷   self.high_score_image = self.font.render(high_score_str, True,
        self.text_color, self.settings.bg_color)

    # Centra la puntuación más alta en la parte superior de la pantalla.
    self.high_score_rect = self.high_score_image.get_rect()
❸   self.high_score_rect.centerx = self.screen_rect.centerx
❹   self.high_score_rect.top = self.score_rect.top
```

Redondeamos la puntuación más alta al 10 más cercano y le aplicamos formato con comas ❶. A continuación, generamos una imagen de esta puntuación ❷, centramos horizontalmente el rect correspondiente a la puntuación más alta ❸ y configuramos su atributo top para que coincida con el de la imagen del marcador ❹.

Ahora el método show_score() dibuja la puntuación actual en la esquina superior derecha y la más alta en el centro superior de la pantalla:

scoreboard.py

```
def show_score(self):
    """Dibuja la puntuación en la pantalla."""
    self.screen.blit(self.score_image, self.score_rect)
    self.screen.blit(self.high_score_image, self.high_score_rect)
```

Para buscar las puntuaciones más altas, escribiremos un nuevo método, check_high_score(), en Scoreboard:

scoreboard.py

```
def check_high_score(self):
    """Comprueba si hay una nueva puntuación más alta."""
    if self.stats.score > self.stats.high_score:
        self.stats.high_score = self.stats.score
        self.prep_high_score()
```

El método check_high_score() compara la puntuación actual con la más alta. Si la actual es mayor, actualizamos el valor de high_score y llamamos a prep_high_score() para actualizar la imagen de la puntuación más alta.

Necesitamos llamar a check_high_score() cada vez que se dé a un alien después de actualizar la puntuación en _check_bullet_alien_collisions():

alien_invasion.py

```
def _check_bullet_alien_collisions(self):
    --fragmento omitido--
    if collisions:
        for aliens in collisions.values():
            self.stats.score += self.settings.alien_points * len(aliens)
        self.sb.prep_score()
        self.sb.check_high_score()
    --fragmento omitido--
```

Llamamos a check_high_score() cuando el diccionario collisions está presente y lo hacemos después de actualizar la puntuación para todos los aliens que han sido alcanzados.

La primera vez que juegue a Alien Invasion su puntuación será la más alta, por lo que se mostrará como la actual y la más alta; cuando juegue por segunda vez, la puntuación más alta debería aparecer en el centro y la actual a la derecha, como muestra la figura 14.4.

Mostrar el nivel

Para mostrar el nivel del juego en el que se encuentra el jugador, necesitamos tener un atributo en GameStats que represente el nivel actual. Para que el nivel se restablezca al inicio de cada partida, lo inicializaremos en reset_stats():

game_stats.py

```
def reset_stats(self):
    """Inicializa las estadísticas que pueden cambiar durante el juego."""
    self.ships_left = self.settings.ship_limit
    self.score = 0
    self.level = 1
```

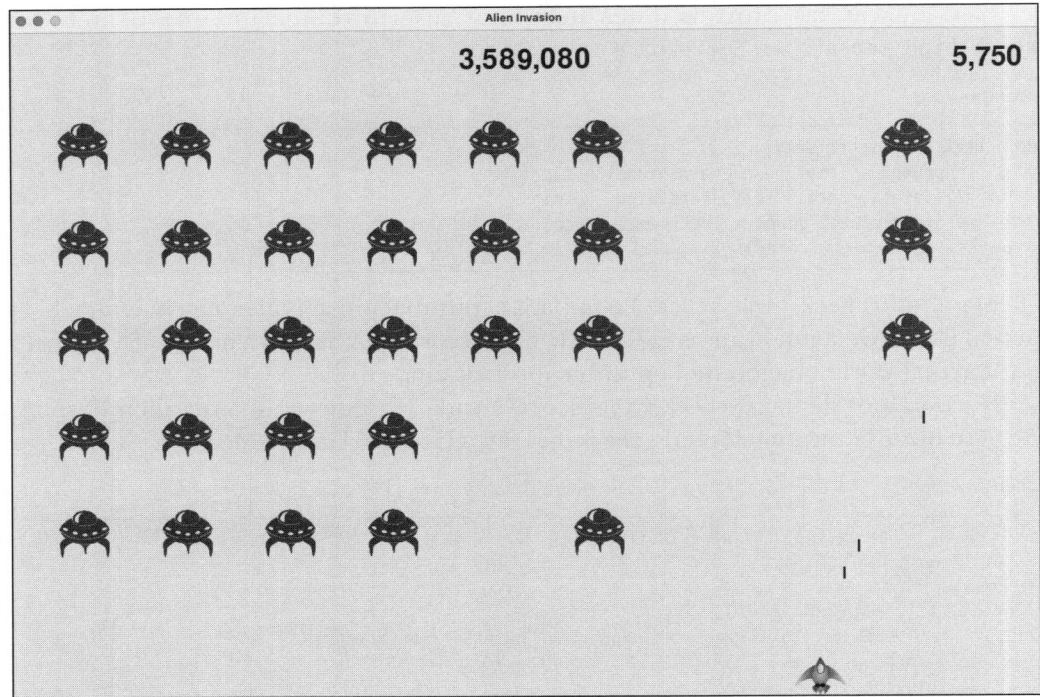

Figura 14.4. La puntuación más alta aparece centrada en la parte superior de la pantalla.

Para que `Scoreboard` muestre el nivel actual, llamamos a un método nuevo, `prep_level()`, desde `__init__()`:

scoreboard.py

```
def __init__(self, ai_game):
    --fragmento omitido--
    self.prep_high_score()
    self.prep_level()
```

Aquí está `prep_level()`:

scoreboard.py

```
def prep_level(self):
    """Convierte el nivel en una imagen renderizada."""
    level_str = str(self.stats.level)
❶   self.level_image = self.font.render(level_str, True,
        self.text_color, self.settings.bg_color)

    # Coloca el nivel debajo de la puntuación.
    self.level_rect = self.level_image.get_rect()
❷   self.level_rect.right = self.score_rect.right
❸   self.level_rect.top = self.score_rect.bottom + 10
```

El método `prep_level()` crea una imagen a partir del valor guardado en `stats.level` ❶ y configura el atributo `right` de la imagen para que coincida con el atributo `right` de la puntuación ❷. Luego establece el atributo `top` 10 píxeles por debajo del borde inferior de la imagen de la puntuación para dejar espacio entre el marcador y el nivel ❸.

También tenemos que actualizar `show_score()`:

scoreboard.py

```
def show_score(self):
    """Dibuja puntuaciones y nivel en la pantalla."""
    self.screen.blit(self.score_image, self.score_rect)
    self.screen.blit(self.high_score_image, self.high_score_rect)
    self.screen.blit(self.level_image, self.level_rect)
```

Esta línea nueva dibuja la imagen del nivel en la pantalla. Aumentaremos `stats.level` y actualizaremos la imagen del nivel en `_check_bullet_alien_collisions()`:

alien_invasion.py

```
def _check_bullet_alien_collisions(self):
    --fragmento omitido--
    if not self.aliens:
        # Destruye las balas existentes y crea una flota nueva.
        self.bullets.empty()
        self._create_fleet()
        self.settings.increase_speed()

        # Aumenta el nivel.
        self.stats.level += 1
        self.sb.prep_level()
```

Si se destruye una flota, incrementamos el valor de `stats.level` y llamamos a `prep_level()` para asegurarnos de que el nuevo nivel se muestra correctamente.

Para asegurarnos de que la imagen del nivel se actualiza bien al principio de una partida nueva, también llamamos a `prep_level()` cuando el jugador hace clic en el botón Play:

alien_invasion.py

```
def _check_play_button(self, mouse_pos):
    --fragmento omitido--
    if button_clicked and not self.game_active:
        --fragmento omitido--
        self.sb.prep_score()
        self.sb.prep_level()
        --fragmento omitido--
```

Llamamos a `prep_level()` justo después de llamar a `prep_score()`.

Ahora veremos cuántos niveles hemos completado, como se muestra en la figura 14.5.

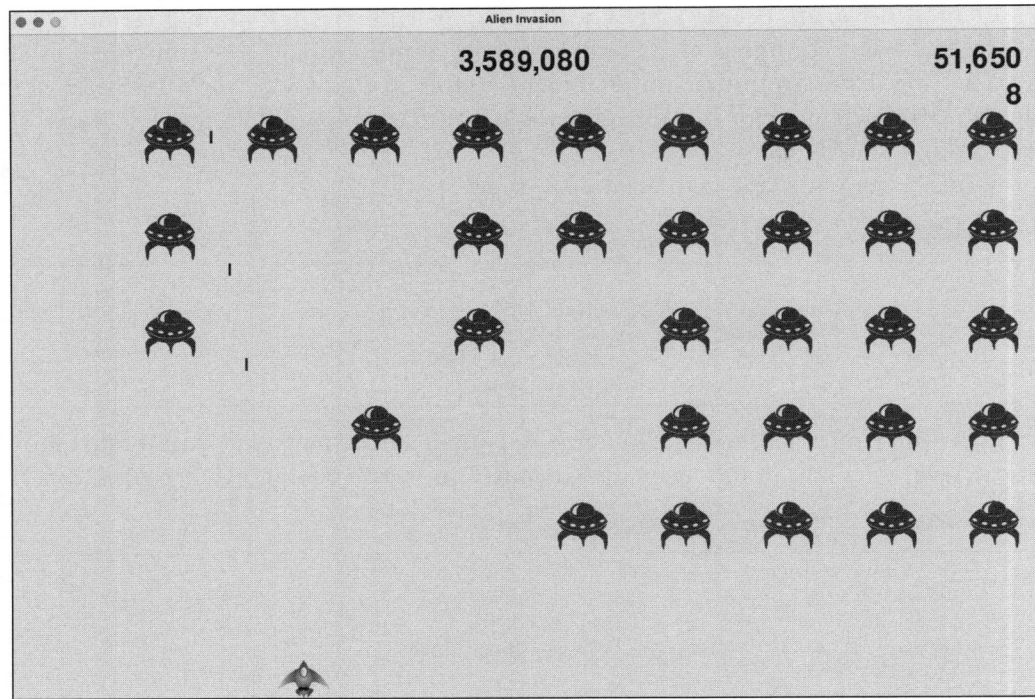

Figura 14.5. El nivel actual aparece justo debajo de la puntuación actual.

Nota: En algunos juegos clásicos, hay etiquetas en el marcador, como "Puntos", "Máxima puntuación" y "Nivel". Hemos omitido estas etiquetas porque el significado de cada número está claro en cuanto hemos jugado una vez. No obstante, si prefiere incluirlas, añádalas a las cadenas de puntuación, justo antes de las llamadas a font.render() en Scoreboard.

Mostrar el número de naves

Por último, vamos a mostrar el número de naves que le quedan al jugador. En esta ocasión, sin embargo, usaremos un gráfico. Para ello, dibujaremos naves en la esquina superior izquierda de la pantalla representando las que quedan, igual que en muchos juegos arcade clásicos.

Primero, necesitamos hacer que Ship herede de Sprite para poder crear un grupo de naves:

ship.py

```
import pygame
from pygame.sprite import Sprite

❶ class Ship(Sprite):
```

```
"""Una clase para gestionar la nave."""

def __init__(self, ai_game):
    """Inicializa la nave y establece su posición inicial."""
    super().__init__()
    --fragmento omitido--
```

❷

Aquí importamos `Sprite`, nos aseguramos de que `Ship` hereda de `Sprite` ❶ y llamamos a `super()` al inicio de `__init__()` ❷.

A continuación, tenemos que modificar `Scoreboard` para crear un grupo de naves que podamos mostrar. Aquí se muestran las sentencias `import` para `Scoreboard`:

scoreboard.py

```
import pygame.font
from pygame.sprite import Group

from ship import Ship
```

Como estamos haciendo un grupo de naves, importamos las clases `Group` y `Ship`. Así queda `__init__()`:

scoreboard.py

```
def __init__(self, ai_game):
    """Inicializa los atributos para la puntuación."""
    self.ai_game = ai_game
    self.screen = ai_game.screen
    --fragmento omitido--
    self.prep_level()
    self.prep_ships()
```

Asignamos la instancia del juego a un atributo porque lo necesitaremos para crear naves. Llamamos a `prep_ships()` después de llamar a `prep_level()`.

Aquí está `prep_ships()`:

scoreboard.py

```
def prep_ships(self):
    """Muestra cuántas naves quedan."""
    self.ships = Group()
    for ship_number in range(self.stats.ships_left):
        ship = Ship(self.ai_game)
        ship.rect.x = 10 + ship_number * ship.rect.width
        ship.rect.y = 10
        self.ships.add(ship)
```

❶
❷
❸
❹
❺

El método `prep_ships()` crea un grupo vacío, `self.ships`, para acoger las instancias de la nave ❶. Para rellenar este grupo, se ejecuta un bucle una vez por cada nave que le queda al jugador ❷. Dentro del bucle, creamos una nave nueva y establecemos el valor de la coordenada *x* de cada nave para que aparezcan unas junto a otras, con un margen de 10 píxeles a la izquierda del grupo ❸. Establecemos el valor de la coordenada y a 10 píxeles de la parte superior de la pantalla para que las naves aparezcan en la esquina superior izquierda ❹. Luego añadimos las naves de una en una al grupo `ships` ❺.

Ahora tenemos que dibujar las naves en la pantalla:

scoreboard.py

```
def show_score(self):
    """Dibuja puntuaciones, nivel y naves en la pantalla."""
    self.screen.blit(self.score_image, self.score_rect)
    self.screen.blit(self.high_score_image, self.high_score_rect)
    self.screen.blit(self.level_image, self.level_rect)
    self.ships.draw(self.screen)
```

Para mostrar las naves en la pantalla, llamamos a `draw()` en el grupo y Pygame dibuja cada nave.

Para mostrar al jugador cuántas naves tiene al empezar, llamamos a `prep_ships()` cuando empieza una partida nueva. Lo hacemos en `_check_play_button()`, en `AlienInvasion`:

alien_invasion.py

```
def _check_play_button(self, mouse_pos):
    --fragmento omitido--
    if button_clicked and not self.game_active:
        --fragmento omitido--
        self.sb.prep_level()
        self.sb.prep_ships()
        --fragmento omitido--
```

También llamamos a `prep_ships()` cuando una nave es alcanzada, para actualizar la muestra de las imágenes cuando el jugador pierde una vida:

alien_invasion.py

```
def _ship_hit(self):
    """Responde a un alien que alcanza la nave."""
    if self.stats.ships_left > 0:
        # Reduce ships_left y actualiza el marcador.
        self.stats.ships_left -= 1
        self.sb.prep_ships()
        --fragmento omitido--
```

Llamamos a `prep_ships()` tras reducir el valor de `ships_left` para que se muestre el número de naves restantes cada vez que se destruya una.

La figura 14.6 muestra el sistema de puntuación completo con las naves restantes en la esquina superior izquierda de la pantalla.

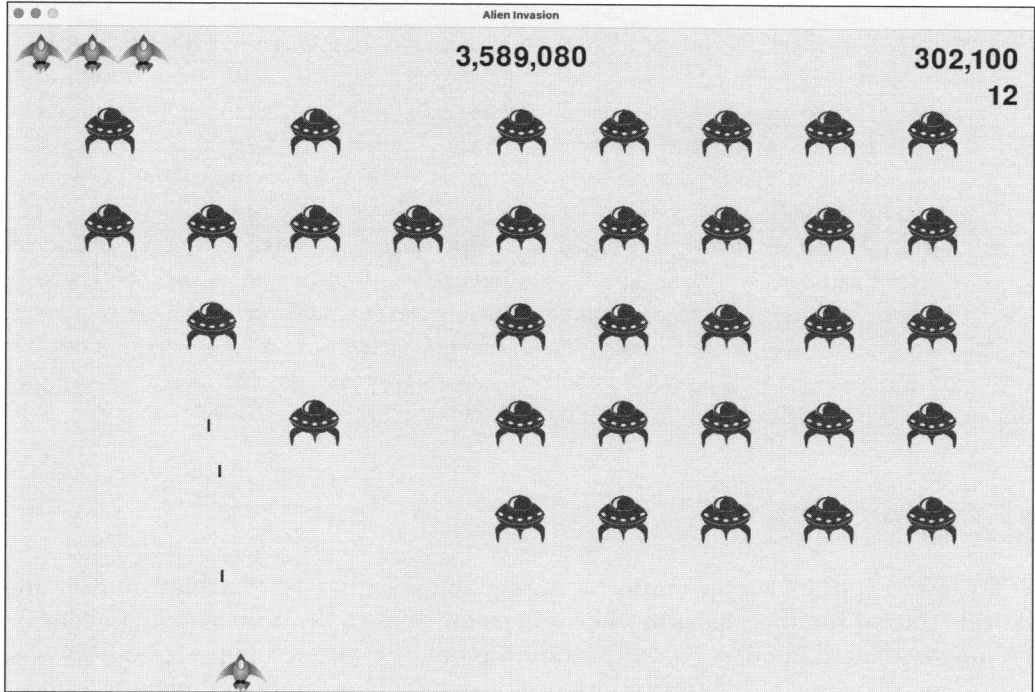

Figura 14.6. El sistema de puntuación completo de Alien Invasion.

PRUÉBELO

- **14-5. Puntuación más alta permanente:** La puntuación más alta se restablece cada vez que el jugador cierra y reinicia Alien Invasion. Resuelva esto escribiendo la puntuación más alta en un archivo antes de llamar a sys.exit() y leyendo la puntuación más alta al inicializar su valor en GameStats.
- **14-6. Refactorización:** Busque métodos que estén haciendo más de una tarea y refactorícelos para organizar su código y hacerlo eficiente. Por ejemplo, mueva parte del código de _check_bullet_alien_collisions(), que inicia un nivel nuevo cuando se destruye una flota alienígena, a una función llamada start_new_level(). Mueva las cuatro llamadas a métodos separadas del método __init__() de Scoreboard a un método llamado prep_images() para acortar __init__(). El método prep_images() también podría ayudar a simplificar _check_play_button() o start_game() si ya ha refactorizado _check_play_button().

Nota: Antes de intentar refactorizar el proyecto, consulte el apéndice D para aprender a restaurar el proyecto a un estado funcional si introduce errores al refactorizar.

- **14-7. Expandir el juego:** Piense en alguna forma de expandir Alien Invasion. Por ejemplo, podría hacer que los alienígenas disparen a nuestra nave, o añadir escudos para que la nave pueda protegerse y que esos escudos puedan ser destruidos por las balas de cualquier bando. También puede usar algo como el módulo pygame.mixer para añadir efectos de sonido, tales como explosiones y ruido de disparos.
- **14-8. Tirador lateral, versión definitiva:** Siga desarrollando "Tirador lateral", utilizando todo lo que hemos hecho en este proyecto. Añada un botón **Jugar**, acelere el juego en momentos determinados y desarrolle un sistema de puntuación. Asegúrese de refactorizar el código al trabajar y busque oportunidades para personalizar el juego más allá de lo explicado en este capítulo.

Resumen

En este capítulo, ha aprendido a implementar un botón Play para iniciar una partida nueva. También ha aprendido a detectar eventos de ratón y ocultar el cursor en juegos activos. Puede usar lo aprendido para crear otros botones en sus juegos, como uno de ayuda que muestre instrucciones para jugar. También ha aprendido a modificar la velocidad de un juego a medida que progresa, a implementar un sistema de puntuación progresivo y a mostrar información de manera textual y no textual.

15

GENERAR DATOS

La visualización de datos consiste en utilizar representaciones visuales para explorar y presentar patrones en conjuntos de datos. Está estrechamente ligada al análisis de datos, que utiliza código para explorar los patrones y conexiones en un conjunto de datos. Un conjunto de datos puede estar formado por una pequeña lista de números que cabe en una única línea de código, u ocupar terabytes de datos que incluyen muchas clases de información diferente.

Crear visualizaciones eficientes de datos va mucho más allá de conseguir que la forma de presentar la información resulte agradable a la vista. Cuando una representación de un conjunto de datos es sencilla y visualmente atractiva, el usuario entenderá claramente su significado. En sus conjuntos de datos, la gente verá patrones y significados que no sabían que existían.

Por suerte, no necesitamos un superordenador para visualizar datos complejos. Python es tan eficiente que con un simple portátil podemos explorar rápidamente conjuntos de datos con millones de puntos de datos. No es necesario que estos puntos de datos sean números; con los principios básicos que hemos visto en la primera parte del libro, podrá analizar también datos no numéricos.

Python se utiliza para trabajar de forma intensiva con datos en los ámbitos de la genética, la investigación climática, el análisis político y económico, y muchos más. Los científicos de datos han escrito en Python una serie impresionante de herramientas de análisis y visualización, muchas de las cuales están también a nuestra disposición. Una de las herramientas más populares es Matplotlib, una biblioteca de trazado matemático. En este capítulo, la utilizaremos para realizar trazados sencillos, como gráficos de líneas y diagramas de dispersión. Más adelante, crearemos un conjunto de datos más interesante basado en el concepto de "caminata aleatoria" (*random walk*), una visualización generada a partir de una serie de decisiones aleatorias.

También utilizaremos un paquete llamado Plotly, que crea visualizaciones que funcionan bien en dispositivos digitales, con el fin de analizar los resultados de una tirada de dados. Plotly genera visualizaciones que se redimensionan automáticamente para caber en distintos dispositivos. Estas visualizaciones también pueden incluir una serie de funciones interactivas, como enfatizar aspectos determinados del conjunto de datos cuando el usuario pasa el ratón por distintas áreas de la visualización. Aprender a trabajar con Matplotlib y Plotly le ayudará a iniciarse en la visualización de la clase de datos que más le interesen.

Instalar Matplotlib

Para usar Matplotlib en nuestro conjunto de visualizaciones inicial, hay que instalarlo usando `pip`, como hicimos con pytest en el capítulo 11.

Para instalar Matplotlib, escriba el siguiente comando en un intérprete:

```
$ python -m pip install --user matplotlib
```

Si usa un comando distinto de `python` en su sistema para ejecutar programas o iniciar una sesión de terminal, como `python3`, el comando quedará así:

```
$ python3 -m pip install --user matplotlib
```

Para ver los tipos de visualizaciones que puede crear con Matplotlib, visite la página de inicio de Matplotlib en https://matplotlib.org y haga clic en Plot types. Al hacer clic en una visualización de la galería, verá el código empleado para generar el trazado.

Trazar un gráfico de líneas sencillo

Vamos a trazar un gráfico de líneas sencillo con Matplotlib y después lo personalizaremos para crear una visualización de datos que nos ofrezca más información. Usaremos la secuencia de números cuadrados 1, 4, 9, 16, 25 como datos para el gráfico.

Para crear un gráfico de línea sencillo, especificaremos los números con los que queremos trabajar y dejaremos que Matplotlib se encargue del resto:

mpl_squares.py

```
import matplotlib.pyplot as plt

squares = [1, 4, 9, 16, 25]
❶ fig, ax = plt.subplots()
ax.plot(squares)

plt.show()
```

Primero, importamos el módulo `pyplot` usando el alias `plt` para no tener que escribir `pyplot` varias veces. (Con frecuencia encontramos esta convención en ejemplos en línea, así que la usaremos aquí también). El módulo `pyplot` contiene una serie de funciones que nos ayudan a generar gráficos y trazados.

Creamos una lista llamada `squares` para alojar los datos que trazaremos. A continuación, seguimos otra convención habitual de Matplotlib llamando a la función `subplots()` ❶. Esta función puede generar uno o varios trazados en una misma figura. La variable `fig` representa toda la figura, entendida como la colección de trazados que se generan. La variable `ax` representa un solo trazado de la figura; es la que usaremos la mayor parte del tiempo a la hora de definir y personalizar un trazado.

Después, usamos el método `plot()`, que intentará trazar los datos que reciba, dándoles sentido. La función `plt.show()` abre el visor de Matplotlib y muestra el trazado, como en la figura 15.1. El visor permite ampliar la imagen y navegar por el trazado. Podemos guardar las imágenes del trazado que queramos haciendo clic en el icono del disco.

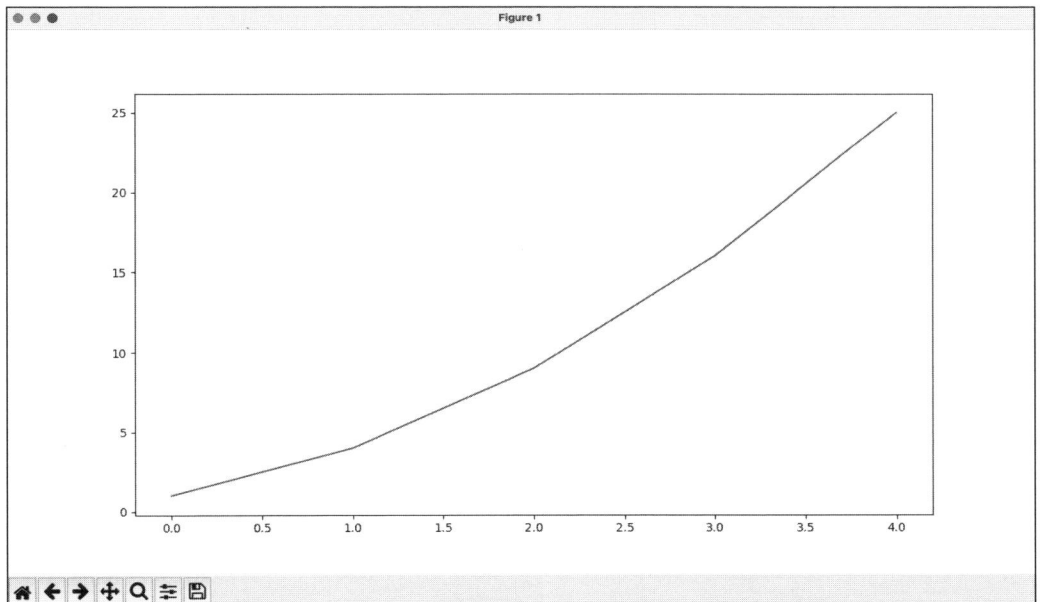

Figura 15.1. Uno de los trazados más sencillos que podemos hacer en Matplotlib.

Cambiar el tipo de etiqueta y el grosor de la línea

Aunque el trazado de la figura 15.1 muestra que los números van incrementándose, la etiqueta es demasiado pequeña y la línea es demasiado fina para poder leerla fácilmente. Por suerte, Matplotlib nos permite ajustar todas las características de una visualización.

Usaremos unas cuantas personalizaciones disponibles para mejorar la legibilidad del trazado. Comenzaremos añadiendo un título y etiquetando los ejes:

mpl_squares.py

```
import matplotlib.pyplot as plt

squares = [1, 4, 9, 16, 25]

fig, ax = plt.subplots()
❶ ax.plot(squares, linewidth=3)

# Establece el título del gráfico y las etiquetas de los ejes.
❷ ax.set_title("Square Numbers", fontsize=24)
❸ ax.set_xlabel("Value", fontsize=14)
ax.set_ylabel("Square of Value", fontsize=14)

# Establece el tamaño de las etiquetas de los puntos de los ejes.
❹ ax.tick_params(labelsize=14)

plt.show()
```

El parámetro `linewidth` controla el grosor de la línea que `plot()` genera ❶. Una vez generado un trazado, tenemos a nuestra disposición muchos métodos para modificarlo antes de presentarlo. El método `set_title()` establece un título general para el gráfico ❷. Los parámetros `fontsize`, que aparecen varias veces en el código, controlan el tamaño del texto en los distintos elementos del gráfico.

Los métodos `set_xlabel()` y `set_ylabel()` nos permiten establecer un nombre para cada eje ❸, y `tick_params()` aplica estilo a los puntos ❹. Aquí, `tick_params()` establece el tamaño de fuente de las etiquetas en 14 en ambos ejes.

Como puede ver en la figura 15.2, el gráfico resultante es mucho más fácil de leer. Las etiquetas son más grandes y la línea es más gruesa. Con frecuencia, conviene experimentar con estos valores para ver qué funciona mejor en el gráfico que obtenemos.

Corregir el trazado

Ahora que vemos mejor el gráfico, podemos observar que los datos no están bien trazados. Fíjese, al final del gráfico, en que el cuadrado de `4.0` se muestra como `25`. Vamos a arreglarlo. Cuando damos a `plot()` una única secuencia de números, asume que el primer punto de datos corresponde a un valor 0 de la coordenada *x*, pero nuestro primer punto corresponde a un valor de 1 para dicha coordenada. Podemos remplazar el comportamiento predeterminado dando a `plot()` los valores de entrada y de salida usados para calcular los cuadrados:

mpl_squares.py

```
import matplotlib.pyplot as plt

input_values = [1, 2, 3, 4, 5]
squares = [1, 4, 9, 16, 25]
```

```
fig, ax = plt.subplots()
ax.plot(input_values, squares, linewidth=3)

# Establece el título del gráfico y las etiquetas de los ejes.
--fragmento omitido--
```

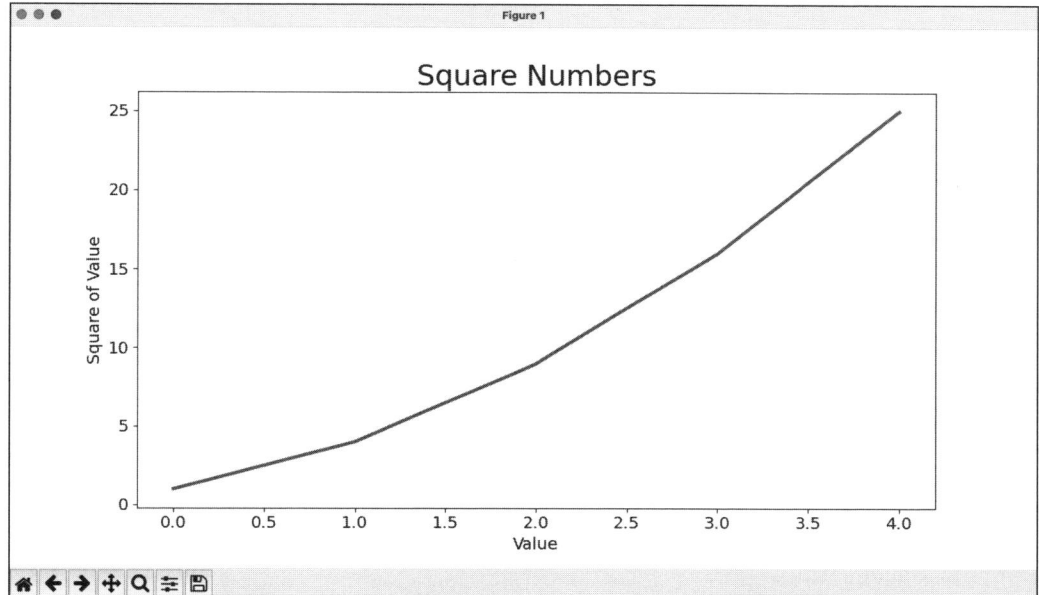

Figura 15.2. El gráfico es mucho más fácil de leer ahora.

Ahora `plot()` no tiene que imaginar cómo se han generado los número de salida. El trazado resultante, que se muestra en la figura 15.3, es correcto.

Podemos especificar varios argumentos al realizar la llamada a `plot()` y utilizar varios métodos para personalizar los trazados una vez generados. Seguiremos explorando los diferentes enfoques de personalización cuando trabajemos con conjuntos de datos más interesantes a lo largo del capítulo.

Utilizar estilos integrados

Matplotlib cuenta con varios estilos predefinidos. Estos estilos contienen diversos ajustes de configuración inicial para colores de fondo, líneas de cuadrícula, grosor de línea, fuentes, tamaños de fuente, etc. Nuestras visualizaciones resultarán más atractivas sin necesidad de mucha personalización. Para ver un listado de los estilos disponibles, ejecute las siguientes líneas en una sesión de terminal:

```
>>> import matplotlib.pyplot as plt
>>> plt.style.available
['Solarize_Light2', '_classic_test_patch', '_mpl-gallery',
--fragmento omitido--
```

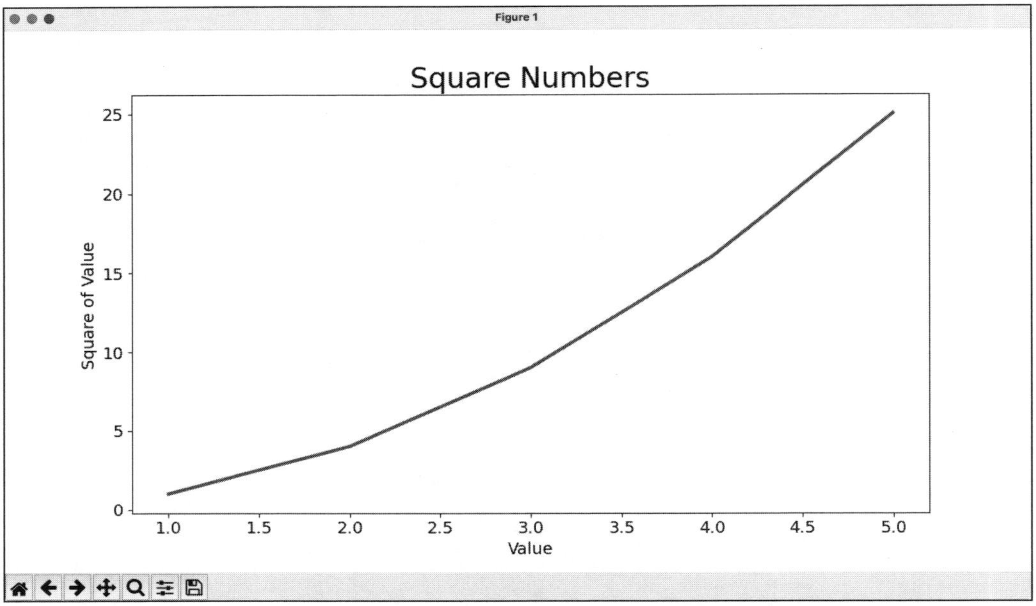

Figura 15.3. Los datos están ahora bien trazados.

Para usar cualquiera de estos estilos, añada una línea de código antes realizar la llamada a `subplots()`:

mpl_squares.py

```
import matplotlib.pyplot as plt

input_values = [1, 2, 3, 4, 5]
squares = [1, 4, 9, 16, 25]

plt.style.use('seaborn')
fig, ax = plt.subplots()
--fragmento omitido--
```

Este código genera el trazado que vemos en la figura 15.4. Hay una amplia variedad de estilos disponibles; juegue con ellos para descubrir los que más le gusten.

Nota: Matplotlib tiene varios estilos predefinidos entre los que elegir. El libro utiliza el estilo seaborn, basado en un estilo de la biblioteca de trazados Seaborn. El estilo predeterminado de esta biblioteca se ha alejado del estilo seaborn de Matplotlib. Por este motivo, están cambiando el nombre de este estilo, con el fin de aclararlo. (Si tiene curiosidad al respecto, consulte la sección "seaborn styles renamed" en la página de documentación de Matplotlib API Changes for 3.6.0 en `https://matplotlib.org/stable/` `api/prev_api_changes/api_changes_3.6.0.html#seaborn-styles-renamed`). Si utiliza seaborn tal como se hace en el libro, verá la siguiente advertencia:

MatplotlibDeprecationWarning. Esto no impedirá que su código se ejecute y no afectará el estilo de la salida. Para evitar que se muestre esta advertencia, utilice seaborn-v0_8 en lugar de seaborn en el código que se indica en el libro, como se muestra a continuación:

```
plt.style.use('seaborn-v0_8')
```

Trazar puntos individuales y darles estilo con scatter()

A veces, es útil trazar y dar estilo a puntos individuales basándose en unas características determinadas. Por ejemplo, podríamos trazar los valores pequeños de un color y los grandes en otro. También podríamos trazar un conjunto de datos grande con una serie de opciones de estilo y enfatizar puntos individuales volviendo a trazarlos con opciones diferentes.

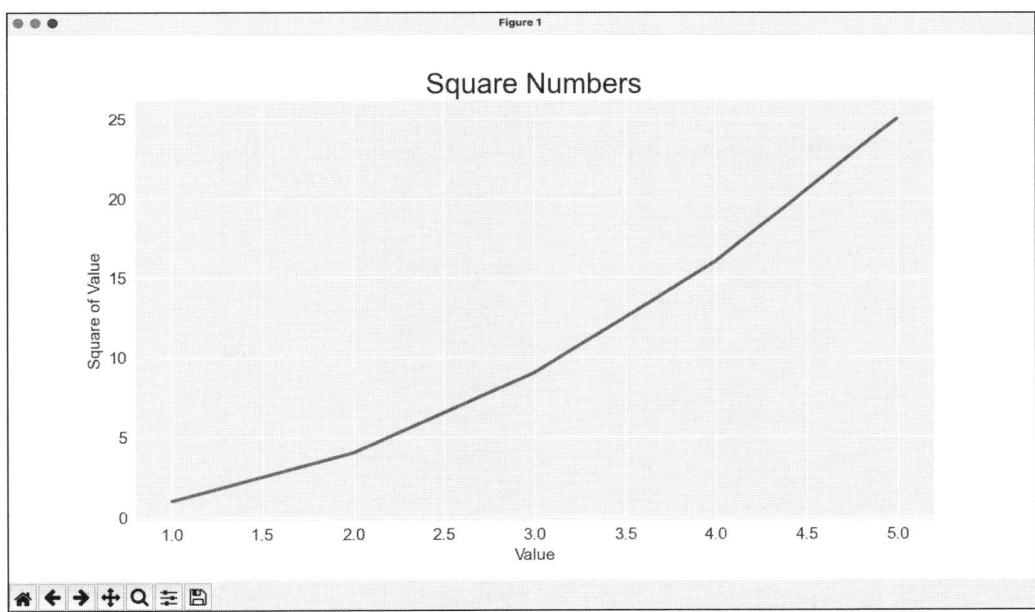

Figura 15.4. El estilo integrado "seaborn".

Para trazar un solo punto, pase los valores simples *x* e *y* del punto a scatter():

scatter_squares.py

```
import matplotlib.pyplot as plt

plt.style.use('seaborn')
fig, ax = plt.subplots()
ax.scatter(2, 4)

plt.show()
```

Vamos a dar estilo a la salida para hacerla más interesante. Añadiremos un título, etiquetaremos los ejes y nos aseguraremos de que el texto sea lo bastante grande para leerse bien:

```python
import matplotlib.pyplot as plt

plt.style.use('seaborn')
fig, ax = plt.subplots()
ax.scatter(2, 4, s=200)

# Establece el título del gráfico y las etiquetas de los ejes.
ax.set_title("Square Numbers", fontsize=24)
ax.set_xlabel("Value", fontsize=14)
ax.set_ylabel("Square of Value", fontsize=14)

# Establece el tamaño de las etiquetas de los puntos de los ejes.
ax.tick_params(labelsize=14)

plt.show()
```

Llamamos a `scatter()` y usamos el argumento `s` para establecer el tamaño de los puntos utilizados para dibujar el gráfico ❶. Ahora, al ejecutar `scatter_squares.py`, deberíamos ver un solo punto en medio del gráfico, como muestra la figura 15.5.

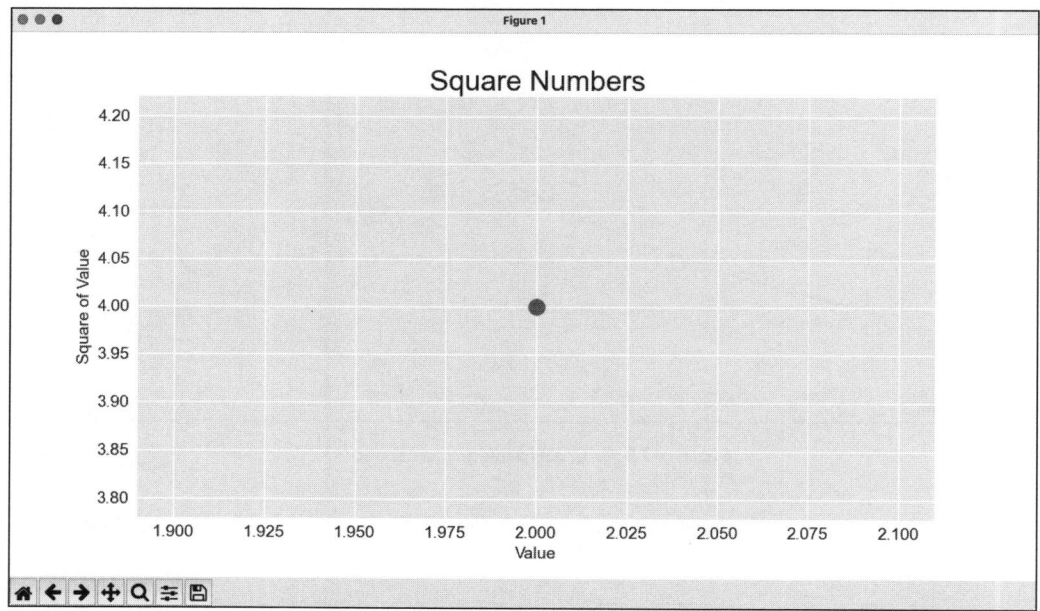

Figura 15.5. Un solo punto trazado.

Trazar una serie de puntos con scatter()

Para trazar una serie de puntos, podemos pasar a `scatter()` listas separadas de valores *x* e *y*, así:

scatter_squares.py

```
import matplotlib.pyplot as plt

x_values = [1, 2, 3, 4, 5]
y_values = [1, 4, 9, 16, 25]

plt.style.use('seaborn')
fig, ax = plt.subplots()
ax.scatter(x_values, y_values, s=100)

# Establece el título del gráfico y las etiquetas de los ejes.
--fragmento omitido--
```

La lista x_values contiene los números que hay que poner al cuadrado y la lista y_values contiene el cuadrado de cada número. Cuando pasamos estas dos listas a scatter(), Matplotlib lee un valor de cada una al trazar cada punto. Los puntos que hay que trazar son (1, 1), (2, 4), (3, 9), (4, 16) y (5, 25); la figura 15.6 muestra el resultado.

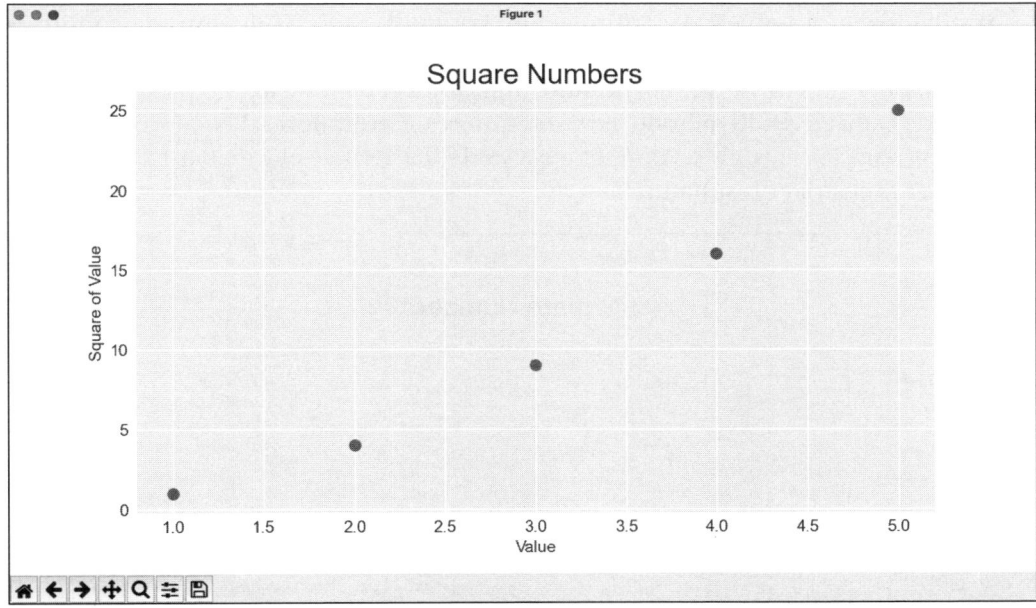

Figura 15.6. Un diagrama de dispersión con varios puntos.

Calcular datos automáticamente

Escribir listas a mano puede ser muy poco eficiente, sobre todo cuando tenemos muchos puntos. En lugar de escribir los valores uno por uno, utilizaremos un bucle para que realice los cálculos por nosotros. Así es como quedaría con 1.000 puntos:

scatter_squares.py

```
import matplotlib.pyplot as plt

❶ x_values = range(1, 1001)
  y_values = [x**2 for x in x_values]

  plt.style.use('seaborn')
  fig, ax = plt.subplots()
❷ ax.scatter(x_values, y_values, s=10)

  # Establece el título del gráfico y las etiquetas de los ejes.
  --fragmento omitido--

  # Establece el rango para cada eje.
❸ ax.axis([0, 1100, 0, 1_100_000])

  plt.show()
```

Empezamos con un rango de valores *x* que contiene los números del 1 al 1.000 ❶. A continuación, una comprensión de lista genera los valores *y* pasando en bucle por los valores *x* (for x in x_values), elevando cada número al cuadrado (x**2) y asignando los resultados en y_values. A continuación, pasamos las listas de entrada y salida a scatter() ❷. Como es un conjunto de datos grande, usamos un tamaño de punto más pequeño. Antes de mostrar el trazado, utilizamos el método axis() para especificar el rango de cada eje ❸. El método axis() requiere cuatro valores: los valores máximos y mínimos para los ejes *x* e *y*. Aquí, el eje *x* va de 0 a 1.100 y el *y* de 0 a 1.000.000. La figura 15.7 muestra el resultado.

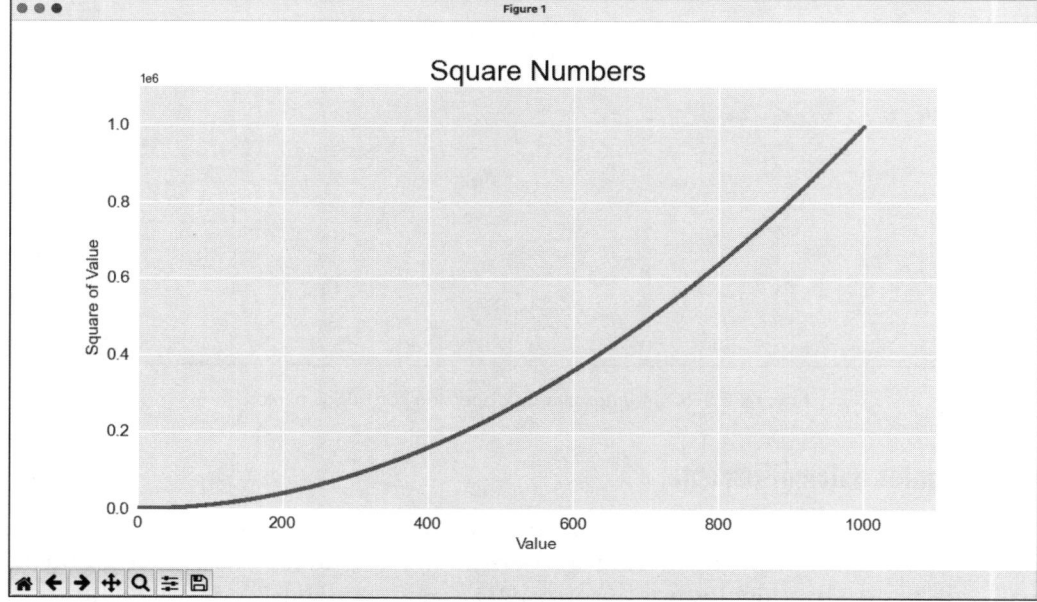

Figura 15.7. Python puede trazar 1.000 puntos con la misma facilidad con la que traza 5.

Personalizar las etiquetas de los puntos de los ejes

Cuando los números de un eje son lo suficientemente grandes, Matplotlib recurre por defecto a la notación científica para las etiquetas de los puntos de los ejes. Por lo general, esto es bueno, ya que los números grandes ocupan mucho espacio innecesario en una visualización.

Prácticamente todos los elementos de un gráfico son personalizables, por lo que podemos indicarle a Matplotlib que siga utilizando notación sencilla si así lo deseamos.

```
--fragmento omitido--
# Establece el rango de cada eje.
ax.axis([0, 1100, 0, 1_100_000])
ax.ticklabel_format(style='plain')

plt.show()
```

El método `ticklabel_format()` permite reemplazar el estilo predeterminado de las etiquetas de los puntos de los ejes en cualquier gráfico.

Definir colores personalizados

Para cambiar el color de los puntos, pase el argumento `color` a `scatter()` con el nombre del color que quiere usar entre comillas simples, como aquí:

```
ax.scatter(x_values, y_values, color='red', s=10)
```

También puede definir colores personalizados con el modelo de color RGB. Para definir un color, pase al argumento `color` a una tupla con tres valores flotantes (uno para rojo, otro para verde y otro para azul, en ese orden), usando valores entre 0 y 1. Por ejemplo, la siguiente línea crea un trazado con puntos de color verde claro:

```
ax.scatter(x_values, y_values, c=(0, 0.8, 0), s=10)
```

Los valores más próximos a 0 producen colores más oscuros y los más cercanos a 1, colores más claros.

Utilizar un mapa de color

Un mapa de color es una secuencia de colores en un gradiente que va de un color inicial a un color final. En las visualizaciones, se emplean mapas de color para enfatizar un patrón en los datos. Por ejemplo, podríamos hacer que los valores bajos tengan un color claro y los altos, uno más oscuro. El uso de un mapa de color nos garantiza que todos los puntos en una visualización varíen suavemente y con precisión de acuerdo con una escala de color correctamente diseñada.

El módulo `pyplot` incluye una serie de mapas de color integrados. Para usar uno de estos mapas, es preciso especificar la manera en que `pyplot` debería asignar un color a cada punto del conjunto de datos. Veamos cómo asignar un color a cada punto, basado en su valor *y*:

scatter_squares.py

```
--fragmento omitido--
plt.style.use('seaborn')
fig, ax = plt.subplots()
ax.scatter(x_values, y_values, c=y_values, cmap=plt.cm.Blues, s=10)

# Establece el título del gráfico y las etiquetas de los ejes.
--fragmento omitido--
```

El argumento c es parecido a color, pero se utiliza para asociar una secuencia de valores a un mapeado de color. Pasamos la lista de valores *y* a c y luego indicamos a pyplot qué mapa de color debe usar con el argumento cmap. Este código pinta de azul claro los puntos con los valores más bajos y de azul oscuro aquellos que presentan los valores más elevados en el eje *y*. La figura 15.8 muestra el trazado resultante.

Nota: Puede ver los mapas de color disponibles en pyplot en https://matplotlib.org/; vaya a Tutorials, baje hasta Color y haga clic en Choosing Colormaps in Matplotlib.

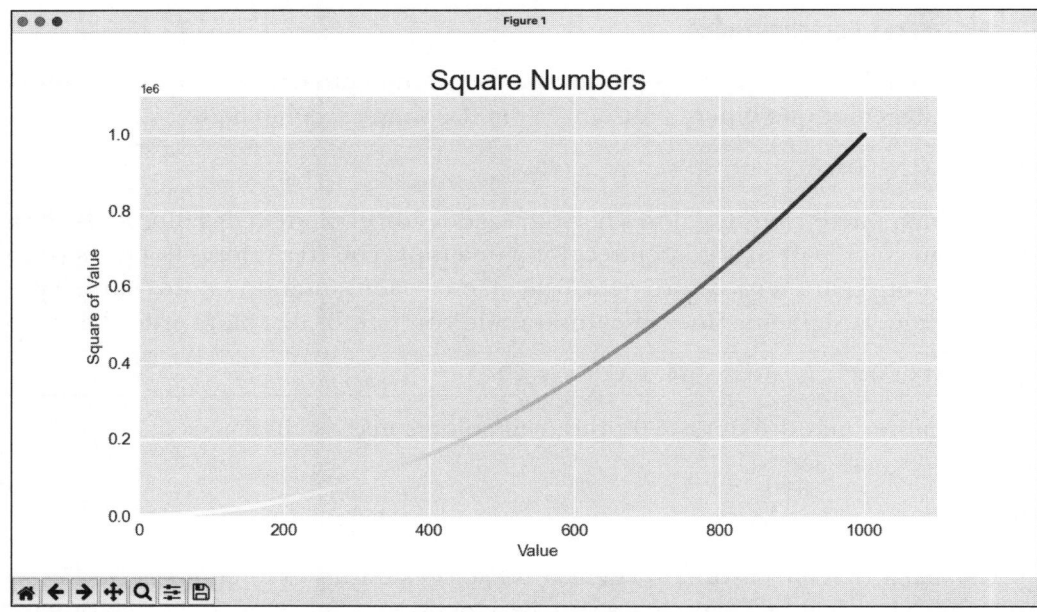

Figura 15.8. Un trazado que utiliza el mapa de colores Blues.

Guardar los trazados automáticamente

Si quiere que su programa guarde automáticamente el trazado en un archivo en lugar de mostrarlo en el visor de Matplotlib, utilice plt.savefig() en lugar de plt.show():

```
plt.savefig('squares_plot.png', bbox_inches='tight')
```

El primer argumento es un nombre de archivo para la imagen del trazado, que se guardará en el mismo directorio que `scatter_squares.py`. El segundo argumento recorta el espacio en blanco extra del trazado. Si quiere conservarlo, basta con omitir este argumento. También puede realizar una llamada a `savefig()` con un objeto `Path` y escribir el archivo resultante en cualquier ubicación de su sistema.

PRUÉBELO

- **15-1. Cubos:** Un número elevado a la tercera potencia es un cubo. Trace los cinco primeros números cúbicos y luego los primeros 5.000 números cúbicos.
- **15-2. Cubos coloreados:** Aplique un mapa de color a su trazado de cubos.

Caminatas aleatorias

En esta sección, utilizaremos Python para generar datos para una caminata aleatoria y después usaremos Matplotlib para crear una representación visualmente atractiva de esos datos. Un paseo o caminata aleatoria es una ruta determinada por una serie de decisiones simples, cada una de las cuales se deja totalmente al azar. Imagine una caminata aleatoria como la ruta que seguiría una hormiga confusa si cada vez diese un paso en una dirección aleatoria.

Las caminatas aleatorias tienen aplicaciones prácticas en la naturaleza, la física, la biología, la química y la economía. Por ejemplo, un grano de polen que flota en una gota se mueve por la superficie del agua constantemente porque lo empujan las moléculas de agua. El movimiento molecular en una gota de agua es aleatorio, así que el camino que traza el polen en la superficie es un paseo aleatorio. El código que vamos a escribir a continuación simula muchas situaciones del mundo real.

Crear la clase RandomWalk()

Para crear una caminata aleatoria, crearemos una clase `RandomWalk`, que tomará decisiones aleatorias sobre la dirección que debería llevar la caminata. Esta clase necesita tres atributos: una variable para realizar un seguimiento del número de puntos de la caminata, y dos listas para guardar los valores de las coordenadas x e y de cada punto del camino.

Solo necesitaremos dos métodos para la clase `RandomWalk`: `__init__()` y `fill_walk()`, que calculará los puntos del paseo. Empezaremos por el método `__init__()`:

random_walk.py

```
❶ from random import choice

class RandomWalk:
    """Una clase para generar caminatas aleatorias."""

❷   def __init__(self, num_points=5000):
```

```
    """Inicializa los atributos de una caminata."""
    self.num_points = num_points

    # Todos los caminos empiezan en (0, 0).
❸   self.x_values = [0]
    self.y_values = [0]
```

Para tomar decisiones aleatorias, guardaremos los movimientos posibles en una lista y usaremos la función `choice()`, desde el módulo `random`, para decidir qué movimiento hacer cada vez que se dé un paso ❶. Establecemos en 5.000 el número predeterminado de puntos en un camino, un valor lo bastante alto como para generar varios patrones interesantes, pero también lo bastante bajo como para generar caminatas con rapidez ❷. A continuación, creamos dos listas para los valores *x* e *y*, y empezamos cada paseo en el punto `(0, 0)` ❸.

Elegir direcciones

Usaremos el método `fill_walk()`, como se muestra aquí, para determinar la secuencia completa de puntos del paseo. Añada este método a `random_walk.py`:

random_walk.py

```
def fill_walk(self):
    """Calcula todos los puntos del paseo."""

    # Sigue dando pasos hasta que la caminata alcanza la longitud deseada.
❶   while len(self.x_values) < self.num_points:

        # Decide en qué dirección ir y cuánto avanzar en esa dirección.
❷       x_direction = choice([1, -1])
        x_distance = choice([0, 1, 2, 3, 4])
❸       x_step = x_direction * x_distance

        y_direction = choice([1, -1])
        y_distance = choice([0, 1, 2, 3, 4])
❹       y_step = y_direction * y_distance

        # Rechaza movimientos que no van a ninguna parte.
❺       if x_step == 0 and y_step == 0:
            continue

        # Calcula la nueva posición.
❻       x = self.x_values[-1] + x_step
        y = self.y_values[-1] + y_step

        self.x_values.append(x)
        self.y_values.append(y)
```

En primer lugar, configuramos un bucle que se ejecuta hasta que el paseo se llene con el número de puntos correcto ❶. La parte principal de `fill_walk()` le indica a Python cómo simular cuatro decisiones aleatorias: ¿irá el paseo hacia la derecha o hacia la izquierda?, ¿hasta dónde llegará en esa dirección?, ¿subirá o bajará? y ¿hasta dónde llegará en esa dirección?

Usamos `choice([1, -1])` para elegir un valor para `x_direction`, que devuelve 1 para un movimiento a la derecha o -1 para la izquierda ❷. A continuación, `choice([0, 1, 2, 3, 4])` selecciona aleatoriamente una distancia para moverse en esa dirección. Asignamos este valor a `x_distance`. La inclusión del 0 permite que se den pasos con movimientos a lo largo de un solo eje.

Determinamos la longitud de cada paso en las direcciones *x* e *y* multiplicando la dirección del movimiento por la distancia elegida ❸ ❹. Un resultado positivo para `x_step` significa movimiento hacia la derecha; un resultado negativo, movimiento hacia la izquierda; y 0, movimiento vertical. Un resultado positivo para `y_step` significa subir, negativo bajar y 0 movimiento horizontal. Si tanto el valor de `x_step` como de `y_step` es 0, la caminata no conduce a ninguna parte; si eso ocurre, continuamos el bucle ❺.

Para obtener el siguiente valor *x* para la caminata, sumamos el valor de `x_step` al último valor almacenado en `x_values` ❻ y hacemos lo propio con los valores *y*. Cuando tengamos estos valores, los adjuntamos a `x_values` e `y_values`.

Trazar una caminata aleatoria

Este es el código para trazar todos los puntos del camino:

rw_visual.py

```
import matplotlib.pyplot as plt

from random_walk import RandomWalk

# Crea una caminata aleatoria.
rw = RandomWalk()
rw.fill_walk()

# Traza los puntos de la caminata.
plt.style.use('classic')
fig, ax = plt.subplots()
ax.scatter(rw.x_values, rw.y_values, s=15)
ax.set_aspect('equal')
plt.show()
```

Empezamos importando `pyplot` y `RandomWalk`. A continuación creamos una caminata aleatoria y la guardamos en `rw` ❶, asegurándonos de llamar a `fill_walk()`. Para visualizar el paseo, proporcionamos los valores *x* e *y* de la caminata a `scatter()` y seleccionamos el tamaño adecuado del punto ❷. Por defecto, Matplotlib escala cada eje de forma independiente. Sin embargo, este enfoque haría que la mayoría de caminatas se estirasen en sentido horizontal o vertical. En esta ocasión hemos utilizado el método `set_aspect()` para especificar que ambos ejes deben tener igual espaciado entre las etiquetas de los puntos ❸. La figura 15.9 muestra el trazado resultante, con 5.000 puntos. Las imágenes de este apartado omiten el visor de Matplotlib, pero lo seguirá viendo cuando ejecute `rw_visual.py`.

Generar múltiples caminatas aleatorias

Cada caminata aleatoria es diferente. Es divertido explorar los distintos patrones que pueden generarse. Una forma de usar el código anterior para hacer varios paseos sin tener que ejecutar el programa repetidamente consiste en meterlo en un bucle `while`, así:

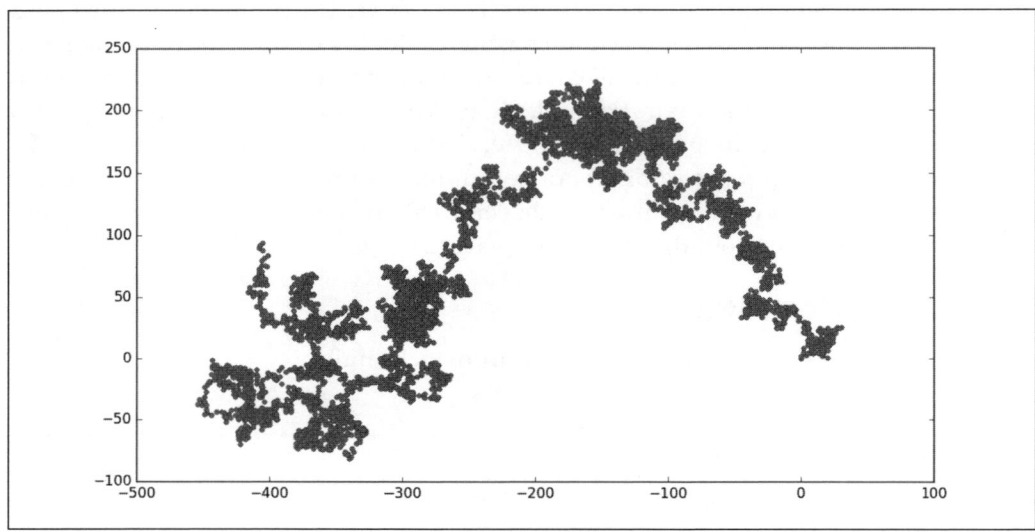

Figura 15.9. Una caminata aleatoria con 5.000 puntos.

rw_visual.py

```
import matplotlib.pyplot as plt

from random_walk import RandomWalk

# Sigue generando caminatas nuevas mientras el programa esté activo.
while True:
    # Crea una caminata aleatoria.
    --fragmento omitido--
    plt.show()

    keep_running = input("Make another walk? (y/n): ")
    if keep_running == 'n':
        break
```

Este código genera una caminata aleatoria, la muestra en el visor de Matplotlib y hace una pausa con el visor abierto. Cuando cierre el visor, se le preguntará si quiere generar otra. Si genera varias caminatas, verá que algunas se quedan cerca del punto de inicio, mientras otras se desvían en una dirección, otras contienen secciones finas que conectan grupos de puntos de mayor tamaño, y muchas categorías más. Cuando quiera finalizar el programa, pulse **N**.

Dar estilo a la caminata

En este apartado, personalizaremos nuestros trazados para enfatizar las características importantes de cada paseo o caminata y restar importancia a los elementos distractores. Para ello, identificamos las características que queremos enfatizar, como dónde empezó la caminata, dónde terminó y qué ruta siguió. A continuación, identificamos las características a las que queremos restar énfasis, como las marcas y las etiquetas. El resultado debería ser una representación visual sencilla que comunique claramente la ruta seguida en cada caminata aleatoria.

Colorear los puntos

Usaremos un mapa de color para mostrar el orden de los puntos en la caminata y luego eliminaremos el contorno negro de cada punto para que destaque el color de relleno de los puntos. Para colorear los puntos según su posición en el camino, pasamos al argumento c una lista con la posición de cada punto. Como los puntos se trazan en orden, esta lista solo contiene los números del 0 al 4.999, como se muestra aquí:

rw_visual.py

```
--fragmento omitido--
while True:
    # Crea una caminata aleatoria.
    rw = RandomWalk()
    rw.fill_walk()

    # Traza los puntos de la caminata.
    plt.style.use('classic')
    fig, ax = plt.subplots()
❶   point_numbers = range(rw.num_points)
    ax.scatter(rw.x_values, rw.y_values, c=point_numbers, cmap=plt.cm.Blues,
        edgecolors='none', s=15)
    ax.set_aspect('equal')
    plt.show()
    --fragmento omitido--
```

Usamos range() para generar una lista de números igual a la cantidad de puntos de la caminata ❶. Asignamos esta lista a point_numbers, que usaremos para establecer el color de cada punto de la caminata. Pasamos point_numbers al argumento c, usamos el mapa de color Blues y pasamos edgecolors='none' para deshacernos del contorno negro de cada punto. El resultado es un trazado que varía de azul claro a azul oscuro en un gradiente, mostrando exactamente cómo la caminata se mueve desde el punto de partida hasta su destino final. Así se ve en la figura 15.10.

Trazar los puntos de inicio y de fin

Además de colorear puntos para mostrar su posición, sería útil ver dónde empieza y acaba cada caminata. Para ello, podemos trazar el primer punto y el último individualmente después de trazar la serie principal. Haremos que estos dos puntos sean más grandes y los pintaremos de un color diferente para que destaquen, como se muestra aquí:

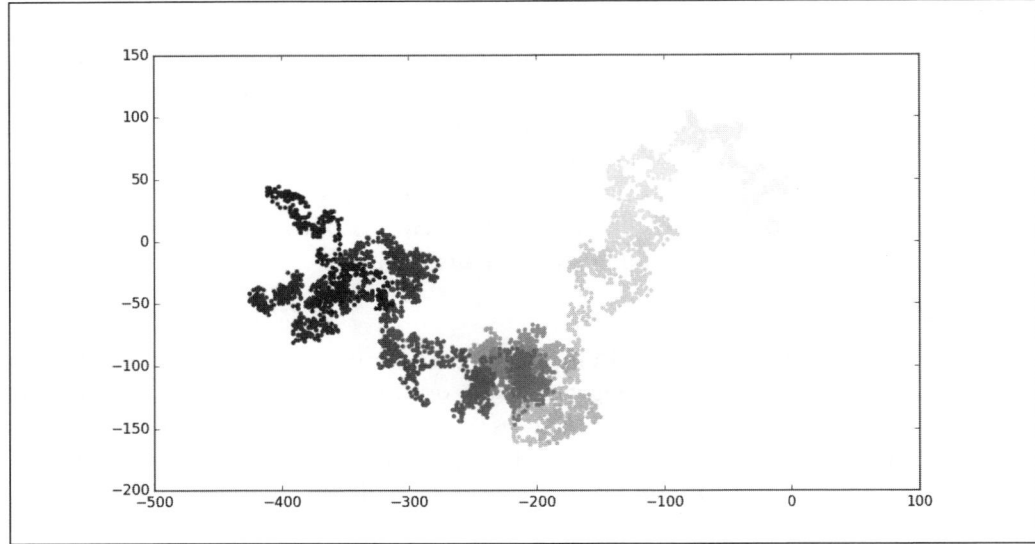

Figura 15.10. Una caminata aleatoria coloreada con el mapa de color `Blues`.

rw_visual.py

```
--fragmento omitido--
while True:
  --fragmento omitido--
  ax.scatter(rw.x_values, rw.y_values, c=point_numbers, cmap=plt.cm.Blues,
    edgecolors='none', s=15)
  ax.set_aspect('equal')

  # Enfatiza el primer punto y el último.
  ax.scatter(0, 0, c='green', edgecolors='none', s=100)
  ax.scatter(rw.x_values[-1], rw.y_values[-1], c='red', edgecolors='none',
    s=100)

  plt.show()
  --fragmento omitido--
```

Para mostrar el punto de inicio, trazamos el punto (`0, 0`) en verde y con un tamaño superior (`s=100`) al del resto de los puntos. Para marcar el punto final, trazamos los últimos valores *x* e *y* del camino en rojo y con un tamaño de 100. Asegúrese de insertar este código antes de llamar a `plt.show()` para que los puntos de inicio y fin se dibujen encima de todos los demás. Al ejecutar este código, debería verse exactamente dónde empieza y termina cada caminata. (Si estos puntos no destacan claramente, ajuste su color y tamaño hasta que lo hagan).

Eliminar los ejes

Vamos a eliminar los ejes del trazado para que no nos distraigan de la ruta que sigue cada caminata. Veamos cómo ocultarlos:

rw_visual.py

```
--fragmento omitido--
while True:
  --fragmento omitido--
  ax.scatter(rw.x_values[-1], rw.y_values[-1], c='red', edgecolors='none',
    s=100)

  # Elimina los ejes.
  ax.get_xaxis().set_visible(False)
  ax.get_yaxis().set_visible(False)

  plt.show()
  --fragmento omitido--
```

Para modificar los ejes, usamos los métodos `ax.get_xaxis()` y `ax.get_yaxis()` para obtener cada eje, y a continuación encadenamos el método `set_visible()` para invisibilizar cada uno de los ejes. A medida que siga trabajando con visualizaciones, encontrará con frecuencia este encadenamiento de métodos para personalizar diferentes aspectos de una visualización.

Ejecute `rw_visual.py`; debería ver una serie de trazados sin ejes.

Añadir puntos de trazado

Vamos a aumentar el número de puntos para tener más datos con los que trabajar. Para ello, aumentamos el valor de `num_points` al hacer una instancia de `RandomWalk` y ajustamos el tamaño de cada punto al dibujar el trazado:

rw_visual.py

```
--fragmento omitido--
while True:
  # Crea una caminata aleatoria.
  rw = RandomWalk(50_000)
  rw.fill_walk()

  # Traza los puntos en el camino.
  plt.style.use('classic')
  fig, ax = plt.subplots()
  point_numbers = range(rw.num_points)
  ax.scatter(rw.x_values, rw.y_values, c=point_numbers, cmap=plt.cm.Blues,
    edgecolor='none', s=1)
  --fragmento omitido--
```

Este ejemplo crea un paseo o caminata aleatoria con 50.000 puntos y traza cada punto con un tamaño `s=1`. El camino resultante es tenue y con forma de nube, como muestra la figura 15.11. ¡Hemos creado una obra de arte a partir de un simple gráfico de dispersión!

Experimente con este código para ver cuánto puede aumentar el número de puntos de un camino antes de que su sistema se ralentice considerablemente o el trazado pierda atractivo visual.

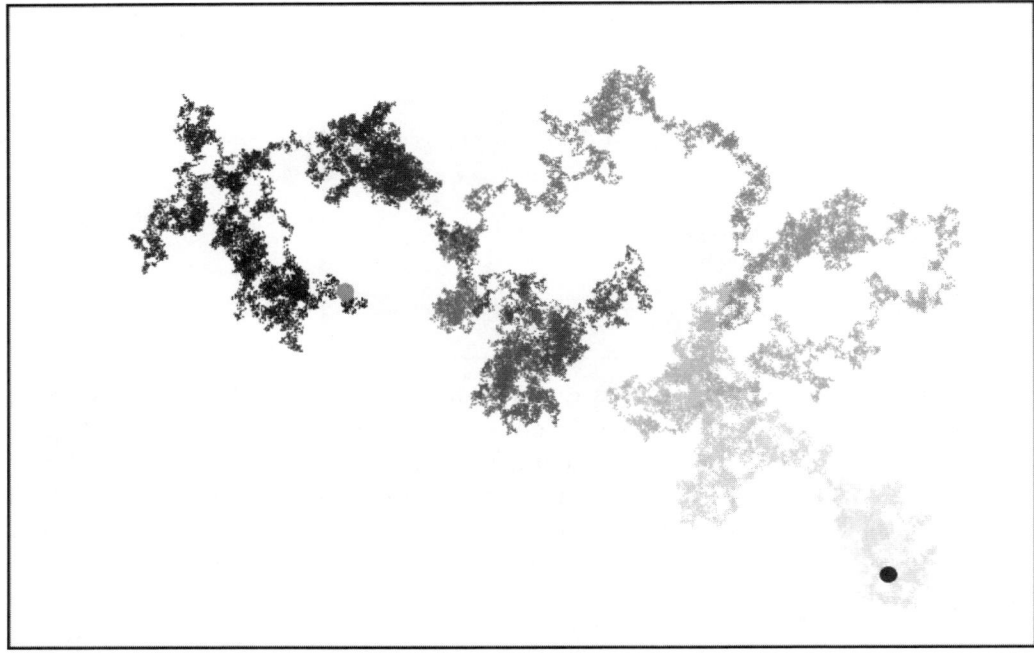

Figura 15.11. Una caminata con 50.000 puntos.

Cambiar el tamaño para llenar la pantalla

Una visualización es mucho más efectiva en la comunicación de patrones de datos si encaja en la pantalla. Para que la ventana del trazado se adapte mejor a su pantalla, ajuste el tamaño de la salida de Matplotlib. Esto ocurre en la llamada a `subplots()`:

```
fig, ax = plt.subplots(figsize=(15, 9))
```

Al crear el trazado, podemos pasar un argumento `figsize`, que establece el tamaño de la figura. El parámetro `figsize` toma una tupla que le indica a Matplotlib las dimensiones de la ventana de trazado en pulgadas.

Matplotlib da por sentado que la resolución de su pantalla es de 100 píxeles por pulgada; si este código no le ofrece un tamaño de trazado adecuado, ajuste los números según sea necesario. Si conoce la resolución de su sistema, pase dicha resolución a `plt.subplots()` con el parámetro `dpi`:

```
fig, ax = plt.subplots(figsize=(10, 6), dpi=128)
```

Esto debería ayudarle a dar un uso lo más eficiente posible el espacio disponible en su pantalla.

PRUÉBELO

- **15-3. Movimiento molecular:** Modifique `rw_visual.py` sustituyendo `ax.scatter()` por `ax.plot()`. Para simular la ruta que sigue un grano de polen por la superficie de una gota de agua, pase los valores `rw.x_values` y `rw.y_values` e incluya un argumento `linewidth`. Use 5.000 puntos en vez de 50.000 para evitar que el trazado se sobrecargue.

- **15-4. Caminos aleatorios modificados:** En la clase `RandomWalk`, `x_step` e `y_step` se generan a partir del mismo conjunto de condiciones. La dirección se elige aleatoriamente de la lista `[1, -1]` y la distancia de la lista `[0, 1, 2, 3, 4]`. Modifique los valores de estas listas para ver qué pasa en la forma general de sus caminos. Pruebe con una lista de opciones más larga para la distancia, como de 0 a 8, o elimine la opción -1 de la lista de direcciones x o y.

- **15-5. Refactorización:** El método `fill_walk()` es largo. Cree un nuevo método llamado `get_step()` para determinar la dirección y la distancia para cada paso y después calcule el paso. Debería acabar con dos llamadas a `get_step()` en `fill_walk()`:

```
x_step = self.get_step()
y_step = self.get_step()
```

Esta refactorización debería reducir el tamaño de `fill_walk()` para que el método sea más fácil de leer y de entender.

Tirar dados con Plotly

En este apartado, usaremos Plotly para producir visualizaciones interactivas. Plotly es especialmente útil a la hora de crear visualizaciones que se mostrarán en un navegador, ya que ajustarán su tamaño automáticamente para encajar en la pantalla del usuario. Estas visualizaciones son, además, interactivas; cuando el usuario pasa el ratón por encima de determinados elementos de la pantalla, se destaca información sobre los mismos. Construiremos nuestra visualización inicial en solo un par de líneas de código utilizando Plotly Express, un subconjunto de Plotly que se enfoca en generar gráficos con la menor cantidad de código posible. Una vez sepamos que nuestro trazado es correcto, personalizaremos la salida de la misma manera que lo hicimos con Matplotlib.

En este proyecto, analizaremos el resultado de tirar unos dados. Cuando tiramos un dado normal de seis caras, tenemos las mismas posibilidades de que salga cualquier número del 1 al 6. Sin embargo, si usamos dos dados, la probabilidad de que algunos números salgan más que otros es más alta. Intentaremos determinar qué números es más probable que salgan, generando un conjunto de datos que represente la tirada de los dados. A continuación, trazaremos los resultados de una gran cantidad de tiradas para determinar cuáles tienen más probabilidades de salir.

Este trabajo ayuda a modelar juegos con dados, pero las ideas fundamentales también son aplicables a juegos que involucran cualquier tipo de azar, como por ejemplo los juegos de cartas. También se relaciona con muchas situaciones del mundo real en las que la aleatoriedad desempeña un papel relevante.

Instalar Plotly

Instale Plotly usando `pip`, igual que hicimos con Matplotlib:

```
$ python -m pip install --user plotly
$ python -m pip install --user pandas
```

Plotly Express depende de *pandas,* una biblioteca que permite trabajar eficientemente con datos, por lo que también tendremos que instalarla. Si usó `python3` u otro comando al instalar Matplotlib, asegúrese de usar el mismo aquí.

Para ver el tipo de visualizaciones posibles con Plotly, visite la galería de tipos de gráfico que encontrará en `https://plot.ly/python/`. Cada ejemplo incluye código fuente para que podamos ver cómo Plotly genera las visualizaciones.

Crear la clase Die

Vamos a crear la siguiente clase `Die` para simular el lanzamiento de un dado:

die.py

```
from random import randint

class Die:
    """Una clase que representa un solo dado."""

❶   def __init__(self, num_sides=6):
        """Asume que el dado tiene 6 caras."""
        self.num_sides = num_sides

    def roll(self):
        """"Devuelve un valor aleatorio entre 1 y el número de caras."""
❷       return randint(1, self.num_sides)
```

El método `__init__()` toma un argumento opcional ❶. Con la clase `Die`, cuando se crea una instancia del dado, el número de caras siempre será seis si no se incluye ningún argumento. Si se incluye, ese valor determinará el número de caras del dado. (Los dados se designan según el número de caras: uno de seis lados es un D6, uno de ocho un D8, etc.).

El método `roll()` usa la función `randint()` para devolver un número aleatorio entre 1 y el número de caras ❷. Esta función puede devolver el valor inicial, el valor final (`num_sides`) o cualquier entero entre ambos.

Tirar el dado

Antes de crear una visualización basada en la clase `Die`, vamos a tirar un D6, imprimir los resultados y comprobar que tengan sentido:

die_visual.py

```
from die import Die

# Crea un D6.
❶ die = Die()

# Hace algunas tiradas y guarda los resultados en una lista.
results = []
❷ for roll_num in range(100):
    result = die.roll()
    results.append(result)

print(results)
```

Creamos una instancia de `Die` de seis lados, por defecto ❶. A continuación, tiramos el dado 100 veces ❷ y guardamos los resultados de cada tirada en la lista `results`. Aquí tenemos unos resultados de muestra:

```
[4, 6, 5, 6, 1, 5, 6, 3, 5, 3, 5, 3, 2, 2, 1, 3, 1, 5, 3, 6, 3, 6, 5, 4,
1, 1, 4, 2, 3, 6, 4, 2, 6, 4, 1, 3, 2, 5, 6, 3, 6, 2, 1, 1, 3, 4, 1, 4,
3, 5, 1, 4, 5, 5, 2, 3, 3, 1, 2, 3, 5, 6, 2, 5, 6, 1, 3, 2, 1, 1, 1, 6,
5, 5, 2, 2, 6, 4, 1, 4, 5, 1, 1, 1, 4, 5, 3, 3, 1, 3, 5, 4, 5, 6, 5, 4,
1, 5, 1, 2]
```

Un vistazo rápido a estos resultados demuestra que la clase `Die` funciona. Vemos los valores 1 y 6, así que sabemos que se devuelven los valores mínimo y máximo y, dado que no vemos 0 ni 7, sabemos que los resultados están en el rango adecuado. También vemos cada número entre el 1 y el 6, lo que indica que todos los resultados posibles están representados. Vamos a determinar exactamente cuántas veces aparece cada número.

Analizar los resultados

Analizaremos los resultados de tirar un D6 contando cuántas veces sale cada número:

die_visual.py

```
--fragmento omitido--
# Hace algunas tiradas y guarda los resultados en una lista.
results = []
❶ for roll_num in range(1000):
    result = die.roll()
    results.append(result)

# Analiza los resultados.
```

```
    frequencies = []
❷  poss_results = range(1, die.num_sides+1)
    for value in poss_results:
❸      frequency = results.count(value)
❹      frequencies.append(frequency)

    print(frequencies)
```

Como ya no estamos imprimiendo los resultados, podemos aumentar el número de tiradas simuladas a 1.000 ❶. Para analizar las tiradas, creamos la lista vacía `frequencies` para almacenar el número de veces que sale cada valor. A continuación, generamos todos los resultados posibles que podríamos obtener; en este ejemplo, son todos los números desde el 1 hasta el número de caras de `die` ❷. Pasamos en bucle por los valores posibles, contamos las veces que cada número aparece en `results` ❸ y a continuación añadimos ese valor a la lista `frequencies` ❹. Luego imprimimos esta lista antes de hacer una visualización:

```
[155, 167, 168, 170, 159, 181]
```

Estos resultados parecen razonables: vemos seis frecuencias, una por cada número posible resultante con cada tirada de D6. Comprobamos además que no hay una frecuencia especialmente más alta que otras. Ahora vamos a visualizar estos resultados.

Hacer un histograma

Ahora que tenemos los datos que queremos, podemos generar una visualización en apenas un par de líneas de código con Plotly Express.

die_visual.py

```
import plotly.express as px

from die import Die
--fragmento omitido--

for value in poss_results:
    frequency = results.count(value)
    frequencies.append(frequency)

# Visualiza los resultados.
fig = px.bar(x=poss_results, y=frequencies)
fig.show()
```

En primer lugar, importamos el módulo `plotly.express` utilizando el alias convencional `px`. A continuación, utilizamos la función `px.bar()` para crear un gráfico de barras. En el uso más sencillo de esta función, solo necesitamos pasar un conjunto de valores *x* y un conjunto de valores *y*. En este caso, los valores *x* son los posibles resultados al lanzar un único dado, mientras que los valores *y* son las frecuencias para cada resultado posible.

La última línea llama a `fig.show()`, lo que le indica a Plotly que renderice el gráfico resultante como un archivo HTML y abra ese archivo en una nueva pestaña del navegador. El resultado se muestra en la figura 15.12.

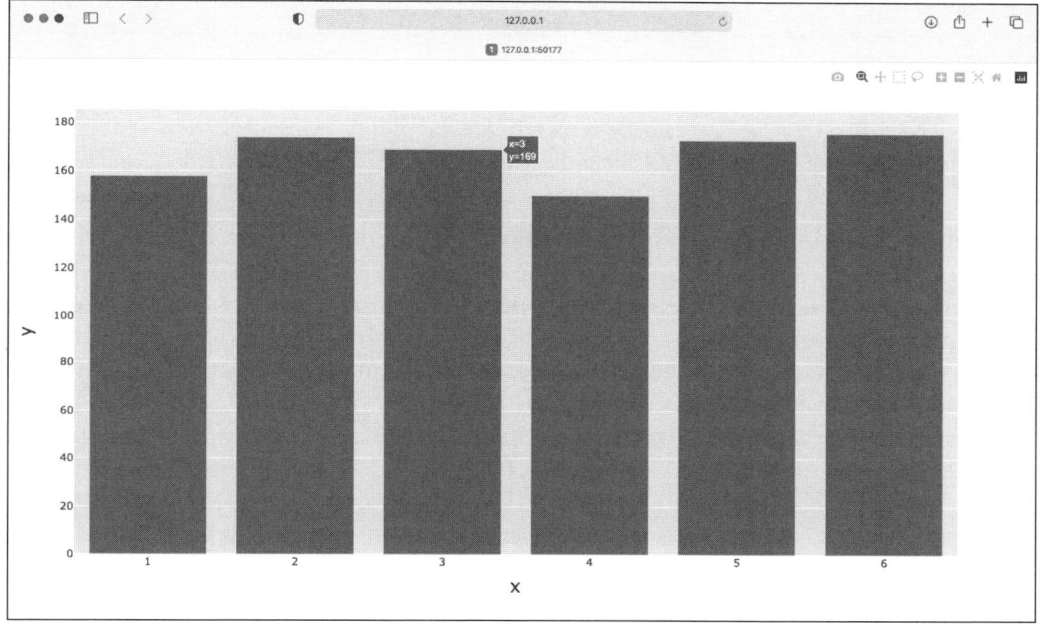

Figura 15.12. Gráfico inicial creado por Plotly.

Este es un gráfico muy sencillo que, evidentemente, no está completo. Sin embargo, así es como se supone que se debe usar Plotly Express: escribimos un par de líneas de código, observamos el gráfico y nos aseguramos de que represente los datos tal como queremos. Si le gusta el resultado, puede seguir personalizando elementos del gráfico, como etiquetas y estilos. Pero, si desea explorar otros tipos de gráficos posibles, puede hacerlo en este punto sin haber invertido tiempo adicional en esta labor de personalización. Siéntase libre de hacer una prueba, cambiando `px.bar()` por algo como `px.scatter()` o `px.line()`. Puede encontrar una lista completa de tipos de gráficos disponibles en `https://plotly.com/python/plotly-express`.

Este gráfico es dinámico e interactivo. Si cambiamos el tamaño de la ventana del navegador, el gráfico se ajustará para adaptarse al espacio disponible. Si pasamos el cursor sobre cualquiera de las barras, veremos una ventana emergente que resalta los datos específicos relacionados con dicha barra.

Personalizar el gráfico

Ahora que sabemos que tenemos el tipo de gráfico correcto y que nuestros datos se representan de forma precisa, podemos centrarnos en agregar las etiquetas y estilos apropiados para el gráfico.

La primera vía para personalizar un gráfico con Plotly es utilizar algunos paráme-tros opcionales en la llamada inicial que genera el gráfico, en este caso, `px.bar()`. A continuación, se muestra cómo agregar un título general y una etiqueta para cada eje.

die_visual.py

```
--fragmento omitido--
# Visualiza los resultados.
❶ title = "Results of Rolling One D6 1,000 Times"
❷ labels = {'x': 'Result', 'y': 'Frequency of Result'}
fig = px.bar(x=poss_results, y=frequencies, title=title, labels=labels)
fig.show()
```

Primero, definimos el título que deseamos, aquí asignado a `title` ❶. Para definir las etiquetas de los ejes, escribimos un diccionario ❷. Las claves en el diccionario hacen referencia a las etiquetas que deseamos personalizar, mientras que los valores son las etiquetas personalizadas que queremos utilizar. Aquí le damos al eje *x* la etiqueta `Result` y al eje *y* la etiqueta `Frequency of Result`. La llamada a `px.bar()` ahora incluye los argumentos opcionales `title` y `labels`.

Ahora, cuando se genera el gráfico, incluye un título adecuado y una etiqueta para cada eje, como se muestra en la figura 15.13.

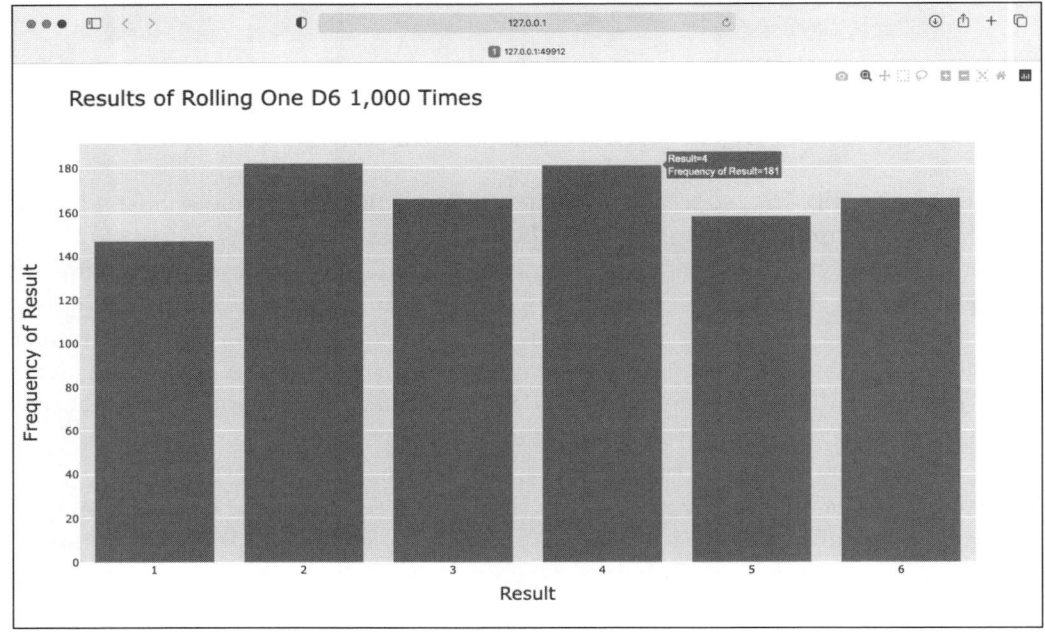

Figura 15.13. Un gráfico sencillo de barras creado con Plotly.

Tirar dos dados

El resultado de tirar dos dados es números más altos y una distribución distinta de los resultados. Vamos a modificar nuestro código para crear dos D6 y simular la forma en que lanzamos un par de dados. En cada lanzamiento, sumaremos los dos números (uno de cada dado) y guardaremos la suma en `results`. Guarde una copia de `die_visual.py` como `dice_visual.py` e introduzca estos cambios:

dice_visual.py

```
import plotly.express as px

from die import Die

# Crea dos dados D6.
die_1 = Die()
die_2 = Die()

# Hace algunas tiradas y guarda los resultados en una lista.
results = []
for roll_num in range(1000):
❶    result = die_1.roll() + die_2.roll()
    results.append(result)

# Analiza los resultados.
frequencies = []
❷ max_result = die_1.num_sides + die_2.num_sides
❸ poss_results = range(2, max_result+1)
for value in poss_results:
    frequency = results.count(value)
    frequencies.append(frequency)

# Visualiza los resultados.
title = "Results of Rolling Two D6 Dice 1,000 Times"
labels = {'x': 'Result', 'y': 'Frequency of Result'} f
ig = px.bar(x=poss_results, y=frequencies, title=title, labels=labels)
fig.show()
```

Después de crear dos instancias de `Die`, tiramos los dados y calculamos la suma de cada tirada ❶. El resultado más bajo posible (2) es la suma del número más pequeño de caras de cada dado. El resultado más alto posible (12) es la suma del número máximo de caras de cada lado, que asignamos a `max_result` ❷. La variable `max_result` hace que el código para generar `poss_results` sea mucho más fácil de leer ❸. Podríamos haber escrito `range(2, 13)`, pero esto únicamente funcionaría para dos dados D6. Al modelar situaciones del mundo real, es recomendable escribir código que pueda representar situaciones muy diversas. Este código nos permite simular tiradas con un par de datos de cualquier número de caras. Tras ejecutar el código, debería aparecer un gráfico parecido al de la figura 15.14.

Este gráfico muestra los resultados aproximados que probablemente obtendríamos al lanzar un par de dados D6. Como ve, es menos probable sacar 2 o 12 y más probable sacar 7. Esto sucede porque hay seis formas de sacar un 7: 1 y 6, 2 y 5, 3 y 4, 4 y 3, 5 y 2, y 6 y 1.

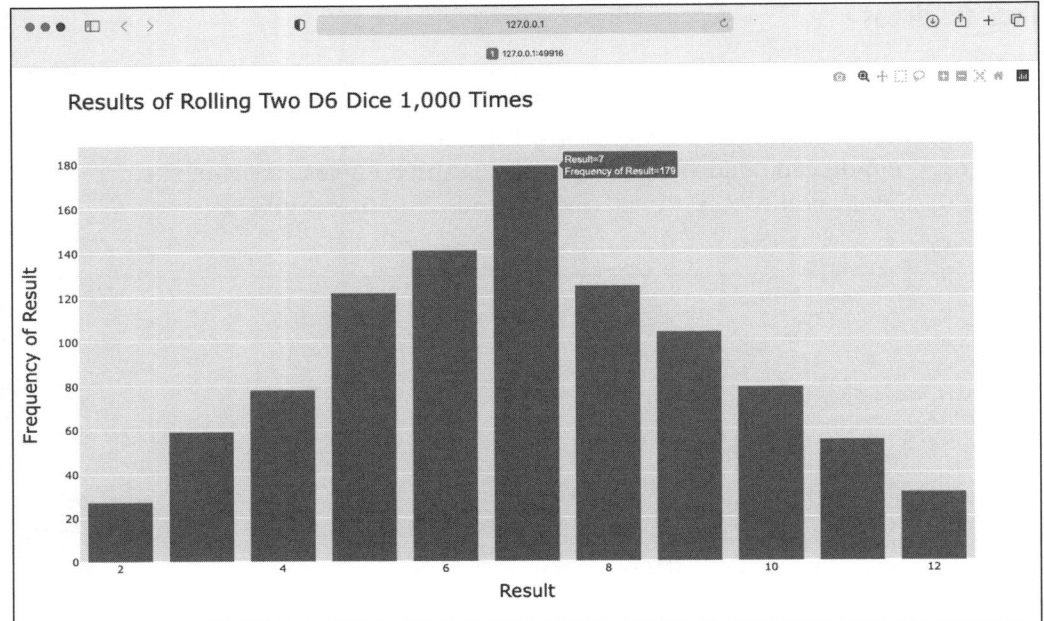

Figura 15.14. Resultados simulados de lanzar dos lados de seis caras mil veces.

Más personalizaciones

El gráfico que acabamos de generar nos sitúa ante un problema que es necesario abordar. Ahora que hay 11 barras, la configuración predeterminada del diseño para el eje *x* deja algunas de las barras sin etiquetar. Si bien la configuración predeterminada funciona correctamente para la mayoría de las visualizaciones, este gráfico se vería mejor con todas las barras etiquetadas.

Plotly tiene un método llamado `update_layout()` que se puede utilizar para realizar una amplia variedad de actualizaciones en una figura después de que se ha creado. Veamos cómo indicarle a Plotly que dé su propia etiqueta a cada barra:

dice_visual.py

```
--fragmento omitido--
fig = px.bar(x=poss_results, y=frequencies, title=title, labels=labels)

# Añade personalizaciones al gráfico.
fig.update_layout(xaxis_dtick=1)

fig.show()
```

El método `update_layout()` actúa sobre el objeto `fig`, que representa el gráfico en su conjunto. Aquí utilizamos el argumento `xaxis_dtick`, que especifica la distancia entre las marcas de referencia en el eje *x*. Configuramos ese espaciado en 1, para que cada barra tenga una etiqueta. Cuando vuelva a ejecutar `dice_visual.py`, debería ver una etiqueta en cada barra.

Tirar dados de distinto tamaño

Vamos a crear un dado de seis caras y otro de diez, y veamos qué pasa si los tiramos 50.000 veces:

dice_visual_d6d10.py

```
import plotly.express as px

from die import Die

# Crea un D6 y un D10.
die_1 = Die()
❶ die_2 = Die(10)

# Hace algunas tiradas y guarda los resultados en una lista.
results = []
for roll_num in range(50_000):
    result = die_1.roll() + die_2.roll()
    results.append(result)

# Analiza los resultados.
--fragmento omitido--

# Visualiza los resultados.
❷ title = "Results of Rolling a D6 and a D10 50,000 Times"
labels = {'x': 'Result', 'y': 'Frequency of Result'}
--fragmento omitido--
```

Para hacer un D10, pasamos el argumento `10` al crear la segunda instancia de **Die** ❶ y cambiamos el bucle para simular 50.000 lanzamientos en vez de 1.000. También cambiamos el título del gráfico ❷.

La figura 15.15 muestra el gráfico resultante. En lugar de un resultado más probable, tenemos cinco. Esto se debe a que sigue habiendo una sola forma de sacar el valor más bajo (1 y 1) y el más alto (6 y 10), pero el dado pequeño limita la cantidad de formas de generar números intermedios: hay seis formas de sacar 7, 8, 9, 10 u 11; estos son los resultados más habituales y tenemos las mismas probabilidades de sacar cualquiera de esos números.

El uso de Plotly para modelar el lanzamiento de dados nos da una libertad considerable para explorar este fenómeno. En solo unos minutos podemos simular una cantidad tremenda de lanzamientos con distintos dados.

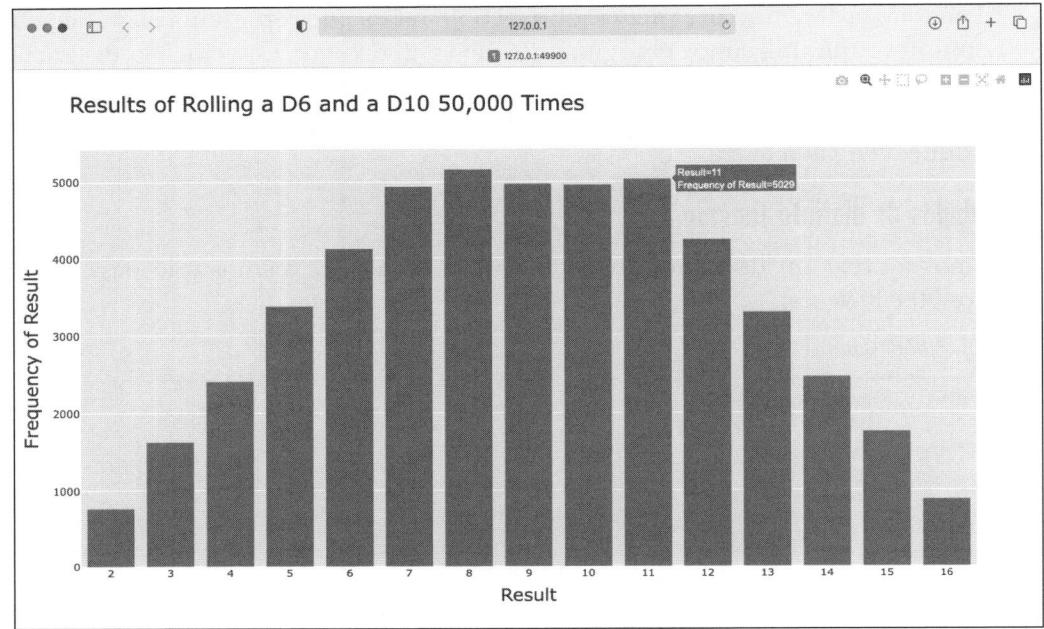

Figura 15.15. Los resultados de lanzar un dado de seis caras y otro de diez 50.000 veces.

Guardar figuras

Cuando tenga una figura de su agrado, siempre puede guardar el gráfico como archivo HTML a través de su navegador, pero también puede hacerlo mediante la escritura de un programa. Para guardar su gráfico como archivo HTML, sustituya la llamada a `fig.show()` con una llamada a `fig.write_html()`:

```
fig.write_html('dice_visual_d6d10.html'
```

El método `write_html()` requiere un argumento: el nombre del archivo en el que se va a escribir. Si solo proporcionamos un nombre de archivo, el archivo se guardará en el mismo directorio que el archivo `.py`. También podemos llamar a `write_html()` con un objeto `Path` y escribir el archivo de salida en cualquier ubicación que queramos en nuestro sistema.

PRUÉBELO

- **15-6. Dos D8:** Cree una simulación que muestre lo que ocurre cuando tiramos dos dados de ocho caras 1.000 veces. Intente imaginar el aspecto de la visualización antes de ejecutar la simulación y compruebe después si su intuición era correcta. Aumente gradualmente el número de tiradas hasta que empiece a ver los límites de las capacidades de su sistema.

- **15-7. Tres dados:** Cuando tiramos tres dados D6, el número más bajo que puede salir es 3 y el más alto, 18. Cree una visualización que muestre lo que pasa al tirar tres D6.

- **15-8. Multiplicación:** Cuando tiramos dos dados, normalmente sumamos los dos números para obtener el resultado. Cree una visualización que muestre lo que pasa si en su lugar los multiplicamos entre sí.

- **15-9. Comprensiones de dados:** Para más claridad, los listados de esta sección utilizan la forma larga de los bucles for. Si se siente cómodo con las comprensiones de listas, pruebe a escribir una para todos los bucles de estos programas.

- **15-10. Practicar con las dos bibliotecas:** Pruebe a usar Matplotlib para visualizar la tirada de dados y Plotly para hacer la visualización de una caminata o paseo aleatorio. (Necesitará consultar la documentación de cada biblioteca para completar este ejercicio).

Resumen

En este capítulo, ha aprendido a generar conjuntos de datos y crear visualizaciones de esos datos. Hemos creado trazados sencillos con Matplotlib y hemos usado un diagrama de dispersión para explorar las caminatas o paseos aleatorios. También hemos creado un histograma con Plotly y lo hemos usado para explorar los resultados de tirar dados de distinto tamaño.

Generar nuestros propios conjuntos de datos con código es una forma interesante y potente de modelar y explorar una amplia variedad de situaciones del mundo real. Cuando trabaje con los siguientes proyectos de visualización de datos, fíjese en las situaciones que podría modelar con código. Observe las que vemos en los medios y piense si puede identificar las que se han generado con métodos similares a los que está aprendiendo con estos proyectos.

En el capítulo 16, descargaremos datos de fuentes en línea y seguiremos usando Matplotlib y Plotly para explorarlos.

16

DESCARGAR DATOS

En este capítulo, descargaremos conjuntos de datos de fuentes en línea y crearemos visualizaciones funcionales de esos datos. Existe una variedad de datos increíble en la red que todavía no se han analizado exhaustivamente. La capacidad de analizar estos datos nos permite descubrir patrones y conexiones en los que nadie más ha reparado.

Accederemos a datos guardados en dos formatos habituales: CSV y JSON. Usaremos el módulo `csv` de Python para procesar datos meteorológicos almacenados en formato CSV (*Comma-Separated Values*, valores separados por comas) y analizaremos las temperaturas máximas y mínimas registradas durante un tiempo en dos ubicaciones distintas. Más adelante, utilizaremos Matplotlib para generar un gráfico basado en los datos descargados para mostrar las variaciones de temperatura en dos entornos diferentes: Sitka, en Alaska, y el Valle de la Muerte, en California. Más adelante, usaremos el módulo `json` para acceder a datos de terremotos almacenados en formato GeoJSON y emplearemos Plotly para dibujar un mapa del mundo donde se vean las ubicaciones y las magnitudes de terremotos recientes.

Al terminar el capítulo, estará preparado para trabajar con distintos tipos de conjuntos de datos en diferentes formatos y comprenderá mejor la creación de visualizaciones complejas. Podrá acceder a datos en línea de distintos tipos y formatos y visualizarlos es esencial para trabajar con muchos conjuntos de datos del mundo real.

El formato de archivo CSV

Una forma sencilla de guardar datos en un archivo de texto consiste en escribirlos como una serie de valores separados por comas. Los archivos resultantes se denominan "archivos CSV". Sirva como ejemplo este extracto de datos meteorológicos en formato CSV:

```
"USW00025333","SITKA AIRPORT, AK US","2021-01-01",,"44","40"
```

Es un extracto de datos meteorológicos del 1 de enero de 2021 en Sitka, Alaska. Incluye las temperaturas máxima y mínima del día, además de otras mediciones de la misma fecha. La lectura de archivos CSV puede resultar tediosa para los humanos, pero los programas pueden procesar y extraer valores con rapidez y precisión.

Empezaremos con un conjunto pequeño de datos meteorológicos registrados en Sitka en formato CSV, que está disponible en el material descargable del libro. Cree una carpeta llamada `weather_data` dentro del directorio donde vaya a guardar los programas de este capítulo. Copie el archivo `sitka_weather_07-2021_simple.csv` en esta carpeta nueva. (Cuando descargue los recursos del libro, tendrá todos los archivos que necesita para este proyecto).

Nota: Los datos meteorológicos de este proyecto se descargaron originalmente de https://ncdc.noaa.gov/cdo-web/.

Analizar los encabezados de archivo CSV

El módulo `csv` de la biblioteca estándar de Python analiza las líneas de un archivo CSV y nos permite extraer rápidamente los valores que nos interesan. Empecemos examinando la primera línea del archivo, que contiene una serie de encabezados para los datos. Estos encabezados nos dicen qué tipo de información nos proporcionan los datos:

sitka_highs.py

```
from pathlib import Path
import csv

❶ path = Path('weather_data/sitka_weather_07-2021_simple.csv')
  lines = path.read_text().splitlines()

❷ reader = csv.reader(lines)
❸ header_= next(reader)
  print(header_row)
```

En primer lugar, importamos `Path` y el módulo `csv`. Seguidamente, construimos un objeto `Path` que busca en la carpeta `weather_data` y apunta al archivo de datos climáticos específico con el que queremos trabajar ❶. Leemos el archivo y encadenamos el método `splitlines()` para obtener una lista de todas las líneas en el archivo, que asignamos a `lines`. A continuación, construimos un objeto `reader` ❷. Este es un objeto que se puede utilizar para analizar cada una de las líneas del archivo. Para crear un objeto de lectura, llamamos a la función `csv.reader()` y le pasamos la lista de líneas del archivo CSV.

Cuando se proporciona un objeto `reader`, la función `next()` devuelve la siguiente línea en el archivo, comenzando desde el principio del archivo. Aquí llamamos a `next()` solo una vez, por lo que obtenemos la primera línea del archivo, que contiene los encabezados del archivo ❸. Asignamos los datos que se devuelven a `header_row`. Como ve, `header_row` contiene encabezados significativos relacionados con el tiempo, que nos indican qué información ofrece cada línea de datos:

```
['STATION', 'NAME', 'DATE', 'TAVG', 'TMAX', 'TMIN']
```

El objeto `reader` procesa la primera línea de valores separados por comas en el archivo y guarda cada uno como un elemento de una lista. El encabezado `STATION` representa el código para la estación meteorológica que recogió los datos. La posición de este encabezado nos dice que el primer valor de cada línea será el código de la estación. `NAME` indica que el segundo valor de cada línea es el nombre de la estación meteorológica que registró los datos. El resto de los encabezados especifican los tipos de información registrados en cada lectura. Los datos que más nos interesan ahora son la fecha (`DATE`), la temperatura máxima (`TMAX`) y la temperatura mínima (`TMIN`). Es un conjunto de datos sencillo que contiene solo datos relacionados con las precipitaciones y las temperaturas. Cuando descargue sus propios datos meteorológicos, puede optar por incluir más mediciones relacionadas con la velocidad y la dirección del viento, así como datos relativos a las precipitaciones.

Imprimir los encabezados y sus posiciones

Para que sea más fácil entender los datos del encabezado del archivo, imprimimos cada encabezado y su posición en la lista:

sitka_highs.py

```
--fragmento omitido--
reader = csv.reader(lines)
header_row = next(reader)

for index, column_header in enumerate(header_row):
    print(index, column_header)
```

La función `enumerate()` devuelve el índice y el valor de cada elemento al pasar en bucle por una lista. (Observe que hemos eliminado la línea `print(header_row)` en favor de esta versión más detallada). Esta es la salida que muestra el índice de cada encabezado:

```
0 STATION
1 NAME
2 DATE
```

```
3 TAVG
4 TMAX
5 TMIN
```

Aquí vemos que las fechas y sus temperaturas máximas se guardan en las columnas 2 y 4. Para explorar estos datos, procesaremos cada fila de datos de `sitka_weather_07-2021_simple.csv` y extraeremos los valores con los índices 2 y 4.

Extraer y leer datos

Ahora que sabemos qué columnas de datos necesitamos, vamos a leer algunos de los datos. Primero, leeremos la temperatura máxima de cada día:

sitka_highs.py

```
--fragmento omitido--
reader = csv.reader(lines)
header_row = next(reader)

# Extrae las temperaturas máximas.
❶ highs = []
❷ for row in reader:
❸     high = int(row[4])
       highs.append(high)

print(highs)
```

Creamos una lista vacía llamada `highs` ❶ y pasamos en bucle por las filas restantes del archivo ❷. El objeto `reader` continúa donde lo dejó en el archivo CSV y devuelve automáticamente cada línea después de su posición actual. Puesto que ya hemos leído la fila de encabezados, el bucle comenzará en la segunda línea, donde empiezan los datos como tales. En cada paso por el bucle, sacaremos los datos del índice 4, que corresponde al encabezado `TMAX`, y los asignaremos a la variable `high` ❸. Usamos la función `int()` para convertir los datos, que se almacenan como una cadena, en formato numérico para poder utilizarlos. A continuación, adjuntamos este valor a `highs`.

El siguiente listado muestra los datos almacenados ahora en `highs`:

```
[61, 60, 66, 60, 65, 59, 58, 58, 57, 60, 60, 60, 57, 58, 60, 61, 63, 63, 70,
 64, 59, 63, 61, 58, 59, 64, 62, 70, 70, 73, 66]
```

Hemos extraído la temperatura máxima de cada fecha y hemos guardado los valores en una lista. Ahora vamos a crear una visualización de estos datos.

Trazar datos en un gráfico de temperatura

Para visualizar los datos de temperatura que tenemos, crearemos primero un sencillo trazado de las máximas diarias con Matplotlib, así:

sitka_highs.py

```
from pathlib import Path
import csv

import matplotlib.pyplot as plt

path = Path('weather_data/sitka_weather_07-2021_simple.csv')
lines = path.read_text().splitlines()
   --fragmento omitido--

# Traza las temperaturas máximas.
plt.style.use('seaborn')
fig, ax = plt.subplots()
❶ ax.plot(highs, color='red')

# Da formato al trazado.
❷ ax.set_title("Daily High Temperatures, July 2021", fontsize=24)
❸ ax.set_xlabel('', fontsize=16)
ax.set_ylabel("Temperature (F)", fontsize=16)
ax.tick_params(labelsize=16)

plt.show()
```

Pasamos la lista de máximas a `plot()` y pasamos `color='red'` para trazar los puntos en rojo ❶. (Trazaremos las máximas en rojo y las mínimas en azul). Luego especificamos otros detalles de formato, como el título, el tamaño de fuente y las etiquetas ❷, como vimos en el capítulo 15. Como todavía tenemos que añadir las fechas, no etiquetamos el eje *x*, pero `ax.set_xlabel()` modifica el tamaño de fuente para que las etiquetas predeterminadas sean más legibles ❸. La figura 16.1 muestra el trazado resultante: un gráfico con una sola línea para las temperaturas máximas de julio de 2021 en Sitka, Alaska.

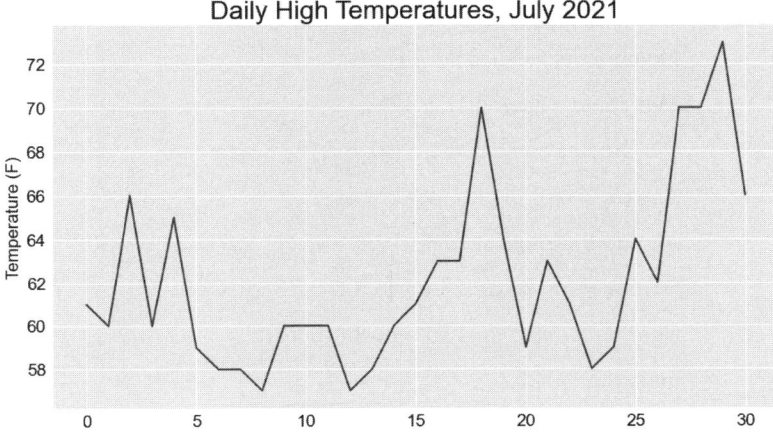

Figura 16.1. Gráfico de una línea que muestra las temperaturas máximas diarias de julio de 2021 en Sitka, Alaska.

El módulo datetime

Vamos a añadir fechas a nuestro gráfico para que sea más útil. La primera del archivo de datos está en la segunda fila del fichero:

```
"USW00025333","SITKA AIRPORT, AK US","2021-07-01","61","53"
```

Los datos se leerán como una cadena, así que necesitamos una forma de convertir la cadena "2021-07-01" en un objeto que represente esa fecha. Podemos construir un objeto que represente el 1 de julio de 2021 con el método strptime() del módulo datetime. Veamos cómo funciona strptime() en una sesión de terminal:

```
>>> from datetime import datetime
>>> first_date = datetime.strptime('2021-07-01', '%Y-%m-%d')
>>> print(first_date)
2021-07-01 00:00:00
```

En primer lugar, importamos la clase datetime del módulo datetime. A continuación, llamamos al método strptime() con la cadena que contiene la fecha que queremos procesar como primer argumento. El segundo argumento le indica a Python el formato de la fecha. En este ejemplo, '%Y-' le indica a Python que busque un año de cuatro dígitos antes del primer guion; '%m-' indica un mes de dos dígitos antes del segundo guion, y '%d' significa que la última parte de la cadena es el día del mes, del 1 a 31.

El método strptime() puede tomar varios argumentos para determinar cómo interpretar la fecha. La tabla 16.1 muestra algunos de estos argumentos.

Tabla 16.1. Argumentos de formato de fecha y hora del módulo datetime.

Argumento	Significado
%A	Nombre del día de la semana, como *Monday*.
%B	Nombre del mes, como *January*.
%m	Mes como número (01 a 12).
%d	Día del mes como número (01 a 31).
%Y	Año de cuatro dígitos, como 2019.
%y	Año de dos dígitos, como 19.
%H	Hora en formato de 24 horas (00 a 23).
%I	Hora en formato de 12 horas (01 a 12).
%p	am o pm.
%M	Minutos (00 a 59).
%S	Segundos (00 a 61).

Trazar fechas

Podemos mejorar nuestro trazado de datos de temperatura extrayendo las fechas para las temperaturas máximas y utilizar estas fechas en el eje *x*:

sitka_highs.py

```
from pathlib import Path
import csv
from datetime import datetime

import matplotlib.pyplot as plt

path = Path('weather_data/sitka_weather_07-2021_simple.csv')
lines = path.read_text().splitlines()

reader = csv.reader(lines)
header_row = next(reader)

# Obtiene fechas y temperaturas máximas de este archivo.
❶ dates, highs = [], []
for row in reader:
❷    current_date = datetime.strptime(row[2], '%Y-%m-%d')
    high = int(row[4])
    dates.append(current_date)
    highs.append(high)

# Traza las temperaturas máximas.
plt.style.use('seaborn')
fig, ax = plt.subplots()
❸ ax.plot(dates, highs, color='red')

# Da formato al trazado.
ax.set_title("Daily High Temperatures, July 2021", fontsize=24)
ax.set_xlabel('', fontsize=16)
❹ fig.autofmt_xdate()
ax.set_ylabel("Temperature (F)", fontsize=16)
ax.tick_params(labelsize=16)

plt.show()
```

Creamos dos listas vacías para guardar las fechas y las temperaturas máximas del archivo ❶. A continuación, convertimos los datos que contienen la información de la fecha (row[2]) en un objeto datetime ❷ y lo adjuntamos a dates. Pasamos los valores de fechas y temperaturas máximas a plot() ❸. La llamada a fig.autofmt_xdate() ❹ dibuja las etiquetas de las fechas diagonalmente para evitar que se solapen. La figura 16.2 muestra el gráfico mejorado.

Trazar un periodo de tiempo más largo

Una vez configurado nuestro gráfico, vamos a añadir más datos para tener mejor idea del tiempo en Sitka. Copie el archivo sitka_weather_2021_simple.csv, que contiene los datos meteorológicos de todo un año en Sitka, en la carpeta donde está guardando los datos para los programas de este capítulo.

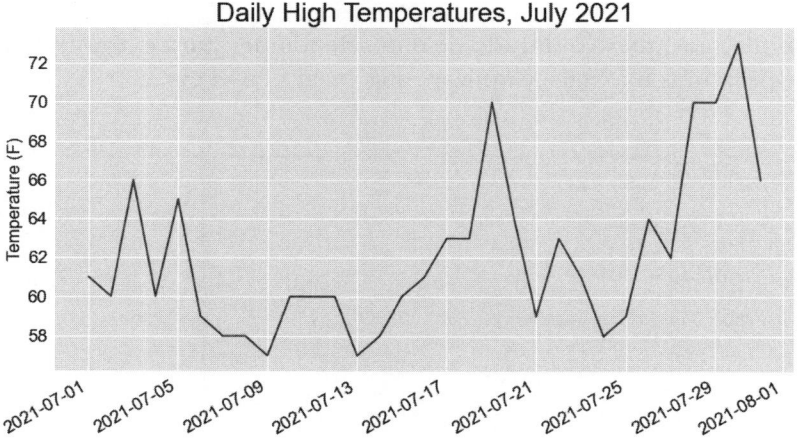

Figura 16.2. Ahora que incluye fechas en el eje *x*, el gráfico tiene más sentido.

Ahora podemos generar un gráfico para el tiempo de todo el año:

sitka_highs.py

```
--fragmento omitido--
path = Path('weather_data/sitka_weather_2021_simple.csv')
lines = path.read_text().splitlines()
--fragmento omitido--
# Da formato al gráfico
ax.set_title("Daily High Temperatures, 2021", fontsize=24)
ax.set_xlabel('', fontsize=16)
--fragmento omitido--
```

Modificamos el nombre del archivo para usar el nuevo fichero de datos `sitka_weather_2021_simple.csv` y actualizamos el título de nuestro gráfico para que refleje el cambio en su contenido. La figura 16.3 muestra el trazado resultante.

Trazar una segunda serie de datos

Podemos hacer nuestro gráfico más útil incluyendo también las temperaturas mínimas. Necesitamos extraer estos datos del archivo y añadirlos a nuestro gráfico como se muestra aquí

sitka_highs_lows.py

```
--fragmento omitido--
reader = csv.reader(lines)
header_row = next(reader)

# Extrae las fechas y las temperaturas máximas y mínimas de este archivo.
❶ dates, highs, lows = [], [], []
for row in reader:
```

```
     current_date = datetime.strptime(row[2], '%Y-%m-%d')
     high = int(row[4])
❷    low = int(row[5])
     dates.append(current_date)
     highs.append(high)
     lows.append(low)

# Traza las temperaturas máximas y mínimas.
plt.style.use('seaborn')
fig, ax = plt.subplots()
ax.plot(dates, highs, color='red')
❸ ax.plot(dates, lows, color='blue')

# Da formato al trazado.
❹ ax.set_title("Daily High and Low Temperatures, 2021", fontsize=24)
--fragmento omitido--
```

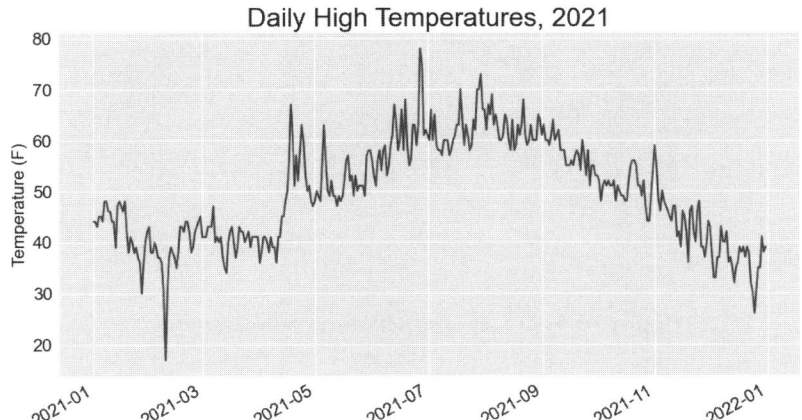

Figura 16.3. Los datos de un año.

Añadimos la lista vacía `lows` para que guarde las temperaturas mínimas ❶, y a continuación extraemos y almacenamos la temperatura mínima de cada fecha de la séptima posición de cada fila (`row[5]`) ❷. Añadimos una llamada a `plot()` para las temperaturas mínimas y coloreamos estos valores de azul ❸. Por último, actualizamos el título ❹. La figura 16.4 muestra el gráfico resultante.

Sombrear un área del gráfico

Al haber añadido dos series de datos, ahora podemos examinar el rango de temperaturas de cada día. Vamos a dar un toque final al gráfico usando un sombreado para mostrar el rango entre la máxima y la mínima de cada fecha. Para ello, usaremos el método `fill_between()`, que toma una serie de valores x y dos series de valores y, rellenando el espacio entre las dos series de valores y:

sitka_highs_lows.py

```
--fragmento omitido--
# Traza las temperaturas máximas y mínimas.
plt.style.use('seaborn')
fig, ax = plt.subplots()
➊ ax.plot(dates, highs, color='red', alpha=0.5)
   ax.plot(dates, lows, color='blue', alpha=0.5)
➋ ax.fill_between(dates, highs, lows, facecolor='blue', alpha=0.1)
--fragmento omitido--
```

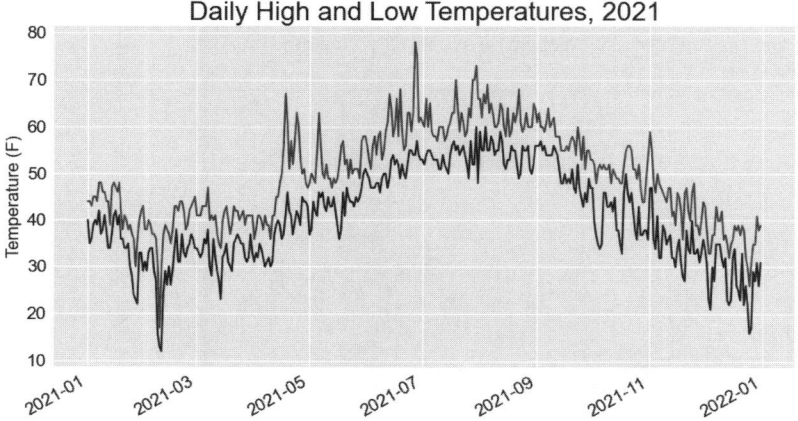

Figura 16.4. Dos series de datos en el mismo trazado.

El argumento `alpha` controla la transparencia de un color ➊. Un valor `alpha` de 0 es completamente transparente, mientras que 1 (el valor predeterminado) es totalmente opaco. Al configurar `alpha` como 0,5, hacemos que las líneas rojas y azules sean más claras.

Pasamos a `fill_between()` la lista `dates` para los valores *x* y a continuación las dos series *y*, `highs` y `lows` ➋. El argumento `facecolor` determina el color de la región sombreada; le damos un valor `alpha` bajo, de 0,1 para que el relleno conecte las series de datos sin distraer de la información que representan. La figura 16.5 muestra el trazado con la región sombreada entre las máximas y las mínimas. El sombreado ayuda a que se vea enseguida el rango entre los dos conjuntos de datos.

Comprobación de errores

Deberíamos ser capaces de ejecutar el código de `sitka_highs_lows.py` con datos para cualquier lugar. Sin embargo, las estaciones meteorológicas pueden recoger datos distintos y algunas veces funcionan mal y no recogen los datos que deberían. Cuando faltan datos, pueden producirse excepciones que estropeen nuestro programa, a menos que las manejemos correctamente.

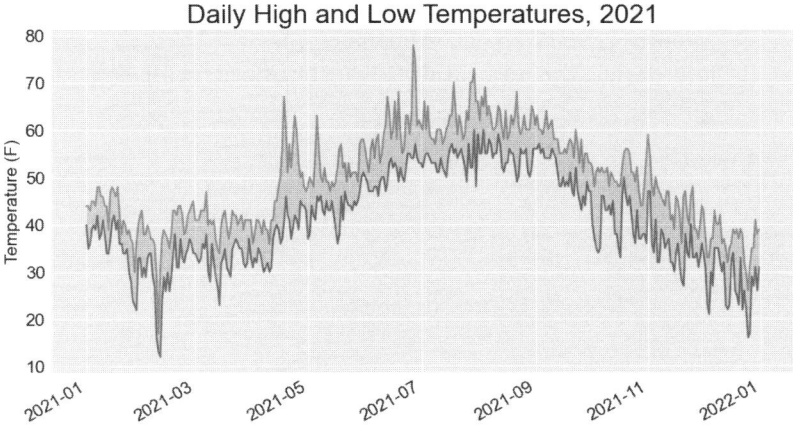

Figura 16.5. La región entre las dos series de datos aparece sombreada.

Por ejemplo, veamos qué sucede cuando intentamos generar un gráfico de temperatura para el Valle de la Muerte (Death Valley) de California. Copie el archivo death_valley_2021_simple.csv en la carpeta donde guarda los datos para los programas de este capítulo.

Primero, ejecutaremos el código para ver los encabezados incluidos en este archivo de datos:

death_valley_highs_lows.py

```
from pathlib import Path
import csv

path = Path('weather_data/death_valley_2021_simple.csv')
lines = path.read_text().splitlines()

reader = csv.reader(lines)
header_row = next(reader)

for index, column_header in enumerate(header_row):
    print(index, column_header)
```

Esta es la salida:

```
0 STATION
1 NAME
2 DATE
3 TMAX
4 TMIN
5 TOBS
```

La fecha está en la misma posición, el índice 2, pero las temperaturas máxima y mínima están ahora en los índices 3 y 4, así que tendremos que cambiarlos en nuestro código para reflejar estas nuevas posiciones. En lugar de incluir una lectura de la temperatura media para el día, esta estación incluye TOBS, una lectura para un tiempo de observación específico. Cambie sitka_highs_lows.py para generar un gráfico para el Valle de la Muerte usando los índices que acabamos de comentar y observe qué ocurre:

death_valley_highs_lows.py

```
--fragmento omitido--
path = Path('weather_data/death_valley_2021_simple.csv')
lines = path.read_text().splitlines()
    --fragmento omitido--
# Obtiene las fechas y las temperaturas máxima y mínima.
dates, highs, lows = [], [], []
for row in reader:
    current_date = datetime.strptime(row[2], '%Y-%m-%d')
    high = int(row[3])
    low = int(row[4])
    dates.append(current_date)
--fragmento omitido--
```

Actualizamos el programa para que lea el archivo de datos del Valle de la Muerte, y modificamos los índices para que se correspondan con las posiciones TMAX y TMIN de este archivo.

Al ejecutar el programa, obtenemos un error:

```
Traceback (most recent call last):
    File "death_valley_highs_lows.py", line 17, in <module>
        high = int(row[3])
❶ ValueError: invalid literal for int() with base 10: ''
```

El rastreo nos indica que Python no puede procesar la temperatura máxima de una de las fechas porque no puede convertir una cadena vacía ('') en un entero ❶. En lugar de buscar por los datos para averiguar la lectura que falta, manejaremos directamente los casos de datos que faltan.

Ejecutaremos código de comprobación de errores al leer los valores del archivo CSV para manejar las excepciones que puedan surgir. Veamos cómo hacerlo:

death_valley_highs_lows.py

```
--fragmento omitido--
for row in reader:
    current_date = datetime.strptime(row[2], '%Y-%m-%d')
❶  try:
        high = int(row[3])
        low = int(row[4])
    except ValueError:
❷      print(f"Missing data for {current_date}")
❸  else:
        dates.append(current_date)
        highs.append(high)
        lows.append(low)
```

```
# Traza las temperaturas máximas y mínimas.
--fragmento omitido--

# Da formato al trazado.
title = "Daily high and low temperatures - 2021\nDeath Valley, CA"
ax.set_title(title, fontsize=20)
ax.set_xlabel('', fontsize=16)
--fragmento omitido--
```

Cada vez que examinamos una fila, intentamos extraer la fecha y la temperatura máxima y mínima ❶. Si falta algún dato, Python lanzará un `ValueError` que manejaremos imprimiendo un mensaje de error que incluya la fecha de los datos que faltan ❷. Después de imprimir el error, el bucle seguirá procesando la fila siguiente. Si se recuperan todos los datos para una fecha sin errores, se ejecutará el bloque `else` y los datos se adjuntarán a las listas apropiadas ❸. Dado que estamos trazando información para una ubicación nueva, actualizamos el título para que incluya ese lugar en el trazado y usamos un tamaño de fuente para acomodar un título más largo ❹.

Al ejecutar `death_valley_highs_lows.py` ahora, veremos que solo hay una fecha a la que le faltan datos:

```
Missing data for 2021-05-04 00:00:00
```

Dado que el error se ha manejado correctamente, nuestro código puede generar un trazado, que se salta los datos que faltan. La figura 16.6 muestra el resultado.

Comparando este gráfico con el de Sitka, vemos que el Valle de la Muerte es más cálido que el sureste de Alaska, como cabría esperar. Además, el rango de temperaturas diarias es más grande en el desierto. La altura de la región sombreada lo deja claro.

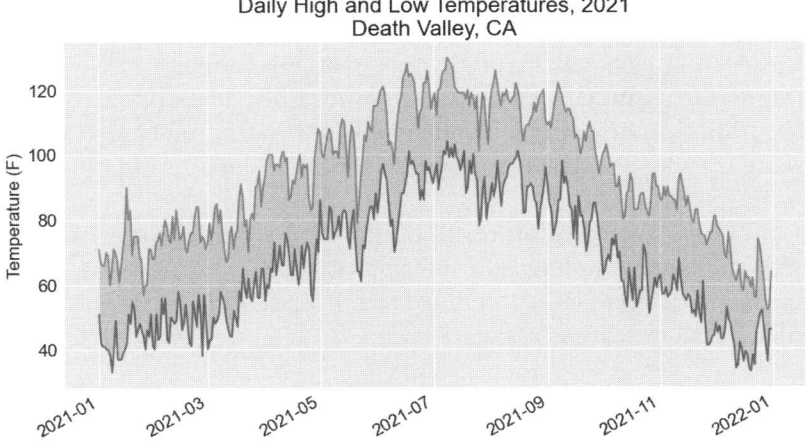

Figura 16.6. Temperaturas diarias máximas y mínimas en el Valle de la Muerte.

A muchos conjuntos de datos con los que trabaje les faltarán datos, no tendrán el formato adecuado o tendrán datos incorrectos. Puede usar las herramientas de la primera parte del libro para gestionar estas situaciones. En esta ocasión, hemos usado un bloque `try-except-else` para lidiar con datos desaparecidos. A veces, le convendrá usar `continue` para saltarse algunos datos o `remove()` o `del` para eliminar datos una vez extraídos. Use cualquier estrategia que le funcione, siempre que el resultado sea una visualización precisa y significativa.

Descargar sus propios datos

Si quiere descargar otros datos meteorológicos (válidos para Estados Unidos), siga estos pasos:

1. Visite el sitio NOAA Climate Data Online en `https://www.ncdc.noaa.gov/cdo-web/`. En la sección Discover Data By (Descubrir datos por), haga clic en la herramienta de búsqueda, Search Tool. En el cuadro para seleccionar conjuntos de datos (Select a Dataset), elija Daily Summaries (Resúmenes diarios).

2. Seleccione un rango de datos y, en la sección Search For, elija ZIP Codes para buscar por código postal. Introduzca el código postal que le interese y haga clic en Search (Buscar).

3. En la siguiente página, verá un mapa con información sobre la zona en la que se está concentrando. Debajo del nombre de la localidad, haga clic en View Full Details o haga clic en el mapa y luego en Full Details para ver todos los detalles.

4. Baje y haga clic en Station List para ver las estaciones meteorológicas disponibles en la zona. Haga clic en una de las estaciones meteorológicas y a continuación haga clic en Add to Cart (Añadir al carro). Los datos son gratuitos, aun cuando el sitio web utilice el icono del carrito de la compra. En la esquina superior derecha, haga clic en ese icono.

5. En Select the Output, elija Custom GHCN-Daily CSV. Asegúrese de que el rango de datos es correcto y haga clic en Continue para continuar.

6. En la siguiente página, puede seleccionar los tipos de datos que quiera. Puede descargar un tipo de datos centrados en la temperatura del aire, por ejemplo, o descargar todos los datos disponibles de esta estación. Elija lo que quiera y continúe.

7. En la última página, verá un resumen de su pedido. Introduzca su dirección de correo electrónico y haga clic en Submit Order (Enviar pedido). Recibirá una confirmación de recepción y, en unos minutos, debería recibir otro correo con un enlace para descargar los datos.

Los datos que descargue estarán estructurados como los datos con los que hemos trabajado en este apartado. Puede que haya encabezados diferentes; no obstante, si sigue los mismos pasos que aquí, debería ser capaz de generar visualizaciones de los datos que le interesan.

PRUÉBELO

- **16-1. Lluvia en Sitka:** Sitka se ubica en una región boscosa de clima templado, por lo que recibe una cantidad de precipitaciones importante. En el archivo de datos `sitka_weather_2021_simple.csv` hay un encabezado llamado `PRCP`, que representa las cantidades de lluvia diarias. Haga una visualización centrándose en los datos de esta columna. Puede repetir el ejercicio con el Valle de la Muerte si siente curiosidad por comprobar lo poco que llueve en un desierto.
- **16-2. Comparación entre Sitka y el Valle de la Muerte:** Las escalas de temperatura de los gráficos de Sitka y el Valle de la Muerte reflejan los distintos rangos de temperatura. Para comparar con precisión el rango de temperatura de Sitka con la del Valle de la Muerte, necesita escalas idénticas en el eje *y*. Cambie la configuración del eje *y* en uno o en los dos gráficos de las figuras 16.5 y 16.6. Luego haga una comparación directa entre los rangos de temperatura de Sitka y el Valle de la Muerte (o cualquier par de sitios que quiera comparar).
- **16-3. San Francisco:** ¿Son las temperaturas de San Francisco más parecidas a las de Sitka o a las del Valle de la Muerte? Descargue algunos datos para San Francisco y genere un trazado de máximas y mínimas para hacer una comparación.
- **16-4. Índices automáticos:** En esta sección, hemos incrustado los índices correspondientes a las columnas `TMIN` y `TMAX`. Use la fila de encabezados para determinar los índices de estos valores para que el programa pueda funcionar igual para Sitka que para el Valle de la Muerte. Use el nombre de la estación para generar automáticamente un título adecuado para el gráfico.
- **16-5. Explore:** Genere unas cuantas visualizaciones más que examinen cualquier otro aspecto meteorológico que le interese en las localidades que quiera.

Mapear conjuntos de datos globales: formato JSON

En este apartado, descargaremos un conjunto de datos que representa todos los terremotos habidos en el mundo en el mes anterior. Después, crearemos un mapa que muestre la ubicación de estos terremotos y lo importante que fue cada uno. Como los datos están almacenados en formato GeoJSON, trabajaremos con ellos usando el módulo `json`. Mediante la herramienta de trazados de Plotly `scatter_geo()`, crearemos visualizaciones que muestren claramente la distribución mundial de los terremotos.

Descargar datos de terremotos

Cree una carpeta llamada `eq_data` dentro de la carpeta donde está guardando los datos para los programas de este capítulo. Copie el archivo `eq_1_day_m1.geojason` a esta nueva carpeta. Los terremotos están clasificados por su magnitud en la escala Richter. Este archivo incluye datos para todos los terremotos con una magnitud M1 o superior que tuvieron lugar en las últimas 24 horas (en el momento de escribir esto). Estos datos proceden de una de las fuentes de datos sobre terremotos de United States Geological Survey, disponibles en `https://earthquake.usgs.gov/earthquakes/feed/`.

Examinar datos JSON

Cuando abra `eq_1_day_m1.geojason`, verá que es muy denso y difícil de leer:

```
{"type":"FeatureCollection","metadata":{"generated":1649052296000,...
{"type":"Feature","properties":{"mag":1.6,"place":"63 km SE of Ped...
{"type":"Feature","properties":{"mag":2.2,"place":"27 km SSE of Ca...
{"type":"Feature","properties":{"mag":3.7,"place":"102 km SSE of S...
{"type":"Feature","properties":{"mag":2.92000008,"place":"49 km SE...
{"type":"Feature","properties":{"mag":1.4,"place":"44 km NE of Sus...
--fragmento omitido--
```

El formato de este archivo está más pensado para máquinas que para humanos, pero vemos que contiene diccionarios, además de información que nos interesa, como las magnitudes de los terremotos y sus ubicaciones.

El módulo `json` ofrece varias herramientas para explorar datos JSON y trabajar con ellos. Algunas de estas herramientas nos ayudarán a dar otro formato al archivo para que podamos ver los datos con mayor facilidad antes de empezar a trabajar con ellos programáticamente. Empezaremos por cargar los datos y mostrarlos en un formato de más fácil lectura. Dado que se trata de un archivo de datos grande, en vez de imprimirlo rescribiremos los datos en un nuevo archivo. Después, podemos abrir ese fichero para subir y bajar por los datos:

eq_explore_data.py

```
from pathlib import Path
import json

# Lee los datos como una cadena y lo convierte en un objeto Python.
path = Path('eq_data/eq_data_1_day_m1.geojson')
contents = path.read_text()
❶ all_eq_data = json.loads(contents)

# Crea una versión más legible del archivo de datos.
❷ path = Path('eq_data/readable_eq_data.geojson')
❸ readable_contents = json.dumps(all_eq_data, indent=4)
path.write_text(readable_contents)
```

Leemos el archivo de datos como una cadena y utilizamos `json.loads()` para convertir la representación en cadena del archivo a un objeto Python ❶. Este es el mismo enfoque que utilizamos en el capítulo 10. En este caso, el conjunto de datos completo se convierte en un único diccionario, que asignamos a `all_eq_data`. A continuación, definimos una nueva ruta donde podemos escribir estos mismos datos en un formato más legible ❷. La función `json.dumps()` que vimos en el capítulo 10 puede recibir un argumento de `indent` opcional ❸, que le indica cuánto debe sangrar los elementos anidados en la estructura de datos.

A continuación, se muestra la primera parte de lo que veremos al mirar en nuestro directorio **eq_data** y abrir el archivo **readable_eq_data.json**:

readable_eq_data.json

```
{
    "type": "FeatureCollection",
❶  "metadata": {
        "generated": 1649052296000,
        "url": "https://earthquake.usgs.gov/earthquakes/.../1.0_day.geojson",
        "title": "USGS Magnitude 1.0+ Earthquakes, Past Day",
        "status": 200,
        "api": "1.10.3",
        "count": 160
    },
❷  "features": [
   --fragmento omitido--
```

La primera parte del archivo incluye una sección con la clave **"metadata"** ❶ que nos indica cuándo se generaron los datos y dónde podemos encontrarlos en línea. También nos da un título legible para humanos y el número de terremotos incluidos en el archivo. En este periodo de 24 horas, se registraron 160 terremotos.

Este archivo GeoJSON tiene una estructura útil para datos basados en ubicación. La información se almacena en una lista asociada con la clave **"features"** ❷. Dado que este archivo contiene datos de terremotos, los datos están en forma de lista, donde cada elemento se corresponde con un único terremoto. Esta estructura puede parecer confusa, pero es bastante potente. También permite a los geólogos guardar tanta información como necesiten en un diccionario sobre cada terremoto y luego meter todos esos diccionarios en una gran lista.

Veamos un diccionario que representa un terremoto:

readable_eq_data.json

```
--fragmento omitido--
    {
        "type": "Feature",
❶      "properties": {
            "mag": 1.6,
            --fragmento omitido--
❷          "title": "M 1.6 - 27 km NNW of Susitna, Alaska"
        },
❸      "geometry": {
            "type": "Point",
            "coordinates": [
❹              -150.7585,
❺              61.7591,
                56.3
            ]
        },
        "id": " "ak0224bju1jx "
    },
```

La clave "`properties`" contiene mucha información sobre cada terremoto ❶. Nos interesa principalmente la magnitud de cada seísmo que se asocia con la clave "`mag`". También nos interesa el campo "`title`" de cada terremoto porque es un buen resumen de su magnitud y ubicación ❷.

La clave "`geometry`" nos ayuda a entender dónde se produjeron los terremotos ❸. Necesitaremos esta información para mapear cada evento. Podemos encontrar la longitud ❹ y la latitud ❺ de cada terremoto en una lista asociada a la clave "`coordinates`".

Este archivo contiene muchas más anidaciones que las que usamos en el código que escribimos, así que no se preocupe si le resulta confuso: Python se ocupará de la complejidad. Nosotros solo trabajaremos simultáneamente con uno o dos niveles de anidación. Tendremos que empezar por sacar un diccionario para cada terremoto registrado en un periodo de 24 horas.

Nota: Cuando hablamos de ubicaciones, a menudo expresamos primero la latitud y después la longitud. Es probable que esta convención surgiese porque los humanos descubrieron la latitud mucho antes de desarrollar el concepto de longitud. Sin embargo, muchos entornos geoespaciales mencionan primero la longitud y luego la latitud porque corresponden a la convención (x, y) de las representaciones matemáticas. El formato GeoJSOn sigue la convención (longitud, latitud). Si utiliza un entorno diferente, es importante que sepa qué convención sigue.

Hacer una lista con todos los terremotos

En primer lugar, crearemos una lista que contenga toda la información sobre cada uno de los terremotos producidos.

eq_explore_data.py

```
from pathlib import Path
import json

# Lee los datos como una cadena y los convierte en un objeto Python.
path = Path('eq_data/eq_data_1_day_m1.geojson')
contents = path.read_text()
all_eq_data = json.loads(contents)

# Analiza todos los terremotos del conjunto de datos.
all_eq_dicts = all_eq_data['features']
print(len(all_eq_dicts))
```

Cogemos los datos asociados con la clave '`features`' en el diccionario `all_eq_data` y los asignamos a `all_eq_dicts`. Sabemos que este archivo contiene registros de 160 terremotos, y la salida verifica que hemos capturado todos los seísmos del archivo:

Fíjese en lo corto que es este código. El archivo con un formato limpio `readable_eq_data.json` tiene más de 6.000 líneas, pero en unas pocas líneas podemos leer todos los datos que contiene en una lista de Python. A continuación, sacamos la magnitud de cada terremoto.

Extraer magnitudes

Podemos pasar en bucle por ella para extraer la información que queramos. A continuación, vamos a extraer la magnitud de cada terremoto:

eq_explore_data.py

```
--fragmento omitido--
all_eq_dicts = all_eq_data['features']

❶ mags = []
for eq_dict in all_eq_dicts:
❷     mag = eq_dict['properties']['mag']
    mags.append(mag)

print(mags[:10])
```

Creamos una lista vacía para guardar las magnitudes y luego pasamos en bucle por la lista `all_eq_dicts` ❶. Dentro de este bucle, cada terremoto está representado por el diccionario `eq_dict`. La magnitud de cada terremoto se guarda en la sección `'properties'` de este diccionario, bajo la clave `'mag'` ❷. Almacenamos cada magnitud en la variable `mag` y la adjuntamos a la lista `mags`.

Imprimimos las 10 primeras magnitudes para ver si estamos obteniendo los datos correctos:

```
[1.6, 1.6, 2.2, 3.7, 2.92000008, 1.4, 4.6, 4.5, 1.9, 1.8]
```

A continuación, extraeremos los datos de ubicación para cada terremoto, para poder hacer el mapa.

Extraer datos de ubicación

Los datos de ubicación correspondiente a cada terremoto se guardan en la clave `"geometry"`. Dentro del diccionario de geometría, hay una clave `"coordinates"` y los dos primeros valores de esta lista son la longitud y la latitud. Así es como extraemos estos datos:

eq_explore_data.py

```
--fragmento omitido--
all_eq_dicts = all_eq_data['features']

mags, lons, lats = [], [], []
for eq_dict in all_eq_dicts:
    mag = eq_dict['properties']['mag']
```

❶
```
    lon = eq_dict['geometry']['coordinates'][0]
    lat = eq_dict['geometry']['coordinates'][1]
    mags.append(mag)
    lons.append(lon)
    lats.append(lat)

print(mags[:10])
print(lons[:5])
print(lats[:5])
```

Creamos una lista vacía para las longitudes y las latitudes. El código `eq_dict['geometry']` accede al diccionario que representa el elemento geométrico del terremoto ❶. La segunda clave, `'coordinates'`, extrae la lista de valores asociados con `'coordinates'`. Por último, el índice `0` pide el primer valor de la lista de coordenadas, que corresponde a la longitud de un terremoto.

Cuando imprimimos las cinco primeras longitudes y latitudes, la salida muestra que estamos sacando los datos correctos:

```
[1.6, 1.6, 2.2, 3.7, 2.92000008, 1.4, 4.6, 4.5, 1.9, 1.8]
[-150.7585, -153.4716, -148.7531, -159.6267, -155.248336791992]
[61.7591, 59.3152, 63.1633, 54.5612, 18.7551670074463]
```

Con estos datos, podemos seguir para mapear cada terremoto.

Crear un mapa del mundo

Con la información que hemos extraído hasta ahora podemos construir un mapa del mundo sencillo. Aunque todavía no estará presentable, queremos asegurarnos de que la información se muestra bien antes de concentrarnos en cuestiones de estilo y presentación. Este es el mapa inicial:

eq_world_map.py

```
from pathlib import Path
import json

import plotly.express as px

--fragmento omitido--
for eq_dict in all_eq_dicts:
    --fragmento omitido--

title = 'Global Earthquakes'
```
❶
```
fig = px.scatter_geo(lat=lats, lon=lons, title=title)
fig.show()
```

Importamos `plotly.express` con el alias `px`, tal como hicimos en el capítulo 15. La función `scatter_geo()` ❶ permite superponer un gráfico de dispersión de datos geográficos sobre un mapa. En el uso más sencillo de este tipo de gráfico, únicamente es necesario proporcionar una lista de latitudes y una lista de longitudes. Pasamos la lista `lats` al argumento `lat` y la lista `lons` al argumento `lon`.

Al ejecutar este archivo, debería ver un mapa similar al que se muestra en la figura 16.7. Una vez más, se demuestra el poder de la biblioteca Plotly Express: en solo tres líneas de código, tenemos un mapa de la actividad sísmica global.

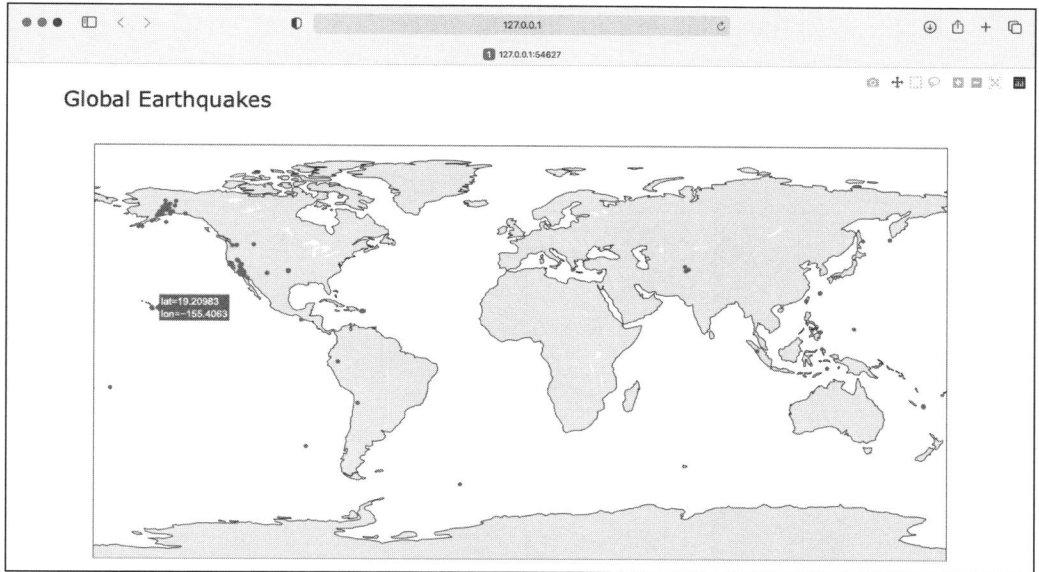

Figura 16.7. Un sencillo mapa que muestra la localización de los terremotos de las últimas 24 horas.

Ahora que sabemos que la información de nuestro conjunto de datos se está representando correctamente, podemos realizar algunos cambios para que nuestro mapa tenga más sentido y resulte más fácil de leer.

Representar magnitudes

Un mapa de actividad sísmica debería mostrar la magnitud de cada terremoto. También podemos incluir más datos, ahora que sabemos que los datos se están representando correctamente.

```
--fragmento omitido--
# Lee los datos como una cadena y los convierte a un objeto Python.
path = Path('eq_data/eq_data_30_day_m1.geojson')
contents = path.read_text()
--fragmento omitido--

title = 'Global Earthquakes'
fig = px.scatter_geo(lat=lats, lon=lons, size=mags, title=title)
fig.show()
```

Cargamos el archivo `eq_data_30_day_m1.geojson`, que incluye un registro completo de la actividad sísmica de 30 días. También utilizamos el argumento `size` en la llamada a `px.scatter_geo()`, que especifica cómo se dimensionarán los puntos en el mapa.

Pasamos la lista de magnitudes (`mags`) a `size`, con lo que los terremotos de magnitud más alta aparecerán como puntos más grandes en el mapa. El mapa resultante se muestra en la figura 16.8. Los terremotos suelen producirse cerca de los límites de las placas tectónicas, y el periodo más largo de actividad sísmica incluido en este mapa revela las ubicaciones exactas de estos límites.

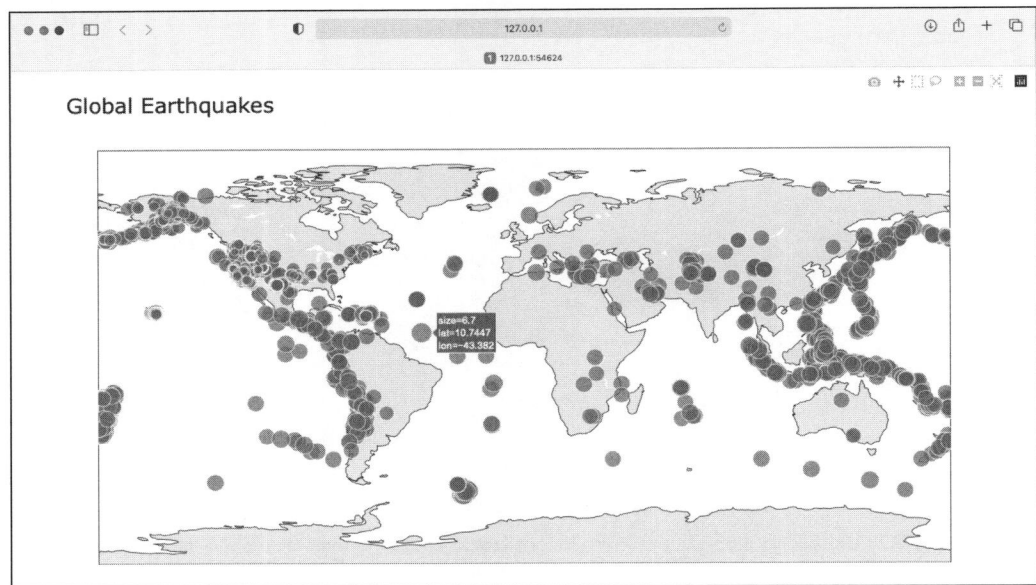

Figura 16.8. Ahora, el mapa muestra la magnitud de todos los terremotos habidos en los últimos 30 días.

Este mapa está mejor, pero sigue siendo difícil identificar qué puntos representan los terremotos más importantes. Podemos seguir mejorando el mapa, empleando colores que también representen las magnitudes.

Personalizar los colores de los marcadores

Podemos utilizar las escalas de color de Plotly para personalizar el color de cada uno de los marcadores en función de la gravedad del terremoto correspondiente. Utilizaremos además una proyección diferente para el mapa base.

eq_world_map.py

```
--fragmento omitido--
fig = px.scatter_geo(lat=lats, lon=lons, size=mags, title=title,
❶     color=mags,
❷     color_continuous_scale='Viridis',
❸     labels={'color':'Magnitude'},
❹     projection='natural earth',
    )
fig.show()
```

Todos los cambios significativos ocurren en la llamada a la función `px.scatter_geo()`. El argumento `color` le indica a Plotly qué valores debe utilizar para determinar dónde se coloca cada marcador en la escala de colores ❶. Utilizamos la lista `mags` para determinar el color de cada punto, al igual que hicimos con el argumento `size`. El argumento `color_continuous_scale` le indica a Plotly qué escala de colores debe usar ❷. *Viridis* es una escala de colores que va desde el azul oscuro hasta el amarillo brillante y funciona bien para este conjunto de datos. Por defecto, la escala de colores a la derecha del mapa está etiquetada como `"color"`; esto no representa lo que significan realmente los colores. El argumento `labels`, estudiado en el capítulo 15, toma un diccionario como valor ❸. Solo necesitamos establecer una etiqueta personalizada en este gráfico, asegurándonos de que la escala de colores esté etiquetada como `"Magnitud"` en lugar de `"color"`.

Añadimos un argumento más para modificar el mapa base sobre el cual se representan los terremotos. El argumento `projection` acepta una serie de proyecciones cartográficas comunes ❹. Aquí vamos a utilizar la proyección `'natural earth'`, que redondea los extremos del mapa. Observe además la coma al final después de este último argumento. Cuando una llamada a función tiene una larga lista de argumentos que abarcan varias líneas como esta, es una práctica común agregar una coma al final. De este modo, estaremos siempre listos para agregar otro argumento en la siguiente línea. Al ejecutar el programa ahora, verá un mapa mucho más atractivo. En la figura 16.9, la escala de colores muestra la gravedad de cada uno de los terremotos; los terremotos más graves se destacan como puntos de color amarillo claro, en contraste con muchos puntos más oscuros. También es posible identificar qué regiones del mundo tienen una actividad sísmica más significativa.

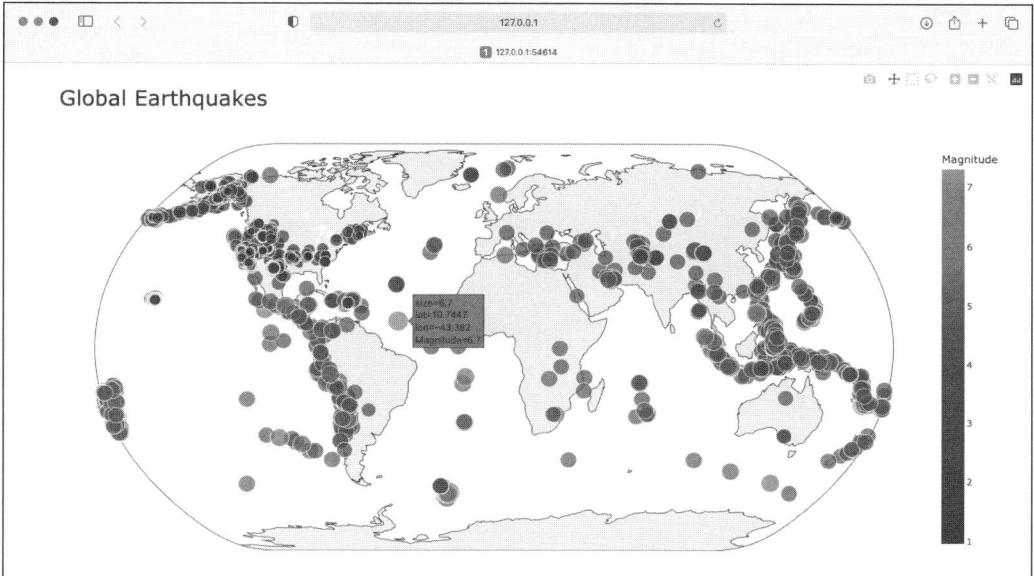

Figura 16.9. En 30 días de terremotos, el color y el tamaño se utilizan para representar la magnitud de cada uno.

Otras escalas de colores

Puede elegir entre otras muchas escalas de colores. Para ver todas las escalas disponibles, escriba las dos siguientes líneas de código en una sesión de terminal de Python:

```
>>> import plotly.express as px
>>> px.colors.named_colorscales()
['aggrnyl', 'agsunset', 'blackbody', ..., 'mygbm']
```

Siéntase libre de ir probando estas escalas de color en el mapa de seísmos, o con cualquier otro conjunto de datos en los que una variación continua de los colores nos pueda ayudar a mostrar los patrones de los datos.

Añadir texto emergente

Para terminar este mapa, vamos a añadir texto informativo que aparezca al pasar el ratón por encima del marcador que representa un terremoto. Además de mostrar la longitud y la latitud, que aparecen por defecto, mostraremos la magnitud y ofreceremos una descripción de la ubicación aproximada.

Para hacer este cambio, es necesario extraer más datos del archivo:

eq_world_map.py

```
--fragmento omitido--
❶ mags, lons, lats, eq_titles = [], [], [], []
    mag = eq_dict['properties']['mag']
    lon = eq_dict['geometry']['coordinates'][0]
    lat = eq_dict['geometry']['coordinates'][1]
❷   eq_title = eq_dict['properties']['title']
    mags.append(mag)
    lons.append(lon)
    lats.append(lat)
    eq_titles.append(eq_title)

title = 'Global Earthquakes'
fig = px.scatter_geo(lat=lats, lon=lons, size=mags, title=title,
    --fragmento omitido--
    projection='natural earth',
❸   hover_name=eq_titles,
    )
fig.show()
```

En primer lugar, creamos una lista llamada `eq_titles` para almacenar el título de cada terremoto ❶. La sección `'title'` de los datos contiene un nombre descriptivo de la magnitud y la ubicación de cada terremoto, además de su longitud y latitud. Extraemos esta información y la asignamos a la variable `eq_title` ❷, para a continuación añadirla a la lista `eq_titles`.

En la llamada a `px.scatter_geo()`, pasamos `eq_titles` al argumento `hover_name` ❸. Ahora, Plotly agregará la información del título de cada terremoto al texto emergente de cada punto. Al ejecutar este programa, deberíamos poder situar el cursor sobre cualquier marcador, ver una descripción de dónde ocurrió ese terremoto y leer la magnitud exacta del evento. Un ejemplo de esta información se muestra en la figura 16.10.

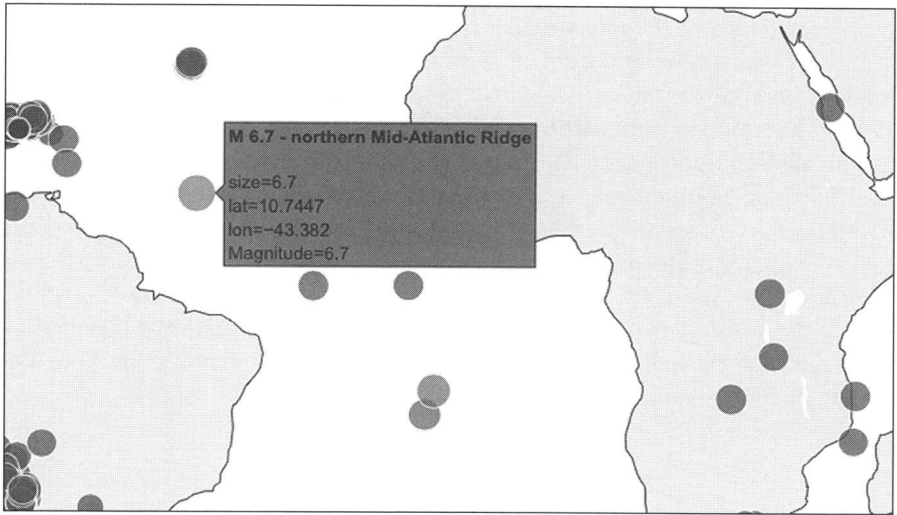

Figura 16.10. El texto emergente incluye ahora un breve resumen para cada terremoto.

¡Es impresionante! Con menos de 30 líneas de código, hemos creado un mapa comprensible y visualmente atractivo de la actividad sísmica mundial que también ilustra la estructura geológica del planeta. Plotly ofrece una amplia variedad de formas con las que podemos personalizar la apariencia y el comportamiento de nuestras visualizaciones. Con las múltiples opciones de Plotly, puede crear gráficos y mapas que muestren exactamente lo que quiere que muestren.

PRUÉBELO

- **16-6. Refactorización:** El bucle que extrae datos de `all_eq_dicts` utiliza variables para la magnitud, longitud, latitud y el título de cada terremoto antes de adjuntar estos valores a las listas correspondientes. Este enfoque se eligió para explicar con claridad cómo sacar datos de un archivo GeoJSON, pero no es necesario incorporarlo a su código. En lugar de usar estas variables temporales, extraiga cada valor de `eq_dict` y adjúntelo a la lista apropiada en una línea. De este modo, el cuerpo de este bucle debería reducirse a solo cuatro líneas.
- **16-7. Título automatizado:** En esta sección, hemos utilizado el título genérico *Global Earthquakes*. En lugar de este título, puede utilizar el título del conjunto de datos que encontrará en la parte de metadata del archivo GeoJSON. Extraiga este valor y asígnelo a la variable `title`.

- **16-8. Terremotos recientes:** Puede encontrar archivos de datos en línea que contienen información sobre los terremotos más recientes en periodos de 1 hora, 1 día, 7 días y 30 días. Vaya a `https://earthquake.usgs.gov/earthquakes/feed/v1.0/geojson.php` y verá una lista de enlaces a conjuntos de datos de distintos periodos de tiempo, centrados en terremotos de distintas magnitudes. Descargue alguno de ellos y cree una visualización de la actividad sísmica más reciente.

- **16-9. Incendios mundiales:** En los recursos para este capítulo, encontrará un archivo llamado `world_fires_1_day.csv`. Este archivo contiene información sobre incendios en distintas partes del mundo, incluyendo la latitud, la longitud y la intensidad de cada incendio. Utilizando el trabajo de procesamiento de datos de la primera parte de este capítulo y el trabajo con mapas de esta sección, elabore un mapa que muestre las partes del mundo afectadas por los incendios. Puede descargar versiones más recientes de estos datos en `https://earthdata.nasa.gov/earth-observation-data/near-real-time/firms/active-fire-data/`. Puede encontrar enlaces a los datos en formato CSV en la sección TXT.

Resumen

En este capítulo, ha aprendido a trabajar con conjuntos de datos del mundo real. Ha procesado archivos CSV y GeoJSON y extraído los datos en los que quería concentrarse. Utilizando datos meteorológicos históricos, ha aprendido a trabajar más con Matplotlib, incluido cómo usar el módulo `datetime` y cómo trazar múltiples series de datos en un gráfico. También ha trazado datos geográficos en un mapa del mundo en Plotly y ha cambiado el estilo de mapas y gráficos.

A medida que adquiera experiencia trabajando con archivos CSV y JSON, podrá procesar prácticamente cualquier dato que quiera analizar. Puede descargar la mayoría de los conjuntos de datos en cualquiera de estos formatos. Trabajando con estos formatos, aprenderá a trabajar fácilmente con otros formatos de datos.

En el próximo capítulo, escribiremos programas que reúnan automáticamente sus datos de fuentes en línea y crearemos visualizaciones de esos datos. Son habilidades divertidas cuando programamos por afición, pero cruciales si le interesa dedicarse profesionalmente a la programación.

17

TRABAJAR CON API

En este capítulo, aprenderá a escribir un programa autocontenido que genere una visualización basada en los datos que recupera. El programa usará una API (*Application Programming Interface*, interfaz de programación de aplicaciones) web para solicitar automáticamente una información específica a un sitio web y usará esos datos para generar una visualización. Dado que los programas que se escriben así siempre utilizan datos actuales para la visualización, incluso en el caso de que los datos cambien rápidamente la visualización de dichos datos estará en todo momento actualizada.

Usar una API

Una API es una parte de un sitio web diseñada para interactuar con programas. Esos programas usan URL muy específicas para solicitar cierta información. Este tipo de solicitud se denomina llamada a la API. Los datos solicitados se devolverán en un formato de fácil procesamiento, como JSON o CSV. La mayoría de las aplicaciones que dependen de datos externos, como las que se integran con sitios de redes sociales, dependen de llamadas a la API.

Git y GitHub

Basaremos nuestra visualización en información de GitHub (`https://github.com`), un sitio que permite a los programadores colaborar en proyectos de código. Usaremos la API de GitHub para solicitar información sobre proyectos de Python en ese sitio y posteriormente generaremos con Plotly una visualización interactiva de la popularidad relativa de estos proyectos.

GitHub toma su nombre de Git, un sistema de control de versiones distribuido. Git nos ayuda a gestionar nuestro trabajo en un proyecto, evitando que los cambios que realice una persona interfieran con los que están haciendo otras. Cuando implementamos una característica nueva en un proyecto, Git rastrea los cambios que hacemos en cada archivo. Cuando el código nuevo funciona, confirmamos los cambios y Git registra el nuevo estado del proyecto. Si cometemos un error y queremos deshacer los cambios, podemos volver fácilmente a cualquier estado anterior. Consulte el apéndice D para saber más sobre el control de versiones con Git. Los proyectos de GitHub se guardan en repositorios, que contienen todo lo relacionado con el proyecto: el código, información sobre los colaboradores, cualquier problema o informe de errores, etc.

Cuando a los usuarios de GitHub les gusta un proyecto, pueden valorarlo con estrellas para darle su apoyo y hacer un seguimiento de los proyectos que podría interesarles usar. En este capítulo, escribiremos un programa para descargar automáticamente información sobre los proyectos de Python más populares en GitHub y crearemos una visualización informativa de estos proyectos.

Solicitar datos usando una llamada a la API

La API de GitHub permite solicitar una amplia variedad de información a través de llamadas a la API. Para ver cómo es una llamada a la API, escriba lo siguiente en la barra de direcciones de su navegador y pulse **Intro**:

```
https://api.github.com/search/repositories?q=language:python+sort:stars
```

Esta llamada devuelve el número de proyectos de Python almacenados actualmente en GitHub, además de información sobre los repositorios de Python más populares. Vamos a examinar la llamada. La primera parte, `https://api.github.com/`, dirige la solicitud a la parte de GitHub que responde a llamadas a la API. La siguiente, `search/repositories`, le indica a la API que ejecute una búsqueda por todos los repositorios de GitHub.

El interrogante después de `repositories` indica que vamos a pasar un argumento. La `q` es de *query* (consulta), y el signo de igualdad (=) nos permite iniciar una consulta (`q=`). Al usar `language:python`, indicamos que solo queremos información sobre los repositorios que tengan Python como lenguaje principal. La última parte, `+sort:stars`, clasifica los proyectos por el número de estrellas que han recibido.

El siguiente *snippet* o fragmento de código muestra las primeras líneas de la respuesta:

```
  {
❶   "total_count": 8961993,
❷   "incomplete_results": true,
❸   "items": [
      {
        "id": 54346799,
        "node_id": "MDEwOlJlcG9zaXRvcnk1NDM0Njc5OQ==",
```

```
    "name": "public-apis",
    "full_name": "public-apis/public-apis",
    --fragmento omitido--
```

En la respuesta verá que esta URL no está principalmente pensada para humanos, sino que adopta un formato destinado a ser procesado por un programa. GitHub encontró un poco menos de nueve millones de proyectos de Python en el momento de escribir estas líneas ❶. El valor de `"incomplete_results"` es `true`, lo que nos indica que GitHub no procesó completamente la consulta ❷. GitHub limita cuánto tiempo puede durar cada consulta para mantener la API receptiva para todos los usuarios. En este caso, encontró algunos de los repositorios de Python más populares, pero no tuvo tiempo de encontrarlos todos; lo solucionaremos en un instante. Los elementos (`"items"`) devueltos se muestran en la lista que sigue, que contiene detalles sobre los proyectos de Python más populares en GitHub ❸.

Instalar solicitudes

El paquete Requests permite a un programa de Python solicitar información fácilmente a un sitio web y examinar la respuesta. Use `pip` para instalarlo:

```
$ python -m pip install --user requests
```

Si usa un comando distinto de `python` para ejecutar programas o iniciar una sesión de terminal, como `python3`, el comando empleado será similar a este:

```
$ python3 -m pip install --user requests
```

Procesar una respuesta de la API

Ahora empezaremos a escribir un programa para emitir una llamada a la API automáticamente y procesar los resultados:

python_repos.py

```
import requests

# Realiza una llamada a la API y verifica la respuesta.
❶ url = "https://api.github.com/search/repositories"
url += "?q=language:python+sort:stars+stars:>10000"

❷ headers = {"Accept": "application/vnd.github.v3+json"}
❸ r = requests.get(url, headers=headers)
❹ print(f"Status code: {r.status_code}")

# Convierte el objeto de respuesta en un diccionario.
❺ response_dict = r.json()

# Procesa los resultados.
print(response_dict.keys())
```

Primero, importamos el módulo `requests`. A continuación, asignamos la URL de la llamada a la API a la variable `url` ❶. Esta es una URL larga, por lo que la dividimos en dos líneas. La primera línea es la parte principal de la URL y la segunda línea es la cadena de consulta. Hemos incluido una condición adicional a la cadena de consulta original: `stars:>10000`, lo que indica a GitHub que solo busque repositorios de Python que tengan más de 10.000 estrellas. Esto debería bastar para que GitHub nos devuelva un conjunto completo y consistente de resultados.

GitHub actualmente está en la tercera versión de su API, de modo que definimos encabezados para la llamada a la API que solicitan explícitamente el uso de esta versión de la API y que los resultados se devuelvan en formato JSON ❷. Luego utilizamos `requests` para hacer la llamada a la API ❸. Llamamos a `get()` y le pasamos la URL y el encabezado que definimos, y asignamos el objeto de respuesta a la variable `r`.

Este objeto tiene un atributo llamado `status_code` que nos dice si la solicitud ha tenido éxito. (Un código de estado de 200 indica una respuesta exitosa). Imprimimos el valor de `status_code` para poder asegurarnos de que la llamada se ha realizado con éxito ❹. Dado que le hemos solicitado a la API que nos devuelva la información en formato JSON, utilizamos el método `json()` para convertirla en un diccionario de Python ❺. Guardamos el diccionario resultante en `response_dict`.

Por último, imprimimos las claves de `response_dict` y vemos esta salida:

```
Status code: 200
dict_keys(['total_count', 'incomplete_results', 'items'])
```

Dado que el código de estado es 200, sabemos que la solicitud ha tenido éxito. El diccionario de la respuesta contiene solo tres claves: `'total_count'`, `'incomplete_results'` e `'items'`. Echemos un vistazo al interior del diccionario de respuesta.

Trabajar con el diccionario de respuesta

Con la información de la llamada a la API representada como diccionario, podemos trabajar con los datos allí almacenados. Vamos a generar una salida que resuma la información. Es una buena forma de asegurarse de que hemos recibido la información que esperábamos y de empezar a analizar la que nos interesa:

python_repos.py

```
import requests

# Hace una llamada a la API y guarda la respuesta.
--fragmento omitido--

# Convierte el objeto de respuesta en un diccionario.
response_dict = r.json()
❶ print(f"Total repositories: {response_dict['total_count']}")
print(f"Complete results: {not response_dict['incomplete_results']}")
```

```
  # Explora la información sobre los repositorios.
❷ repo_dicts = response_dict['items']
  print(f"Repositories returned: {len(repo_dicts)}")

  # Examina el primer repositorio.
❸ repo_dict = repo_dicts[0]
❹ print(f"\nKeys: {len(repo_dict)}")
❺ for key in sorted(repo_dict.keys()):
      print(key)
```

Comenzamos a explorar el diccionario de respuesta imprimiendo el valor asociado con `'total_count'`, que representa el número total de repositorios de Python devueltos por esta llamada a la API ❶. Además, utilizamos el valor asociado a `'incomplete_results'` para saber si GitHub ha podido procesar la consulta en su totalidad. En lugar de imprimir este valor directamente, imprimimos su opuesto: un valor de `True` indicará que recibimos un conjunto completo de resultados.

El valor asociado con `'items'` es una lista que contiene varios diccionarios, cada uno de ellos con datos sobre un repositorio de Python individual. Asignamos esta lista de diccionarios a `repo_dicts` ❷. A continuación, imprimimos la longitud de `repo_dicts` para ver para cuántos repositorios tenemos información.

Para ver más de cerca la información devuelta sobre cada repositorio, sacamos el primer elemento de `repo_dicts` y se lo asignamos a `repo_dict` ❸. Después, imprimimos el número de claves en el diccionario para ver cuánta información tenemos ❹. Por último, imprimimos todas las claves del diccionario para ver el tipo de información que se incluye ❺. Los resultados nos ofrecen una visión más clara de los datos reales:

```
  Status code: 200
❶ Total repositories: 248
❷ Complete results: True
  Repositories returned: 30

❸ Keys: 78
  allow_forking
  archive_url
  archived
  --fragmento omitido--
  url
  visiblity
  watchers
  watchers_count
```

En el momento de redactar estas líneas, únicamente existen 248 repositorios de Python con más de 10.000 estrellas ❶. Vemos que GitHub pudo procesar completamente la llamada a la API ❷. En esta respuesta, GitHub devolvió información sobre los primeros 30 repositorios que coinciden con las condiciones de nuestra consulta. Si deseamos más repositorios, podemos solicitar páginas adicionales de datos.

La API de GitHub devuelve mucha información sobre cada repositorio: hay 78 claves en `repo_dict` ❸. Al mirarlas, nos hacemos una idea del tipo de información que podemos extraer sobre un proyecto. (La única forma de saber qué información está disponible a través de una API es leer la documentación o examinar la información por medio de código, como estamos haciendo aquí). Vamos a extraer los valores para algunas de las claves de `repo_dict`:

python_repos.py

```
--fragmento omitido--
# Examina el primer repositorio.
repo_dict = repo_dicts[0]

print("\nSelected information about first repository:")
❶ print(f"Name: {repo_dict['name']}")
❷ print(f"Owner: {repo_dict['owner']['login']}")
❸ print(f"Stars: {repo_dict['stargazers_count']}")
  print(f"Repository: {repo_dict['html_url']}")
❹ print(f"Created: {repo_dict['created_at']}")
❺ print(f"Updated: {repo_dict['updated_at']}")
  print(f"Description: {repo_dict['description']}")
```

Aquí, imprimimos los valores de una serie de claves del primer diccionario del repositorio. Comenzamos con el nombre del proyecto ❶. Un diccionario entero representa al propietario del proyecto, así que usamos la clave `owner` para acceder a ese diccionario y a continuación usamos la clave `login` para obtener el nombre de usuario del propietario ❷. A continuación, imprimimos las estrellas que ha conseguido el proyecto ❸ y la URL para su repositorio GitHub. Después, mostramos cuándo se creó ❹ y cuándo se actualizó por última vez ❺. Por último, imprimimos la descripción del repositorio.

Deberíamos obtener una salida parecida a esto:

```
Status code: 200
Total repositories: 248
Complete results: True
Repositories returned: 30

Selected information about first repository:
Name: public-apis
Owner: public-apis
Stars: 191493
Repository: https://github.com/public-apis/public-apis
Created: 2016-03-20T23:49:42Z
Updated: 2022-05-12T06:37:11Z
Description: A collective list of free APIs
```

Vemos que el proyecto de Python mejor valorado en GitHub cuando se escribió este libro era `public-apis`. Su propietario es una empresa del mismo nombre y ha sido valorado por casi 200.000 usuarios de GitHub. Podemos ver la URL del repositorio del proyecto, su fecha de creación (marzo de 2016) y que se había actualizado recientemente. Además, la descripción nos indica que `public_apis` contiene una lista de API gratuitas que podrían ser interesantes para un programador.

Resumir los principales repositorios

Al escribir una visualización de datos, nos interesa incluir más de un repositorio. Vamos a escribir un bucle que imprima información sobre cada repositorio que devuelva la llamada a la API para poder incluir todos en la visualización:

python_repos.py

```
--fragmento omitido--
# Explora información sobre los repositorios.
repo_dicts = response_dict['items']
print(f"Repositories returned: {len(repo_dicts)}")

❶ print("\nSelected information about each repository:")
❷ for repo_dict in repo_dicts:
      print(f"\nName: {repo_dict['name']}")
      print(f"Owner: {repo_dict['owner']['login']}")
      print(f"Stars: {repo_dict['stargazers_count']}")
      print(f"Repository: {repo_dict['html_url']}")
      print(f"Description: {repo_dict['description']}")
```

En primer lugar, imprimimos un mensaje introductorio ❶. A continuación, pasamos en bucle por todos los diccionarios de `repo_dicts` ❷. Dentro del bucle, imprimimos el nombre de cada proyecto, su propietario, las estrellas que tiene, su URL en GitHub y la descripción del proyecto:

```
Status code: 200
Total repositories: 248
Complete results: True
Repositories returned: 30

Selected information about each repository:

Name: public-apis
Owner: public-apis
Stars: 191494
Repository: https://github.com/public-apis/public-apis
Description: A collective list of free APIs

Name: system-design-primer
Owner: donnemartin
Stars: 179952
Repository: https://github.com/donnemartin/system-design-primer
Description: Learn how to design large-scale systems. Prep for the system
  design interview. Includes Anki flashcards.
--fragmento omitido--

Name: PayloadsAllTheThings
Owner: swisskyrepo
Stars: 37227
Repository: https://github.com/swisskyrepo/PayloadsAllTheThings
Description: A list of useful payloads and bypass for Web Application Security
  and Pentest/CTF
```

Entre los resultados aparecen proyectos interesantes. Puede que merezca la pena echar un vistazo, pero no le dedique demasiado tiempo, ya que pronto crearemos una visualización que le facilitará enormemente la tarea de leer estos resultados.

Monitorizar los límites de cuota de la API

La mayoría de las API tienen una cuota limitada, lo que significa que hay un límite de solicitudes que se pueden hacer en un tiempo determinado. Para ver si se está acercando al límite de GitHub, introduzca `https://api.github.com/rate_limit` en un navegador web. Debería ver una respuesta que empiece así:

```
{
    "resources": {
        --fragmento omitido--
❶       "search": {
❷           "limit": 10,
❸           "remaining": 9,
❹           "reset": 1652338832,
            "used": 1,
            "resource": "search"
        },
        --fragmento omitido--
```

La información que nos interesa es el límite de cuota de la API de búsqueda ❶. Vemos que el límite es 10 solicitudes por minuto ❷ y que nos quedan 8 para el minuto en curso ❸. El valor asociado a la clave `reset` representa en tiempo Unix o *epoch* (el número de segundos transcurridos desde la medianoche del 1 de enero de 1970), momento en el que nuestro límite se reiniciará ❹. Si llegamos a nuestro límite, recibiremos una respuesta corta informándonos de que hemos alcanzado el límite de la API. Si llega al límite, simplemente espere a que su cuota se reinicie.

Nota: Muchas API requieren registrarse y obtener una clave API o un *token* de acceso para hacer llamadas. En el momento de redactar estas líneas, GitHub no lo exigía; no obstante, si obtiene un *token* de acceso, sus límites serán mucho más altos.

Visualizar repositorios con Plotly

Vamos a hacer una visualización con los datos que tenemos ahora para mostrar la popularidad relativa de los proyectos de Python en GitHub. Crearemos un gráfico de barras interactivo: la altura de cada barra representará el número de estrellas concedidas al proyecto y se podrá hacer clic en la etiqueta de la barra para ir a la página del proyecto en GitHub. Guarde una copia del programa en el que hemos estado trabajando como `python_repos_visual.py` y modifíquelo como se muestra a continuación:

python_repos_visual.py

```
import requests
import plotly.express as px

# Hace una llamada a la API y verifica la respuesta.
url = "https://api.github.com/search/repositories"
url += "?q=language:python+sort:stars+stars:>10000"

headers = {"Accept": "application/vnd.github.v3+json"}
r = requests.get(url, headers=headers)
❶ print(f"Status code: {r.status_code}")

# Procesa los resultados totales.
response_dict = r.json()
❷ print(f"Complete results: {not response_dict['incomplete_results']}")

# Procesa la información del repositorio.
repo_dicts = response_dict['items']
❸ repo_names, stars = [], []
for repo_dict in repo_dicts:
    repo_names.append(repo_dict['name'])
    stars.append(repo_dict['stargazers_count'])

# Crea la visualización.
❹ fig = px.bar(x=repo_names, y=stars)
fig.show()
```

Importamos Plotly Express y realizamos la llamada a la API tal y como lo hemos venido haciendo. Continuamos imprimiendo el estado de la respuesta de la llamada a la API para saber si hay algún problema ❶. Cuando procesamos los resultados generales, seguimos imprimiendo el mensaje que confirma que hemos obtenido un conjunto completo de resultados ❷. Eliminamos el resto de las llamadas print() porque ya no estamos en la fase exploratoria; sabemos que tenemos los datos que queremos.

A continuación, creamos dos listas vacías ❸ para almacenar los datos que incluiremos en el gráfico inicial. Necesitaremos el nombre de cada proyecto para etiquetar las barras (repo_names) y el número de estrellas para determinar la altura de las barras (stars). En el bucle, agregamos a estas listas el nombre de cada proyecto y el número de estrellas que tiene.

Realizamos la visualización inicial con solo dos líneas de código ❹. Esto es coherente con la filosofía de Plotly Express de que deberíamos poder ver nuestra visualización lo más rápido posible antes de refinar su aspecto. Aquí utilizamos la función px.bar() para crear un gráfico de barras. Pasamos la lista repo_names como el argumento x y stars como el argumento y.

La figura 17.1 muestra el gráfico resultante. Podemos ver que los primeros proyectos son significativamente más populares que el resto, pero todos ellos son proyectos importantes en el ecosistema de Python.

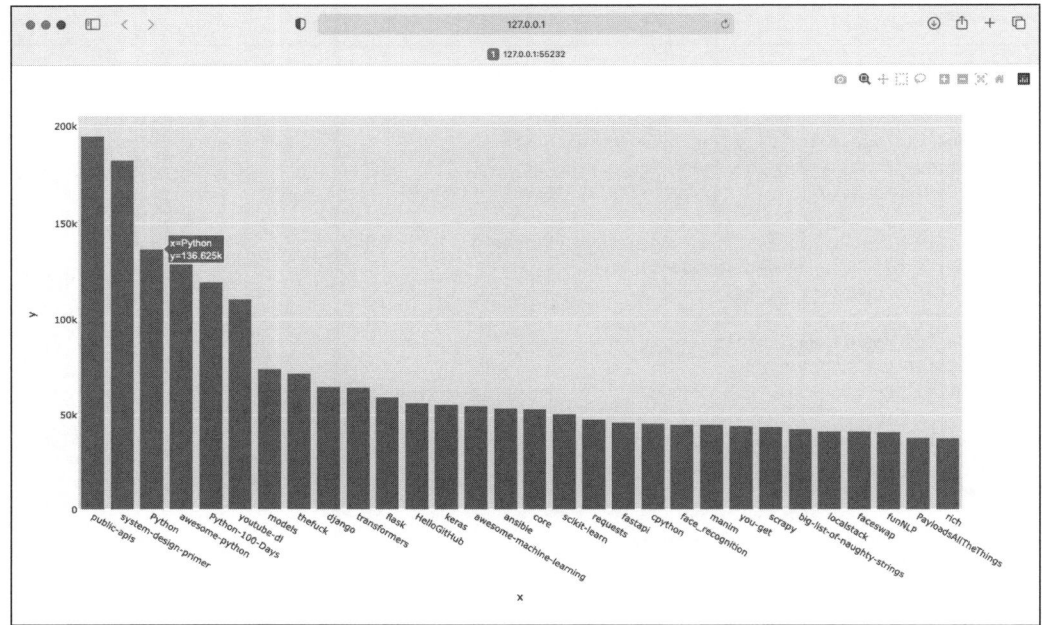

Figura 17.1. Proyectos de Python mejor valorados en GitHub.

Dar estilo al gráfico

Plotly admite varias formas de dar estilo y personalizar los gráficos una vez sabemos que la información en el gráfico es correcta. Realizaremos algunos cambios en la llamada inicial a `px.bar()` y luego haremos algunos ajustes adicionales en el objeto `fig`, una vez creado.

Comenzaremos a dar estilo al gráfico agregando un título y etiquetas para cada eje.

python_repos_visual.py

```
--fragmento omitido--
# Hacer visualizacion.
title = "Most-Starred Python Projects on GitHub"
labels = {'x': 'Repository', 'y': 'Stars'}
fig = px.bar(x=repo_names, y=stars, title=title, labels=labels) 1
❶ fig.update_layout(title_font_size=28, xaxis_title_font_size=20, yaxis_title_font_size=20)

fig.show()
```

En primer lugar, agregamos un título y etiquetas para cada eje, como hicimos en los capítulos 15 y 16. A continuación, utilizamos el método `fig.update_layout()` para modificar elementos específicos del gráfico ❶. Plotly utiliza una convención en la que los aspectos de un elemento del gráfico están conectados por guiones bajos. A medida que se vaya familiarizando con la documentación de Plotly, comenzará a ver patrones consistentes que afectan a las convenciones de nomenclatura y modificación de los diferentes elementos de un gráfico. Aquí configuramos el tamaño de fuente del título en 28 y el tamaño de fuente para cada título de eje en 20. El resultado se muestra en la figura 17.2.

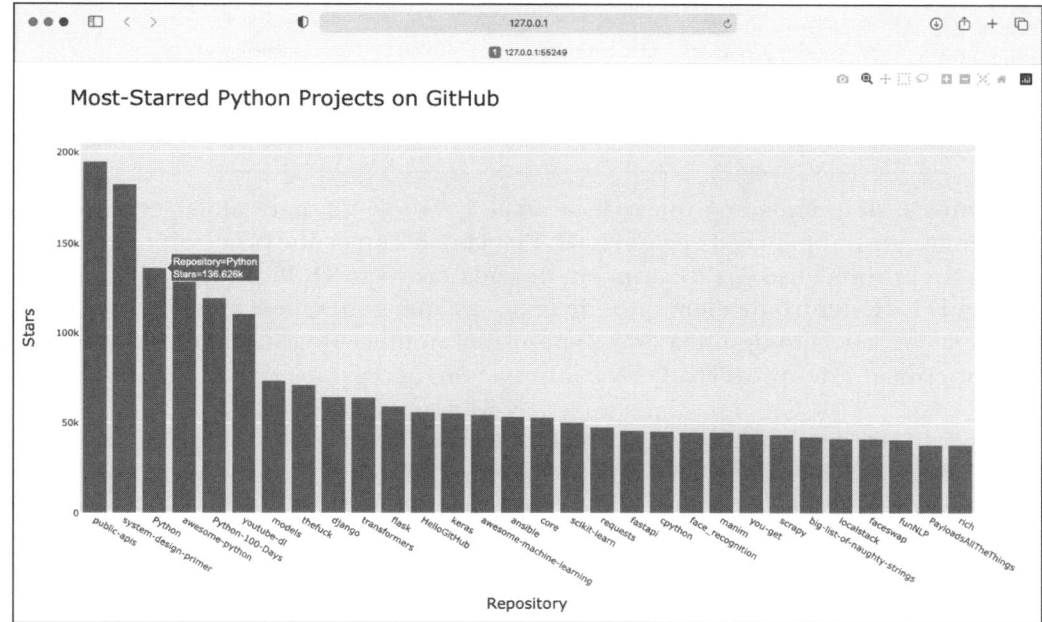

Figura 17.2. Se ha añadido un título al gráfico principal, así como a cada uno de los ejes.

Añadir mensajes emergentes personalizados

En Plotly, podemos pasar el cursor por encima de una barra para mostrar la información que representa. Esto recibe el nombre de mensaje emergente o *tooltip* y, en este caso, muestra actualmente el número de estrellas que tiene un proyecto. Vamos a crear un mensaje emergente personalizado que muestre también la descripción del proyecto y su propietario. Necesitamos sacar unos cuantos datos adicionales para generar esta información emergente:

python_repos_visual.py

```
--fragmento omitido--
# Procesa la información del repositorio.
repo_dicts = response_dict['items']
❶ repo_names, stars, hover_texts = [], [], []
for repo_dict in repo_dicts:
    repo_names.append(repo_dict['name'])
    stars.append(repo_dict['stargazers_count'])

    # Construye los textos emergentes.
```

```
❷    owner = repo_dict['owner']['login']
     description = repo_dict['description']
❸    hover_text = f"{owner}<br />{description}"
     hover_texts.append(hover_text)

     # Crea la visualización.
     title = "Most-Starred Python Projects on GitHub"
     labels = {'x': 'Repository', 'y': 'Stars'}
❹    fig = px.bar(x=repo_names, y=stars, title=title, labels=labels, hover_name=hover_texts)

     fig.update_layout(title_font_size=28, xaxis_title_font_size=20, yaxis_title_font_size=20)

     fig.show()
```

Primero, definimos una nueva lista vacía, `hover_texts`, para alojar el texto que queremos mostrar para cada proyecto ❶. En el bucle con el que procesamos los datos, sacamos el propietario y la descripción de cada proyecto ❷. Plotly nos permite usar código HTML dentro de elementos de texto, así que generamos una cadena para la etiqueta con un salto de línea (`<br />`) entre el nombre de usuario del propietario y la descripción del proyecto ❸. A continuación, agregamos esta etiqueta a la lista `hover_texts`.

En la llamada a `px.bar()`, añadimos el argumento `hover_name` y le pasamos `hover_texts` ❹. Este es el mismo enfoque que utilizamos para personalizar la etiqueta de cada punto en el mapa de la actividad sísmica global. A medida que Plotly cree cada barra, extraerá las etiquetas de esta lista y solo las mostrará cuando el usuario pase el cursor sobre una barra. La figura 17.3 muestra uno de estos mensajes emergentes.

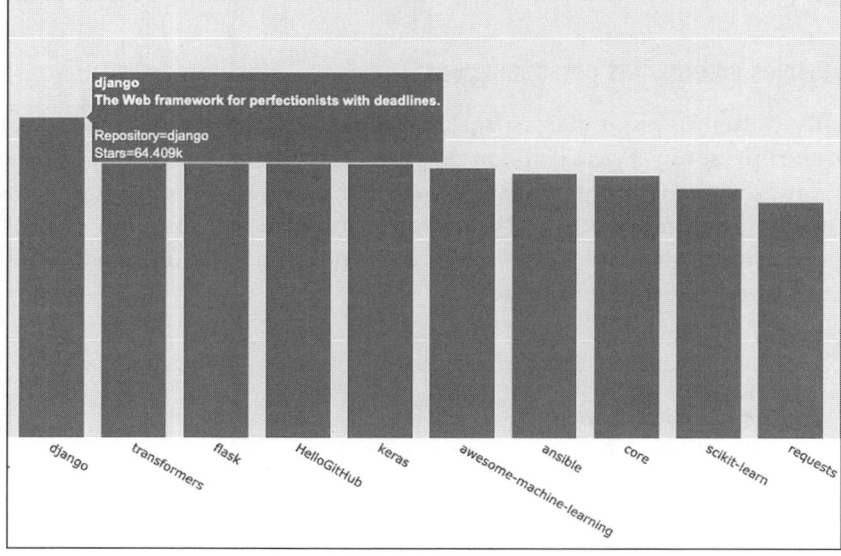

Figura 17.3. Al pasar por encima de una barra vemos el propietario y la descripción del proyecto.

Añadir enlaces activos a nuestro gráfico

Dado que Plotly permite usar HTML en elementos de texto, podemos añadir enlaces a un gráfico con facilidad. Vamos a usar las etiquetas del eje *x* como forma de permitir al usuario visitar la página de cualquier proyecto en GitHub. Necesitamos sacar las URL de los datos y usarlas cuando generemos las etiquetas del eje *x*:

python_repos_visual.py

```
--fragmento omitido--
# Procesa la información del repositorio.
repo_dicts = response_dict['items']
❶ repo_links, stars, labels = [], [], []
for repo_dict in repo_dicts:
    # Convierte los nombres del repositorio en enlaces activos.
    repo_name = repo_dict['name']
❷   repo_url = repo_dict['html_url']
❸   repo_link = f"<a href='{repo_url}'>{repo_name}</a>"
    repo_links.append(repo_link)

    stars.append(repo_dict['stargazers_count'])
    --fragmento omitido--

# Genera la visualización.
title = "Most-Starred Python Projects on GitHub"
labels = {'x': 'Repository', 'y': 'Stars'}
fig = px.bar(x=repo_links, y=stars, title=title, labels=labels, hover_name=hover_texts)

fig.update_layout(title_font_size=28, xaxis_title_font_size=20, yaxis_title_font_size=20)

fig.show()
```

Cambiamos el nombre de la lista que estamos creando de `repo_names` a `repo_links` para transmitir con más precisión el tipo de información que estamos recogiendo en el gráfico ❶. A continuación, extraemos la URL del proyecto de `repo_dict` y se la asignamos a la variable temporal `repo_url` ❷. A continuación, generamos un enlace al proyecto ❸. Usamos la etiqueta ancla HTML, que tiene la forma `<a href='URL'>link text</a>`, para generar el enlace. Luego añadimos este enlace a la lista `repo_links`.

Cuando llamamos a `px.bar()`, usamos `repo_links` para los valores *x* del gráfico. El resultado es igual que antes, pero ahora el usuario puede hacer clic en cualquiera de los nombres de proyecto de la parte inferior del gráfico para visitar su página en GitHub. ¡Ahora tenemos una visualización informativa e interactiva de datos recuperados a través de una API!

Personalizar los colores de los marcadores

Una vez creado un gráfico, es posible personalizar prácticamente casi cualquier aspecto del mismo a través de un método de actualización. Con anterioridad, hemos utilizado el método `update_layout()`. Otro método, `update_traces()`, se puede utilizar para personalizar los datos representados en un gráfico. Cambiemos las barras a un azul más oscuro, con algo de transparencia.

```
--fragmento omitido--
fig.update_layout(title_font_size=28, xaxis_title_font_size=20, yaxis_title_font_size=20)

fig.update_traces(marker_color='SteelBlue', marker_opacity=0.6)

fig.show()
```

En Plotly, el término "traza" hace referencia a una colección de datos en un gráfico. El método `update_traces()` puede tomar varios argumentos diferentes; cualquier argumento que comience con `marker_` afecta a los marcadores del gráfico. Aquí establecemos el color de cada marcador en `'SteelBlue'`; cualquier color CSS con nombre funcionará. Además, configuramos la opacidad de cada marcador en `0.6`. Una opacidad de 1.0 será completamente opaca y una opacidad de 0 será completamente invisible.

Más sobre Plotly y la API de GitHub

La documentación de Plotly es extensa y está bien organizada; sin embargo, puede ser difícil saber por dónde empezar a leer. Puede empezar por el artículo "Plotly Express en Python", en `https://plotly.com/python/plotly-express`. Este es un resumen de todos los gráficos que puede crear con Plotly Express. Allí encontrará enlaces a artículos más largos sobre cada tipo de gráfico.

Si desea profundizar en la personalización de gráficos en Plotly, el artículo "Styling Plotly Express Figures in Python" ampliará lo aprendido en los capítulos 15 a 17. Para consultar este artículo, vaya a `https://plotly.com/python/styling-plotly-express`.

Para más información sobre la API de GitHub, consulte su documentación en `https://docs.github.com/en/rest`. Allí aprenderá a extraer una amplia variedad de información específica de GitHub. Para ampliar lo aprendido en este proyecto, busque la sección `Search` en la barra lateral. Si dispone de una cuenta en GitHub, puede trabajar con sus propios datos, así como los datos públicos de los repositorios de otros usuarios.

La API de Hacker News

Para explorar cómo usar las llamadas a una API en otros sitios, vamos a echar un vistazo a Hacker News (`http://news.ycombinator.com/`). Los usuarios de Hacker News comparten y debaten animadamente sobre artículos de programación y tecnología. La API de Hacker News da acceso a datos sobre todos los envíos y comentarios del sitio y se puede usar sin registrarse para conseguir una clave. La siguiente llamada devuelve información sobre los principales artículos en el momento de escribir estas líneas:

```
https://hacker-news.firebaseio.com/v0/item/31353677.json
```

Al introducir esta URL en un navegador, verá que el texto de la página va entre llaves, lo que significa que es un diccionario. Sin embargo, la respuesta es difícil de analizar sin un formato mejor.

Vamos a ejecutar esta URL a través del método `json.dumps()`, como hicimos en el proyecto de los terremotos del capítulo 16, para ver el tipo de información que se devuelve sobre un artículo:

hn_article.py

```
import requests
import json

# Hace una llamada a la API y guarda la respuesta.
url = "https://hacker-news.firebaseio.com/v0/item/31353677.json"
r = requests.get(url)
print(f"Status code: {r.status_code}")

# Explora la estructura de los datos.
response_dict = r.json()
response_string = json.dumps(response_dict, indent=4)
❶ print(response_string)
```

Todo lo que vemos en este programa debería resultarle familiar, pues ya lo hemos usado en los dos capítulos anteriores. La principal diferencia en esta ocasión es que podemos imprimir la cadena de respuesta formateada ❶ en lugar de escribirla en un archivo, ya que la salida no es particularmente larga. La salida es un diccionario de información sobre el artículo con el ID 31353677:

```
{
❶    "by": "sohkamyung",
     "descendants": 302,
     "id": 31353677,
❷    "kids": [
         31354987,
         31354235,
         --fragmento omitido--
     ],
     "score": 785,
     "time": 1652361401,
❸    "title": "Astronomers reveal first image of the black hole at the heart of our galaxy",
     "type": "story",
❹    "url": "https://public.nrao.edu/news/.../" }
}
```

El diccionario contiene varias claves con las que podemos trabajar. La clave `'descendants'` nos dice el número de comentarios que ha recibido el artículo ❶. La clave `'kids'` nos da los ID de todos los comentarios hechos directamente en respuesta a este envío ❷. Cada uno de esos comentarios puede tener además comentarios propios, así que el número de `descendants` de un envío suele ser mayor que el de `kids`. También vemos el título del artículo comentado ❸ y su URL ❹.

La siguiente URL devuelve una simple lista de todos los ID de los principales artículos de Hacker News:

```
https://hacker-news.firebaseio.com/v0/topstories.json
```

Podemos usar esta llamada para averiguar qué artículos están ahora mismo en la página de inicio y generar después una serie de llamadas a la API similares a la que acabamos de examinar. Con este enfoque, podemos imprimir un resumen de todos los artículos de la página de inicio de Hacker News en el momento:

hn_submissions.py

```
from operator import itemgetter

import requests

# Hace una llamada a la API y verifica la respuesta.
❶ url = "https://hacker-news.firebaseio.com/v0/topstories.json"
r = requests.get(url)
print(f"Status code: {r.status_code}")

# Procesa información sobre cada envío.
❷ submission_ids = r.json()
❸ submission_dicts = []
for submission_id in submission_ids[:30]:
    # Hace una nueva llamada a la API separada para cada envío.
❹    url = f"https://hacker-news.firebaseio.com/v0/item/{submission_id}.json"
    r = requests.get(url)
    print(f"id: {submission_id}\tstatus: {r.status_code}")
    response_dict = r.json()

    # Crea un diccionario para cada artículo.
❺    submission_dict = {
        'title': response_dict['title'],
        'hn_link': f"https://news.ycombinator.com/item?id={submission_id}",
        'comments': response_dict['descendants'],
    }
❻    submission_dicts.append(submission_dict)

❼ submission_dicts = sorted(submission_dicts, key=itemgetter('comments'),
                reverse=True)
❽ for submission_dict in submission_dicts:
    print(f"\nTitle: {submission_dict['title']}")
    print(f"Discussion link: {submission_dict['hn_link']}")
    print(f"Comments: {submission_dict['comments']}")
```

Primero, hacemos una llamada a la API e imprimimos el estado de la respuesta ❶. Esta llamada a la API devuelve una lista con los ID de los 500 artículos más populares en Hacker News en el momento de emitir la llamada. Después, convertimos la respuesta en una lista de Python ❷ y la guardamos en submission_ids. Usaremos estos ID para crear un conjunto de diccionarios con información de cada uno de los envíos actuales.

Configuramos una lista vacía llamada submission_dicts para almacenar estos diccionarios ❸. A continuación, pasamos en bucle por los ID de los 30 envíos principales. Hacemos una nueva llamada a la API por cada envío generando una URL que incluye el valor actual de submission_id ❹. Imprimimos el estado de la solicitud junto con su ID para ver si ha tenido éxito. A continuación, creamos un diccionario para el envío que se está procesando en ese momento ❺. Almacenamos el título del envío, un enlace a la página de discusión y el número de comentarios que ha recibido el artículo hasta ahora. Luego añadimos cada `submission_dict` a la lista `submission_dicts` ❻.

Cada envío de Hacker News se clasifica atendiendo a una puntuación general basada en distintos factores, incluidos el número de veces que se ha votado, cuántos comentarios ha recibido y lo reciente que es. Queremos ordenar la lista de diccionarios por el número de comentarios. Para ello, usamos una función llamada `itemgetter()` ❼, que procede del módulo `operator`. Pasamos a esta función la clave `'comments'` para que saque el valor asociado con esa clave en cada diccionario de la lista. La función `sorted()` usa después este valor como base para ordenar la lista. Vamos a ordenarla en orden inverso para que los artículos más comentados aparezcan primero.

Una vez ordenada la lista, pasamos en bucle por ella ❽ e imprimimos tres datos de cada uno de los envíos principales: el título, el enlace a la página de discusión y el número de comentarios que tiene actualmente:

```
Status code: 200
id: 31390506 status: 200
id: 31389893 status: 200
id: 31390742 status: 200
--fragmento omitido--

Title: Fly.io: The reclaimer of Heroku's magic
Discussion link: https://news.ycombinator.com/item?id=31390506
Comments: 134

Title: The weird Hewlett Packard FreeDOS option
Discussion link: https://news.ycombinator.com/item?id=31389893
Comments: 64

Title: Modern JavaScript Tutorial
Discussion link: https://news.ycombinator.com/item?id=31390742
Comments: 20
--fragmento omitido--
```

Usaríamos un proceso similar para acceder a información y analizarla con cualquier API. Con estos datos, podríamos hacer una visualización que mostrase los envíos que han inspirado las discusiones recientes más activas. También es la base de aplicaciones que ofrecen una experiencia de lectura personalizada para sitios como Hacker News. Para saber más sobre el tipo de información al que puede acceder a través de la API de Hacker News, visite la página de documentación en `https://github.com/HackerNews/API/`.

Nota: En ocasiones, Hacker News permite a las empresas a las que apoya realizar publicaciones especiales de contratación y deshabilita los comentarios en estas publicaciones. Si ejecuta este programa mientras una de estas publicaciones está presente, obtendrá un `KeyError`. Si esto causa un problema, puede envolver el código que construye `submission_dict` en un bloque `try-except` y omitir estas publicaciones.

PRUÉBELO

- **17-1. Otros lenguajes:** Modifique la llamada a la API de python_repos.py para que genere un gráfico que muestre los proyectos más populares de otros lenguajes. Pruebe lenguajes como JavaScript, Ruby, C, Java, Perl, Haskell y Go.
- **17-2. Discusiones activas:** Usando los datos de hn_submissions.py, haga un gráfico de barras que muestre las discusiones más activas actualmente en Hacker News. La altura de cada barra debería corresponderse con el número de comentarios que tiene cada envío. La etiqueta para cada barra debería incluir el título del envío y actuar como enlace a la correspondiente página de discusión. Si obtiene un KeyError al crear un gráfico, utilice un bloque try-except para saltarse los *posts* publicitarios.
- **17-3. Probar python_repos.py:** En python_repos.py, imprimimos el valor de status_code para asegurarnos de que la llamada a la API ha tenido éxito. Escriba un programa llamado test_python_repos.py que use unittest para asegurarse de que el valor de status_code es 200. Piense en otras comprobaciones posibles, como, por ejemplo, si se espera el número de elementos devuelto o si el número total de repositorios es mayor que una cantidad dada.
- **17-4. Siga explorando:** Visite la documentación de Plotly y de la API de GitHub o la de Hacker News. Use la información que encuentre para personalizar el estilo de los gráficos que hemos creado o para extraer información diferente y crear sus propias visualizaciones. Si siente curiosidad por otras API, consulte las mencionadas en el repositorio de GitHub en https://github.com/public-apis.

Resumen

En este capítulo, ha aprendido a usar API para escribir programas autocontenidos que recopilan automáticamente los datos que necesitan y los usan para crear una visualización. Ha utilizado la API de GitHub API para explorar los proyectos de Python mejor valorados en GitHub y también ha visto un poco la API de Hacker News. Ha aprendido a usar el paquete Requests para emitir automáticamente una llamada a la API de GitHub y a procesar los resultados de esa llamada. También hemos visto algunas configuraciones de Plotly que permiten personalizar el aspecto de los gráficos que genere.

En el próximo capítulo, usará Django para crear aplicaciones web como proyecto final.

18

PRIMEROS PASOS CON DJANGO

A medida que Internet ha ido evolucionando, la línea que separa los sitios web de las aplicaciones móviles se ha difuminado. Tanto los sitios web como las aplicaciones ayudan a los usuarios a interactuar con datos de diversas maneras. Por suerte, podemos utilizar Django para construir un solo proyecto que sirva a un sitio web dinámico y también un conjunto de aplicaciones móviles. Django es el marco o *framework* web más popular de Python, un conjunto de herramientas diseñadas para construir aplicaciones web interactivas. En este capítulo, aprenderá a usar Django para construir un proyecto llamado Learning Log, un diario en línea que le permitirá realizar un seguimiento de la información aprendida sobre diferentes temas.

Escribiremos una especificación para este proyecto y a continuación definiremos modelos para los datos con los que trabajará la aplicación. Usaremos el sistema de administración de Django para introducir los datos iniciales, y escribiremos vistas y plantillas para que Django pueda construir las páginas del sitio.

Django puede responder a solicitudes de página y facilitar las tareas de lectura y escritura en una base de datos, administrar usuarios, etc. En los capítulos 19 y 20, refinaremos el proyecto Learning Log para desplegarlo en un servidor en vivo para que tanto usted como cualquier otra persona en el mundo pueda utilizarlo.

Configurar un proyecto

Siempre que comencemos a trabajar en algo tan importante como una aplicación web, tendremos que empezar por describir los objetivos del proyecto en una especificación. Una vez hayamos definido un conjunto claro de objetivos, podemos empezar a identificar tareas manejables para alcanzar dichos objetivos. En esta sección, escribiremos una especificación para Learning Log y comenzaremos a trabajar en la primera fase del proyecto. Esto implicará configurar un entorno virtual y desarrollar los aspectos iniciales de un proyecto de Django.

Escribir una especificación

Una especificación completa detalla los objetivos del proyecto, describe su funcionalidad y explica su aspecto y la interfaz de usuario. Como cualquier buen proyecto o plan de negocio, la especificación debería mantener el foco de nuestro proyecto y ayudarnos a llevarlo a buen puerto. No vamos a escribir una especificación completa aquí, pero estableceremos varios objetivos claros para mantener el proceso de desarrollo centrado. Esta es la especificación que usaremos:

> Escribiremos una aplicación web llamada Learning Log que permita a los usuarios registrar los temas en los que están interesados y escribir entradas en su diario a medida que aprendan sobre cada tema. La página de inicio de Learning Log describirá el sitio e invitará a los usuarios a registrarse o iniciar sesión. Una vez iniciada la sesión, el usuario puede crear temas nuevos, añadir entradas y leer y editar las existentes.

Cuando se investiga sobre cualquier tema, llevar un diario sobre los conocimientos que vamos adquiriendo puede ayudarnos a realizar un seguimiento de la información nueva y de aquella que ya conocemos. Esto es especialmente cierto para el estudio de materias técnicas. Una buena aplicación, como la que vamos a crear ahora, puede ayudarnos a hacer que este proceso sea más eficiente.

Crear un entorno virtual

Para trabajar con Django, primero configuraremos un entorno virtual. Llamamos entorno virtual al lugar en nuestro sistema donde podemos instalar paquetes y aislarlos del resto de paquetes de Python. Separar las bibliotecas de un proyecto del resto de proyecto es beneficioso y será necesario cuando despleguemos Learning Log en un servidor en el capítulo 20.

Cree un directorio nuevo para su proyecto llamado learning_log, cambie a ese directorio en un terminal e introduzca el siguiente código para crear un entorno virtual:

```
learning_log$ python -m venv ll_env
learning_log$
```

Aquí estamos ejecutando el módulo de entorno virtual venv y usándolo para crear un entorno virtual llamado ll_env (fíjese que el nombre comienza por ll_env, con dos eles minúsculas, no dos unos). Si usa un comando como python3 al ejecutar programas o instalar paquetes, asegúrese de usarlo también aquí.

Activar el entorno virtual

Ahora necesitamos activar el entorno virtual usando el siguiente comando:

```
learning_log$ source ll_env/bin/activate
(ll_env)learning_log$
```

Este comando ejecuta el *script* activate en ll_env/bin. Cuando el entorno esté activo, verá el nombre entre paréntesis. Esto nos indica que ya podemos instalar paquetes en el entorno y usar los que ya estén instalados. Los paquetes que instale en ll_env no estarán disponibles cuando el entorno esté inactivo.

Nota: Si usa Windows, utilice el comando ll_env\Scripts\activate (sin la palabra source) para activar el entorno virtual. Si usa PowerShell, puede que tenga que poner en mayúscula Activate.

Para dejar de usar un entorno virtual, escriba **deactivate**:

```
(ll_env)learning_log$ deactivate
learning_log$
```

El entorno también quedará inactivo cuando cierre el terminal desde donde lo está ejecutando.

Instalar Django

Una vez activado el entorno virtual, escriba lo siguiente para actualizar pip e instalar Django:

```
(ll_env)learning_log$ pip install --upgrade pip
(ll_env)learning_log$ pip install django
Collecting django
--fragmento omitido--
Installing collected packages: sqlparse, asgiref, django
Successfully installed asgiref-3.5.2 django-4.1 sqlparse-0.4.2
(ll_env)learning_log$
```

Dado que pip descarga recursos de diversas fuentes, se actualiza con cierta frecuencia. Es recomendable actualizar pip siempre que vaya a crear un nuevo entorno virtual.

Dado que ahora estamos trabajando en un entorno virtual, el comando para instalar Django es el mismo en todos los sistemas. No es necesario usar comandos más largos, como python -m pip installl nombre_paquete, ni incluir la bandera --user. Tenga en cuenta que Django estará disponible solo cuando el entorno ll_env esté activo.

Nota: Django lanza una nueva versión cada ocho meses aproximadamente, por lo que es posible que al instalarlo vea una nueva versión. Seguramente este proyecto funcione como se ha escrito aquí, incluso si su versión de Django es más reciente. Si quiere asegurarse de usar la misma versión que en el libro, use el comando pip install django==4.1.*. Se instalará la versión más reciente de Django 4.1. Si tiene problemas con la versión que está usando, compruebe los recursos en línea del libro original en https://ehmatthes.github.io/pcc_3e.

Crear un proyecto en Django

Sin salir del entorno virtual activo (recuerde buscar ll_env entre paréntesis en el indicador de comandos), introduzca las siguientes líneas de código para crear un proyecto nuevo:

```
❶ (ll_env)learning_log$ django-admin startproject learning_log .
❷  (ll_env)learning_log$ ls
ll env ll_project manage.py
❸ (ll_env)learning_log$ ls learning_log
__init__.py asgi.py urls.py wsgi.py
```

El comando startproject ❶ le indica a Django que configure un nuevo proyecto llamado ll_project. El punto al final del comando (.) crea el proyecto nuevo con una estructura de directorio que facilitará el despliegue de la aplicación en un servidor cuando hayamos terminado de desarrollarla.

Nota: No olvide el punto, ya que puede encontrarse con problemas al desplegar la aplicación. Si lo olvida, borre los archivos y carpetas creados (excepto ll_env) y vuelva a ejecutar el comando.

Al ejecutar el comando ls (dir en Windows) ❷, vemos que Django ha creado un directorio nuevo llamado ll_project. También ha creado un archivo manage.py, un programa corto que acepta comandos y se los pasa a la parte relevante de Django. Usaremos estos comandos para administrar tareas como el trabajo con bases de datos y servidores.

El directorio ll_project contiene cuatro archivos ❸; los más importantes son settings.py, urls.py y wsgi.py. El archivo settings.py controla la manera en que Django interactúa con el sistema y gestiona el proyecto. Modificaremos algunas de estas configuraciones y añadiremos otras propias a medida que el proyecto evolucione. El fichero urls.py dice a Django qué páginas crear en respuesta a las solicitudes del navegador. El archivo wsgi.py ayuda a Django a servir los archivos que crea. El nombre de archivo es un acrónimo de *web server gateway interface* (interfaz de entrada de servidor web).

Crear la base de datos

Django guarda la mayoría de la información de un proyecto en una base de datos, así que lo siguiente que tenemos que hacer es crear una base con la que Django pueda trabajar. Introduzca el siguiente comando (todavía en un entorno activo):

```
(ll_env)learning_log$ python manage.py migrate
❶ Operations to perform:
    Apply all migrations: admin, auth, contenttypes, sessions
  Running migrations:
    Applying contenttypes.0001_initial... OK
    Applying auth.0001_initial... OK
    --fragmento omitido--
    Applying sessions.0001_initial... OK
❷ (ll_env)learning_log$ ls
  db.sqlite3 ll_env ll_project manage.py
```

Siempre que modificamos una base de datos, decimos que estamos migrándola. Al usar el comando migrate por primera vez, le estamos indicando a Django que se asegure de que la base de datos coincide con el estado actual del proyecto. La primera vez que ejecutamos este comando en un proyecto nuevo con SQLite (veremos más sobre SQLite enseguida), Django creará una nueva base de datos por nosotros. Aquí, Django informa de que preparará la base de datos para guardar la información que necesita para gestionar tareas administrativas y de autenticación ❶.

La ejecución del comando ls muestra que Django ha creado otro archivo llamado db.sqlite3 ❷. SQLite es una base de datos que maneja un solo archivo; es ideal para escribir aplicaciones sencillas porque no requiere prestar excesiva atención a la gestión de la base de datos.

Nota: En un entorno virtual activo, use el comando python para ejecutar los comandos manage.py, incluso aunque use algo diferente, como python3, para ejecutar otros programas. En un entorno virtual, el comando python hace referencia a la versión de Python utilizada para crear dicho entorno.

Visionar el proyecto

Vamos a asegurarnos de que Django ha configurado correctamente el proyecto. Introduzca el comando runserver de la siguiente manera para ver el proyecto en su estado actual:

```
(ll_env)learning_log$ python manage.py runserver
Watching for file changes with StatReloader
Performing system checks...

❶ System check identified no issues (0 silenced).
  May 19, 2022 - 21:52:35
❷ Django version 4.1, using settings 'll_project.settings'
❸ Starting development server at http://127.0.0.1:8000/
  Quit the server with CONTROL-C.
```

Django debería iniciar un servidor, llamado servidor de desarrollo, para que podamos ver el proyecto en nuestro sistema y comprobar su funcionamiento. Al solicitar una página introduciendo una URL en un navegador, el servidor de Django responde a esa solicitud construyendo la página apropiada y enviándosela al navegador.

En primer lugar, Django hace una comprobación para asegurarse de que el proyecto está bien configurado ❶; a continuación, informa de la versión de Django y el nombre del archivo de configuración que se está usando ❷. Por último, indica la URL donde se sirve el proyecto ❸. La URL `http://127.0.0.1:8000/` indica que el proyecto está escuchando solicitudes en el puerto 8000 de nuestro ordenador, que se denomina `localhost`. Este término hace referencia a un servidor que solo procesa solicitudes en nuestro sistema; no deja a nadie más ver las páginas que estamos desarrollando.

Abra un navegador y escriba la URL `http://localhost:8000/`, o `http://127.0.0.1:8000/` si la primera no funciona. Debería ver algo similar a la figura 18.1, una página que Django crea para informarnos de que hasta este punto todo funciona correctamente. Deje el servidor en ejecución de momento. Cuando quiera detenerlo, pulse **Control-C** en el terminal desde donde emitió el comando `runserver`.

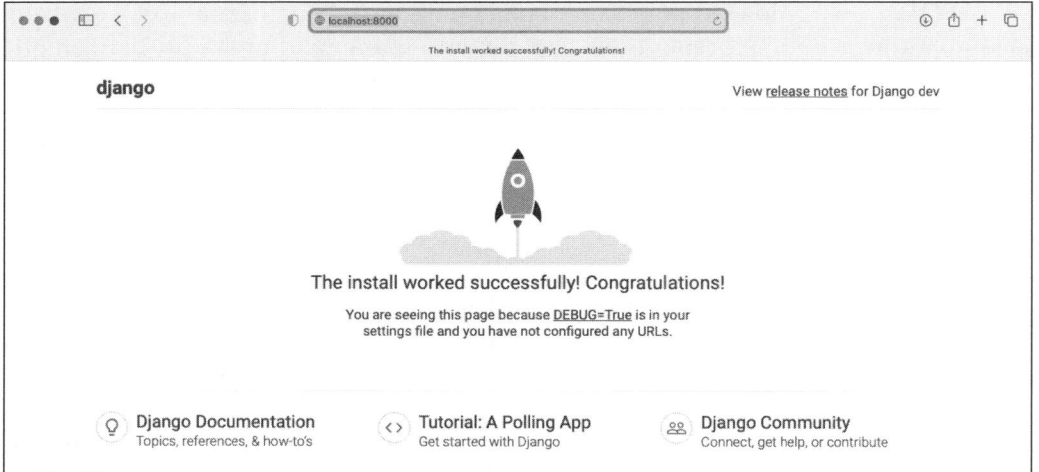

Figura 18.1. De momento, todo funciona.

Nota: Si recibe un mensaje de error indicando que ese puerto ya está en uso, indíquele a Django que utilice uno diferente. Escribe `python manage.py runserver 8001` y pase en ciclo por números superiores hasta encontrar un puerto abierto.

Fíjese en los archivos y carpetas que crea este comando y compárelos con Learning Log. Haga esto unas cuantas veces, hasta que se haya familiarizado con lo que crea Django al iniciar un proyecto nuevo. Luego puede borrar esos directorios.

Iniciar una aplicación

Un proyecto de Django se organiza como un grupo de aplicaciones individuales que trabajan en conjunto para hacer que el proyecto funcione como un todo. Por ahora, crearemos solo una aplicación para que se ocupe de la mayor parte del trabajo de nuestro proyecto. Añadiremos otra aplicación en el capítulo 19 para gestionar cuentas de usuario. Debería dejar el servidor de desarrollo ejecutándose en la ventana de terminal que ha abierto antes. Abra otra ventana (o pestaña) y navegue hasta el directorio que contiene `manage.py`. Active el entorno virtual y ejecute el comando `startapp`:

```
learning_log$ source ll_env/bin/activate
(ll_env)learning_log$ python manage.py startapp learning_logs
❶ (ll_env)learning_log$ ls
db.sqlite3 learning_logs ll_env ll_project manage.py
❷ (ll_env)learning_log$ ls learning_logs/
__init__.py admin.py apps.py migrations models.py tests.py views.py
```

El comando `startapp nombreaplicación` le indica a Django que cree la infraestructura necesaria para construir una aplicación. Cuando mire ahora en el directorio del proyecto, verá una carpeta llamada `learning_logs` ❶. Utilice el comando `ls` para ver lo que Django ha creado ❷. Los archivos más importantes son `models.py`, `admin.py` y `views.py`. Utilizaremos `models.py` para definir los datos que queremos gestionar en nuestra aplicación. Nos fijaremos en `admin.py` y `views.py` un poco más adelante.

Definir modelos

Pensemos por un instante en nuestros datos. Cada usuario tendrá que crear una serie de temas en su diario de aprendizaje. Cada entrada estará asociada a un tema y todas ellas aparecerán como texto. Además, tendremos que almacenar un sello de tiempo para cada entrada, de tal forma que podamos mostrar a los usuarios cuándo crearon cada una de ellas. Abra el archivo `models.py` y observe su contenido:

models.py

```
from django.db import models

# Crea nuestros modelos aquí.
```

Se importa un módulo llamado `models` y se nos invita a crear modelos propios. Un modelo le indica a Django cómo trabajar con los datos que se guardarán en la aplicación. Un modelo es una clase; tiene atributos y métodos, como todas las clases que hemos visto. Este es el modelo para los temas que guardarán los usuarios:

```
from django.db import models

class Topic(models.Model):
    """Un tema sobre el que está aprendiendo el usuario."""
❶  text = models.CharField(max_length=200)
❷  date_added = models.DateTimeField(auto_now_add=True)

❸  def __str__(self):
        """Devuelve una representación del modelo como cadena."""
        return self.text
```

Hemos creado una clase llamada `Topic`, que hereda de `Model`, una clase primaria incluida en Django que define la funcionalidad básica de un modelo. Añadimos dos atributos a la clase `Topic`: `text` y `date_added`.

El atributo `text` es un `charField`, un dato formado por caracteres o texto ❶. Usamos `CharField` cuando queremos almacenar una pequeña cantidad de texto, como un nombre, un título o una ciudad. Cuando definimos un atributo `CharField`, tenemos que decir a Django cuánto espacio debería reservar en la base de datos. Aquí le damos una longitud máxima (`max_length`) de 200 caracteres, que debería ser suficiente para alojar la mayoría de los nombres de temas.

El atributo `date_added` es un `DateTimeField`, un dato que registrará la fecha y la hora ❷. Pasamos el argumento `auto_now_add=True`, que dice a Django que establezca este atributo con la fecha y hora actuales cuando el usuario cree un tema nuevo.

Es recomendable indicarle a Django cómo queremos que represente una instancia de un modelo. Si un modelo tiene un método `__str__()`, Django llama a ese método cada vez que necesita generar una salida que haga referencia a una instancia de dicho modelo. Aquí hemos escrito un método `__str__()` que devuelve el valor asignado al atributo `text` ❸. Para ver los diferentes tipos de campos que podemos usar en un modelo, consulte la página *Model Field Reference* ("Referencia de campos de modelo") en `https://docs.djangoproject.com/en/4.1/ref/models/fields`. No necesita conocer toda la información en este momento, pero será extremadamente útil cuando desarrolle sus propios proyectos Django.

Activar modelos

Para usar nuestros modelos, tenemos que indicarle a Django que incluya nuestra aplicación en el proyecto general. Abra `settings.py` (en el directorio `ll_project`); verá una sección que le indica a Django qué aplicaciones están instaladas en el proyecto:

settings.py

```
--fragmento omitido--
INSTALLED_APPS = [
    'django.contrib.admin',
    'django.contrib.auth',
    'django.contrib.contenttypes',
    'django.contrib.sessions',
    'django.contrib.messages',
```

```
    'django.contrib.staticfiles',
]
--fragmento omitido--
```

Añada nuestra aplicación a esta lista modificando `INSTALLED_APPS` para que quede así:

```
--fragmento omitido--
INSTALLED_APPS = [
    # Mis aplicaciones
    'learning_logs',

    # Aplicaciones de django predeterminadas.
    'django.contrib.admin',
    --fragmento omitido--
]
--fragmento omitido--
```

Agrupar aplicaciones en un proyecto ayuda a tenerlas controladas cuando el proyecto crezca e incorpore nuevas aplicaciones. Aquí empezamos una sección llamada `My apps`, que por el momento únicamente incluye `learning_logs`. Es importante colocar nuestras propias aplicaciones antes de las predeterminadas por si necesitamos cambiar algún comportamiento de las predeterminadas con nuestro propio comportamiento personalizado.

A continuación, tenemos que pedirle a Django que modifique la base de datos para que pueda almacenar la información relacionada con el modelo `Topic`. Desde el terminal, ejecute el siguiente comando:

```
(ll_env)learning_log$ python manage.py makemigrations learning_logs
Migrations for 'learning_logs':
    learning_logs/migrations/0001_initial.py
        - Create model Topic
(ll_env)learning_log$
```

El comando `makemigrations` le pide a Django que averigüe cómo modificar la base de datos para poder guardar los datos asociados con cualquier modelo nuevo que definamos. La salida muestra que Django ha creado un archivo de migración llamado `0001_initial.py`. Esta migración creará una tabla para el modelo `Topic` en la base de datos. Ahora aplicaremos esta migración y haremos que Django modifique la base de datos por nosotros:

```
(ll_env)learning_log$ python manage.py migrate
Operations to perform:
    Apply all migrations: admin, auth, contenttypes, learning_logs, sessions
Running migrations:
    Applying learning_logs.0001_initial... OK
```

La mayor parte de la salida de este comando es idéntica a la obtenida la primera vez que utilizamos el comando `migrate`. Debemos comprobar la última línea de esta salida, donde Django confirma que la migración para `learning_logs` ha funcionado correctamente (OK). Siempre que queramos modificar los datos que maneja Learning Log, seguiremos estos tres pasos: modificar `models.py`, llamar a `makemigrations` en `learning_logs` y decir a Django que migre el proyecto.

El sitio admin de Django

Django facilita la tarea de trabajar con nuestros modelos a través del sitio admin. El sitio admin de Django se ha concebido para que únicamente lo utilicen los administradores del sitio, no los usuarios. En esta sección, configuraremos el sitio admin y lo usaremos para añadir algunos temas a través del modelo `Topic`.

Crear un superusuario

Django nos permite crear un superusuario, es decir, un usuario con todos los privilegios disponibles en el sitio. Los privilegios de un usuario controlan las acciones que este puede llevar a cabo. La configuración de privilegios más restrictiva permite al usuario leer solamente información pública del sitio. Los usuarios registrados suelen tener el privilegio de leer sus propios datos privados e información seleccionada disponible solo para miembros. Para administrar de manera efectiva un proyecto, el propietario del sitio necesita normalmente acceso a toda la información almacenada en el mismo. Un buen administrador es cuidadoso con la información sensible de sus usuarios, ya que estos últimos depositan una gran confianza en las aplicaciones a las que acceden.

Para crear un superusuario en Django, introduzca el siguiente comando y responda a los indicadores:

```
(ll_env)learning_log$ python manage.py createsuperuser
❶ Username (leave blank to use 'eric'): ll_admin
❷ Email address:
❸ Password:
Password (again):
Superuser created successfully.
(ll_env)learning_log$
```

Cuando usamos el comando `createsuperuser`, Django nos pide que introduzcamos un nombre de usuario para el superusuario ❶. Aquí estoy usando `ll_admin`, pero puede escribir cualquier nombre de usuario que desee. Puede introducir una dirección de correo electrónico, si lo desea, o simplemente dejar este campo en blanco ❷. Tendrá que introducir su contraseña dos veces ❸.

Nota: Es posible ocultar información sensible al administrador de un sitio. Por ejemplo, Django no guarda la contraseña que introducimos, sino una cadena derivada de la misma, llamada *hash*. Cada vez que escribimos la contraseña, Django la descompone y la compara con el *hash* almacenado. Si coinciden, nos autentica. Al requerir esa coincidencia, Django se asegura de que si un atacante consigue acceder a la base de datos del sitio pueda leer los *hashes* almacenados, pero no las contraseñas. Cuando un sitio está bien configurado, es casi imposible conseguir las contraseñas originales a partir de los *hashes*.

Registrar un modelo con el sitio admin

Django incluye algunos modelos en el sitio admin automáticamente, como `User` y `Group`, pero tenemos que añadir a mano los modelos que creemos.

Cuando iniciamos la aplicación `learning_logs`, Django creó un archivo `admin.py` en el mismo directorio que `models.py`. Abra el archivo `admin.py`:

admin.py

```
from django.contrib import admin

# Registra nuestros modelos aquí.
```

Para registrar `Topic` con el sitio admin, escriba lo siguiente:

```
from django.contrib import admin

from .models import Topic

admin.site.register(Topic)
```

Este código importa primero el modelo que queremos registrar, `Topic`. El punto delante de `models` le indica a Django que busque `models.py` en el mismo directorio que `admin.py`. El código `admin.site.register()` dice a Django que gestione nuestro modelo a través del sitio admin.

Ahora usaremos la cuenta de superusuario para acceder al sitio admin. Vaya a `http://localhost:8000/admin/` e introduzca el nombre de usuario y la contraseña del superusuario que acabamos de crear. Debería ver una pantalla como la de la figura 18.2. Esta página permite añadir usuarios y grupos nuevos y cambiar los existentes. También podemos trabajar con datos relacionados con el modelo `Topic` que acabamos de definir.

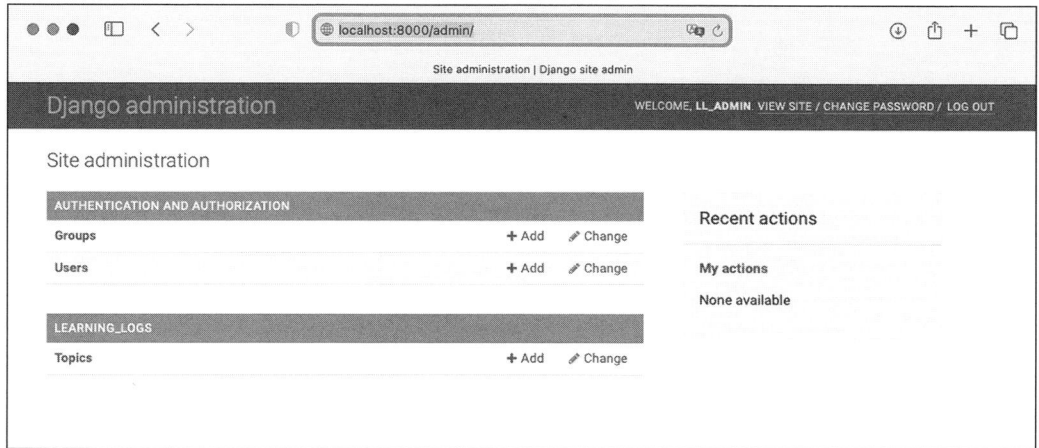

Figura 18.2. El sitio admin con Topic incluido.

Nota: Si ve un mensaje en el navegador informándole de que la página web no está disponible, asegúrese de que el servidor Django sigue ejecutándose en la ventana del terminal. Si no es el caso, active un entorno virtual y vuelva a introducir el comando python manage.py runserver. Si tiene problemas para visualizar su proyecto en algún punto del proceso de desarrollo, cerrar y abrir terminales y reutilizar el comando runserver suele ser un buen primer paso para solucionarlo.

Añadir temas

Ahora que Topic se ha registrado con el sitio admin, vamos a añadir nuestro primer tema. Haga clic en Topics (Temas) para ir a la página Topics, que está vacía porque todavía no tenemos temas que administrar. Haga clic en Add Topic (Añadir tema) para abrir un formulario para añadir temas. Escriba Chess (Ajedrez) en el primer cuadro y haga clic en Save (Guardar). Volverá a la página Topics y verá el tema que acaba de crear.

Vamos a crear un segundo tema para tener más datos con los que trabajar. Haga clic de nuevo en Add Topic y escriba Rock Climbing (Escalada). Haga clic en Save y regresará a la página principal. Ahora verá que aparecen los dos temas.

Definir el modelo Entry

Para que un usuario registre lo que ha aprendido sobre el ajedrez y la escalada, tenemos que definir un modelo para los tipos de entradas que puede crear en su diario de aprendizaje. Cada entrada debe asociarse a un tema en particular. Esta relación se conoce como relación de uno a muchos, lo que significa que se pueden asociar varias entradas con un mismo tema.

Este es el código para el modelo Entry. Colóquelo en el archivo models.py:

models.py

```
from django.db import models

class Topic(models.Model):
    --fragmento omitido--

❶ class Entry(models.Model):
    """Algo específico aprendido sobre un tema."""
❷    topic = models.ForeignKey(Topic, on_delete=models.CASCADE)
❸    text = models.TextField()
     date_added = models.DateTimeField(auto_now_add=True)

❹    class Meta:
        verbose_name_plural = 'entries'

     def __str__(self):
        """Devuelve una cadena simple que representa la entrada."""
❺        return f"{self.text[:50]}..."
```

La clase `Entry` hereda de la clase base `Model` de Django, igual que `Topic` ❶. El primer atributo, `topic`, es una instancia de `ForeignKey` ❷. Una clave foránea (*foreign key*) es un término relacionado con las bases de datos; es una referencia a otro registro de la base. Este es el código que conecta cada entrada con un tema específico. A cada tema se le asigna una clave, o ID, en el momento de su creación. Cuando Django necesita establecer una conexión entre dos datos, utiliza las claves asociadas a cada dato. Usaremos estas conexiones enseguida para recuperar todas las entradas asociadas a un tema determinado. El argumento `on_delete=models.CASCADE` le indica a Django que, cuando se borre un tema, todas las entradas asociadas deberían eliminarse también. Esto se conoce como eliminación en cascada.

A continuación, vemos un atributo llamado `text`, que es una instancia de `TextField` ❸. Este tipo de campo no necesita un límite de tamaño, ya que no queremos limitar el tamaño de las entradas individuales. El atributo `date_added` permite presentar entradas en el orden en el que se crearon y poner sellos de tiempo junto a cada entrada.

La clase `Meta` está anidada dentro de nuestra clase `Entry` ❹. La clase `Meta` contiene información adicional para gestionar un modelo; aquí, nos permite configurar un atributo especial que le pide a Django que use `Entries` cuando tenga que referirse a más de una entrada. Sin esto, Django se referiría a múltiples entradas como `Entrys`.

El método `__str__()` le indica a Django qué información mostrar cuando hace referencia a entradas individuales. Dado que una entrada puede ser un cuerpo de texto grande, `__str__()` devuelve solo los 50 primeros caracteres de `text` ❺. También añadimos una elipsis para aclarar que no siempre mostramos la entrada completa.

Migrar el modelo Entry

Como hemos añadido un modelo nuevo, tenemos que volver a migrar la base de datos. Este proceso le resultará familiar: modificamos `models.py`, ejecutamos el comando `python manage.py makemigrations nombre_aplicación` y, por último, ejecutamos el comando `python manage.py migrate`.

Migre la base de datos y compruebe la salida introduciendo los siguientes comandos:

```
(ll_env)learning_log$ python manage.py makemigrations learning_logs
Migrations for 'learning_logs':
❶    learning_logs/migrations/0002_entry.py
       - Create model Entry
(ll_env)learning_log$ python manage.py migrate
Operations to perform:
  --fragmento omitido--
❷    Applying learning_logs.0002_entry... OK
```

Se genera una nueva migración llamada `0002_entry.py`, que dice a Django cómo modificar la base de datos para almacenar información relacionada con el modelo `Entry` ❶. Cuando emitimos el comando `migrate`, vemos que Django ha aplicado esta migración y todo ha funcionado correctamente ❷.

Registrar Entry con el sitio Admin

También tenemos que registrar el modelo `Entry`. Así es como debería quedar ahora `admin.py`:

admin.py

```
from django.contrib import admin

from .models import Topic, Entry

admin.site.register(Topic)
admin.site.register(Entry)
```

Vuelva a `http://localhost/admin/`; debería ver Entries debajo de Learning_Logs. Haga clic en el enlace Add para Entries, o haga clic en Entries y seleccione Add entry. Debería ver una lista desplegable para seleccionar el tema para el que va a crear la entrada y un cuadro de texto para añadirla. Seleccione Chess en la lista y añada una entrada. Esta es la primera que escribí:

> The opening is the first part of the game, roughly the first ten moves or so. In the opening, it's a good idea to do three things—bring out your bishops and knights, try to control the center of the board, and castle your king.

> Of course, these are just guidelines. It will be important to learn when to follow these guidelines and when to disregard these suggestions.

Al hacer clic en Save, volverá a la página principal para las entradas. Allí verá las ventajas de usar `text[:50]` como representación de cadena de cada entrada; es mucho más fácil trabajar con entradas múltiples en la interfaz de admin si solo vemos la primera parte de cada una en vez de todo el texto.

Cree una segunda entrada para Chess y una para Rock Climbing, para tener datos iniciales. Esta es mi segunda entrada para Chess:

> In the opening phase of the game, it's important to bring out your bishops and knights. These pieces are powerful and maneuverable enough to play a significant role in the beginning moves of a game.

Y esta es la primera de Rock Climbing:

> One of the most important concepts in climbing is to keep your weight on your feet as much as possible. There's a myth that climbers can hang all day on their arms. In reality, good climbers have practiced specific ways of keeping their weight over their feet whenever possible.

Estas tres entradas nos darán algo con lo que trabajar para seguir desarrollando Learning Log.

El intérprete de Django

Ahora que hemos introducido algunos datos, podemos analizarlos programáticamente a través de una sesión de terminal interactiva. Este entorno interactivo es el intérprete de Django y es genial para hacer pruebas y solucionar problemas en nuestros proyectos. Aquí tiene un ejemplo de sesión con el intérprete interactivo:

```
(ll_env)learning_log$ python manage.py shell
❶ >>> from learning_logs.models import Topic
>>> Topic.objects.all()
<QuerySet [<Topic: Chess>, <Topic: Rock Climbing>]>
```

El comando `python manage.py shell`, ejecutado en un entorno virtual activo, inicia un intérprete de Python que podemos usar para explorar los datos almacenados en la base de datos del proyecto. Aquí, importamos el modelo `Topic` del módulo `learning_logs.models` ❶. A continuación usamos el método `Topic.objects.all()` para obtener todas las instancias del modelo `Topic`; la lista devuelta recibe el nombre de `QuerySet`. Podemos pasar en bucle por una `QuerySet` igual que haríamos con cualquier otra lista. Así es como se ve el ID que se ha asignado a cada objeto de tema:

```
>>> topics = Topic.objects.all()
>>> for topic in topics:
... print(topic.id, topic)
...
1 Chess
2 Rock Climbing
```

Asignamos la lista a `topics` y después imprimimos el atributo `id` y la representación de cadena de cada tema. Como puede verse, el ID de `Chess` es 1 y el de `Rock Climbing`, 2.

Si conoce el ID de un objeto particular, puede usar el método `Topic.objects.get()` para recuperarlo y examinar cualquiera de sus atributos. Veamos los valores `text` y `date_added` de `Chess`:

```
>>> t = Topic.objects.get(id=1)
>>> t.text
'Chess'
>>> t.date_added
datetime.datetime(2022, 5, 20, 3, 33, 36, 928759,
    tzinfo=datetime.timezone.utc)
```

También podemos consultar las entradas relacionadas con un tema determinado. Anteriormente, hemos definido el atributo `topic` para el modelo `Entry`. Era una `ForeignKey`, una conexión entre cada entrada y un tema. Django puede usar esta conexión para obtener todas las entradas relacionadas con un tema, así:

```
❶ >>> t.entry_set.all()
<QuerySet [<Entry: The opening is the first part of the game, roughly...>,
<Entry:
In the opening phase of the game, it's important t...>]>
```

Para obtener datos a través de una relación de clave foránea, usamos el nombre en minúsculas del modelo relacionado, seguido de un guion bajo y la palabra `set` ❶. Por ejemplo, supongamos que tenemos los modelos `Pizza` y `Topping`, y `Topping` se relaciona con `Pizza` a través de una clase foránea. Si nuestro objeto, que representa una sola pizza, se llama `my_pizza`, podemos obtener todos los ingredientes con el código `my_pizza.topping_set.all()`.

Usaremos este tipo de sintaxis cuando empecemos a codificar las páginas que pueden solicitar los usuarios. El intérprete es muy útil para asegurarse de que el código recupera los datos deseados. Si el código funciona como esperamos en el intérprete, cabe esperar que también funcione en los archivos del proyecto. Si el código genera errores o no recupera los datos esperados, es mucho más fácil solucionar el problema en el sencillo entorno del intérprete que dentro de los archivos que generan páginas web. Ya no hablaremos mucho más del intérprete, pero debería seguir practicando con él la sintaxis de Django para acceder a los datos almacenados en el proyecto.

Cada vez que modifique sus modelos, tendrá que reiniciar el intérprete para ver los efectos de los cambios. Para salir de una sesión del intérprete, pulse **Control-D**; en Windows, pulse **Control-Z** y luego **Intro**.

PRUÉBELO

- **18-2. Entradas cortas:** El método `__str__()` del modelo `Entry` añade actualmente una elipsis a todas las instancias de `Entry` cuando Django las muestra en el sitio admin o el intérprete. Agregue una sentencia `if` al método `__str__()` que añada una elipsis solo si la entrada tiene más de 50 caracteres. Use el sitio admin para añadir una entrada con menos de 50 caracteres y compruebe que no tiene elipsis al verla.

- **18-3. La API de Django:** Al escribir código para acceder a los datos de su proyecto, está escribiendo una consulta. Eche un vistazo a la documentación para consultar datos en https://docs.djangoproject.com/en/4.1/topics/db/queries/. Buena parte de lo que encontrará no le sonará de nada, pero le resultará bastante útil cuando empiece a trabajar en sus propios proyectos.

- **18-4. Pizzería:** Inicie un proyecto llamado `proyecto_pizzeria` con una aplicación llamada `pizzas`. Defina un modelo `Pizza` con un campo `name`, que alojará valores de nombre, como `Hawaiana` y `Barbacoa`. Defina un modelo llamado `Ingrediente` con campos `pizza` y `name`. El campo `pizza` debería ser una clave foránea para `Pizza`, y `name` debería poder almacenar valores como `piña`, `beicon` o `chorizo`.

  Registre ambos modelos con el sitio admin y úselo para introducir algunos nombres de pizza e ingredientes. Use el intérprete para explorar los datos que ha introducido.

Crear páginas: La página de inicio de Learning Log

La creación de páginas web con Django tiene tres fases: definición de la URL, escritura de vistas y escritura de plantillas. Puede completarlas en cualquier orden, pero en este proyecto siempre empezaremos por definir el patrón de URL. Un patrón de URL describe la disposición de la URL. También le indica a Django qué buscar cuando tiene que unir una solicitud del buscador con la URL de un sitio, para que sepa qué página devolver.

Cada URL se asigna después a una vista particular. La función de vista recupera y procesa los datos necesarios para la página. Esta función a menudo muestra la página usando una plantilla, que contiene la estructura general. Para ver cómo funciona esto, vamos a crear la página de inicio de Learning Log. Definiremos la URL para esta página, escribiremos su función de vista y crearemos una plantilla sencilla.

Dado que lo único que queremos hacer es asegurarnos de que Learning Log funciona como es debido, de momento vamos a crear una página sencilla. Es divertido dar estilo a una aplicación web operativa cuando ya está completa; una aplicación bonita que no funciona bien no tiene sentido. Por ahora, la página de inicio solo mostrará un título y una breve descripción.

Asignar una URL

Los usuarios solicitan páginas introduciendo una URL en un navegador o haciendo clic en un enlace, así que necesitaremos decidir qué URL necesitamos. La primera es la de la página de inicio: es la URL básica que usará la gente para acceder al proyecto. Ahora mismo, la URL básica, `http://localhost:8000/`, devuelve el sitio predeterminado de Django, indicándonos que el proyecto está bien configurado. Vamos a cambiar esto asignando la URL básica a la página de inicio de Learning Log.

En la carpeta principal de `ll_project`, abra el archivo `urls.py`. Este es el código que debería ver:

ll_project/urls.py

```
❶ from django.contrib import admin
   from django.urls import path

❷ urlpatterns = [
❸     path('admin/', admin.site.urls),
   ]
```

Las dos primeras líneas importan el módulo `admin` y una función para crear las rutas URL ❶. El cuerpo del archivo define la variable `urlpatterns` ❷. En este archivo `urls.py`, que define las URL para la totalidad del proyecto, la variable `urlpatterns` incluye grupos de las URL de las aplicaciones del proyecto. La lista incluye el módulo `admin.site.urls`, que define todas las URL que se pueden solicitar al sitio admin ❸. Tenemos que incluir las URL para `learning_logs`, así que añadiremos lo siguiente:

```
from django.contrib import admin
from django.urls import path, include

urlpatterns = [
    path('admin/', admin.site.urls),
    path('', include('learning_logs.urls')),
]
```

Hemos importado la función **include()**, y además hemos añadido una línea para incluir el módulo **learning_logs.urls**.

El **urls.py** predeterminado está en la carpeta **ll_project**; ahora tenemos que crear un segundo archivo **urls.py** en la carpeta **learning_logs**. Cree un nuevo archivo de Python, guárdelo como **urls.py** en **learning_logs** y escriba el siguiente código:

learning_logs/urls.py

```
❶ """Define patrones de URL para learning_logs."""

❷ from django.urls import path

❸ from . import views

❹ app_name = 'learning_logs'
❺ urlpatterns = [
    # Página de inicio
❻   path('', views.index, name='index'),
]
```

Para dejar claro en qué **urls.py** estamos trabajando, añadimos una cadena de documentación al principio del archivo ❶. A continuación, importamos la función **path**, que es necesaria para asignar las URL a las vistas ❷. También importamos el módulo **views** ❸; el punto dice a Python que importe el módulo **views.py** desde el mismo directorio que el módulo **urls.py**. La variable **app_name** ayuda a Django a distinguir este archivo **urls.py** de archivos con el mismo nombre en otras aplicaciones dentro del proyecto ❹. La variable **urlpatterns** de este módulo es una lista de páginas individuales que se pueden solicitar a la aplicación **learning_logs** ❺.

El patrón de la URL real es una llamada a la función **path()**, que toma tres argumentos ❻. El primero es una cadena que ayuda a Django a enrutar bien la solicitud actual. Django recibe la URL solicitada e intenta enrutar la solicitud a una vista. Lo hace buscando entre todos los patrones de URL que hemos definido hasta encontrar uno que coincida con la solicitud en curso. Django ignora la URL básica del proyecto (http://localhost:8000/), así que la cadena vacía ('') coincide con la URL de base. Cualquier otra URL no coincidirá con este patrón y Django devolverá una página de error si la URL solicitada no coincide con ningún patrón de URL existente.

El segundo argumento en **path()** ❻ especifica qué función llamar en **views.py**. Cuando una URL solicitada coincide con el patrón que estamos definiendo, Django llama a la función **index()** desde **views.py** (escribiremos esta función de vista en el siguiente apartado). El tercer argumento aporta el nombre **index** para este patrón de

URL para que podamos referirnos a él más fácilmente en otros archivos del proyecto. Siempre que queramos ofrecer un enlace a la página de inicio, usaremos este nombre en vez de escribir una URL.

Escribir una vista

Una función de vista coge la información de una solicitud, prepara los datos necesarios para generar una página y envía los datos de vuelta al navegador. Para ello, con frecuencia utiliza una plantilla que define el aspecto de la página.

El archivo `views.py` de `learning_logs` se generó automáticamente al ejecutar el comando `python manage.py startapp`. Esto es lo que hay ahora mismo en `views.py`:

views.py

```
from django.shortcuts import render

# Crea las vistas aquí.
```

Actualmente, este archivo solo importa la función `render()`, que muestra la respuesta basada en los datos proporcionados por las vistas. Abra el archivo `views.py` y añada el siguiente código para la página de inicio:

```
from django.shortcuts import render

def index(request):
    """La página de inicio para Learning Log."""
    return render(request, 'learning_logs/index.html')
```

Cuando una solicitud de URL coincide con el patrón que acabamos de definir, Django busca una función llamada `index()` en el archivo `views.py`. A continuación, Django pasa el objeto `request` a esta función de vista. En este caso, no necesitamos procesar ningún dato para la página, así que el único código de la función es una llamada a `render()`. La función `render()` pasa dos argumentos: el objeto `request` original y una plantilla que puede usar para crear la página. Vamos a escribir esta plantilla.

Escribir una plantilla

La plantilla define el aspecto que debería tener la página y Django rellena los datos relevantes cuando se solicita la página. Una plantilla permite acceder a cualquier dato que ofrezca la vista. Dado que nuestra vista para la página de inicio no contiene ningún dato, esta plantilla es muy sencilla.

Dentro de la carpeta `learning_logs`, haga una nueva llamada `templates`. Dentro de `templates`, cree otra carpeta llamada `learning_logs`. Puede parecer redundante (tenemos una carpeta `learning_logs` dentro de una carpeta `templates` dentro de una `learning_logs`), pero establece una estructura que Django puede interpretar sin ambigüedades, incluso en el contexto de un proyecto grande con muchas aplicaciones individuales. Dentro de la subcarpeta `learning_logs`, cree un archivo nuevo llamado `index.html`. La ruta a este archivo será `learning_log/learning_logs/templates/learning_logs/index.html`. Escriba el siguiente código en el archivo:

index.html

```
<p>Learning Log</p>

<p>Learning Log helps you keep track of your learning, for any topic you're
interested in.</p>
```

Es un archivo muy sencillo. Si no está familiarizado con HTML, las etiquetas `<p></p>` indican párrafos. La etiqueta `<p>` abre un párrafo y `</p>` lo cierra. Tenemos dos párrafos: el primero hace de título y el segundo describe lo que los usuarios pueden hacer con Learning Log.

Ahora, al solicitar la URL básica del proyecto, `http://localhost:8000/`, deberíamos ver la página que acabamos de construir en vez de la predeterminada de Django. Django cogerá la URL solicitada, que coincidirá con el patrón `''`; entonces llamará a la función `views.index()`, que mostrará la página usando la plantilla contenida en `index.html`. La figura 18.3 muestra el resultado.

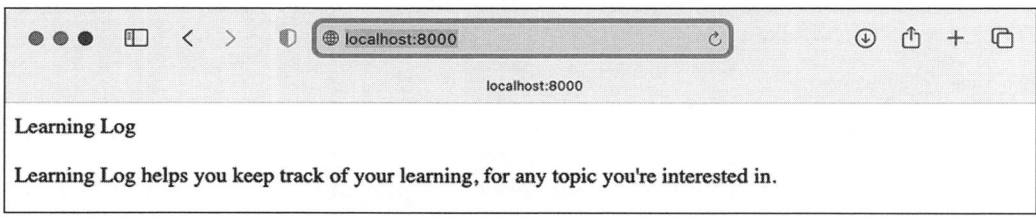

Figura 18.3. La página de inicio de Learning Log.

Aunque podría parecer un proceso complicado para crear una página, esta separación entre URL, vistas y plantillas funciona muy bien. Nos permite pensar en cada aspecto del proyecto por separado. En proyectos más grandes, permite a las personas que trabajan en ellos concentrarse en las áreas que se les dan mejor. Por ejemplo, un especialista en bases de datos puede centrarse en los modelos, un programador en el código para las vistas, y un desarrollador *front-end*, en las plantillas.

Nota: Podría ver este mensaje de error:

```
ModuleNotFoundError: No module named 'learning_logs.urls'
```

Si le pasa, detenga el servidor de desarrollo pulsando **Control-C** en la ventana del terminal desde donde emitió el comando `runserver`. A continuación, vuelva a emitir el comando `python manage.py runserver`. Debería poder ver la página de inicio. Siempre que se tope con un error como este, pruebe a detener y reiniciar el servidor.

Crear páginas adicionales

Ahora que ya hemos establecido una rutina para crear una página, podemos empezar a construir el proyecto Learning Log. Crearemos dos páginas para mostrar datos: una con una lista de todos los temas y otra que muestre las entradas para un tema concreto. Para cada página, especificaremos un patrón de URL, escribiremos una función de vista y escribiremos una plantilla. Pero, antes de hacer esto, vamos a crear una plantilla básica de la que puedan heredar todas las del proyecto.

Herencia de plantillas

Cuando se construye un sitio web, algunos elementos siempre tendrán que repetirse en todas las páginas. En lugar de escribirlos directamente en cada página, podemos escribir una plantilla de base que contenga todos los elementos repetidos y hacer que todas las páginas hereden de ahí. Este enfoque nos permite concentrarnos en desarrollar los aspectos únicos de cada página y hacer que sea mucho más fácil cambiar el aspecto general del proyecto.

La plantilla base

Crearemos una plantilla llamada `base.html` en el mismo directorio que `index.html`. Este archivo contendrá elementos comunes a todas las páginas; todas las demás plantillas heredarán de `base.html`. El único elemento que nos interesa repetir en cada página ahora mismo es el título en la parte superior. Como incluiremos esta plantilla en todas las páginas, vamos a hacer que el título sea un enlace a la página de inicio:

base.html

```
<p>
  <a href="{% url 'learning_logs:index' %}">Learning Log</a>
</p>
```
❶

```
{% block content %}{% endblock content %}
```
❷

La primera parte de este archivo crea un párrafo que contiene el nombre del proyecto, y que también actúa como enlace a la página de inicio. Para generar un enlace, usamos una etiqueta de plantilla, que se indica con llaves y signos de porcentaje, {% %}. Esta etiqueta genera información para mostrar en una página. Nuestra etiqueta de plantilla {% url 'learning_logs:index' %} genera una URL que coincide con el patrón de URL definido en learning_logs/urls.py con el nombre 'index' ❶. En este ejemplo, learning_logs es el espacio de nombres e index es un patrón de URL con un nombre único en ese espacio. El espacio de nombres viene del valor que asignamos a app_name en el archivo learning_logs/urls.py.

En una página HTML sencilla, los enlaces van entre etiquetas ancla <a>:

```
<a href="link_url">link text</a>
```

Al hacer que la etiqueta de plantilla genere la URL por nosotros, se nos facilita considerablemente la tarea de tener los enlaces actualizados. Solo tenemos que cambiar el patrón de URL en urls.py, y Django insertará automáticamente la URL actualizada la próxima vez que se solicite esa página. Todas las páginas de nuestro proyecto heredarán de base.html, por lo que, a partir de ahora, todas las páginas tendrán un enlace de vuelta a la página de inicio. En la última línea, insertamos un par de etiquetas block ❷. Este bloque, llamado content, es un marcador de posición; la plantilla hija definirá el tipo de información que va en content.

No es necesario que una plantilla hija defina todos los bloques de su plantilla base, así que puede reservar espacio en las bases para todos los bloques que quiera: las hijas solo usarán los que necesiten.

Nota: En código Python, casi siempre usamos cuatro espacios para sangrar. Los archivos de plantilla suelen tener más niveles de anidado que los de Python, así que es habitual usar solo dos espacios para cada nivel de sangrado. Basta con asegurarse de hacerlo con consistencia.

La plantilla hija

Ahora tenemos que rescribir index.html para que herede de base.html. Añada el siguiente código a index.html:

index.html

```
❶ {% extends 'learning_logs/base.html' %}

❷ {% block content %}
    <p>Learning Log helps you keep track of your learning, for any topic you're
    interested in.</p>
❸ {% endblock content %}
```

Si compara estas líneas de código con el archivo index.html original, verá que hemos sustituido el título Learning Log por el código para heredar de una plantilla base ❶. Una plantilla hija debe tener al menos una etiqueta {% extends %} en la primera línea para indicarle a Django de qué plantilla base tiene que heredar. El archivo `base.html` es parte de `learning_logs`, así que incluimos `learning_logs` en la ruta de la plantilla base. Esta línea coge todo lo que hay en la plantilla `base.html` y permite que `index.html` defina lo que va en el espacio reservado para el bloque `content`.

Definimos el bloque de contenido insertando una etiqueta `{% block %}` con el nombre `content` ❷. Todo lo que no estemos heredando de la plantilla base va dentro de este bloque. Aquí, se trata del párrafo que describe el proyecto Learning Log. Indicamos que hemos terminado de definir el contenido usando una etiqueta `{% endblock content %}` ❸. La etiqueta `{% endblock %}` no requiere un nombre, pero, si una plantilla aumenta y contiene varios bloques, puede ser de ayuda saber exactamente qué bloque está terminando.

Ya vamos viendo las ventajas de la herencia de plantillas: en una hija, solo tenemos que incluir el contenido que sea único en una página. Esto no solo simplifica la plantilla, sino que también hace que sea mucho más fácil modificar el sitio. Para cambiar un elemento común a varias páginas, solo tenemos que modificar la plantilla base. Los cambios se efectuarán en todas las páginas que hereden de ella. En un proyecto con cientos de páginas, esta estructura puede facilitar y acelerar considerablemente las mejoras de nuestro sitio.

En un proyecto de gran envergadura, es habitual tener una plantilla base llamada `base.html` para todo el sitio y otras plantillas base para cada sección principal del mismo. Todas las plantillas de sección heredan de `base.html`, y cada página del sitio hereda de la correspondiente plantilla de sección. De este modo, podemos modificar con facilidad el aspecto del sitio en conjunto, de una sección o de cualquier página. Esta configuración ofrece una forma muy eficiente de trabajar y favorece la actualización regular del proyecto.

La página topics

Ahora que ya tenemos un enfoque eficaz para la creación de páginas, podemos concentrarnos en nuestras dos próximas páginas: la de temas generales y la que muestra entradas para un tema concreto. La página de temas (`topics`) mostrará todos los temas creados por los usuarios y será la primera que implique trabajar con datos.

El patrón de URL de topics

Primero, definimos la URL para la página de temas. Es frecuente elegir un simple fragmento de URL que refleje el tipo de información que presenta la página. Usaremos la palabra `topics`, así que la URL `http://localhost:8000/topics/` devolverá esta página. Así es como modificamos `learning_logs/urls.py`:

learning_logs/urls.py

```
"""Define patrones de URL para learning_logs."""
--fragmento omitido--
urlpatterns = [
    # Página de inicio.
```

```
    path('', views.index, name='index'),
    # Página que muestra todos los temas.
    path('topics/', views.topics, name='topics'),
]
```

El nuevo patrón de URL es la palabra topics, seguida de una barra inclinada. Cuando Django examina una URL solicitada, este patrón coincidirá con cualquier URL que tenga la URL base seguida de topics. Puede incluir u omitir una barra al final, pero no puede haber nada más detrás de la palabra topics, o el patrón no coincidirá. Cualquier URL solicitada que coincida con este patrón pasará entonces a la función topics() en views.py.

La vista topics

La función topics() necesita recuperar algunos datos de la base de datos y enviarlos a la plantilla. Añada las siguientes líneas a views.py:

views.py

```
from django.shortcuts import render

❶ from .models import Topic

def index(request):
    --fragmento omitido--

❷ def topics(request):
    """Muestra todos los temas."""
❸    topics = Topic.objects.order_by('date_added')
❹    context = {'topics': topics}
❺    return render(request, 'learning_logs/topics.html', context)
```

Primero, importamos el modelo asociado con los datos que necesitamos ❶. La función topics() necesita un parámetro: el objeto request que Django recibe del servidor ❷. En ❸ consultamos la base de datos pidiendo los objetos Topic, ordenados por el atributo date_added ❸. La QuerySet resultante se almacena en topics.

A continuación, definimos un contexto que enviaremos a la plantilla ❹. Denominamos contexto a un diccionario en el que las claves son nombres que usaremos en la plantilla para acceder a los datos deseados, y los valores son los datos que tenemos que enviar a la plantilla. En este caso, hay un par clave-valor, que contiene el conjunto de temas que mostraremos en la página. Al crear una página que usa datos, llamamos a render() con el objeto request, la plantilla que queremos utilizar y el diccionario context() ❺.

La plantilla topics

La plantilla para la página de temas recibe el diccionario context para poder usar los datos proporcionados por topics(). Cree un archivo llamado topics.html en el mismo directorio que index.html. Así es como mostraremos los temas en la plantilla:

topics.html

```
{% extends 'learning_logs/base.html' %}

{% block content %}

  <p>Topics</p>

  <ul>
  {% for topic in topics %}
      <li>{{ topic }}</li>
  {% empty %}
      <li>No topics have been added yet.</li>
  {% endfor %}
  </ul>

{% endblock content %}
```

❶ `<ul>`
❷ `{% for topic in topics %}`
❸ `<li>{{ topic }}</li>`
❹ `{% empty %}`
❺ `{% endfor %}`
❻ `</ul>`

Usamos la etiqueta `{% extends %}` para heredar de `base.html`, como ya hicimos en la página de inicio, y a continuación abrimos un bloque `content`. El cuerpo de esta página contiene una lista con viñetas de los temas que se han introducido. En lenguaje HTML estándar, una lista con viñetas se llama lista desordenada y se indica con las etiquetas `<ul></ul>`. Empezamos la lista de temas en ❶.

A continuación, utilizamos una etiqueta de plantilla que equivale a un bucle `for`. Esta etiqueta va pasando en bucle por los temas de la lista del diccionario `context` ❷. El código empleado en las plantillas difiere de Python en algunos puntos importantes. Python usa el sangrado para indicar qué líneas de una sentencia `for` forman parte de un bucle. En una plantilla, cada bucle `for` necesita una etiqueta `{% endfor %}` explícita que indica dónde termina el bucle. Así pues, en una plantilla encontrará bucles escritos así:

```
{% for item in list %}
    haz algo con cada elemento
{% endfor %}
```

Dentro del bucle, queremos convertir cada tema en un elemento de la lista con viñetas. Para imprimir una variable en una plantilla, póngala entre llaves dobles. Las llaves no aparecerán en la página; únicamente le indican a Django que están usando una variable de plantilla. Así, el código `{{ topic }}` ❸ será reemplazado por el valor vigente del atributo `text` en cada paso por el bucle. La etiqueta HTML `<li></li>` indica un elemento de lista. Todo lo que haya entre estas etiquetas, dentro de un par de etiquetas `<ul></ul>`, aparecerá como elemento con viñeta en la lista.

También utilizamos la etiqueta de plantilla `{% empty %}` ❹ que le indica a Django qué hacer si no hay elementos en la lista. En este caso, imprimimos un mensaje que informa al usuario de que no se han añadido temas todavía. Las dos últimas líneas cierran el bucle `for` ❺ y luego cierran la lista con viñetas ❻.

Ahora tenemos que modificar la plantilla base para que incluya un enlace a la página de temas. Añada el siguiente código a `base.html`:

base.html

```
<p>
❶    <a href="{% url 'learning_logs:index' %}">Learning Log</a>
❷    <a href="{% url 'learning_logs:topics' %}">Topics</a>
</p>

{% block content %}{% endblock content %}
```

Añadimos un guion al final del enlace a la página de inicio ❶ y, a continuación, añadimos un enlace a la página de temas con la etiqueta de plantilla `{% url %}` ❷. Esta línea le indica a Django que genere un enlace que coincida con el patrón de URL con el nombre `'topics'` en `learning_logs/urls.py`.

Ahora, al actualizar la página en el navegador, aparecerá un enlace Topics (Temas). Al hacer clic en él se abrirá una página similar a la figura 18.4.

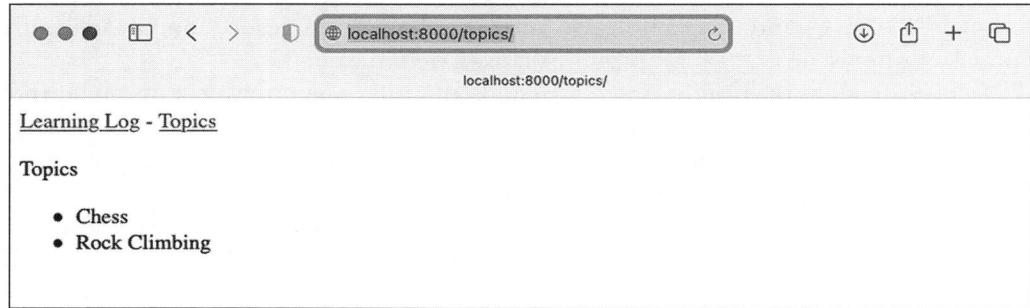

Figura 18.4. La página de Temas.

Página de temas individuales

Ahora tenemos que crear una página que se pueda concentrar en un solo tema, mostrando su nombre y todas las entradas relacionadas. De nuevo, definiremos un patrón de URL, escribiremos una vista y crearemos una plantilla. También modificaremos la página de temas para que cada elemento de la lista con viñetas esté enlazado con la página `topic` correspondiente.

El patrón de URL topic

El patrón de URL para la página de un tema es un poco distinto de los patrones anteriores porque usará el atributo `id` del tema para indicar cuál se ha solicitado. Por ejemplo, si el usuario quiere ver la página de detalles del tema Chess, cuyo id es 1, la URL será `http://localhost:8000/topics/1/`. Aquí tiene un patrón que coincide con esta URL; debe colocarlo en `learning_logs/urls.py`:

learning_logs/urls.py

```
--fragmento omitido--
urlpatterns = [
    -- fragmento omitido --
    # Página de detalles sobre un tema individual.
    path('topics/<int:topic_id>/', views.topic, name='topic'),
]
```

Analicemos ahora la cadena `'topics/<int:topic_id>/'` de este patrón de URL. La primera parte de la cadena dice a Django que busque URL que tengan la palabra `topics` detrás de la URL base. La segunda parte, `/<int:topic_id>/`, busca la coincidencia de un entero entre dos barras y asigna el valor entero en un argumento llamado `topic_id`.

Cuando Django encuentra una URL que coincide con este patrón, llama a la función de vista `topic()` con el valor asignado a `topic_id` como argumento. Usaremos el valor de `topic_id` para obtener el tema correcto dentro de la función.

La vista topic

La función `topic()` necesita obtener el tema y todas las entradas asociadas de la base de datos, como hicimos con anterioridad en el intérprete de Django:

views.py

```
  --fragmento omitido--
❶ def topic(request, topic_id):
      """Muestra un tema concreto y todas sus entradas."""
❷     topic = Topic.objects.get(id=topic_id)
❸     entries = topic.entry_set.order_by('-date_added')
❹     context = {'topic': topic, 'entries': entries}
❺     return render(request, 'learning_logs/topic.html', context)
```

Esta es la primera función de vista que requiere un parámetro distinto del objeto `request`. La función acepta el valor capturado por la expresión `/<int:topic_id>/` y la asigna a `topic_id` ❶. A continuación, usamos `get()` para recuperar el tema, igual que hicimos en el intérprete de Django ❷. Después, obtenemos las entradas asociadas a este tema y las ordenamos según `date_added` ❸. El signo negativo delante de `date_added` ordena los resultados en orden inverso, mostrando primero las entradas más recientes. Guardamos el tema y las entradas en el diccionario `context` ❹ y llamamos a `render()` con el objeto `request`, la plantilla `topic.html` y el diccionario `context` ❺.

Nota: Las frases de código ❷ y ❸ reciben el nombre de consultas porque consultan la base de datos en busca de información específica. Cuando escriba consultas como estas en sus propios proyectos, es recomendable probarlas primero en el intérprete de Django. Podrá hacerse una idea más rápida del resultado a obtener, en lugar de tener que escribir una vista y una plantilla para hacer la comprobación en un navegador.

La plantilla topic

La plantilla debe mostrar el nombre del tema y las entradas. También tenemos que informar al usuario si no hay todavía entradas para este tema.

topic.html

```
{% extends 'learning_logs/base.html' %}

{% block content %}
```
❶ `    <p>Topic: {{ topic.text }}</p>`
```
    <p>Entries:</p>
```
❷ `    <ul>`
❸ `    {% for entry in entries %}`
```
        <li>
```
❹ `            <p>{{ entry.date_added|date:'M d, Y H:i' }}</p>`
❺ `            <p>{{ entry.text|linebreaks }}</p>`
```
        </li>
```
❻ `    {% empty %}`
```
        <li>There are no entries for this topic yet.</li>
    {% endfor %}
    </ul>

{% endblock content %}
```

Ampliamos `base.html`, al igual que haremos con todas las páginas del proyecto. A continuación, mostramos el tema que se ha solicitado ❶. La variable `topic` está disponible porque está incluida en el diccionario `context`. Seguidamente, empezamos una lista con viñetas para mostrar cada entrada ❷ y pasar en bucle por ellas ❸, como hicimos antes con los temas.

Cada viñeta presenta dos datos: el sello de tiempo y el texto completo de cada entrada. Para el sello de tiempo ❹, mostramos el valor del atributo `date_added`. En las plantillas de Django, una línea vertical (|) representa un filtro de plantilla, una función que modifica el valor en una variable de plantilla durante el proceso de visualización. El filtro `date:'M d, Y H:i'` muestra sellos de tiempo con el formato *enero 1, 2018 23:00*. La siguiente línea muestra el valor completo del texto en lugar de solo los 50 primeros caracteres de la entrada. El filtro `linebreaks` ❺ garantiza que las entradas de texto grandes incluyan saltos de línea en un formato que entiendan los navegadores en lugar de mostrar un bloque de texto ininterrumpido. En ❻ usamos la etiqueta de plantilla `{% empty %}` para imprimir un mensaje informando al usuario de que no se han hecho entradas.

Enlaces desde la página topics

Antes de mirar la página de temas en un navegador, tenemos que modificar la plantilla correspondiente para que cada tema esté enlazado a la página apropiada. Esto es lo que hay que cambiar en `topics.html`:

topics.html

```
--fragmento omitido--
    {% for topic in topics %}
        <li>
            <a href="{% url 'learning_logs:topic' topic.id %}">
                {{ topic.text }}</a>
        </li>
    {% empty %}
--fragmento omitido--
```

Usamos la etiqueta de plantilla de URL para generar el enlace correcto, basándonos en el patrón de URL de `learning_logs` con el nombre de `'topic'`. Este patrón requiere un argumento `topic_id`, así que añadimos el atributo `topic.id` a la etiqueta de plantilla de URL. Ahora, cada tema de la lista está enlazado a una página de tema, como en `http://localhost:8000/topics/1/`.

Al actualizar la página de temas y seleccionar uno, debería aparecer una página similar a la figura 18.5.

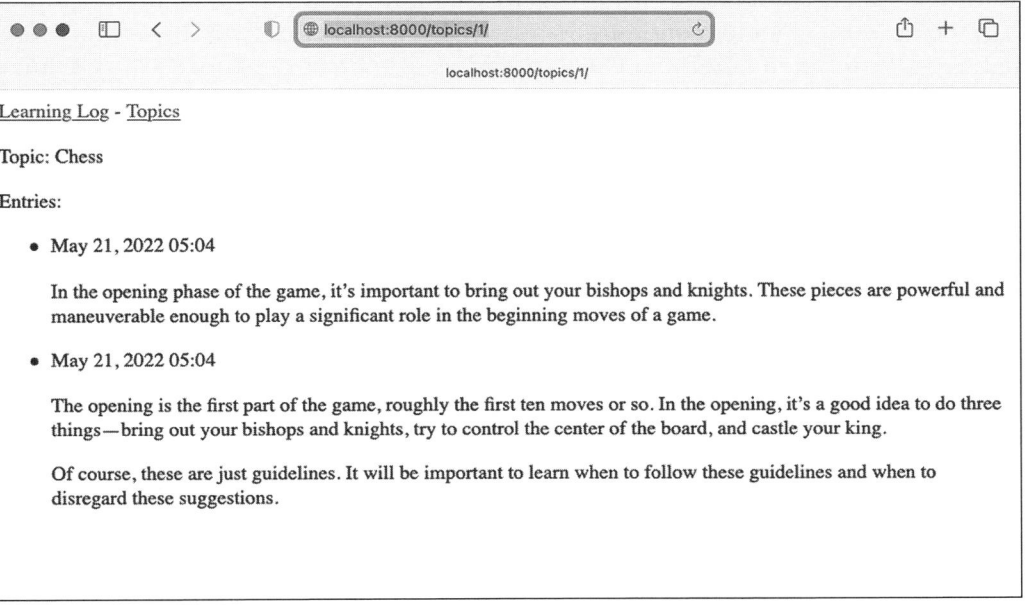

Figura 18.5. La página de detalles de un tema, mostrando todas sus entradas.

Nota: Hay una diferencia sutil, pero importante, entre `topic.id` y `topic_id`. La expresión `topic.id` examina un tema y recupera el valor de la ID correspondiente. La variable `topic_id` es una referencia a ese ID en el código. Si se producen errores al trabajar con estos ID, asegúrese de que está usando bien estas expresiones.

> **PRUÉBELO**
>
> - **18-7. Documentación sobre plantillas:** Revise la documentación sobre plantillas de Django en `https://docs.djangoproject.com/en/4.1/ref/templates/`. Puede volver sobre ella cuando esté trabajando en sus propios proyectos.
> - **18-8. Páginas para la pizzería:** Añada una página al proyecto Pizzería del ejercicio 18-6 para mostrar los nombres de las pizzas disponibles. Después, enlace el nombre de cada pizza a la página que muestra sus ingredientes. Asegúrese de usar la herencia de plantillas para construir sus páginas con eficiencia.

Resumen

En este capítulo, ha aprendido a crear una sencilla aplicación web con el *framework* Django. Hemos visto una breve especificación del proyecto, instalado Django en un entorno virtual, configurado un proyecto y comprobado que la configuración es correcta. También hemos configurado una aplicación y definido modelos que representan los datos para la misma. Ha aprendido sobre bases de datos y cómo Django ayuda a migrar la base de datos después de hacer un cambio en los modelos. Hemos creado un superusuario para el sitio admin y hemos usado este sitio para introducir algunos datos iniciales.

También ha explorado el intérprete de Django, que permite trabajar con los datos del proyecto en una sesión de terminal. Ha aprendido a definir URL, a crear funciones de vistas y a escribir plantillas para crear páginas para su sitio. También ha utilizado la herencia de plantillas para simplificar la estructura de las plantillas individuales y facilitar la modificación del sitio a medida que evolucione el proyecto.

En el capítulo 19, crearemos páginas intuitivas y fáciles de usar que permitan a los usuarios añadir temas y entradas y editar las entradas existentes sin pasar por el sitio admin. También utilizaremos un sistema de registro de usuarios que les permita crear una cuenta y llevar su propio diario de aprendizaje. Este es el corazón de una aplicación web: la capacidad de crear algo con lo que pueda interactuar cualquier número de usuarios.

19

CUENTAS DE USUARIO

La gracia de una aplicación web es que cualquier usuario, en cualquier parte del mundo, pueda crear una cuenta y empezar a usarla. En este capítulo, crearemos formularios para que el usuario pueda añadir sus propios temas y entradas, y editar las entradas existentes. También aprenderá de qué manera Django se protege de ataques habituales contra páginas basadas en formularios para no tener que perder demasiado tiempo pensando en la seguridad de nuestras aplicaciones.

Además, implementaremos un sistema de autenticación de usuarios. Crearemos una página de registro para que los usuarios creen cuentas y restringiremos el acceso a determinadas páginas solo para usuarios registrados. Después, modificaremos algunas de las funciones de vista para que los usuarios puedan ver solo sus propios datos. Aprenderá a mantener los datos de sus usuarios a salvo.

Permitir que los usuarios introduzcan datos

Antes de crear un sistema de autenticación para la creación de cuentas, añadiremos algunas páginas que permitirán a los usuarios introducir sus propios datos. Les daremos la capacidad de añadir nuevos temas y entradas, así como de editar sus entradas anteriores.

Ahora mismo, la única persona que puede introducir datos a través del sitio admin es un superusuario. Dado que no queremos que los usuarios interactúen con este sitio, usaremos las herramientas para crear formularios de Django con el fin de crear páginas que permitan al usuario introducir datos.

Añadir temas nuevos

Empezaremos por permitir a los usuarios que añadan un tema nuevo. Añadir una página basada en formularios es prácticamente lo mismo que añadir cualquiera de las páginas que hemos construido con anterioridad: definimos una URL y escribimos una función de vista y una plantilla. La diferencia más significativa radica en la adición de un nuevo módulo, llamado `forms.py`, que contendrá los formularios.

El ModelForm para temas

Cualquier página que permita a un usuario introducir y enviar información en una página web lleva implícito un elemento HTML al que denominamos formulario. Cuando los usuarios introducen información, debemos verificar que la información proporcionada contiene datos del tipo adecuado y no es maliciosa, como por ejemplo código pensado para interrumpir el funcionamiento de nuestro servidor. Después, necesitamos procesar y guardar la información válida en el lugar apropiado de la base de datos. Django automatiza buena parte de esta labor.

La forma más sencilla de crear un formulario en Django es mediante un `ModelForm`, que utiliza la información de los modelos que hemos definido en el capítulo 18 para crear un formulario de manera automática. Escriba su primer formulario en el archivo `forms.py`, que debería crearse en el mismo directorio que `models.py`:

forms.py

```
from django import forms

from .models import Topic

❶ class TopicForm(forms.ModelForm):
      class Meta:
❷        model = Topic
❸        fields = ['text']
❹        labels = {'text': ''}
```

En primer lugar, importamos el módulo `forms` y el modelo con el que vamos a trabajar, llama `Topic`. A continuación, definimos una clase llamada `TopicForm`, que hereda de `forms.ModelForm` ❶.

La versión más sencilla de un `ModelForm` consiste en una clase `Meta` anidada que le indica a Django en qué modelo basar el formulario y qué campos incluir en el mismo. Aquí especificamos que el formulario debe basarse en el modelo `Topic` ❷ y que únicamente debe incluir el campo `text` ❸. La cadena vacía en el diccionario de etiquetas le indica a Django que no genere una etiqueta para el campo `text` ❹.

La URL de new_topic

La URL para una página nueva debería ser corta y descriptiva. Cuando el usuario quiera añadir un tema nuevo, le enviaremos a `http://localhost:8000/new_topic/`. Este es el patrón de URL para la página `new_topic`, que añadimos a `learning_logs/urls.py`:

learning_logs/urls.py

```
--fragmento omitido--
urlpatterns = [
    --fragmento omitido--
    # Página para añadir un tema nuevo.
    path('new_topic/', views.new_topic, name='new_topic'),
]
```

Este patrón de URL envía solicitudes a la función de vista `new_topic()`, que escribiremos a continuación.

La función de vista new_topic()

La función `new_topic()` necesita manejar dos tipos de situaciones diferentes: solicitudes iniciales de la página `new_topic` (en cuyo caso debería mostrar un formulario en blanco) y el procesamiento de cualquier dato enviado con el formulario. Una vez procesados los datos de un formulario enviado, hay que redirigir al usuario de vuelta a la página `topics`:

views.py

```
from django.shortcuts import render, redirect

from .models import Topic
from .forms import TopicForm

--fragmento omitido--
def new_topic(request):
    """Añade un tema nuevo."""
❶   if request.method != 'POST':
        # No se han enviado datos; crea un formulario en blanco.
❷       form = TopicForm()
    else:
        # Datos POST enviados; procesa datos.
❸       form = TopicForm(data=request.POST)
❹       if form.is_valid():
❺           form.save()
❻           return redirect('learning_logs:topics')

    # Muestra un formulario en blanco o no válido.
❼   context = {'form': form}
    return render(request, 'learning_logs/new_topic.html', context)
```

Importamos la función `redirect`, que usaremos para redirigir al usuario a la página `topics` después de que envíen su tema. También importamos el formulario que acabamos de escribir, `TopicForm`.

Solicitudes GET y POST

Los dos tipos principales de solicitud que usará al crear aplicaciones web son GET y POST. Usamos solicitudes GET para páginas que solo leen datos del servidor y utilizamos solicitudes POST cuando el usuario tiene que enviar información a través de un formulario. Especificaremos el método POST para procesar el contenido de nuestros formularios. Existen otros tipos de solicitudes, pero no las usaremos en este proyecto.

La función `new_topic()` toma el objeto de solicitud como parámetro. Cuando el usuario solicita esta página por primera vez, su navegador enviará una solicitud GET. Una vez que el usuario haya rellenado y enviado el formulario, su navegador enviará una solicitud POST. Dependiendo de la solicitud, sabremos si el usuario está solicitando un formulario en blanco (solicitud GET) o pidiéndonos que procesemos uno cumplimentado (solicitud POST).

Utilizamos una prueba `if` para determinar si la solicitud es GET o POST ❶. Si la solicitud no es POST, es probable que sea GET, por lo que tendremos que devolver un formulario en blanco (si se trata de otro tipo de solicitud, sigue siendo una opción segura devolver un formulario en blanco). Creamos una instancia de `TopicForm` ❷, se la asignamos a la variable `form` y enviamos el formulario a la plantilla en el diccionario `context` ❼. Dado que no incluimos argumentos al crear la instancia de `TopicForm`, Django crea un formulario en blanco que el usuario pueda rellenar.

Si la solicitud es POST, se ejecuta el bloque `else` y procesa los datos enviados en el formulario. Creamos una instancia de `TopicForm` ❸ y le pasamos los datos introducidos por el usuario y guardados en `request.POST`. El objeto `form` devuelto contiene la información enviada por el usuario.

No podemos guardar la información enviada en la base de datos hasta haber comprobado que es válida ❹. El método `is_valid()` comprueba que se han rellenado todos los campos obligatorios (por defecto, todos lo son) y que los datos introducidos coinciden con los tipos de campo esperados, por ejemplo, que la longitud de `text` es menor que 200 caracteres, como especificamos en `models.py` en el capítulo 18. Esta validación automática nos ahorra mucho trabajo. Si todo es válido, podemos llamar a `save()` ❺, que escribe los datos del formulario en la base de datos.

Una vez guardados los datos, podemos salir de esta página. La función `redirect()` adopta el nombre de una vista y redirige al usuario a la página asociada a dicha vista. Aquí, utilizamos `redirect()` para redirigir el navegador a la página `topics` ❻, donde el usuario debería ver el tema que acaba de introducir en la lista de temas.

La variable `context` se define al final de la función de vista y la página se muestra con la plantilla `new_topic.html`, que crearemos a continuación. Este código se coloca fuera de cualquier bloque `if`; se ejecutará si se ha creado un formulario en blanco y también si se ha enviado un formulario que no se considera válido. Un formulario no válido incluirá mensajes de error predeterminados para ayudar al usuario a enviar datos aceptables.

La plantilla new_topic

Ahora vamos a crear una nueva plantilla, llamada `new_topic.html`, para mostrar el formulario que acabamos de crear.

new_topic.html

```
{% extends "learning_logs/base.html" %}

{% block content %}
  <p>Add a new topic:</p>

❶  <form action="{% url 'learning_logs:new_topic' %}" method='post'>
❷    {% csrf_token %}
❸    {{ form.as_div }}
❹      <button name="submit">Add topic</button>
  </form>

{% endblock content %}
```

Esta plantilla amplía `base.html`, de modo que tiene la misma estructura básica que el resto de las páginas de Learning Log. Utilizamos las etiquetas `<form></form>` para definir un formulario HTML ❶. El argumento `action` le indica al navegador dónde enviar los datos recogidos en el formulario; en este caso, los mandamos de vuelta a la función de vista `new_topic()`. El argumento `method` dice al navegador que envíe los datos como solicitud POST.

Django usa la etiqueta de plantilla `{% csrf_token %}` ❷ para evitar que los atacantes utilicen el formulario para acceder al servidor sin autorización (este tipo de ataque se denomina falsificación de solicitud entre sitios). A continuación, mostramos el formulario; aquí vemos lo fácil que son este tipo de tareas con Django. Solo tenemos que incluir la variable de la plantilla `{{ form.as_div }}` para que Django cree todos los campos necesarios para mostrar el formulario de manera automática ❸. El modificador `as_div` le indica a Django que represente todos los elementos del formulario como elementos HTML `<div></div>`. Es una manera sencilla de mostrar un formato claro.

Django no crea un botón para enviar en los formularios, así que definimos uno antes de cerrar el formulario ❹.

Enlazar a la página new_topic

A continuación, incluimos un enlace a la página `new_topic` en la página `topics`:

topics.html

```
{% extends "learning_logs/base.html" %}

{% block content %}

  <p>Topics</p>

  <ul>
    --fragmento omitido--
  </ul>

  <a href="{% url 'learning_logs:new_topic' %}">Add a new topic</a>

{% endblock content %}
```

Coloque el enlace después de la lista de temas existentes. La figura 19.1 muestra el formulario resultante. Pruebe a utilizar el formulario para añadir unos cuantos temas propios.

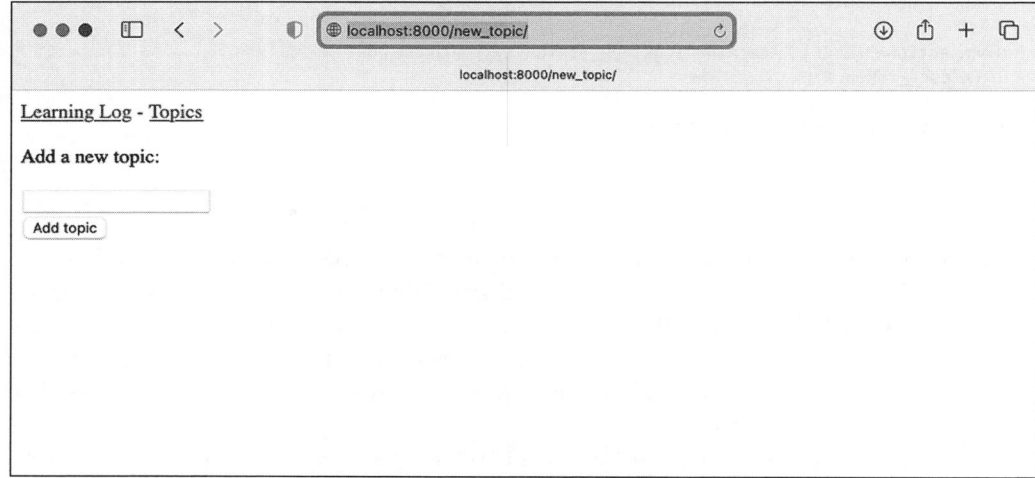

Figura 19.1. La página para añadir un tema nuevo.

Añadir nuevas entradas

Ahora que el usuario puede añadir temas, también querrá añadir entradas. Una vez más, definiremos una URL, escribiremos una función de vista y una plantilla y enlazaremos la página. Pero, antes, vamos a añadir otra clase a forms.py.

El ModelForm Entry

Tenemos que crear un formulario asociado con el modelo Entry, pero esta vez lo personalizaremos un poco más que TopicForm:

forms.py

```
from django import forms

from .models import Topic, Entry

class TopicForm(forms.ModelForm):
    --fragmento omitido--

class EntryForm(forms.ModelForm):
    class Meta:
        model = Entry
        fields = ['text']
❶       labels = {'text': ''}
❷       widgets = {'text': forms.Textarea(attrs={'cols': 80})}
```

Actualizamos la sentencia `import` para que incluya `Entry` además de `Topic`. Hacemos una nueva clase llamada `EntryForm` que hereda de `forms.ModelForm`. La clase `EntryForm` tiene una clase `Meta` anidada que recoge el modelo de base y el campo que hay que incluir en el formulario. De nuevo, damos al campo `'text'` una etiqueta en blanco ❶.

Para `EntryForm`, incluimos el atributo `widgets` ❷. Un *widget* es un elemento de formulario HTML, como una caja de una sola línea de texto, un área de texto con varias líneas o una lista desplegable. Al incluir el atributo `widgets`, podemos anular la selección de *widgets* predeterminada de Django. Aquí le estamos indicando a Django que use un elemento `forms.Textarea` con una anchura de 80 columnas en lugar de las 40 columnas predeterminadas. De este modo, los usuarios contarán con espacio suficiente para introducir datos relevantes.

La URL de new_entry

Las entradas nuevas deben estar asociadas con un tema particular, por lo que debemos añadir un argumento `topic_id` en la URL para añadir una entrada nueva. Esta es la URL que añadiremos a `learning_logs/urls.py`:

learning_logs/urls.py

```
--fragmento omitido--
urlpatterns = [
    --fragmento omitido--
    # Página para añadir una entrada nueva.
    path('new_entry/<int:topic_id>/', views.new_entry, name='new_entry'),
]
```

Este patrón de URL coincide con cualquier URL con el formulario `http://localhost:8000/new_entry/id/`, donde `id` es un número que coincide con el ID del tema. El código `<int:topic_id>` captura un valor numérico y lo asigna a la variable `topic_id`. Cuando se solicita una URL que coincide con este patrón, Django envía la solicitud y el ID del tema a la función de vista `new_entry()`.

La función de vista new_entry()

La función de vista para `new_entry` es muy similar a la función para añadir un tema nuevo. Añada el siguiente código al archivo `views.py`:

views.py

```
from django.shortcuts import render, redirect

from .models import Topic
from .forms import TopicForm, EntryForm

--fragmento omitido--
def new_entry(request, topic_id):
    """Añade una entrada nueva para un tema en particular."""
    topic = Topic.objects.get(id=topic_id)

    if request.method != 'POST':
```

❶ `topic = Topic.objects.get(id=topic_id)`

❷ `    if request.method != 'POST':`

```
        # No se han enviado datos; crea un formulario en blanco.
❸      form = EntryForm()
    else:
        # Datos POST enviados; procesa los datos.
❹      form = EntryForm(data=request.POST)
        if form.is_valid():
❺          new_entry = form.save(commit=False)
❻          new_entry.topic = topic
           new_entry.save()
❼          return redirect('learning_logs:topic', topic_id=topic_id)

    # Muestra un formulario en blanco o no válido.
    context = {'topic': topic, 'form': form}
    return render(request, 'learning_logs/new_entry.html', context)
```

Actualizamos la sentencia import para que incluya el EntryForm que acabamos de crear. La definición de new_entry() tiene que ser un parámetro topic_id para almacenar el valor que recibe de la URL. Necesitaremos el tema para renderizar la página y procesar los datos del formulario, así que usamos topic_id para obtener el objeto de tema correcto ❶.

A continuación, comprobamos si el método de solicitud es POST o GET ❷. El bloque if se ejecuta si se trata de una solicitud GET y se crea una instancia en blanco de EntryForm ❸.

Si el método de solicitud es POST, procesamos los datos creando una instancia de EntryForm, poblada con los datos POST del objeto request ❹. Después, comprobamos si el formulario es válido. Si lo es, necesitamos configurar el atributo topic del objeto antes de guardarlo en la base de datos. Cuando llamamos a save(), incluimos el argumento commit=False ❺ para indicarle a Django que cree un nuevo objeto de entrada y lo asigne a new_entry, sin guardarlo todavía en la base de datos. Configuramos el atributo topic de new_entry con el tema extraído de la base de datos al principio de la función ❻. Después, llamamos a save() sin argumentos, guardando la entrada en la base de datos con el tema correcto asociado.

La llamada a redirect() requiere dos argumentos: el nombre de la vista donde queremos redirigir y el argumento que necesita dicha función de vista ❼. Aquí estamos redirigiendo a topic(), que requiere el argumento topic_id. Esta vista muestra la página del tema para la que el usuario ha hecho la entrada y debería verse la entrada en la lista de entradas.

Al final de la función, creamos un diccionario context y mostramos la página con la plantilla new_entry.html. Este código se ejecutará para un formulario en blanco, o bien un formulario enviado pero evaluado como no válido.

La plantilla new_entry

Como verá en el siguiente código, la plantilla para new_entry es similar a la de new_topic:

new_entry.html

```
{% extends "learning_logs/base.html" %}

{% block content %}
```
❶
```
    <p><a href="{% url 'learning_logs:topic' topic.id %}">{{ topic }}</a></p>

    <p>Add a new entry:</p>
```
❷
```
    <form action="{% url 'learning_logs:new_entry' topic.id %}" method='post'>
        {% csrf_token %}
        {{ form.as_div }}
        <button name='submit'>Add entry</button>
    </form>

{% endblock content %}
```

Mostramos el tema al principio de la página ❶ para que el usuario vea a qué tema va a añadir una entrada. El tema también actúa como enlace de vuelta a la página principal de ese tema.

El argumento `action` del formulario incluye el valor `topic.id` en la URL, así que la función de vista puede asociar la nueva entrada con el tema correcto ❷. Por lo demás, esta plantilla es igual que `new_topic.html`.

Enlazar a la página new_entry

A continuación, tenemos que incluir un enlace a la página `new_entry` desde cada página de tema en la plantilla de temas:

topic.html

```
{% extends "learning_logs/base.html" %}

{% block content %}

    <p>Topic: {{ topic }}</p>

    <p>Entries:</p>
    <p>
        <a href="{% url 'learning_logs:new_entry' topic.id %}">Add new entry</a>
    </p>

    <ul>
    --fragmento omitido--
    </ul>

{% endblock content %}
```

Colocamos el enlace para añadir entradas justo antes de mostrar las entradas, ya que añadir entradas nuevas será la acción más habitual en esta página. La figura 19.2 muestra la página `new_entry`. Ahora los usuarios pueden añadir temas nuevos y tantas entradas como quieran para cada uno. Pruebe la página `new_entry` añadiendo unas cuantas entradas a algunos de los temas que ha creado.

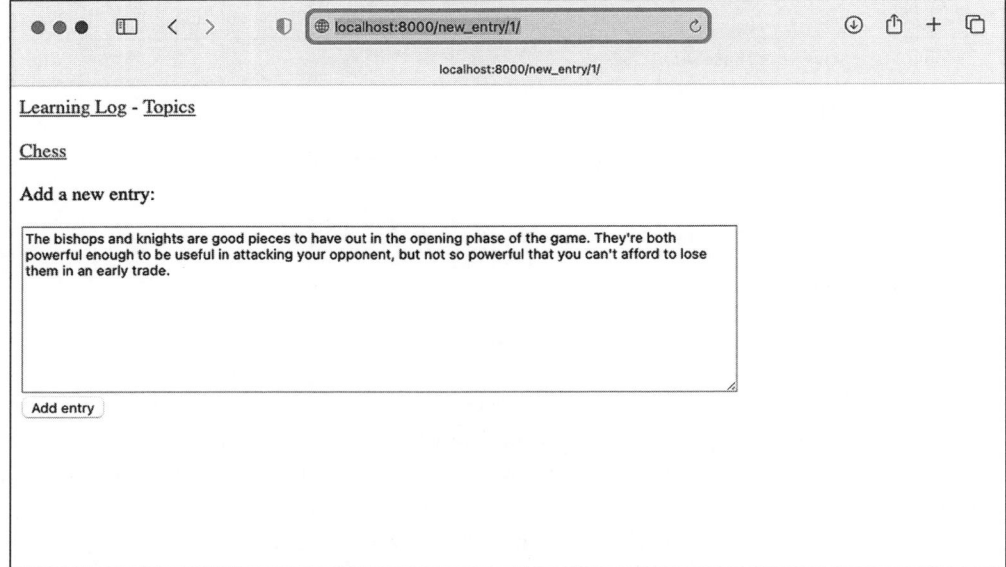

Figura 19.2. La página `new_entry`.

Editar entradas

Ahora crearemos una página para que los usuarios puedan editar entradas que hayan añadido.

La URL de edit_entry

La URL para la página tiene que pasar el ID de la entrada que se quiere editar. Así queda `learning_logs/urls.py`:

urls.py

```
--fragmento omitido--
urlpatterns = [
    -- fragmento omitido --
    # Página para editar una entrada.
    path('edit_entry/<int:entry_id>/', views.edit_entry, name='edit_entry'),
]
```

Este patrón de URL coincide con patrones de URL como `http://localhost:8000/edit_entry/1/`). Aquí, el valor de `id` se asigna al parámetro `entry_id`. Django envía las solicitudes que coinciden con este formato a la función de vista `edit_entry()`.

La función de vista edit_entry()

Cuando la página `edit_entry` recibe una solicitud GET, la función `edit_entry()` devuelve un formulario para editar la entrada. Cuando recibe una solicitud POST con texto de entrada revisado, lo guarda en la base de datos:

views.py

```
from django.shortcuts import render, redirect

from .models import Topic, Entry
from .forms import TopicForm, EntryForm
--fragmento omitido--

def edit_entry(request, entry_id):
    """Edita una entrada existente."""
❶  entry = Entry.objects.get(id=entry_id)
    topic = entry.topic

    if request.method != 'POST':
        # Solicitud inicial; prerrellena el formulario con la entrada actual.
❷      form = EntryForm(instance=entry)
    else:
        # Datos POST enviados; procesar datos.
❸      form = EntryForm(instance=entry, data=request.POST)
        if form.is_valid():
❹          form.save()
❺          return redirect('learning_logs:topic', topic_id=topic.id)

    context = {'entry': entry, 'topic': topic, 'form': form}
    return render(request, 'learning_logs/edit_entry.html', context)
```

Primero, importamos el modelo `Entry`. A continuación, obtenemos el objeto de entrada que el usuario quiere editar ❶ y el tema asociado con la misma. En el bloque `if`, que se ejecuta para una solicitud GET, creamos una instancia de `EntryForm` con el argumento `instance=entry` ❷. Este argumento le dice a Django que cree el formulario prerrellenado con información del objeto de entrada existente. El usuario verá los datos existentes y podrá editarlos.

Al procesar una solicitud POST, pasamos los argumentos `instance=entry` y `data=request.POST` ❸. Estos argumentos le piden a Django que cree una instancia de formulario basada en la información asociada con el objeto de entrada existente, actualizada con cualquier dato relevante de `request.POST`. Después comprobamos si el formulario es válido; si lo es, llamamos a `save()` sin argumentos porque la entrada ya está asociada con el tema correcto ❹. Luego redirigimos a la página del tema, donde el usuario debería ver la versión actualizada de la entrada que ha editado ❺.

Si estamos mostrando un formulario inicial para editar la entrada o si el formulario enviado no es válido, creamos el diccionario de contexto y mostramos la página con la plantilla `edit_entry.html`.

La plantilla edit_entry

Después, creamos una plantilla `edit_entry.html`, que es similar a `new_entry.html`:

edit_entry.html

```
{% extends "learning_logs/base.html" %}

{% block content %}
```

```
<p><a href="{% url 'learning_logs:topic' topic.id %}">{{ topic }}</a></p>

<p>Edit entry:</p>

❶  <form action="{% url 'learning_logs:edit_entry' entry.id %}" method='post'>
       {% csrf_token %}
       {{ form.as_div }}
❷     <button name="submit">Save changes</button>
    </form>

{% endblock content %}
```

El argumento `action` envía el formulario de vuelta a la función `edit_entry()` para el procesamiento ❶. Incluimos el ID de la entrada `entry.id` como argumento en la etiqueta `{% url %}` para que la función de vista pueda modificar el objeto de entrada correcto. Etiquetamos el botón para enviar como `Save changes` (Guardar cambios) para recordar al usuario que está guardando una edición, no creando una nueva entrada ❷.

Enlazar a la página edit_entry

Ahora tenemos que incluir un enlace a la página `edit_entry` para cada entrada de la página de temas:

topic.html

```
--fragmento omitido--
   {% for entry in entries %}
     <li>
        <p>{{ entry.date_added|date:'M d, Y H:i' }}</p>
        <p>{{ entry.text|linebreaks }}</p>
        <p>
           <a href="{% url 'learning_logs:edit_entry' entry.id %}">
           Edit entry</a></p>
     </li>
--fragmento omitido--
```

Incluimos el enlace para editar detrás de mostrar la fecha y el texto de cada entrada. Usamos la etiqueta de plantilla `{% url %}` para determinar la URL para el patrón de URL `edit_entry`, junto con el atributo ID de la entrada actual en el bucle (`entry.id`). El texto `Edit entry` aparece después de cada entrada de la página. La figura 19.3 muestra el aspecto de la página de temas con estos enlaces.

Learning Log tiene ya la mayor parte de la funcionalidad que necesita. Los usuarios pueden añadir temas y entradas y leer cualquier entrada que deseen consultar. En el siguiente apartado, implementaremos un sistema de registro de usuarios para que cualquiera pueda crear una cuenta en Learning Log para crear sus propios temas y entradas.

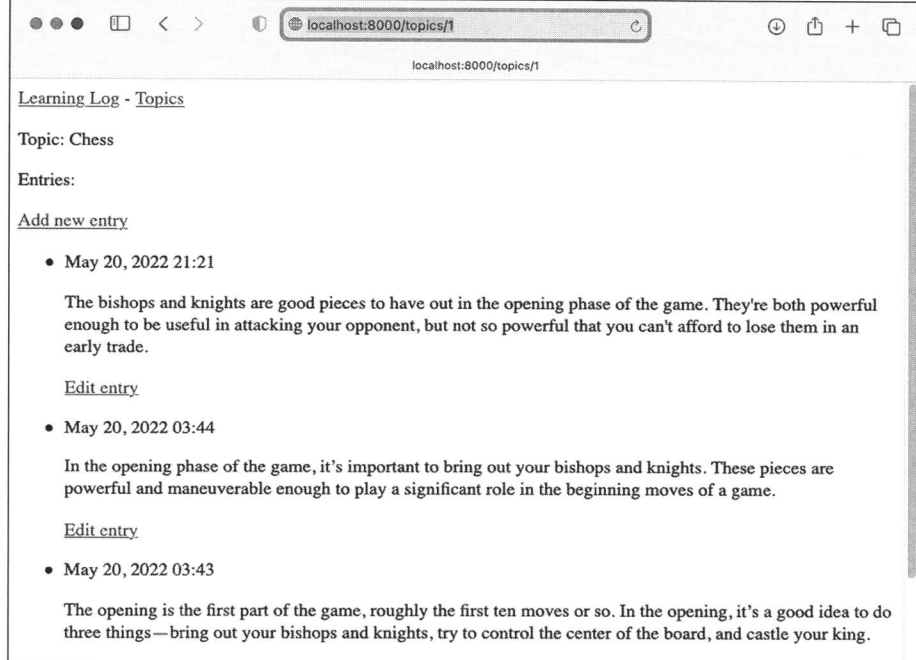

Figura 19.3. Ahora todas las entradas tienen un enlace para editarlas.

PRUÉBELO

- **19-1. Blog:** Comience un nuevo proyecto de Django llamado Blog. Cree una aplicación llamada `blogs` con un modelo que represente un blog en general y otro modelo que represente una entrada individual de blog. Asigne a cada modelo un conjunto apropiado de campos. Cree un superusuario para el proyecto y utilice el sitio admin para crear un blog y un par de publicaciones breves. Cree una página de inicio que muestre todas las publicaciones en un orden apropiado. Cree páginas para crear un blog, para crear nuevas publicaciones y para editar publicaciones existentes. Utilice sus páginas para asegurarse de que funcionan correctamente.

Configurar cuentas de usuario

En esta sección, configuraremos un sistema de registro y autorización de usuarios para que los usuarios puedan crear una cuenta e iniciar y terminar una sesión. Crearemos una nueva aplicación que contenga toda la funcionalidad relacionada con el trabajo con usuarios. Utilizaremos el sistema de autenticación de usuarios predeterminado incluido con Django para hacer la mayor parte del trabajo posible. También modificaremos ligeramente el modelo Topic para que cada tema pertenezca a un usuario dado.

La aplicación accounts

Empezaremos creando una nueva aplicación llamada accounts, usando startapp:

```
(ll_env)learning_log$ python manage.py startapp users
(ll_env)learning_log$ ls
❶ accounts db.sqlite3 learning_logs ll_env ll_project manage.py
(ll_env)learning_log$ ls accounts
❷ __init__.py admin.py apps.py migrations models.py tests.py views.py
```

El sistema de autenticación predeterminado está construido en torno al concepto de cuentas de usuario, por que usar el nombre accounts facilita la integración con el sistema predeterminado. El comando startapp que se muestra aquí crea un nuevo directorio llamado *accounts* ❶ con una estructura idéntica a la aplicación learning_logs ❷.

Añadir usuarios a settings.py

Tenemos que añadir nuestra nueva aplicación a INSTALLED_APPS en settings.py, así:

settings.py

```
--fragmento omitido--
INSTALLED_APPS = [
    # Mis aplicaciones.
    'learning_logs',
    accounts,

    # Aplicaciones predeterminadas de Django.
    --fragmento omitido--
]
--fragmento omitido--
```

Ahora Django incluirá la aplicación accounts en el proyecto general.

Incluir las URL de accounts

El siguiente paso es modificar el urls.py raíz para que incluya las URL que hemos escrito para la aplicación accounts:

ll_project/urls.py

```
from django.contrib import admin
from django.urls import path, include

urlpatterns = [
    path('admin/', admin.site.urls),
    path('accounts/', include('accounts.urls')),
    path('', include('learning_logs.urls')),
]
```

Añadimos una línea para incluir el archivo `urls.py` de `accounts`. Esta línea coincidirá con cualquier URL que empiece con la palabra *accounts*, como `http://localhost:8000/accounts/login/`.

La página de inicio de sesión

Primero, tenemos que implementar una página de inicio de sesión. Usaremos la vista `login` predeterminada que ofrece Django, así que el patrón de URL de esta aplicación será un poquito diferente. Cree un nuevo archivo `urls.py` en el directorio `learning_log/accounts` y añádale lo siguiente:

accounts/urls.py

```
"""Define patrones de URL para accounts."""

from django.urls import path, include

app_name = 'accounts'
urlpatterns = [
    # Incluye url de autenticación predeterminadas.
    path('', include('django.contrib.auth.urls')),
]
```

Importamos la función `path` y, después, la función `include` para poder incluir algunas URL de autenticación predeterminadas definidas por Django. Estas URL predeterminadas incluyen patrones de URL con nombre, como `'login'` y `'logout'`. Configuramos la variable `app_name` como `'accounts'` para que Django pueda distinguir estas URL de las que pertenecen a otras aplicaciones. Incluso las URL predeterminadas proporcionadas por Django, al incluirse en el archivo `urls.py` de la aplicación `accounts`, serán accesibles a través del espacio de nombres de `users`. El patrón de la página de inicio de sesión coincide con la URL `http://localhost:8000/accounts/login/`. Cuando Django lee esta URL, la palabra `accounts` le dice que mire en `accounts/urls.py`, y `login` que envíe solicitudes a su vista `login` predeterminada.

La plantilla login

Cuando el usuario solicite la página `login`, Django usará una función de vista predeterminada, pero seguimos necesitando aportar una plantilla para la página. Las vistas de autenticación predeterminadas buscan plantillas dentro de una carpeta llamada `registration`, así que tendremos que crear esa carpeta. Dentro del directorio `learning_log/accounts`, cree una carpeta llamada `templates` y, dentro de esta, otra llamada `registration`. Esta es la plantilla `login.html`, que debería guardarse en `learning_log/accounts/templates/registration/login.html`:

login.html

```
{% extends "learning_logs/base.html" %}

{% block content %}
```

```
❶     {% if form.errors %}
        <p>Your username and password didn't match. Please try again.</p>
      {% endif %}

❷     <form action="{% url 'users:login' %}" method='post'>>
        {% csrf_token %}
❸       {{ form.as_div }}

❹       <button name="submit">Log in</button>
      </form>

{% endblock content %}
```

Esta plantilla amplía `base.html` para garantizar que la página de inicio de sesión tenga el mismo aspecto que el resto del sitio. Observe que la plantilla de una aplicación puede heredar de una plantilla de otra aplicación.

Si el atributo `errors` del formulario está configurado, mostramos un mensaje de error ❶, informando de que esa combinación de nombre de usuario y contraseña no coinciden con ninguna información almacenada en la base de datos.

Queremos que la vista de inicio de sesión procese el formulario, así que configuramos el argumento `action` como la URL de la página de inicio de sesión ❷. La vista de inicio de sesión envía un objeto `form` a la plantilla, y nos corresponde a nosotros mostrar el formulario ❸ y añadir un botón de envío ❹.

La configuración de LOGIN_REDIRECT_URL

Una vez que un usuario inicia sesión con éxito, Django necesita saber a dónde enviar a ese usuario. Controlamos esto en el archivo de configuración. Agregue el siguiente código al final de `settings.py`:

settings.py

```
--fragmento omitido--
# Mis ajustes.
LOGIN_REDIRECT_URL = 'learning_logs:index'
```

Con todas las configuraciones predeterminadas en `settings.py`, es útil marcar la sección donde estamos agregando nuevas configuraciones. La primera configuración nueva que agregaremos es `LOGIN_REDIRECT_URL`, que le indica a Django a qué URL redirigirse después de un intento de inicio de sesión exitoso.

Enlazar a la página de inicio de sesión

Vamos a añadir un enlace a la página de inicio de sesión en `base.html` para que aparezca en todas las páginas. No queremos que se muestre cuando el usuario ya ha iniciado sesión, así que lo anidaremos en una etiqueta `{% if %}`:

base.html

```
<p>
  <a href="{% url 'learning_logs:index' %}">Learning Log</a> -
  <a href="{% url 'learning_logs:topics' %}">Topics</a> -
```

```
❶   {% if user.is_authenticated %}
❷      Hello, {{ user.username }}.
    {% else %}
❸      <a href="{% url accounts:login' %}">Log in</a>
    {% endif %}
</p>

{% block content %}{% endblock content %}
```

En el sistema de autenticación de Django, cada plantilla tiene disponible un objeto `user`, que siempre tiene configurado un atributo `is_authenticated`: el atributo es `True` si el usuario ha iniciado sesión y `False` si no lo ha hecho. Este atributo permite mostrar un mensaje a los usuarios autenticados y otro a los no autenticados.

Aquí, mostramos un saludo a los usuarios que han iniciado sesión ❶. Los usuarios autenticados tienen otro atributo configurado, `username`, que usamos para personalizar el saludo y recordar al usuario que ha iniciado sesión ❷. Para los usuarios no autenticados, mostramos un enlace a la página de inicio de sesión ❸.

Utilizar la página de inicio de sesión

Ya hemos configurado una cuenta de usuario, así que vamos a iniciar sesión para ver si la página funciona. Vaya a `http://localhost:8000/admin/`. Si todavía está en la sesión de admin, busque un enlace para cerrarla en el encabezado y haga clic.

Cuando haya cerrado esa sesión, vaya a `http://localhost:8000/users/login/`. Debería ver una página de inicio de sesión similar a la de la figura 19.4. Introduzca el nombre de usuario y la contraseña configurados antes; debería volver a la página de inicio. El encabezado de la página de inicio debería mostrar un saludo personalizado con su nombre de usuario.

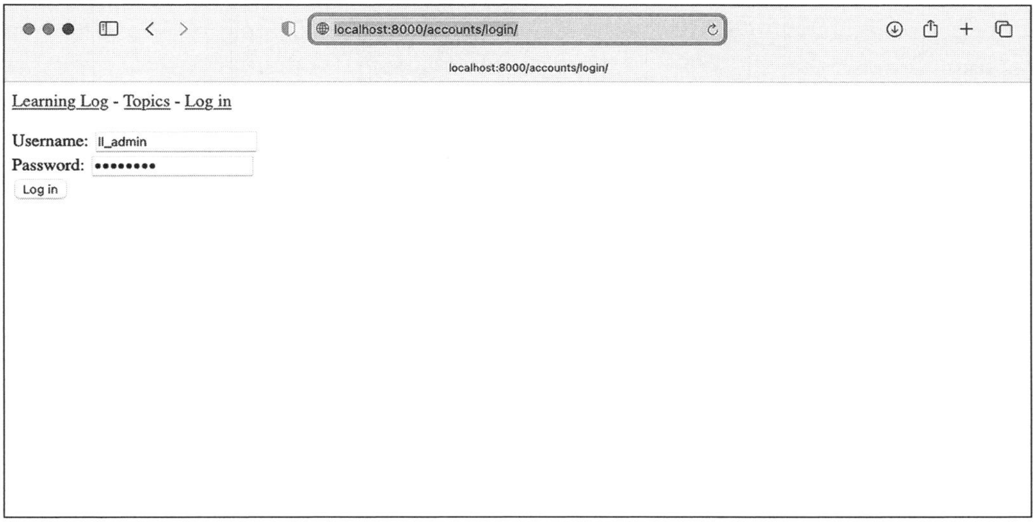

Figura 19.4. La página de inicio de sesión.

Cerrar sesión

Ahora necesitamos dotar al usuario de una forma de cerrar su sesión. Las solicitudes de cierre de sesión deberán enviarse como solicitudes POST, por lo que añadiremos un pequeño formulario de cierre de sesión a base.html. Cuando los usuarios hagan clic en el botón de cierre de sesión, irán a una página que confirmará que han cerrado la sesión.

Añadir un formulario para cerrar sesión en base.html

Añadiremos el formulario para cerrar sesión a base.html de modo que esté disponible en todas las páginas. Lo incluiremos en otro block if, para que solo lo vean los usuarios que han iniciado sesión:

base.html

```
--fragmento omitido--
{% block content %}{% endblock content %}

{% if user.is_authenticated %}
❶    <hr />
❷    <form action="{% url 'accounts:logout' %}" method='post'>
      {% csrf_token %}
      <button name='submit'>Log out</button>
    </form>
{% endif %}
```

El patrón de URL predeterminado para cerrar sesión es 'accounts/logout/'. Sin embargo, la solicitud debe enviarse como una solicitud POST; de lo contrario, los atacantes pueden forzar fácilmente solicitudes de cierre de sesión. Para que la solicitud de cierre de sesión use POST, definimos un formulario sencillo.

Colocamos el formulario en la parte inferior de la página, debajo de un elemento de línea horizontal (<hr />) ❶. Esta es una forma sencilla de mantener siempre el botón de cierre de sesión en una posición consistente debajo de cualquier otro contenido en la página. El formulario en sí tiene la URL de cierre de sesión como su argumento action y 'post' como el método de solicitud ❷. En Django, todos los formularios deben incluir el {% csrf_token %}, incluso un formulario sencillo como este. Este formulario está vacío, excepto por el botón de envío.

La configuración LOGOUT_REDIRECT_URL

Cuando el usuario hace clic en el botón de cierre de sesión, Django necesita saber dónde enviarlo. Controlaremos este comportamiento en settings.py:

settings.py

```
--fragmento omitido--
# Mis ajustes de configuración.
LOGIN_REDIRECT_URL = 'learning_logs:index'
LOGOUT_REDIRECT_URL = 'learning_logs:index'
```

La configuración `LOGOUT_REDIRECT_URL` que se muestra aquí le indica a Django que redirija a los usuarios que han cerrado sesión de vuelta a la página de inicio. Esto es una manera sencilla de confirmar que la sesión se ha cerrado, ya que no deberían ver su nombre de usuario una vez cerrada la sesión.

La página de registro

A continuación, crearemos una página para que se puedan registrar los usuarios nuevos. Usaremos el `UserCreationForm` predeterminado de Django, pero escribiremos nuestras propias funciones de vista y plantilla.

La URL para register

El siguiente código proporciona el patrón de URL para la página de registro, de nuevo en `accounts/urls.py`:

accounts/urls.py

```python
"""Define patrones de URL para accounts."""

from django.urls import path, include

from . import views

app_name = 'accounts'
urlpatterns = [
    # Incluye url autenticadas predeterminadas.
    path('', include('django.contrib.auth.urls')),
    # Página de registro.
    path('register/', views.register, name='register'),
]
```

Importamos el módulo `views` de `accounts`; lo necesitamos porque vamos a escribir nuestra propia vista para la página de registro. El patrón para esta página coincide con la URL `http://localhost:8000/accounts/register/` y envía solicitudes a la función `register()` que estamos a punto de escribir.

La función de vista register()

La función de vista `register()` necesita mostrar un formulario de registro en blanco cuando se solicite la página de registro por primera vez y procesar a continuación los formularios cumplimentados cuando se envíen. Cuando se realiza un registro, la función también necesita iniciar la sesión del usuario nuevo. Añada el siguiente código en `accounts/views.py`:

accounts/views.py

```python
from django.shortcuts import render, redirect
from django.contrib.auth import login
from django.contrib.auth.forms import UserCreationForm
```

```
    def register(request):
      """Registra un nuevo usuario."""
      if request.method != 'POST':
        # Muestra un formulario de registro en blanco.
❶     form = UserCreationForm()
      else:
        # Procesa un formulario cumplimentado.
❷     form = UserCreationForm(data=request.POST)

❸     if form.is_valid():
❹       new_user = form.save()
          # Inicia la sesión del usuario y lo redirige a la página de inicio.
❺       login(request, new_user)
❻       return redirect('learning_logs:index')

      # Muestra un formulario en blanco o no válido.
      context = {'form': form}
      return render(request, 'registration/register.html', context)
```

Importamos las funciones `render()` y `redirect()`. Después, importamos la función `login()` para iniciar la sesión del usuario si su información de registro es correcta. También importamos el `UserCreationForm` predeterminado. En la función `register()`, comprobamos si estamos respondiendo a una solicitud POST. Si no es el caso, hacemos una instancia de `UserCreationForm` sin datos iniciales ❶.

Si estamos respondiendo a una solicitud POST, creamos una instancia de `UserCreationForm` basada en los datos enviados ❷. Comprobamos que los datos son válidos ❸; en este caso, que el nombre de usuario tiene los caracteres apropiados, que las contraseñas coinciden y que el usuario no está intentando hacer un envío malicioso.

Si los datos enviados son válidos, llamamos al método `save()` del formulario para guardar el nombre de usuario y el *hash* de la contraseña en la base de datos ❹. Este método devuelve el objeto de usuario recién creado, que asignamos a `new_user`. Cuando se guarda la información del usuario, iniciamos su sesión llamando a la función `login()` con los objetos `request` y `new_user` ❺, lo cual crea una sesión válida para el nuevo usuario. Por último, redirigimos al usuario a la página de inicio ❻, donde un saludo personalizado en el encabezado le indica que su registro es correcto.

Al final de la función, representamos la página, que será un formulario en blanco o un formulario enviado no válido.

La plantilla register

Ahora crearemos una plantilla para la página de registro, que será similar a la de inicio de sesión. Asegúrese de guardarla en el mismo directorio que `login.html`:

register.html

```
{% extends "learning_logs/base.html" %}

{% block content %}
```

```
<form action="{% url 'accounts:register' %}" method='post'>
    {% csrf_token %}
    {{ form.as_div }}

    <button name="submit">Register</button>
</form>

{% endblock content %}
```

Esto debería parecerse al resto de plantillas basadas en formularios que hemos escrito con anterioridad. Usamos de nuevo el método `as_div` para que Django muestre bien todos los campos del formulario, incluidos los mensajes de error si el formulario no se ha rellenado correctamente.

Enlazar a la página de registro

A continuación, añadiremos el código para mostrar el enlace a la página de registro a cualquier usuario que no haya iniciado sesión:

base.html

```
--fragmento omitido--
  {% if user.is_authenticated %}
    Hello, {{ user.username }}.
  {% else %}
    <a href="{% url 'accounts:register' %}">Register</a> -
    <a href="{% url 'accounts:login' %}">Log in</a>
  {% endif %}
-- fragmento omitido --
```

Ahora, los usuarios que hayan iniciado sesión verán un saludo personalizado y un botón para cerrar sesión. Los usuarios que no han iniciado sesión verán un enlace de registro y un enlace para iniciar sesión. Pruebe la página de registro creando varias cuentas de usuario con distintos nombres.

En el próximo apartado, restringiremos algunas de las páginas de manera que solo estén disponibles para usuarios registrados y nos aseguraremos de que cada tema pertenezca a un usuario específico.

Nota: El sistema de registro que hemos configurado permite que cualquiera cree cualquier número de cuentas para Learning Log. Algunos sistemas requieren que los usuarios confirmen su identidad enviando un correo de confirmación al que los usuarios deben responder. De este modo, el sistema genera menos cuentas basura que el sistema sencillo que estamos usando aquí. Sin embargo, cuando se está aprendiendo a crear aplicaciones, conviene más practicar con un sistema de registro de usuarios sencillo como este.

Permitir que los usuarios controlen sus datos

Los usuarios deberían poder introducir datos personales en sus diarios de aprendizaje, así que crearemos un sistema que averigüe qué datos corresponden a cada usuario. A continuación, restringiremos el acceso a determinadas páginas de manera que los usuarios únicamente puedan trabajar con sus propios datos.

Modificaremos el modelo `Topic` para que cada tema pertenezca a un usuario específico. Esto permitirá también cuidar de las entradas porque cada una corresponde a un tema concreto. Empezaremos por restringir el acceso a ciertas páginas.

Restringir el acceso con @login_required

Django facilita la labor de restringir el acceso a determinadas páginas para los usuarios registrados con el decorador `@login_required`. Si recuerda el capítulo 11, un decorador es una directiva colocada justo antes de la definición de una función que modifica el comportamiento de la función. Veamos un ejemplo.

Restringir el acceso a la página de temas

Cada tema será propiedad de un usuario, así que solo los usuarios registrados pueden solicitar la página de temas. Añada el siguiente código a `learning_logs/views.py`:

learning_logs/views.py

```
from django.shortcuts import render, redirect
from django.contrib.auth.decorators import login_required

from .models import Topic, Entry
--fragmento omitido--

@login_required
def topics(request):
    """Muestra todos los temas."""
    --fragmento omitido--
```

Primero, importamos la función `login_required()`. La aplicamos como decorador para la función de vista `topics()` prefijando `login_required` con el símbolo @. Así Python sabe que tiene que ejecutar el código de `login_required()` antes que el de `topics()`.

El código de `login_required()` comprueba si un usuario ha iniciado sesión y Django ejecuta el código de `topics()` solo si lo ha hecho. Si el usuario no ha iniciado sesión, se le redirige a la página de inicio de sesión.

Para este trabajo de redirección, tenemos que modificar `settings.py` para que Django sepa dónde encontrar la página de inicio de sesión. Añada lo siguiente justo al final de `settings.py`:

settings.py

```
--fragmento omitido--

# Mi configuración.
LOGIN_REDIRECT_URL = 'learning_logs:index'
LOGOUT_REDIRECT_URL = 'learning_logs:index'
LOGIN_URL = 'accounts:login'
```

Ahora, cuando un usuario autenticado solicite una página protegida por el decorador `@login_required`, Django enviará al usuario a la URL definida por `LOGIN_URL` en `settings.py`.

Puede probar esta configuración cerrando la sesión de cualquier cuenta de usuario que tenga abierta y yendo a la página de inicio. Haga clic en el enlace Topics, que debería conducirle a la página de inicio de sesión. Inicie sesión con cualquiera de sus cuentas y, desde la página de inicio, haga clic de nuevo en el enlace Topics. Ahora debería poder acceder a la página de temas.

Restringir el acceso por todo Learning Log

Django facilita la tarea de restringir el acceso a páginas, pero es necesario decidir qué páginas queremos proteger. Conviene pensar primero qué páginas no necesitan estar restringidas para, a continuación, restringir el resto. Corregir un acceso demasiado restringido es fácil y menos peligroso que tener páginas sensibles desprotegidas.

En Learning Log, mantendremos las páginas de inicio y de registro sin restricciones y restringiremos el acceso a todas las demás páginas.

Aquí está `learning_logs/views.py` con los decoradores `@login_required` aplicados a todas las vistas, salvo `index()`:

learning_logs/views.py

```
--fragmento omitido--
@login_required
def topics(request):
    --fragmento omitido--

@login_required
def topic(request, topic_id):
    --fragmento omitido--

@login_required
def new_topic(request):
```

```
--fragmento omitido--

@login_required
def new_entry(request, topic_id):
    --fragmento omitido--

@login_required
def edit_entry(request, entry_id):
    --fragmento omitido--
```

Pruebe a acceder a cada una de estas páginas con la sesión cerrada: debería ser redirigido a la página de inicio de sesión. Tampoco podrá hacer clic en enlaces a páginas como new_topic. Pero, si introduce la URL http://localhost:8000/new_topic/, será redirigido a la página de inicio de sesión. Debería restringir el acceso a cualquier URL relacionada con datos de usuario privados que sea accesible públicamente.

Conectar datos con determinados usuarios

A continuación, necesitamos conectar los datos con el usuario que los ha enviado. Solo tenemos que conectar los datos que están más arriba en la jerarquía; los datos de niveles inferiores les seguirán. En Learning Log, los temas son los datos de nivel superior en la aplicación y todas las entradas están relacionadas con un tema. Siempre y cuando un tema pertenezca a un usuario específico, podremos rastrear la propiedad de cada entrada en la base de datos.

Modificaremos el modelo Topic añadiendo una relación de clave foránea con un usuario. Después, tendremos que migrar la base de datos. Por último, modificaremos algunas de las vistas para que solo muestren los datos asociados con el usuario que tiene la sesión iniciada.

Modificar el modelo Topic

La modificación de models.py requiere solo dos líneas:

models.py

```
from django.db import models
from django.contrib.auth.models import User

class Topic(models.Model):
    """Un tema sobre el que está aprendiendo el usuario."""
    text = models.CharField(max_length=200)
    date_added = models.DateTimeField(auto_now_add=True)
    owner = models.ForeignKey(User, on_delete=models.CASCADE)

    def __str__(self):
        """Devuelve una cadena que representa el tema."""
        Return self.text

class Entry(models.Model):
--fragmento de código--
```

Importamos el modelo `User` de `django.contrib.auth`. Después, añadimos un campo `owner` a `Topic`, que establece una relación de clave foránea con el modelo `User`. Si se borra un usuario, se eliminarán también todos los temas que tenga asociados.

Identificar usuarios existentes

Cuando migremos la base de datos, Django la modificará para que podamos guardar una conexión entre cada tema y un usuario. Para hacer la migración, Django necesita saber qué usuario asociar con cada tema existente. El enfoque más sencillo es empezar asignando todos los temas existentes a un usuario, por ejemplo, el superusuario. Pero, antes, tenemos que conocer el ID de ese usuario.

Veamos los ID para todos los usuarios creados hasta ahora. Inicie una sesión con el intérprete de Django y emita los siguientes comandos:

```
(ll_env)learning_log$ python manage.py shell
❶ >>> from django.contrib.auth.models import User
❷ >>> User.objects.all()
<QuerySet [<User: ll_admin>, <User: eric>, <User: willie>]>
❸ >>> for user in User.objects.all():
... print(user.username, user.id)
...
ll_admin 1
eric 2
willie 3
>>>
```

Primero, importamos el modelo `User` en la sesión del intérprete ❶. Después miramos todos los usuarios creados hasta ahora ❷. La salida muestra tres usuarios para mi versión del proyecto: `ll_admin`, `eric` y `willie`.

A continuación, pasamos en bucle por la lista de usuarios e imprimimos su nombre de usuario e ID ❸. Cuando Django pregunte qué usuario asocia con los temas existentes, usaremos uno de estos valores de ID.

Migrar la base de datos

Ahora que sabemos los ID, podemos migrar la base de datos. Cuando lo hagamos, Python nos pedirá que conectemos el modelo `Topic` con un propietario concreto temporalmente o que añadamos un predeterminado a nuestro archivo `models.py` para decirle qué hacer. Elija la opción 1:

```
❶ (ll_env)learning_log$ python manage.py makemigrations learning_logs
❷ It is impossible to add a non-nullable field 'owner' to topic without
  specifying a default. This is because...
❸ Please select a fix:
    1) Provide a one-off default now (will be set on all existing rows with a
       null value for this column)
    2) Quit and manually define a default value in models.py,
❹ Select an option: 1
❺ Please enter the default value now, as valid Python
  The datetime and django.utils.timezone modules are available...
  Type 'exit' to exit this prompt
```

❻
```
>>> 1
Migrations for 'learning_logs':
  learning_logs/migrations/0003_topic_owner.py
- Add field owner to topic
(ll_env)learning_log$
```

Empezamos con el comando makemigrations ❶. En la salida, Django indica que estamos intentando añadir un campo obligatorio (non-nullable) a un modelo existente (topic) sin un valor predeterminado especificado ❷. Django nos ofrece dos opciones: podemos proporcionar un valor predeterminado en este punto, o salir y añadirlo en models.py ❸. Aquí, he elegido la primera opción ❹. A continuación, Django nos pide que introduzcamos el valor predeterminado ❺.

Para asociar todos los temas existentes con el usuario admin original, ll_admin, he escrito el ID de usuario de 1 ❻. Puede usar el ID de cualquier usuario que haya creado; no tiene por qué ser un superusuario. Django migra entonces la base de datos usando este valor y genera el archivo de migración 0003_topic_owner.py, que añade el campo owner al modelo Topic.

Ya podemos ejecutar la migración. Escriba lo siguiente en un entorno virtual activo:

```
(ll_env)learning_log$ python manage.py migrate
Operations to perform:
  Apply all migrations: admin, auth, contenttypes, learning_logs, sessions
Running migrations:
  Applying learning_logs.0003_topic_owner... OK
(ll_env)learning_log$
```

❶

Django aplica la nueva migración y el resultado es OK ❶.

Podemos verificar que la migración ha ido como esperábamos en la sesión del intérprete, así:

```
>>> from learning_logs.models import Topic
>>> for topic in Topic.objects.all():
... print(topic, topic.owner)
...
Chess ll_admin
Rock Climbing ll_admin
>>>
```

Importamos Topic de learning_logs.models y pasamos en bucle por todos los temas existentes, imprimiendo cada tema y el usuario al que pertenece. Verá que cada tema pertenece ahora al usuario ll_admin. (Si obtiene un error al ejecutar este código, pruebe a salir del intérprete e iniciar uno nuevo).

Nota: Puede simplemente resetear la base de datos en vez de migrarla, pero perderá todos los datos existentes. Es una buena práctica aprender a migrarlas manteniendo la integridad de los datos de usuario. Si quiere empezar con una base de datos nueva, utilice el comando python manage.py flush para reconstruir la estructura de la base de datos. Tendrá que crear un nuevo superusuario y todos sus datos habrán desaparecido.

Restringir el acceso a temas a los usuarios adecuados

Ahora mismo, si ha iniciado sesión, podrá ver todos los temas, independientemente de con qué usuario haya iniciado la sesión. Vamos a cambiar eso para mostrar a los usuarios solo los temas que les pertenecen.

Haga el siguiente cambio en la función `topics()` de `views.py`:

learning_logs/views.py

```
--fragmento omitido--
@login_required
def topics(request):
    """Muestra todos los temas."""
    topics = Topic.objects.filter(owner=request.user).order_by('date_added')
    context = {'topics': topics}
    return render(request, 'learning_logs/topics.html', context)
--fragmento omitido--
```

Cuando un usuario ha iniciado sesión, el objeto `request` tiene un atributo `request.user` que almacena información sobre el usuario. La consulta `Topic.objects.filter(owner=request.user)` le indica a Django que recupere solo los objetos `Topic` de la base de datos cuyo atributo `owner` coincida con el usuario actual. Como no estamos cambiando la forma en la que se muestran los temas, no necesitamos cambiar para nada la plantilla de la página de temas.

Para ver si esto funciona, inicie sesión como el usuario con el que ha conectado todos los temas existentes y vaya a la página de temas: debería ver todos los temas. Ahora, cierre la sesión e inicie otra como un usuario distinto. Debería ver el mensaje "Todavía no se ha añadido ningún tema".

Proteger los temas de un usuario

No hemos restringido todavía el acceso a la página de temas, así que cualquier usuario registrado puede probar unas cuantas URL, como `http://localhost:8000/topics/1/`, y recuperar páginas que coincidan por casualidad.

Haga la prueba: con la sesión del usuario que posee todos los temas iniciada, copie la URL o anote el ID de la URL de un tema, cierre la sesión y entre de nuevo como otro usuario. Introduzca de nuevo la URL de ese tema. Debería poder leer las entradas incluso aunque haya iniciado sesión como un usuario diferente.

Vamos a solucionar eso realizando una comprobación antes de recuperar las entradas solicitadas en la función de vista `topic()`:

learning_logs/views.py

```
from django.shortcuts import render, redirect
from django.contrib.auth.decorators import login_required
❶ from django.http import Http404
```

```
--fragmento omitido--
@login_required
def topic(request, topic_id):
    """Muestra un solo tema y todas sus entradas."""
    topic = Topic.objects.get(id=topic_id)
    # Se asegura de que el tema pertenece al usuario actual.
❷   if topic.owner != request.user:
        raise Http404

    entries = topic.entry_set.order_by('-date_added')
    context = {'topic': topic, 'entries': entries}
    return render(request, 'learning_logs/topic.html', context)
--fragmento omitido--
```

Una respuesta 404 es una respuesta de error estándar que se devuelve cuando un recurso solicitado no existe en un servidor. Aquí importamos la excepción Http404 ❶, que lanzaremos si el usuario solicita un tema al que no debería tener acceso. Tras recibir una solicitud de tema, nos aseguramos de que el usuario del tema coincide con el que tiene la sesión iniciada antes de mostrar la página. Si el usuario actual no es el propietario del tema solicitado, lanzaremos la excepción Http404 ❷ y Django devolverá una página de error 404.

Ahora, si intenta ver las entradas de otro usuario, verá un mensaje Page Not Found de Django. En el capítulo 20, configuraremos el proyecto para que los usuarios vean una página de error en lugar de una página de depuración de errores.

Proteger la página edit_entry

Las páginas edit_entry tienen URL con la forma http://localhost:8000/edit_entry/id_entrada/, donde id_entrada es un número. Vamos a proteger esta página para que nadie pueda usar la URL para acceder a las entradas de otros:

learning_logs/views.py

```
--fragmento omitido--
@login_required
def edit_entry(request, entry_id):
    """Edita una entrada existente."""
    entry = Entry.objects.get(id=entry_id)
    topic = entry.topic
    if topic.owner != request.user:
        raise Http404

    if request.method != 'POST':
        --fragmento omitido--
```

Recuperamos la entrada y el tema asociado con ella. Luego comprobamos si el propietario del tema coincide con el usuario que ha iniciado sesión; si no coinciden, lanzamos una excepción Http404.

Asociar temas nuevos con el usuario actual

Actualmente, la página para añadir temas nuevos no funciona porque no asocia temas nuevos con un usuario en particular. Si intentamos añadir un tema nuevo, obtendremos el mensaje de error `IntegrityError` junto con `NOT NULL constraint failed: learning_logs_topic.owner_id`. Django nos está diciendo que no podemos crear un tema sin especificar un valor para el campo `owner` del tema.

La solución a este problema es sencilla, porque tenemos acceso al usuario actual a través del objeto `request`. Añada el siguiente código para asociar el tema nuevo con el usuario actual:

learning_logs/views.py

```
--fragmento omitido--
@login_required
def new_topic(request):
    --fragmento omitido--
    else:
        # Datos POST enviados; procesa los datos.
        form = TopicForm(data=request.POST)
        if form.is_valid():
❶          new_topic = form.save(commit=False)
❷          new_topic.owner = request.user
❸          new_topic.save()
            return redirect('learning_logs:topics')

    # Muestra un formulario en blanco o no válido.
    context = {'form': form}
    return render(request, 'learning_logs/new_topic.html', context)
--fragmento omitido--
```

Cuando llamamos por primera vez a `form.save()`, pasamos el argumento `commit=False` porque necesitamos modificar el tema nuevo antes de guardarlo en la base de datos ❶. Después, configuramos el atributo `owner` del tema nuevo con el usuario actual ❷. Por último, llamamos a `save()` en la instancia del tema que acabamos de definir ❸. Ahora todos los temas tienen todos los datos necesarios y se guardarán correctamente.

Debería poder añadir tantos temas como quiera para tantos usuarios distintos como desee. Cada usuario tendrá acceso solo a sus propios temas, tanto si están viendo datos como introduciendo datos nuevos o modificando datos más antiguos.

PRUÉBELO

- **19-3. Refactorización:** Hay dos lugares en `views.py` en los que queremos asegurarnos de que el usuario asociado con un tema coincide con el que ha iniciado sesión. Coloque el código de esta comprobación en una función llamada `check_topic_owner()` y llámela cuando proceda.

- **19-4. Proteger new_entry:** Actualmente, un usuario puede añadir una entrada nueva para el registro de otro usuario introduciendo una URL con el ID de un tema que pertenezca a otra persona. Evite este ataque comprobando que el usuario actual posee el tema de la entrada antes de guardar la entrada nueva.
- **19-5. Blog protegido:** En el proyecto Blog, asegúrese de que cada artículo esté conectado con un usuario en particular. Asegúrese de que todos los artículos sean accesibles públicamente, pero solo los usuarios registrados puedan añadir y editar artículos. En la vista que permite a los usuarios editar sus archivos, asegúrese de que el usuario está editando un artículo suyo antes de procesar el formulario.

Resumen

En este capítulo, ha aprendido de qué manera los formularios permiten a los usuarios añadir nuevos temas y entradas, y editar entradas existentes. Después, hemos aprendido a implementar cuentas de usuario. Hemos permitido a los usuarios existentes iniciar y cerrar sesión, y hemos utilizado el UserCreationForm predeterminado de Django para permitir la creación de nuevas cuentas.

Después de crear un sencillo sistema de autenticación y registro de usuarios, hemos restringido el acceso a los usuarios con sesión iniciada para ciertas páginas con el decorador @login_required. Después, hemos atribuido datos a usuarios específicos mediante una relación de clave foránea. También ha aprendido a migrar la base de datos cuando la migración requiere especificar algunos datos predeterminados.

Por último, ya sabe cómo asegurarse de que un usuario solo pueda ver los datos que le pertenecen modificando las funciones de vista. Hemos recuperado los datos apropiados con el método filter() y hemos comparado el propietario de los datos solicitados con el usuario que tiene la sesión iniciada.

Es posible que no siempre resulte tan obvio qué datos deberían estar disponibles y cuáles protegidos, pero la capacidad para tomar esta decisión se desarrolla con la práctica. Las decisiones que hemos tomado en este capítulo para asegurar los datos de nuestros usuarios ilustran por qué es buena idea trabajar en equipo al construir un proyecto: es más probable que detectemos áreas vulnerables si otra persona supervisa nuestro proyecto.

Ya tenemos un proyecto totalmente funcional ejecutándose en nuestro ordenador. En el último capítulo, daremos estilo a Learning Log para que sea atractivo visualmente y desplegaremos el proyecto en un servidor para que cualquiera con acceso a Internet pueda registrarse y crear una cuenta.

20

ESTILO Y DESPLIEGUE DE UNA *APP*

Learning Log ya es completamente funcional, pero le falta estilo y solo funciona en nuestro equipo local. En este capítulo, daremos estilo al proyecto de una forma sencilla pero profesional y lo implementaremos en un servidor en vivo para que cualquier persona en cualquier parte del mundo pueda crear una cuenta y usarlo. Para el estilo usaremos la biblioteca Bootstrap, una colección de herramientas que da estilo a aplicaciones web y las dota de un aspecto profesional en todos los dispositivos modernos, desde un *smartphone* hasta un monitor de sobremesa. Para ello, usaremos la aplicación django-bootstrap5, que también le permitirá practicar con *apps* creadas por otros desarrolladores de Django. Desplegaremos Learning Log con Platform.sh, un sitio que permite llevar nuestros proyectos a uno de sus servidores y ponerlos a disposición de cualquier persona con una conexión a Internet. También empezaremos a usar un sistema de control de versiones llamado Git para hacer un seguimiento de los cambios en el proyecto. Cuando hayamos terminado con Learning Log, podrá desarrollar sus propias aplicaciones web sencillas, darles un aspecto profesional y desplegarlas en un servidor. También podrá usar recursos de aprendizaje más avanzados a medida que desarrolle sus habilidades.

Dar estilo a Learning Log

Hasta ahora hemos ignorado deliberadamente la cuestión del estilo para concentrarnos primero en la funcionalidad de Learning Log. Es una buena manera de enfocar el desarrollo, puesto que una *app* es útil solamente si funciona. Naturalmente, una vez funciona, la apariencia es crucial para que la gente quiera usarla.

En esta sección, instalaremos la aplicación django-bootstrap5 y la añadiremos al proyecto. A continuación, la utilizaremos para dar estilo a cada una de las páginas del proyecto, de tal manera que todas ellas tengan una apariencia consistente.

La aplicación django-bootstrap5

Usaremos django-bootstrap5 para integrar Bootstrap en nuestro proyecto. Esta aplicación descarga los archivos necesarios de Bootstrap, los coloca en la ubicación apropiada del proyecto y hace que las directivas de estilo estén disponibles en las plantillas de nuestro proyecto. Para instalar django-bootstrap5, emita el siguiente comando en un entorno virtual activo:

```
(ll_env)learning_log$ pip install django-bootstrap5
--fragmento omitido--
Successfully installed beautifulsoup4-4.11.1 django-bootstrap5-21.3
   soupsieve-2.3.2.post1
```

A continuación, debemos añadir el siguiente código para añadir django-bootstrap5 a INSTALLED_APPS en settings.py:

settings.py

```
--fragmento omitido--
INSTALLED_APPS = [
   # Mis aplicaciones.
   'learning_logs',
   'accounts',

   # Aplicaciones de terceros.
   'django_bootstraps5',

   # Aplicaciones predeterminadas de django.
   'django.contrib.admin',
   --fragmento omitido--
```

Cree una nueva sección de aplicaciones de terceros llamada Third party apps para las creadas por otros desarrolladores y añada 'bootstrap5' a esta sección. Asegúrese de colocarla después de la sección correspondiente a sus propias aplicaciones, pero antes de la sección correspondiente a las aplicaciones predeterminadas de Django.

Usar Bootstrap para dar estilo a Learning Log

Bootstrap es una colección extensa de herramientas de estilo. También tiene varias plantillas que podemos aplicar al proyecto para crear un estilo general. Resulta mucho más sencillo usar estas plantillas que emplear herramientas de estilo individuales. Para ver las plantillas que ofrece Bootstrap, vaya a https://getbootstrap.com/, haga clic en Examples y busque la sección Navbars. Usaremos la plantilla Navbar static, que ofrece una sencilla barra de navegación arriba y un contenedor para el contenido de la página.

La figura 20.1 muestra el aspecto que tendrá la página de inicio después de aplicar la plantilla Bootstrap a `base.html` y modificar ligeramente `index.html`.

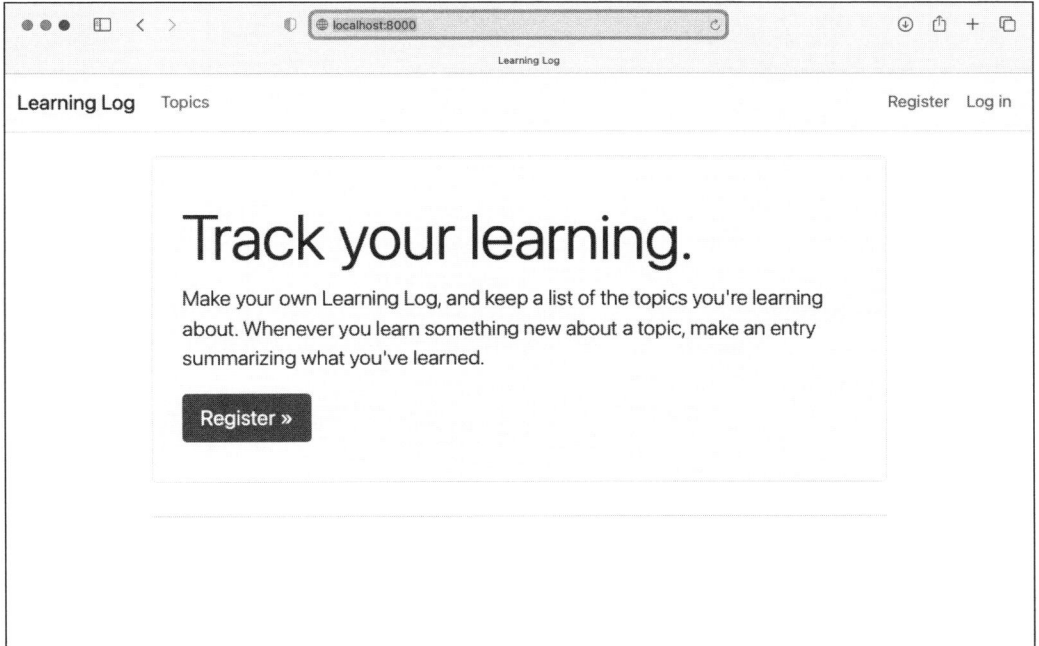

Figura 20.1. La página de inicio de Learning Log usando Bootstrap.

Modificar base.html

Necesitamos reescribir `base.html` utilizando la plantilla de Bootstrap. Desarrollaremos la nueva `base.html` por partes. Dado que es un archivo de gran tamaño, quizás quiera copiar este archivo desde los recursos en línea del libro. Incluso si opta por copiar el archivo, lea el siguiente apartado para comprender los cambios que han tenido lugar.

Definir los encabezados HTML

El primer cambio que haremos en `base.html` define los encabezados HTML del archivo. Además, añadiremos algunos requisitos para utilizar Bootstrap en nuestras plantillas y le daremos un título a la página. Borre todo el contenido de `base.html` y reemplácelo por el siguiente código:

base.html

```
❶ <!doctype html>
❷ <html lang="en">
❸ <head>
```

```
        <meta charset="utf-8">
        <meta name="viewport" content="width=device-width, initial-scale=1">
❹      <title>Learning Log</title>

❺      {% load django_bootstrap5 %}
        {% bootstrap_css %}
        {% bootstrap_javascript %}

    </head>
```

Primero, declaramos este archivo como un documento HTML ❶ escrito en inglés ❷. Un archivo HTML se divide en dos partes principales: el encabezado y el cuerpo; el encabezado del archivo empieza con la etiqueta de apertura <head> ❸. El encabezado de un archivo HTML no tiene contenido; únicamente le indica al navegador lo que este tiene que saber para mostrar correctamente la página. Incluimos el elemento title para la página que mostrará la barra de título del navegador siempre que Learning Log esté abierto ❹.

Antes de cerrar la sección del encabezado, cargamos la colección de etiquetas de plantilla disponibles en django-bootstrap5 ❺. La etiqueta de plantilla {% bootstrap_css %} es una etiqueta personalizada de django-bootstrap5; carga todos los archivos CSS necesarios para implementar los estilos de Bootstrap. La etiqueta que sigue habilita todo el comportamiento interactivo que podríamos utilizar en una página, como por ejemplo las barras de navegación plegables. La etiqueta de cierre </head> aparece en la última línea.

Todas las opciones de estilo de Bootstrap están ahora disponibles en cualquier plantilla que herede de base.html. Si desea utilizar etiquetas de plantilla personalizadas de django-bootstrap5, cada plantilla deberá incluir la etiqueta {% load django_bootstrap5 %}.

Definir la barra de navegación

El código que define la barra de navegación encima de la página es bastante largo, ya que tiene que funcionar correctamente y de igual modo tanto en pantallas de teléfono estrechas como en monitores de ordenador grandes. Trabajaremos en la barra de navegación por secciones.

Esta es la primera parte de la barra de navegación:

base.html

```
--fragmento omitido--
</head>
<body>

❶  <nav class="navbar navbar-expand-md navbar-light bg-light mb-4 border">
        <div class="container-fluid">
❷          <a class="navbar-brand" href="{% url 'learning_logs:index'%}">
                Learning Log</a>

❸          <button class="navbar-toggler" type="button" data-bs-toggle="collapse"
```

```
                 data-bs-target="#navbarCollapse" aria-controls="navbarCollapse"
                 aria-expanded="false" aria-label="Toggle navigation">
                 <span class="navbar-toggler-icon"></span>
             </button>

❹           <div class="collapse navbar-collapse" id="navbarCollapse">
❺             <ul class="navbar-nav me-auto mb-2 mb-md-0">
❻               <li class="nav-item">
❼                 <a class=nav-link" href="{% url 'learning_logs:topics'%}">
                    Topics</a></li>
             </ul> <!-- Fin de los enlaces a la izquierda de la barra de navegación -->
           </div> <!-- Cierra los elementos plegables de la barra de navegación -->

         </div> <!-- Cierra el contenedor de la barra de navegación-->
       </nav> <!-- Fin de la barra de navegación -->

❽ {% block content %}{% endblock content %}

   </body>
   </html>
```

El primer elemento es la etiqueta de apertura `<body>`. El cuerpo de un archivo HTML alberga el contenido que verán los usuarios en una página. A continuación, tenemos un elemento `<nav>` que abre el código para la barra de navegación situada en la parte superior de la página ❶. Todo lo contenido en este elemento recibe el estilo que marcan las reglas de estilo de Bootstrap definidas por los selectores `navbar`, `navbar-expand-md`, y el resto de los selectores que se muestran aquí. Un selector determina a qué elementos de una página se aplica una regla de estilo determinada. Los selectores `navbar-light` y `bg-light` aplican a la barra de navegación un estilo con un fondo claro. La `mb` de `mb-4` es una abreviatura de *margin-bottom* (margen-inferior); este selector se asegura de que haya un poco de espacio entre la barra de navegación y el resto de la página. El selector `border` proporciona un borde fino alrededor del fondo claro para separarlo un poco del resto de la página.

La etiqueta `<div>` en la línea siguiente abre un contenedor redimensionable que contendrá la barra de navegación general. El término "div" es una abreviatura de "división"; una página web se construye dividiéndola en secciones y definiendo reglas de estilo y comportamiento aplicables a dicha sección. Cualquier regla de estilo o comportamiento que se defina en una etiqueta de apertura `<div>` afecta a todo lo que veamos hasta su etiqueta de cierre correspondiente, que se escribe como `</div>`.

A continuación, configuramos el nombre del proyecto, "Learning Log", para que aparezca como el primer elemento en la barra de navegación ❷. Esto también servirá como enlace a la página de inicio, tal como hemos venido haciendo en la versión de estilo básico del proyecto que construimos en los dos capítulos anteriores. El selector `navbar-brand` da estilo a este enlace para que destaque sobre los demás y añade la imagen de marca al sitio.

La plantilla de Bootstrap define a continuación un botón que aparece si la ventana del navegador es demasiado estrecha para mostrar toda la barra de navegación horizontalmente ❸. Cuando el usuario haga clic en este botón, los elementos de navegación aparecerán en una lista desplegable. La referencia `collapse` hace que la barra de navegación se contraiga cuando el usuario reduce la ventana del navegador o el sitio se muestra en un dispositivo móvil con pantalla pequeña.

Después, abrimos una nueva sección (`<div>`) de la barra de navegación ❹. Esta es la parte de la barra de navegación que puede plegarse dependiendo del tamaño de la ventana del navegador.

Bootstrap define los elementos de navegación como elementos en una lista no ordenada ❺, con reglas de estilo que hacen que no parezca una lista. Cada uno de los enlaces o elementos que necesitamos en la barra se pueden incluir como un elemento en una lista no ordenada ❻. Aquí, el único elemento en la lista es nuestro enlace a la página de temas ❼. Fíjese en la etiqueta de cierre `</li>` al final del enlace: todas las etiquetas de apertura necesitan su correspondiente etiqueta de cierre.

Las líneas restantes que se muestran aquí cierran todas las etiquetas abiertas. En HTML, un comentario se escribe como se muestra a continuación:

```
<!-- Esto es un comentario HTML. -->
```

Las etiquetas de cierre no suelen incluir comentarios, pero para un recién llegado al HTML puede ser muy útil comentar algunas de nuestras etiquetas de cierre. Una sola etiqueta que falte o que sobre puede afectar al diseño de toda la página. Incluimos el bloque `content` ❽ y las etiquetas de cierre `</body>` y `</html>`.

Aunque no hemos terminado con la barra de navegación, ahora tenemos un documento HTML completo. Si `runserver` está actualmente activo, detenga el servidor actual y reinícielo. Vaya a la página de inicio del proyecto, donde debería ver una barra de navegación que contiene algunos de los elementos mostrados en la figura 20.1. Ahora, agreguemos el resto de los elementos a la barra de navegación.

Añadir los enlaces a las cuentas de usuario

Seguimos necesitando añadir los enlaces asociados a las cuentas de usuario. Empezaremos añadiendo todos los enlaces relacionados con cuentas, salvo el formulario de cierre de sesión.

Realice los siguientes cambios en `base.html`:

base.html

```
--fragmento omitido--
</ul> <!-- Fin de los enlaces en la izquierda de la barra de navegación -->

<!-- Enlaces vinculados a cuentas -->
❶    <ul class="navbar-nav ms-auto mb-2 mb-md-0">

❷        {% if user.is_authenticated %}
            <li class="nav-item">
❸                <span class="navbar-text me-2">Hello, {{ user.username }}.
                </span></li>
❹        {% else %}
            <li class="nav-item">
```

```
            <a class="nav-link" href="{% url 'accounts:register' %}">
                Register</a></li>
        <li class="nav-item">
            <a class="nav-link" href="{% url 'accounts:login' %}">
                Log in</a></li>
        {% endif %}

    </ul> <!-- Fin de los enlaces vinculados a cuentas -->

</div> <!-- Cierra las partes plegables de la barra de navegación -->
--fragmento omitido--
```

Comenzamos con un nuevo conjunto de enlaces utilizando otra etiqueta de apertura `<ul>` ❶. Puede tener tantos grupos de enlaces como necesite en una página. El selector `ms-auto` es una abreviatura de *margin-start-automatic*: este selector examina los demás elementos de la barra de navegación y calcula un margen izquierdo (inicial) que desplaza este grupo de enlaces al lado derecho de la ventana del navegador.

El bloque `if` es el mismo bloque condicional que hemos utilizado anteriormente para mostrar mensajes apropiados a los usuarios, dependiendo de si están conectados ❷. El bloque es ahora un poco más largo porque hay algunas reglas de estilo dentro de las etiquetas condicionales. El saludo para usuarios autenticados está envuelto en un elemento `<span>` ❸. Un elemento `<span>` estiliza fragmentos de texto o elementos de una página que forman parte de una línea más larga. Mientras los elementos `<div>` crean sus propias divisiones en una página, los elementos `<span>` son continuos dentro de una sección más amplia. Esto puede resultar confuso al principio, ya que muchas páginas tienen elementos `<div>` profundamente anidados. Aquí, se utiliza el elemento `<span>` para dar estilo al texto informativo en la barra de navegación: en este caso, el nombre del usuario que ha iniciado sesión.

En el bloque `else`, que se ejecuta para los usuarios no autenticados, incluimos los enlaces para registrarse y acceder a una cuenta nueva ❹. Estos deberían verse igual que el enlace a la página de temas. Si quisiera añadir más enlaces a la barra de navegación, podría agregar otro elemento `<li>` a uno de los grupos de `<ul>` que hemos definido, utilizando directivas de estilo como las que ha visto aquí.

A continuación, vamos a agregar el formulario de cierre de sesión a la barra de navegación.

Añadir el formulario Logout a la barra de navegación

La primera vez que escribimos el formulario para el cierre de sesión, lo añadimos al final de `base.html`. Ahora vamos a buscarle una ubicación mejor, en la barra de navegación:

base.html

```
        --fragmento omitido--
        </ul> <!-- Fin de los enlaces relacionados con las cuentas -->

        {% if user.is_authenticated %}
```

```
        <form action="{% url 'accounts:logout' %}" method='post'>
          {% csrf_token %}
          <button name='submit' class='btn btn-outline-secondary btn-sm'>
            Log out</button>
        </form>
      {% endif %}


    </div> <!-- Cierra las partes plegables de la barra de navegación -->
    --fragmento omitido--
```

El formulario de cierre de sesión debe colocarse después del conjunto de enlaces relacionados con la cuenta, pero dentro de la sección plegable de la barra de navegación. El único cambio en el formulario es la adición de varias clases de estilo de Bootstrap en el elemento <button>, que aplican elementos de estilo de Bootstrap al botón de cierre de sesión ❶.

Recargue la página de inicio. Debería poder iniciar y cerrar sesión utilizando cualquiera de las cuentas que haya creado.

Todavía nos quedan algunos detalles que añadir a base.html. Necesitamos definir dos bloques que las páginas individuales pueden utilizar para colocar el contenido específico de las mismas.

Definir la parte principal de la página

El resto de base.html contiene la parte principal de la página:

base.html

```
    --fragmento omitido--
    </nav> <!--Fin de la barra de navegación -->

    <main class="container">
      <div class="pb-2 mb-2 border-bottom">
        {% block page_header %}{% endblock page_header %}
      </div>
      <div>
        {% block content %}{% endblock content %}
      </div>
    </main>

  </body>
</html>
```

Primero, abrimos una etiqueta <main> ❶. Este elemento se usa para la parte más importante del cuerpo de una página. Aquí asignamos el selector container, una forma sencilla de agrupar los elementos de una página. En este contenedor colocaremos dos elementos div.

El primer elemento div contiene un bloque page_header ❷. Usaremos este bloque para dar título a la mayoría de las páginas. Para que esta sección destaque del resto de la página, añadiremos algo de relleno debajo del encabezado. El relleno es el espacio entre el contenido de un elemento y su borde. El selector pb-2 es una directiva de

Bootstrap que proporciona una cantidad moderada de relleno en la parte inferior del elemento al que se está aplicando estilo. Denominamos margen al espacio entre el borde de un elemento y otros elementos de la página. El selector mb-2 proporciona un margen adecuado al final de este divisor. Queremos un borde al final de este bloque, así que usamos el selector border-bottom, que pone un borde fino al final del bloque page_header.

A continuación, definimos otro elemento div, que contiene el bloque content ❸. No aplicamos ningún estilo específico a este bloque, para poder dar al contenido de cualquier página el estilo que consideremos conveniente para la misma. Terminamos el archivo base.html con etiquetas de cierre para los elementos main, body y html.

Al cargar la página de inicio de Learning Log en un navegador, deberíamos ver una barra de navegación con un estilo profesional como el de la figura 20.1. Pruebe a cambiar el tamaño de la ventana para que sea muy estrecha; debería aparecer un botón en sustitución de la barra de navegación. Haga clic en el botón para revelar todos los enlaces en una lista desplegable.

Dar estilo a la página de inicio con un *jumbotron*

Para actualizar la página de inicio, usaremos un elemento de Bootstrap llamado *jumbotron*, una caja de texto grande que destaca del resto de la página. Por lo general, se usa en las páginas de inicio para alojar una breve descripción del proyecto general y una llamada a la acción que invite al visitante a interactuar de forma activa.

Este es el archivo index.html revisado:

index.html

```
{% extends "learning_logs/base.html" %}

❶  {% block page_header %}
❷      <div class="p-3 mb-4 bg-light border rounded-3">
           <div class="container-fluid py-4">
❸              <h1 class="display-3">Track your learning.</h1>

❹              <p class="lead">Make your own Learning Log, and keep a list of the
               topics you're learning about. Whenever you learn something new
               about a topic, make an entry summarizing what you've learned.</p>

❺              <a class="btn btn-primary btn-lg mt-1"
                   href="{% url 'accounts:register' %}">Register &raquo;</a>
           </div>
       </div>
   {% endblock page_header %}
```

En primer lugar, le indicamos a Django que estamos a punto de definir lo que va en el bloque page_header ❶. Un *jumbotron* se implementa como parte de elementos div con un conjunto de directivas de estilos que se aplican a dichos elementos ❷. El div externo tiene configuraciones de relleno y márgenes, un color de fondo claro y esquinas redondeadas. El div interno es un contenedor que cambia junto con el tamaño de la ventana y también tiene algo de relleno. El selector py-4 agrega relleno en la parte superior e inferior del elemento div. Siéntase libre de ajustar los números en estas configuraciones y observe cómo cambia la página de inicio.

El *jumbotron* contiene tres elementos. El primero es un mensaje corto, Track your learning, que da a los usuarios que visitan el sitio por primera vez una idea del cometido de Learning Log ❸. El elemento h1 es un encabezado de primer nivel y el selector display-3 añade un aspecto más fino y alto a este encabezado en particular. También hemos incluido un mensaje más largo que aporta más información sobre lo que puede hacer el usuario con su diario de aprendizaje ❹. Este mensaje sigue el formato de un párrafo lead, diseñado para destacar sobre los párrafos normales.

En lugar de usar solamente un enlace de texto, creamos un botón que invita a los usuarios a registrarse con una cuenta de Learning Log ❺. Es el mismo enlace del encabezado, pero el botón destaca en la página y muestra al visitante lo que tiene que hacer para empezar a usar el proyecto. Los selectores que tenemos aquí le dan el estilo de un botón grande que representa una llamada a la acción. El código » es una entidad HTML que parece dos paréntesis angulares derechos combinados (>>). Por último, proporcionamos etiquetas div y cerramos el bloque page_header. Con tan solo dos elementos div en este archivo, no nos resulta particularmente de ayuda etiquetar las etiquetas div de cierre. Tampoco vamos a añadir nada más a esta página, por lo que no es necesario definir el bloque content de esta plantilla.

La página de inicio queda ahora como la de la figura 20.1. Supone una mejora significativa respecto a nuestro proyecto sin estilo.

Dar estilo a la página de inicio de sesión

Hemos redefinido el aspecto general de la página de inicio de sesión, pero el formulario de inicio de sesión como tal aún no tiene ningún estilo. Vamos a hacer que el aspecto del formulario sea consistente con el resto de la página modificando el archivo login.html:

login.html

```
{% extends "learning_logs/base.html" %}
❶ {% load django_bootstrap5 %}

❷ {% block page_header %}
    <h2>Log in to your account.</h2>
{% endblock page_header %}

{% block content %}
    <form action="{% url 'accounts:login' %}" method="post">
        {% csrf_token %}
❸       {% bootstrap_form form %}
❹       {% bootstrap_button button_type="submit" content="Log in" %}
    </form>

{% endblock content %}
```

En primer lugar, cargamos las etiquetas de plantilla de bootstrap5 en esta plantilla ❶. A continuación, definimos el bloque `page_header`, que explica al usuario cuál es el propósito de la página ❷. Observe que hemos retirado el bloque {% if form.errors %} de la plantilla; `django-bootstrap5` gestiona automáticamente los errores del formulario. Para mostrar el formulario, utilizamos la etiqueta de plantilla {% bootstrap_form %} ❸; esto sustituye al elemento {{ form.as_div }} que estábamos utilizando en el capítulo 19. La etiqueta de plantilla {% booststrap_form %} inserta reglas de estilo de Bootstrap en los elementos individuales del formulario a medida que el formulario se representa. Para generar el botón de enviar, utilizamos la etiqueta {% bootstrap_button %}, con argumentos que la designan como botón de envío, y le asignamos la etiqueta `Log in` ❹.

La figura 20.2 muestra el formulario de inicio de sesión actual. La página está mucho más limpia y tiene un estilo consistente y una finalidad clara. Pruebe a iniciar sesión con un nombre de usuario o contraseña incorrectos; verá que incluso los mensajes de error tienen un estilo consistente y se integran bien con el sitio en general.

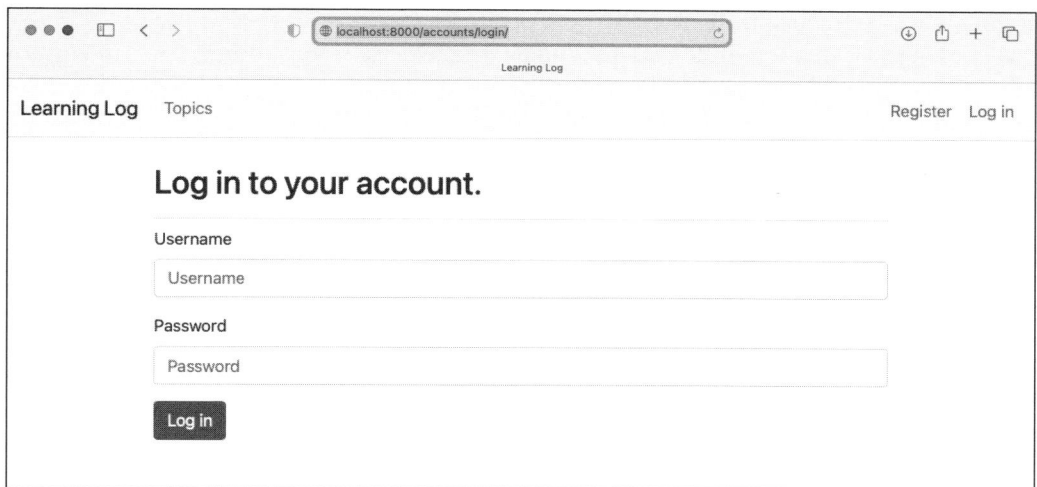

Figura 20.2. La página de inicio de sesión con estilo de Bootstrap.

Dar estilo a la página de temas

Vamos a asegurarnos de que las páginas para ver información también reciben el estilo adecuado, empezando por la página de temas:

topics.html

```
{% extends ' learning_logs/base.html' %}

{% block page_header %}
    <h1>Topics</h1>
{% endblock page_header %}
```
❶

```
{% block content %}

❷    <ul class="list-group border-bottom pb-2 mb-4">
        {% for topic in topics %}
❸          <li class="list-group-item border-0">
            <a href="{% url 'learning_logs:topic' topic.id %}">
                {{ topic.text }}</a>
          </li>
        {% empty %}
❹          <li class="list-group-item border-0">No topics have been added yet.</li>
        {% endfor %}
    </ul>

    <a href="{% url 'learning_logs:new_topic' %}">Add a new topic</a>

{% endblock content %}
```

No necesitamos la etiqueta `{% load bootstrap5 %}` porque en este archivo no vamos a usar ninguna etiqueta de plantilla personalizada de bootstrap5. Movemos el encabezado `Topics` al bloque `page_header` y lo convertimos en un elemento `<h1>` en lugar de un párrafo simple ❶.

El contenido principal de esta página es una lista de temas, por lo que utilizamos el componente de grupo de lista de Bootstrap para representar la página. Este componente aplica un conjunto simple de directivas de estilo a la lista en su conjunto y a cada elemento en la lista. Cuando abrimos la etiqueta `<ul>`, primero incluimos la clase `list-group` para aplicar las directivas de estilo predeterminadas a la lista ❷. Personalizamos aún más la lista añadiendo un borde en la parte inferior de la misma, un poco de relleno debajo de la lista (`pb-2`) y un margen debajo del borde inferior (`mb-4`).

Cada elemento en la lista necesita la clase `list-group-item`, y personalizamos el estilo predeterminado al eliminar el borde alrededor de los elementos individuales ❸. El mensaje que se muestra cuando la lista está vacía también necesita estas mismas clases ❹.

Ahora, al visitar la página de temas, debería ver una página con un estilo que coincide con la página de inicio.

Dar estilo a las entradas en la página de un tema

En la página de temas, utilizaremos el componente de tarjeta de Bootstrap (`card`) para destacar cada entrada. Una tarjeta es un conjunto anidado de divs con estilos predefinidos flexibles, perfectos para mostrar las entradas de un tema:

topic.html

```
{% extends 'learning_logs/base.html' %}

❶ {% block page_header %}
    <h1>{{ topic.text }}</h1>
    {% endblock page_header %}
```

```
{% block content %}
  <p>
    <a href="{% url 'learning_logs:new_entry' topic.id %}">Add new entry</a>
  </p>

  {% for entry in entries %}
    <div class="card mb-3">
      <!-- Card header with timestamp and edit link -->
      <h4 class="card-header">
        {{ entry.date_added|date:'M d, Y H:i' }}
        <small><a href="{% url 'learning_logs:edit_entry' entry.id %}">
          edit entry</a></small>
      </h4>
      <!-- Cuerpo de la tarjeta con texto -->
      <div class="card-body">{{ entry.text|linebreaks }}</div>
    </div>
  {% empty %}
    <p>There are no entries for this topic yet.</p>
  {% endfor %}

{% endblock content %}
```

Primero, colocamos el tema en el bloque `page_header` ❶. Luego, borramos la estructura de lista desordenada que usábamos antes en esta plantilla. En vez de convertir cada entrada en un elemento de lista, abrimos un elemento `div` con el selector `card` ❷. Esta tarjeta tiene dos elementos anidados: uno para alojar el sello de tiempo y el enlace para editar la entrada y otro para alojar el cuerpo de la entrada. El selector de tarjeta se encarga de la mayoría de los estilos que necesitamos para este div; personalizamos la tarjeta agregando un pequeño margen en la parte inferior de cada tarjeta (`mb-3`).

El primer elemento de `card` es un encabezado: un elemento `<h4>` con el selector `card-header` ❸. Este encabezado contiene la fecha en la que se creó la entrada y un enlace para editarla. La etiqueta `<small>` que envuelve el enlace `edit_entry` hace que parezca un poco más pequeño que el sello de tiempo ❹. El segundo elemento es un `div` con el selector `card-body` ❺, que coloca el texto de la entrada en una caja sencilla en el `card`. Observe que el código de Django para incluir la información en la página no ha cambiado; solo se alteran los elementos que afectan al aspecto de la página. Dado que ya no tenemos una lista sin ordenar, hemos reemplazado las etiquetas de elementos de lista que rodeaban el mensaje de lista vacía con etiquetas de párrafo sencillo ❻.

La figura 20.3 muestra la página del tema con su nuevo aspecto. La funcionalidad de Learning Log se mantiene intacta, pero ahora tiene un aspecto más profesional y atractivo para los usuarios.

Si quiere usar otra plantilla de Bootstrap para uno de sus proyectos, siga un proceso similar al empleado hasta ahora en este capítulo. Copie la plantilla que desea utilizar en `base.html` y modifique los elementos con contenido real para que la plantilla muestre la información de su proyecto. Después, utilice las herramientas de estilo de Bootstrap para dar estilo al contenido de cada página.

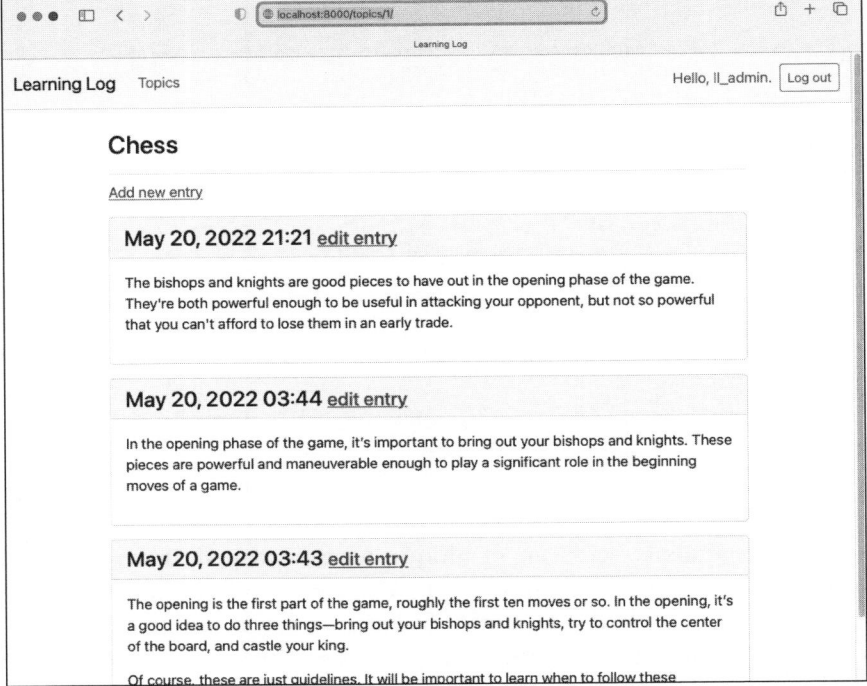

Figura 20.3. Una página de tema con el estilo de Bootstrap.

Nota: El proyecto Bootstrap ofrece una documentación excelente. Visite su página de inicio en https://getbootstrap.com y haga clic en Docs para conocer las funcionalidades que ofrece Bootstrap.

PRUÉBELO

- **20-1. Otros formularios:** Hemos aplicado los estilos de Bootstrap a la página de inicio de sesión. Haga cambios similares en el resto de las páginas basadas en formulario, incluidas new_topic, new_entry, edit_entry y register.
- **20-2. Blog con estilo:** Use Bootstrap para aplicar estilo al proyecto Blog del capítulo 19.

Desplegar Learning Log

Ahora que tenemos un proyecto con un aspecto profesional, vamos a desplegarlo en un servidor activo para que cualquiera con conexión a Internet pueda usarlo. Utilizaremos Platform.sh, una plataforma basada en web que permite administrar el despliegue de aplicaciones. Vamos a subir y ejecutar Learning Log en Platform.sh.

Crear una cuenta en Platform.sh

Para crear una cuenta, vaya a `https://platform.sh/` y haga clic el botón Free Trial. Platform.sh tiene un nivel gratuito que, en el momento de redactar estas líneas, no requiere usar una tarjeta de crédito. El periodo de prueba permite desplegar una aplicación con recursos mínimos, lo que le permitirá probar su proyecto en un entorno activo antes de comprometerse con un plan de *hosting* pago.

Nota: Puede consultar las limitaciones actuales del periodo gratuito de prueba en `https://platform.sh/free-trial`.

Instalar la CLI de Platform.sh

Para desplegar y administrar un proyecto en Platform.sh, necesitamos las herramientas disponibles en su CLI (*Command Line Interface*, interfaz de línea de comandos). Para instalar la versión más reciente de la CLI de Platform, visite `https://docs.platform.sh/development/cli.html` y siga las instrucciones para su sistema operativo. En la mayoría de los sistemas podrá instalar la CLI ejecutando el siguiente comando en un terminal:

```
$ curl -fsS https://platform.sh/cli/installer | php
```

Una vez haya terminado de ejecutarse este comando, tendrá que abrir una nueva ventana de terminal antes de poder utilizar la CLI.

Nota: Es probable que este comando no funcione en un terminal estándar en Windows. Puede utilizar Windows Subsystem for Linux (WSL) o un terminal de Git Bash. Si necesita instalar PHP, puede utilizar el instalador XAMPP de `https://apachefriends.org`. Si tiene dificultades para instalar la CLI de Platform.sh, consulte el apéndice E.

Instalar platformshconfig

Tendrá que instalar un paquete adicional, `platformshconfig`. Este paquete ayuda a detectar si el proyecto se está ejecutando en nuestro sistema local o en un servidor de Platform.sh. En un entorno virtual activo, escriba el siguiente comando:

```
(ll_env)learning_log$ pip install platformshconfig
```

Usaremos este paquete para modificar los ajustes de configuración del proyecto cuando se ejecute en un servidor en vivo.

Crear un archivo requirements.txt

El servidor remoto necesita saber de qué paquetes depende Learning Log, así que usaremos pip para generar un archivo que los recoja. De nuevo, desde un entorno virtual activo, emita el siguiente comando:

```
(ll_env)learning_log$ pip freeze > requirements.txt
```

El comando `freeze` le pide a pip que escriba los nombres de todos los paquetes instalados actualmente en el proyecto en el archivo `requirements.txt`. Abra este archivo para ver los paquetes y los números de versión instalados en su proyecto:

requirements.txt

```
asgiref==3.5.2
beautifulsoup4==4.11.1
Django==4.1
jango-bootstrap5==21.3
platformshconfig==2.4.0
soupsieve==2.3.2.post1
sqlparse==0.4.2
```

Learning Log ya depende de versiones específicas de siete paquetes diferentes, por lo que requiere un entorno adecuado para funcionar correctamente en un servidor remoto (hemos instalado tres de estos paquetes manualmente, mientras que otros cuatro se instalaron de manera automática como dependencias de estos paquetes). Cuando despleguemos Learning Log, Platform.sh instalará todos los paquetes enumerados en `requirements.txt`, creando un entorno con los mismos paquetes que utilizamos localmente. Por este motivo, podemos tener la tranquilidad de que el proyecto desplegado se comportará igual que en nuestro sistema. Este enfoque a la hora de gestionar un proyecto es de vital importancia a medida que empiece a crear y mantener varios proyectos en su sistema.

Nota: Si el número de versión de algunos de los paquetes de su sistema difiere de lo que aquí se muestra, mantenga la versión de su sistema.

Requisitos de despliegue adicionales

El servidor en vivo requiere dos paquetes adicionales. Estos paquetes se utilizan para servir el proyecto en un entorno de producción, donde muchos usuarios pueden estar realizando solicitudes al mismo tiempo.

En el mismo directorio donde se guarda `requirements.txt`, cree un nuevo archivo llamado `requirements_remote.txt`. Agregue a este archivo los dos paquetes que se muestran a continuación:

requirements_remote.txt

```
# Requisitos para el proyecto en vivo.
gunicorn
psycopg2
```

El paquete `gunicorn` responde a las solicitudes a medida que llegan al servidor remoto; esto reemplaza al servidor de desarrollo que hemos estado utilizando localmente. El paquete `psycopg2` es necesario para que Django gestione la base de datos de Postgres que utiliza Platform.sh. Postgres es una base de datos de código abierto muy adecuada para aplicaciones de producción.

Añadir archivos de configuración

Todas las plataformas de alojamiento requieren de alguna configuración para que un proyecto se ejecute correctamente en sus servidores. En esta sección, agregaremos tres archivos de configuración:

- `.platform.app.yaml`: Este es el archivo de configuración principal del proyecto. Le indica a Platform.sh qué tipo de proyecto estamos intentando implementar y qué tipo de recursos necesita nuestro proyecto, e incluye comandos para construir el proyecto en el servidor.
- `.platform/routes.yaml`: Este archivo define las rutas hacia nuestro proyecto. Cuando Platform.sh recibe una solicitud, esta es la configuración que ayuda a dirigir esas solicitudes a nuestro proyecto específico.
- `.platform/services.yaml`: Este archivo define cualquier servicio adicional que nuestro proyecto necesite.

Todos estos son archivos YAML (*YAML Ain't Markup Language*, "YAML no es un lenguaje de marcado"). YAML es un lenguaje diseñado para escribir archivos de configuración; está pensado para que tanto los humanos como los ordenadores lo puedan leer con facilidad. Podemos escribir o modificar un archivo YAML típico a mano, pero un ordenador también podrá leer e interpretar el archivo de manera inequívoca. Los archivos YAML son ideales para la configuración del despliegue, ya que nos brindan un control adecuado sobre lo que sucede durante el proceso de despliegue.

Hacer visibles los archivos ocultos

La mayoría de los sistemas operativos ocultan archivos y carpetas que comienzan con un punto, como `.platform`. Por defecto, al abrir un explorador de archivos no verá este tipo de archivos y carpetas. Sin embargo, como programador, es necesario verlos. Aquí se muestra cómo ver los archivos ocultos, en función del sistema operativo:

- En Windows, abra el Explorador de Windows. A continuación, abra una carpeta, como el Escritorio. Haga clic en la pestaña Ver y asegúrese de que estén marcadas las opciones Extensiones de archivo y Elementos ocultos.
- En macOS, puede presionar **Comando-Mayús-.** (punto) en cualquier ventana del Finder para ver archivos y carpetas ocultos.
- En sistemas Linux, como Ubuntu, pulse **Control-H** en cualquier explorador de archivos para mostrar archivos y carpetas ocultos. Para hacer que esta configuración sea permanente, abra un explorador de archivos, como Nautilus, y haga clic en la pestaña de opciones (indicada por tres líneas). Seleccione la casilla Mostrar archivos ocultos.

El archivo de configuración .platform.app.yaml

El primer archivo de configuración es el más extenso, ya que controla todo el proceso de implementación. Lo mostraremos por secciones; puede introducirlo manualmente en su editor de texto o descargar una copia desde los recursos del libro.

Aquí se muestra la primera parte de `.platform.app.yaml`, la cual debe guardarse en el mismo directorio que `manage.py`:

platform.app.yaml

```
❶ name: "ll_project"
   type: "python:3.10"

❷ relationships:
       database: "db:postgresql"

   # Configuración de la app cuando se expone a la web.
❸ web:
       upstream:
           socket_family: unix
       commands:
❹          start: "gunicorn -w 4 -b unix:$SOCKET ll_project.wsgi:application"
❺      locations:
           "/":
               passthru: true
           "/static": Styling and Deploying an App
               root: "static"
               expires: 1h
               allow: true

   # Tamaño del disco persistente de la aplicación (en MB).
❻ disk: 512
```

Al guardar este archivo, asegúrese de incluir el punto al principio del nombre de archivo. Si omite el punto, Platform.sh no encontrará el archivo y su proyecto no se implementará. En este momento, no es necesario que comprenda todo en `.platform.app.yaml`; resaltaré las partes más importantes de la configuración. El archivo comienza especificando el nombre (`name`) del proyecto, que hemos llamado `'ll_project'` para que sea coherente con el nombre que utilizamos al iniciar el proyecto ❶. También debemos especificar la versión de Python que estamos utilizando (3.10 en el momento de redactar estas líneas). Puede encontrar una lista de versiones admitidas en `https://docs.platform.sh/languages/python.html`. A continuación, hay una sección etiquetada como `relationships` que define otros servicios que necesita el proyecto ❷. Aquí, la única relación es con una base de datos Postgres. A continuación, encontramos la sección `web` ❸. La sección `commands:start` le indica a Platform.sh qué proceso usar para atender las solicitudes entrantes. Aquí estamos especificando que `gunicorn` gestionará las solicitudes ❹. Este comando reemplaza el comando `python manage.py runserver` que hemos estado utilizando localmente. La sección `locations` le indica a Platform.sh dónde enviar las solicitudes entrantes ❺. La mayoría de las solicitudes deben pasarse a `gunicorn`; nuestros archivos `urls.py` le indicarán a `gunicorn` exactamente cómo manejar esas solicitudes. Las solicitudes de archivos estáticos se manejarán por separado y se actualizarán una vez por hora. La última línea muestra que estamos solicitando 512 MB de espacio en disco en uno de los servidores de Platform.sh ❻. El resto de `.platform.app.yaml` es como se muestra a continuación:

```
--fragmento omitido--
disk: 512

# Establece un modelo local de lectura/escritura para los registros.
❶ mounts:
    "logs":
        source: local
        source_path: logs

# Hooks ejecutados en varios puntos del ciclo de vida de la aplicación.
❷ hooks:
    build: |
❸       pip install --upgrade pip
        pip install -r requirements.txt
        pip install -r requirements_remote.txt

        mkdir logs
❹       python manage.py collectstatic
        rm -rf logs
❺   deploy: |
        python manage.py migrate
```

El apartado `mounts` ❶ nos permite definir directorios en los que podemos leer y escribir datos mientras el proyecto está en ejecución. Esta sección define un directorio `logs/` para el proyecto implementado. El apartado `hooks` ❷ define acciones que se toman en varios puntos durante el proceso de despliegue. En la sección `build`, instalamos todos los paquetes necesarios para servir el proyecto en el entorno en vivo ❸. También ejecutamos `collectstatic` ❹, que recopila todos los archivos estáticos necesarios para el proyecto en un solo lugar para que puedan ser servidos eficientemente. Por último, en el apartado `deploy` ❺, especificamos que las migraciones deben ejecutarse cada vez que se implementa el proyecto. En un proyecto sencillo, esto no tendrá ningún efecto si no ha habido cambios. Los otros dos archivos de configuración son mucho más cortos; vamos a escribirlos ahora.

El archivo de configuración routes.yaml

Una ruta es el camino que sigue una solicitud mientras es procesada por el servidor. Cuando una solicitud es recibida por Platform.sh, necesita saber hacia dónde dirigirla.

Cree una nueva carpeta llamada `.platform` en el mismo directorio que `manage.py`. Asegúrese de incluir el punto al principio del nombre. Dentro de esa carpeta, cree un archivo llamado `routes.yaml` y escriba lo siguiente:

.platform.routes.yaml

```
# Cada ruta describe la manera en la que Platform.sh procesará una URL entrante.

"https://{default}/":
    type: upstream
    upstream: "ll_project:http"

"https://www.{default}/":
    type: redirect
    to: "https://{default}/"
```

Este archivo se asegura de que solicitudes como `https://project_url.com` y `www.project_url.com` se enrutan hacia el mismo lugar.

El archivo de configuración services.yaml

Este último archivo de configuración especifica los servicios que nuestro proyecto va a necesitar para ejecutarse. Guarde este archivo en el directorio `.platform`, junto a `routes.yaml`:

.platform.routes.yaml

```
# Cada uno de los servicios enumerados se desplegará en su propio contenedor como parte de su
#   proyecto Platform.sh

db:
    type: postgresql:12
    disk: 1024
```

Este archivo define un servicio: una base de datos Postgres.

Modificar settings.py en Platform.sh

Ahora necesitamos añadir una sección al final de `settings.py` para modificar algunos de los ajustes de configuración del entorno de Platform.sh. Añada el siguiente código al final de `settings.py`:

settings.py

```
--fragmento omitido--
# Ajustes de configuración de Platform.sh
❶ from platformshconfig import Config

config = Config()
❷ if config.is_valid_platform():
❸     ALLOWED_HOSTS.append('.platformsh.site')

❹     if config.appDir:
         STATIC_ROOT = Path(config.appDir) / 'static'
❺     if config.projectEntropy:
         SECRET_KEY = config.projectEntropy

     if not config.in_build():
❻         db_settings = config.credentials('database')
         DATABASES = {
             'default': {
                 'ENGINE': 'django.db.backends.postgresql',
                 'NAME': db_settings['path'],
                 'USER': db_settings['username'],
                 'PASSWORD': db_settings['password'],
                 'HOST': db_settings['host'],
                 'PORT': db_settings['port'],
             },
         }
```

Normalmente, colocamos las declaraciones de importación al principio de un módulo; en este caso, sin embargo, es útil mantener todas las configuraciones específicas para el servidor remoto en una sección. Aquí importamos `Config` de `platformshconfig` ❶, lo cual ayuda a determinar las configuraciones en el servidor remoto. Solo modificamos las configuraciones si el método `config.is_valid_platform()` devuelve `True` ❷, lo que indica que las configuraciones se están utilizando en un servidor de Platform.sh. Modificamos `ALLOWED_HOSTS` para permitir que el proyecto sea servido por *hosts* que terminan en `.platformsh.site` ❸. Todos los proyectos implementados en el nivel gratuito se servirán utilizando este *host*. Si las configuraciones se están cargando en el directorio de la aplicación implementada ❹, establecemos `STATIC_ROOT` para que los archivos estáticos se sirvan correctamente. También configuramos una `SECRET_KEY` más segura en el servidor remoto ❺.

Por último, configuramos la base de datos de producción ❻. Esto solo se establece si el proceso de construcción ha finalizado y el proyecto está en funcionamiento. Todo lo que ve aquí es necesario para permitir que Django se comunique con el servidor de Postgres que Platform.sh configuró para el proyecto.

Usar Git para hacer un seguimiento de los archivos del proyecto

Como comentamos en el capítulo 17, Git es un programa de control de versiones que permite hacer una instantánea del código del proyecto cada vez que implementamos con éxito una nueva característica. Si algo se tuerce, podemos volver con facilidad a la última instantánea que funcionaba bien; por ejemplo, si introducimos por accidente un error al trabajar en una característica nueva. Cada instantánea recibe el nombre de confirmación. Si usa Git, puede probar la implementación de características nuevas sin temor a estropear el proyecto. Cuando esté desplegando el proyecto en un servidor, es necesario asegurarse de que lo que está desplegando es una versión operativa de su proyecto. Para saber más sobre Git y el control de versiones, consulte el apéndice D.

Instalar Git

Puede que ya tenga Git instalado en el sistema. Para comprobarlo, abra una ventana de terminal nueva y emita el comando `git --version`:

```
(ll_env)learning_log$ git --version
git version 2.30.1 (Apple Git-130)
```

Si obtiene un mensaje indicando que Git no está instalado, consulte las instrucciones de instalación de Git en el apéndice D.

Configurar Git

Git lleva un seguimiento de quién hace cambios en un proyecto, incluso cuando solo hay una persona trabajando en él. Para ello, necesita saber su nombre de usuario y dirección de correo electrónico. Debe proporcionar su nombre de usuario, pero puede inventarse un correo para los proyectos de prácticas:

```
(ll_env)learning_log$ git config --global user.name "ehmatthes"
(ll_env)learning_log$ git config --global user.email "eric@example.com"
```

Si olvida este paso, Git le solicitará esta información cuando realice su primera confirmación.

Ignorar archivos

No necesitamos que Git haga un seguimiento de todos los archivos del proyecto, así que le diremos que ignore algunos. Cree un archivo llamado .gitignore en la carpeta que contiene manage.py. Observe que este nombre de archivo empieza con un punto y no tiene extensión. Este es el código que debe incluir en .gitignore:

.gitignore

```
ll_env/
__pycache__/
*.sqlite3
```

Le indicamos a Git que ignore todo el directorio ll_env porque podemos volver a crearlo automáticamente en cualquier momento. Tampoco seguiremos el rastro de la carpeta __pycache__, que contiene los archivos .pyc que se crean de manera automática cuando se ejecutan los archivos .py. No haremos un seguimiento de los cambios en la base de datos local porque es una mala costumbre: si alguna vez usa SQLite en un servidor, puede sustituir sin querer la base de datos en vivo con su base local de prueba al llevar el proyecto al servidor. El asterisco en *.sqlite3 le dice a Git que ignore cualquier archivo con la extensión .sqlite3.

Nota: Si usa macOS, añada .DS_Store al archivo .gitignore. Se trata de un fichero que almacena información sobre la configuración de carpeta en macOS y no tiene nada que ver con este proyecto.

Confirmar el proyecto

Necesitamos inicializar un repositorio de Git para Learning Log, añadir todos los archivos necesarios y confirmar el estado inicial del proyecto. Se hace así:

```
❶ (ll_env)learning_log$ git init
  Initialized empty Git repository in /Users/eric/.../learning_log/.git/
❷ (ll_env)learning_log$ git add .
❸ (ll_env)learning_log$ git commit -am "Ready for deployment to Platform.sh."
  [main (root-commit) c7ffaad] Ready for deployment to Platform.sh.
  42 files changed, 879 insertions(+)
  create mode 100644 .gitignore
  create mode 100644 . platform.app.yaml
  --fragmento omitido--
  create mode 100644 requirements_remote.txt
❹ (ll_env)learning_log$ git status
  On branch main
  nothing to commit, working tree clean
  (ll_env)learning_log$
```

Emitimos el comando git init para inicializar un repositorio vacío en el directorio que contiene Learning Log ❶. A continuación, usamos el comando git add ., que añade al repositorio todos los archivos que no se están ignorando ❷. (No olvide el punto). Después, emitimos el comando git commit -am mensaje de confirmación: la bandera -a le dice a Git que incluya todos los archivos modificados en esta confirmación y -m le dice que registre un mensaje de registro ❸. El uso del comando git status ❹ indica que estamos en la rama maestra y que nuestro árbol de trabajo está limpio. Es el estado que nos conviene siempre que pasemos el proyecto a un servidor remoto.

Crear un proyecto en Platform.sh

En este punto, el proyecto Learning Log todavía se está ejecutando en nuestro sistema local y también está configurado para funcionar correctamente en un servidor remoto. Utilizaremos la CLI de Platform.sh para crear un nuevo proyecto en el servidor y luego enviar nuestro proyecto al servidor remoto.

Asegúrese de estar en un terminal, en el directorio learning_log/, y emita el siguiente comando:

```
(ll_env)learning_log$ platform login
Opened URL: http://127.0.0.1:5000
Please use the browser to log in.
--fragmento omitido--
❶ Do you want to create an SSH configuration file automatically? [Y/n] Y
```

Este comando abrirá una pestaña del navegador donde puede iniciar sesión. Una vez haya iniciado sesión, cierre la pestaña del navegador y regrese al terminal. Si se le solicita crear un archivo de configuración SSH ❶, escriba Y para poder conectarse al servidor remoto más tarde.

Ahora crearemos un proyecto. Dado que la salida es muy larga, veremos el proceso de creación por partes. Comenzaremos emitiendo el comando create:

```
(ll_env)learning_log$ platform create
* Project title (--title)
Default: Untitled Project
❶ > ll_project

* Region (--region)
The region where the project will be hosted
   --fragmento omitido--
   [us-3.platform.sh] Moses Lake, United States (AZURE) [514 gC02eq/kWh]
❷ > us-3.platform.sh
* Plan (--plan)
Default: development
Enter a number to choose:
   [0] development
   --fragmento omitido--
❸ > 0

* Environments (--environments)
```

```
The number of environments
Default: 3
❹ > 3

* Storage (--storage)
The amount of storage per environment, in GiB
Default: 5
❺ > 5
```

El primer mensaje solicita un nombre para el proyecto ❶, por lo que utilizamos el nombre `ll_project`. El siguiente mensaje pregunta en qué región queremos que esté el servidor ❷. Elija el servidor más cercano a usted; en mi caso, `us-3.platform.sh`. Para el resto de los mensajes, puede aceptar las opciones predeterminadas: un servidor en el plan de desarrollo de nivel inferior ❸, tres entornos para el proyecto ❹ y 5 GB de almacenamiento para el proyecto en general ❺.

Hay tres mensajes adicionales a los que debemos responder:

```
Default branch (--default-branch)
The default Git branch name for the project (the production environment)
Default: main
❶ > main

Git repository detected: /Users/eric/.../learning_log
❷ Set the new project ll_project as the remote for this repository? [Y/n] Y

The estimated monthly cost of this project is: $10 USD
❸ Are you sure you want to continue? [Y/n] Y

The Platform.sh Bot is activating your project
```

```
The project is now ready!
```

Un repositorio de Git puede tener varias ramas; Platform.sh nos pregunta si la rama predeterminada para el proyecto debe ser `main` ❶. Después, pregunta si queremos conectar el repositorio del proyecto local con el repositorio remoto ❷. Finalmente, se nos informa que este proyecto costará aproximadamente 10 dólares por mes si lo mantenemos en funcionamiento más allá del periodo de prueba gratuito ❸. Si aún no hemos ingresado una tarjeta de crédito, no debería preocuparse por el coste. Platform.sh simplemente suspenderá su proyecto si supera los límites del periodo de prueba gratuito sin agregar una tarjeta de crédito.

Pasar a Platform.sh

El último paso antes de ver la versión en vivo del proyecto consiste en pasar nuestro código al servidor remoto. Para ello, emitiremos el siguiente comando:

```
(ll_env)learning_log$ platform push
❶ Are you sure you want to push to the main (production) branch? [Y/n] Y
  --fragmento omitido--
  The authenticity of host 'git.us-3.platform.sh (...)' can't be established.
  RSA key fingerprint is SHA256:Tvn...7PM
❷ Are you sure you want to continue connecting (yes/no/[fingerprint])? Y
  Pushing HEAD to the existing environment main
    --fragmento omitido--
    To git.us-3.platform.sh:3pp3mqcexhlvy.git
    * [new branch]    HEAD -> main
```

Cuando emita el comando `platform push`, se le solicitará una confirmación adicional de si desea enviar el proyecto ❶. Es posible que vea un mensaje sobre la autenticidad de Platform.sh, si es la primera vez que se conecta al sitio ❷. Escriba Y para cada uno de estos mensajes; verá una salida muy larga en pantalla. Esta salida probablemente le parecerá confusa al principio, pero, si algo sale mal, es realmente útil contar con ella en la fase de solución de problemas. Si analiza esta salida, puede ver dónde Platform.sh instala paquetes necesarios, recopila archivos estáticos, aplica migraciones y configura las URL para el proyecto.

Nota: Es posible que identifique un error fácil de diagnosticar, como por ejemplo un error tipográfico en uno de los archivos de configuración. De ser así, corrija el error en su editor de texto, guarde el archivo y vuelva a emitir el comando `git commit`. Después puede ejecutar de nuevo `platform push`.

Ver el proyecto en vivo

Una vez haya completado la operación de envío, puede abrir el proyecto:

```
(ll_env)learning_log$ platform url
Enter a number to open a URL
  [0] https://main-bvxea6i-wmye2fx7wwqgu.us-3.platformsh.site/
  --fragmento omitido--
> 0
```

El comando `platform url` enumera las URL asociadas con un proyecto implementado; se le ofrecerá una selección de varias URL, todas válidas para su proyecto. Elija una y su proyecto se abrirá en una nueva pestaña del navegador. Se verá igual que el proyecto que hemos estado ejecutando localmente, pero puede compartir esta URL con cualquier persona en el mundo, que podrá acceder a su proyecto y utilizarlo.

Nota: Cuando implemente su proyecto con una cuenta de prueba, no se sorprenda si a veces tarda más de lo habitual en cargar una página. En la mayoría de las plataformas de alojamiento, los recursos gratuitos que están inactivos a menudo se suspenden y solo se reinician cuando llegan nuevas solicitudes. La mayoría de las plataformas son mucho más receptivas en planes de alojamiento pagados.

Refinar el despliegue de Platform.sh

A continuación, refinaremos el despliegue creando un superusuario, igual que hicimos localmente. También haremos que el proyecto sea más seguro cambiando la configuración DEBUG a False, para que los mensajes de error no muestren a los usuarios información adicional que podrían utilizar para atacar el servidor.

Crear un superusuario en Platform.sh

La base de datos para el proyecto en vivo se ha configurado, pero está completamente vacía. Todos los usuarios que creamos anteriormente solo existen en nuestra versión local del proyecto. Para crear un superusuario en la versión en vivo del proyecto, iniciaremos una sesión SSH (del inglés *secure socket shell*) donde podremos ejecutar comandos de gestión en el servidor remoto:

```
(ll_env)learning_log$ platform envireonment:ssh


       __ _       _    __                     _  _
   | _ \ |_  _| |_ / _|__  _ __ _ _      _| || |
   |  _/ / _` |  _| |  _/ _ \ '_| '  \  \ _(_-< ' \
   |_| |_\_,_|\_|_| \__/_| |_|_|_|(_)__/_||_|


Welcome to Platform.sh.

web@ll_project.0:~$ ls
accounts learning_logs ll_project logs manage.py requirements.txt
   requirements_remote.txt static
web@ll_project.0:~$ python manage.py createsuperuser
Username (leave blank to use 'web'): ll_admin_live
Email address:
Password:
Password (again):
Superuser created successfully.
web@ll_project.0:~$ exit
logout
Connection to ssh.us-3.platform.sh closed.
(ll_env)learning_log$
```

❶ `web@ll_project.0:~$ ls`
❷ `web@ll_project.0:~$ python manage.py createsuperuser`
❸ `Username (leave blank to use 'web'): ll_admin_live`
❹ `web@ll_project.0:~$ exit`
❺ `(ll_env)learning_log$`

Cuando ejecute por primera vez el comando platform environment:ssh, es posible que reciba otro aviso sobre la autenticidad de este *host*. Si ve este mensaje, escriba Y: debería conectarse a una sesión de terminal remota. Después de ejecutar el comando ssh, su terminal actuará como una terminal en el servidor remoto. Tenga en cuenta que su indicador de comando ha cambiado para señalar que se encuentra en una sesión web asociada con el proyecto llamado ll_project ❶. Si emite el comando ls, verá los archivos que se han enviado al servidor de Platform.sh.

Emita el mismo comando createsuperuser que utilizamos en el capítulo 18 ❷. En esta ocasión he empleado un nombre de usuario de administrador, ll_admin_live, diferente del que utilicé localmente ❸. Cuando termine de trabajar en la sesión de terminal remota, escriba el comando exit ❹. Su indicador de comando indicará que está trabajando de nuevo en su sistema local ❺.

Ahora puede añadir /admin/ al final de la URL de la aplicación en vivo e iniciar sesión en el sitio admin. Si otras personas ya han empezado a usar su proyecto, tenga en cuenta que tendrán acceso a todos sus datos. No se lo tome a la ligera; los usuarios seguirán confiándole sus datos.

Nota: Los usuarios de Windows usarán los mismos comandos que se muestran aquí (como ls en vez de dir), porque estamos ejecutando un terminal de Linux mediante una conexión remota.

Asegurar el proyecto en vivo

Hay un problema de seguridad muy evidente en la forma en que tenemos desplegado el proyecto ahora mismo: la configuración DEBUG=True en settings.py, que proporciona mensajes de depuración cuando se produce un error. Las páginas de error de Django ofrecen información de depuración de vital importancia al desarrollar un proyecto, pero dejar esta opción habilitada en un servidor ofrece demasiada información a los atacantes.

Para comprobar la gravedad de este problema, vaya a la página de inicio del proyecto implementado. Inicie sesión en la cuenta de un usuario y agregue /topics/999/ al final de la URL de la página de inicio. Suponiendo que no haya creado miles de temas, debería ver una página con el mensaje DoesNotExist at /topics/999/. Si se desplaza hacia abajo, debería ver una gran cantidad de información sobre el proyecto y el servidor. No queremos que nuestros usuarios vean esto, y ciertamente no querríamos que esta información estuviera al alcance de cualquier persona interesada en atacar el sitio. Podemos evitar que esta información se muestre en el sitio en vivo configurando DEBUG = False en la parte de settings.py que solo se aplica a la versión desplegada del proyecto. De esta manera, continuará viendo información de depuración localmente, donde esa información es útil, pero no se mostrará en el sitio en vivo.

Abra settings.py en su editor de texto y añada una línea de código a la parte que modifica la configuración de Platform.sh:

settings.py

```
--fragmento omitido--
if config.is_valid_platform():
    ALLOWED_HOSTS.append('.platformsh.site')
    DEBUG = False
    --fragmento omitido--
```

Todo el trabajo para configurar la versión desplegada del proyecto ha dado sus frutos. Cuando queramos ajustar la versión en vivo del proyecto, simplemente cambiamos la parte relevante de la configuración que establecimos anteriormente.

Confirmar y pasar cambios

Ahora tenemos que confirmar los cambios realizados en settings.py y pasar los cambios a Platform.sh. A continuación, se muestra una sesión de terminal con la primera parte de dicho proceso:

```
❶ ll_env)learning_log$ git commit -am "Set DEBUG False on live site."
  [main d2ad0f7] Set DEBUG False on live site.
     1 file changed, 1 insertion(+)
❷ (ll_env)learning_log$ git status
  On branch main
  nothing to commit, working tree clean
  (ll_env)learning_log$
```

Emitimos el comando `git commit` con un mensaje de confirmación breve pero descriptivo ❶. Recuerde que la bandera `-am` se asegura de que Git conforma todos los archivos que hemos modificado y registra el mensaje en el registro. Git se da cuenta de que un archivo ha cambiado y confirma este cambio al repositorio.

Al ejecutar `git status` se muestra que estamos trabajando en la rama principal del repositorio y ya no hay cambios nuevos que confirmar ❷. Es importante comprobar el estado de este mensaje antes del paso a un servidor remoto. Si no vemos un estado limpio, esto significa que algunos cambios no se han confirmado y no pasarán al servidor. Puede probar a emitir el comando `commit` de nuevo. Si no está seguro de cómo resolver el problema, consulte el apéndice D para entender mejor cómo trabajar con Git. Ahora vamos a pasar el repositorio actualizado a Platform.sh:

```
(ll_env)learning_log$ platform push
Are you sure you want to push to the main (production) branch? [Y/n] Y
Pushing HEAD to the existing environment main
--fragmento omitido--
   To git.us-3.platform.sh:wmye2fx7wwqgu.git
   fce0206..d2ad0f7   HEAD -> main
   (ll_env)learning_log$
```

Platform.sh se da cuenta de que se ha actualizado el repositorio y reconstruye el proyecto para asegurarse de que todos los cambios se tienen en cuenta. No reconstruye la base de datos, por lo que no hemos perdido ningún dato.

Para asegurarse de que las modificaciones han surtido efecto, visite nuevamente la URL `topics/999`. Debería ver solamente el mensaje "Error del servidor (500)", sin ninguna información confidencial sobre el proyecto.

Crear páginas de error personalizadas

En el capítulo 19, configuramos Learning Log para devolver un error 404 si el usuario solicita un tema o entrada que no le pertenece. También hemos visto errores de servidor 500 (errores internos). Un error 404 suele significar que el código de Django es correcto, pero el objeto solicitado no existe. Por lo general, un error 500 significa que hay un error en el código que hemos escrito, por ejemplo, en una función de `views.py`. Actualmente, Django devuelve la misma página de error genérica en ambos casos, pero podemos escribir nuestras propias plantillas de página de error 404 y 500 a juego con la apariencia de Learning Log. Estas plantillas deben ir en el directorio de la plantilla raíz.

Crear plantillas personalizadas

En la carpeta `learning_log`, cree una llamada `templates`. Después, cree un archivo llamado `404.html`; la ruta para este archivo debería ser `learning_log/templates/404.html`. Aquí tiene el código para este archivo:

404.html

```
{% extends "learning_logs/base.html" %}

{% block page_header %}
  <h2>The item you requested is not available. (404)</h2>
{% endblock page_header %}
```

Esta sencilla plantilla ofrece la información de la página de error 404 genérica, pero con un estilo que encaja con el resto del sitio.

Cree otro archivo llamado `500.html` con el siguiente código:

500.html

```
{% extends "learning_logs/base.html" %}

{% block page_header %}
  <h2>There has been an internal error. (500)</h2>
{% endblock page_header %}
```

Estos archivos nuevos requieren un pequeño cambio en `settings.py`.

settings.py

```
--fragmento omitido--
TEMPLATES = [
    {
        'BACKEND': 'django.template.backends.django.DjangoTemplates',
        'DIRS': [BASE_DIR / 'templates')],
        'APP_DIRS': True,
        --fragmento omitido--
    },
]
--fragmento omitido--
```

Este cambio le pide a Django que busque en el directorio de plantilla raíz las plantillas para páginas de error, así como cualquier otra plantilla que no esté asociada a una *app* en particular.

Pasar los cambios a Platform.sh

Ahora, tenemos que confirmar y los cambios que acabamos de realizar y pasarlos a Platform.sh:

```
❶ (ll_env)learning_log$ git add .
❷ (ll_env)learning_log$ git commit -am "Added custom 404 and 500 error pages."
files changed, 11 insertions(+), 1 deletion(-)
create mode 100644 templates/404.html
```

```
     create mode 100644 templates/500.html
❸ (ll_env)learning_log$ platform push
  --fragmento omitido--
     To git.us-3.platform.sh:wmye2fx7wwqgu.git
        d2ad0f7..9f042ef   HEAD -> main
  (ll_env)learning_log$
```

Emitimos el comando `git add .` ❶ porque hemos creado algunos archivos nuevos en el proyecto. Después confirmamos los cambios ❷ y enviamos el proyecto actualizado a Platform.sh ❸. Ahora, cuando aparezca una página de error, debería tener el mismo estilo que el resto del sitio, lo que brinda una experiencia de usuario más fluida cuando se producen errores.

Desarrollo continuo

Es posible que quiera seguir desarrollando Learning Log después de pasarlo por primera vez al servidor o desarrollar sus propios proyectos para desplegar. Para ello, contamos con un proceso bastante consistente a la hora de actualizar proyectos.

Primero, haga todos los cambios necesarios en el proyecto local. Si los cambios producen nuevos archivos, añádalos al repositorio de Git con el comando `git add .` (asegúrese de incluir el punto al final del comando). Cualquier cambio que requiera una migración de la base de datos necesitará este comando porque cada migración genera un nuevo archivo.

Segundo, confirme los cambios en el repositorio con `git commit -am "commit message"`. Después, páselos a Platform.sh con el comando `platform push`. Visite el proyecto en vivo y asegúrese de que los cambios que esperaba ver han surtido efecto.

Es fácil cometer errores en este proceso; no se sorprenda si algo sale mal. Si el código no funciona, repase lo que ha hecho en busca del fallo. Si no lo encuentra o no sabe cómo deshacerlo, consulte las sugerencias para obtener ayuda del apéndice C. No tema pedir ayuda: todos hemos aprendido a crear proyectos haciendo las mismas preguntas que seguramente le surgirán. Otros programadores estarán encantados de ayudarle. Resolver los problemas que vayan surgiendo le ayudará a seguir desarrollando sus habilidades hasta construir proyectos significativos y fiables. Entonces, podrá responder a las preguntas de otros.

Borrar un proyecto en Platform.sh

Es una práctica muy recomendable pasar por la fase de despliegue varias veces con el mismo proyecto o una serie de proyectos pequeños para familiarizarse con esta fase. No obstante, debe saber cómo eliminar los proyectos desplegados. Platform.sh también limita el número de proyectos que podemos alojar gratis y no le conviene saturar su cuenta con proyectos de prácticas.

Para borrar un proyecto usando la CLI:

```
(ll_env)learning_log$ platform project:delete
```

Se le pedirá que confirme que desea realizar esta acción de borrado. Responda a las indicaciones y su proyecto será eliminado.

El comando `platform create` le proporcionaba también al repositorio Git local una referencia al repositorio remoto en los servidores de Platform.sh. También puede eliminar este repositorio remoto desde la línea de comandos:

```
(ll_env)learning_log$ git remote
platform
(ll_env)learning_log$ git remote remove platform
```

El comando `git remote` enumera los nombres de todas las URL remotas asociadas con el repositorio actual. El comando `git remote remove nombre_remoto` elimina estas URL remotas del repositorio local.

También puede eliminar los recursos de un proyecto iniciando sesión en el sitio web de Platform.sh y visitando su panel de control en `https://console.platform.sh`. Esta página enumera todos sus proyectos activos. Haga clic en los tres puntos en el cuadro de un proyecto y seleccione Editar plan. Esta es una página de precios para el proyecto; haga clic en el botón Eliminar proyecto en la parte inferior de la página y se le mostrará una página de confirmación donde puede confirmar la eliminación. Incluso si eliminó su proyecto usando la CLI, es una buena idea familiarizarse con el panel de control de cualquier proveedor de alojamiento en el que implemente sus proyectos.

Nota: Borrar un proyecto en Platform.sh no afecta en absoluto a la versión local del proyecto. Si nadie ha utilizado su proyecto desplegado y simplemente está practicando el proceso de implementación, es perfectamente razonable borrar su proyecto en Platform.sh y volver a desplegarlo. Simplemente, tenga en cuenta que, si algo deja de funcionar, puede que se haya topado con las limitaciones propias de la versión gratuita.

PRUÉBELO

- **20-3. Blog en vivo:** Despliegue el proyecto Blog en el que ha estado trabajando con Platform.sh. Asegúrese de configurar DEBUG como False para que los usuarios no vean las páginas de error de Django completas si hay algún error.
- **20-4. Learning Log ampliado:** Añada una característica a Learning Log y pase el cambio al despliegue en vivo. Pruebe un cambio sencillo, como escribir más información sobre el proyecto en la página de inicio. Después pruebe a añadir una funcionalidad más avanzada, como dar a los usuarios la opción de hacer público un tema. Esto requeriría un atributo llamado public como parte del modelo Topic (que debería estar configurado como False por defecto) y un elemento de formulario en la página new_topic que permita al usuario cambiar un tema de privado a público. A continuación, tendría que migrar el proyecto y revisar views.py con el fin de que cualquier tema público sea también visible para usuarios sin autenticar.

Resumen

En este capítulo, ha aprendido a dar a sus proyectos un aspecto sencillo pero profesional con la biblioteca Bootstrap y la aplicación django-bootstrap5. Con Bootstrap, los estilos que elija funcionarán de manera consistente en casi cualquier dispositivo que un usuario emplee para acceder a su proyecto.

Ha aprendido sobre plantillas de Bootstrap y ha utilizado la plantilla `Navbar static` para crear un aspecto sencillo para Learning Log. Ha usado un *jumbotron* para destacar un mensaje en la página de inicio y ha aprendido a dar un estilo consistente a todas las páginas de un sitio.

En la última parte del proyecto, ha aprendido a desplegar un proyecto en un servidor remoto para que cualquiera pueda acceder al mismo. Ha creado una cuenta en Platform.sh e instalado algunas herramientas que le ayudarán en el proceso de despliegue. Ha utilizado Git para confirmar el proyecto, ya funcionando, en un repositorio, y ha pasado el repositorio a un servidor remoto en Platform.sh. Por último, ha aprendido a empezar a asegurar una aplicación configurando `DEBUG=False` en el servidor. Además, ha creado páginas de error personalizadas, con el fin de que los errores que inevitablemente aparecerán den la impresión de estar bien gestionados.

Ahora que ha terminado Learning Log, puede empezar a crear sus propios proyectos. Empiece por algo sencillo y asegúrese de que su proyecto funciona antes de hacerlo más complejo. Disfrute mientras sigue aprendiendo y ¡buena suerte con sus proyectos!

PARTE III

APÉNDICES

A

INSTALACIÓN Y SOLUCIÓN DE PROBLEMAS

 Existen muchas versiones de Python disponibles y numerosas formas de configurarlo en cada sistema operativo. Si el enfoque explicado en el capítulo 1 no le ha funcionado o si prefiere instalar una versión de Python distinta a la que tiene actualmente instalada, las instrucciones de este apéndice le ayudarán.

Python en Windows

Las instrucciones del capítulo 1 muestran cómo instalar Python con el instalador oficial de https://python.org/. Si Python no funciona después de usar el instalador, las instrucciones de esta sección deberían ayudarle a instalarlo y ponerlo en marcha.

Usar py en lugar de python

Si ejecuta un instalador reciente de Python y a continuación emite el comando python en un terminal, debería ver el indicador de Python para una sesión de terminal (>>>). Cuando Windows no reconoce el comando python, abre la Tienda Microsoft porque cree que Python no está instalado, o verá un mensaje como "Python no se encontró". Si se abre la Tienda Microsoft, ciérrela; es mejor utilizar el instalador oficial de Python desde https://python.org en lugar del instalador de Microsoft.

La solución más sencilla, sin realizar cambios en su sistema, es probar el comando `py`. Se trata de una funcionalidad de Windows que permite encontrar la última versión de Python instalada en su sistema y ejecuta ese intérprete. Si este comando le funciona y desea utilizarlo, utilice `py` en cualquier lugar donde vea el comando `python` o `python3` en este libro.

Volver a ejecutar el instalador

La razón más común por la que Python no funciona es que solemos olvidarnos de seleccionar la opción Add Python to PATH al ejecutar el instalador; es fácil caer en este error. La variable PATH es una configuración del sistema que le indica a Python dónde buscar programas frecuentemente utilizados. En este caso, Windows no sabe cómo encontrar el intérprete de Python.

La solución más sencilla en esta situación es volver a ejecutar el instalador. Si hay un instalador más reciente disponible en `https://python.org`, descargue el nuevo instalador y ejecútelo, asegurándose de marcar la casilla Add Python to Path.

Si ya tiene el instalador más reciente, ejecútelo de nuevo y seleccione la opción Modify. Verá una lista de características opcionales; mantenga las opciones predeterminadas seleccionadas en esta pantalla. Luego, haga clic en Next y marque la casilla Add Python to Environment Variables. Finalmente, haga clic en Install. El instalador reconocerá que Python ya está instalado y añadirá la ubicación del intérprete de Python a la variable PATH. Asegúrese de cerrar las terminales abiertas, ya que seguirán utilizando la antigua variable PATH. Abra una nueva ventana de terminal.

Python en macOS

Las instrucciones de instalación del capítulo 1 utilizan el instalador oficial de Python de `https://python.org/`. Este instalador lleva años funcionando muy bien, pero algunas cosas pueden despistarnos. Esta sección le ayudará si algo no funciona como debería.

Instalar por error la versión Apple de Python

Si ejecuta el comando `python3` y Python aún no está instalado en su sistema, es muy probable que vea un mensaje indicando que es necesario instalar las herramientas de desarrollo de línea de comandos. El enfoque más recomendable en este punto es cerrar la ventana emergente que muestra este mensaje, descargar el instalador de Python desde `https://python.org` y ejecutar el instalador.

Si opta por instalar las herramientas de desarrollo de línea de comandos en este punto, macOS instalará la versión de Python de Apple junto con las herramientas de desarrollo. El único problema es que la versión de Python de Apple suele estar algo desactualizada en comparación con la última versión oficial de Python. No obstante, puede descargar y ejecutar el instalador oficial desde `https://python.org`, y `python3` apuntará entonces a la versión más nueva. No se preocupe por tener las herramientas de desarrollo instaladas; allí encontrará algunas herramientas útiles, incluido el sistema de control de versiones Git que se explica en el apéndice D.

Python 2 en versiones antiguas de macOS

En versiones anteriores de macOS, antes de Monterey (macOS 12), se instalaba por defecto una versión desactualizada de Python 2. En estos sistemas, el comando `python` apunta al intérprete del sistema desactualizado. Si utiliza una versión de macOS con Python 2 instalado, asegúrese de usar el comando `python3`. De este modo, siempre estará utilizando la versión de Python que haya instalado.

Python en Linux

Python se incluye por defecto en casi todos los sistemas Linux. Sin embargo, si la versión predeterminada en su sistema es anterior a Python 3.9, deberá instalar la versión más reciente. También puede instalar la versión más reciente si desea contar con las funcionalidades más recientes, como los mensajes de error mejorados de Python. Las siguientes instrucciones deberían funcionar para la mayoría de los sistemas apt.

Usar la instalación por defecto de Python

Si desea utilizar la versión de Python a la que apunta `python3`, asegúrese de tener estos tres paquetes adicionales instalados:

```
$ sudo apt install python3-dev python3-pip python3-venv
```

Estos paquetes incluyen herramientas útiles para desarrolladores, así como herramientas que le permitirán instalar paquetes de terceros, como las que se utilizan en los apartados de proyectos de este libro.

Instalar la última versión de Python

Usaremos un paquete llamado `deadnakes`, que facilita la tarea de instalar múltiples versiones de Python. Escriba los siguientes comandos:

```
$ sudo add-apt-repository ppa:deadsnakes/ppa
$ sudo apt update
$ sudo apt install python3.11
```

Estos comandos instalarán Python 3.11 en su sistema.

Escriba el siguiente comando para iniciar una sesión de terminal que ejecute Python 3.11:

```
$ python3.11
>>>
```

Siempre que en este libro vea el comando `python`, sustitúyalo por `python3.11`. Es asimismo recomendable utilizar este comando al ejecutar programas desde el terminal.

Necesitará instalar dos paquetes más para sacar el máximo rendimiento a su instalación de Python:

```
$ sudo apt install python3.11-dev python3.11-venv
```

Estos paquetes incluyen módulos necesarios a la hora de instalar y ejecutar paquetes de terceros, como los que se utilizan en los proyectos de la segunda mitad del libro.

Nota: El paquete deadsnakes lleva mucho tiempo funcionando. Cuando se lancen nuevas versiones de Python, podrá seguir utilizando estos mismos comandos, reemplazando python 3.11 con la última versión disponible.

Comprobar qué versión de Python está utilizando

Si tiene problemas al ejecutar Python o al instalar paquetes adicionales, puede ser útil saber con exactitud qué versión de Python está utilizando. Es posible que tenga varias versiones de Python instaladas y no esté seguro de qué versión es la que está en uso. Ejecute el siguiente comando en un terminal:

```
$ python --version
Python 3.11.0
```

Esto le indicará con exactitud la versión a la que el comando `python` apunta. El comando `python -V`, más breve, dará el mismo resultado.

Palabras clave y funciones integradas de Python

Python tiene su propio conjunto de palabras clave y funciones integradas. Es importante tenerlo en cuenta a la hora de poner nombres en Python: los nombres que ponga no pueden coincidir con estas palabras clave ni deberían ser los mismos que los de las funciones, porque, si lo son, las sobrescribirá.

Esta sección recoge las palabras clave y las funciones integradas de Python para que sepa qué nombres debe evitar.

Palabras clave de Python

Cada una de las siguientes palabras clave tiene un significado específico y verá un error si intenta usar cualquiera de ellas como nombre de variable.

False	await	else	import	pass
None	break	except	in	raise
True	class	finally	is	return
and	continue	for	lambda	try
as	def	from	nonlocal	while
assert	del	global	not	with
async	elif	if	or	yield

Funciones integradas de Python

No obtendrá un error si utiliza algunas de las siguientes funciones integradas como nombre de variable, pero anulará el comportamiento de esa función:

abs()	complex()	hash()	min()	slice()
aiter()	delattr()	help()	next()	sorted()
all()	dict()	hex()	object()	staticmethod()
any()	dir()	id()	oct()	str()
anext()	divmod()	input()	open()	sum()
ascii()	enumerate()	int()	ord()	super()
bin()	eval()	isinstance()	pow()	tuple()
bool()	exec()	issubclass()	print()	type()
breakpoint()	filter()	iter()	property()	vars()
bytearray()	float()	len()	range()	zip()
bytes()	format()	list()	repr()	__import__()
callable()	frozenset()	locals()	reversed()	
chr()	getattr()	map()	round()	
classmethod()	globals()	max()	set()	
compile()	hasattr()	memoryview()	setattr()	

B

EDITORES DE TEXTO E IDE

Los programadores pasan mucho tiempo escribiendo, leyendo y editando código. Para que ese trabajo sea lo más eficiente posible, es esencial usar un editor de texto o un entorno de desarrollo integrado (IDE, *Integrated development environment*). Un buen editor realizará tareas sencillas, como destacar la estructura del código para que pueda detectar errores mientras trabaja. Pero eso no servirá de mucho si le distrae. Los editores también tienen funciones útiles, como el sangrado automático, marcadores de longitud de línea y atajos de teclado para las operaciones habituales.

Un IDE es un editor de texto que incluye una serie de herramientas, como depuradores interactivos e introspección de código. Un IDE examina el código a medida que lo introducimos e intenta aprender sobre el proyecto que estamos construyendo. Por ejemplo, al empezar a escribir el nombre de una función, un IDE podría mostrar todos los argumentos que acepta esa función. Este comportamiento puede ser muy útil cuando todo funciona y se entiende lo que se está viendo, pero también puede ser abrumador para los principiantes y difícil de usar para detectar problemas cuando no se está seguro de por qué el código no funciona en el IDE.

Hoy en día, las fronteras entre los editores de texto y los entornos de desarrollo integrados (IDE) son muy difusas. La mayoría de los editores más populares tienen algunas características que solían ser exclusivas de los IDE. Del mismo modo, la mayoría de los IDE se pueden configurar para funcionar en un modo más ligero que no nos distraiga tanto mientras trabajamos, pero que nos permita utilizar las características más avanzadas cuando sea necesario.

Si ya dispone de un editor o IDE instalado que le gusta y está configurado para trabajar con una versión reciente de Python instalada en su sistema, le animo a que siga utilizando las herramientas que ya conoce. Explorar diferentes editores puede ser divertido, pero puede desviarnos de la tarea de aprender un nuevo lenguaje de programación.

Si aún no ha instalado un editor o IDE, le recomiendo VS Code por varias razones:

- Es gratuito y se distribuye bajo una licencia de código abierto.
- Se puede instalar en los principales sistemas operativos.
- Es apto para principiantes, pero también lo suficientemente potente como para que muchos programadores profesionales lo utilicen como editor principal.
- Encuentra las versiones de Python instaladas y por regla general no requiere ninguna configuración para ejecutar nuestros primeros programas.
- Tiene una terminal integrada, por lo que la salida aparece en la misma ventana que el código.
- Existe una extensión de Python que hace que el editor sea altamente eficiente para escribir y mantener código Python.
- Es altamente personalizable, por lo que puede ajustarlo para que se adapte a la forma en que trabaja con el código.

En este apéndice, aprenderá a empezar a configurar VS Code para que le funcione. También aprenderá algunos atajos que le permitirán trabajar de manera más eficiente. En programación, teclear con rapidez no es tan importante como muchas personas creen, pero comprender su editor y saber cómo usarlo con eficiencia es bastante útil.

Dicho esto, VS Code no funciona para todo el mundo por igual. Si por algún motivo no funciona bien en su sistema, o si le distrae mientras trabaja, existen otros editores que podrían resultarle más atractivos. Este apéndice incluye una breve descripción de algunos de estos otros editores y entornos de desarrollo integrados (IDE) que debería considerar.

Trabajar eficientemente con VS Code

En el capítulo 1, instalamos VS Code y agregamos la extensión de Python. En esta sección, se mostrarán algunas configuraciones adicionales que puede realizar, además de atajos para trabajar de manera eficiente con su código.

Configurar VS Code

Existen varias formas de cambiar la configuración predeterminada de VS Code. Algunos cambios se pueden realizar a través de la interfaz; otros requerirán modificaciones en los archivos de configuración. Estos cambios se aplicarán en ocasiones a todo lo que hagamos en VS Code, mientras que otros solo afectarán a los archivos dentro de la carpeta que contiene el archivo de configuración.

Por ejemplo, si tiene un archivo de configuración en su carpeta `python_work`, esas configuraciones solo afectarán a los archivos en esa carpeta (y sus subcarpetas). Es una funcionalidad útil, ya que podrá tener configuraciones específicas para determinados proyectos que anulen sus ajustes de configuración globales.

Usar tabuladores y espacios

Si utiliza una combinación de tabulaciones y espacios en su código, puede crear problemas en sus programas difíciles de diagnosticar. Cuando trabaja en un archivo `.py` con la extensión de Python instalada, VS Code está configurado para insertar cuatro espacios cada vez que presiona la tecla **Tab**. Si solamente está escribiendo su propio código y tiene la extensión de Python instalada, es probable que nunca tenga problemas con las tabulaciones y los espacios.

Sin embargo, su instalación de VS Code podría no estar configurada correctamente. Además, en algún punto podría encontrarse trabajando en un archivo que contenga únicamente tabulaciones o una combinación de tabulaciones y espacios. Si sospecha que pudiera existir algún problema con las tabulaciones y los espacios, observe la barra de estado en la parte inferior de la ventana de VS Code y haga clic en Spaces o Tab size. Aparecerá un menú desplegable que le permite alternar entre el uso de tabulaciones y espacios. También puede cambiar el nivel de sangría predeterminado y convertir toda la sangría en el archivo a tabulaciones o espacios.

Si está leyendo código y no está seguro de si la sangría consiste en tabulaciones o espacios, resalte varias líneas de código. Los caracteres de espacio en blanco invisibles se harán visibles. Cada espacio aparecerá como un punto y cada tabulación como una flecha.

Nota: En programación, se prefieren los espacios sobre las tabulaciones porque los espacios pueden ser interpretados de manera inequívoca por todas las herramientas que trabajan con un archivo de código. El ancho de las tabulaciones puede ser interpretado de manera diferente por distintas herramientas, lo que lleva a errores que pueden resultar extremadamente difíciles de diagnosticar.

Cambiar el tema de color

VS Code utiliza un tema oscuro de forma predeterminada. Si desea modificarlo, haga clic en File (Code en macOS), seleccione Preferences y elija Color theme. Se mostrará una lista desplegable que le permitirá seleccionar un tema que le funcione mejor.

Configurar el indicador de longitud de línea

La mayoría de los editores permiten configurar una señal visual (por lo general una línea vertical), para mostrar dónde deberían terminar sus líneas. En la comunidad de Python, la convención es limitar las líneas a 79 caracteres o menos.

Para configurar esta característica, haga clic en Code, después en Preferences y elija Settings. En el cuadro de diálogo que aparecerá, escriba `rulers`. Verá una configuración para Editor: Rulers; haga clic en el enlace Edit in settings.json. En el archivo que se muestre, agregue lo siguiente a la configuración de `editor.rulers`:

settings.json

```
"editor.rulers": [
    80,
    ]
```

Este código agregará una línea vertical en la ventana de edición en la posición correspondiente a 80 caracteres. Puede tener más de una línea vertical; por ejemplo, si desea una línea adicional en la posición de 120 caracteres, el valor de su configuración sería [80, 120]. Si no ve las líneas verticales, asegúrese de haber guardado el archivo de configuración; es posible que también deba cerrar y volver a abrir VS Code para que los cambios surtan efecto en algunos sistemas.

Simplificación de la salida

De forma predeterminada, VS Code muestra la salida de sus programas en una ventana de terminal integrada. Esta salida incluye los comandos que se utilizan para ejecutar el archivo. En muchas situaciones esto es ideal, pero puede distraerle más de lo deseable mientras aprende Python.

Para simplificar la salida, cierre todas las pestañas abiertas en VS Code y a continuación cierre el editor. Vuelva a abrir VS Code y abra la carpeta que contiene los archivos de Python en los que está trabajando; por ejemplo, la carpeta `python_work` donde se guarda `hello_world.py`.

Haga clic en el icono Run/Debug (que parece un triángulo con un pequeño insecto) y a continuación haga clic en Create a launch.json File. Seleccione las opciones de Python en los mensajes que aparecen. En el archivo `launch.json` que se abra, realice el siguiente cambio:

launch.json

```
{
    --fragmento omitido--
    "configurations": [
        {
            --fragmento omitido--
            "console": "internalConsole",
            "justMyCode": true
        }
    ]
}
```

Aquí estamos cambiando la configuración de la consola de `integratedTerminal` a `internalConsole`. Una vez guardado el archivo de configuración, abra un archivo .py, como `hello_world.py`, y ejecútelo presionando **Control-F5**. En el panel de salida de VS Code, haga clic en Debug Console si aún no está seleccionada. Debería ver solamente la salida de su programa, y la salida debería actualizarse cada vez que ejecute un programa.

Nota: La Consola de depuración es de solo lectura. No funcionará para archivos que utilicen la función input(), que comenzará a utilizar en el capítulo 7. Cuando necesite ejecutar estos programas, puede volver a cambiar la configuración de la consola a la integrada por defecto, o puede ejecutar estos programas en una ventana de terminal separada, como se describe en la sección "Ejecutar programas de Python desde una terminal" del capítulo 1.

Otras personalizaciones

Puede personalizar VS Code de muchas maneras para ayudarle a trabajar de manera más eficiente. Para comenzar a explorar las personalizaciones disponibles, haga clic en Code y después en Preferences; a continuación, elija Settings. Verá una lista titulada Commonly Used; haga clic en cualquiera de los subtítulos para ver algunas de las formas más comunes en las que puede modificar su instalación de VS Code. Tómese un tiempo para ver si alguna de estas opciones de VS Code se adaptan mejor a sus necesidades, pero posponga su aprendizaje de Python perdiéndose en la configuración de su editor.

Atajos en VS Code

Todos los editores y entornos de desarrollo integrados (IDE) ofrecen formas eficientes de realizar tareas comunes que todos necesitamos a la hora de escribir y mantener código. Por ejemplo, podemos sangrar fácilmente una sola línea de código o un bloque completo de código; igualmente, podemos mover con facilidad un bloque de líneas hacia arriba o hacia abajo en un archivo.

Hay demasiados atajos para describirlos en detalle aquí. En esta sección se compartirán algunos, que seguramente le resultarán útiles mientras escribe sus primeros archivos de Python. Si termina utilizando un editor diferente a VS Code, asegúrese de aprender cómo realizar estas mismas tareas de manera eficiente en el editor que haya elegido.

Añadir y quitar sangrados a bloques de código

Para sangrar un bloque de código en su totalidad, selecciónelo y pulse **Control-]**, o **Comando-]** en macOS. Para quitar el sangrado de un bloque de código, selecciónelo y pulse **Control-[** o **Comando-[** en macOS.

Comentar bloques de código

Para deshabilitar temporalmente un bloque de código, puede seleccionarlo y comentarlo para que Python lo ignore. Seleccione la parte del código que desea ignorar y pulse **Control-/** o **Comando-/** en macOS. Las líneas seleccionadas aparecerán como comentarios con la almohadilla (#) al mismo nivel que la línea de código, para indicar que no se trata de comentarios al uso. Cuando quiera que el bloque de código deje de estar comentado, selecciónelo y use el mismo comando.

Mover líneas arriba y abajo

A medida que sus programas se vuelvan más complejos, es posible que desee desplazar un bloque de código hacia arriba o hacia abajo dentro de un archivo. Para ello, resalte el código que desea mover y presione **Alt-Flecha arriba** u **Opción-Flecha arriba** en macOS. La misma combinación de teclas con **Flecha abajo** moverá el bloque hacia abajo en el archivo.

Si está moviendo una sola línea hacia arriba o hacia abajo, puede hacer clic en cualquier lugar de esa línea; no es necesario resaltar toda la línea para moverla.

Ocultar el explorador de archivos

El explorador de archivos integrado en VS Code es realmente cómodo. Sin embargo, puede distraerle cuando esté escribiendo código y ocupar un espacio valioso en una pantalla más pequeña. El comando **Control-B** o (**Comando-B** en macOS), permite ver u ocultar a voluntad el panel del explorador de archivos.

Encontrar otros atajos

Trabajar de manera eficiente en un entorno de edición lleva práctica, pero también requiere intención. Cuando esté aprendiendo a trabajar con código, intente tomar nota de las acciones que repite con frecuencia. Es probable que cualquier acción que realice en su editor tenga un atajo; si está haciendo clic en elementos del menú para llevar a cabo tareas de edición, busque esos atajos. Si cambia frecuentemente entre su teclado y su ratón, busque los atajos de navegación que le eviten tener que usar con tanta frecuencia el ratón.

Puede consultar todos los atajos de teclado en VS Code. Para ello, haga clic en Code>Preferences y, luego, seleccione Keyboard Shortcuts. Utilice la barra de búsqueda para encontrar un atajo específico o, si lo prefiere, desplácese por la lista para encontrar atajos que podrían ayudarle a trabajar de manera más eficiente.

Recuerde: es mejor centrarse en el código en el que está trabajando y evitar pasar demasiado tiempo con las herramientas en uso.

Otros editores de texto e IDE

Oirá hablar de una amplia variedad de editores de texto y verá a otros programadores usarlos. La mayoría de estos editores pueden configurarse para ayudarnos como hemos hecho con VS Code. Aquí tiene una pequeña selección de editores de texto de los que es posible que oiga hablar.

IDLE

IDLE es un editor de texto que se incluye con Python. Es un poco menos intuitivo que otros editores más actuales. Sin embargo, verá referencias a este editor en otros tutoriales dirigidos a principiantes, por lo que puede que quiera darle una oportunidad.

Geany

Geany es un editor de texto simple que muestra toda la salida en una ventana separada del terminal, lo cual le ayudará a sentirse cómodo con el uso de terminales. Geany presenta una interfaz minimalista, pero es lo bastante potente como para que un buen número de programadores experimentados siga usándolo.

Si VS Code le distrae en exceso y le parece que ofrece demasiadas funcionalidades, pruebe Geany.

Sublime Text

Sublime Text es otro editor minimalista que debería considerar usar si VS Code le distrae en exceso. Sublime Text ofrece una interfaz muy limpia y es conocido por funcionar bien incluso con archivos muy grandes. Es un editor que no interferirá en su trabajo y le permitirá centrarse en el código que escriba.

Sublime Text tiene una prueba gratuita ilimitada, pero no es gratuito ni de código abierto. Si le gusta y puede permitirse comprar una licencia completa, debería hacerlo. La compra es un pago único; no es una suscripción de software.

Emacs y Vim

Emacs y Vim son dos editores populares preferidos por muchos programadores experimentados porque están diseñados para no tener que levantar las manos del teclado. Esto hace que sea muy eficiente leer, escribir y modificar código una vez hemos aprendido el funcionamiento del editor. También significa que ambos editores tienen una curva de aprendizaje bastante pronunciada. Vim se incluye en la mayoría de los ordenadores Linux y macOS, y tanto Emacs como Vim se pueden ejecutar íntegramente dentro de un terminal. Por este motivo, con frecuencia se suelen utilizar para escribir código en servidores a través de sesiones de terminal remotas.

Los programadores le recomendarán que pruebe ambos editores, pero los programadores experimentados olvidan que los nuevos programadores ya tienen bastante que aprender. Conviene saber de la existencia de estos editores, pero procure no usarlos hasta sentirse cómodo trabajando con código en un editor más sencillo que le permita concentrarse en aprender a programar, más que en aprender a usar el editor.

PyCharm

PyCharm es un IDE popular entre los programadores de Python porque se creó específicamente para trabajar con Python. La versión completa requiere una suscripción de pago, pero existe una versión gratuita llamada PyCharm Community Edition, que a muchos programadores les resulta útil.

Si prueba PyCharm tenga en cuenta que, de forma predeterminada, configura un entorno aislado para cada proyecto. Por lo general esto es recomendable, pero puede provocar comportamientos inesperados si no entiende cómo funciona este entorno.

Jupyter Notebook

Jupyter Notebook es otro tipo de herramienta que se diferencia de los editores de texto tradicionales y los IDE en que es una aplicación web compuesta principalmente de bloques. Cada bloque es, o bien un bloque de código, o bien uno de texto. Los bloques de texto se muestran en Markdown, por lo que puede incluir en ellos un formato simple.

Esta herramienta se desarrolló para dar soporte al uso de Python en aplicaciones científicas, pero se ha ampliado y ahora se emplea en situaciones muy diversas. En lugar de limitarnos a escribir comentarios en un archivo `.py`, podemos escribir texto claro con un formato sencillo, como encabezados, listas de boliche e hiperenlaces entre las diferentes secciones de código. Todos los bloques de código se pueden ejecutar de manera independiente, lo que nos permite probar pequeños fragmentos del programa o ejecutar todos los bloques de código a la vez. Cada bloque de código cuenta con un área de salida propia, que se puede activar o desactivar según sea necesario.

En ocasiones, los *notebooks* de Jupyter pueden resultar confusos por las interacciones entre distintas celdas. Si definimos una función en una celda, también estará disponible para otras. Esto suele ser bueno, pero puede resultar confuso en *notebooks* grandes o si no se entiende del todo cómo funciona el entorno Notebook.

Si está haciendo un trabajo científico o centrado en datos con Python, tarde o temprano encontrará *notebooks* de Jupyter.

C

CONSEGUIR AYUDA

Todo el mundo se atasca en algún punto cuando está aprendiendo a programar. Por ello, una de las habilidades más importantes que debe adquirir como programador es la de ser capaz de salir del atasco de forma eficaz. Este apéndice esboza varias formas de volver a ponerse en marcha cuando la tarea de programar nos provoca confusión.

Primeros pasos

Cuando se atasque, el primer paso debería ser evaluar la situación. Antes de pedir ayuda, responda claramente a estas tres preguntas:

- ¿Qué intenta hacer?
- ¿Qué ha probado ya?
- ¿Qué resultado le ha dado?

Responda de la manera más concreta posible. En cuanto a la primera pregunta, frases como "Estoy intentando instalar la última versión de Python en mi nuevo portátil con Windows" son lo bastante específicas como para que otros miembros de la comunidad Python puedan ayudarle. En cambio, "estoy intentando instalar Python" no ofrece suficiente información para que otros nos ayuden.

Su respuesta a la segunda pregunta debería dar suficientes detalles para evitar que le repitan lo que ya ha probado: "Fui a https://python.org/downloads/ e hice clic en el botón Download. Después ejecuté el instalador" es más útil que "Fui al sitio web de Python y descargué una cosa".

Para la tercera pregunta, es útil saber con exactitud qué mensajes de error ha recibido para poder buscar una solución en línea o comentarlos a la hora de pedir ayuda. A veces, basta con responder a estas tres preguntas antes de pedir ayuda para ver algo que se nos había escapado y seguir trabajando sin más. Los programadores le han dado un nombre a esto: lo llaman "depuración del patito de goma". La idea es que, al explicarle nuestra situación a un patito de goma (o cualquier otro objeto inanimado) y formularle al patito una pregunta concreta, con frecuencia seremos capaces de responder a nuestra propia pregunta. Algunos despachos de programación incluso tienen un patito de goma de verdad por ahí para animar a la gente a "hablarle al patito".

Volver a probar

Volver al principio y probar de nuevo puede ser suficiente para resolver un problema. Supongamos que está intentando escribir un bucle basado en un ejemplo de este libro. Podría haber olvidado algo sencillo, como dos puntos al final de la línea for. Repetir los pasos podría ayudarle a evitar cometer el mismo error.

Tomarse un descanso

Si lleva un rato trabajando en el mismo problema, tomarse un descanso es una de las mejores tácticas más recomendables. Cuando trabajamos en una misma tarea durante largos periodos de tiempo, nuestro cerebro empieza a obcecarse con una sola solución. Perdemos de vista todo aquello que hemos dado por supuesto. Tomarnos un respiro puede darnos una nueva perspectiva del problema. No es necesario que sea un descanso largo, basta con que nos ayude a cambiar el chip. Si lleva mucho rato sentado, muévase: dé un paseo corto, salga un poco; beba un vaso de agua, o tómese un tentempié sano y ligero.

Si se está frustrando, quizás le convenga aparcar el trabajo hasta el día siguiente. Un sueño reparador casi siempre nos hace ver los problemas con otros ojos.

Consultar los recursos de este libro

Los recursos en línea de este libro, disponibles en https://ehmatthes.github.io/pcc_3e, incluyen varias secciones útiles sobre la configuración del sistema y el trabajo de cada capítulo. Si aún no lo ha hecho, eche un vistazo a estos recursos para ver si hay algo que pueda ayudarle.

Buscar en línea

Es más que probable que alguien más haya tenido el mismo problema y haya escrito al respecto en Internet. Unas buenas habilidades de búsqueda y consultas específicas le ayudarán a encontrar recursos para resolver el problema al que se está enfrentando. Por ejemplo, si tiene dificultades para instalar la última versión de Python en Windows 10, buscar **instalar python windows** y limitar los resultados al último año podría llevarle hasta la respuesta que busca.

Buscar el mensaje de error exacto también puede ser muy útil. Por ejemplo, supongamos que ha aparecido el siguiente error al intentar iniciar una sesión de terminal en Python:

```
> python hello.world.py
Python was not found; run without arguments to install from the Microsoft
  Store...
```

Buscar la oración completa "Python was not found; run without arguments to install from the Microsoft Store..." seguramente dará como resultado algún consejo apropiado. Cuando empiece a buscar temas relacionados con la programación, verá que algunos sitios aparecen repetidas veces. Describiré algunos de ellos brevemente para que se haga idea de cómo pueden ayudarle.

Stack Overflow

Stack Overflow (`https://stackoverflow.com/`) es uno de los sitios de preguntas y respuestas más populares entre programadores. Aparece con frecuencia en la primera página de resultados de búsquedas relacionadas con Python. Los usuarios hacen preguntas cuando se atascan, y otros tratan de aportar respuestas útiles. Los usuarios pueden votar las respuestas que les han parecido más útiles, de modo que las mejores suelen ser las que primero encontrará.

Muchas preguntas básicas sobre Python tienen respuestas muy claras en Stack Overflow porque la comunidad las ha ido puliendo con el tiempo. Se anima también a los usuarios a hacer actualizaciones para que las respuestas se mantengan relativamente actuales. En el momento de redactar estas líneas, se habían respondido casi dos millones de preguntas relacionadas con Python en Stack Overflow.

Antes de publicar en Stack Overflow, debe saber qué es lo que se espera de usted a la hora de preguntar. Sus preguntas deben ofrecer el ejemplo más breve posible del problema al que se enfrenta. Si publica de 5 a 20 líneas de código que son las que generan el error que intenta solucionar, y si plantea las preguntas mencionadas en "Primeros pasos", es probable que alguien le ayude. Si comparte un enlace a un proyecto con múltiples archivos grandes, es muy poco probable que alguien le ayude. Hay una excelente guía para redactar una buena pregunta en `https://stackoverflow.com/help/how-to-ask`. Las sugerencias en esta guía son aplicables para obtener ayuda en cualquier comunidad de programadores.

La documentación oficial de Python

La documentación oficial de Python (`https://docs.python.org/`) ofrece resultados algo más aleatorios para los principiantes, ya que su finalidad no es ofrecer explicaciones, sino documentar el lenguaje. Los ejemplos de la documentación oficial deberían funcionar, pero puede ocurrir que no entienda todo el contenido. Aun así, es un buen recurso que comprobar cuando sale en las búsquedas y le será más útil a medida que vaya entendiendo mejor Python.

Documentación oficial de las bibliotecas

Si está usando una biblioteca específica, como Pygame, Matplotlib o Django, es probable que en sus búsquedas aparezcan enlaces a la documentación oficial para ese proyecto. Por ejemplo, `https://docs.djangoproject.com/` es muy útil cuando se trabaja con Django. Si planea trabajar con cualquiera de estas bibliotecas, le interesa familiarizarse con su documentación oficial.

r/learnpython

Reddit está formado por una serie de subforos llamados "subreddits". El subreddit *r/learnpython* (`https://reddit.com/r/learnpython/`) es muy activo y de gran ayuda. Aquí puede leer las preguntas de otros usuarios y publicar las suyas. Por regla general obtendrá múltiples puntos de vista sobre las preguntas que plantee, cosa que puede resultarle de gran ayuda a la hora de comprender en profundidad el tema en el que esté trabajando.

Artículos de blog

Muchos programadores tienen blogs y comparten artículos sobre las partes del lenguaje con el que están trabajando. Consulte la fecha de los *posts* que encuentre con el fin de comprobar cómo de aplicable es la información que se ofrece para la versión de Python con la que esté trabajando.

Discord

Discord es un entorno de chat en línea con una comunidad de Python donde puede pedir ayuda y seguir discusiones relacionadas con Python.

Para echar un vistazo, vaya a `https://pythondiscord.com/` y haga clic en el enlace Discord, en la esquina superior derecha. Si ya tiene una cuenta de Discord, inicie sesión. Si aún no dispone de una cuenta, escriba un nombre de usuario y siga las instrucciones para completar su registro. Si es la primera vez que visita Python Discord, tendrá que aceptar las reglas de la comunidad antes de poder participar plenamente. Una vez hecho esto, podrá unirse a cualquiera de los canales que le interesen. Si busca ayuda, asegúrese de escribir en los canales de Python Help.

Slack

Slack es otro entorno de chat en línea. Se usa a menudo para comunicaciones internas en las empresas, pero también tiene muchos grupos públicos a los que unirse. Si quiere consultar los grupos de Python en Slack, empiece por `https://pyslackers.com/`. Haga clic en el enlace Slack de la parte superior de la página e introduzca su dirección de correo electrónico para obtener una invitación. Una vez dentro del espacio de trabajo de desarrolladores de Python, verá una lista de canales. Haga clic en Canales y elija los temas que le interesen. Podría empezar por los canales *#help* y *#django*.

D

USAR GIT PARA EL CONTROL DE VERSIONES

El software de control de versiones permite hacer instantáneas de un proyecto en un estado en el que funciona. Cuando hacemos cambios en un proyecto (por ejemplo, si implementamos una característica nueva), podemos volver a un estado operativo anterior si el proyecto no funciona bien una vez realizado dicho cambio.

El uso de este tipo de software nos da libertad para trabajar en mejoras y cometer errores sin miedo a estropear todo el proyecto. Esto es de vital importancia en proyectos grandes, pero también puede ser útil en proyectos más pequeños, incluso cuando se trabaja con programas contenidos en un único archivo.

En este apéndice, aprenderá a instalar Git y lo usará para controlar las versiones de los programas en los que está trabajando. Git es el software de control de versiones más popular hoy en día. Muchas de sus herramientas avanzadas ayudan a los equipos a colaborar en proyectos grandes, pero sus funciones más básicas también van bien para desarrolladores que trabajan de forma independiente. Git implementa el control de versiones haciendo un seguimiento de los cambios realizados en todos los archivos de un proyecto; si metemos la pata, podemos volver a un estado guardado con anterioridad.

Instalar Git

Git funciona en todos los sistemas operativos, pero la manera de instalarlo en cada uno es distinta. Los siguientes apartados ofrecen instrucciones específicas para cada sistema operativo.

Git se incluye de forma predeterminada en algunos sistemas, y con frecuencia viene incorporado en otros paquetes que quizás ya tenga instalados. Antes de intentar instalar Git, compruebe si ya lo tiene en su sistema. Abra una nueva ventana de terminal y emita el comando `git --version`. Si aparece un mensaje diciendo que instale o actualice Git, siga las instrucciones que aparecerán en la pantalla.

Si no ve ninguna instrucción en pantalla y utiliza Windows o macOS, puede descargar el instalador desde `htpps://git-scm.com`. Si es usuario de Linux con un sistema compatible con APT, puede instalar Git con el comando `sudo apt install git`.

Configurar Git

Git hace un seguimiento de quién realiza cambios en un proyecto, incluso aunque solo haya una persona trabajando en él. Para ello, necesita saber su nombre de usuario y dirección de correo electrónico. El nombre es obligatorio, pero puede inventarse una dirección falsa:

```
$ git config --global user.name "nombreusuario"
$ git config --global user.email "nombreusuario@ejemplo.com"
```

Si olvida este paso, Git le solicitará esta información cuando haga su primera confirmación. Es recomendable configurar el nombre por defecto para la rama principal de cada proyecto. Un nombre adecuado para esta rama es `main`:

```
$ git config --global init.defaultBranch main
```

Esta configuración significa que cada nuevo proyecto que gestione con Git comenzará con una única rama de confirmaciones llamada `main`.

Hacer un proyecto

Vamos a hacer un proyecto para trabajar con él. Cree una carpeta en su sistema llamada `git_practice`. Dentro, cree un sencillo programa de Python:

hello_git.py

```
print("Hello Git world!")
```

Usaremos este programa para explorar la funcionalidad básica de Git.

Ignorar archivos

Los archivos con la extensión `.pyc` se generan automáticamente a partir de archivos `.py`, por lo que no necesitamos que Git realice ningún seguimiento de los mismos. Estos ficheros se guardan en un directorio llamado `__pycache__`. Para indicarle a Git que ignore este directorio, cree un archivo especial llamado `.gitignore` (con un punto al principio y sin extensión) y añádale la siguiente línea:

.gitignore

```
__pycache__/
```

Este archivo le indica a Git que ignore el contenido del directorio __pycache__. Usar un archivo .gitignore mantendrá el proyecto descongestionado para que sea fácil trabajar con él. Es posible que tenga que modificar la configuración de su navegador de archivos para mostrar los archivos ocultos (es decir, aquellos archivos cuyo nombre comience por un punto). En el explorador de Windows, seleccione Vista>Mostrar u ocultar en el menú y active la casilla Elementos ocultos. En macOS, haga clic en **Comando-Mayús-.**. En Linux, busque el ajuste de configuración para mostrar archivos ocultos.

Nota: En macOS, añada una línea más a .gitignore. Agregue el nombre .DS_Store; se trata de archivos ocultos que contienen información sobre cada directorio en macOS. Si no los añade a .gitignore, el orden de su proyecto se verá afectado.

Inicializar un repositorio

Ahora que tiene un directorio con un archivo de Python y un archivo .gitignore, puede inicializar un repositorio de Git. Abra un terminal, navegue hasta la carpeta git_practice y ejecute el siguiente comando:

```
git_practice$ git init
Initialized empty Git repository in git_practice/.git/
git_practice$
```

La salida muestra que Git ha inicializado un repositorio vacío en git_practice. Un repositorio es el conjunto de archivos de un programa que Git está siguiendo activamente. Todos los archivos que usa Git para administrar el repositorio se encuentran en el directorio oculto .git, con el que no necesita trabajar para nada. Simplemente no lo elimine, o perderá el historial de su proyecto.

Comprobar el estado

Antes de hacer nada más, vamos a comprobar el estado del proyecto:

```
git_practice$ git status
```
❶ `On branch main`
```
No commits yet
```

❷ `Untracked files:`
```
    (use "git add <file>..." to include in what will be committed)
    .gitignore
    hello_git.py
```

❸ `nothing added to commit but untracked files present (use "git add" to track)`
```
git_practice$
```

En Git, una rama es una versión del proyecto en el que estamos trabajando; aquí vemos que estamos en una rama llamada `main` ❶. Cada vez que compruebe el estado de su proyecto, debería mostrar que está en la rama `main`. Después, vemos que estamos a punto de hacer la confirmación inicial. Una confirmación es una instantánea del proyecto en un momento determinado.

Git nos informa de que hay archivos sin rastrear en el proyecto ❷ porque todavía no le hemos indicado qué archivos son aquellos cuyo seguimiento debe realizar. Después, nos indica que no se ha añadido nada a la confirmación actual, pero hay archivos sin rastrear que a lo mejor queremos añadir al repositorio ❸.

Añadir archivos al repositorio

Vamos a añadir los dos archivos al repositorio y a comprobar el estado de nuevo:

```
❶ git_practice$ git add .
❷ git_practice$ git status
  On branch main
  No commits yet

  Changes to be committed:
    (use "git rm --cached <file>..." to unstage)
❸      new file: .gitignore
        new file: hello_git.py

  git_practice$
```

El comando `git add .` añade al repositorio todos los archivos de un proyecto a los que no se esté haciendo todavía el seguimiento ❶, siempre que no estén enumerados en `.gitignore`. No confirma los archivos, solo le indica a Git que empiece a prestarles atención. Ahora, cuando comprobamos el estado del proyecto, vemos que Git reconoce algunos cambios que hay que confirmar ❷. La etiqueta `new file` significa que estos archivos se añadieron recientemente al repositorio ❸.

Hacer una confirmación

Vamos a hacer la primera confirmación:

```
❶ git_practice$ git commit -m "Started project."
❷ [main (root-commit) cea13dd] Started project.
❸ 2 files changed, 5 insertions(+)
    create mode 100644 .gitignore
    create mode 100644 hello_git.py
❹ git_practice$ git status
  On branch main
  nothing to commit, working tree clean
  git_practice$
```

Emitimos el comando `git commit -m "mensaje"` ❶ para hacer una instantánea del proyecto. La bandera `-m` dice a Git que grabe el mensaje que sigue (`Started project.`) en el registro del proyecto. La salida muestra que estamos en la rama `master` ❷ y que han cambiado dos archivos ❸.

Cuando comprobamos el estado ahora, vemos que estamos en la rama `main` y tenemos un árbol limpio ❹. Este es el mensaje que le interesa ver cada vez que confirme un estado operativo de su proyecto. Si le sale un mensaje diferente, léalo con atención; es posible que olvidase añadir un archivo antes de la confirmación.

Comprobar el registro

Git lleva un registro de todas las confirmaciones de un proyecto. Vamos a verlo:

```
git_practice$ git log
commit cea13ddc51b885d05a410201a54faf20e0d2e246 (HEAD -> main)
Author: eric <eric@example.com>
Date: Mon Jun 6 19:37:26 2022 -0800

    Started project.
git_practice$
```

Cada vez que hacemos una confirmación, Git genera un ID de referencia único de 40 caracteres. Registra quién hizo el cambio, cuándo lo hizo y el mensaje registrado. No siempre necesitará toda esa información, así que Git da la opción de imprimir una versión simplificada de las entradas del registro:

```
git_practice$ git log --pretty=oneline
cea13ddc51b885d05a410201a54faf20e0d2e246 (HEAD -> main) Started project.
git_practice$
```

La bandera `--pretty=oneline` da los dos datos más importantes: el ID de referencia de la confirmación y el mensaje registrado para la misma.

La segunda confirmación

Para ver el verdadero valor del control de versiones, necesitamos hacer un cambio en el proyecto y confirmarlo. Vamos a añadir otra línea a `hello_git.py`:

hello_git.py

```
print("Hello Git world!")
print("Hello everyone.")
```

Cuando comprobemos el estado del proyecto, veremos que Git se ha dado cuenta de que un archivo ha cambiado:

```
git_practice$ git status
❶ On branch main
Changes not staged for commit:
```

```
        (use "git add <file>..." to update what will be committed)
        (use "git restire -- <file>..." to discard changes in working directory)
```

❷ modified: hello_git.py

❸ no changes added to commit (use "git add" and/or "git commit -a")
git_practice$

Vemos la rama en la que estamos trabajando ❶, el nombre del archivo modificado ❷ y que no se ha confirmado ningún cambio ❸. Vamos a confirmar el cambio y a volver a comprobar el estado:

```
❶ git_practice$ git commit -am "Extended greeting."
  [main 945fa13] Extended greeting.
  1 file changed, 1 insertion(+), 1 deletion(-)
❷ git_practice$ git status
  On branch main
  nothing to commit, working tree clean
❸ git_practice$ git log --pretty=oneline
  945fa13af128a266d0114eebb7a3276f7d58ecd2 (HEAD -> main) Extended greeting.
  cea13ddc51b885d05a410201a54faf20e0d2e246 Started project.
  git_practice$
```

Hacemos una nueva confirmación, pasando las banderas -am cuando usamos el comando git commit ❶. La bandera -a le indica a Git que añada todos los archivos modificados en el repositorio a la confirmación actual. (Si ha creado archivos nuevos entre confirmaciones, vuelva a ejecutar el comando git add . para incluir los archivos nuevos en el repositorio). La bandera -m le indica a Git que grabe un mensaje en el registro para esta confirmación.

Cuando comprobamos el estado del proyecto, vemos que de nuevo tenemos un árbol de trabajo limpio ❷. Por último, vemos las dos confirmaciones en el registro ❸.

Abandonar un cambio

Vamos a ver cómo abandonar un cambio para volver al estado operativo anterior. Primero, añada una línea nueva a hello_git.py:

hello_git.py

```
print("Hello Git world!")
print("Hello everyone.")

print("Oh no, I broke the project!")
```

Guarde y ejecute el archivo.
Comprobamos el archivo y vemos que Git ha notado el cambio:

```
git_practice$ git status
On branch main
Changes not staged for commit:
```

```
    (use "git add <file>..." to update what will be committed)
    (use "git restore -- <file>..." to discard changes in working directory)
```
❶   modified: hello_git.py
```
no changes added to commit (use "git add" and/or "git commit -a")
git_practice$
```

Git ve que hemos modificado `hello_git.py` ❶ y podemos confirmar el cambio si queremos. Pero esta vez, en vez de confirmar, vamos a volver a la última confirmación en la que sabíamos que el proyecto funcionaba. No haremos nada a `hello_git.py`: no borraremos la línea ni usaremos la función para deshacer del editor de texto. En su lugar, escriba estos comandos en la sesión del terminal:

```
git_practice$ git restore .
git_practice$ git status
On branch main
nothing to commit, working tree clean
git_practice$
```

El comando `git restore` *nombrearchivo* permite abandonar todos los cambios desde la última confirmación en un archivo dado. El comando `git restore .` abandona todos los cambios realizados en todos los archivos desde la última confirmación. Esta acción devuelve el proyecto al último estado confirmado.

Al regresar al editor de texto, verá que `hello_git.py` ha cambiado a:

```
print("Hello Git world!")
print("Hello everyone.")
```

Aunque volver a un estado anterior puede parecer trivial en un proyecto sencillo como este, si estuviésemos trabajando en un proyecto grande con decenas de archivos modificados, todos los archivos alterados desde la última confirmación serían restaurados a su estado anterior. Esta función es muy útil: podemos hacer todos los cambios que queramos para implementar una característica nueva y, si no funciona, desecharlos sin que el proyecto se vea afectado. No hace falta recordar los cambios para deshacerlos a mano, Git se ocupa de todo.

Nota: Es posible que tenga que actualizar la vista del archivo en el editor para ver la versión anterior.

Comprobar confirmaciones anteriores

Puede volver a cualquier confirmación en su registro, utilizando el comando `checkout`. Para ello, incluya los seis primeros números del ID de referencia en vez de un punto. Al comprobar y repasar una confirmación anterior, puede volver a la más reciente o abandonar el trabajo reciente y seguir desarrollando desde una anterior:

```
git_practice$ git log --pretty=oneline
945fa13af128a266d0114eebb7a3276f7d58ecd2 (HEAD -> main) Extended greeting.
cea13ddc51b885d05a410201a54faf20e0d2e246 Started project.
git_practice$ git checkout cea13d
Note: switching to 'cea13d'.
```

❶ You are in 'detached HEAD' state. You can look around, make experimental
changes and commit them, and you can discard any commits you make in this
state without impacting any branches by switching back to a branch.

If you want to create a new branch to retain commits you create, you may
do so (now or later) by using c with the switch command. Example:

    git switch -c <new-branch-name>

❷ Or undo this operation with:

    git switch -

Turn off this advice by setting config variable advice.detachedHead to false

```
HEAD is now at cea13d Started project.
git_practice$
```

Cuando comprobamos una confirmación anterior, abandonamos la rama `main` y entramos en lo que Git denomina un estado `HEAD` desacoplado o desconectado ❶. `HEAD` es el estado confirmado actual del proyecto; estamos desconectados (`detached`) porque hemos abandonado una rama con nombre (`main`, en este caso).

Para volver a la rama `main`, siga el consejo en ❷ para deshacer la operación anterior:

```
git_practice$ git switch -
Previous HEAD position was cea13d Started project.
Switched to branch 'main'
git_practice$
```

Este comando le lleva de vuelta a la rama `main`. A menos que desee trabajar con características más avanzadas de Git, es mejor no hacer cambios en un proyecto cuando se comprueba una confirmación antigua. No obstante, si es la única persona que trabaja en el proyecto y quiere desechar todas las confirmaciones recientes para volver a un estado anterior, puede restablecer el proyecto a una confirmación más antigua. Trabajando desde la rama `main`, escriba lo siguiente:

```
❶ git_practice$ git status
  On branch main
  nothing to commit, working directory clean
❷ git_practice$ git log --pretty=oneline
  945fa13af128a266d0114eebb7a3276f7d58ecd2 (HEAD -> main) Extended greeting.
  ecea13ddc51b885d05a410201a54faf20e0d2e246 Started project.
❸ git_practice$ git reset --hard cea13d
  HEAD is now at cea13d Started project.
❹ git_practice$ git status
  On branch main
```

```
nothing to commit, working directory clean
❺ git_practice$ git log --pretty=oneline
cea13ddc51b885d05a410201a54faf20e0d2e246 (HEAD -> main) Started project.
git_practice$
```

Primero, comprobamos el estado para asegurarnos de que estamos en la rama main ❶. Cuando miramos el registro, vemos las dos confirmaciones ❷. Después, emitimos el comando git reset --hard con los seis primeros caracteres del ID de referencia de la confirmación a la que queremos regresar de manera permanente ❸. Comprobamos el estado de nuevo y vemos que estamos en la rama main sin nada por confirmar ❹. Cuando miramos de nuevo el registro, vemos que estamos en la confirmación desde la que queríamos volver a empezar ❺.

Borrar el repositorio

A veces la liamos con el historial del repositorio y no sabemos cómo recuperarlo. Si ocurre esto, primero considere pedir ayuda con los métodos explicados en el apéndice C. Si no puede arreglarlo y está trabajando en un proyecto en solitario, puede seguir trabajando con los archivos, pero deshacerse del historial del proyecto borrando el directorio .git. Esto no afectará al estado actual de ninguno de los archivos, pero borrará todas las confirmaciones, así que no se podrá volver a ningún estado anterior del proyecto.

Para hacer esto, abra un explorador de archivos y elimine el repositorio .git o bórrelo desde la línea de comandos. Seguidamente, tendrá que crear un repositorio nuevo para empezar a hacer un seguimiento de los cambios otra vez. Así es como queda el proceso entero en una sesión de terminal:

```
❶ git_practice$ git status
  On branch main
  nothing to commit, working directory clean
❷ git_practice$ rm -rf .git
❸ git_practice$ git status
  fatal: Not a git repository (or any of the parent directories): .git
❹ git_practice$ git init
  Initialized empty Git repository in git_practice/.git/
❺ git_practice$ git status
  On branch main
  No commits yet

  Untracked files:
    (use "git add <file>..." to include in what will be committed)
      .gitignore
      hello_git.py

  nothing added to commit but untracked files present (use "git add" to track)
❻ git_practice$ git add .
  git_practice$ git commit -m "Starting over."
  [main (root-commit) 14ed9db] Starting over.
   2 files changed, 4 insertions(+)
```

```
 create mode 100644 .gitignore
 create mode 100644 hello_git.py
❼ git_practice$ git status
On branch main
nothing to commit, working tree clean
git_practice$
```

Primero, comprobamos el estado y vemos que tenemos directorio de trabajo limpio ❶. A continuación usamos el comando `rm -rf .git` para borrar el directorio `.git` (del `.git` en Windows) ❷. Cuando comprobamos el estado después de borrar la carpeta `.git`, vemos que no es un repositorio de Git ❸. Toda la información que Git usa para hacer un seguimiento de un repositorio está en la carpeta `.git`, por lo que borrarla elimina todo el repositorio.

Ahora somos libres de usar `git init` para iniciar un nuevo repositorio ❹. Al comprobar el estado vemos que hemos vuelto a la fase inicial, a la espera de la primera confirmación ❺. Añadimos los archivos y confirmamos ❻. Ahora, al comprobar el estado, vemos que estamos en la nueva rama `main` sin nada por confirmar ❼.

El uso del control de versiones requiere un poco de práctica, pero, una vez que empiece a utilizarlo, nunca más querrá trabajar sin él.

E

SOLUCIONAR PROBLEMAS DE IMPLEMENTACIÓN

 Implementar una aplicación es tremendamente satisfactorio cuando funciona, especialmente si nunca lo ha hecho antes. Sin embargo, son muchos los obstáculos que pueden surgir en el proceso; por desgracia, algunos de estos problemas pueden ser difíciles de identificar y resolver. Este apéndice le ayudará a comprender los enfoques más actuales para implementar sus proyectos, proporcionándole vías concretas para la solución de problemas en el proceso de implementación cuando las cosas no funcionen.

Si la información adicional de este apéndice no es suficiente para ayudarle a completar exitosamente el proceso de implementación, consulte los recursos en línea; es muy probable que las actualizaciones que encontrará en esa página le ayuden a llevar a cabo una implementación exitosa.

Comprender la implementación

Cuando intentamos solucionar un intento de implementación en particular, es útil entender claramente cómo funciona una implementación típica. Denominamos implementación al proceso de tomar un proyecto que funciona en nuestro sistema local y copiarlo en un servidor remoto, de tal manera que responda a las solicitudes de cualquier usuario en Internet. El entorno remoto difiere de un sistema local típico en varios aspectos importantes: probablemente no emplee el mismo sistema operativo (SO) que estamos utilizando y es muy probable que estemos ante uno de muchos servidores virtuales en un solo servidor físico.

Al implementar un proyecto o enviarlo a un servidor remoto, deberá seguir estos pasos:

- Crear un servidor virtual en una máquina física en un centro de datos.
- Establecer una conexión entre el sistema local y el servidor remoto.
- Copiar el código del proyecto al servidor remoto.
- Identificar todas las dependencias del proyecto e instalarlas en el servidor remoto.
- Configurar una base de datos y ejecutar las migraciones existentes.
- Copiar archivos estáticos (archivos CSS, archivos JavaScript y archivos multimedia) a un lugar donde puedan ser servidos de manera eficiente.
- Iniciar un servidor para manejar las solicitudes entrantes.
- Empezar a dirigir las solicitudes entrantes al proyecto, una vez que esté listo para manejar solicitudes.

Si consideramos todo lo que implica la implementación de un proyecto, no es de extrañar que las implementaciones a menudo fallen. Afortunadamente, una vez comprenda qué es lo que debería pasar, tendrá más oportunidades de identificar aquello que ha salido mal. Si es capaz de identificar qué ha salido mal, podrá encontrar una solución que haga que el próximo intento de implementación sea exitoso.

Podemos desarrollar un proyecto localmente en un tipo de sistema operativo (SO) y enviarlo a un servidor que funciona con un SO diferente. Es importante saber qué tipo de sistema estamos utilizando para la implementación, ya que eso puede influir en parte del trabajo de solución de problemas. En el momento de redactar estas líneas, un servidor remoto básico en Platform.sh ejecuta Debian Linux; la mayoría de los servidores remotos son sistemas basados en Linux.

Solución de problemas básica

Algunos de los pasos a seguir para la solución de problemas son específicos para cada sistema operativo, como se explicará más adelante. En primer lugar, hemos de considerar los pasos que todo programador debería intentar poner en práctica al solucionar un problema en una implementación.

Su mejor recurso es la salida generada durante el intento de envío. Esta salida puede parecer intimidante; si es un recién llegado a la implementación de aplicaciones, puede parecer muy técnica y suele ser extensa. La buena noticia es que no es necesario entender la totalidad de la salida. Al revisar la salida del registro debe tener dos objetivos en mente: identificar cualquier paso de la implementación que haya funcionado correctamente, e identificar todos aquellos pasos que no lo hayan hecho. Si lo logra, podrá averiguar qué debe cambiar en su proyecto o en su proceso de implementación para que su próximo envío sea exitoso.

Seguir las instrucciones en pantalla

En ocasiones, la plataforma a la que se envía el proyecto generará un mensaje con una sugerencia clara sobre cómo abordar el problema. Por ejemplo, aquí se muestra el mensaje que veríamos si creamos un proyecto en Platform.sh antes de inicializar un repositorio Git y luego intentamos enviar el proyecto:

```
$ platform push
❶ Enter a number to choose a project:
  [0] ll_project (votohz445ljyg)
> 0

❷   [RootNotFoundException]
    Project root not found. This can only be run from inside a project
      directory.

❸ To set the project for this Git repository, run:
    platform project:set-remote [id]
```

Estamos intentando enviar un proyecto, pero el proyecto local aún no se ha asociado con un proyecto remoto. Por lo tanto, la interfaz de línea de comandos de Platform.sh nos pregunta a qué proyecto remoto queremos pasar nuestro proyecto ❶. Escribimos 0 para seleccionar el único proyecto listado. Sin embargo, aparece seguidamente una excepción de RootNotFoundException ❷. Esto ocurre porque Platform.sh busca un directorio .git cuando inspecciona el proyecto local para averiguar cómo conectar el proyecto local con el proyecto remoto. En este caso, dado que no había un directorio .git cuando se creó el proyecto remoto, esa conexión nunca se estableció. La interfaz de línea de comandos nos sugiere una solución ❸: nos está indicando que podemos especificar el proyecto remoto que debe estar asociado con este proyecto local mediante el comando project:set-remote.

Probemos esta sugerencia:

```
$ platform project:set-remote votohz445ljyg
Setting the remote project for this repository to: ll_project (votohz445ljyg)

The remote project for this repository is
  now set to: ll_project (votohz445ljyg)
```

En la salida anterior, la interfaz de línea de comandos mostró el ID de este proyecto remoto, votohz445ljyg. Así pues, ejecutamos el comando sugerido utilizando este ID; la interfaz de línea de comandos es capaz de establecer la conexión entre el proyecto local y el proyecto remoto.

Ahora intentemos pasar el proyecto de nuevo:

```
$ platform push
Are you sure you want to push to the main (production) branch? [Y/n] y
Pushing HEAD to the existing environment main
--fragmento omitido--
```

El envío se ha realizado con éxito. Seguir los consejos que vemos en pantalla ha funcionado.

Tenga cuidado al ejecutar comandos que no entiende en su totalidad. No obstante, si está seguro de que un comando no puede causar daños y si confía en la fuente de la recomendación, es razonable probar las sugerencias que le ofrecen las herramientas que emplee.

Nota: Tenga en cuenta que siempre habrá personas que le sugieran ejecutar comandos que podrían borrar su sistema o exponerlo a una amenaza remota. Seguir las sugerencias de una herramienta proporcionada por una empresa u organización en la que confía es muy distinto de seguir las sugerencias de un desconocido en línea. Cada vez que se trata de conexiones remotas, proceda con cautela.

Leer la salida de registro

Como ya hemos mencionado, la salida del registro que vemos al ejecutar un comando como `platform push` puede resultar tan informativa como abrumadora. Lea el siguiente fragmento de la salida del registro, tomada de otro intento de usar `platform push`, y vea si puede detectar el problema:

```
--fragmento omitido--
Collecting soupsieve==2.3.2.post1
   Using cached soupsieve-2.3.2.post1-py3-none-any.whl (37 kB)
Collecting sqlparse==0.4.2
   Using cached sqlparse-0.4.2-py3-none-any.whl (42 kB)
Installing collected packages: platformshconfig, sqlparse,...
Successfully installed Django-4.1 asgiref-3.5.2 beautifulsoup4-4.11.1...
W: ERROR: Could not find a version that satisfies the requirement gunicorrn
W: ERROR: No matching distribution found for gunicorrn

130 static files copied to '/app/static'.

Executing pre-flight checks...
--fragmento omitido--
```

Cuando un intento de implementación falla, una estrategia efectiva es examinar la salida del registro y ver si puede identificar algo parecido a advertencias o errores. Las advertencias son bastante comunes; a menudo son mensajes sobre cambios futuros en las dependencias de un proyecto para ayudar a los desarrolladores a abordar problemas antes de que causen fallos reales.

Un envío exitoso puede contener advertencias, pero no debería contener errores. En este caso, Platform.sh no pudo encontrar una forma de instalar el requisito `gunicorrn`. Se trata de un error tipográfico en el archivo `requirements_remote.txt`, que debía incluir `gunicorn` (con una "r"). No siempre es fácil identificar el problema principal en la salida del registro, especialmente cuando el problema causa una serie de errores y advertencias en cascada. Al igual que ocurre al leer un rastreo en su sistema local, es recomendable analizar detalladamente los primeros y los últimos errores que se enumeran. La mayoría de los errores en mitad del código tienden a ser paquetes internos que nos indican que algo ha salido mal y pasan mensajes sobre el error a otros paquetes internos. El error que debemos corregir suele ser uno de los primeros o últimos errores enumerados.

En ocasiones, podrá identificar el error; en otras, no tendrá idea de lo que significa la salida. Ciertamente, vale la pena intentarlo. Utilizar la salida del registro para diagnosticar un error con éxito produce una sensación realmente satisfactoria. A medida que pase más tiempo revisando la salida del registro, mejorará en la identificación de aquella información que le resulte más relevante.

Solución de problemas específica para diferentes sistemas operativos

Puede desarrollar sus proyectos en el sistema operativo que prefiera y enviarlos a cualquier servidor que desee. Las herramientas para migrar proyectos son lo bastante desarrolladas como para modificar su proyecto según sea necesario para que se ejecute correctamente en el sistema remoto. Sin embargo, pueden surgir algunos problemas específicos a cada sistema operativo.

En el proceso de implementación de Platform.sh, una de las fuentes de problemas más probables es la instalación de la interfaz de línea de comandos (CLI). Aquí tiene el comando:

```
$ curl -fsS https://platform.sh/cli/installer | php
```

El comando comienza con `curl`, una herramienta que le permite solicitar recursos remotos a los que se accede a través de una URL desde un terminal. En este caso, se está utilizando para descargar el instalador de la interfaz de línea de comandos (CLI) desde un servidor de Platform.sh. La sección `-fsS` del comando es un conjunto de banderas que modifican la forma en que se ejecuta `curl`. La bandera `f` le indica a `curl` que suprima la mayoría de los mensajes de error, para que el instalador de la CLI pueda manejarlos en lugar de informar sobre todos ellos. La bandera `s` le indica a `curl` que se ejecute en silencio, permitiendo que el instalador de la CLI decida qué información mostrar en la terminal. La bandera `S` le indica a `curl` que muestre un mensaje de error si el comando en su totalidad falla. El `| php` al final del comando le indica a su sistema que ejecute el archivo del instalador descargado usando un intérprete de PHP, ya que la CLI de Platform.sh está escrita en PHP.

Esto significa que su sistema necesita tener `curl` y PHP instalados para poder instalar la CLI de Platform.sh. Para usar la CLI, también necesitará Git y un terminal que pueda ejecutar comandos Bash, un lenguaje disponible en la mayoría de los entornos de servidores. La mayoría de los sistemas modernos tienen espacio suficiente para instalar varias herramientas de estas características.

Los apartados que siguen le ayudarán a cumplir con estos requisitos para su sistema operativo. Si aún no ha instalado Git, consulte las instrucciones del apéndice D y diríjase al apartado aplicable a su sistema operativo.

Nota: Una excelente herramienta para entender comandos de terminal como el que se muestra aquí es https://explainshell.com. Escriba el comando que está tratando de entender; se mostrará la documentación de todas las partes de su comando. Pruébelo con el comando utilizado para instalar la CLI de Platform.sh.

Implementación desde Windows

Windows ha recuperado parte de su popularidad entre los programadores en los últimos años. Windows ha integrado diversos elementos de otros sistemas operativos, proporcionando a los usuarios varias opciones para llevar a cabo el trabajo de desarrollo local e interactuar con sistemas remotos.

Una de las dificultades más significativas al implementar desde Windows es que el sistema operativo principal de Windows no es igual al que utiliza un servidor remoto basado en Linux. Un sistema basado en Windows tiene un conjunto diferente de herramientas y lenguajes en comparación con un sistema basado en Linux; por ello, para implementar un proyecto desde Windows, deberá elegir de qué manera integrar conjuntos de herramientas basadas en Linux en su entorno local.

Subsistema de Windows para Linux

Un enfoque popular es utilizar Windows Subsystem for Linux (WSL), un entorno que permite que Linux se ejecute directamente en Windows. Si tiene WSL configurado, el uso de la CLI de Platform.sh en Windows resulta tan sencillo como usarla en Linux. La CLI no sabrá que se está ejecutando en Windows; solo verá el entorno de Linux en el que se esté utilizando.

La configuración de WSL es un proceso en dos pasos: primero, instalamos WSL y a continuación elegimos una distribución de Linux para instalar en el entorno de WSL. Configurar un entorno de WSL es una tarea más prolija de lo que podemos describir aquí. Si le interesa este enfoque y aún no lo tiene configurado, consulte la documentación en https://docs.microsoft.com/en-us/windows/wsl/about. Una vez que tenga WSL configurado, puede seguir las instrucciones en la sección de Linux de este apéndice para continuar con su trabajo de implementación.

Git Bash

Otro enfoque para crear un entorno local desde el cual implementar sus proyectos utiliza Git Bash, un entorno de terminal compatible con Bash pero que se ejecuta en Windows. Git Bash se instala junto con Git al utilizar el instalador de https://git-scm.com. Este enfoque puede funcionar, pero no es tan integrado como WSL. Con este enfoque, tendrá que utilizar un terminal de Windows para algunas acciones y un terminal de Git Bash para otras.

En primer lugar, debe instalar PHP. Puede hacerlo con XAMPP, un paquete que incluye PHP junto con algunas otras herramientas pensadas para desarrolladores. Vaya a `https://apachefriends.org` y haga clic en el botón para descargar XAMPP para Windows. Abra el instalador y ejecútelo; si ve una advertencia sobre restricciones de control de cuentas de usuario (UAC), haga clic en Aceptar. Acepte todas las opciones predeterminadas del instalador.

Cuando el instalador termine de ejecutarse, agregue PHP a la variable de entorno PATH de su sistema; esto le indicará a Windows dónde buscar cuando desee ejecutar PHP. En el menú Inicio, escriba `path` y haga clic en Editar las variables de entorno del sistema; haga clic en el botón Variables de entorno. Debería ver la variable Path resaltada; haga clic en Editar debajo de este panel. Haga clic en Nueva para agregar una nueva ruta a la lista actual de rutas. Suponiendo que haya mantenido la configuración predeterminada al ejecutar el instalador de XAMPP, agregue `C:\xampp\php` a la casilla que aparece y luego haga clic en Aceptar. Cuando haya terminado, cierre todas las ventanas del sistema que estén abiertas.

Una vez se haya ocupado de estos requisitos, puede instalar la CLI de Platform.sh. Tendrá que utilizar un terminal de Windows con privilegios de administrador; escriba `command` en el menú Inicio; en la aplicación Símbolo del sistema, haga clic en Ejecutar como administrador. En el terminal que aparece, ingrese el siguiente comando:

```
> curl -fsS https://platform.sh/cli/installer | php
```

Este comando instalará la CLI de Platform.sh, como se ha descrito anteriormente.

Por último, trabajará en Git Bash. Para abrir un terminal de Git Bash, vaya al menú Inicio y busque `git bash`. Haga clic en la aplicación Git Bash; debería ver una ventana de terminal abierta. Puede usar comandos tradicionales basados en Linux, como `ls`, en este terminal, así como comandos basados en Windows, como `dir`. Para asegurarse de que la instalación se ha realizado con éxito, ejecute el comando `platform list`. Debería ver una lista de todos los comandos en la CLI de Platform.sh. A partir de este punto, realice todo su trabajo de implementación utilizando la CLI de Platform. sh dentro de una ventana de terminal de Git Bash.

Implementación desde macOS

El sistema operativo macOS no se basa en Linux, pero ambos fueron desarrollados siguiendo principios similares. En la práctica, esto se traduce en que muchos de los comandos y flujos de trabajo que se utilizan en macOS funcionarán también en un entorno de servidor remoto. Es posible que deba instalar algunos recursos orientados a desarrolladores para tener todas estas herramientas a su disposición en su entorno local de macOS. Si en algún momento recibe una solicitud para instalar las herramientas de línea de comandos para desarrolladores, haga clic en Instalar para aceptar la instalación.

La dificultad que con más probabilidad encontrará al instalar la CLI de Platform.sh es asegurarse de que PHP esté instalado. Si ve un mensaje que dice que no se encuentra el comando "php", tendrá que instalar PHP. Una de las formas más sencillas de instalar PHP es utilizando el gestor de paquetes Homebrew, que facilita la instalación de una amplia variedad de paquetes en los que los programadores dependen. Si aún no tiene Homebrew instalado, visite `https://brew.sh` y siga las instrucciones para instalarlo. Una vez que Homebrew esté instalado, utilice el siguiente comando para instalar PHP:

```
$ brew install php
```

Este comando tardará en ejecutarse; una vez completado, podrá instalar con éxito la CLI de Platform.sh.

Implementación desde Linux

Dado que la mayoría de los entornos de servidor son de tipo Linux, debería tener muy pocos problemas al instalar y usar la CLI de Platform.sh. Si intenta instalar la CLI en un sistema con una instalación reciente de Ubuntu, le dirá exactamente qué paquetes necesita:

```
$ curl -fsS https://platform.sh/cli/installer | php
Command 'curl' not found, but can be installed with:
sudo apt install curl
Command 'php' not found, but can be installed with:
sudo apt install php-cli
```

La salida que obtenga contendrá más información sobre algunos otros paquetes que funcionarían, además de información sobre la versión en uso. El siguiente comando instalará curl y PHP:

```
$ sudo apt install curl php-cli
```

Una vez ejecutado este comando, el comando de instalación de la CLI de Platform. sh debería ejecutarse con éxito. Dado que su entorno local es bastante similar a la mayoría de los entornos de alojamiento basados en Linux, gran parte de lo que aprenda sobre cómo trabajar en su terminal se aplicará también al trabajo en un entorno remoto.

Otros enfoques de implementación

Si Platform.sh no le funciona o si desea probar un enfoque diferente, existen muchas plataformas de alojamiento a su disposición. Algunas funcionan de manera similar al proceso descrito en el capítulo 20; otras tienen un enfoque muy diferente para llevar a cabo los pasos descritos al principio de este apéndice:

- Platform.sh le permite usar un navegador para llevar a cabo los pasos que realizamos con la CLI. Si prefiere las interfaces basadas en un navegador en lugar de los flujos de trabajo basados en terminal, es posible que este enfoque le resulte preferible.
- Existen varios proveedores de alojamiento web que ofrecen enfoques tanto basados en CLI como en navegador. Algunos de estos proveedores ofrecen terminales dentro de su navegador, por lo que no es necesario instalar nada en su sistema.
- Algunos proveedores permiten enviar el proyecto a un sitio de alojamiento de código remoto como GitHub, para después conectar su repositorio de GitHub al sitio de alojamiento. El sitio de alojamiento obtiene su código de GitHub en lugar de requerirle que envíe su código desde su sistema local directamente al sitio de alojamiento. Platform.sh también admite este tipo de flujo de trabajo.
- Algunos proveedores ofrecen una variedad de servicios que puede seleccionar para montar una infraestructura adecuada a su proyecto. Por lo general, esta opción requiere conocimientos más profundos sobre el proceso de implementación y de todo aquello que un servidor remoto necesita para dar servicio a un proyecto. Estos servicios de alojamiento incluyen Amazon Web Services (AWS) y la plataforma Azure de Microsoft. Puede resultarle mucho más difícil hacer un seguimiento de los costos en este tipo de plataformas, ya que cada servicio puede generar cargos de manera independiente.
- Muchas personas alojan sus proyectos en un servidor virtual privado (VPS). Si opta por este enfoque, tendrá que alquilar un servidor virtual que funciona como una computadora remota, iniciar sesión en el servidor, instalar el software necesario para ejecutar su proyecto, copiar su código, establecer las conexiones adecuadas y permitir que su servidor comience a aceptar solicitudes.

Con cierta regularidad aparecen nuevas plataformas de alojamiento y enfoques de implementación de proyectos; encuentre uno que le resulte atractivo y dedique algún tiempo a aprender el proceso de implementación de ese proveedor en concreto. Mantenga su proyecto el tiempo suficiente para conocer lo que funciona bien con el enfoque de su proveedor y lo que no. Ninguna plataforma de alojamiento va a ser perfecta; constantemente tendrá que tomar decisiones sobre si el proveedor que está utilizando actualmente es lo suficientemente bueno para su caso particular.

Lanzaré una última advertencia relativa a la elección de una plataforma y un enfoque general de implementación. Habrá quien le aconseje con entusiasmo adoptar enfoques de implementación excesivamente complejos y servicios diseñados para hacer que su proyecto sea altamente confiable y capaz de atender a millones de usuarios simultáneamente. Muchos programadores emplean mucho tiempo, dinero y energía en desarrollar una estrategia de implementación compleja, solo para descubrir que casi nadie está utilizando su proyecto. La mayoría de los proyectos de Django se pueden configurar en planes de alojamiento pequeños y ajustarse para servir miles de solicitudes por minuto. Si su proyecto recibe menos tráfico, dedique algún tiempo a configurar su implementación para que funcione bien en una plataforma mínima antes de invertir en infraestructura destinada a algunos de los sitios más grandes del mundo.

La implementación puede suponer en ocasiones un gran desafío, pero es gratificante cuando su proyecto en vivo funciona. Disfrute del desafío y pida ayuda cuando la necesite.

ÍNDICE ALFABÉTICO